한국 민법학의 재정립

-청헌 김증한 교수의 생애와 학문세계-

한국 민법학의 재정립

-청헌 김증한교수 생애와 학문세계-

윤철홍 엮음

景仁文化社

머리말

고 청헌 김증한 교수님은 1957년에 한국민사법학회의 전신인 민사법연구회를 창설하시고, 그 후 오랫동안 한국민사법학회 회장을 역임하면서 한국의 민법학과 민사법학회의 발전에 크게 기여하셨습니다. 특히 한국 민법전의 제정 과정에서 초안에 비판과 대안을 제시하여, 현재와 같은 민법전의 제정에도 기여한 바 있습니다.

청헌 김증한 교수님은 해방 후 혼란스러운 정국과 한국전쟁 등으로 말미암은 척박한 연구 환경에도 불구하고 민법학 연구에 진력하시어 오늘날의 한국민법학을 있게 한 분이기도 합니다. 해방 후에도 1959년 12월 31일까지는 일본민법이 한국에서 계속 시행되고 있었기 때문에 일본민법학이 한국민법학으로 이해되었습니다. 이러한 상황에서 일본민법학을 극복하기 위해 독일민법학 등 비교법적 연구를 통해 한국민법학의 정립에 크게 기여하였습니다. 이러한 김증한 교수님의 연구 성과들은 오늘날에도 많은 부분에서 크게 영향을 미치고 있으며, 그 연구 방법론이나 성과의 독창성은 아무리 강조해도 지나치지 않을 것이라 생각합니다. 이러한 김증한 교수님의 연구 활동은 "해방 후 한국의 법질서를 학문적으로 기초 놓은 교두보의 역할을 한" 것이며, 그의 "한 평생은 곧 현대 한국법학의 역사 그 자체"라고 평가되고 있습니다.

평생 동안 한국민법학의 연구에 전념하시어 한국민법학의 '역사 그 자체'라고까지 평가됨에도 불구하고, 오늘날 후학들 중 많은 분들이 김증한 교수님의 연구 업적에 대한 가치를 모르고 있으며, 더 나아가 그에 대한 평가 역시 거의 없는 상태에 있다는 것은 애석한 일이 아닐 수 없습니다. 이러한 상황에서 저는 김증한 교수님의 연구 업적들에 대해 면밀한 검토와 평가를 통해 한국민법학을 재정립하는 기회로 삼아야 하겠다는 생각에서, 지난해 2014년 1월 한국민사법학회회장에 취임하자마자 "한국 민법학의 재정립: 청헌 김증한 교수의 생애와 학문세계"라는 책을 기획하게 되었습니다. 이 책은 김증한 교수님이 이룩한 중요한 연구 성과물들을 다각적으로 분석하여 한국민법학을 다시 정립하는 기회로 삼고자 한 것입니다. 따라서 여기서 다루는 테마들은 김증한 교수님이 일생동안 한국의 민사와 관련한 법률문제를 해결하기 위해 제기한 방안이나 법리로서, 특히 연구발표 후에 많은 논쟁을 일으킨 분야들입니다. 그러므로 이에 대한 연구는 한국에서의 관련 문제들에 대한 학설사적인 정리뿐만 아니라, 새로운 방법론을 구축하기 위한 출발점도 될 수 있을 것입니다. 김증한 교수님의 연구 성과들은 우리 민법학의 보고(寶庫)라고 여겨집니다. 예컨대 공동소유형태의 유형론이나 물권적 기대권론을 비롯한 물권변동론, 소멸시효론 등 개개의 연구 성과들은 그 결론에 대한 지지나 반대 여부를 불문하고, 이 분야의 가장 중요한 연구 성과물로서 때로는 한국 문제를 해결하기 위한 문제 제기인 동시에 해결방안이 되기도 하였습니다.

지난 2014년 2월에 필진들을 섭외하여, 2014년 10월 한국민사법학회 추계학술대회에서 14개 주제로 나누어 발표회를 가졌습니다. 학회 발표회의 토론과정에서 제기된 여러 가지 견해들을 수렴하여, 학회지에 게재를 원하는 8명의 발표자들은 2014년 12월에 발간한 「민사법학」 제69호에 게재하였습니다. 그 후 추계학술대회의 발표 시에 포함되지 않았던 '임대차'와 '판례연구'를 보완하여 단행본으로 출간하기에 이른 것입니다.

본문에서 확인할 수 있는 바와 같이, 청헌 김증한 교수님의 생애에 대해서는 교수님의 연구실 등에서 수십년 동안 모시었던 서민 교수님께서 집필해 주셨습니다. 개별 테마들은 관련된 연구를 이미 수행하였거나 관심을 가지고 계신 교수님들을 중심으로 섭외하였습니다. 우선 청헌 김증한교수의 민법학 연구 방법론은 윤철홍(숭실대학교) 교수, 법인론은 권철(성균관대학교) 교수, 법률행위론은 엄동섭(서강대학교) 교수, 소멸시효론은 윤진수(서울대학교) 교수께서 집필하였습니다. 김증한 교수님의 사상이 잘 드러나는 물권법 분야의 물권변동론은 이은영(한국외국어대학교) 교수, 물권적 기대권론(특히 소유권유보)은 권오승(서울대학교) 명예교수, 공동소유론(특히 총유)은 정종휴(전남대학교) 교수, 전세권론은 윤대성(창원대학교) 명예교수, 양도담보론은 김인유(한국해양대학교) 교수님이 담당했습니다. 더나아가 채권 편의 계약해제론은 이상정(경희대학교) 교수, 임대차론은 이은희(충북대학교) 교수, 조합론은 김학동(서울 시립대학교) 명예교수, 도급계약론은 이상태(건국대학교) 교수, 공동불법행위론은 정태윤(이화여자대학교) 교수님이, 그리고 청헌 김증한교수의 판례에 대해서는 김대휘변호사(법무법인 화우)께서 집필해 주셨습니다. 이 글들은 우리 민법학계에서 논쟁이 가장 심한 주제들에 대한 과거와 현재, 그리고 미래를 조명해 볼 수 있는 의미있는 성과들로 여겨집니다. 귀한 연구를 담당해 주신 교수님과 변호사님께 진심으로 감사드립니다.

저는 독일에 체류하는 동안 선학들의 견해나 법리들의 오류 등에 대해서는 가차 없이 비판하면서도 장점이나 학문적 업적을 계승 발전시키면서, 부족한 부분을 채워드려 선학과 후학들의 연계를 돈독히 하는 것들을 많이 목격하였습니다. 그래서 우리 한국 민사법학계에서도 이러한 좋은 전통이 수립될 수 있기를 늘 소원했습니다. 이러한 전통의 출발점은 선학들이 '뜨거운 심장'으로 혹은 '가녀린 떨림'으로 내놓은 연구 성과물들을 인정하는 것이라 생각하였습니다.[1] '사랑'하는 것도 '작은 혁명'이라고 한 어느 시인의 말을 빌리면, 타인의 업적을 인정하는 것, 그리고 그것을 사랑하는 것도 혁명이라 할 수 있을 것입니다. 따라서 이 책의 간행 또한 '무한한 혁명'이라 할 수 있을 것입니다. 이러한 유형의 책의 출간은 우리 법학계에서 처음으로 시도한 것으로, 김증한 교수님의 업적에 대한 분석과 평가작업은 교수님을 더욱 기리고 사랑하는 계기가 될 수 있을 것으로 믿습니다.

여기에 게재된 논문들을 읽고 있노라면, 김증한 교수님과 집필자들의 "뜨거운 심장을 구근으로 묻은 철골 크레인"들과 같은 학문의 결정체들을 만날 수 있게 됩니다. 이러한 글들은 구도자와 같은 길을 걷고 있는 여러 교수님들의 모습을 상기시켜 줍니다. 이러한 집필자들의 '가녀린 떨림'들이 모여 요람을 형성할 수 있다는 것을 확인할 수 있어 너무 기쁩니다. 더 나아가 큰 그림을 완성하게 된 풍경이 정말 아름답습니다. 다른 선학들에 대한 이러한 책들이 계속 출간될 수 있기를 소망합니다.

이 책이 나오기까지 여러 가지 어려운 일이 있었습니다. 한국민사법학회의 창립자이시자 오랜 기간 동안 회장을 맡으시어 학회발전에 지대한 공헌을 하였음에도 불구하고, 한국민사법학회의 이름으로 발간할 수 없는 점은 애석한 것이었습니다. 어찌되었든 이 책이 출간하게 된 것을 진심으로 기쁘게 생각합니다. 김증한 교수님의 애제자로서 특별히 축하의 글을 써 주신 김용담 한국법학원 원장(전대법관)님께 진심으로 감사드립니다. 또한 외국 유학 준비 중이라 시간이 없음에도 불구하고 원고 정리 및 교정을 세심하게 보아준 법학석사 김민주양에게도 감사드린다. 특히 국내의 출판사정이 좋지 못함에도 불구하

---

1) "가녀린 떨림들이 서로의 요람이 되었다/ 구해야 할 것은 모두 안에 있었다/ 뜨거운 심장을 구근으로 묻은 철골 크레인"(김선우작, '나의 무한한 혁명에게'의 일련 중)

고 시장성이 없는 이 책을 흔쾌히 출간해 주신 경인문화사 한정희 대표님께 감사드리며, 실무적인 문제를 해결해 주신 신학태실장님과 편집 등을 담당해 주신 한명진선생님께도 감사드립니다. 또한 경인문화사의 무궁한 발전을 기원합니다.

2015. 9
집필진을 대신하여 윤철홍 씀

'한국 민법학의 재정립' 출간을 축하드리며

　　작년 10월 18일 청헌 김 증한 교수의 삶과 학문세계를 조명하는 학술발표회를 개최한데 이어, 그 학술발표회에서 이루어진 토론을 토대로, 발표하신 논문들을, 퇴고하여, 이렇게 귀중한 책자 '한국 민법학의 재정립' –청헌 김 증한 교수의 생애와 학문 세계–를 출간하게 된 것을, 기쁜 마음으로 축하드립니다. 작년 학술발표회에서도 말씀드린 바 있습니다마는, 청헌 김 증한 선생님을 기리는 학술발표회나 책자를 대하는 저는 늘 남다른 감회를 느끼게 됩니다. 청한 김 증한 교수의 학문 세계의 깊이와 선생님이 제창하고 주장하신 학설들이 후학들과 민법학계에 어떠한 파장과 영향을 끼쳤고, 어떻게 발전하였으며, 그 가치를 어떻게 평가하여야 하는지를, 학문의 세계와는 달리, 법조 실무의 길을 걸어온 저는 감히 말할 수 없습니다. 그러면서도 남다른 감회를 느끼며, 이 책의 발간을 기뻐하는 데는, 저 나름대로 까닭이 있습니다. 선생님께서는 누구보다도 저를 사랑하셨고 제가 민법 공부를 좀 더 열심히 계속하기를 기대도 하셨으나, 다른 길을 걸으면서, 결과적으로는 그 사랑과 기대에 부응하지 못하였다는 자괴감이 새삼 들어서입니다.

　　한국 민사법학회와 관련하여서도 일말의 자책감이 남아 있습니다. 한국 민사법학회의 활동을 처음 생각만큼 돕지 못한 것 때문에 그렇습니다. 처음 법관생활을 시작할 때에는, 열심히 학회 활동을 돕고, 그래서 민사법학회에 실무가들도 적극 참여하여, 그야 말로 살아있는 법을 연구하는 학회가 되는데 도움이 되겠다고 다짐도 하였었습니다. 그래서 한두 번 발표도 하고, 동료 법관들의 참여를 독려하기도 하였으나, 그 후 실무의 바쁨을 핑계로 학회와 멀어지게 된 것이, 이제 돌이커 새삼 아쉬움으로 남습니다. 그렇지만 한국 민사법학회가 발전에 발전을 거듭하여, 오늘 날 이렇게 많은 민법학도들이 모여 민법학의 발전을 선도하고 있는 것은, 큰 기쁨이며 자랑입니다. 또 그 연구 활동의 일환으로, 우리나라 민법학을 정립하는데 공헌하신 민법학 1세대의 학덕을 기리고, 그 분들이 이룩한 학문적 업적들을 계승 발전시키는 계기를 마련한 것은, 우리 민법학계의 발전 없이는 생각할 수 없는 일이기에, 자랑스럽고 크게 치하 받을 일이라고 생각합니다.

우리 민법학 1세대를 말할 때, 우리 민법이 제정될 때부터 그 제정과정에도 깊이 관여하셨으며, 평생 우리 민법학의 발전에 노심초사하신, 청헌 김 증한 교수님의 생애와 학문적 세계를 조망하는 것은, 학문적으로 반드시 거쳐야 하고 빠트릴 수 없고 의미 깊은 일일 것입니다.

학술 발표회 때는 물론 이 책의 내용 모두, 고명하신 학자들에 의해 각 분야별로 선생님의 이론이 분석되고 정리되는 것 갗아, 이후의 발전에 많은 기대를 걸게 됩니다.

모쪼록 바라기는, 선생님의 학문적 업적이 객관적으로 잘 분석되고 평가, 정리되어, 후학들이 학문을 이어 나가는데 지침으로서의 역할을 다 하기를 진심으로 기원합니다.

끝으로, 이와 같은 기획을 치밀하게 마련하시고 실행하신 윤철홍 전 한국민사법학회 회장님에게 아낌없는 찬사와 고마움을 표합니다. 그리고 진정으로, 이 기획이, 민법학의 '재'정립의 기회가 되기를 소망합니다. 다시 한 번 더, '한국 민법학의 재정립' -청헌 김증한교수의 생애와 학문세계- 의 출간을 축하드립니다.

2015. 10.

한국 법학원장   김 용 담

일러두기

1. 개별 논문의 집필 원칙은 다음과 같습니다.

   김중한 교수님의 생애는 하나의 장으로 서술하였기 때문에 개별 논문에서는 언급하지 않았습니다. 개별 논문에서는 먼저 논제와 관련한 연구의 필요성이나 연구사적인 의미를 기술하고, 이어서 김중한 교수님의 견해(학설, 주장 등)를 요약 정리한 다음, 이에 대한 후학들의 연구 성과 및 평가 등을 분석 검토하였습니다. 그러나 논제에 따라서는 이러한 방식에 구애받지 않고 집필자의 의도에 따라 집필할 수 있도록 하였습니다.

2. 원래 개별 논문의 제목에는 "청헌 김중한 교수의 생애"와 같이 모두 "청헌 김중한 교수의 000" 등으로 되어 있으나, 공통된 것이기 때문에 목차와 본문 제목에서 '청헌 김중한 교수의' 부분을 생략하고 논제만을 표기했습니다.

3. 청헌 김중한 교수님에 대한 호칭은 글의 성격상 김중한이라고 쓴 것에서부터 박사(님), 교수(님), 선생(님) 등 다양하여, 생애의 부분을 제외하고 모두 '김중한 교수'로 통일하였습니다.

4. 원 논문에는 학설사적인 내용과 김중한 교수님의 견해에 대한 직접 인용 때문에 한자의 사용이 많았으나, 특별한 경우를 제외하고는 모두 한글로 표기하였습니다.

5. 각주의 표기 방법은 집필자 마다 차이가 있지만, 집필자의 서술 방식을 존중하여 통일시키지는 않았습니다. 참고문헌은 개별 논문별로 부기하였습니다.

목 차

김증한 교수의 생애

서 민*

I. 머리말

김증한(金曾漢) 교수는 해방 후 한국의 법학계를 이끌어 온 대표
적인 법학자이었고, 특히 한국민법학의 초석을 놓고, 또 튼튼하게 쌓
아 올린 위대한 법학자이었다. 오늘날 체계 잡힌 하나의 학문으로 정
립된 한국의 민법학은 그의 이름을 떠올리지 않고는 생각할 수 없다
고 해도 과언이 아니다. 김증한 교수는 민법학자로서만 아니라 법사
학자로 출발하여 비교법학자로서, 법학교육의 행정가임과 동시에 이
론가로서 많은 업적을 쌓았다.

한국민사법학회가 이번 학술대회에서 김증한 교수의 학문세계를
다양하게 재조명하는 것을 주제로 삼은 것은 때늦은 감이 있지만 매
우 의미 있고 또 가치 있는 일이라고 생각한다. 김증한 교수가 남긴
학문의 유산을 소중히 간직하고 발전시키는 것은 후학들에게 맡겨진
막중한 임무이며, 이런 관점에서도 이번 학술대회는 한국민법학이 재
도약하는 중대한 계기가 될 것으로 믿어 의심치 않는다.

필자는 대학시절에 김증한 선생님의 학은을 입었고, 특히 대학원

---

* 충남대학교 명예교수

석사과정시절(1964년~1967)에 선생님의 연구실에서 가르침을 받았으며, 또 박사과정에서도 선생님의 지도를 받아 학위를 받은 특별한 인연으로 오늘 학회에서 김증한 교수님의 생애에 대해서 발표하게 된 것으로 짐작한다. 김증한 교수님의 사랑을 많이 받은 제자로서 존경하는 선생님의 생애에 관해서 발표할 기회를 가지게 된 것은 더할 나위 없는 영광일 뿐만 아니라 큰 기쁨이다.

김증한 교수의 생애에 관해서는 이미 여러 분이 대담을 통해서나 글로 자세히 서술하였지만,[1] 필자는 여러 해 동안 가까이서 선생님을 모셨던 기억을 되살려 그 동안에 발표된 자료를 재정리하면서 이에 조금 보태기로 한다. 다만 필자의 우둔한 글솜씨로 말미암아 김증한 교수님의 찬연한 생애를 제대로 표현하지 못하여 선생님의 명성에 누를 끼치지 않을까 하는 걱정이 앞선다.

II. 출생과 성장, 수학과정

1. 출생과 성장

김증한 선생님은 1920년 음력 3월 19일(양력 5월 7일) 충남 부여군 구룡면 논티리(論峙里) 240번지에서 부 김익진(金翼鎭)[2] 선생과 모

---

1) 안이준 편, 한국법학의 증언(고 김증한 교수 유고집), 교육과학사, 1989; 최종고, 「김증한의 생애와 학문」, 『대학신문』(서울대), 1988. 10; 최종고, 한국의 법학자, 서울대학교출판부, 1989, 357쪽 이하; 「잊을 수 없는 스승 김증한」, 서울대학교 동창회보, 1989. 2. 1; 황적인, 김증한 교수의 민법학(Ⅰ), 사법연구 제4집, 청림출판, 1999, 1쪽 이하; 김상용, 청헌 김증한의 생애와 법사상, 2014(미출간) 등.

심재정(沈載貞) 여사의 장남으로 출생하였다. 본관은 안동이고, 호는 청헌(晴軒)이시다. 후에 남동생 2인과 여동생 1인이 출생하여 4남매가 되었다.

출생지에서는 9세 때까지 거주하였고, 그 후 공주에서 3년가량 거주한 후 판사이었던 부친의 직장을 따라 평양에 이주하여 나머지 초등교육과정을 마치고, 사범학교에 진학하여 졸업할 때까지 그 곳에서 성장하였다.

2. 수학과정

청헌 선생님은 초등학교를 세 번 옮기면서 마쳤다. 즉 7세에 고향의 구룡보통학교에 입학하여 2년 다닌 후 9세에는 공주에 있는 의당보통학교에 전학하여 1년 다녔고, 10세에 공주공립보통학교로 다시 전학하여 5학년 1학기까지 수학한 후 마지막에는 평양의 종로보통학교를 졸업하였다.[3]

청헌 선생님은 초등교육을 수석으로[4] 마친 후 평양사범학교(심상과, 尋常科)에 진학하여 1937년 3월에 졸업하고, 같은 해 3월말에 진남포 풍정공립보통학교 훈도(교사)로 채용되어 2년간 근무하였다. 그러나 교직에 재직하는 중 사범학교시절의 일본인 선생님의 권유로 상급학교에 진학할 결심을 하게 되었는데, 독학으로 영어공부를 하는 등 꾸준히 노력하여 1938년에 전문학교 입학자격 검정시험(전검)에

---

2) 김익진 선생은 처음에 충주에서, 다음에는 강경과 평양에서 판사생활을 하였으며, 평양에서는 평양복심재판소 판사를 한 후 변호사 개업을 하였고, 해방 후에는 1949년에 검찰총장을 맡아 6·25사변 때까지 재직하였다.
3) 안이준 편, 한국법학의 증언(청헌 김증한 박사께서 걸어오신 길-황적인교수와의 대담), 20쪽 참조.
4) 안이준 편, 한국법학의 증언(나와 증한 박사-김정진 교수 회고), 356쪽 참조.

합격하고, 1939년 4월에 경성제국대학 예과 문과(갑류)에 입학하였으며, 예과과정을 거쳐 경성제국대학 법문학부 법학과에 진학하여 1944년 9월에 졸업하였다.

특히 예과시절에는 독일어 공부를 열심히 하여 예과를 마치고 나서는 웬만한 독일서적은 모두 읽을 수 있는 실력을 갖추었다고 한다.[5] 필자가 1957년 대학입시준비를 할 때 참고서로 읽은 '수험독일어'(김정진 교수와 공저) 책도 이때에 연마한 실력을 바탕으로 하여 저술한 것으로 생각된다.

청헌 선생님은 일본에 가서 공부할 의향도 있었으나 건강상의 이유로[6] 일본유학의 꿈을 접고 경성제국대학에 원서를 내게 되었다. 사범학교시절 선생님의 영향으로 생물학을 공부하려는 뜻을 가졌었지만 당시 경성제국대학에는 생물학과가 없었고, 그와 유사한 의학과는 병든 사람을 다루어 싫은 느낌이 들었기 때문에 문과에 지원하였으며, 특히 수학을 잘 하여 머리 쓰는 것이 수학과 비슷한 법학과를 택하였다.[7] 학부 3학년 때 학병으로 징집되었는데, 경리간부후보생 중 갑종간부(장교)후보생으로 선발되어 교육을 마친 후 장교로 임관하여 일본에서 잠시 근무한 뒤 제2차 세계대전 종전 후 바로 귀국하였다.

---

5) 안이준 편, 한국법학의 증언, 26쪽 참조.
6) 1938년 가을에 일본에 갈 기회가 있었는데, 일본에 도착한 후 약 2개월쯤 뒤에 각기병에 걸려 귀국하였고, 이를 계기로 풍토가 다른 일본에서 공부하는 것이 바람직하지 않다고 판단하게 되었다(안이준 편, 한국법학의 증언, 23쪽 참조).
7) 안이준 편, 한국법학의 증언, 23쪽 참조.

III. 교육 및 연구활동

1. 교수생활

청헌 선생님은 1946년 3월에 경성대학 법문학부 형법연구실 조수로 채용되어 대학교원생활을 시작하였으며, 국립 서울대학교가 설치된 후 1946년 9월에 서울대학교 법과대학 전임강사 발령을 받았다 (당시 학장은 고병국 교수). 발령을 받은 후 그는 9월 28일 오전 9시 정각에 법과대학에서 서양법제사 강의를 했는데, 이것이 국립서울대학교 전체를 통해서 최초의 강의이었다.8)

청헌 선생님은 형법연구실 조수로 있을 때 형법분야의 Birkmeyer, Binding 등의 저서를 열심히 읽었기 때문에 형사소송법을 맡을 수 있겠다는 생각을 했었는데, 고병국 학장의 권유로 서양법제사 강의를 담당하게 되었으며,9) 이것이 후에 청헌 선생님으로 하여금 민법학자로 대성하게 되는 계기가 되었다고 하겠다. 이 시기에 법과대학에서는 서양법제사와 대륙법 과목을 담당하였고, 전문부에서는 독일어 강의를 담당하였다. 청헌 선생님은 대학전임교수로 발령받은 후 서양법제사 강의를 담당하였지만 연구부야는 처음부터 민법이었다. 그리하여 최초에 발표한 논문이 「법정」 1948년 1월호에 게재된 「민법 제14조에 대한 판례 비평」이었다.

청헌 선생님은 6·25사변 때인 1951년에는 1년가량 대구에서 육군

---

8) 안이준 편, 한국법학의 증언(서재한담-대담), 56쪽(한국경제신문 「서재한담」, 1985. 1. 20) 및 안이준 편, 한국법학의 증언(나와 서양법제사), 157쪽(서울대학교 법학 27권 1호, 1986. 4) 참조.
9) 안이준 편, 한국법학의 증언, 29쪽 참조.

본부 문관으로 근무하면서 강의를 하였는데 대구에서는 고려대·대구
대·청구대 등에서, 그리고 부산에서는 서울법대 이외에 홍익대·동국
대·부산대 등에서 강의를 하였고, 강의한 과목은 서양법제사와 로마
법이었다.10)

청헌 선생님은 1년 동안의 미국연구출장을 마치고 1954년 9월에
귀국한 후에는 민법강의를 담당하였고, 이후 민법연구에 심혈을 기울
여 민법학자로서의 길을 걸어가게 되었다. 그리하여 1956년부터는 안
이준 교수와 공저로 민법교과서를 출간하기 시작하여 1965년에는 민
법 재산법 전편에 관한 교과서를 완간하였다.

2. 해외연구

청헌 선생님은 교수요원 미국유학 프로그램(Smith-Mundt Program)
으로 1953년 9월부터 1년간 미국 Louisiana주 New Orleans에 있는
Tulane대학에서 연구할 기회가 있었는데, 그 곳에 체류하는 동안 영
미사법을 연구하였다. 청헌 선생님은 미국에 가기 전에 이미 Geldart
의 'Elements of English Law'를 읽은 적이 있고, 또 Jenks의 'Digest of
English Civil Law'를 번역한 일이 있어 영미법에 대한 기초지식이 어
느 정도 있었기 때문에 연구하는 데 큰 곤란은 없었다고 회고하였
다.11)

청헌 선생님이 Tulane대학에서 가장 큰 영향을 받은 것은 Case-
Method식 강의이었는데, 이 방식의 강의가 법학교육의 최고 방법이
라고 느꼈다. 그리하여 귀국 후 약 1년간 일본대심원판결을 교재로
하여 Case-Method식 강의를 시도하기도 하였고, Tulane대학의 Moot

---

10) 안이준 편, 한국법학의 증언, 31쪽 참조.
11) 안이준 편, 한국법학의 증언, 34쪽 참조.

Court의 영향을 받아 법과대학에서 최초로 민사모의재판을 시도하기도 하였다.[12] 즉 귀국한 다음 해인 1955년 3월에는 김증한 교수님의 지도에 따라 학생의 연구모임인 「민사법학회」(후에 「사법학회」로 이름을 바꾸었음)가 만들어졌고, 이 학회 소속 학생들을 중심으로 민사모의재판을 개최하게 하였다.[13]

청헌 선생님은 독일 A. v. Humboldt재단의 후원으로 1968년 8월부터 1년 동안 독일 Köln대학에서 연구할 기회를 가졌으며, 이 기회에 책으로만 접하던 독일법학을 본고장에서 직접 접하고, 이때의 연구결과로 한국의 독자적인 민법학을 발전시킬 수 있는 길을 적극적으로 구상하는 계기가 되었을 것으로 추측된다. 이러한 연구여행의 결과 한국법학과 독일법학의 교류필요성을 절감하고, 드디어 1976년 5월에는 한독법률학회를 창립하여 한국과 독일 양국의 법 연구를 진작시키는 한편 두 나라 학자들의 활발한 교류에 큰 공헌을 하였다.

IV. 민법의 입법과 법학에의 기여

1. 입법과정 참여

민법제정과정에서 민법초안연구회가 매우 중요한 역할을 하였는데, 이 모임을 결성하는 데에 청헌 선생님이 결정적인 계기를 마련하였다. 즉 1954년에 민법초안이 발표된 후 청헌 선생님은 고병국 학장께 건의하여 서울의 민사법담당자들의 모임을 가졌고, 드디어 1956년

---

12) 안이준 편, 한국법학의 증언, 34쪽 참조.
13) 황적인, 사법연구 제4집, 3쪽 참조.

에 「민법초안연구회」를 결성하게 되었다.[14] 이 연구회는 총칙, 물권, 채권의 편별로 분야를 나누어 민법초안을 연구·검토했는데, 청헌 선생님은 물권분야를 담당하였다.[15] 이 연구회의 연구결과를 1957년에 「민법안의견서」라는 책자로 만들어[16] 현석호 의원을 통하여 국회에 제출했고, 국회의 민법안 심의과정에서 이 의견서가 제안한 의견이 많이 채택되어 민법에 반영되었다.

한편 민법과 상법이 시행된 후 20년이 지나니 민법과 국민생활 사이에 틈이 생겨 개정의 필요성이 인정되었고, 이를 위해 1982년 2월에 법무부가 민상법개정특별심의위원회를 설치하여 민법과 상법의 개정안을 연구하였는데, 청헌 선생님은 민법분과 위원장을 맡아 개정안 연구를 주도하였고, 그 결과 1983년과 1984년에 걸쳐 민법의 일부가 개정되고, 민법특별법이 제정 및 개정되었다.[17] 이 개정위원회에는 필자도 참여했는데, 이 위원회는 정해진 활동기간이 짧았고, 당시 법무부는 불요불급한 조항은 개정대상에서 제외한다는 방침을 가지고 있었기 때문에 그 때 참여했던 많은 위원들이 제안한 개정의견을 충분히 검토하지 못하고 사장시킨 것은 아쉬운 일이다.

2. 민법교과서 편찬

청헌 선생님은 일본의 교과서 이외에 우리말로 된 민법책이 별로 없었던 시기인 1956년부터 안이준 교수와 함께 일본의 와가쓰마(我

---

14) 민법초안연구회의 연구참여자는 22인이었고, 고병국 교수와 이희봉 교수가 공동대표이었다. 이 연구회는 후에 「민사법연구회」로 이름을 바꾸었다.
15) 안이준 편, 한국법학의 증언, 35쪽 참조.
16) 민사법연구회 편, 민법안의견서, 일조각, 1957(본문 201쪽, 부록 110쪽)
17) 민법 중 특별실종기간과 물권편의 일부 규정이 개정 및 신설되었고(1984. 4), 「가등기담보등에 관한 법률」(1983. 12)과 「집합건물의 소유 및 관리에 관한 법률」(1984. 4)이 제정되었으며, 「주택임대차보호법」(1983. 12)이 개정되었다.

妻 榮) 교수의 민법강의서를 토대로 하여 법령을 우리 법에 맞게 인
용하고, 학설의 일부를 수정하면서 일본과 우리나라의 판례를 참조하
여 민법교과서를 저술하였다[18] 그리하여 법학도들이 우리말로 된 민
법교과서를 가지고 공부할 수 있는 길을 열어 주었으며, 이는 우리나
라 민법학의 기초를 다지는 바탕이 되었다. 청헌 선생님의 교과서의
특징은 독일민법학의 이론을 직접 우리 민법의 해석론에 도입하여
적용한 데에 있으며, 이는 우리 민법학이 일본민법학의 틀을 벗어나
독자적인 민법학체계를 이루는 결정적인 계기를 마련한 것이라고 평
가된다.

그 후 1960년부터는 안이준 교수와의 공편저방식을 지양하고 독자
적인 체계를 세운 저서를 단독으로 출간하기 시작하여 1960년에 신
물권법(상)을, 1961년에 신물권법(하)를 출간하였고, 1972년에는 민
법총칙을, 1979년에는 채권총론을, 1984년에는 채권각론(상)을, 1988
년에는 채권각론을 각각 출간하였다.

이와 같이 청헌 선생님은 5권의 민법교과서를 집필함은 물론 30여
권의 저서와 번역서를 집필하였고, 평생에 130여 편의 정치하고 깊이
있는 논문을 발표하여 우리나라 민법학, 나아가 법학의 발전에 지대
한 공헌을 하였다.

3. 법률학사전의 편찬

청헌 선생님은 한국법학이 걸음마단계에 있던 1952년에 김도창 교
수, 안이준 교수와 함께 법률학사전의 편찬을 시작하여 2년 후인
1954년에 청구문화사를 통하여 법률학사전을 출간하였다. 그 후 1964

---

18) 1956년에는 물권법 교과서를 출간하였고, 이어서 1958년까지 담보물권법, 신
    민법총칙, 신채권각론(상), 신채권총론을 출간하였으며, 1965년에 신채권각론
    (하)을 출간하여 민법(재산법)교과서 시리즈를 완성하였다.

년 5월에는 다시 김도창·안이준 두 교수와 함께 전국의 대학교수 거의 전원과 법조실무가를 망라한 220여명의 집필진을 동원하여 방대한 크기의 법률학사전을 법문사를 통하여 출간하였으며, 이 사전은 법학의 초학자는 물론 모든 법률가에게 크게 도움이 되는 자료가 되었다. 이 사전이 출간된 이후 현재까지 우리나라에 이보다 더 상세한 법률학사전은 간행되지 않았다.

V. 봉사활동

1. 학회활동

청헌 선생님은 한국민사법학회의 조직을 제창하고 시종일관 이끌어왔다. 즉 한국민사법학회는 민법의 제정과정에서 그 초안에 대한 연구와 검토를 할 목적으로 민사법교수들로 구성되었던 '민법초안연구회'(나중에 '민사법연구회'로 개칭됨)의 후신인데, 청헌 선생님은 민법초안연구회를 조직할 것을 제안하고 연구에 적극적으로 참여하였으며, 민법이 제정·시행된 후에도 민사법연구회의 연구활동을 주도적으로 이끌어갔다.[19] 그리하여 "민사법학회라고 하면 곧 이 분을 연상하지 않을 수 없을 정도로 이 분 없이는 민사법학회는 존재할 수 없었다고 하여도 과언이 아니다."[20]는 평가를 받기도 한다.

예를 들면 필자는 청헌 선생님의 연구실에서 공부하던 1964년부터

---

19) 민사법연구회는 1974년에 「한국민사법학회」로 명칭을 바꿨다.
20) 현승종, 하서(賀序), 현대민법학의 제문제(청헌 김증한 박사 화갑기념), 박영사, 1981, ii쪽 참조.

몇 년 동안 선생님을 따라 학회에 참석했었는데, 그 때는 매월 1회 정례발표회를 열어 판례를 대상으로 발표와 토론을 하였으며, 연구대상판결과 발표자는 청헌 선생님과 안이준 교수 두 분이 선정하여 월례발표회에서 회원이 발표하는 방법으로 연구발표가 진행되었다. 그 당시 월례발표회에 참석하는 회원은 이항령 교수님과 같은 원로 교수님뿐만 아니라 민사법에 관심이 많은 현직 법관과 중진 변호사들이었다.

청헌 선생님의 이와 같은 열정적인 노력에 힘입어 민사법학회는 발전을 계속하였으며, 청헌 선생님은 1972년 6월에 회장으로 선출되어 1986년 5월까지 14년 동안 학회의 발전을 위하여 헌신하였다.

한편 청헌 선생님은 1973년에 한국법사학회를 창립할 때에 발기인으로 참여하여 서양법제사 연구의 선구자로서 한국법사학의 발전에 많은 기여를 하였다. 그리고 1976년 5월에는 한독법률학회를 조직하여[21] 1982년 4월까지 회장직을 맡아 학회를 이끌어가며 한국과 독일 양국의 법의 연구와 학자의 교류에 힘썼다. 또한 학회지「한독법학」을 간행하여 훌륭한 논문을 게재하게 하는 한편 독일의 저명한 법학자들을 초빙하여 강연을 듣고 의견을 교환하는 등 우리나라 법학계에 새로운 활력을 불어넣고자 노력하였다.[22]

2. 관직생활 등

청헌 선생님은 연구실의 학자로서뿐만 아니라 학내 및 국가의 행정에도 탁월한 능력을 발휘하였다. 선생님은 학외활동으로는 문교부 고등교육국장(1960. 5~12), 특별재판소 심판관(1960. 12~1961. 5), 국

---

21) 한독법률학회는 1976년 독일 Freiburg대학교의 Ernst von Caemmerer교수의 내한을 계기로 조직되었다(안이준 편, 한국법학의 증언, 43쪽 참조).

22) 최종고, 앞의 책, 365쪽 참조.

가재건최고회의 법제사법위원회 자문위원(1961. 5~1962. 2), 한국신문윤리위원회 위원(1963~1965), 문교부차관(1967. 8~1968. 5)을 역임하였다. 그가 문교부에서 두 번 일을 하게 된 것은 선배 교수들의 강권으로 부득이하여 맡게 되었으며,23) 관직에 연연하지 않고 그 임무가 끝나면 즉시 대학으로 복귀하여 언제나 학자로서의 본분을 지켰다.

청헌 선생님은 학내에서는 법과대학 학생과장(1951~1957), 대학신문 편집국장(1957. 9~1958. 12; 1961. 1~1962. 2), 행정대학원 원장(1962. 2~1965. 12), 법과대학 학장(1972. 5~1977. 5), 대학원장(1983. 9~1985. 8)을 역임하면서 대학의 발전에 크게 공헌하였고, 정년퇴직 후에는 동아대학교 학장 및 부총장(1985. 9~1988. 2)의 직을 수행하며 노년의 봉사활동을 계속하였다.

청헌 선생님은 학생과장 때에 학생들을 애정을 가지고 엄격하고 합리적으로 지도하여 학생들이 학생의 본분에서 일탈하지 않고 학업에 전념하도록 독려하였고, 그 결과 사상적·사회적으로 혼란한 시기이었음에도 불구하고 법과대학에서는 불온한 사상을 가진 학생들이 발을 붙이지 못하였다.24)

청헌 선생님은 우리나라 법률문화에 기여한 공로가 인정되어 1975년 11월에 서울제일변호사회가 수여하는 법률문화상을 받았고, 정년퇴직 후인 1987년 8월에는 영예로운 대한민국학술원 회원으로 선정되었으나, 너무 일찍 별세함으로 말미암아 1년여의 기간 동안밖에 학술원 회원으로 활동하지 못하였다.

---

23) 안이준 편, 한국법학의 증언, 57쪽 참조.
24) 안이준 편, 한국법학의 증언, 30, 32쪽 참조.

VI. 맺음말

청헌 선생님의 생애에 관한 글을 마치기 전에 선생님의 인품에 관하여 약간 언급하기로 한다. 우매한 제자가 고매한 인격을 가진 선생님의 인품을 말하는 것은 큰 결례가 되지 않을까 조심스럽지만 선생님을 이해하는 데에 도움이 되리라고 생각되어 여러 자료에 나타난 내용을 참고하고, 가까이서 느꼈던 점을 종합하여 몇 가지만 적기로 한다.

청헌 선생님은 매우 강인한 체력을 가지셨다. 여러 해 동안 모시는 중 병환으로 고생한 일이 없었고, 감기나 몸살 같은 가벼운 병환도 앓는 것을 보지 못하였다. 특별한 운동을 하지는 않았으나 등산을 좋아하였고, 또 자주 하였다. 필자는 대학시절에 법과대학 산악회원으로 활동했기 때문에 선생님의 연구실에서 공부하게 된 후에는 선생님을 모시고 산행할 기회가 많아 행복한 여가생활도 할 수 있었다. 특히 산행 중에 등산로에 있는 각종 식물이름을 말씀하실 때 적이 놀란 기억이 있는데, 그것이 사범학교시절에 연마한 실력임을 나중에 알게 되었다.

청헌 선생님은 대단한 노력가이었다. 대학 재학시절에는 아침 8시부터 밤 9시까지 쉬는 날이 없이 도서관에서 공부하였고,[25] 그 결과 대학을 우수한 성적으로 졸업하였다. 대학시절의 청헌 선생님의 인품에 관해서는 1년 선배이었던 현승종 교수님이 다음과 같이 회고하였다.

"내가 김증한 박사를 처음 알게 된 것은 대학예과시절이었다. 체격이나 용모가 균형이 잡히고 단정하여 외양도 믿음직한 데다, 그것에 못지

---

25) 안이준 편, 한국법학의 증언, 26쪽 참조.

않게 투지라고 할까 의지력과 박력이 넘쳐흐르며, 진지하게 학업과 교
우에 임하는 생활태도는 나의 눈길을 끌고 남음이 있었다. … (중략) …
김증한 박사는 입학당초부터 모든 면에서 탁월하게 두각을 나타내 그
존재를 뚜렷이 하였으며, 상급반의 동창들에게 널리 알려졌다. 실제
로 김증한 박사는 동기생들의 구심점이 되어 있었을 뿐만 아니라 성적
도 발군하여 일본학생들의 추종을 불허하였던 것으로 알고 있다."[26)

　청헌 선생님은 열악한 여건 하에서도 학문에 남다른 열정을 가지
고 연구에 정진하였다. 그 한 예로 1949년 가을에는 북한의 대남송전
단절로 전등을 켤 수 없던 때에 석유램프불로 매일 밤 2시경까지 O.
v. Gierke의 독일사법(Deutsches Privatrecht)책과 씨름하여 「공동소유형
태의 유형론」이라는 논문을 써서 1950년 3월 법조협회잡지에 발표하
였다.[27) 이러한 꾸준한 노력은 교수생활 전 기간 동안, 그리고 생애
를 마칠 때까지 계속되었으며, 타고난 재능에 이와 같은 노력이 더하
여져 대학자로 발전하였다고 생각된다.

　청헌 선생님은 강직하고 원칙을 중시하며, 정의감이 투철하였다.
법과대학에 전임교수로 부임한 1946년 무렵에는 학생들 사이에 좌·
우 갈등이 심한 시기였는데, 좌익학생들의 주동으로 11월에 동맹휴학
이 일어났고, 다음 해 2월에 서울대학교 전체가 정상화된 후 주동학
생을 징계하게 되었다. 이 때 김증한 교수는 30명의 징계대상자명단
을 제시했는데 당시의 고병국 학장은 사랑하는 제자인데 많이 처벌
할 수 없다고 반대하였으나, 강력히 처벌을 주장하여 30명 모두 제명
하였고, 그 후 6·25사변 때까지 법과대학에서는 좌·우익간의 싸움이
한 번도 없었다고 한다.[28) 그리고 1960년 4·19의거 직후인 4월 25일
의 독재반대 교수데모 때에 앞장서서 플래카드를 들고 행진하신 일

---

26) 현승종, 하서, i쪽 참조.
27) 최종고, 한국의 법학자, 362쪽 참조.
28) 안이준 편, 한국법학의 증언, 30~31쪽 참조.

은 선생님의 투철한 정의감을 잘 증명해준다.

청헌 선생님은 정이 많고 제자 사랑이 극진하며 포용력이 있는 분이었다. 필자의 대학원 석사과정시절의 기억에 의하면 매년 1월 2일 점심에는 교분이 두터웠던 제자들을 평창동 자택으로 초청하여 점심을 나누며 정담을 나누었다. 이 모임의 참석자는 안이준 교수, 심태식 교수, 김종원 교수, 이호정 교수를 비롯하여 10여명 정도이었다. 특별히 기억나는 것은 1965년에 곽윤직 교수님이 Humboldt재단의 후원으로 1년 동안 독일 Hamburg대학에서 연구를 마치고 귀국했는데, 필자가 김포공항에 마중을 나갔다 왔다고 말씀드리니까 곽윤직 교수에게 손수 전화하여 노고를 위로하신 일이다. 그 때까지는 두 분 교수님 사이에 내왕이 없었기 때문에 이 전화는 예상 밖이었고, 특별한 의미가 있는 것이었다. 그 후 곽윤직 교수님이 민사법학회에 참석한 일도 있고, 다음 해 신년모임 때 김증한 교수님 댁을 방문한 일도 있었다.

청헌 선생님은 약주를 즐기기도 하였는데, 주량이 대단하였다. 60년대에는 법과대학에 각 교수에게 각 학년에 몇 명씩 분담하여 대학생활을 지도하도록 하는 지도교수제도가 있었고, 지도교수와 지도반 학생들이 교외로 야유회를 가는 일이 있었다. 한번은 선생님이 지도반 학생들과 야유회를 갔을 때에 수많은 학생들과 함께 다량의 약주를 드시고도 취하지 않은 채 술 취한 학생들을 보살피신 후에 귀가하였다는 이야기는 일찍부터 법대생들 사이에 전해 내려오는 일화이다. 학회 후 회식을 할 때나 산행 후 저녁을 먹을 때 약주를 드시더라도 언행이 평소와 다름이 없었고, 흐트러지는 일을 본 적이 없다. 음주와 관련하여 선생님께서 하신 주의말씀이 기억난다. 즉 "음주 후 평소에 하지 않던 행동을 하게 되면 술을 끊어야 한다"고 생활의 중요한 교훈을 주신 일도 있다.

VII. 남은 말

청헌 선생님은 만년에 사모님의 권유로 기독교신앙에 귀의하여 독실하게 신앙생활을 하였고, 대한예수교장로회 총공회 사직동교회 장로로 피택되었으나 장로 취임 전에 1988년 10월 7일 68세의 아직 창창한 연세에 병환으로 평창동 자택에서 하늘의 부르심을 받았다. 강철 같은 체질을 가졌던 선생님께서 이렇게 일찍 별세하신 것은 1966년 2월 부산에 출장 갔을 때 숙소에서 연탄가스에 중독된 일이 있었는데 아마도 그 후유증으로 말미암은 것이 아닐까 추측된다.

청헌 선생님께서 못다 이루고 떠나신 민법학은 수많은 제자들과 선생님의 장남 김학동 교수가 민법학 연구를 통해 이어가고 있을 뿐만 아니라, 많은 우수한 학자들과 법조실무가들이 민법학 연구에 정진하여 우리 민법학이 세계 어느 나라에도 뒤떨어지지 않는 높은 수준으로 발전하고 있어 선생님은 하늘나라에서 흐뭇한 마음으로 내려다보고 계실 것이다.

아무쪼록 선생님께서 하늘나라에서 영생복락을 누리시며 생시와 같은 변함없는 애정을 가지고 후학들의 연구를 지켜보시고 격려해주시기를 간절한 마음으로 기원한다.

〈참고문헌〉

김증한, 최종고 저 「서양법제사」(서평), 서울대학교 법학, 27권 1호(1986. 4)

안이준 편, 한국법학의 증언(고 김증한 교수 유고집), 교육과학사, 1989

최종고, 「김증한의 생애와 학문」, 『대학신문』(서울대), 1988. 10

_____, 한국의 법학자, 서울대학교출판부, 1989

현승종, 하서(賀序), 현대민법학의 제문제(청헌 김증한 박사 화갑기념), 박
　　　영사, 1981

황적인, 김증한 교수의 민법학(Ⅰ), 사법연구 제4집, 청림출판, 1999

「서재한담」, 한국경제신문, 1985. 1. 20

「잊을 수 없는 스승 김증한」, 서울대학교 동창회보, 1989. 2

민법연구 방법론

윤 철 홍*

Ⅰ. 서 설

1. 한국 민법학계의 소위 1세대로서 초기 한국 민법학을 정립하는데 중요한 역할을 해온 김증한 교수나 현승종 교수, 곽윤직 교수, 이태재 교수 등은 한결 같이 기초법학이라 할 수 있는 법사학 등에 관심을 가졌다. 특히 민법 교과서 등을 집필하기 전에 먼저 법사학 관련 저서를 출간한 것에서 이것을 확인할 수 있다. 예컨대 김증한 교수의 독일사법사와 서양법제사,[1] 현승종 교수의 로마법과 법사상사 및 서양법제사,[2] 곽윤직 교수의 대륙법,[3] 이태재 교수의 서양법제사개설과 자연법[4] 등이 그 주된 예라 할 수 있다. 이와 같은 민법학 1세대 학자들의 연구 방법론을 검토하는 것은 단순히 과거를 회상하거나 반성하는 정도의 의미가 아니라 우리 민법학을 재정립하는 데

---

* 숭실대학교 법과대학 교수
1) 김증한, 「독일사법사」(한국법무부, 1951); 「서양법제사」(자선사, 1953).
2) 현승종, 「로마법원론」(일조각, 1954); 「법사상사」(장왕사, 1959); 「서양법제사」(박영사, 1964).
3) 곽윤직, 「대륙법」(박영사, 1962).
4) 이태재, 「서양법제사개론」(진명문화사, 1963); 「자연법개론」(법문사, 1962); 「로마법」(진율, 1990).

필수적인 작업이라 여겨진다. 그러한 1세대 민법학자중 핵심을 이루
는 분 중의 한 사람이 김증한 교수라고 할 수 있는데, 한국민법학의
발전에 그 분의 업적은 아무리 강조해도 지나치지 않을 것으로 여겨
진다. 故 안이준 교수는 김증한 교수의 일생을 "해방 후 한국의 법질
서를 학문적으로 기초 놓은 교두보의 역할을 한" 것이며, 그의 "한 평
생은 곧 현대 한국법학의 역사 그 자체"라고 평가하였다.5) 김증한 교
수는 해방된 다음 해인 1946년부터 서울대학교 법과대학 교수로 재
직하면서 먼저 '서양법제사'를 강의하게 되었는데, 이것은 민법학 연
구방법론의 확립에 중요한 역할을 한 것으로 보인다. 김증한 교수는
일본민법학의 극복 수단으로 비교법적 연구, 특히 독일민법의 연구를
강조하였다. 원래 비교법적 연구란 각국의 현행 법제의 이른바 횡적
인 비교를 의미하는 것으로 이해하지만, 그것에는 당연히 비교법사적
인 소위 종적인 비교까지를 포함하는 것이다.6) 따라서 단순히 과거
의 제도에 대한 역사적인 의미를 탐구하는 대상이 아닌 현행 사법상
의 제도에 대한 연구는 연혁 및 입법사에 대한 종적인 연구가 필수적
인 것이다. 김증한 교수의 연구에서 이 점을 잘 보여주고 있다.

2. 김증한 교수는 1960년 우리 민법의 시행과 함께 출간된 물권법
교과서를 저술하면서 밝힌 연구방법을 밝혔는데, 그에 따르면 "독일
이론을 참고하면서, 우리 사회생활의 현실에 적합하고, 현대의 법률
사상을 반영한 해석론을 수립하려고" 힘썼다는 점을 강조했다.7) 김
증한 교수의 민법연구는 크게 세 가지로 나눌 수 있다. 즉 이론연구
와 판례연구, 그리고 실태조사였다.8) 이론 연구는 우선 법해석학의

---

5) 안이준, "머리말", 「한국법학의 증언」(교육과학사, 1989).
6) 久保正幡, "비교법에 있어서 서양법제사의 의의", 「강원법학」, 제1권 1985,
173면.
7) 김증한, 「신물권법」(상권)(법문사, 1960), 4면.

기초가 되는 법사학과 비교법학을 필수적인 것으로 판단하였다.[9] 그래서 그의 연구방법은 법사학적 방법론과 비교법적 방법을 통해 민법의 해석학을 추구하였던 것으로 여겨진다. 판례연구도 현재와는 달리 판례를 구할 수 있는 여건이 좋지 못한 상황이었음에도 불구하고 상당한 연구 업적을 이룩하였다.[10] 또한 실태연구의 필요성을 강조하면서, 몇 편의 논문을 발표한 바 있다.[11] 따라서 김증한 교수의 민법 연구방법론은 주로 법사학적 방법론과 비교법적 방법론 및 실태조사라는 형식의 법사회학적 방법론으로 요약된다. 이하에서는 이러한 법사학적 연구방법론과 비교법적 연구방법론 및 법사회학적인 연구방법론을 중심으로 김증한 교수의 연구방법을 검토해 보고자 한다.

II. 법사학적 방법론

1. 개 설

법사학의 연구 필요성과 관련하여 김증한 교수는 '서양법제사'의 서문에서 다음과 같이 밝히고 있다:

"우리나라는 바야흐로 빌린 옷을 벗어버리기 위하여 우리 자신의 법체계를 창조하려는 단계에 있다. 그러나 법의 창조란 결코 현실과 유리

---

8) 김증한, "한국민법학 30년의 회고", 「한국법학의 증언」(안이준 편)(교육과학사, 1989), 119면.
9) 김증한 "한국민법학의 진로"(주 8), 133~134면.
10) 김증한, "한국민법학의 진로"(주 8), 135면 이하.
11) 김증한, "한국민법학의 진로"(주 8), 138면 이하.

하고 종래의 법체계의 몰교섭하게 이루어 질 수 있는 것이 아니라, 우선 과거의 회고, 검토 음미로부터 출발하여야 할 것이다. 이 요청에 응하여 주는 것이 법제사이다. 따라서 법제사의 연구는 한국법학의 현 단계에서 요청되는 가장 긴급절요의 분야의 하나이다."[12]

한국에서 법학연구의 초기에 기초법이라 할 수 있는 법제사를 이렇게 강조하게 된 배경은 아마 대학 강의를 법제사로부터 시작한 것이기 때문일 것이라고 생각한다. 즉 김증한 교수는 1946년 서울대학교 법과대학의 강의를 '서양법제사'라는 강의부터 시작했다고 한다.[13] 강의준비를 위해 참고한 책들을 보면 김증한 교수의 연구 성향과 방법론을 추론할 수가 있다.

서양법제사의 강의를 준비하면서 참고한 책으로는 '독일에서 정평 있는 플란니츠의 '게르만법사'[14]와 쉬베린의 '독일법사의 기초'[15]였다. 또한 '서양법제사'를 저술할 때에는 기르케의 '독일사법'[16]과 쉬뢰더=퀸스베르크의 '독일법사서'[17] 등을 주로 참고하였다고 한다.[18] 서양법제사라 하면 로마법을 원류로 하여 신성로마제국시대의 로마법 초기계수와 본계수를 통해 유럽대륙에 로마법이 보통법으로 시행되는 과정과 고유한 게르만법과 교회법을 중심으로 이루어진다고 할 수 있다.

그러나 김증한 교수의 서양법제사는 게르만법을 중심으로 서술하고 있어 이러한 서양법제사의 이해와 다르며, 서양법제사의 개념도

---

12) 김증한, 「서양법제사」(자선사, 1953) ; 「서양법제사」(박영사 1955), 서문.
13) 김증한, "나와 서양법제사"(주 8), 157면.
14) H. Planitz, germanische Rechtsgeschichte, 1936.
15) v. Schwerin Grundzuege der deutschen Rechtsgeschichte, 2.Aufl., 1934.
16) Otto v. Gierke, Deutsches Privatrecht, I(1895), II(1905), III(1917).
17) Schroeder=Kuenssberg, Lehrbuch der deutschen Rechtsgeschichte, 7. Aufl., 1932.
18) 김증한, "나와 서양법제사"(주 8), 157면, 164면.

다르게 정의하고 있다. 통상 광의의 서양법제사란 서양사의 주된 무대가 고대 지중해 세계로부터 중세 유럽 세계로 옮겨온 이래 그 세계에 전개된 법의 역사이다.[19] 따라서 로마법을 포함한 서양 법제의 역사 전반을 의미한다. 그러나 종래 통상의 용례에 따르면 로마법은 독립한 한 개의 분야로 치고 서양법제사라고 부를 때에는 로마법을 포함하지 않는 견해도 있다. 따라서 협의의 서양법제사란 로마법과 병립하는 개념이라고 본다. 로마법이 주로 고대 지중해 연안의 로마법의 발전에 대해 연구하는 것임에 반하여, 협의의 서양법제사는 주로 중세 이후 유럽 세계의 게르만법의 발전을 연구하는 것이다. 이러한 의미에서 김증한 교수는 협의의 서양법제사를 취급하고 있다.

이러한 협의의 서양법제사의 연구도 국가를 초월하게 되는데, 국가를 초월한 고찰방법은 유럽 법발전에 공통된 요소를 착안하여 유럽 세계의 법발전을 종합적으로 인식하는 방법이다. 즉 중세이후 유럽 세계의 법발전은 다른 문화 발전이 그랬던 것과 같이 로마와 게르만이라는 각자의 고유한 특색을 지니고 있었다.[20]

2. '서양법제사'에 나타난 법사상

(1) 김증한 교수는 1946년 서울대학교 법과대학에서 '서양법제사' 강의를 시작하면서, 강의안으로 작성한 것을 보충하여 1951년에 '독일사법사'라는 책을 출간하였다. 1953년에는 이것을 증보하여 '서양법제사'라는 제목으로 다시 출간하였다. 이 책을 통해 김증한 교수의 법제사에 대한 사상을 추론해 볼 수 있다. 이 '서양법제사'를 개관해 보면 전론에서 법제사와 서양법제사 및 독일법제사의 개념을 정의하

---

19) 久保正幡(주 6), 173면.
20) 김증한, 「서양법제사」, (자선사, 단기4288년/1953), 3면.

고, 서양법제사의 연구방법과 독일법제사를 시대별로 구분하였다. 이어 제1부에서는 사회사 및 법원사를 개관한 다음, 제2부 사법사에서는 민법총칙과 물권, 채권, 친족상속을 게르만 공동체적 관점에서 기술하였다. 제1부 사회사 및 법원사는 게르만시대, 프랑크시대, 중세, 근세로 구분하여 설명하고 있다. 독일법사의 통설적인 시대구분에 따른 것이다. 사회사라는 명칭에서 알 수 있듯이 국가제도나 신분제도 등도 언급되었지만, 소위 말하는 헌법사적 시각이나 형법사는 거의 언급되지 않고 있다. 법원사는 각종의 법전들과 중세 및 근세에 이르는 로마법의 계수과정을 소개하였다.

(2) 김증한 교수는 자신의 법사학에 대한 관점을 '서양법제사'에서 정확히 밝히고 있다:

> "법학지식은 가지고 있으나 역사지식이 부족하여 사회사 경제사 정치사 등과의 종합적인 고찰을 하지 못하는 사람의 법제사는 법해석학의 시녀·회고적인 실정법학밖에 되지 못할 것이며, 그러한 법제사는 과거사회의 법생활의 실태를 파악하지는 못할 것이다. 법해석학의 시녀의 역을 벗어나서 과거사회의 법 생활의 실태를 다른 문화현상과의 관계 하에 파악하는 법제사만이 확실하고 또 크게 법학의 타부분에 대하여 기여할 것이다. 그와 반대로 역사의 일반지식은 가지고 있으나 법학의 개념을 자유로 구사하지 못하고 법학의 체계를 모르는 사람의 법제사는 찌그러진 일반에 지나지 않고 처음부터 법제사라 부를 수 없는 것이다."[21]

김증한 교수는 과거사회의 법 생활을 다른 문화와 관련 속에서 파악할 수 있는 역사적인 안목과 함께 법학의 체계를 알고 있는 법제사 연구만이 법해석학의 시녀에서 벗어 날 수 있음을 강조하고 있다. 이

---

21) 김증한, 「서양법제사」(박영사, 1955), 1면, 각주 1번.

러한 관점에서 서양법제사를 저술하여 법원사뿐만 아니라 사회 경제
사를 함께 다루면서 사법상의 제도를 논하였다.

(3) 김증한 교수의 '서양법제사' 내용은 독일법제사로 국한하고 있
다. 앞서 언급한 바와 같이 '독일사법사'라는 책을 기본으로 하여 증
보한 것이기 때문에 사법사가 주종을 이루고 있다. 원래 법사학은 법
의 현상을 분석 대상으로 삼는다. 이러한 법사는 제도적인 관점의 제
도사와 이념이나 사상에 중점을 두는 사상사로 나눌 수 있는데, 이
저서는 주로 제도를 중심으로 기술하고 있다. 이 같은 서양법제사의
기술 방식은 김증한 교수의 법사학의 특징을 보여 주는 것이라 할 수
있다. 법사는 외사(aeussere Geschichte)와 내사(innere Geschichte)로 구
별할 수 있다. 그런데 김증한 교수의 표현에 따르면 내사가 법사의
핵심부분을 이루는 것이고, 외사는 그것을 이해하기 위한 외각으로
이해하고 있는 듯하다.22) 외사와 내사를 구별하는 법사에 대한 접근
방식 역시 독특하다. 김증한 교수는 내사에 집중하여 게르만 상속법,
게르만 친족법이나 공동소유의 유형론과 같은 논문을 집필하게 된
것으로 여겨진다. 내사의 관점에서 볼 때 게르만법 연구의 핵심은 家,
신의칙, 종사제, 상속제, 소유제도라 할 수 있다.23)

---

22) 김증한, "나와 서양법제사"(주 8), 165면.
23) 전후 독일의 대표적인 게르만법사학자인 Karl Kroeschell은 이 점을 특히 강조
하였다. 이에 관한 국내 번역문으로 크뢰쉘·윤철홍, "연구과제로서 게르만법"
「김홍규교수 화갑기념논문집」(삼영사, 1992); "독일법사에서의 성실", 「임정
평교수화갑기념논문집」(법원사, 2001), 1면 이하; "초기독일법상의 가와 지
배", 「정환담교수화갑기념논문집」(법문사, 2000), 729면 이하; "게르만상속법
상 아들과 딸", 「한봉희교수화갑기념논문집」(밀알, 1994), 5490면 이하; "지
도자, 종사제와 성실", 「김영훈교수화갑기념논문집」(법문사, 1995), 847면 이
하 참조.

(4) 김증한 교수는 서양법제사를 종합적인 관점에서 기술한 것이
아니라 국가별 연구 방법에 의한 게르만- 독일법제사를 주로 기술하
였다. 비록 게르만법의 법원사나 게르만 사회경제사를 포함하고 있기
는 하나, 헌법사나 형법사와 같은 법사학의 중요한 영역에 대한 언급
이 없어 종합적인 법제사라고 하기에는 미흡한 점이 많다. 더 나아가
독일법제사라고 국한한다고 해도 18세기부터 부흥하기 시작한 독일
법학, 특히 보통법시대 역사법학이나 판텍텐법학에 대한 언급이 전혀
없으며, 19세기 민법학을 한 단계 향상시킨 푸후타나 빈트샤이트 등
의 개념법학과 법실증주의에 대한 언급이나, 독일민법전의 제정과정
등 입법사에 대한 논의도 거의 없다.[24] 더 나아가 20세기 현대 독일
법사에 대한 언급도 없다. 따라서 '독일사법사'라 하더라도 미흡점이
많다고 여겨진다. 민법은 로마법과 중세교회법 및 자연법의 영향 하
에서 발전된 것이기 때문에, 독일사법사라고 저명을 바꾼다고 하더라도
이러한 세 법들에 대한 영향을 간과한 점에서는 비판의 소지가 있다.

(5) 김증한 교수는 초기에는 주로 서양법제사의 연구에 집중하였
다. 그러나 후대에서 판단해 볼 때 김증한 교수의 법제사의 연구는
본격적인 법사학자로서의 법사학의 연구라기보다는 민법연구의 기초
로서 역할이라 여겨진다. 따라서 '서양법제사'를 기술하면서도 헌법
사적 시각이나 형법사 등에 대한 언급이 거의 없는 것도 이 같은 연
구방법론을 대변하는 것이라 여겨진다. 연구의 롤모델로 해석될 수
있는 독일학자로서는 기르케를 들 수 있다. 독일의 대표적인 게르만
법연구자로서 대 저작인 독일단체법과 독일사법(I, II, III) 및 그 밖의

---

24) 물론 서양법제사에서는 언급하지 않았지만, 서양법제사의 강의를 듣지 않는 독
자들을 위해 민법총칙에서는 19세기 독일을 중심으로 한 역사법학파와 개념법
학 및 법실증주의에 대해 자세히 설명하고 있다<김증한, 「민법총칙」(진일사,
1972), 28~31면 이하; 동인, 「민법총칙」(박영사, 1983), 30~32면 참조>.

많은 단행 연구서들이 있다. 법제사에 대한 개설서를 저술하지는 않았지만 대표적인 게르만 법사학자로 분류되며, 그의 명성에 맞게 독일 민사법학계나 법사학계에 그 영향력도 지대하였다. 기르케의 업적은 김증한 교수의 민법학의 기초와 연구방법론에도 크게 영향을 미친 것으로, 김증한 교수의 저서나 연구 논문들에서 쉽게 확인할 수 있다.

3. 법사학적 관점에서의 민법학 연구

(1) 법사학적 연구의 필요성

1958년 2월 22일에 공포된 우리 민법전은 기본적으로 우리의 고유한 제도를 계승 발전시켜 제정한 것이 아니라 서구 유럽법을 계수한 것이라는 점이 가장 특징적인 것이다.[25] 이러한 계수법으로서 우리 민법전은 다른 나라에서 계수한 것과는 다른 여러 가지 특징을 지니고 있다. 우리나라에서는 일본민법이 조선민사령에 의해 일제 강점기인 1912년부터 1945년 8월 15일 해방까지 강제적으로 시행되었으며, 해방 후부터 우리 민법전이 제정되어 시행되기 전인 1959년 12월까지는 자발적으로 시행되었다. 그런데 이 일본민법 역시 서구 유럽의 민법전을 비교법적인 관점에서 계수한 것인데,[26] 이러한 민법전이 의용민법으로 거의 50여년 동안 시행된 것이다. 우리 국민들은 타의에 의해 강제적으로 50여년 동안 서구 유럽법을 경험하게 된 것이다. 따라서 해방 후 우리나라에서도 자연스럽게 서구 외국 민법전들을 참고하여 민법을 제정하게 되었다. 그러나 이것은 우리 민법의 입안

---

25) 양창수, "민법의 역사와 민법학", 「민법연구」(제3권)(박영사, 2006), 141면 이하.
26) 일본민법의 기초자 3인중의 한사람이었던 호쭈미의 주장이다. 이에 대해서는 N. Hozumi, The new Japanese Civil code, Ilinois 1905, p.12.

자들이 서구 유럽 민법전들을 연구하여 직접 수용한 것이 아니라, 일본민법학을 통한 2차적인 계수라 할 수 있다.[27] 예컨대 일본민법은 프랑스민법과 독일민법 제1초안과 기타 여러 민법전을 비교법적으로 연구하여 제정한 것이라고 한다. 비록 프랑스민법전을 전폭적으로 수용한 일본 구민법과 다르기는 하지만, 새로 제정된 일본 민법 역시 큰 흐름은 프랑스민법을 수용한 것이다. 따라서 시행된 뒤 곧 바로 시작된 학설계수를 통해 일본민법학에 이중구조가 나타나는 등 일본민법학으로의 변용 내지 동화과정이 나타났다.[28] 이러한 과정을 거친 일본민법과 일본민법학의 연구 성과의 하나라 할 수 있는 만주민법이 제정되었다. 그런데 우리 민법전의 제정은 이러한 일본민법과 민법학의 성과를 통해 독일민법과 스위스민법 및 프랑스민법전을 간접적으로 참고하여 이루어진 것이다. 따라서 이러한 다양한 요소들이 계수라는 이름으로 민법전에 혼입되어 있기 때문에, 민법전의 해석론으로부터 출발한 한국민법학은 비교법적 내지는 법사학적 연구가 당연히 요청된 것이라 할 수 있다. 이러한 관점의 연구 필요성을 김증한 교수는 누구보다 먼저 그리고 긴요하게 느끼고 있었던 것으로 추측된다. 상술한 바와 같이 법사학적인 연구는 그의 민법학의 출발점이라 할 수 있다.

(2) 법사학의 관점에서 본 민법학

(가) 해방 후 척박한 상태에서 민법 연구에 앞서 법사학에 관심을 가졌던 김증한 교수는 곧 바로 게르만 친족법과 상속법, 스위스의 가산제도 및 공동소유의 유형론 등 게르만법사학의 핵심적인 논제라

---

27) 양창수(주 25), 143면.

28) 이러한 점에 대해 자세한 것은 Z. Kitagawa, Rezeption und Fortbildung des europaeischen Zivilrechts in Japan, Frankfurt 1970 참조.

할 수 있는 것들에 대한 연구를 우선적으로 행하였다. 물론 오늘날 연구수준에서 보면 게르만 친족법과 상속법을 개괄적으로 소개하는 수준이지만, 게르만 사회를 이해하는 핵심적인 논제이기 때문에 결코 폄하될 수 없는 업적이라 할 수 있다. 또한 스위스 가산제도에 대한 연구는 그것의 현재적 의미를 논구한 것으로서 유용성을 잘 검토해 준 것이라 할 수 있다. 특히 1950년 약관 30세에, 북한으로부터 전력 공급이 갑작스럽게 중단되어 남폿불 아래서 기르케의 '독일 사법' 등 수많은 문헌을 읽고 새롭게 정립한 '공동소유형태의 유형론'은 우리 민법학계의 총유의 유용성 여부를 떠나 '김증한'이라는 민법학자의 탄생을 알리는 포효였다. 사비니가 약관 24세 때 점유법[29]이라는 저 서를 출간하여 독일 민법학계에 혜성같이 나타났던 것과 비견할 수 있는 사건이라 평가할 수 있을 것이다.

김증한 교수는 1972년에 저술한 민법총칙 서론에 민법의 역사라는 장을 두어 로마법과 게르만법의 역사를 개관한 다음 대륙법이 어떻게 성립하였으며, 근세법전들이 어떠한 결과를 밟아서 이루어졌는가 를 비교적 자세히 설명하였다. 이어서 법학사를 하나의 독립된 장으 로 두고 독일의 18세기 이후 법학사를 개관하고 있다.[30]

(나) 법사학적 방법론에 의한 대표적인 논문이라 할 수 있는 것은 "공동소유형태의 유형론" 이외에도 "한국민법의 법제사적 및 비교법 적 연구"[31]을 들 수 있겠다. 이 연구는 민법총칙 일부, 즉 통칙에서부 터 부재와 실종까지를 비교 법제사적으로 분석 검토한 것이다. 우리 나라에서도 최근에는 개별제도들에 대한 단순한 연혁의 소개가 아닌

---

29) v. Savigny, Das Recht des Besitzes, Giessen, 1803.

30) 김증한, "사법학계의 30년"(주 8), 97면.

31) 김증한, "한국민법의 법제사적 및 비교법적 연구" 서울대 「법학」, 제10권 2호 (1968.12), 27면 이하.

깊이 있는 사적 연구성과들이 상당한 수준에 이르고 있다.[32] 그러나
민법의 수개 조문에 대한 법제사적 검토는 이 논문이 효시적인 것이
라 할 수 있다. 이러한 유형의 연구는 혼자 할 수 있는 것이 아니기
때문에 후학들이 계승했어야 하는데, 그렇지 못하여 더 이상 후속 연
구가 수행되지 못한 상태로 머물러 있다. 아쉬운 부분이라 할 수 있
다. 우리 민법의 후속학자들이 법사적인 관점에서 민법 전체를 연구
하는 그날이 속히 오기를 기대한다.

6. 소 결

김증한 교수의 '서양법제사'는 한국에서 이루어진 서양법제사의 연
구의 선구적인 것으로 그 학문적 가치는 결코 폄하될 수 없는 것이라
여겨진다. 다만 원래 저서의 명이 '독일사법사'이었던 것과 같이 '서
양법제사' 보다는 '독일사법사'라 하는 것이 바른 표현이라 여겨진다.
법사는 통상 제도사와 이념사로 나눌 수 있다. 우리나라에서는 법사
를 제도사를 주된 것으로 이해하지만, 법률사상사라는 이름에서 알
수 있듯이 사상이나 이념도 결코 무시할 없는 것이다. 따라서 서양법
제사라 할 때 서양의 법사상사뿐만 아니라 공법사도 포함되어야 하
는데 이점에서는 미흡한 점이 많다고 여겨진다.

김증한 교수가 탄탄한 법사학적 기초를 통해 한국민법을 법제사적
인 관점에서 논구한 논문들은 후대 연구방법의 전형을 제시한 것으
로 평가할 수 있다. 예컨대 김증한 교수는 민법 제1조에서부터 제19

---

32) 민법 제정사를 중심으로 한 정종휴, 「역사속의 민법」(교육과학사, 1995); 윤철
홍, 「소유권의 역사」(법원사, 1995); 윤대성, 「한국전세권법연구」(한국학술정
보, 2009); 양창수, 「일반부당이득법의 연구」, 서울대 박사학위청구 논문,
1987; 정상현, 「불법원인급여제도에 관한 연구」, 성균관대학교 박사학위청구
논문, 1999 등

조까지 비교 법제사적 관점에서 논구하였다. 단순한 횡적인 비교가 아니라 종적인 연구를 통해 민법 조문들을 바로 이해할 수 있도록 한 것이다. 그러나 후학들이 이러한 연구 방법을 계승하지 못하여 김증한 교수가 수행한 민법총칙의 일부 이외에는 거의 연구되지 못하고 있다는 점은 후학들이 반성해야 할 부분이라 여겨진다. 또한 비교법 사적인 관점에서 연구한 '물권적청구권'이나 '공동소유형태의 유형론' 의 가치는 아무리 강조해도 지나치지 않을 연구 성과라 여겨진다.

Ⅲ. 비교법적 연구방법론

1. 개 설

(1) 해방 후 우리 민법학의 최대 관심사는 일제 잔재를 청산하는 것이었다. 이를 위해서는 우리 고유법에 대한 연구에 의한 현대적인 민법학을 구축하는 것이 가장 바람직한 것이었겠지만, 그러한 토양이 없는 현실에서는 일본민법학을 대체할 민법학이 필요했다. 김증한 교수는 해방 후 40년이 지난 1985년 서울대 「법학」지에 기고한 "한국민 법학의 진로"라는 글에서 "일본법학의 굴레에서 벗어나서 우리 자신 의 독자적 이론을 개척해 나가야한다"[33]고 주장하면서, 그 대안을 독 일법학에서 찾았다. 이렇게 독일법학을 일본법학의 대안으로 주장한 근거를 살펴보면 다음과 같다:

"그것을 하는데 있어서는 역시 독일법학이 가장 손쉬운 의거처가 되

---

33) 김증한, "한국민법학의 진로"(주 8), 153면.

지 않을 수 없다. 왜 하필이면 독일이냐고 반대할 사람도 있을지 모른다. 그러나 우리나라에 도입된 법학도, 법관양성소의 교관들이 모두 일본에 유학하여 그 당시에 일본에서 지배적으로 되어 있었던 독일법학을 배워가지고 왔었고, 일본에서도 영법 독법 불법 중에서 처음에는 일본민법전이 Boissonade가 기초한 관계로(다만 그 법전은 시행되기에는 이르지 않았지만) 일본민법에 대하여 불법의 영향이 지대하였지만, 학문적으로는 독일법학이 전적으로 지배하다시피 된 것이 사실이다. 그 결과 우리나라 법조인이나 법학자들은 이 독일법학의 선례를 착실히 받은 사람들이다. 또 일본뿐만 아니라, 전 세계적으로 보더라도 19세기의 독일법학은 세계적으로 가장 훌륭하게 발달한 것이라고 하는 것을 부인할 수 없다."[34]

특히 이렇게 주장하게 된 배경은 해방된지 40년이 지났음에도 불구하고, 우리 민법학이 일본법의 망령에서 벗어나지 못하고 있다고 판단하였기 때문이라고 여겨진다.[35] 예컨대 대법원 판례상에 나타난 일제 잔재와 관련하여 "우리나라 사법부 중견을 이루고 있는 많은 분들이 일제시대에 교육을 받은 탓인지 몰라도 일본 것이라면 금과옥조로 생각하는 경향이 있는 것 같다. 그분들은 일본의 대심원판례가 말하고 있으니까 우리도 그대로 따른다고 생각하고 있는 것이 아닌지?"라고 생각할 정도였다. 이러한 주장에서도 일본민법으로부터 해방의 필요성을 강조한 이유를 알 수 있다. 그렇다고 일본민법학을 폄하하거나 경시해서는 안된다는 생각을 아울러 하였다. 그 이유는 "법학에서 일본은 우리의 스승격이고, 일본학자들이 연구도 열심히 하고

---

34) 김증한, "한국민법학의 진로"(주 8), 153~154면.
35) 필자가 광복 50주년을 기념하여 일제 잔재청산 작업의 일환으로 수행한 연구에 따르면 50년이 지난 상태에서도 여전히 김증한 교수의 지적대로 학자들의 연구나 법원의 판례에서 일본민법학으로부터 벗어나지 못하고 있음을 확인하였다. 윤철홍, "사법상 일제 잔재의 청산", 「광복 50주년 기념논문집」(한국학술진흥재단, 1995), 129면 이하 참조.

있기 때문이"라고 하였다. 다만 문화적 식민사상을 하루 속히 버려야 한다는 것을 강조한 것이다.[36] 이러한 인식하에서 김증한 교수는 일본민법학을 극복하기 위한 대안으로 독일민법학을 집중적으로 연구하였다. 그 결과로 후술하는 바와 같이 다수의 제도들에 대한 법리를 수용하여, 그 학설의 변용(usus)을 통해 '한국화'하고자 진력을 다하였다. 이러한 비교법적 연구에 박차를 가한 이유는 1958년에 민법이 제정되어 1960년부터 시행됨에 따라 우리 민법에 대한 새로운 해석론이 필요하였기 때문이라고 여겨진다.

(2) 새로운 우리 민법의 해석론과 관련한 김증한 교수의 법해석론의 핵심은 법의 목적에 따라 해석하려는 목적론적 해석(teleologische Auslegung)이라 할 수 있다. 원래 목적론적 해석방법은 입법정책적인 목적(Zweck), 규정에 내재되어 있는 이념(Idee), 궁극적인 목적성(Finalitaet), 법률의 이성(ratio legis), 규정의 정신(ésprit), 규범의 정책(policy)에 대한 물음을 논구하는 것이다.[37] 따라서 개별적인 법조문에 내재된 법의 목적뿐만 아니라 법 전체의 목적이 고려되지 않으면 안되며, 또한 입법자의 의사를 탐구하는 법의 제정 당시의 목적(주관적인 역사해석 방법)뿐만 아니라 법을 적용하는 때(객관적인 역사해석 방법)에 요청되는 목적을 고려해야 한다는 것이다.[38] 법은 국민생활에 부합해야 한다는 목적에 맞도록 해석되어야 한다. 왜냐하면 목적은 모든 법의 창조자이기 때문이다.[39] 따라서 이러한 목적에 부합하는 해석을 위한 법해석학은 사회생활의 실천과 결합되어 있는 실천적 학문이라 할 수 있다. 김증한 교수는 이와 같은 목적론적 해

---

36) 김증한, "한국민법학의 진로"(주 8), 151면.
37) E. A. Kramer, Juristische Methodenlehre, 4. Aufl., 2013, S.152.
38) 김증한, 「법학통론」(박영사, 1988), 50면.
39) R. v. Jhering, Das Zweck im Recht, Bd. I, 3. Aufl., 1893, S.VIII.

석가운데서도 소위 말하는 객관적-목적적 해석 방법론에[40] 입각하여 연구를 진행하였다고 볼 수 있다. 이러한 해석 방법은 여러 가지 물권제도의 해석에서 잘 나타나고 있다. 물론 이러한 목적론적 해석이라고 해서 법적 안정성을 흔들리게 하는 일이 없도록 경계해야 함은 당연하다.[41] 이하에서는 대표적인 연구 업적 속에 나타난 비교법적 연구방법론을 검토해 보고자 한다.

2. 물권법교과서 저술로 본 연구 방향

(1) 김증한 교수는 해방 후에도 15년 동안 일본민법이 시행되고 있던 시기에는 我妻榮 교수의 교과서를 안이준 교수와 공동으로 번역 출판하였다. 그러나 우리 민법이 제정되어 1960년부터 시행되자, 我妻榮 교수의 저서들을 번역하여 출간한 안이준·김증한 공편저 형식의 민법교과서에서 탈피할 수밖에 없었다. 그래서 김증한 교수는 새로운 해석론에 입각하여, 1960년에 단독저서인 신물권법(상)을 출간하였다. 이 저서의 서문에서 저술의 방향을 다음과 같이 명확히 밝히고 있다.

"금년 1월 1일부터 시행된 민법전을 구민법과 비교하건대, 가장 크게 달라진 부분이 물권편이다. 그 주요한 차이점을 들어 보더라도, 물권변동에 관하여 형식주의를 취하였고, 점유의 개념에 관하여 객관주의를 취하였고, 상린관계에 관한 규정이 많이 늘었고, 지상권이 매우 강화되었고, 영소작권과 부동산 질권을 폐지하는 대신에 전세권을 물권으로 등장시켰고, 또 저당권에 관하여도 달라진 점이 많다. 그 중에서도 특

---

40) 이러한 객관적 - 목적적 해석론에 대해서는 K. Larenz, Methodenlehre der Rechtswissenschaft, 6.Aufl., 1991, S.333ff.; F. Bydlinski, Juristische Methodenlehre und Rechtsbegriff, 2. Aufl.,, 1991, S.453ff.참조.
41) 김증한, 「법학통론」(주 38), 50면

히 물권변동에 관한 형식주의의 채택은 재산법체계의 전부에 걸치는 기본원칙의 전환인 만큼, 그 실제적 영향도 크거니와, 이론상으로도 그 해석론을 세움에 있어서 무궁무진하게 새로운 의문에 봉착하게 한다. 물권편의 규정이 이만큼 크게 달라졌다는 사실은, 필연적으로 일본서적에의 의존을 불가능하게 만드는 동시에, 독일의 법이론을 참고해야 할 필요성을 훨씬 더 높이게 되었다. 이러한 사정은 또, 안 교수와 본인의 공동으로 된 민법강의가 我妻 교수의 민법강의의 틀을 벗어나지 않을 수 없는 계기를 만들어 주었다. 이 책을 지음에 있어서, 특히 신법에서 달라진 점에 주력하여, 독일의 이론을 참고로 하면서, 우리 사회생활의 현실에 적합하고, 현대의 법률사상을 반영한 해석론을 수립하려고 힘썼다."[42]

60여년 동안 우리 사법상 기본법으로서 역할을 해온 일본민법으로부터 독립된 우리 민법학을 단시일 내 구축한다는 것은 불가능한 일이었다. 그러나 우리 물권법이 일본물권법과 상당히 다른 내용을 다수 포함하고 있었기 때문에, 다른 어떤 분야보다 새로운 체계서가 필요하였다. 예컨대 물권변동에 대해 형식주의를 취했으며, 제217조 등 다양한 형태의 상린관계의 규정, 공동소유에서 합유와 총유규정의 신설, 전세권의 신설, 영소작권과 우선특권 및 부동산 질권의 폐지 등만 보더라도 많은 차이가 있었다. 이러한 변화에도 불구하고 "일본 것이라고 하면 금과옥조로 생각하는 경향"이 상존하고 있어서 의도적으로 독일민법학의 연구에 집중한 것으로 보인다. 이에 따라 일본민법학의 추종을 비판을 하면서, 독일 것을 금과옥조로 생각하는 것은 아닌지, 또 "일본 것이니까 따라야 한다는, 말하자면 문화적 식민지사상을 속히 버려야 한다"고 한다면 독일의 것에도 동일하게 적용될 수 있다는 비판이 제기되었다.[43] 더 나아가 일본의 학문이 독일에 의해

---

42) 김증한(주 7), 4면.
43) 양창수, "한국법에서의 「외국」의 문제", 「서민교수정년퇴임기념논문집」(법문사, 2006), 78면.

지배되고 있다고 하더라도, 일본의 식민지배로부터 벗어난 마당에 일본민법학의 종주국이라는 독일만을 '가장 손쉬운 의거처'로 삼은 이유에 대해 수긍할 수 없다는 비판[44] 역시 일리 있는 것이라 여겨진다. 그러나 1960년대 상황에서 판단해 볼 때 비교법적 연구는 필수적이었다. 그런데 정치적 이유 등 여러 가지 이유 때문에 일본민법학의 영향에서 탈피해야 하는데, 당시 가장 앞서 간다고 여긴 곳이 독일이다 보니 그곳을 의지처로 삼은 것에는 이해할 수 있는 여지가 없지 않다. 다만 프랑스민법학이나 스위스민법학 및 영미법 등에 대한 종합적인 연구의 필요성을 강조했다면 좋지 않았을까 생각한다.[45] 그렇다 하더라도 많은 학자들이 손쉬운 일본민법학에 의존하고 있던 당시 상황에서 우리 민법학의 구축을 위해 독일민법학에 대한 심층적인 연구는 우리 민법학의 발전에 중요한 역할을 한 것임에는 후술하는 연구 업적들에서 확인할 수 있을 것이다.

3. 비교법적 연구를 통한 외국 법리의 계수와 변용

김증한 교수는 수많은 비교법적 논문을 발표하였다.[46] 그중에 방법론적으로 특징을 보여 준 몇 편의 논문들을 통해 그의 연구 방법론을 검토해 보고자 한다.

(1) 물권적 기대권

(가) 김증한 교수의 물권법 연구에서 가장 두드러진 특징은 물권

---

44) 양창수 위와 같은 곳.
45) 실제로 김증한 교수는 "물권적청구권에 대한 비교법적 연구" 서울대 「논문집」 제4호(1956.10)에서는 다양한 여러 입법례를 횡적으로 비교 검토하였다. 또한 R. Pound의 「영미법 정신」(민중서관 1959)을 번역 출간하기도 하였다.
46) 안이준편, "김증한박사 저서 논문목록"(주 8), 9~16면 참조.

적 기대권에 관한 연구에서 찾을 수 있다. 이 연구는 1960년대 독일에서 크게 활성화된 물권적 기대권에 관한 독일의 연구성과들을 수용하여 한국의 문제를 해결하려고 시도한, 가장 전형적인 비교법적 연구의 성과물이라 할 수 있다. v. Tuhr로부터 연유되었다고 하지만, 독일민법학에서 이 문제가 전면에 나타나게 된 것은 1959년 독일사법학자대회에서 Ludwig Raiser가 '물권적 기대권(dingliche Anwartschaft)'이라는 제목의 글이 발표된 이후이다. 그 후 1962년에는 Hans Forkel이 '사법상 기대권론의 근본문제(Grundfragen der Lehre vom privatrechtlichen Anwartschaft)'를 발표하였으며, 1963년에는 그리스 출신 Apostlos Georgiades가 '유보부매매에서의 소유권적기대권(Eigentumsanwartschaft beim Vorbehaltskauf)'을 발표하였다. 이후에도 독일의 많은 학자들이 기대권에 관한 연구 논문들을 발표하였다.[47] 기본적으로 독일에서의 물권적 기대권은 실제 거래와 일치하는 이론을 수립해야 할 필요성[48] 혹은 전통적 법개념이 새로운 사회 경제적 사정을 적절히 설명할 수 없어 새로운 법개념을 정립해야 할 필요성[49] 때문에 고안된 것이라 한다. 김증한 교수는 이러한 독일의 물권적 기대권론을 법률규정과 거래현실과의 괴리에서 발생되는 우리 물권법상의 문제를 해결하기 위해 적극적으로 계수한 것이다.

(나) 김증한 교수는 이러한 규정과 거래현실과의 괴리문제와 관련된 대표적인 문제로 미등기매수인의 법적 지위를 집중적으로 논구하였다.[50] 예컨대 김증한 교수에 따르면 형식주의를 채택한 우리 민법

---

47) 이러한 독일에서의 물권적 기대권에 대한 연혁 및 연구 현황에 대해서는 윤철홍, "물권적 기대권론", 「한국민법이론의 발전(I)」(박영사, 2001), 238면 이하 참조.

48) Serick, Causa und Anwartschaft, In: AcP 166, S.133.

49) K. Larenz, Entwicklungstendenz der heutigen Zivilrechtsdogmatik, in: JZ 62, S.105.

체계 하에서 미등기매수인은 비록 완전한 물권을 취득하지는 못하였다 하더라도 물권의 취득을 기대하는 권리, 즉 물권적 기대권(dingliche Anwartschaft)을 취득한 것이라고 주장하였다. 이러한 물권적 기대권은 취득할 것이 기대되는 물권과 거의 같은 성질을 가지며, 그 권리가 소유권이면 소유권의 취득이 기대되는 물권적 기대권도 소유권과 마찬가지로 소멸시효에 걸리지 않는다고 한다.[51] 부동산에 대한 미등기매수인의 법적 지위에 대한 문제를 해결하기 위해 물권적 기대권론을 수용하는 것에 대해서는 부동산의 공시방법의 부재 등 비판적인 견해가 설득력을 얻고 있지만, 동산의 공시제도를 갖춘 동산 소유권유보부매매에서는 충분히 수용할 수 있는 것이라[52]고 생각한다.

(다) 김증한 교수는 기본적으로 체제를 유지하고자 하는 등 보수적인 생각을 지니고 있었던 것으로 여겨진다. 민법 제정과정 중에 물권변동에 대한 형식주의보다는 의사주의의 유지를 주장한 점에서 짐작할 수 있다. 즉 형식주의를 취함으로써 발생하게 될 미등기매수인들에 대한 출현을 심각하게 고민한 것으로 보인다. 의사주의적 전통에 젖어 있던 국민들이 부동산을 매수하고도 소유권이전등기를 하지 않는 일이 속출할 것이라는 점을 우려하였기 때문이다. 형식주의를 채택한 민법이 시행된 이후에도 여전히 미등기매수인이 많이 나타나자 이들의 문제를 해결하기 위한 현실적인 대안으로 모색한 것이 물권적 기대권론이라 할 수 있다. 이러한 현실적인 문제해결을 위해 독

---

50) 이러한 범주에 들어가는 것으로 중간생략등기나 등기청구권에 관한 연구들도 있다.

51) 김증한, "물권적 기대권론", 「민법논집」(박영사, 1980), 211면 이하 참조.

52) 예컨대 부동산소유권에 대한 물권적 기대권을 반대하고 있는 곽윤직 교수도 이 부분에 대해서는 찬성하고 있다. 곽윤직, 「채권각론」(박영사, 1995), 288면.

일의 법리를 수용했다고 해서 비판만을 할 것은 아니라고 생각한다. 다만 이것을 통해 얼마나 효과 있게 현실적인 문제를 해결할 수 있는 가 하는 점이 문제가 될 것이다.

(2) 물권변동에서 독자성과 무인성론

(가) 우리 민법학계에서 가장 첨예하게 의견이 대립되고 있는 분야 중의 하나가 바로 물권행위의 독자성과 무인성의 인정여부에 관한 것이라 할 수 있다. 김증한 교수가 이러한 의견대립의 중심에 있었다. 김증한 교수의 연구 성과를 고려해 볼 때 이 부분에서도 그의 특징을 잘 드러내 주고 있다. 물권변동에 대해서 형식주의를 취하는 독일민법에서는 물권행위의 독자성을 인정하고 있다는 것이 통설적인 견해이다.[53] 즉 독일민법은 채권계약(Vertrag)과 물권적 합의(Einigung)를 용어상 구별하여 규정하고 있기 때문이다. 특히 부동산소유권 이전에 대한 합의(Auflassung)는 공정증서에 의하여야 하고, 이러한 Auflassung을 공정증서로 작성함에는 반드시 채권계약서인 공정증서를 공증인에게 제출하도록 규정하고 있다(동법 제925의 a조). 이에 따라 부동산소유권 이전의 합의에 의해 채권행위와 물권행위가 서로 다른 시기에 서로 다른 서면에 의해 별개의 행위로서 행해지게 된다. 따라서 물권행위의 독자성이 인정된다.

이와는 달리 우리 민법전에서는 물권행위의 독자성을 인정할 만한 직접적인 근거 규정은 없다. 다만 간접적인 근거로는 타인소유물매매(제569조)나 물상보증인(제329조, 제356조), 종류물매매 등을 들고 있다.

그러나 물권행위의 독자성의 인정에 관한 문제는 이론적인 견지에

---

53) F. Baur-Stürner, Lehrbuch des Sachenrechts, 16.Aufl., 1992, S.43ff.; Wieling, Sachenrecht, 2. Aufl., S.11f. usw.

서 보다는 오히려 실제적 생활에 비추어, 즉 어느 쪽이 현실사회를 보다 적절하게 규율할 수 있느냐에 따라 결정해야 할 것이다. 왜냐하면 독자성을 인정하는 견해나 부정하는 견해나 모두 국민의 법의식 내지 실제거래에 부합하다는 것을 이유로 들고 있기 때문이다. 사견으로는 부동산의 거래 실제에서 채권계약만 있으면 당연히 물권변동이 생기는 것이 아니고 채권계약 이외에도 다른 행위, 즉 어떤 절차나 형식까지 갖추어야 물권변동이 생긴다는 법의식이 존재하고 있다고 본다. 그리고 이것은 비록 묵시적이지만 물권행위가 별도로 행해지고 있다는 것을 보여주는 한 증거로 간주될 수 있다고 생각한다. 그러나 대법원은 물권행위의 독자성과 무인성과 관련하여 "우리의 법제가 물권행위의 독자성과 무인성을 인정하고 있지 않는 점과 민법 548조 1항 단서가 거래안정을 위한 특별규정이란 점을 생각할 때 계약이 해제되면 그 계약의 이행으로 변동이 생겼던 물권은 당연히 그 계약이 없었던 원상태로 복귀한다 할 것이다."라고 판시하여 양자를 모두 부정하고 있다. 물론 이 판례는 물권행위의 인정여부를 정면으로 취급한 것이 아니라 계약해제의 효과와 관련된 것이다. 따라서 이 판례를 가지고 물권행위의 독자성을 부정하는 논거로 삼는 것은 부당한 것은 아니지만, 미흡한 감이 없지 않다. 더욱이 이 판례는 물권변동의 의사주의를 취하고 있는 일본 판례를 무비판적으로 답습한 것이라는 비판이 있다.54) 물권행위의 독자성과 무인성의 문제는 어디까지나 우리나라의 현실을 토대로 하여 우리 문제를 해결하기 위한 노력에서 출발해야 한다.55) 이러한 관점에서 논리를 전개한 김증한 교수의 연구 방식은 주목해야 할 것이다.

---

54) 정옥태, "한독민법상 물권행위 무인성론 관계 규정", 「배경숙교수화갑기념논문집」(박영사, 1991), 335면.
55) 김증한, "한국민법학의 진로"(주 8), 151면.

(나) 이러한 현실적인 문제에 주목한 김증한 교수는 전술한 바와 같이 민법제정시에 물권변동에 관한 의사주의를 지지하였다. 그 이유는 조선시대 이후 관행뿐만 아니라 1912년 이후 구민법의 시행으로 말미암아 등기가 물권변동의 효력발생이 아니기 때문에 등기를 소홀히 한 관행 등 현실적인 사항을 고려한 것으로 여겨진다. 특히 무리하게 형식주의의 채택을 강요하면 혼인에서 신고주의를 취했더니 '내연의 처'라는 판례법이 나온 것과 마찬가지로 '내연의 소유권'(?)이라는 판례법이 나올 수 있다는 것이었다.[56] 그런데 부동산물권변동에 대해 형식주의를 취하게 되자 예상했던 바와 같이 미등기가 속출하게 되어 각종의 특별법과 각종 세법에서 '사실상의 소유권' 내지 '실제 소유자'들이 나타나게 되었다. 또한 형식주의를 취하는 오늘날에도 부동산등기특별조치법 제2조에 따라 60일 이내에 등기만 하면 되는 것이므로 잔금 지급 후에도 상당한 기간 미등기상태에 있을 수밖에 없는 구조이다. 이러한 현실 상황에 맞는 법리와 해석론이 필요한 것인데, 그 중 하나의 해결 방안이 바로 물권적 기대권이라는 것이다.

(3) 소유권개념과 제한에 관한 법리

(가) 오늘날에는 소유권을 무제한의 절대적 지배권으로 생각할 여지는 전혀 없다. 소유권은 사회 공동생활을 위하여 많은 제한을 받는 것이다. 또 소유권은 권능뿐만 아니라 의무를 그 내용으로 포함하는 것이다.[57] 이러한 소유권 제한의 법적 근거와 관련하여 김증한 교수는 다음과 같이 주장하였다:

---

56) 안이준편, "청헌 김증한 박사께서 걸어 오신 길"(주 8), 38~39면.
57) 김증한 「신물권법」(주 7), 125면; 김증한, 「물권법」(박영사, 1983), 230면, 238면 이하 참조.

"이러한 제한은 소유권에 내재하는 것이냐, 아니면 외부로부터 가해
지는 예외적인 것이냐 라는 문제가 있을 수 있다. 제19세기말 이래로
오늘날에 이르기까지, 소유권에 대하여 가하여지는 중요한 제한의 대부
분은 공법상의 것임은 사실이다. 따라서 공법과 사법과를 준별하는 법
체계에 있어서는, 공법상제한은 외부로부터의 제한으로 생각하고, 사법
의 영역 내에서는 소유권은 여전히 그 원칙적 자유를 유지하고 있다고
생각할 수 있다. 그러나 오늘날 소유권에 대한 제한의 정도는 매우 높
으며, 그것을 예외적인 것이라고 생각하는 것은 적당치 않고, 또 헌법
제22조나 민법 제211조가 모두 법률에 의한 제한의 가능성을 처음부터
예정하고 있으니 만큼 이러한 소유권에 대한 제한은 소유권의 개념에
내재하고 있는 것이라 하는 것이 타당하지 않을까?"58)

이러한 주장은 소위 소유권의 내재적 제한설을 따른 것이라 할 수
있다. 이 학설은 유럽, 특히 독일에서 주장된 것으로 후술하는 바와
같이 현재 지배적인 견해라 할 수 있다. 그러나 1960년에 이러한 견
해를 학설계수한 것은 탁월한 것으로 여겨진다.

(나) 이 문제와 관련하여 독일에서는 기르케의 내재적 제한설에서
부터 출발하여, 오늘날에는 소위 '외연설'과 '내재적 제한설', '분리설'
로 나누어지고 있다.59) 먼저 '외연설(Aussentheorie)'에 의하면 소유권
은 전면적이고 완전한 물적 지배권으로서, 외부로부터 주어지는 객관
적인 법률을 통해 그 제한이 유보된 상태 하에서만 제한이 이루어질
수 있다는 견해이다.60) 이에 반해 '내재적 제한설(Immanenztheorie)'
은 소유권의 제한을 그의 개념 속에 포함시킨 것으로, 소유권의 제한

58) 김증한 「신물권법」(주 7), 125면; 김증한, 「물권법」(주 57), 230면.
59) Soergel-J. F. Baur, §903 BGB, 13. Aufl., 2002, Rn. 15ff.; J. Lehmann, Sachherrschaft und Sozialbindung?, Berlin 2004, S. 92~93.
60) P. Liver, Eigentumsbegriff und Eigentumsordnung, in: Gedenkschrift für Gschnitzer, 1969. S.247.

은 사회적으로 구속된 의무부담적인 권리라는 소유권의 특성으로부터 나타났다.[61] 이러한 견해들과는 달리 소유권의 개념과 내용을 분리한 '분리설(Trennungstheorie)'에 따르면, 소유권제한들을 정확하게 정리하는 것이 필요하다고 전제한 다음, 이러한 정리는 소유권의 개념과 내용의 분리를 통하여 이루어질 수 있다고 주장한다. 이에 따르면 소유권제한은 소유권의 개념을 결정하는 것이 아니라, 소유권의 내용과의 관계에서 작용한다는 것이다. 소유권의 개념은 원래 소유권자의 지배권능에서 기인한 구체적인 현상들로부터 자유로운 것이 아니다.[62]

(다) 1960년에 김증한 교수가 처음 제안한 소유권의 내재적 제한설에 대한 연구가 오늘날까지 거의 이루어지지 않았다. 예컨대 국내 민사법학계에서는 '소유권의 내재적 제한'과 '사회적 구속'을 동일한 차원에서 이해하고 있는데, 이것은 전적으로 양 개념을 잘못 이해하고 있는 것으로 여겨진다. 다시 말해 우리 민법학계에서는 아직 소유권제한의 본질에 대한 김증한 교수의 견해를 따라 가지 못하고 있다고 여겨진다. 현재 민사법학계의 지배적인 견해는 소유권에 대한 제한이 외부에서 가해지는 예외적인 것이라고 보고 있다.[63] 이러한 견해와 달리 소유권제한의 본질을 내재적 제한의 관점에서 파악한다면,[64]

---

61) F. Baur, Möglichkeit und Grenzen des Zivilrechts bei der Gewährleistung öffentlicher und sozialer Erfordernisse im Bodenrecht, in: AcP 176(1976), S.117f.; Soergel-J. F. Baur, §903 BGB(주 59) Rn.17.

62) A. Georgiades, Eigentumsbegriff und Eigentumsverhältnis, in: Festgabe für Sontis, 1977, S. 109ff.; Soergel-J. F. Baur, §903 BGB(주 59), Rn. 18.

63) 이영준, 「물권법」(박영사, 2001), 384면; 이은영, 「물권법」(박영사, 2006), 428면; 고상룡, 「물권법」(법문사, 2001), 246면.

64) 김증한, "물질적 소유권이냐 기능적 소유권이냐?(下), 「법조」 제29권5호(1980.5), 7면.

독일에서 주장되다 폐기된 외연설과 같이 외부에 의해서 가해지는 예외적인 것이 아니라, 소유권의 본질 속에 제한이 내재되어 있다고 볼 수 있다.[65] 만약 소유권의 제한을 외부에 의해서 가해지는 예외적인 것이라고 해석할 때, 공공복리나 사회성의 차원에서 민법의 일반조항인 신의칙이나 권리남용에 의한 제한을 어떻게 이해할 것인가의 문제가 발생하기 때문이다.

(라) 크라머에 따르면 법률흠결에는 법내재적 흠결(de lege late)과 법정책적 흠결(de lege ferenda)로 구별된다고 한다.[66] 그런데 이상의 김증한 교수의 소유권제한의 본질에 대한 해석은 법내재적 흠결 중 '법문안의 흠결'(intra verba legis)에 대한 해석방법이라 할 수 있다. 법률에 의해서 뿐만 아니라 소유권개념 자체에 제한이 내재해 있다고 해석하는 것은 일반조항의 경우나 법관의 재량에 의해 정해지는 것과 같이 법규 자체가 법률 적용자에게 법형성을 위임하고[67] 있다고 볼 수 있기 때문이다. 김증한 교수는 현재 수많은 특별법들에 의해서 소유권이 제한되고 있지만, 기본적으로는 신의칙이나 권리남용과 같은 일반조항에 의해서도 제한이 가능하다고 해석하였기 때문이다.

(4) 공동소유의 문제

우리 민법상 수인이 결합하여 단체를 이루어 특정한 물건을 소유하게 되는 공동소유제도는 어느 입법례에서도 볼 수 없는 특수한 형

---

65) 이에 대해 자세한 것은 윤철홍, "소유권의 개념과 그 제한의 법리", 「토지법학」 제24-1호, 2008.6, 1면 이하 참조.

66) E. A. Kramer(Fn. 37), S.194.

67) E. A. Kramer(Fn. 37), S.195f.; C-W. Canaris, Die Feststellung von Luecken im Gesetze: eine methodologische Studie ueber Voraussetzungen und Grenzen der richterlichen Rechtsfortbildung praeter legem, 2. aufl., 1983, S.103.

태를 지니고 있음은 주지의 사실이다. 우리나라 민법상 인정되는 인
적인 결합의 형태는 우선 그 결합의 강약에 따라 사단과 조합으로 나
누어진다.[68] 또 사단은 법인격의 취득여부에 따라 사단법인과 권리
능력이 없는 법인 아닌 사단으로 나누어지며, 조합은 재산의 귀속형
태에 따라 합수적 조합과 지분적 조합으로 구분된다. 다수인들이 결
합한 이러한 단체가 하나의 물건을 소유하는 경우에 그 소유의 형태
는 단체의 사회적 요구와 목적에 따라 다르게 나타난다. 우리 민법은
법인의 소유형태인 단독소유 이외에도 공유·합유·총유를 인정하고
있다. 즉 사단법인의 소유형태는 사단의 단독소유가 될 것이며, 권리
능력이 없는 사단의 경우는 총유, 합수적 조합의 소유형태는 합유이
며, 지분적 조합의 경우에는 공유가 될 것이다. 이러한 우리 민법의
공동소유의 형태는 민법제정과정 중에 김증한 교수의 제안을 수용하
여 규정한 것이다.[69] 이러한 공동소유의 세 가지 유형에 대한 최초의
연구가 1950년에 행해졌다.[70] 당시에는 일본민법전이 여전히 시행되
고 있었기 때문에 현행 일본민법에서 확인할 수 있듯이 공유만이 인
정되었다. 그런데 김증한 교수가 이 공유만으로는 우리 현실을 제대
로 반영할 수 없다는 생각에 1950년에 발표하였던 논문을 기초로 합
유와 총유에 대한 입법을 제안하게 된 것이다.[71] 1950년에 행한 공동
소유형태의 유형론에 대한 연구는 소위 입법의 흠결 중 정책적 흠결
(de lege feredna)로 볼 수 있을 것이다.[72] 당시 일본에서는 공유만으
로도 크게 부족함을 느끼지 않고 있었다. 그럼에도 불구하고 일본민
법과 달리 우리 민법 제정시에 법정책적인 흠결로 보고 김증한 교수

---

68) 윤철홍, 「물권법」(법원사, 2013), 283면 참조.
69) 민사법연구회, 「민법안의견서」(일조각, 1958), 96면 이하 참조.
70) 김증한, "공동소유형태의 유형론", 「법조협회잡지」, 제2권 3호(1950. 1); 김증
   한, "공동소유형태의 유형론"「민법논집」(박영사, 1980), 213면 이하 참조.
71) 민사법연구회(주 69), 특히 104면.
72) E. A. Kramer(Fn. 37), S.139ff.

가 신설을 제안한 것으로 볼 수 있기 때문이다. 입법제안자이기 때문에 당연한 것이겠지만, 김증한 교수는 합유와 총유제도를 추가한 공동소유제도는 잘된 입법이라고 자부하였다.[73] 이렇게 서구 입법례에서 찾아볼 수 없는 특수한 제도임에도 불구하고 우리나라 물권법 책들에서는 공동소유 부분이 상대적으로 소홀하게 다루어지고 있는 느낌이다. 그러나 실제로 판례에서는 합유와 총유에 관한 판례들이 상당수에 이르는 것을 보면, 합유뿐만 아니라 총유 규정이 비록 간단한 조항으로 구성되어 있지만 유용하게 적용되고 있음을 보여주는 증거라 할 수 있다. 따라서 이러한 총유규정을 비롯한 공동소유의 문제를 보다 적극적으로 연구할 필요성이 있다고 할 것이다. 김증한 교수도 이점을 특히 강조하였다.[74] 총유의 경우 게르만 공동체에 행해졌던 제도 및 법리를 계수한 것이다. 그러나 이것은 현행 독일민법전에도 없는 것인 만큼 게르만 공동체와 유사한 현상들이 많이 나타나고 있는 우리 사회의 문제를 해결하기 위한 문제의식에서 총유의 법리를 수용한 것으로 여겨진다.

(5) 소 결

우리 민법이 60여년 동안 물권변동에 대한 의사주의를 취하였다가 형식주의로 바뀐 후 등기를 요구하게 되자, 등기를 하지 않는 거래가 속출하게 되어 때로는 구제 수단으로 '부동산소유권이전등기 등에 관한 특별조치법'을 수차례 제정하여[75] 그것을 시정하려고 노력하였다. 그러나 여전히 미등기매수인들이 존재하고 있다. 특히 부동산등기특

---

73) 김증한, "한국민법학의 진로"(주 8), 145면, 특히 151면.
74) 김증한, "한국민법학의 진로"(주 8), 152면.
75) 1977년 12월 31일에 법률 제3094호로, 1992년 11월30일에 법률 제4502호로, 2005년 5월 26일에 법률 제7500호 제정되어 대략 1년씩 시행하면서 간단한 확인절차를 통해 소유권이전등기를 할 수 있도록 하였다.

별조치법에서 잔금 지급 후 60일 이내에 등기를 하도록 규정하고 있어 60일 이내에는 등기가 자유로운 의사에 의해 행해지게 된다. 이에 따라 시간의 정도 차이가 있을지 모르나 많은 경우 미등기매수인의 문제가 구조적으로 발생할 수밖에 없다. 이러한 현실과 법규정의 괴리문제를 해결하기 위해 김증한 교수는 독일로부터 다양한 법리를 수용하여 변용을 시도한 것이다.

물권행위의 독자성과 무인성에 대한 해석의 문제에서도 이에 대한 인정여부를 판단할 만한 직접적인 근거 규정이 없다. 또한 이것은 법리적인 문제가 아니라 현실적합성의 문제이다. 따라서 이러한 현상은 법내재적 흠결76)중 소위 '법문 밖의 흠결'(praeter verba legis)이라 할 수 있다.77) 또한 문언의 흠결이냐 평가의 흠결이냐 하는 관점에서는 통상 평가의 흠결이라 할 수 있다.78) 이러한 법률의 흠결로 인한 문제들을 해결하기 위해서는 법률을 적용하는 법관뿐만 아니라 학자들도 학리해석이 필요하게 된다. 이를 위해 김증한 교수는 객관적- 목적적 해석방법론을 도입하여 법적 흠결을 보충한 것으로 여겨진다. 이러한 보충은 통상 법조문이 지배적 법감정이나 사회의식과 배치되

---

76) Canaris는 법률의 흠결(Gesetzluecke)을 법문 안의 흠결(intra verba legis)와 '법문 밖의 흠결'(praeter verba legis) 및 법문에 반하는 흠결(contra verba legis)로 구별하여 설명한 바 있다. 예컨대 C-W. Canaris(Fn. 67), Die Feststellung von Luecken im Gesetze: eine methodologische Studie ueber Voraussetzungen und Grenzen der richterlichen Rechtsfortbildung praeter legem, 2. Aufl., 1983, S. 39 참조.

77) 크라머에 의하면 이러한 법 밖의 흠결을 보충하는 것은 법의 적용과 함께 법관들에 의한 법의 정립 문제라고 한다. 이에 대해 자세한 것은 Kramer(Fn, 37), 37ff. insbe, 196f.; 국내 문헌으로 양창수, "법발견의 다양한 양상 또는 실정법학자의 법학방법론", 서울대 「법학」 제41권3호(2000). 182면 이하 참조.

78) 독일에서는 2002년 채권법 개정 전의 적극적 채권침해나 계약체결상의 과실을 들고 있었다. 이에 대해서는 치펠리우스·김형배역, 「법학방법론」(삼영사, 1979), 89면 참조.

는 때에 주로 행해진다. 이 경우 해석은 소위 법리적인 성격뿐만 아니라 법률에 대해 생산적 비판의 기능을 하게 된다.[79] 현존하는 법규가 법적 거래관념의 요구에 부합하지 못하고 사회학적 여건이나 인간의 생활관습에 적합하지 못하다는 주장은 그러한 법에 대한 비판으로부터 연유한다.[80] 이와 같은 비판이 법의 흠결을 보충하는데 정당성을 얻으려면 원래 법률에 의한 규율보다 현실에 더 적합할 것이라는 평가가 있어야 한다.[81] 이러한 정당성을 얻기 위해 실태조사가 요구될 것이다. 이러한 법률의 흠결 상태하에서 김증한 교수는 단순한 법적 안정성보다는 현실을 직시한 법리를 통해 현실에 보다 적합한 법리를 제공하기 위한 노력을 한 것으로 여겨진다.

IV. 법사회적 방법론

1. 개 설

오늘날 법사회적 방법론의 연구는 법사학적 연구 못지않게 민법학의 연구에 크게 각광을 받고 있다. 예컨대 법의식조사나 관습조사, 재판상 이혼원인 등과 같은 통계들이 필요한 경우 통계자료에 대한 분석 등 다양한 영역에서 유용하게 활용되고 있다. 특히 최근에는 거의 모든 판례들을 인터넷 등을 통해 검색할 수 있게 되어 이러한 전자장

---

79) 치펠리우스·김형배역(주 78), 89면.
80) 치펠리우스·김형배역(주 78), 34면: K. Larenz, Methodenlehre(Fn, 40), S. 385ff.
81) 치펠리우스·김형배역(주 78), 91면.

치나 시스템을 통한 연구도 활성화되고 있다. 더 나아가 온라인상의 거래가 활성화됨으로 인하여 법이론도 다각화되고 있으며, 전자소송에서 볼 수 있듯이 소송절차도 간소화되고 있다.

그러나 우리 민법학계의 가장 취약점은 많은 연구 필요성이 제기되었음에도 불구하고 이러한 실태 조사가 거의 이루어지지 못했다는 점이다. 연구자라면 누구나 그 필요성은 인정하지만 전국적인 조사가 아닌 특정 지역의 조사라 하더라도 많은 연구비를 필요로 하기 때문에 한국법제연구원 등 기관에서 하지 않는 한 개인의 입장에서는 엄두도 내지 못했다. 그래서 1905년 조선관습조사보고서가 발행된 이후 100년이 지났어도 그에 비견할 수 있는 전국적인 관습조사보고서가 나오지 못하고 있는 실정이다. 김증한 교수도 3대 연구과제로 실태조사를 제시했지만, 연구 업적에서는 다른 분야와는 비교할 수 없을 정도로 빈약한 것으로 나타났다.

2. 실태조사에 의한 연구

(1) 김증한 교수는 실태조사에 대한 연구의 필요성을 강조하면서 자신의 3대 연구과제 중 하나로 지적하였다. 김증한 교수는 이러한 실태조사의 필요성과 관련하여 "민법이론이 옳으냐 어떠냐를 결정지어 주는 것은 그 이론이 과연 우리나라 사회의 실태와 부합하느냐 어떠냐이다. 그러니까 민법입론을 하다가 의문이 생기면 자기 혼자서 머릿속에서 생각하여 추론해 나가지 말고, 그곳에서 일단 글을 멈추어 놓고, 몇 날 또는 몇 달 동안 실태조사를 해보는 것이다. 그리고 나서 그것을 토대로 하여 생각해 나가도록 하지 않으면 안된다"고 주장하였다.[82] 김증한 교수는 실제로 1962년 강원도 홍천군에서 "한국

---

82) 김증한, "한국민법학의 진로"(주 8), 140면.

가족제도의식제도실태조사"를 실시한 바 있다.[83]

(2) 실태조사가 필요한 연구의 과제

우리 민법학계에서 가장 첨예하게 학설이 대립되고 있는 분야는 누가 뭐라 해도 물권행위의 독자성과 무인성에 대한 것으로 여겨진다. 독자성 인정여부에 대해 학설과는 달리 판례는 오래 전에 독자성을 부정한다는 판결을 내린 바 있다. 예컨대 대법원은 "우리의 법제가 물권행위의 독자성과 무인성을 인정하고 있지 않다"고 판시하였다.[84] 물론 다른 많은 대법원판결에서도 그렇지만 독자성이나 무인성을 부정하는 근거를 전혀 제시하지 않고 우리 법제가 부정하고 있다는 결론만 내리고 있다. 전술한 바와 같이 학설들은 첨예하게 대립되고 있는데, 그 주장의 근거는 양견해 모두 거래관행 내지 국민의 법의식에 부합한다는 것을 들고 있다. 예컨대 독자성을 인정하는 견해들은 독자성을 인정하는 간접적인 규정이 존재한다는 점과 채권의 성질에 부합한다고 전제하고 거래관행상 법의식에 부합한다는 점을 핵심적인 근거로 들고 있다.[85] 이에 대해 부정하는 견해들은 명문의 규정이 없다는 것을 전제로 등기실제와 거래실제에 부합한다는 것을 근거로 들고 있다.[86] 결국 물권행위의 독자성 인정 여부는 이론적인 측면보다는 오히려 실제적인 생활에 비추어 어느 쪽이 현실사회를 보다 적절히 규율할 수 있으며, 국민의 법의식에 부합하느냐에 의해 결정되어야 할 문제이다.[87] 따라서 이에 대한 실태조사가 가장 필요

---

83) 김증한, "한국가족제도의식실태조사"「행정논총」, 창간호 1962.
84) 대판 1977.5.24, 75다1294.
85) 김증한, 「신물권법」(주 7), 57면; 김증한·김학동, 「물권법」(박영사, 1997), 51면; 김용한, 「물권법」 재전정판 (박영사, 1993), 81면.
86) 곽윤직, 「물권법」(박영사, 1982), 45면; 곽윤직·김재형, 「물권법」 제8판(박영사, 2014), 57면.

한 분야로 여겨진다. 이에 대한 필요성은 김증한 교수도 지적한 바 있다. 또한 총유에 관한 찬반의 대립도 상당하다. 법리적인 차원에서 총유제도 자체를 폐지하자는 주장도 나오고 있는데, 총유제도 역시 50년 이상 시행하다 보니 판례도 많이 집적되었다. 따라서 총유와 관련된 문제도 광범한 실태조사가 필요한 부분이라 여겨진다. 더 나아가 농어촌공동체에서 발생하는 특수지역권에 관한 문제도 실태조사를 통해 주민들의 이익에 가장 부합하는 결론을 도출하여야 할 것이다. 이점에 대해서도 필요성을 인정하고 있지만 거의 연구되지 못하고 있다. 앞으로도 이러한 많은 인원과 재정적인 지원이 필요한 실태연구가 활성화되리라고는 크게 기대할 수 없을 것으로 여겨진다. 왜냐하면 법학교육이 법학전문대학원 체제하에서 실무 위주 교육으로 전환되었기 때문이다.

3. 판례연구

판례연구도 넓은 의미의 법사회학적인 연구의 일환이라 할 수 있을 것이다. 통계나 법의식의 관점에서 판례들을 분석하는 경우에 더욱 그러할 것이다. 김증한 교수의 대표적인 판례 평석은 '교회가 분열한 경우의 교회재산의 귀속'에 관한 것이라 할 수 있다. 대법원은 "동일교회의 교도가 수파로 분란 되어 수개의 교회로 분립하는 경우에 그 분립 당시의 교회소속재산은 특별한 사유가 없는 한 원칙적으로 그 분란 당시의 교회소속 교도의 합유에 속한다"고 판시하였다.[88] 이

---

87) 이러한 실태조사로 인해 독자성의 인정 문제가 해결된다는 것이 아니라, 국민의식에 부합하는 법리를 개발할 수 있다는 것이다. 이에 대해 물권법의 근간이 되는 원칙의 해석이 국민의 법의식에 좌우된다는 것은 부당하다는 의견도 제기될 수 있을 것이다.

88) 대판 1958.8.14, 4289민상569.

러한 대법원의 태도에 대해 합유가 아니라 총유라고 해야 옳을 것이라고 비판한 것이다.[89] 당시 시행되던 일본민법에는 총유제도가 없었던 점을 감안하면 놀라운 주장이며, 공동소유형태의 유형론과 맥을 같이 하는 것이었다. 1970년대 중반 이후부터 현재에 이르기까지 대법원은 교회의 재산을 교인들의 총유에 속한다고 일관되게 판시하고 있다.[90] 이 밖에도 김포의 부동산등기청구권 관련 사건[91]등 개별 판례들뿐만 아니라 주요한 판례들을 개괄적으로 평가한 논문들을 발표하여 판례의 중요성을 환기시켰다.[92]

V. 맺음말

1. 김증한 교수는 비록 대학 강의를 법사학으로 시작했지만 법사학을 전공한 교수가 아니라, 민법 연구를 위해 법사학을 기초로 삼은 민법학자라 할 수 있다. 필자는 법학의 역사는 민법의 역사라고 믿고 있으며, 이러한 민법의 역사는 2000년이 넘는 것이다. 따라서 민법을 제대로 연구하기 위해서는 법사학적인 소양이 필수적이라고 생각한다. 특히 우리 민법상 인정되는 많은 제도들이 그 기원을 로마법이나 게르만법에 두고 있기 때문이다. 김증한 교수의 법사학 연구는 내사

---

89) 김증한, "교회가 분열한 경우의 교회재산의 귀속", 서울대학교 「법학」 1권 1호, 1959.
90) 대판 1988.03.22, 86다카119797; 대판(전합) 2006.4.20, 2004다37775 등 다수.
91) 대판 1976.11.6, 76다148.
92) 김증한, "양도담보에 관한 판례의 연구", 「사법행정」, 11권 12호(1970.12); 김증한, "광복30주년 우리나라 판례(민사법)의 회고", 「법조」 25권 9호(1976.9)부터 12회 연재.

(innere Geschichte)라 할 수 있는 사법상의 제도에 중심을 두면서, 그 제도를 이해하기 위해 사회경제사, 법원사를 부수적으로 연구한 것으로 볼 수 있다. 그래서 김증한 교수가 저술한 '서양법제사'라는 저서도 실상은 독일사법사라 할 정도로 그 범위를 축소하여 기술한 것이다. 이러한 사법사의 관점에서 논구한 '한국민법의 법제사 및 비교법적 연구'나 '공동소유형태의 유형론'은 법사학적 연구 방법론을 극대화한 것이라 여겨진다. 특히 이러한 연구 방법은 객관적-목적적 역사 해석 방법론을 채택한 것으로 우리 민법의 해석상 바람직한 태도라 여겨진다.

2. 김증한 교수의 민법학 연구는 이론연구와 판례연구 및 실태조사로 요약된다. 그런데 이론연구는 주로 비교법과 법사학적 방법을 통한 법해석학이 중심을 이룬다. 이러한 법해석학의 방법론은 목적론적 해석을 기반으로 하고 있다. 특히 법내재적 흠결에 따른 '문언 밖의 흠결'을 보충하기 위한 방법론을 따른 것으로 판단된다. 예컨대 물권적 기대권론이나 공동소유형태의 유형론에 관한 연구가 대표적인 것이라 할 수 있다. 이 밖에도 '문언 내의 흠결'을 보충하기 위한 것으로는 소멸시효의 완성의 효과, 물권행위론, 이중매매의 반사회성, 도급건축물의 소유권 등을 들 수 있다. 이러한 모든 연구 성과들은 독일문헌을 비교법적으로 철저히 분석 검토한 후, 그 법리들을 수용하여 우리의 문제를 해결하는 도구로 발전시켰다. 이것은 단순히 외국의 법리나 제도를 소개한 것이 아니라 우리 문제의 해결을 위해 우리 민법학의 해석론으로 변용한 것이다. 후학들이 늘 염두해야 할 연구 방법론이라 여겨진다.

3. 김증한 교수는 비록 실태조사를 통한 연구를 많이 수행하지는 못했지만, 바른 문제의 해결을 위해 실태조사의 필요성을 강조하였

다. 실태조사는 오늘날 강조되고 있는 법사회학적 연구 수단 중의 하나라고 생각한다. 한 사람이 모든 방법론을 동원하여 연구한다는 것은 불가능한 것임은 주지의 사실이다. 따라서 김증한 교수의 연구업적 중 법사회학적 연구업적이 상대적으로 미흡한 것을 탓할 수는 없을 것이다. 그것은 법사회학적 방법론을 지향하고 있는 후학자들의 몫이라 생각한다.

〈참고문헌〉

곽윤직, 「대륙법」(박영사, 1962).

_____, 「물권법」(박영사, 1982).

곽윤직·김재형, 「물권법」 제8판(박영사, 2014).

久保正幡, "비교법에 있어서 서양법제사의 의의", 「강원법학」, 제1권 1985.

김증한, "공동소유형태의 유형론", 「법조협회잡지」, 제2권 3호(1950. 1).

_____, 「독일사법사」(한국법무부, 1951).

_____, 「서양법제사」(자선사, 1953).

_____, 「서양법제사」(박영사, 1955).

_____, "교회가 분열한 경우의 교회재산의 귀속", 서울대학교 「법학」 1권 1
    호, 1959.

_____, 「신물권법」(상권)(법문사, 1960).

_____, "한국가족제도의식실태조사" 「행정논총」 창간호 1962.

_____, "한국민법의 법제사적 및 비교법적 연구" 서울대 「법학」, 제10권 2호
    (1968. 12).

_____, "양도담보에 관한 판례의 연구", 「사법행정」, 11권 12호(1970.12).

_____, 「민법총칙」(진일사, 1972).

_____, "광복30주년 우리나라 판례(민사법)의 회고", 「법조」 25권 9호
    (1976.9).

_____, "물권적 기대권론", 「민법논집」(박영사, 1980).

_____, "물질적 소유권이냐 기능적 소유권이냐?(下), 「법조」 제29권5호
    (1980.5).

_____, 「민법총칙」(박영사, 1981).

_____, 물권법(박영사, 1983).

_____, 「법학통론」(박영사, 1988).

_____, "한국민법학 30년의 회고", "한국민법학의 진로", "나와 서양법제사",
    "사법학계의 30년" 「한국법학의 증언」(안이준 편)(교육과학사,
    1989).

김증한·김학동, 「물권법」(박영사, 1997).

안이준, "머리말", 「한국법학의 증언」(교육과학사, 1989).

양창수, "법발견의 다양한 양상 또는 실정법학자의 법학방법론", 서울대 「법학」 제41권3호(2000).

_____, "한국법에서의 「외국」의 문제", 「서민교수정년퇴임기념논문집」(법문사, 2006).

_____, "민법의 역사와 민법학", 「민법연구」(제3권)(박영사, 2006).

이태재, 「서양법제사개론」(진명문화사, 1963).

_____, 「자연법개론」(법문사, 1962).

_____, 「로마법」(진율, 1990).

윤철홍, "사법상 일제 잔재의 청산", 「광복 50주년 기념논문집」(한국학술진흥재단, 1995)

_____, "물권적 기대권론", 「한국민법이론의 발전(I)」(박영사, 2001).

_____, "소유권의 개념과 그 제한의 법리", 「토지법학」 제24-1호, 2008.6.

_____, 「물권법」(법원사, 2013).

정종휴, 「역사속의 민법」(교육과학사, 1995).

치펠리우스·김형배역, 「법학방법론」(삼영사, 1979).

현승종, 「로마법원론」(일조각, 1954).

_____, 「법사상사」(장왕사, 1959).

_____, 「서양법제사」(박영사, 1964).

Baur-Stürner, Lehrbuch des Sachenrechts, 16.Aufl., 1992.

Bydlinski, Juristische Methodenlehre und Rechtsbegriff, 2. Aufl., 1991.

Canaris, Die Feststellung von Luecken im Gesetze: eine methodologische Studie ueber Voraussetzungen und Grenzen der richterlichen Rechtsfortbildung praeter legem, 2. aufl., 1983.

Georgiades, Eigentumsbegriff und Eigentumsverhältnis, in: Festgabe für Sontis, 1977.

v. Gierke, Deutsches Privatrecht, I(1895), II(1905), III(1917).

Hozumi, The new Japanese Civil code, Ilinois 1905.

v. Jhering, Das Zweck im Recht, Bd. I, 3. Aufl., 1893, S.VIII.

Kitagawa, Rezeption und Fortbildung des europaeischen Zivilrechts in Japan,

Frankfurt 1970.

Kramer, Juristische Methodenlehre, 4. Aufl., 2013.

Larenz, Entwicklungstendenz der heutigen Zivilrechtsdogmatik, in: JZ 62.

_____, Methodenlehre der Rechtswissenschaft, 6.Aufl., 1991.

Planitz, germanische Rechtsgeschichte, 1936.

v. Savigny, Das Recht des Besitzes, Giessen, 1803.

v. Schwerin Grundzuege der deutschen Rechtsgeschichte, 2. Aufl., 1934.

Schroeder=Kuenssberg, Lehrbuch der deutschen Rechtsgeschichte, 7. Aufl., 1932.

Serick, Causa und Anwartschaft, In: AcP 166, Wieling, Sachenrecht, 2. Aufl.

법인론

권 철*

I. 머리말

1. 김증한 교수의 '법인론'에 관한 연구업적으로는 크게 두 가지를 들 수 있다. 논점을 일반화하여 이름을 붙여보면 하나는 '단체·법인의 유형론'에 관한 것이고, 또 하나는 '재단법인'에 관한 것이다. 주지하는 대로 두 가지 논점은 모두 김증한 교수가 역점을 두어 논의(입법론·해석론)를 전개한 바가 있어서 우리민법이 만들어진 이후 학계에서는 치열하게 논쟁이 벌어졌고 현재에 이르고 있다.

2. 김증한 교수의 '단체·법인의 유형론'은 '공동소유의 유형론'과 불가분의 관계에 있다고 할 수 있다. 그런데 이번 공동연구에는 '총유'와 '합유'에 관하여 각각 별도의 논문집필이 계획되어있고, 각 논문에서는 '비법인사단'과 '조합'에 관한 김증한 교수의 논의를 본격적으로 다루게 된다.[1] 따라서 본고에서는 중복을 피하는 의미에서도

---

* 성균관대학교 법학전문대학원 부교수

1) 정종휴, "청헌 김증한 교수의 공동소유론: 특히 총유를 중심으로"; 김학동, "청헌 김증한 교수의 조합론". 각 2014년 한국민사법학회 추계학술대회 자료집, 민사법학 제69호 및 본서 게재 논문 참조

같은 문제를 본격적으로 다루는 것은 적절하지 않다고 생각된다. 다만 필자에게 주어진 과제인 '김증한 교수의 법인론'에 관하여 정리와 평가를 하기 위해서는 적어도 같은 문제에 대한 총론적인 언급은 필요하다고 생각된다. 김증한 교수의 논의 중에서도 대표적인 논점인 만큼 여러모로 분석, 검토가 필요하겠지만, 본고에서는 '비법인사단론'에 관하여 필요한 한도 내에 언급하기로 한다.

3. '재단법인론'에 관해서는 주지하는 대로 우리민법 시행 이후 '설립 상 출연재산 귀속시기'에 관하여 치열하게 논쟁이 전개되었다. 실질적으로는 물권변동론의 일환으로도 자리매김할 수 있는 이 논쟁은 1960년 곽윤직 교수와의 논쟁에서 본격적으로 시작되어 최근까지 진행되고 있는 민법 제48조 개정론(개정안)을 무대로 하여 상당한 논의의 축적이 있다. 이러한 자료를 소재로 분석, 검토해 보기로 한다.

4. 이하에서는 우선 김증한 교수의 법인론(II)에 대해서 단체·법인의 유형론(II.1.)과 재단법인 설립 상 출연재산의 귀속시기(II.2)로 나누어 정리한다. 그리고 후속연구에 대해서도 마찬가지로 두 가지 주제로 나누어 개관한다(III). 이 부분에서는 해석론과 입법론으로 나누어 살펴보는데, 입법론은 주로 2004년 국회제출안, 2009년에 시작된 민법개정위원회의 개정안, 2014년 민법(법인제도) 개정위원회의 국회제출안을 다루게 된다. 마지막으로 평가와 전망에 갈음하여 비법인사단론 및 재단법인론에 관하여 언급하기로 한다(IV).

II. 김증한 교수의 법인론

1. 단체·법인의 유형론=공동소유의 유형론

(1) 이 논점에 관해서 김증한 교수는 민법학자로서의 연구 초기 단계인 1950년에 본격적인 연구성과를 공간하였고[2] 이를 바탕으로 1957년에 민법초안에 대한 상세한 의견을 제시하였다.[3] 그 후에도 같은 주제에 관하여 독일문헌을 보강하여 논고를 발표하였는데,[4] 이하에서는 민법안의견서의 서술을 중심으로 살펴보기로 한다.[5]

---

2) 김증한, "공동소유형태의 유형론", 법조협회잡지 2권 3호, 1950. 이 논문은 당시 일본의 유력 학자였던 石田文次郎과 我妻榮의 학설을 비판적으로 검토하면서 공동소유의 유형론에 관하여 논하고 있다. 논문 첫머리를 인용하면 다음과 같다. "본고는 공동소유형태의 유형에 관하여 일본에서 石田文次郎 박사나 我妻榮 교수가 설명하고 있는 바에 대하여 약간의 의의를 제출하고저 하는 것이다. 그 의의는 일유형과 타유형과 간의 본질적 구별을 어디에 구하느냐, 따라서 각유형들간의 관계를 어떻게 위치시키느냐에 관한 것이다"

 덧붙여 이 책의 인용방법에 관하여 간단하게 언급하여 둔다. 학술논문에서 원문을 인용하는 부분은 '원문 그대로' 하는 것이 원칙이지만 이 책에서는 '전체적인 편집방침' 상 원문에 있는 한자를 대부분 한글로 바꾸기로 하였다. 필자로서는 이러한 '방침'에 다소 의문을 가지고 있지만 따를 수밖에 없다는 점, 그 결과 순 한글로 하면 어색한 부분이 생기게 되었다는 점을 밝혀두고자 한다. 이러한 방침은 단행본이나 논문 제목에 있어서도 마찬가지로 관철되었다는 것을 부언해 둔다.

3) 민사법연구회, 민법안의견서, 일조각, 1957.

4) 김증한, "인법(人法)과 물법(物法)과의 상관 - 공동소유를 중심으로", 법학 22권 4호, 1981, 1면 이하

5) 김증한 교수의 공동소유론에 관한 상세한 언급으로는 민사법학 69호 및 이 책에 함께 게재된 다음 논문을 참조. 정종휴, 전게 논문 "청헌 김증한 교수의 공동소유론"; 윤철홍, "김증한 교수의 민법연구 방법론".

(2) 민법안의견서

주지하는 대로 민법안의견서는 1957년에 공간되었는데 그 내용은 당시 국회에 제출된 민법초안 및 그 수정안에 대하여 각 대학의 민법 담당 교수들이 중심이 되어 수정의견을 제시하는 것이다.6) 김증한 교수는 비법인사단에 관한 제안([25])과 공동소유 유형에 관한 수정 제안([66])을 집필하였다. 비법인사단의 규율에 대한 제안이유는 공동소유에 관한 부분에 함께 서술되어 있다.

(가) 단체·공동소유의 유형

수정제안 [66]은 첫머리에 "「공유」라는 절명을 「공동소유」로 하는 동시에, 그 중에 공유, 합유, 총유의 3유형을 규정한다."고 밝힌 후에 그 이유를 상세하게 서술하고 있다. 우선 '서언'에서 '단체의 유형'에 관하여 언급하고 있는 부분을 살펴보자.7)

"근대법은 원자론적으로 인간을 추상적이고 독립적인 인격(권리능력)으로 파악하고 다수인이 한 개의 조직체를 이루고 한 개의 단일체로서 사회활동을 할 때에는, 이것을 개인에 준하여 역시 인격으로 파악한다. 이것이 법인이다. 수인이 공동으로 활동하되, 아직 단일적인 조직체를 이루지 못할 때에는, 이것을 한 개의 인적 결합체로 파악하지 않고, 단지 다수 개인 상호간의 계약관계로 파악한다. 이것이 조합이다."

"그리고 법인과 조합의 개념을 「로마」법에서 취하였다. 그러나 「로마」 법상의 조합(societas)은, 현행민법의 조합과는 달라서 조합원간에 하등 공동의 목적이 없고, 일조합원이 타조합원의 의사에 의하여 약속을 받는 일이 전연히 없으며, 각조합원은 언제든지 조합관계를 종

---

6) 전게서 민법안의견서, 1957, 서문 참조
7) 전게서 민법안의견서, 1957, 96면 이하

료시킬 자유를 가졌었다. 그러므로 그것은 독립한 개인의 다수에 불과하지, 하등 단체성 내지는 단일성이 없었으며, 그러한 의미에서 인적결합이라고 부를 수는 없는 것이다."

"그러나 인간은 서로 천태만상의 결합관계를 맺고 사는 것이며 사회에는 천태만상의 인적결합체가 존재하는 것이어서, 이 모든 인적결합체를 법인과 조합이라는 두 개의 범주로 파악해 버릴 수는 없다. 「게르만」법학자들은 법인과 조합이라는 두 형태의 중간에 위치하는 천태만상의 인적 결합체를 「권리능력없는 사단」과 「합수적 조합」이라는 두 개의 유형으로 나누었다. 그리고 이 「권리능력없는 사단」과 「합수적 조합」이라는 유형은 현대사회에도 무수히 많다는 것을 학자들은 모두 시인하고 있다."

"그러므로 인적결합 형태는 ① 법인 ② 권리능력없는 사단 ③ 합수적 조합 ④ 조합의 4유형으로 나누어진다."

이어서 '단체의 유형'에 상응하는 '공동소유의 유형'에 관하여 다음과 같이 서술한다.

"한편 공동소유라는 것은, 일물에 대한 권리주체가 단일인이 아니라 복수인인 형태를 의미하는 것이므로, 공동소유의 유형은 그 주체인 인적결합의 유형에 따라서 결정된다. 그러한 의미에서 공동소유형태는 인적결합형태의 물권법에의 반영이다. 그런데, 상술과 같이, 인적결합에 네 개의 유형이 있으므로 그 각각에 상응하여 네 개의 공동소유형태가 있게 된나. 인적결합의 네 유형중 법인은 개인에 준하여 파악된 것이고, 그 소유형태도 개인에 있어서와 마찬가지로 단독소유이므로, 공동소유의 유형에서 제외되고, 결국 공동소유형태에는 권리능력없는 사단에 있어서의 총유, 합수적조합에 있어서의 합유, 조합에 있어서의 공유의 세유형이 있는 것으로 된다."[8]

---

8) 전게서 민법안의견서, 1957, 97면

이어서 본론에서는 "이. 인적결합 및 공동소유에 관한 학설 및 입법사"라는 제목 하에 본인의 선행논문9)을 요약하고 있다. 그리고 다음 절인 "삼. 권리능력없는 사단과 합수적조합 및 총유와 합유"에서는 제목대로 4개 항목으로 나누어 각각 상세하게 설명한다.10) 권리능력 없는 사단에 관한 부분의 마지막에는 일본의 단체법 전문가인 石田文次郞의 논문11)을 참조하였다는 미주가 붙어있고, 나머지 부분은 김증한 교수 본인의 논문12)을 참조하였다고 미주로 표시하고 있다.

(나) 비법인사단

다음 항목은 "사. 권리능력없는 사단에 관한 규정을 두어야 하는 이유"를 서술하고 있는데 주요부분을 인용해 보자.

"현행민법('의용민법'을 지칭–필자주)이 법인을 그 목적에 따라 영리법인과 공익법인으로 나눈 것을 초안이 영리법인과 비영리법인으로 하였기 때문에 권리능력없는 사단이 성립할 여지가 없다고 생각한다거나, 초안이 그렇게 한 것이 권리능력없는 사단의 성립을 막으려는 의도에서 나온 것이라고 생각한다면, 그것은 잘못이다. 독일민법이 초안과 마찬가지로 법인을 영리법인과 비영리법인으로 나누면서 권리능력없는 사단에 관하여 규정하고 있는 것을 보드라도 알 수 있을 것이다. 법인의 설립에 관하여 자유설립주의를 취하지 않는 한, 권리능력없는 사단의 성립은 불가피한 것이고, 또 법이 배척하려고 할 하등의 필요가 없는 것이다. 법인의 자유설립주의를 취하지 않는 한 결국 단체의 태반은 권리능력없는 사단으로 머무를 것이다"13)

---

9) 전게논문 김증한, "공동소유형태의 유형론", 1950.
10) 전게서 민법안의견서, 1957, 98면
11) 石田文次郞, "權利能力なき社團", 法學論叢 31卷 2號, 1924, 157頁 이하.
12) 전게논문 김증한, "공동소유형태의 유형론", 1950.
13) 전게서 민법안의견서, 1957, 102면

"이와 같이 권리능력없는 사단은 결코 예외적존재가 아니라 실로 무수히 존재하는 것인 만큼 그 준거법규를 밝혀 두는 것이 좋을 것이 며, 준거법규가 없으면 더욱 분규를 조장할 것이다. 종래 종중 내지 종중재산을 위요(圍繞)한 소송사건이 많았던 것도 종중의 성격과 종 중이 종중재산을 소유하는 관계가 어떠한 유형의 공동소유냐의 문제 가 명확치 않았던 데에 기인하는 바도 적지 않았으리라고 생각된다 (주: 조선고등법원 판사 高橋隆二의 통계에 의하면 1932年 8月부터 1940年 6月에 이르는 8년간에 조선고등법원 판결에 나타난 사안중, 종중 또는 문중을 당사자로 하는 사건수가 117건이었다고 한다[사법 협회잡지 19권 10, 11호 867면]. 그러니 하급심까지 합하면 더욱 큰 숫자로 될 것이다)."14)

(다) 구체적 수정제안

이어서 "오. 총유·합유 불구별의 불합리성"에 관하여 서술한 후에 아래와 같이 결론을 내리고 있다.15)

"결론으로서, 본회는 권리능력없는 사단(어떤 목적재산이 법인격은 없으면서 실질적으로 권리주체로서의 기능을 가지는 수도 있으므로 권리능력없는 재단과 함께)에 관한 규정을 둘 것과, 물권편 제3장을 「공동소유」로 하고 그 중에 공유에 관한 규정 이외에 총유 및 합유에 관한 규정을 포함시킬 것을 제의한다. 시안은 다음과 같다.

1) 권리능력없는 사단에 관하여

총칙편 제3장 제1절 말미에 「법인이 아닌 사단 또는 재단에 관하 여는 본장의 규정을 준용한다」라는 조문을 신설한다.

---

14) 전게서 민법안의견서, 1957, 103면
15) 전게서 민법안의견서, 1957, 104면

2) 총유 및 합유에 관하여

초안 제262조 내지 264조 대신에 다음의 7조(현행민법 271조-277
조에 해당하는 규정-필자주)를 둔다."

(3) 정 리

이상에서 김증한 교수의 논의를 개관하였다. 단체의 유형론을 공동
소유의 유형론으로 자리매김하고 이를 민법전에 명확하게 규정할 것
을 제안한 김증한 교수의 주장은 일본의 유력학설의 영향을 받으면
서도 나름대로 비판적으로 소화하여 이론으로 구축한 결과를 제안한
것이라고 평가할 수 있다.16) 1958년에 성립된 우리 민법전에는 비법
인사단에 법인규정을 준용하자는 주장은 받아들여지지 않았지만, 공
동소유에 관한 수정제안은 그대로 반영되어 우리민법의 큰 특징을
이루게 되었다.

2. 재단법인 설립에 있어서 출연재산의 귀속시기

(1) 김증한 교수의 문제제기

(가) '재단법인 설립에 있어서 출연재산의 귀속시기'에 관한 논쟁
은 1959년에 공간한 "형식주의의 채택에 따르는 제문제"라는 제목의
논문17)에서 다음과 같은 문제를 제기하면서 시작된다.18) 이 논문은

---

16) 보다 상세한 분석으로는 이 책에 함께 게재된 정종휴, 전게논문 "청헌 김증한
  교수의 공동소유론"을 참조.
17) 김증한, "형식주의의 채택에 따르는 제문제: 신민법에 대한 해설과 비판", 법정
  14권 12호, 1959, 25면 이하
18) "신민법중 재산법에 있어서 가장 큰 변혁이 물권변동에 관한 형식주의의 채택
  임은 물론이다. 물권변동에 관하여 의사주의를 취하느냐 형식주의를 취하느냐
  는 재산법체계에 있어서 가장 기본적인 문제의 하나인 만큼, 이 문제에 관하여

전체를 세부분으로 나누어 검토하고 있는데('물권행위의 독자성과 무인성', '물권적 합의와 등기', '등기를 요하는 물권변동'), 재단법인 설립을 위한 출연재산의 귀속시기 문제는 세 번째 부분인 '등기를 요하는 물권변동' 중에 '법률행위로 인한 취득'에서 하나의 예로 자리매김되어 있다. 이하 관련 부분을 인용한다.

"재단법인설립행위·유증등 물권적 단독행위로 인한 취득 – 신민법 제48조는 재단법인의 설립을 위하여 출연한 재산은 생전처분으로 한 경우에는 법인이 성립된 때에, 유언으로 한 경우에는 유언의 효력이 발생한 때에 재단법인에 귀속할 것으로 규정하였다. 유언의 효력이 발생하는 것은 유언자가 사망한 때이므로(1073조 1항) 유언으로 재단법인을 설립한 경우에는 출연재산은 설립자의 사망시에 재단법인에 귀속할 것으로 된다. 그리고 이 제48조에 말하는 「출연재산」에는 부동산물권도 포함될 것으로 보인다. 환언하면 부동산물권도 법인이 성립된 때에 또는 설립자가 사망한 때에 등기없이도 당연히 재단법인에 귀속할 것으로 보인다. 그러나 재단법인 설립행위는 법률행위임에 틀림없으므로, 이러한 해석은 법률행위로 인한 부동산물권의 변동은 등기를 하여야 효력이 생긴다는 대원칙에 배치된다. 그러므로 제48조는 형식주의의 대원칙과 조화되도록 해석되어야 할 것이고, 따라서 결국 법인의 설립과 동시에 또는 설립자의 사망시에 법인에 귀속되는 것은 출연재산이전청구권뿐이고 출연재산이 현실로 법인에게 이전되는 것은 등기를 한 때라고 해(解)하지 않으면 안된다"[19] (밑줄은 필자).

입법주의가 달라졌다는 사실은 실로 전재산법체계를 뒤흔들어 놓는 결과를 가져오게 된다. 그러므로 형식주의의 채택에 따르는 제문제를 샅샅이 검사한다는 것은 일편의 논설로써 능히 다할 수 있는 것은 아니고, 본고는 다만 그중 직접으로 물권변동이론에 관하여 크게 문제될 점만을 간단히 살펴보려고 하는 것"이다.

19) 전게논문 김증한, "형식주의의 채택에 따르는 제문제", 1959, 29면

(나) 이러한 문제제기는 1960년에 공간된 "신물권법 상권"에서 상세하게 부연 설명되었다.[20]

"제48조는 제186조의 원칙에 대한 예외규정이냐. 물론, 특별의 필요가 있는 경우에는, 형식주의의 대원칙에 대하여도 특칙을 규정할 수 없는 것은 아닐 것이다. 그러나 재단법인설립의 경우에, 형식주의에 의할 수 없는 특별한 이유를 발견할 수는 없다. 우리 민법과 마찬가지로 형식주의를 취하는 독일민법과 희랍민법이 모두, 재단법인이 설립되면 설립자는 출연을 약속한 재산을 재단에 이전할 의무를 지게 되고, 다만 양도의 의사표시만으로 이전하는 권리는, 설립자의 별단의 의사가 없는 한, 재단법인의 설립과 동시에 재단법인에 이전된다고 하는 뜻으로 규정하고 있고(독민82조, 희민113조), 역시 형식주의를 취하는 서서(瑞西)민법도·「재단법인의 설립에는 특정의 목적을 위한 재산의 출연을 요한다」(서민80조)는 규정을 전기의 독민·희민의 규정과 같은 뜻으로 해석하고 있는 것을 생각한다면, 제48조의 규정은 물권변동에 관하여 의사주의를 취하였던 구민법의 규정(구민 42조)을 부주의하게 답습한 것이라고 해(解)하는 것이 정당할 것이다."[21]

"이러한 해석론에 대하여, 재산없는 재단법인이라는 것은 개념상 생각할 수 없다는 이유로 반대하는 견해가 있으나, 이전청구권도 또한 재산권이므로 이러한 반대는 당치 않을 것이다. 생각건대, 재단법인의 설립행위에 있어서의 효과의사의 내용은, 재단법인을 성립시킬 것과, 그 재단법인에 일정의 재산권을 귀속시킬 것이라고 할 수 있는

---

20) 김증한, 신물권법 상권, 1960, 276면 이하. 한편 김증한 교수의 신물권법 교과서에 관한 글로 양창수, "김증한,『신물권법(상)(하)』-「독자적 민법체계」의 시도", 민법연구 제9권, 원논문 법학(서울대) 48권 3호, 2007, 206면 이하가 있다.

21) 김증한 상게서, 신물권법 상권, 1960, 277면.

데, 그「재산권을 귀속시키려고 하는 의사」의 내용을 물권변동 및 채권양도에 관한 민법의 규정과 조화적으로 해석한다면, 위에 말한 바와 같이, 「단순한 의사표시만으로 이전될 수 있는 재산권에 관하여는 이를 곧 이전시키고 이전에 관한 특별한 형식(등기·인도·배서교부 등)을 요하는 재산권에 관하여는 그 재산권의 이전청구권을 법인에 귀속시키려는 의사」라고 해석하지 않으면 안된다. 제47조가 재단법인의 설립행위에 증여 및 유증에 관한 규정을 준용한다는 것으로부터도 이와 같은 결론에 도달할 것이다."[22]

"제48조 제2항이 출연재산은 유언의 효력이 발생한 때에 법인에 귀속한다고 규정하고 있으므로, 그 뜻은 재단법인은 설립등기를 함으로써 성립하는 것이지만, 재산권의 귀속에 관한 한 유언자의 사망시에 이미 법인이 성립하였던 것으로 의제(간주)하는 것이라고 해(解)하지 않으면 안된다."[23]

"재산이전청구권의 상대방은, 생전행위로써 한 경우에는 설립자, 유언으로써 한 경우에는 유언의무자 즉 상속인이며, 등기를 함으로써 현실로 부동산물권이 법인에게로 이전되기까지는, 그 부동산물권은 생전행위의 경우에는 설립자, 유언의 경우에는 상속인에게 속한다. 그러나 유언으로써 재단법인을 설립하는 경우에는 유증에 관한 규정이 준용되는 바(47조 2항), 제1079조에 의하면, 수증자는, 유언의 이행으로써 목적물의 소유권이 수증자에게 이전하기 전이라도, 유증의 이행을 청구할 수 있는 때(유증이 효력을 발생한 때 즉 유언자가 사망한 때) 이후의 과실취득권을 가지고, 또 제1080조·제1081조의 내용은 대체로 점유자와 회복자 사이의 비용상환에 관한 규정(203조)과 같은 만큼, 소유권이 상속인에게 속한다고 하는 것은 형식에 불과하고, 실질적 이익은 수증자(재단법인)에게 속하는 것과 같은 결과로

_____

22) 김증한 상게서, 신물권법 상권, 1960, 278면.
23) 김증한 상게서, 신물권법 상권, 1960, 279면.

된다. 그러므로 상속인에의 소유권의 귀속은, 재단법인의 이익을 위하여 신탁적으로 귀속하는 것이라고 하여야 할 것이다(그러므로 상속인이 신탁의무에 위반하여 부동산소유권을 제3자에게 이전한 경우에는 제3자는 유효하게 소유권을 취득하고 수증자는 상속인(유증의무자)에게 신탁의무위반의 책임을 물을 수 있을 뿐이다)."[24]

(2) 곽윤직 교수와의 논쟁

(가) 이러한 김증한 교수의 문제제기에 대하여 곽윤직 교수는 1963년에 공간된 논문에서 정면으로 비판하는 논의를 전개함으로써[25] 논쟁이 촉발되었다. 일부만 인용하면 다음과 같다.

"등기·인도 등의 요건을 갖추는 때에 비로소 출연재산은 재단법인에게 귀속하는 것일가? 김증한 교수는 이를 긍정하나 이점에 관하여 규정하고 있는 것이 바로 제48조 제2항인 것이다. 즉 유언이 효력을 발생한 때로부터 법인에게 법률상 당연히 물권적으로 귀속하는 것으로 간주하는 것이다. 따라서 제48조 제2항을 무시하는 김증한교수의 해석은 타당하지 않으며 이때에도 역시 등기·인도·배서교부 등은 이를 필요로 하지 않는다고 해석하여야만 한다."

"유언에 의한 재단법인의 설립행위에 관련하여 주의할 점이 있다. 그것은 유언이 효력을 발생한 후 설립등기가 있을 때까지 출연재산이 누구에게 귀속하느냐에 관하여서이다. 이점에 관하여 김증한교수는 「유언자의 사망시에 이미 법인이 성립하였던 것으로 의제(간주)하는 것이라고 해(解)하지 않으면 안된다」고 적고 있다. 이와 같이 법인의 설립이 의제된다고 하는데도 찬성할 수 없다. 이론상으로는

---

24) 김증한 상계서, 신물권법 상권, 1960, 279면.
25) 곽윤직, "재단법인설립에 있어서의 출연재산의 귀속시기", 법정 18권 10호, 1963

출연재산은 일단 상속인에게 귀속하고 설립등기에 의하여 소급적으로 상속인이 그 권리를 잃게 되겠지만, 출연재산은 설립등기가 있을 때까지 이른바 「권리능력없는 독립한 재산」이라고 하는 것이 타당할 것이다. 따라서 상속인은 그 출연재산을 처분하지 못함은 물론이며, 그의 채권자가 이를 압류하지 못한다고 해(解)하여야 한다. 제48조 제2항은 결코 법인의 성립을 의제하는 것은 아니라고 생각한다."[26]

(나) 이에 대하여 김증한 교수가 응수하였고,[27] 곽윤직 교수가 다시 반박하면서[28] 1960년대 초반의 저명한 논쟁이 전개되었다.

(3) 정리

이상에서 본 바와 같이 김증한 교수와 곽윤직 교수의 논쟁이 저명하다. 이 논쟁 이후에도 논의가 계속되었는데, 기본적으로 이 논쟁의 연속선상에서 파악될 수 있다. 즉 1960년대 초반의 논쟁에서 대부분의 논점이 도출되었고 후속논의는 두 교수의 주장을 계승하면서 이루어졌다고 할 수 있다.

우리민법의 성립 후 시행 직전에 제기된 김증한 교수의 논의는 지금 시점에서 보아도 통찰력 있는 내용이라고 판단된다. 오히려 이 논점과 관련된 후속논의보다도 간결하고 적확한 법리구성을 하고 있다고 생각된다. 이 논점에 대해서는 본고의 마지막 부분(IV.3.(2))에서 부연설명하기로 한다.

---

26) 곽윤직 상계논문, "재단법인설립에 있어서의 출연재산의 귀속시기", 1963, 11면.
27) 김증한, "출연재산이 재단법인에 귀속하는 시기 - 곽교수의 비판에 답한다", Fides 10권 4호, 1963, 2면 이하
28) 곽윤직, "출연재산이 재단법인에 귀속하는 시기 재론", Fides 10권 5호, 1964

Ⅲ. 후속 연구 개관

이상에서 두 논점에 관한 김증한 교수의 논의를 정리하여 보았다. 이하에서는 후속연구를 개관해 보기로 한다.

1. 단체·법인 유형론=공동소유 유형론

(1) 비판론

(가) 곽윤직 교수[29)]

"문제는 총유에 있다. 이것을 인정할 것인가? 또는 근대법전 속에 규정하는 것이 타당한가?" "사단법인의 단독소유·공유·합유의 세 형태가 근대적 공동소유라의 관계라고 한다면, 현대의 일부의 농촌사회에서 아직도 찾아볼 수 있는 게르만의 촌락공동체에서와 같은 토지의 총유적 이용관계는 전근대적인 유물이며, 근대적소유권의 개념으로는 처리할 수 없는 이질적 분자를 포함하고 있고, 사회적으로도 장차 절멸할 운명에 있는 것이라고 할 수 있다. 이러한 점에서 본다면 민법이 특별히 총유라는 공동소유유형에 관한 규정을 두고 있는 것은 그렇게 찬성할 만한 것은 못된다. 또한 총유란 법률적으로도 명확한 구성을 가지는 것이 아니며, 민법의 규정도 그렇다"

(나) 이호정 교수[30)]

"결론을 미리 제시한다면 다음과 같다. 첫째로, 합유를 인정하는 것

---

29) 곽윤직, 물권법, 1980, 322면 이하
30) 이호정, "우리 민법상의 공동소유제도에 대한 약간의 의문 - 특히 합유와 총유

자체는 타당하다. 그러나 현대민법의 입법자들이 조합의 규정을 고려하지 아니하고 물권편에 합유에 관한 통일적인 규정을 신설한 결과, 채권편의 조합규정과 물권편의 합유규정 사이에 모순과 충돌을 초래하였으며(예컨대 272조와 706조 2항의 충돌), 오히려 어려운 법해석론적 문제를 야기시켰다. 따라서 합유에 관한 통일적 규정의 신설은 성공적인 것이었다고 평가될 수 없다. 오히려 합유가 문제되는 곳, 즉 예컨대 조합을 규정하고 있는 곳에서 조합에 특유한 합유에 관하여 특별규정을 두었던 편이 더 적절하였으리라 생각한다."

"둘째로, 총유제도의 신설은 설득적인 것이 못되며, 더욱이 이 규정들을 이른바 권리능력없는 사단의 소유관계에 엄격히 적용하려는 경우에는 오히려 역작용을 유발할 위험마저 따른다고 생각한다. 현대의 권리능력없는 사단의 소유관계를 게르만의 촌락단체의 공동소유 형태인 총유제도로써 규율하는 데는 문제가 있으며, 또한 종중·문중과 같은 혈연단체의 소유관계를 지역단체의 공동소유관계인 총유로써 규율하는 데는 수긍할 수 없는 점이 있다. 오히려 경직적인 총유규정의 신설은, 현대적인 권리능력없는 사단이나 종중·문중과 같은 혈연단체의 소유관계를 그 사회학적인 실체에 즉응하여 적절히 규율할 수 있는 길을 막았다고 하면 지나친 혹평일가?"

(다) 양창수 교수[31]

양창수 교수는 우리민법 상의 공동소유에 관한 규정의 성립사 및 민법 시행 이후의 관련 논의를 면밀히 분석한 후 다음과 같은 점을

를 중심으로", 법학 제24권 2·3호(통권 54·55호), 서울대학교 법학연구소, 1983

31) 양창수, "공동소유 – 민법 제정과정에서의 논의와 그 후의 평가를 중심으로", 한국민법이론의 발전 I : 총칙·물권편 (무암 이영준박사 화갑기념논문집), 박영사, 1999

지적하고 있다.

"우리는 다음과 같은 점을 확인할 수 있다.""첫째, 민법의 제정과정에서, 공동소유형태로서 공유를 제외하고는「관습상」단체의 소유만을 규율하려는 민법안의 태도, 즉 의식적으로 공백을 인정하는 태도에서부터 단체적 소유 전반을 포괄적으로 규율한다는 태도로의 전환이 일어났다.""둘째, 그러한 태도전환은, ① 공동소유형태는 인적 결합형태의 물권법적 반영이다, ② 인적 결합형태는 사단과 조합의 두 이념형 중 어느 하나에 수렴된다, ③ 어떠한 인적 결합형태에 법인격이 주어지면 그 소유형태는 그 법인의 단독소유가 되므로 이는 공동소유의 문제가 아니다, ④ 법인격 없는 사단의 소유형태는 총유이고 조합의 소유형태는 합유이다, ⑤ 거기에 비단체적("개인주의적") 공동소유형태인 공유를 가함으로써 논리적으로 흠결 없는 공동소유형태의 체계가 인정된다는 설명방식에 의하여 이론적으로 뒷받침되었다.""셋째, 그러나 여기서의 총유나 합유는 독일의 게르만법학자들이 중세게르만의 공동소유형태를 파악하는 과정에서 마련한 개념으로서, 이는 일본학자들의 수용을 통하여 우리에게도 선험적으로 타당한 것으로 전제되었다.""넷째, 민법 제정 후의 공동소유형태에 대한 논의도 대체로 기본적으로 위와 같은 설명방식의 틀을 벗어나지 않고 있다."

공동소유에 관한 논의를 담담히 분석하고 있는 논문이기 때문에 비판론이라고 할 수는 없지만, 이곳에서 인용해 두기로 한다.[32]

---

32) 논문의 마지막을 다음과 같은 서술로 맺고 있다. "언어에 대한 논의에서도 보는 것처럼, 법적 사상의 파악은 즉물적으로는 행하여질 수 없고 이를 인도하는 사고범주가 요구된다. 법전은 그러한 사고범주 또는 개념으로 가득 차 있고, 그것은 대부분 외국으로부터 차용한 것이다. 우리 민법학은 사고하기 위하여 또 외국의 민법학으로부터 차용한 개념을 사용한다. 그러나 거기에는 언제나 당연히 타당한 개념이란 없으며, 어떠한 경우에도 그 전제와 경과를 음미하고 또한 우리의 경험과 관찰의 용광로를 거쳐야 할 것이다."

(2) 입법론

(가) 2004년 법무부 개정시안(국회제출안)

1) 비법인단체에 관한 법인규정 준용 규정(제39조의 2) 신설[33]

> 제39조의2(법인 아닌 사단과 재단) 법인 아닌 사단과 재단에 대하여는
> 그 성질에 반하지 아니하는 한 본장의 규정을 준용한다.

2) 합유 및 총유 규정에 관한 실질적인 개정 제안은 이루어지지 않았다.

(나) 2009년 발족 법무부 민법개정위원회 개정시안(2013년 3월 전 체회의 확정안)

1) 비법인사단에 대한 준용규정

비법인사단에 대한 준용 규정은 제1기 민법개정위원회 제3분과에서 개정제안을 한 후 실무위원회의 검토를 거쳐 위원장단회의에서 전체회의 상정안을 결정한 다음 전체회의에서 다음과 같은 안이 최종확정되었다. 상세한 입법이유[34] 및 개정안에 대한 평가[35]는 지면 관계상 생략한다.

---

33) 민법개정위원회의 규정 신설에 관한 논의내용 및 공청회 제시의견 등에 대해서는 법무부 민법개정자료발간팀 편, 2004년 법무부 민법개정안 총칙·물권편(민법개정총서3), 법무부, 2012, 84~89면 참조.

34) 법무부 민법개정자료발간팀 편, 2013년 법무부 민법개정시안 총칙편(민법개정총서7), 법무부, 2013

35) 위원장단 결론이 나온 당시(2010년)의 개정안에 대하여 평가하는 논문으로 권철, "민법의 관점에서 바라본 민법 개정안의 법인제도: 비영리단체·법인 제도의 바람직한 상에 대한 각서", 비교사법 17권 4호, 2010, 25면 이하 참조

현행	개정안
〈신 설〉	제39조의2(법인 아닌 사단과 재단) 법인 아닌 사단과 재단에 대하여는 주무관청의 인가 또는 등기를 전제로 한 규정 및 제97조에 따른 벌칙을 제외하고는 이 장(章)의 규정을 준용한다.
〈신 설〉	제39조의3(영리를 목적으로 하는 법인 아닌 사단의 사원의 책임) ① 영리를 목적으로 하는 법인 아닌 사단의 재산으로 사단의 채무를 완제(完濟)할 수 없는 때에는 각 사원은 연대하여 변제 할 책임이 있다. ② 영리를 목적으로 하는 법인 아닌 사단의 재산에 대한 강제 집행이 주효(奏效)하지 못한 때에도 각 사원은 연대하여 변제 할 책임이 있다. ③ 제2항은 사원이 법인 아닌 사단에 변제의 자력(資力)이 있으며 집행이 용이한 것을 증명한 때에는 적용하지 아니한다.

2) 총유 규정의 존폐 여부

총유 규정에 관한 규정 개정에 관하여는 제4기 민법개정위원회 2분과에서 분과위원회안을 성안하였고, 실무위원회의 검토를 거쳐 위원장단회의에서 전체회의 상정안을 결정한 다음, 전체회의에서 다음과 같이 결정되었다.

> 총유규정은 존치하기로 함.

분과위원회안에서는 총유규정의 삭제를 제안하였으나[36] 실무위원회의 검토와 전체회의를 거쳐 총유규정의 존치가 결정되었다.[37]

(다) 2014년 법무부 개정안

20014년에 민법상의 법인규정에 관한 개정위원회가 결성되어 기존

---

36) 분과위원회안의 성안과정에 대한 상세한 설명으로 정병호, "법인 아닌 사단의 재산관계 규율에 관한 입법론적 고찰", 홍익법학 14권 1호, 2013.
37) 최종안에 이르기까지의 과정을 상세하게 분석한 논문으로 윤진수, "공동소유에 관한 민법개정안", 민사법학 제68호, 2014, 150면 이하.

의 개정안을 바탕으로 새로이 개정제안을 하였다. 이 개정안(민법 일부개정법률안 정부 발의 의안번호 제12119호)은 현재 국회에 회부되어 법제사법위원회에 계류되어 있다. 이 개정안에서는 기존의 개정안에서 개정 여부를 둘러싸고 논란이 있는 부분은 개정을 유보하기로 하였고, 그 일환으로 비법인사단에 관한 법인규정 준용에 관한 조항은 두지 않기로 하였다.

> 비법인단체에 대한 법인규정 준용에 관한 규정은 두지 않기로 함.

2. 출연재산의 귀속시기

(1) 해석론

(가) 다수설(곽윤직 교수, 이영섭 대법관 등)

"제48조를 전적으로 무시하는 위와 같은 소수설은 부당하며, 제48조를 제187조가 말하는 「기타의 법률의 규정」으로 보아서, 등기나 인도없이 물권은 당연히 설립등기를 한 때 또는 설립자의 사망시에 법인에게 귀속한다고 해석"

"소수설의 주장은 물권변동에 관한 성립요건주의에 충실한 해석이기는 하지만, 찬동하기 어려운 근본적인 결점을 가지고 있다. 즉 동설에 의하면, 재단법인이 설립등기를 갖추더라도 출연재산에 관한 이전등기를 할 때까지는 전혀 재산이 없는 재단법인이 있게 되는데, 이는 재단법인의 본질에 반한다."[38]

---

38) 곽윤직, "민법총칙의 개정방향", 민사판례연구 7집, 1985, 292면 이하.

(나) 판례 [대법원 1979.12.11. 선고 78다481, 482 전원합의체 판결]

"재단법인의 설립함에 있어서 출연재산은 그 법인이 성립된 때로부터 법인에 귀속된다는 민법 제48조의 규정은 출연자와 법인과의 관계를 상대적으로 결정하는 기준에 불과하여 출연재산이 부동산인 경우에도 출연자와 법인 사이에는 법인의 성립 외에 등기를 필요로 하는 것은 아니지만, 제3자에 대한 관계에 있어서, 출연행위는 법률행위이므로 출연재산의 법인에의 귀속에는 부동산의 권리에 관한 것일 경우 등기를 필요로 한다."39)

---

39) 인용문은 공간 판결의 판결요지이고, 판결문의 관련부분을 모두 인용하면 다음과 같다.

"민법 제48조는 재단법인 성립에 있어서 재산출연자와 법인과의 간의 관계에 있어서의 출연재산의 귀속에 관한 규정이고 동 규정은 그 기능에 있어서 출연재산의 귀속에 관해서 출연자와 법인과의 관계를 상대적으로 결정함에 있어서 그의 기준이 되는 것에 불과하여 출연재산은 출연자와 법인과의 관계에 있어서 그 출연행위에 터잡아 법인이 성립되면 그로써 출연재산은 민법의 위 조항에 의하여 법인 설립시에 법인에게 귀속되어 법인의 재산이 되는 것이라고 할 것이고, 출연재산이 부동산인 경우에 있어서도 위 양 당사자간의 관계에 있어서는 위 요건(법인의 성립)외에 등기를 필요로 하는 것이 아니라 함이 상당하다 할 것이다(출연행위는 재단법인의 성립요소임으로 출연재산의 귀속에 관해서 법인의 성립 외에 출연행위를 따로 요건으로 둘 필요는 없는 것이라고 할 것이다)."

"원래 법적인 관념 따라서 물권변동에 관한 관념은 모든 다른 분야에 있어서의 그것과 마찬가지로 이를 실체화해서 고정적인 것으로 받아들이지 않으면 안 될 이론상 또는 사실상의 이유나 필요가 반드시 있는 것이 아니므로 민법의 위 조항을 위와 같은 취지로 받아들이는 것이 이론상으로나 사실상으로나 무리라고 하여야 할 이유가 있다고 할 수 없으며 또 동 조항을 위와 같은 취지로 받아들이는 것이 동 조항의 문언상 허용할 수 없다고 하여야 할 이유가 있다고도 할 수 없을 뿐만 아니라, 위 조항의 기능을 위와 같이 상대적인 것으로 받아들이는 것은 일반적으로 출연자의 의사에 합치되는 동시에 거래의 안전에 기여하는 결과가 되는 것이라고도 할 수 있고 아울러 법인으로 하여금 성립 후 출연재산에 대하여 제3자에 대한 관계에 있어서 권리확보의 필요한 조치를 속히 취하도록 유도하므로서 법인의 재산 충실의 결과를 기대할 수 있게 되어 현실

(2) 입법론

(가) 곽윤직 교수(1985)

"민법 제48조에 관한 학설과 판례를 이모저모로 검토하였으나, 어느 것이나 시원스럽게 문제를 해결해 주는 이론이 되지 못한다. 이러한 사실은 결국 민법 제48조의 규정이 적절한 것이 못된다는 것을 뜻한다. 민법 제48조는 구민법 제42조의 규정과 전적으로 같은 내용의 것이다. 그런데 기술한 바와 같이 현행민법이 취하는 권리변동에 관한 원칙은 구민법의 그것과는 근본적으로 다르다. 이러한 원칙상의 변경이 있는 이상, 민법 제48조는 민법이 새로이 채용한 원칙들과 조화되는 내용으로 규제되었어야 했던 것이다. 그럼에도 불구하고 마땅히 취했어야 할 그러한 조치를 하지 않고서, 만연히 구법의 규정을 그대로 답습하였다면, 이는 입법상의 과오이며, 아무리 노력하여도 새로운 원칙과 논리가 일관되는 해석론이 나올 수 없는 것이다. 여기서 결론은 제48조를 그대로 존치하면서 해석으로 해결하려는 것은 잘못된 태도이며, 제48조의 개정만이 가장 합리적 해결방법이라고 할 것이다."[40]

"우리 민법에서의 처리방법은 두 가지가 있을 수 있다고 말할 수 있다. 즉 하나는 제48조를 독일민법과 같은 내용의 것으로 개정하는 것이고, 다른 하나는 제48조를 폐기하는 것이다. 이들 두 방법 중 어

적으로도 출연자와 법인 그리고 제3자의 이해관계가 적절히 조화될 것이 기대할 수 있게 되는 것이라고 할 수 있다(원래 공시제도는 그 기능이 개개의 재산을 중심으로 하고 인정되고 있는 것이고 재산의 주체를 중심으로 하고 인정되고 있는 것이 아니므로 법인의 성립은 그로써 그의 재산의 공시를 결과케 하는 것이 아니며, 또 법인의 권리확보에 대한 해태의 결과를 제3자의 불이익으로 돌려야 할 합리적인 이유도 없는 것이다)." "그러므로 제3자에 대한 관계에 있어서는 출연행위가 법률행위임으로 출연재산의 법인에의 귀속에는 부동산의 권리에 관해서는 법인 성립 외에 등기를 필요로 하는 것이라고 함이 상당하다 할 것이다."

40) 곽윤직, "민법총칙의 개정방향", 민사판례연구 7집(1985), 301면

느 것을 택하든 무방하겠지만, 재단법인을 좀 더 보호하게 되는 전자
의 길을 택하는 것이 타당하다고 생각한다. 그러한 방법을 택한다면,
현행 민법 제48조의 제 I 항은 독일민법 제82조와 같이 규정하고, 제
48조의 제 II 항은 독일민법 제84조와 같이 규정하여야 할 것이다."[41]

(나) 2004년 법무부 개정시안(국회제출안)[42]

현행	개정안
제48조(출연재산의 귀속시기) ① 생전처분으로 재단법인을 설립하는 때에는 출연재산은 법인 이 성립된 때부터 법인의 재산 이 된다. ② 유언으로 재단법인을 설립하는 때에는 출연재산은 유언의 효력이 발생한 때로부터 법인에 귀속한 것으로 본다.	제48조(출연재산의 귀속시기) ① <현행과 같음> ② <현행과 같음> ③ 제1항 및 제2항의 경우에 설립자의 사망 후에 재단법인이 성립된 때에는 설립자의 출연에 관하여는 그의 사망 전에 재단법인이 성립한 것으로 본다. ④ 제1항 및 제2항의 경우에 그 권리변동에 등기, 인도 등이 필요한 출연재산은 이를 갖추어야 법인의 재산이 된다.

2004년 국회제출안은 위 표와 같다. 최종안에 이르기까지 위원회에
서는 크게 두 가지 안을 둘러싸고 흥미로운 논쟁이 전개되었다. 두
가지 안중의 하나는 위 개정안대로 개정할 것을 주장하는 것이고, 또
하나는 곽윤직 교수의 입법제안을 계승하려고 하는 것이다. 전자에
대해서는 양창수 교수[43]가 후자에 대해서는 윤진수 교수[44]가 비교적

---

41) 곽윤직, 상게 "민법총칙의 개정방향", 305면
42) 법무부 민법개정자료발간팀 편, 2004년 법무부 민법개정안 총칙·물권편(민법
　　개정총서3), 법무부, 2012. 민법개정위원회의 논의상황을 개관해 보면 법인에
　　관한 부분 중 48조를 둘러싼 논의가 가장 많은 양을 차지하고 있음을 알 수
　　있다.
43) 양창수, "재단법인출연재산의 귀속시기에 관한 독일민법의 규정", 민법연구 제
　　7권, 2005, 원논문 저스티스 74호, 2003, 86면 이하.
44) 윤진수, "법인에 관한 민법개정안의 고찰", 민법논고 I, 2007, 167면 이하, 원논

자세한 논의를 전개하였다. 개정작업에 참여한 윤진수 교수도 언급하 듯이 48조 개정안은 법인에 관한 민법개정안 중 가장 많은 논란의 대 상이 되었다.[45][46]

(다) 2009년 발족 법무부 민법개정위원회 개정시안(2013년 3월 전 체회의 확정안)

현　　행	개　정　안
第48條(出捐財産의 歸屬時期) ① 生前 處分으로 財團法人을 設立하는 때 에는 出捐財産은 法人이 成立된 때 로부터 法人의 財産이 된다.	제48조(출연재산의 귀속시기) ① 재단법 인을 설립하기 위하여 출연한 재산의 권 리변동에 등기, 인도 그 밖의 요건이 필요 한 경우에는 그 요건을 갖춘 때에 법인의 재산이 된다.
② 遺言으로 財團法人을 設立하는 때 에는 出捐財産은 遺言의 效力이 發生 한 때로부터 法人에 歸屬한 것으로 본 다.	② 설립자의 사망 후에 재단법인이 성립하 는 경우에는 출연에 관하여는 그의 사망 전 에 재단법인이 성립한 것으로 본다.
\<신 설\>	③ 제2항의 경우에 출연재산은 제1항의 요 건을 갖추면 설립자가 사망한 때부터 법인 에 귀속한 것으로 본다. 재단법인이 성립한 후 설립자가 사망한 경우에도 또한 같다.

개정시안에 관한 법부무 공간 자료[47]에는 아쉽게도 구체적인 논의 상황이 제대로 소개되어 있지 않고, 다음과 같은 개략적인 개정이유 를 적시하고 있을 뿐이다.

개정이유에 대해서는 "부동산물권변동의 원칙을 규정한 제186조에

문은 서울대학교 법학 46권 1호, 2005
45) 윤진수, 상게논문 "법인에 관한 민법개정안의 고찰", 178면
46) 2004년 국회제출안에 대해서는 이영준 외 7인, "특집·좌담회 '민법개정(총칙 편)'", 인권과 정의 제319호, 2003도 참조.
47) 법무부 민법개정자료발간팀 편, 2013년 법무부 민법개정시안 총칙편(민법개정 총서7), 법무부, 2013

의하면 출연부동산이 재단법인에 귀속되기 위해서는 이전등기를 요
하지만, 출연재산의 귀속시기를 정한 현행법 제48조의 규정에 의하면
출연부동산은 '법인성립시(설립등기시)'와 '유언의 효력발생시(출연
자의 사망시'에 각각 이전등기 없이 재단법인에 귀속되므로, 재단법
인의 설립을 위하여 부동산물권을 출연한 경우 부동산물권변동의 효
력발생에 관한 원칙을 규정한 제186조와 출연재산의 귀속시기를 정
한 현행법 제48조의 규정 사이에 모순과 충돌이 발생"한다고 설명하
고 있다. 이어서 입법효과로 "재단법인의 설립을 위하여 부동산물권
을 출연한 경우 부동산물권변동의 효력발생에 관한 원칙을 규정한
제186조와 출연재산의 귀속시기를 정한 현행법 제48조의 규정 사이
의 모순과 충돌을 입법적으로 해결"이라고 적고 있다.

(라) 2014년 민법개정위원회 개정안(국회제출 법무부안)은 (다)의 2013년 안과 동일하다.

(3) 정 리

재단법인 설립 상 출연재산의 귀속시기를 둘러싸고 김증한 교수와
곽윤직 교수의 논쟁이 2004년 국회제출안의 성안과정에서 재현되어
많은 논의가 이루어졌다. 2013년 법무부 개정시안은 김증한 교수의
주장으로 대표되는 이른바 '소수설'이 상당히 영향을 미친 것으로 평
가할 수 있다. 한편 2004년 안의 제3항이나 2013년 안의 제2항은 기
존의 논의에서는 크게 주목받지 못한 조항이지만 독일민법 제84조를
참조하여 규정안에 들어오게 되었다. 현행 제48조 제2항의 해석론과
도 관련되는 이 개정조항의 의미에 대해서는 이하(IV.3.)에서 부연하
기로 한다.

IV. '평가 및 전망'에 갈음하여

1. 이상으로 김증한 교수의 법인론과 그 후속논의에 관해서 살펴보았다. 원래대로라면 이 책의 공통 '집필지침'에서 제시된 바에 따라 '평가와 전망'을 해야 할 것이지만, 이하에서는 본론에서 언급한 주제에 관한 개인적인 인식을 피력하는 것으로 평가와 전망에 갈음하고자 한다.

본고에서 다룬 김증한 교수의 논의에 관해서는 이미 소개한 바와 같이 일찍부터 곽윤직 교수의 비판론이 존재한다. 본고에서 다룬 주제 이외에도 우리 민법학의 제1세대를 대표하는 두 교수의 논쟁은 우리 민법학의 수준을 높이는데 크게 공헌하였고, 우리 민법학계의 두 갈래의 큰 흐름을 형성하고 있다.[48]

젊은 세대의 민법연구자인 필자가 김증한 교수를 정면으로 다루는

---

48) 본 발표에서 다룬 논점들에 대해서는 양창수 교수의 논문이 선행연구로 존재한다. "김증한, 『신물권법(상)(하)』: 「독자적 민법체계」의 시도", 민법연구 제9권, 원논문 법학(서울대) 48권 3호, 2007, 206면 이하; 양창수, "공동소유 — 민법 제정과정에서의 논의와 그 후의 평가를 중심으로", 한국민법이론의 발전 I : 총칙·물권편(무암 이영준박사 화갑기념논문집), 박영사, 1999; 양창수, "재단법인출연재산의 귀속시기에 관한 독일민법의 규정", 민법연구 제7권, 2005, 원논문 저스티스 74호, 2003, 86면 이하; 양창수, "한국법에서의 「외국」의 문제: 한국민법학 초기의 어떤 모습을 계기로 하여", 민법연구 9권, 2009. 김증한 교수의 방법론에 관한 평가와 후속연구 상황에 대한 상세한 정리도 포함되어 있는 이러한 논의는 1990년대에 필자가 대학원에 진학한 이후에 글을 통한 김증한 교수에 대한 인식 형성에 영향을 주었다. 특히 위 논문 중 마지막 논문은 필자가 일본 東京大學 유학 중에 개최되었던 심포지움에서 발표된 논문으로 필자가 그 번역을 도운 일이 있는데, 논문의 내용 중에서 우리민법학계의 1세대 학자에 대한 비판적인 소개부분은 적어도 필자에게는 다소 충격적인 것이었고 많은 자극과 시사를 받았던 기억이 있다.

공동연구의 일원이 되었다는 것은 분에 넘치는 영광인데, 우리민법학계 제1세대의 대표적인 논의에 대하여 과연 어떠한 입장에서 논의를 전개해야 하는지 고민을 하였다. 아직 설익은 감상 정도를 밝히는 수준이지만, 사제지간 등의 직접적인 학맥이 닿아있지 않은 점을 고려하면 비교적 객관적인 입장에서 서술하는 것이 가능할지도 모른다.

2. 비법인사단론의 함의

(1) 김증한 교수의 논의가 우리 민법전의 규정으로 결실을 본 것에 대해서는 이미 소개한대로 비판론이 대세인 듯하다.[49] 이에 대해서는 여러 측면에서 평가가 필요하다고 할 것이다. 우선 1950년대의 우리 현실 하에서 외국의 이론을 받아들이면서 나름대로의 주체적·비판적인 검토를 통하여 입법론을 주장한 것에 대해서는 높이 평가해야 할 것이다. 종중이라는 비법인단체의 존재를 누구보다도 잘 알고 있는 김증한 교수로서는 당시 유력한 이론이었던 기이르케의 논의는 매력적인 것이었을 것이다. 긴 일제치하에서 벗어난 지 얼마 되지 않은 시점에서 당시의 유력한 일본문헌과 독일문헌을 섭렵하여 나름대로의 이론을 전개한 것에 대해서, 수십 년이 지난 시점에서 바라보면서 일본을 통해서 간접적으로 받아들인 '선험적인 이론'을 무리하게 입법한 것으로 평가하는 것은 왠지 공평하지 않다고 느끼는 것은 필자만의 생각일까. 우리 고유의 전통법을 민법전에 반영하지 못하고 유럽대륙법계의 민법전을 계수한 우리민법의 태생적 특성을 고려하면 애당초 거의 모든 규정들이 '선험적'으로 타당한 것으로 평

---

49) 최근의 논문으로는 예컨대, 정병호, 전게논문 "법인 아닌 사단의 재산관계 규율에 관한 입법론적 고찰"(2013)에서는 총유규정을 존치하는 것은 현재의 "압도적인 다수설"에 반한다고 한다. 뿐만 아니라, "선진입법례를 참조하여 시대에 뒤떨어진 법제도"를 개선하려는 민법개정위원회의 취지에도 반한다고 한다.

가되어 입법화된 것이라고 할 수 있을 것이다. 오히려 비판론은 김증한 교수의 논의에 집중되기 보다는 우리민법 시행 직후의 논의에서 거의 이론적인 발전을 보여주지 못한 후학들 자신을 향한 자성론이 되어야 할 것이다.

물론 비판이 금지된 성역이 되어야 한다는 취지는 결코 아니다. 민법전이 성립한 직후 상당 기간 동안에는 이른바 '주석(註釋)학파'가 조문의 해석론 구축에 힘을 쓰고 이러한 해석론의 노력이 한계에 달했을 때에 판례법리에 의한 해결책을 모색하고 이어서 비로소 입법론이 제기되는 민법학의 선진국들과 비교하면, 민법전이 성립하자마자 해석론이 아닌 입법론이 주장되고 그러한 논의가 50년 이상 반복적으로 지속되는 상황은 정상적인 것이라고 할 수는 없을 것이다. 총유규정을 둔 것에 대해서 입법직후부터 상당한 비판이 있어 왔고, 현재에도 폐지론이 대세로 보임에도 불구하고 민법개정 작업에서 개정 유보·존치의 결론이 내려진 것은, 적어도 현행 규정이 나름대로 기능하고 있다는 것을 보여준다고 평가할 수도 있을 것이다. 다른 한편 민법 시행 후의 입법론적 비판에도 불구하고 대법원 판결은 민법전의 규정을 바탕으로 거대한 판례법리를 형성하여 왔다. 민법전 시행 55주년을 맞이한 이제야 말로 이러한 축적을 있는 그대로 정리하고 평가하면서 보다 진중한 논의가 전개되어야 할 것으로 생각된다.

다만 총유규정을 과감히 삭제하게 되면, 비법인사단에 대해서 보다 자유로운 논의가 가능할 것이라는 점에서 폐지론에 무게가 실렸던 것도 충분히 이해되는 상황이다. 2014년 법무부 법인규정 개정안에서 비법인사단에 대한 법인규정 준용규정을 두지 않기로 한 점을 감안하면, 이제야말로 보다 본격적인 비법인사단론이 전개될 토대가 마련되었다고 할 수도 있을 것이다.[50]

---

50) 총유 규정을 둘러싼 민법 개정 논의와 관련하여 기존의 논의 및 분과위 개정안

(2) 비법인사단론의 함의

비법인단체(사단)을 둘러싼 논의는 '민법이 단체를 어떻게 취급하고 있는지'라는 근본문제와 관련이 있다. 법기술적인 문제와 이념적인 문제의 두 가지로 나누어 간단하게 살펴보는데, 공동소유에 관해서 공유만을 규정하고 비법인사단에 관한 규정을 두고 있지 않은 까닭에 우리의 경우보다는 자유롭게 논의가 전개되고 있는 일본의 경우를 참고해 보기로 한다. 우선, '법인', '사단', '조합'이라는 개념의 상호관계를 어떻게 이해하여야 하는가, 라는 다소 기술적인 문제이다. 이 문제에 대해서는 우선 역사적인 관점에서 생각해 보자. 역사적으로 보면, 영국이나 프랑스에서 법인은 조합의 특수한 형태로 발전해 왔다고 할 수 있다. 우리 민법에 상당한 영향을 미친 일본민법의 경우에 대해서 간단히 언급해 보면, 일본에서도 민법의 기초자(우메켄지로)[51]는 법인격 없는 단체는 조합이라고 생각하고 있었다. 그런데 일본민법 시행 이후 다음과 같은 변화가 생겼다. 하나는, 일본민법은 조합에 대해서도 재산의 독립을 인정하고 있고, 그 결과 법인과 조합의 차이가 그다지 선명하지 않게 되었다. 또 하나는 이것과 관련되는데, 종래의 독일 학설을 참고하여 조합과 사단은 단체로서 성질을 달리한다는 논의가 전개되어 법인격이 인정되는 것은 계속성을 가지고 조직을 갖춘 사단형의 단체뿐이라고 설명되어 왔다는 것이다. 즉 '비법인사단'은 사단인 단체는 법인과 마찬가지로 다루어야 한다는 논의로서 전개되었다는 것이다.[52] 한편 '비법인사단'은 사단인 단

을 비판적으로 검토하는 흥미로운 논문으로 임상혁, "법인이 아닌 사단의 민사법상 지위에 관한 고찰: 총유 규정을 둘러싼 민법 개정 논의와 관련하여", 서울대학교 법학 54권 3호, 2013, 189면 이하를 참조.

51) 梅謙次郎, 訂正增補民法要卷之一總則編, 1901, 84頁.

52) 한편 우리의 경우에는 이러한 논의가 김증한 교수를 통하여 우리민법제정시에 영향을 주었고 공동소유의 유형을 법정하는 것으로 귀결된 것은 이미 본론에서 살펴본 바이다.

체는 법인과 마찬가지로 다루어야 한다는 논의에 대해서, 일본민법에
는 총유규정을 두지 않았기 때문에 보다 자유로운 비판이 가능하다.
이러한 비판론의 일환으로, 조합형 단체(구성원 상호간의 계약적 결
합)와 사단형 단체(구성원의 조직적 결합)를 명확하게 구별하기 어
렵다는 비판이 유력하다. 오히려 역사적 경위를 중시하여 법인(재단
법인은 제외)이라는 것은 조합 중의 특수한 것이라고 생각하여야 하
고, 그것으로 충분하다는 것이다.[53] 이렇게 생각해 본다면, '비법인사
단이라는 것은 법인에 가까운 효과가 부여되는 조합'이라는 결과가
된다. 이렇게 되면 결과적으로 사단이라는 개념은 재단법인을 인정하
기 위하여(사단 이외의 것을 지칭하기 위해서) 필요하게 된 개념에
불과하다고 생각할 수 있게 된다.[54]

둘째로 이념과 관련되는 근본문제가 있다. '비법인사단'이라는 개
념에 의하여 법인이 아닌 것을 법인에 가깝게 취급할 필요가 있는
가? 라는 것이다. 비법인사단의 존재를 적극적으로 인정하는 논의는
법인격의 유무에 따른 양자택일이 아닌 중간적인 것으로 인정하려고
하는 유연한 사고방식이기는 하다. 그러나 과연 그렇게 취급할 필요
가 있는 것일까? 물론 현행법으로는 비영리법인이 되기 위해서는 주
무관청의 허가를 얻어야 하는 절차가 있기는 하다. 그러나 허가의 취
득이 곤란하다는 문제는 입법으로 해결해야 하는 문제이다(그러한
문제의식 하에 이번 개정에서 인가주의로의 전환을 도모하고 있다고
할 수 있을 것이다). 법인이라는 제도가 있고, 법인격이 있는 것과 없
는 것을 나누고 있으면서, 이러한 구별을 형해화하는 것이 정말 바람
직한 것이라고 할 수 있을까?[55]

---

53) 內村貴, 民法 I [第4版], 2008, 224頁. 1960년대 중반에 星野英一, "いわゆる
「權利能力なき社団」について", 民法論集(1), 1970, 271頁 이하에서 촉발된
논의가 현재의 유력설이 되었다.
54) 大村敦志, 基本民法 I [第4版], 2007.

'비법인사단'론이 거의 문제제기 없이 받아들여지고 있는 배경에는 우리나라에서는 단체라고 하는 것이 (인위적인 것이 아닌) 자연스러운 존재로 여겨지고 있다는 사정이 있다고 생각된다. 단체의 설립이 사람의 의사에 의해서 이루어진다는 감각이 부족하다고 할 수 있다. 그 결과 '어찌되었든 단체가 있으니까'라는 논의가 자연스럽게 주장되게 된다. 이렇게 당연하다고 여겨지고 있는 '비법인사단'론은 재검토되어야 할 것이다.56)

3. 재단법인론

(1) 출연재산의 귀속시기

2009년 법무부 민법개정안 제48조 제1항과 제2항은 오랫동안 학설·판례 상 논란이 되어오던 문제에 대하여, 우리민법 상의 물권변동론의 특성을 반영해야 한다는 (김증한 교수의 문제제기에서 촉발된) 학계의 주장을 수용하여 해결을 도모한 것으로 보인다. 이 개정시안은 2014년 법무부 개정안에서도 그대로 유지되었고 국회에 제출되어 현재 법제사법위원회에 계류되어 있다. 개정안은 현행민법 제48조의 제1항과 제2항을 없애고 새로운 규정을 두는 내용으로 이루어져 있는데, 입법과정 등을 통하여 논의의 여지는 남아 있다고 생각된다.

기존의 논의는 재단법인론 그 자체라기보다는 물권변동론의 일환이라는 성격이 강했다고 평가할 수 있다. 그러나 재단법인론에 관해

---

55) 이러한 인식은 이미 권철, "민법의 관점에서 바라본 민법 개정안의 법인제도", 비교사법 51호, 2010, 37면 이하에서 밝힌 바 있다. 이러한 인식을 같이하는 논의로 전경운, "우리 민법상 총유에 관한 일고찰", 토지법학 26권 1호, 2010.
56) 기존의 비법인사단론을 비판적으로 검토하면서 총유 규정을 둘러싼 민법 개정 논의에 대해서, 전면적인 이론적 검토의 필요성을 역설하는 논문으로 임상혁, 전게논문 "법인이 아닌 사단의 민사법상 지위에 관한 고찰", 2013도 참조.

서 비교법적으로 살펴보면 오히려 이하에서 언급하는 '법인설립 시점의 소급 의제'에 관한 논의가 중심적인 논의대상이었다는 것을 알 수 있다. 최근의 개정안 성안과정 이외에서는 이제까지 우리 학계에서는 그다지 논의되지 않았던 이 논점에 대해서 간단히 살펴보자.

(2) 법인설립 시점의 소급

이하에서는 본론에서는 거의 언급하지 않았던 논점이지만, 개정안 제48조 제2항의 신설에 관해서 간단하게 생각해 보고자 한다. 결론적으로 동항의 신설은 적절하다고 생각된다. 다만 그 신설이유에 관해서는 보다 적극적인 설명이 필요하다고 생각된다.

(가) 유언에 의한 재단설립

개정안 제48조 제2항의 의미는 규정의 연혁에 비추어 보면, 유언에 의하여 재단법인을 설립하고자 하는 경우에 '동시존재의 원칙'의 위반에 의하여 유언이 무효가 되는 것을 방지하기 위한 규정으로 자리매김하여야 한다. 부연하면 다음과 같다. 자신이 죽은 후에 자신의 재산으로 재단법인을 설립하려는 자가 그러한 취지의 유언을 남기고 사망한 경우를 상정해 보자. 유언의 효력은 유언자의 사망에 의하여 효력이 발생되는데, 유언자의 상속인으로서는 자신에게 상속될 것으로 생각하고 있던 재산이 재단법인의 설립에 출연된다는 사실을 알고, 유언을 무효화할 방안을 궁리하는 경우가 있을 것이다. 이러한 경우 상속인은 상속법의 대원칙인 '동시존재의 원칙', 즉 상속인(유언자)의 사망 시에 생존해 있는 자가 아니면 상속(유증)을 받을 수 없다는 원칙을 상기하고 유언자의 사망 시에는 아직 재단법인이 성립되지 않았다는 것을 주장하여 유언의 무효를 주장하는 경우를 상정할 수 있다. 단순화한 가상의 사례이지만, 이와 유사한 사례는 독일에

서는 민법전(BGB)이 제정되기 전 19세기, 프랑스에서는 1804년 민법
전 시행 후 최근(1990년)까지 200년 가까이 수많은 사례에서 확인되
는 바이다.[57] 독일에서는 제84조가 민법전(BGB)에 규정되면서 이러
한 문제가 해결되었고,[58] 프랑스에서는 200년 가까이 이러한 문제점
을 둘러싸고 판례·학설 상 논란이 이루어지다가 1990년에 법인성립
(공익승인=허가)의 소급효에 관한 규정이 신설된 후에야 비로소 입
법적으로 해결되었다.[59]

　그렇다면 우리나라에서는 왜 이러한 점이 그다지 논의되지 않았을
까? 이 점에 대해서는 현행 우리민법 제48조 제2항의 모법인 일본민
법 제42조 제2항[60]의 기초과정을 비롯하여 일본민법 제정 후의 논의
를 살펴볼 필요가 있고, 이와 함께 일본민법 제42조를 그대로 계수한
현행 우리민법 제48조에 관하여 고찰하여야 한다.

　필자의 가설에 의한 결론부터 밝히면 다음과 같다. 일본민법 제42
조를 기초함에 있어서 기초자인 호즈미 노부시게(穗積陳重)는 '법인
성립시기의 소급의제' 규정의 의미(필요성)에 대하여 인식은 하고 있
었지만 규정의 제42조 제2항의 문언으로 제대로 표현하지 못한 것으

---

57) 물론 독일과 프랑스는 상속법의 구조에 차이가 있기 때문에 양국의 사례가 동
　일한 것은 아니다. 다만 독일에서 논의의 단초가 된 프랑크푸르트의 슈테델 미
　술관 사건이 전개된 당시에는 프랑스법이 적용되는 지역이었다는 것은 특기할
　만하다.
58) 독일민법 제84조에 관하여는, 고상현, "독일민법 제84조와 우리민법 제48조 제
　2항의 비교법적 고찰", 민사법학 46호, 2009, 445면 이하를 참조.
59) 일본어 문헌이지만 프랑스의 논의를 소개하는 것으로 權澈, "フランス法にお
　ける死後財団設立に關する判例法理", 成均館法學 24/2, 2012, 165면 이하
　를 참조.
60) 일본민법 제42조 제2항은 2006년 개정에 의하여 지금은 삭제되었고, 유사한
　조항이 '一般法人法'에 규정되어 있다. '일반법인법'의 성립경위를 비롯한 일
　본의 비영리법인·공익법인 개혁에 관해서는 권철, "일본의 새로운 비영리법인
　제도에 관한 소고: 최근 10년간의 동향과 신법의 소개", 비교사법 14권 4호,
　2007, 117면 이하를 참조.

로 보인다. 이는 1893년 당시에 이루어진 일본민법 제정과정에서의 제42조에 관한 기초이유를 살펴보면 알 수 있는데,[61] '태아의 수증능력'을 언급하는 것을 보면 포인트를 지적하고 있다고 할 수 있지만, 이것을 단지 과실수취권의 문제로 보고 있다는 점에서 그러하다. 부연설명하면, 우선 확인할 수 있는 것은 일본민법 기초자가 제42조 제2항을 둔 이유는 태아의 수증능력에 관한 소급의제 규정의 역할을 염두에 두었다는 점이고, 그 다음으로 지적할 수 있는 것은 이러한 규정의 의미가 조항의 문언에 제대로 표현되지 못하였다는 것이다. 동 조항의 문리적인 해석에서 법인설립 소급의제를 바로 도출해 내기 쉽지 않다는 점은 예컨대 위 본문에서 인용하였던 곽윤직 교수의 논의와 같이 동 조항은 "결코 법인의 성립을 의제하는 것은 아니라고 생각한다"는 해석론으로 이어진 것이다. 이러한 해석론에 문제가 있음은 위의 입법자의 기초의사를 살펴보아도 알 수 있을 뿐만 아니라, 입법자의 의사를 굳이 꺼내들지 않더라도 동 조항에 '법인성립시기의 소급의제'의 기능이 포함되어 있다고 파악하지 않으면 민법 시행 이후에 이루어진 유언에 의한 재단설립의 유효성을 어떻게 설명하는가 하는 문제에 부딪히게 되는 것이다.[62] 이러한 점을 감안하면 김증한

---

61) "법인은 정부의 허가를 얻어 비로소 성립하는 것이므로 생전처분으로 기부행위를 할 때에는 그 법인의 성립하는 것과 동시에 그 재산은 법인의 재산을 조성한다는 것을 당연하다고 한다. 그러나 유언의 경우에는 그 허가를 신청하기 전에 유언이 이미 그 효력을 발생하므로 유언에 의한 기부재단은 태아에 유증하는 경우와 매우 비슷하다. 만약 그 유산은 법인이 비로소 성립하는 때부터 그 법인에 이전하는 것이라고 할 때에는 그 이전에 생긴 과실 기타 이익은 모두 상속인에 속하는 것이라고 해야 한다. 이러하다면 기부자의 의사에 반할 뿐만 아니라 상속인에 있어서도 허가의 신청을 지연할 우려가 없다고 하지 않을 수 없다. 따라서 현재 태아의 권리에 관한 여러 나라의 법제에 의하여 또한 법인에 관한 2, 3 법전의 예에 좇아 법인은 그 유언의 효력이 생기는 때에 소급하여 그 재단의 이익을 받을 수 있는 것이라 한다"(法典調査會 民法主査會速記錄 4卷, 1893, 121丁表 - 126丁裏)

교수의 제48조 제2항의 의미부여는 이론과 현실을 감안한 정곡을 찌르는 해석론이었다고 평가할 수 있을 것이다.[63]

2009년 민법개정위원회 분과위원회안 성안 과정에서는, 법인성립시기의 소급을 규정하는 조항의 신설이 불필요하다는 의견이 제기되었다. '법인성립시기의 소급의제'의 기능은 현행민법 제48조 제2항에서 겸하고 있는 것이기 때문에 개정안 제2항과 같은 규정은 필요하지 않다는 논리이다. 수긍할 수 있는 면이 없지는 않지만, 입법론적으로는 '법인성립시기의 소급의제'에 관하여 명확하게 한다는 면에서 당해 규정은 필요한 것이라고 생각된다.

한편 2009년 민법개정위원회 법인분과위에서는 개정안 제48조 제2항의 의미에 대하여 다음과 같은 설명도 이루어지고 있었다.[64] "취지는 근본적으로 상속인은 출연재산에 대하여는 어떠한 권리도 갖지 못한다는 것을 밝히려는 것"이고, "상속인과 재단법인의 관계에 있어서 재단법인에 우위를 인정하는 규정"이어서 "권리공백의 문제와는 아무런 관계가 없는 것"이라는 논의이다. 이러한 논의에 대해서는 몇 가지 이의제기가 가능하다고 생각된다. 첫째로 개정안 제48조 제2항이 독일민법 제84조와 유사한 기능을 담당하는 것이라면, 그 취지 중 가장 우선적으로 언급되어야 할 것은 '법인성립시기의 소급의제'의 규정을 둠으로써 상속·유언에 있어서 대원칙인 '동시존재의 원칙'의 위반으로 인한 유언무효를 방지하는 것이라는 점이다. 이것은 이미 언급한 법제사적인 측면(조문의 연혁)을 고려하면 비교적 자연스럽

---

62) 물론 여태까지 상속인 측에서 유언의 무효를 주장한 예가 한 번도 없었다고 한다면 가까스로 문제를 회피할 수는 있다.

63) 이에 비하여 곽윤직 교수의 비판은 일본민법의 기초자 의사의 탐구라는 면에서 다소 부정확한 논의라고 할 수 있고, 해석론의 면에서도 유언무효 가능성에 대한 비판에서 자유롭지 못한 것이라고 할 수 있을 것이다.

64) 남효순, "민법 제48조의 개정 및 제60조의 불개정에 대하여", 2010년 한국민사법학회 하계학술대회 자료집 별쇄, 2010, 10면.

게 도출할 수 있는 결론이라고 생각된다. 둘째로 개정안 제48조 제2
항의 규정만을 가지고 "근본적으로 상속인은 출연재산에 대하여는
어떠한 권리도 갖지 못한다는 것을 밝히려는 것"이 과연 가능한지에
대한 문제이다. 동항의 규정의 문언을 보면, '설립자의 사망 후'에 재
단법인이 문제없이 성립하는 경우에 그 성립시기를 사망 전으로 소
급시키는 의제규정이다. 만일 허가를 받지 못하거나 그 밖의 사유로
설립자의 사망 후에 재단법인이 성립되지 못한다면 출연재산은 상속
인에게 귀속하게 되는 것이다. 보다 정확하게 말하면 '설립자의 사망
시부터 재단법인이 성립할 때까지 출연재산이 누구에게 귀속하게 되
는지' 개정안 제2항만으로는 명확하지 아니한 것이고, 동항의 규정이
신설된다고 하더라도 그 이 점에 대해서는 복수의 해석이 가능하게
될 것이다. 요컨대 개정안 제48조 제2항의 문언으로 "근본적으로 상
속인은 출연재산에 대하여는 어떠한 권리도 갖지 못한다는 것을 밝
히려는 것"에는 무리가 있다고 할 수 있다.[65] 궁극적으로 재단법인을
유언에 의하여 설립하고자 하는 경우에 발생하는 법적 문제점을 최
소화하기 위해서는 상속법의 여러 법리를 면밀하게 검토한 후에 보
다 구체적인 규정을 두는 것이 바람직하다고 생각된다.

---

[65] 한편 탈고 후 최종교정 단계에서, 이와 같은 논의가 개정안 제48조의 제2항이
아닌 같은 조 제3항에 대한 것이라면 필자의 비판이 과녁이 빗나간 것일 수도
있다는 것을 발견하였다. 군이 이러한 혼동이 일어나게 된 원인을 생각해 본다
면, 분과위안과 최종개정안에서 조문의 내용과 배치 등에 변경이 있었던 관계
로 공간된 텍스트만으로는 정확한 논의를 파악하기 어렵다는 것에 기인한다고
생각된다. 최종교정 단계에서 새로운 논의를 전개하기는 어려운 상황이므로,
개정안 제48조 제3항에 대하여 간단하게 다음과 같이 언급하는 것에 그치고자
한다. 개정안 제48조 제3항은 물권변동의 형식주의에 대한 예외적 소급효를 인
정하는 규정으로서 본조의 개정취지와는 반대로 거래의 안전을 위협하고 법적
분쟁을 증대시킬 여지가 있다고 생각된다. 비교법적으로도 예를 찾아볼 수 없
는 규정이다. 결론적으로 개정안 제48조 제1항의 입법취지를 관철하기 위해서
는 개정안 동조 제3항은 삭제하는 것이 바람직하다고 생각된다.

(3) 사단법인·재단법인 준별론

사단법인과 재단법인은 연혁적으로 태생이 전혀 다른 것임에도 불구하고, 양자의 차이가 별로 없는 형태로 운용되고 있다. 이러한 경향은 일본에서도 발견된다. 즉 우리나라나 일본에서는 두 법인의 차이가 강학상의 차이에 불과하고 실제로는 두 법인유형이 혼용되어 이용되고 있다. 오히려 법인 설립자의 입장에서는 재단법인의 경우에는 사원총회가 존재하지 않기 때문에 설립자의 영향력을 행사하기에 용이한 재단법인이 선호하는 경향이 있다. 그러나 이러한 현상이 바람직한 것이라고 할 수는 없을 것이다. 사단·재단을 준별하는 논의를 전개하여 양자의 특성에 부합하는 기능을 수행할 수 있도록 제도설계를 하는 것이 요구된다고 하겠다.

4. 이상에서 김증한 교수의 법인론에 대해서 살펴보았다. 김증한 교수가 주로 논한 두 가지 논점인 비법인사단의 소유관계에 관한 총유 규정 및 재단법인 설립 상 출연재산의 귀속시기에 관한 논의를 중심으로 살펴보았는데, 전자는 일찍이 민법 규정으로 자리를 잡아서 상당한 양의 판례법리를 만들어내는 계기가 되었고, 후자는 우리 민법 시행 이래 많은 논의를 거듭한 결과 최근의 민법개정안에 채택되기에 이르렀다. 김증한 교수의 논의 중에서도 법인과 관련된 논점은 다른 논점에 비해서 그 영향력이 대단히 컸음을 입증해 주고 있다고 할 수 있을 것이다.

이렇게 김증한 교수의 이론은 민법 제정 당시부터 시작되어 시행 55주년을 맞이하는 현 시점까지 논의의 중심에 있었지만, 이제는 지난 60년의 논의를 정리하고 평가함과 동시에 앞으로의 60년을 염두에 둔 새로운 단체·법인론을 위한 본격적인 논의가 필요하다고 생각된다. 법인론 일반으로 고개를 돌리면 논의가 필요한 논점은 상당수 존재한다. 법기술적인 접근이 물론 가장 중요하겠지만, 사회학적·정치학적 문제에 대한 학제적인 연구도 함께 이루어지는 것이 바람직할 것이다. 최근 민법 상 법인제도의 개정안 국회상정을 계기로 비영리법인·단체에 관한 이론적 관심이 높아지고 있는데 이러한 기회를 살려서 법인·단체론에 관한 보다 심도 있는 논의가 진전되는 것이 바람직할 것이라는 점을 지적하면서 이 글을 맺고자 한다.

〈참고문헌〉

民事法硏究會, 民法案意見書, 一潮閣, 1957.

黃迪仁 外 29人, 民法改正案意見書, 2002.

법무부 민법개정자료발간팀 편, 2004년 법무부 민법개정안 총칙·물권편(민법개정총서3), 법무부, 2012.

_____, 2013년 법무부 민법개정시안 총칙편(민법개정총서7), 법무부, 2013.

김증한, "共同所有形態의 類型論", 法曹協會雜誌 2권 3호, 1950.

_____, "敎會가 分裂한 경우의 敎會財産의 歸屬(判例硏究)", 법학 1권 1호, 1959.

_____, "社團法人 設立行爲의 法律的 性質", 고시계, 제17권 5호, 1972.

_____, "形式主義의 採擇에 따르는 諸問題: 新民法에 對한 解說과 批判", 법정 14권 12호, 1959, 25면 이하.

_____, "出捐財産이 財團法人에 歸屬하는 시기 – 郭敎授의 批判에 答한다", Fides 10권 4호, 1963, 2면 이하.

_____, "人法과 物法과의 相關 – 共同所有를 中心으로", 법학 22권 4호, 1981, 1면 이하.

_____, "光復 30年 우리나라 判例(民事法)의 回顧", 법조 25권 9호, 1976.

_____, "한국민법의 법제사적 및 비교법적 연구", 서울대학교 법학 제10권 2호, 1968.

김증한·황적인, "[對談] 晴軒 金曾漢博士께서 걸어오신 길", 서울대학교 법학 제20권 2호, 1980.

곽윤직, "財團法人設立에 있어서의 出捐財産의 歸屬時期", 法政 18권 10호, 1963.

_____, "出捐財産이 財團法人에 歸屬하는 시기 재론", Fides 10권 5호, 1963.

_____, "民法總則의 改正方向", 民事判例硏究 7집, 1985, 265면 이하.

이호정, "우리 민법상의 공동소유제도에 대한 약간의 의문 – 특히 합유와 총유를 중심으로", 법학 제24권 2·3호(통권 54·55호), 서울대학교 법학연구소, 1983.

양창수, "공동소유 – 민법 제정과정에서의 논의와 그 후의 평가를 중심으로", 한국민법이론의 발전Ⅰ: 총칙·물권편 (무암 이영준박사 화갑기념논문집), 박영사, 1999.
_____, "김증한, 『신물권법(상)(하)』 –「독자적 민법체계」의 시도", 민법연구 제9권, 원논문 법학(서울대) 48권 3호, 2007, 206면 이하.
_____, "財團法人出損財產의 歸屬時期에 관한 獨逸民法의 規定", 민법연구 제7권, 2005, 원논문 저스티스 74호, 2003, 86면 이하.

이영준 외 7인, "특집·좌담회 '민법개정(총칙편)'", 인권과 정의 제319호, 2003.

윤진수, "法人에 관한 民法改正案의 考察", 民法論攷Ⅰ, 2007, 167면 이하, 원논문은 서울대학교 법학 46권 1호, 2005.
고상현, "독일민법 84조와 우리민법 제48조 제2항의 비교법적 고찰", 민사법학 46호, 2009.
권 철, "일본의 새로운 비영리법인제도에 관한 소고: 최근 10년간의 동향과 신법의 소개", 비교사법 14권 4호, 2007.
_____, "민법의 관점에서 바라본 민법 개정안의 법인제도", 비교사법 51호, 2010.
_____, "フランス法における死後財団設立に關する判例法理", 成均館法學 24/2, 2012.
전경운, "우리 민법상 總有에 관한 一考察", 토지법학 26권 1호, 2010.
정병호, "법인 아닌 사단의 재산관계 규율에 관한 입법론적 고찰", 홍익법학 14권 1호, 2013.
任相爀, "법인이 아닌 사단의 민사법상 지위에 관한 고찰: 총유 규정을 둘러싼 민법 개정 논의와 관련하여", 서울대학교 법학 54권 3호, 2013.

법률행위론

엄 동 섭*

Ⅰ. 머리말

법률행위 분야에 관한 김증한 교수의 연구는 1972년에 발표된 "법률행위론"1)이 대표적이라고 할 수 있다. 이 논문은 1971년도 문교부 연구조성비에 의한 보고의 형식으로 되어 있으며, 그가 1968년 8월부터 1969년 10월까지 독일 Köln 대학교 국제사법 및 외국사법 연구소에서 연구할 때 주로 Flume의 「Das Rechtsgeschäft (1965)」2)를 참조하여 작성된 것이다.3) 그 밖에 그의 법률행위 분야의 연구는 「민법총칙」4)과 "이분론"5)및 "희랍민법개설(一)"6) 가운데도 일부 포함되어

---

* 서강대학교 법학전문대학원 교수

1) 법학(서울대학교 법학연구소) 제13권 2호(1972), 5~22면; 김증한, 민법논집 (진일사, 1978), 341~368면.

2) 이 책은 그 뒤 제2판(1975)과 제3판(1979)이 발간되었다.

3) 위 논문 서언 부분; 황적인, 김증한 교수의 민법학(Ⅱ), 사법연구 제5집(청헌법학, 2000), 1~14면, 12면. 이 글에 의하면 당시 Köln 대학교 국제사법 및 외국사법 연구소장인 Gerhard Kegel이 김증한 교수에게 Flume의 위 책을 추천했다고 한다.

4) 김증한·안이준, 「신민법총칙 (1958)」에서 출발하여 그 뒤 김증한 교수의 단독 저술인 「민법총칙 [민법강의 Ⅰ] (1972)」로 출간되어 수차례 개정판이 나온 다음, 그의 사후 김증한·김학동 공동저술 형태로 제9판(1994)과 제10판(2013)

있지만, 본고에서는 위 "법률행위론"을 중심으로 우선 그의 법률행위론의 내용을 살펴보기로 한다.

이어서 본고는 현시점에서의 독일의 법률행위론에 대해 간략히 개관한 다음, 위 "법률행위론" 이후 국내에서의 이 분야의 연구성과를 소개, 검토함으로써 그의 선행연구가 국내의 법률행위 분야 연구에 미친 영향에 대해 알아보고, 나아가 향후의 연구과제 등에 대해 언급하기로 한다.

II. 김증한 교수의 법률행위론

1. 개 관

김증한 교수의 "법률행위론"은 제1부 '의사표시의 본질'과 제2부 '법률행위의 분류'로 구성되어 있다. 그리고 제1부는 다시 1. 서설, 2. 법률행위개념의 역사, 3. 법률행위와 의사표시, 4. 의사표시의 구성요소로 나누어지는데, 이 가운데서 가장 핵심적인 부분은 4. '의사표시

이 출간됨.

5) 현대공법의 이론(목촌 김도창박사 화갑기념, 학연사, 1982), 1~11면. 이 논문 가운데 포함된 법률행위 분야의 연구는 3. 법률행위의 분류와 4. 법률요건의 분류이며, 이 가운데 3.의 내용은 "법률행위론"에서의 법률행위의 분류와 중첩되고, 4.의 내용은 재단법인의 출연재산귀속시기(민법 제48조의 해석론)에 초점이 맞추어져 있다.

6) 서울대학교 논문집, 인문사회과학, 제6집(1957); 김증한, 위 민법논집, 395~446면 소수: 이 논문은 당시 이태리 민법과 함께 최신 민법이라고 할 수 있는 그리스 민법전(1940년 공포, 1946년 시행)의 총칙편을 Demeterius Gorgos의 독일어 번역판을 통해 국내에 소개하고 있다.

의 구성요소'라고 할 수 있다. 즉 그는 여기서 의사표시의 본질론과 관련하여 종래 국내에 소개되지 않았던 이른바 효력설(Geltung-stheorie)을 소개한 다음, 법률행위의 효력근거로서 자기결정과 자기책임에 대해 서술하고 있다.

한편 "법률행위론"의 제2부는 1. 일방행위(단독행위)·다면적 법률행위, 2. 재산행위·신분행위, 3. 생전행위·사인행위, 4. 요식행위·불요식행위, 5. 출연행위와 기타의 행위, 6. 신탁행위로 구성되어 있으며, 이 가운데서 가장 핵심적인 부분은 1. '일방행위(단독행위)·다면적 법률행위'라고 할 수 있다. 즉 그는 여기서 종래 일본 민법학의 영향을 받아 국내에서도 통설적 지위를 누리고 있던 이른바 '합동행위'의 개념을 부정하고 있다.

따라서 이하에서는 우선 제1부 2. '법률행위 개념의 역사'와 3. '법률행위와 의사표시' 부분의 내용을 간략히 소개한 다음, 위의 두 가지 주제, 즉 의사표시의 본질론과 합동행위 개념의 인정 여부 문제를 중심으로 김증한 교수의 법률행위론의 내용을 살펴보기로 한다.

2. 법률행위 개념의 역사·법률행위와 의사표시

위에서 언급한 것처럼 김증한 교수의 "법률행위론"은 제1부에서 우선 법률행위 개념의 역사에 대해 Flume의 「Das Rechtsgeschäft」 §2, 4를 주로 참조하여 서술한 다음, 법률행위와 의사표시의 관계에 관한 독일의 학설들을 소개하고 있다(3. '법률행위와 의사표시'). 여기서는 양자를 동일시한 Savigny와 Windscheid의 견해에 대한 소개로부터 출발하여, 그 당시 독일에서 널리 읽혀지고 있던 거의 모든 민법서[7]에

---

7) Enneccerus-Nipperdey, Larenz, Lehmann-Hübner, Lange, v. Tuhr 등의 민법 총칙서.

서의 양자의 관계에 관한 서술내용을 개관한 다음, 대체로 법률행위
는 의사표시를 요소로 하는 법률요건이라고 설명되는 점에서는 이러
한 민법서들의 내용이 공통적이라고 결론짓고 있다.

그리고 여기서 특히 주목을 끄는 것은 그 당시 국내에서 거의 논의
되지 않았던 의사실현(Willensbetätigung)[8]에 대한 서술 부분이라고
할 수 있다. 즉 "v. Tuhr도 법률행위의 본질적 구성요소는 법률행위
당사자의 의사표명(Willensäußerung)이라고 한다(각주 생략). 그리고
v. Thur는 그 의사표명은 행위를 통해서 표현되는 경우와 행동으로서
표명되는 수가 있는데, 전자는 일정한 법률효과를 의욕한다는 것을
다른 사람에게 알리는 것으로서 협의의 의사표시(Willenserklärung)이
며, 후자는 제반사정 특히 거래관습에 비추어 어떤 의사를 추단케하
는 것으로, 이것을 Willensbetätigung이라고 부른다(각주 생략).
Lehmann=Hübner는 Willenserklärung을 본래의 의미의 Willenserklärung
과 Willensbetätigung의 이군(二群)으로 나눈다(각주 생략)."[9]라고 서
술함으로써, 좁은 의미의 의사표시와 의사실현의 관계를 명확하게 밝
히고 있다.

3. 의사표시의 본질

(1) 의사표시의 구성요소

"법률행위론" 9면 이하는 우선 종래 우리나라와 일본의 통설은 의
사표시의 구성요소를 효과의사, 표시의사, 표시행위로 나눈 다음, 이
가운데서 표시행위가 의사표시의 본체적 요소이며 표시의사는 의사
표시의 요소가 아니라는 입장[10]에서 있으며, 필자(김증한 교수) 자신

---

8) 민법 제532조 참조.
9) 김증한, 법률행위론, 8면.

도 그러한 입장을 따르고 있었다[11]고 한다.

이어서 "법률행위론"은 Flume의 「Das Rechtsgeschäft」 §4, 2를 주로 참조하여 독일에서는 일반적으로 의사표시의 구성요소는 (1) 행위의 사(Handlungswille), (2) 표시의사(Erklärungswille) 또는 표시의식(Erklärungsbewußtsein), (3) 효과의사(Geschäftswille)로 분석되고 있다는 점과 이러한 각 요소들의 구체적인 의미에 대해 서술한 다음, 그밖에 다른 학자 중 Lehmann=Hübner는 "외부적 요건으로 타인에게 효과의사를 알게 하는 행동을 들고(이것이 일본이나 우리 나라에서 '표시행위'라고 하는 것에 해당할 것이다) 내부적 요건으로는 위에 말한 Flume의 분석과 꼭 같이 셋을 든다(각주 생략)."[12]고 한다.

(2) 의사주의와 표시주의

"법률행위론" 10면 이하는 위에서 든 요소들 가운데 무엇을 가장 중요하고 본질적인 것으로 보느냐의 문제, 즉 이른바 법률행위의 본질론과 관련하여 우선 의사주의(Willenstheorie)에 대해 다음과 같이 서술하고 있다: "법률행위에 관한 고전적 이론의 수립자로 지목받고 있는 Savigny는 '의사 자체가 유일하게 중요하고 효력있는 것으로 생각되어야 한다'(der Wille an sich muß als das einzig Wichtige und Wirksame gedacht werden)고 말하고, 의사와 그 표시의 일치는 본질적인 관계(naturgemäßes Verhältnis)이기 때문에 의사와 표시가 일치하지 않을 때에는 그 의사표시는 무효라고 하였다(각주 생략). 이것이 의사설(Willenstheorie)이라고 불리는 것이며 Windscheid도 이 설을 취하였다(각주 생략). Windscheid는 의사표시는 의사의 전달 내지 표현인

---

10) 곽윤직, 민법총칙, 284면 이하; 我妻榮, 新訂 民法總則, 239면 이하.
11) 김증한, 민법총칙, 266면 이하.
12) 김증한, 법률행위론, 10면.

것이 아니라, 의사표시가 바로 의사라고 말하였다."[13]

이어서 "법률행위론"은 표시주의에 대해, "이러한 의사설에 대립하여 1870년대에는 표시설(Erklärungstheorie)이 대두하였다. 그 최초는 1874년에 Röver가, 이어서 1875년에는 Bähr가 주장한 것이며, Danz는 더욱 이것을 발전시켰다. 표시설은 의사표시의 상대방을 보호하려는 의도하에서 착오로 인한 의사표시도 표시가 있는 이상 효력을 가져야 한다고 주장한것이다."[14]라고 설명한 다음, "독일민법전의 제정과정에 있어서 제일초안에 있어서는 의사와 표시의 불일치는 원칙적으로 무효라고 하였는데, 의사록에서는 적극적으로 어느 학설의 입장을 취함이 없이 각국의 경우를 개별적으로 관찰하여야 한다고 하고, 제이초안을 거쳐서 결국 중대한 착오있는 경우에는 취소할 수 있는 것으로 낙착(落着)되었다(독민 119조)."[15]라고 서술함으로써 독일 민법은 의사주의와 표시주의를 절충하는 입장을 따르고 있음을 지적하고 있다.

(3) 효력설

이상과 같이 "법률행위론"은 의사주의와 표시주의의 대립에 관해 서술한 다음, 의사와 표시의 분열 내지는 이원주의(Dualismus von Wille und Erklärung)를 극복하기 위한 대안으로서 Larenz에 의해 제창된[16] 이른바 효력설(Geltungstheorie) 및 이를 따르는 학자들의 견해를 Flume의 「Das Rechtsgeschäft」 §4, 7을 주로 참조하면서 소개하고 있다.

우선 "법률행위론"에서는 그 당시 효력설에 가담하는 대표적인 견

---

13) 김증한, 법률행위론, 10면.
14) 김증한, 법률행위론, 10면.
15) 김증한, 법률행위론, 10~11면.
16) Larenz, Die Methode der Auslegung des Rechtsgeschäfts(1930, 1966); 엄동섭 (역), 법률행위의 해석(서강대학교 출판부, 2010).

해로서 Nipperdey의 견해가 다음과 같이 소개되고 있다: "근래에 와서
는 Enneccerus＝Nipperdey가 말하자면 제한적 의사설을 취하여 의사표
시는 심리적 기초사실과 그 중에 포함된 표시행위와를 분열시켜서는
안되고 오히려 하나의 본질적 일체(Weseneinheit)로서 파악하여야 한
다고 주장하기에 이르고(각주 생략), 효력설(Geltungstheorie)에 가담
한다. 효력설은 의사표시에 있어서 그것이 효력을 가지는 근거는 의
사표시에서 실현되는 의사이며 의사표시는 단지 내부적 의사를 표명
할 뿐인 것이 아니라, 의사에 대하여 직접으로 효력을 부여하는
(unmittelbar in Geltung setzen) 것이라고 한다(각주 생략)."[17]

이어서 "법률행위론"은 의사주의의 대표자인 Savigny 역시 의사표시
를 효력적 표시(Geltungserklärung)로 파악하고 있었음을 지적한 다음,
Larenz, Nipperdey 및 Dulckeit 등의 "효력설이 의사표시의 성격을 효력
적 표시로 파악하고 의사표시의 일체성을 강조한다면 그것은 정당하
다. 그러나 그렇기 때문에 의사설과 완전히 대립되는 것이라고 생각
한다면 그것은 잘못이다"[18]라고 한다.

이와 같이 "법률행위론"은 의사표시를 효력표시로서 파악하는 것
자체는 정당할 뿐 아니라 의사설과 대립하는 것도 아니라는 점을 지
적한 다음, 위의 Larenz 등의 효력설과 의사설의 구체적인 차이점에
대해 다음과 같이 서술한다: "그러면 효력설은 어떤 점에서 진실로
의사설과 대립되는가? 위에 말한 바와 같이 그것은 의사설이 의사와
일치하지 않는 표시(예: 착오)는 원칙적으로 무효이어야 한다고 주
장하는 데 대하여 효력설은 의사표시는 존재한 것이고, 의사와 일치
하지 않는 표시도 in Geltung setzen 되었다(효력이 부여되었다)고 설
명함으로써 의사설의 무효이론으로부터 구제하려는 데에 있다.
Savigny에 의하면, 착오있는 의사표시에 있어서는 의사의 그릇된 표상

---

17) 김증한, 법률행위론, 11면.
18) 김증한, 법률행위론, 12~13면.

이, 즉 의사없는 표시가 존재할 뿐이고, 따라서 필연적으로 그것은 무효로 되지 않을 수 없다는 것이다. 그러나 효력설에 의하면 착오있는 의사표시에 있어서도 자발적인 in-Geltung-Setzen은 있은 것이고 따라서 유효한 법형성이 있는 것이며 다만 그것이 후에 취소에 의하여 효력이 배제되는 것이라고 한다. 이리하여 의사와 표시의 이원주의가 극복된다고 한다.(각주 생략)."[19]

이어서 "법률행위론"은 "효력설이 착오의 경우에도 의사표시의 존재를 인정한다고 하면, 그것은 결국 표시설과 다를 바가 없게 된다. 다만 표시설은 신뢰의 보호로부터 출발하는데 대하여, 효력설은 표의자가 자발적으로 in Geltung setzen 하였으니까 의사표시의 존재를 인정한다는 것이다."[20]라고 서술함으로써, Flume의 견해[21]에 따라 결과적으로 효력설은 표시설과 차이가 없다는 점을 지적하고 있다.

그러나 "법률행위론"은 다음과 같이 서술함으로써 의사표시를 효력표시로 파악하는 것 자체에 대해서는 찬성하는 입장을 취하고 있다: "필자도 지금까지 의사와 표시를 나누어서 생각하는 입장에서 의사표시는 의사보다는 표시행위를 본체로 하여 관찰하는 것이 타당하다는 견해를 취하여 왔다(각주 생략). 그러나 위에서 본 바와 같이, 독일에서의 근래의 추세는 효력설에 의하여 의사설과 표시설의 대립이 극복되었다고 주장되고 있다. 필자도 역시 의사와 표시를 이원적으로 생각하는 것보다도 하나의 통일적인 사회적 행위라고 생각하는 효력설에 가담하고 싶다. 그렇게 생각함으로써 독일에서 19세기 이래로 복잡하게 전개되었던 논의가 일단 깨끗하게 정리되리라고 믿는다."[22]

---

19) 김증한, 법률행위론, 13면.
20) 김증한, 법률행위론, 13면.
21) Flume, Das Rechtsgeschäft, §4, 7.
22) 김증한, 법률행위론, 16면.

(4) 자기결정과 자기책임

한편 "법률행위론"은 14면 이하에서 결함 있는 의사표시의 효력근거와 관련하여 Flume의 「Das Rechtsgeschäft」 §4, 8을 주로 참조하면서 자기결정(Selbstbestimmung)의 상관개념(Korrelat)으로서의 이른바 자기책임(Selbstverantwortung)을 강조하고 있다.

우선 "법률행위론"은 "결함있는 의사표시와 관련하여 자기결정의 원칙에 대하여 많은 사람들에 의하여 신뢰보호의 원칙이 대립되어진다(각주 생략). 그래서 표시설은 '표시'를 의사표시의 핵심적 중요 요소로 보는 결과를 가져온 것이다. 그러나 신뢰보호가 절대적인 것은 아니다. 오히려 신뢰보호가 자기결정과 어떻게 조화될 것이냐를 물어야 할 것이다."23)라고 한다.

이어서 "법률행위론"은 "한편 자기책임(Sebstverantwortung)도 자기결정의 일부이다. (중략) 결함있는 의사표시의 문제를 실정법에 의하여 규제함에 있어서는 어디까지 자기결정의 일부로서의 자기책임에 대하여 여지를 주느냐, 즉 어디까지 표의자가 자기결정과 상관적인 자기책임에 기하여 자기결정의 흠결의 위험을 부담하여야 하느냐, 특히 착오있는 의사표시에 대하여 효력을 인정할 것이냐가 문제가 된다. 결함있는 의사표시에 있어서의 표시행위에 대하여 효력을 부여하기 위하여는 표시설과 같이 표시를 절대화하여서도 아니되고 또 효력설과 같이 착오의 경우에 있어서의 의사와 표시의 불일치를 승인하지 않으려고 하여서도 아니된다. 이와는 달리, 의사표시의 본질에 비추어 결함있는 의사표시에 있어서는 자기결정의 내용상의 승인이 없기 때문에 하자가 있는 것이라고 하는 것을 확실히 인식해야 한다. 그러나 그것으로부터 의사설의 무효이론이 그랬던 것처럼 당연히 의사표시가 무효라고 하는 결론이 나오는 것은 아니다. 자기결정과 결

---

23) 김증한, 법률행위론, 14면.

합된 자기책임 때문에 오히려, 자기책임에 대하여 자기결정에 의한 표시의 내용적 승인의 결여에 대한 우위를 인정한다고 하는 것을 생각할 수 있다. 만약에 그 우위가 인정될 수 있다면, 법적 평가를 위하여 어떤 apriorisch하게 정당한 규범이라고 하는 것도 정립될 수 없다. 그러나 법규범도 또한 결정하는 바와 같이, 실정법상의 규제는 자기결정의 행위로서의, 따라서 자기책임의 행위로서의 의사표시라고 하는 의사표시의 본질로부터 이해되고 평가되지 않으면 안된다."24)고 한다.

요컨대 "법률행위론"은 Flume의 견해25)에 따라 의사흠결(Willen-smängel)의 경우에 종래 표시주의가 신뢰보호의 원칙으로부터 결함 있는 의사표시의 효력근거를 직접 끌어내고 이를 자기결정의 원칙과 대립시키는 것에 반대함과 동시에, 의사흠결의 경우 의사주의의 무효 도그마에 있어서처럼 그 의사표시의 무효가 저절로(per se) 도출되는 것은 아니며, 이 경우 자기결정과 자기책임 가운데 어느 것에 우위가 주어지느냐의 문제는 법질서가 결정할 문제이고 이와 관련하여 선험적으로 타당한 규범을 정립할 수는 없다는 입장을 취함으로써, 종래의 고전적 의사주의와는 달리 자기결정 이외에 그 상관개념으로서 자기책임을 강조하고 있다.

4. 법률행위의 종류: 합동행위 개념의 부정

"법률행위론"은 제2부 '법률행위의 분류'에서 여러 가지 기준에 따라 법률행위를 분류하고 있으나, 이 가운데서 가장 핵심적인 부분은

---

24) 김증한, 법률행위론, 14~15면.

25) Flume, Das Rechtsgeschäft, §4, 8; 자기결정과 자기책임에 관한 Flume의 견해에 관해 보다 상세한 것은 우선, 엄동섭, 법률행위의 해석에 관한 연구(서울대 박사학위논문, 1992), 59면 이하 참조.

종래 통설이 인정하고 있던 합동행위 개념을 부정한 것이라고 할 수
있다. 즉 종래 국내의 통설이 법률행위의 요소인 의사표시의 모습에
따라 법률행위를 '단독행위'·'계약'·'합동행위'로 분류하던 것26)과는
달리, "법률행위론"은 독일의 대부분의 민법서들의 서술방식에 따라
우선 법률행위를 '일방행위(단독행위, einseitiges Rechtsgeschäft)'와 '다
면적 법률행위(mehrseitige Rechtsgeschäfte)'로 나눈 다음, 다면적 법률
행위의 대표적인 것은 계약이며, 계약 이외에 종래 독일에서 다면적
법률행위의 예로서 합동행위(Gesamtakt)와 결의(Beschluß)에 대한 언
급이 이루어져 왔지만, 현재에는 이 가운데서 합동행위 개념을 인정
하는 학자는 없으며, 종래 국내의 통설이 합동행위의 대표적인 예로
들고 있는 사단법인설립행위는 계약으로 봄이 타당하다고 한다.27)

그리고 김증한 교수의 「민법총칙」은 사단법인설립행위를 합동행
위로 파악할 특별한 실익이 없다는 점에 대해 다음과 같이 서술하고
있다: "계약은 서로 대립하는 이익주체 사이의 관계임에 대하여, 설
립행위에 있어서는 행위자의 이익은 대립하는 것은 아니고, 공동의
목적을 향하여 병존하고 협력하는 것이다. 그리고, 일반의 계약과 다
른 법인설립행위의 특색은 그것이 단체를 창립하여 표의자가 그 구
성원이 되는 단체적 효과의 발생을 목적으로 한다는 점에 있다. 그러
나, 이것이 사단법인설립행위가 계약이 아니라고 해야 할 이유로는
되지 않는다고 생각한다. (중략) 독일에서는 설립행위의 성질의 문제
는 주로 설립자의 1인에 관하여 의사표시의 결함이 있는 경우에 법률

---

26) 김증한 교수도 구저(舊著)에서는 이러한 분류를 그대로 따르고 있었다: 김증
한·안이준, 신민법총칙(법문사, 1958), 257~8면. 여기서는 합동행위가 다음과
같이 설명되고 있다: "방향을 같이 하는 두 개 이상의 의사표시가 합치하여 성
립하는 것: 각 당사자에 대하여 동일한 의의를 가진다(사단법인 설립행위가
예). 이 관념은 독일학자가 단체적 행위에 관하여 그 특질을 밝힌 것인데 이에
관한 공통의 이론은 아직 반드시 명백하게 되어 있지 아니하다."
27) 김증한, 법률행위론, 17~18면.

행위일반의 무효와 취소에 관한 규정이 적용될 것이냐와 관련하여 문제되었다. 독일의 판례는 처음에는 상법상의 법인에 관하여, 다음에는 민법상의 조합에 관하여도, 단체가 사회적으로 활동을 개시한 후에는 1인의 의사표시의 결함을 이유로 하여 소급적으로 법률행위를 무효로 할 수는 없고, 단지 장래적으로 즉 탈퇴의 형식으로 그 효과를 배제할 수 있을 따름이라고 하여, 이것이 대체로 확립된 판례법이라고 할 수 있다.(각주 생략) 우리나라에서도 사단법인설립자의 1인에 관하여 의사표시의 결함이 있는 경우에는 독일의 판례법의 견해와 마찬가지로, 설립행위에 있어서의 의사표시를 취소함으로써 소급적으로 실효시킬 수는 없다고 하는 것이 타당할 것이다."28)

한편 "법률행위론"은 종래 우리나라의 민법학에서는 거의 논의되지 않고 있던 결의(Beschluß) 개념에 대해서는 다음과 같이 서술하고 있다: "사원총회의 결의와 같이 사단법인이나 회사와 같은 단체가 그 전체의사(Gesamtwille)를 표현하는 형식이다. 결의에 있어서도 다수인의 의사가 평행이라는 점에 있어서는 합동행위와 같지만, 합동행위에 있어서는 다수인의 의사가 합동하여 표시되는 데 반하여, 결의에 있어서는 다수결의 원리에 의하여 다수의 의사가 그 단체의 전체의사로서의 의미를 가지는 것이다. 다만 결의는 오로지 단체의 대내적 법률관계를 형성하는 것 뿐이지, 대외적으로 어떤 효력을 가지는 것은 아니다.(각주 생략) Lange는 결의는 의사형성의 보조행위(Hilfsgeschäft der Willensbildung)라고 말한다.(각주 생략)"29)

---

28) 김증한, 민법총칙(신정4판, 진일사, 1980), 183~4면.
29) 김증한, 법률행위론, 18면.

5. 소 결

위에서 살펴 본 것처럼 김증한 교수의 법률행위론은 이른바 '효력설'에 대한 소개 및 합동행위개념의 부정으로 요약될 수 있으며, 이는 의사표시의 본질론 및 법률행위의 분류에 있어서 종래의 일본 민법학의 영향으로부터 벗어나 법률행위 개념의 원산지라고 할 수 있는 독일의 법률행위론을 우리 민법학에 직접 소개, 반영하고자 하는 노력의 일환이었다고 평가할 수 있다. 그리고 이러한 기본입장은 김증한 교수의 「민법총칙」 초판(1972) 서문의 다음과 같은 서술에서도 재확인할 수 있다: "(전략) 그 밖에 주로 독일서를 따라서 우리 나라나 일본의 다수설과는 다른 견해를 취한 것이 많다. 권리의 분류, 법률행위의 분류, 사단법인설립행위의 법률적 성질 따위가 그 주된 예일 것이다. 지나치게 독일의 학설만 따른 것 같기도 하지만, 우리 나라의 실정에 명백히 부적합한 것이 아니라면 굳이 배척할 이유도 없으리라 생각한다."

Ⅲ. 현대 독일의 법률행위론

이 글의 모두에서 지적한 것처럼 김증한 교수의 "법률행위론"은 Flume의 「Das Rechtsgeschäft」 제1판(1965)을 주로 참조하여 작성되었다. 따라서 여기서는 그 이후 현시점에서의 독일의 법률행위론을 김증한 교수의 "법률행위론"에서 다루어지고 있는 두 주제, 즉 의사표시의 구성요소 문제와 의사주의와 표시주의의 대립 및 효력설에 대한 평가 문제로 나누어 간략히 개관하기로 한다.[30]

1. 의사표시의 구성요소

앞서 본 것처럼 "법률행위론"은 독일에서 일반적으로 의사표시의
구성요소는 (1) 행위의사(Handlungswille), (2) 표시의사(Erklärung-
swille) 또는 표시의식(Erklärungsbewußtsein), (3) 효과의사(Geschäft-
swille)로 분석되고 있다는 점과 이러한 각 요소들의 구체적인 의미에
대해 서술하고 있다. 그런데 이 가운데서 표시의사 또는 표시의식이
의사표시의 구성요소인지의 문제, 다시 말하면 외형상 의사표시가 존
재하는 것처럼 보이지만 표의자의 표시의사 또는 표시의식이 결여된
경우에도 유효한 의사표시의 존재를 인정할 수 있는지의 문제를 둘
러싸고 종래 독일 민법학상 학설대립이 전개되어 왔으며,31) 독일 연
방대법원은 1984. 6. 7. 판결32)에서 이 문제에 대해 판단하고 있다.

(1) 학설상황

표시의식결여의 문제를 둘러싼 독일의 학설상황은 대체로 다음과
같은 세 개의 학설로 나누어 살펴 볼 수 있다.33)

---

30) 김증한 교수의 "법률행위론"에서 다루어지고 있는 또 다른 주제인 법률행위의
    분류 가운데 합동행위와 관련해서는 그 동안 독일 민법학상 특별히 다른 논의
    가 전개된 바 없다고 생각하므로 개관의 대상에서 제외하기로 한다.
31) 국내의 통설적 견해는 표시의사는 의사표시의 구성요소가 아니라는 입장을 취
    하고 있으며, 김증한 교수 자신도 이러한 입장에 서 있음을 밝히고 있다(법률
    행위론, 9면, 민법총칙, 신정4판, 267면).
32) BGHZ 91, 324.
33) 표시의사 문제에 대한 독일의 학설상황에 관해 보다 상세한 것은 우선, 엄동섭,
    현대 독일의 법률행위론, 법률행위론의 사적전개와 과제(이호정 교수 화갑기
    념논문집, 1998), 167~200면, 171면 이하 및 Werner, 20 Probleme aus dem
    BGB, Allgemeiner Teil(Alfred Metzner, 1987), S. 27ff. 참조.

(가) 표시의식 필요설(Bewu β tseinstheorie)

이 설에 따르면 표의자가 자신의 행위를 통해 어떠한 내용을 가진
것이든 간에 법률행위적 표시를 한다는 점에 관해 분명히 알고 있는
경우, 즉 이른바 표시의식을 갖고 있는 경우에만 유효한 의사표시가
존재한다고 한다. 다시 말하면 표시의식은 의사표시의 구성적 필요요
소(ein konstitutives Erfordnis der Willenserklärung)이고, 따라서 그것의
결여는 취소 없이도 곧장 무효라는 결과를 가져오며, 경우에 따라서
는 기껏해야 독일 민법 제122조의 유추적용 또는 계약체결상의 과실
(culpa in contrahendo)로부터 도출되는, 신뢰손해에 대한 표의자의 배
상책임이 문제될 뿐이라고 한다.

(나) 귀속가능성설(Zurechenbarkeitstheorie)

이 설에 따르면, 유효한 의사표시는 원칙적으로는 표시의식을 전제
로 하지만, 다음과 같은 경우에는 그렇지 않다고 한다. 즉 만약 표의
자가 그러한 상황에서 합리적인 거래관여자로부터 기대되어질 것이
틀림없는 주의를 다했더라면 자신의 행위가 타인에게 의사표시로서
의 의미를 가진다는 점을 알 수 있었을 경우에는, 비록 표의자에게
표시의식이 결여되어 있더라도 유효한 의사표시의 존재를 (잠정적으
로나마 - 착오를 이유로 표의자에 의해 취소되기 전까지는) 인정할
수 있다는 것이다.[34] 요컨대 이 설은 표의자의 행위로부터 효과의사
의 존재가 객관적으로 추론될 수 있으며 또 표의자가 이러한 평가에
대해 고려할 수 있었고 또한 고려했어야 하는 한도 내에서는 - 달리
말하면 표의자에의 귀속가능성이 인정되는 경우에는, 의사표시의 주

---

34) 현재 독일의 다수설일 뿐 아니라 Flume 역시 앞서 소개한 자기책임의 연장선
  상에서 표시의식결여의 경우 이 귀속가능성설의 입장을 취하고 있다(Das
  Rechtsgeschäft, 3. Aufl., § 23, 1).

관적 요건으로서는 행위의사 만으로 족하다고 보고 있다.

(다) 신뢰보호설(Vertrauenstheorie)

이 설은 위의 귀속가능설로부터 한 걸음 더 나아가, 비록 표시의식 없이(나아가 행위의식조차 없이) 행해진 행위라 할지라도 그 행위가 객관적으로 의사표시로서 평가될 수 있기만 하면 표의자에의 귀속가능성 유무에 상관없이 ─ 즉 만약 표의자가 자신에게 요구되는 주의를 다했더라면 자신의 행위가 상대방에게 의사표시로서의 의미를 가진다는 점을 알 수 있었는지 여부와 무관하게 ─ 항상 의사표시의 존재를 인정할 수 있다고 한다. 즉 이 설에 의하면 모든 주관적 구성요건, 따라서 표시의식 및 표시과실(귀속가능성)조차 의사표시의 구성요건으로부터 배제되며, 의사표시가 존재하기 위해서는 어떤 표시에 대한 의사표시로서의 평가 ─ 달리 말하면 표시수령자가 자신에 대한 관계에서 일정한 의사표시가 행해졌다는 점에 대한 정당한 신뢰 ─ 로서 족하다고 한다. 그러나 이 설 역시 위의 귀속가능설과 마찬가지로 표시의식을 결한 표의자에 대해 자신의 의사표시로부터 벗어날 수 있는 취소권을 인정하기는 한다.

(2) 독일 연방대법원 1984. 6. 7. 판결[35]

이 판결의 사안에서 피고는 일견 연대보증계약의 승낙으로 이해될 수 있는 문서를 원고에게 보냈다(1981.9.8.). 그 뒤 피고는 자신은 이미 원고와의 사이에 연대보증계약이 성립하고 있었다고 전제하고 그러한 문서를 보냈지만 그러한 전제는 자신의 착오에 기인했던 것이며 앞서 보낸 문서는 보증계약의 승낙의 의사표시가 아니고 따라서

---

35) BGHZ 91, 324; 이 판결에 대해 보다 상세한 것은 우선 엄동섭, 현대 독일의 법률행위론(주33), 169면 이하 참조.

연대보증계약은 성립하지 않았다고 주장하였다.

이에 대해 독일 연방대법원은 Bydlinski와 Kramer, Hefermehl 등의 이론을 인용하면서 위에서 소개한 귀속가능설의 입장에 따라 다음과 같이 판시하였다: 이 사건에서 "… 보증채무의 유효성은 피고의 대리인이 1981. 9. 8일의 문서에 서명하고 이를 발송함에 있어 어떤 법률행위적 표시를 하고자 하는 의사 또는 적어도 의식이라도 가졌었느냐의 여부에 좌우되지 않는다. (중략) 표시의식이 결여된 경우 의사표시는 그것이 의사표시로서 표의자에게 귀속될 수 있을 때에만 존재함은 물론이다. 이는 다음과 같은 것을 전제로 한다. 즉 만약 표의자가 거래상 요구되는 주의를 다했다면, 자신의 표시 또는 행위가 수령자에 의해 신의성실의 원칙에 따르고 거래관념을 고려할 때 의사표시로서 파악될 수 있다는 사실을 인식할 수 있었으며 또 회피할 수 있었다는 점이다."[36]

2. 의사표시의 본질론

(1) 의사주의와 표시주의

종래 독일의 법률행위론을 지배해 온 가장 핵심적인 문제는 위의 김증한 교수의 "법률행위론"에서도 소개되고 있는 바와 같은, 의사주의와 표시주의 간의 대립이라고 할 수 있다. 이러한 대립은 애당초 독일민법의 제정과정에 있어서 착오의 법적 취급문제에 관한 논의에서 출발하였지만,[37] 그 뒤 곧 이는 착오법의 범위를 넘어서서 법률행

---

36) BGHZ 91, 329f.

37) 그러나 독일 민법의 기초자들은 의사주의와 신뢰주의(표시주의) 가운데 "어느 하나에 대해 적극적인 입장을 취함이 없이, 고려에 들어오는 개별적인 문제들을 분리하여 파악할 필요가 있다는 입장에 서서, 독일 민법의 착오규정을 규율하였다; vgl. Protokolle I, S. 197 in: Mugdan I, S. 710.

위의 해석, 법률행위의 효력근거 등의 문제와 밀접한 관련을 맺게 되어, 오늘날에 이르기까지 독일 법률행위론의 주된 쟁점을 이루고 있다. 그리고 위에서 소개한 의사표시의 주관적 구성요소 내지는 표의의식 결여의 문제를 둘러싼 학설 대립 역시 이러한 학설대립에 기초를 둔 것으로, ① 표시의식 필요설은 의사주의, ③ 신뢰보호설은 표시주의, ② 귀속가능성설은 두 주의를 절충하는 입장에 각기 기초를 두고 있다고 할 수 있다.

그러나 의사표시의 본질을 둘러싼 논쟁은 1970년대로 넘어오면서 한 동안 소강상태를 맞이하게 된다.[38] 하지만 위의 1984. 6. 7. 독일 연방대법원 판결 이후 이 판결을 둘러싸고 의사주의와 표시주의의 양 진영으로부터 잠시 논쟁이 재연되었다.[39]

그렇지만 의사표시의 본질에 관한 현대 독일의 지배적 견해는 여전히 의사주의와 표시주의를 절충하는 입장이라고 할 수 있다. 이러한 지배적 견해의 내용[40]을 요약하면 다음과 같다: 독일 민법은 일정한 의사흠결의 경우 그 의사표시의 취소를 허용함과 동시에 취소권 행사기간의 경과 이후에는 결함 있는 의사표시도 표시된 내용대

---

38) Singer("Geltungsgrund und Rechtsfolgen der fehlerhaften Willenserklärung," JZ 1989, S. 1030ff.)에 의하면, 1984. 6. 7. 연방대법원 판결 이전까지 의사표시의 본질 문제를 다루고 있는 단행본 문헌은 Kramer의 Grundfragen der vertraglichen Einigung (1972)이 마지막이라고 한다.

39) 의사주의적 입장(표시의식 필요설)을 대변하는 문헌으로 위의 Singer의 논문 (주38) 이외에, 표시주의적 입장(신뢰보호설)을 주장하는 Brehmer의 "Willenserklärung und Erklärungsbewußtsein - BGHZ 91, 324," JuS 1986, S. 440ff., 절충적 입장(귀속가능성설)을 취하는 Hefting의 "Erklärungswille, Vertrauensschutz und rechtsgeschäftliche Bindung," Festschrift der Recht-swissenschaftliche Fakulität zur 600-Jahr-Feier der Universität zu Köln (1988), S. 209ff. 등이 있음. 이러한 주장들의 내용에 관해 보다 상세한 것은 엄동섭, 현대 독일의 법률행위론(주33), 175면 이하 참조.

40) StaudingerKomm·Singer, Allgmeiner Teil 3 u. Beurkundungsverfahren, Bearbeitung 2004, Vorbem zu §§ 116~144, Rn. 19.

로 효력을 가지게끔 규정하고 있으며, 이를 통해 의사표시의 구성요
소에는 자기결정 뿐 아니라 그 이외의 요소도 추가되어야 한다는 점
이 명백해진다. 법률행위적 거래에 참여하는 자에게는 자기책임
(Selbstantwortung)도 적용되어야 하며, 거래이익과 표시수령자의 신뢰
에 대한 고려도 이루어져야 한다. 따라서 법률관계의 목적적 형성(die
finale Gestaltung)이 인정되는 경우에만 의사표시의 존재가 인정되는
것이 아니라, 객관적으로 보아 어떤 효과의사의 실현을 추론해낼 수
있는 행위가 있는 경우에도 행위자가 제반사정에 비추어 그러한 의
미를 고려할 수 있었고 또 그러해야 했던 한도 내에서는 의사표시의
존재를 인정할 수 있다. 달리 표현하면 목적적인 표시(die finale
Erklärung)뿐 아니라 규범적으로 귀속된 표시(die normativ zugerechnete
Erklärung)도 독일 민법상의 의미에 있어서의 의사표시에 해당한다.
요컨대 독일의 지배적 견해는 자기결정(Selbstbestimmung) 뿐 아니라
거래보호(Verkehrsschutz)와 신뢰보호(Vertrauensschutz)도 의사표시의
요소로 파악함으로써, 의사주의와 표시주의를 절충하는 입장
(Kombinatorische Theorie)을 취하고 있다.

그리고 판례 역시 이러한 지배적 견해(절충설)를 따르고 있다. 특
히 앞서 소개한 1984. 6. 7. 독일 연방대법원 판결은 표시의식 결여의
경우에 이른바 귀속가능성설을 따르면서 다음과 같이 판시함으로써
절충설의 입장을 분명히 밝히고 있다: "의사표시법은 권리자의 자기
결정에만 기초를 두고 있는 것은 아니다. 그것(의사표시법)은 (독일)
민법 제119조[41]와 제157조[42]에서, 표의자로 하여금 생각해 보지 않
은 법률효과, 그리고 - 이와 동일시할 수 있는 것인데 - 의식적으로
효력부여 되지 않은 법률효과에 대해서도 구속되도록 함으로써, 표시

---

41) 착오취소에 관한 규정임.
42) 독일 민법 제157조: 계약은 거래관행(Verkehrssitte)을 고려하여 신의성실이
    요구하는 바에 따라 해석되어야 한다.

수령자의 신뢰와 거래의 안전을 보호한다. 두 사례의 경우 자신의 표시 가운데서 표현된 법률효과를 실제로는 의욕하지 않았던 표의자의 권능, 즉 이 법률효과를 취소를 통해 소급적으로(민법 제142조 제1항) 무효화하거나 아니면 유효하게끔 할 수 있는 권능이 자기결정사상에 대해 충분히 고려를 베풀고 있다."[43]

(2) 효력설에 대한 평가

앞서 본 바와 같이 Larenz, Nipperdey, Dulckeit 등의 효력설은 의사표시를 효력표시(Geltungserklärung)로 파악하는 데서 한 걸음 더 나아가, 의사와 일치하지 않는 표시(결함 있는 의사표시)의 경우에도 '효력부여행위'(der Akt des In-Geltung-Setzens)는 있었기 때문에 의사표시의 존재를 인정할 수 있으며, 이를 통해 의사와 표시의 이원론(Dualismus von Wille und Erklärung)이 극복될 수 있다고 한다.[44] 예컨대 착오의 경우 이는 의사와 표시의 불일치에 기한 것이 아니라 '생각된(주관적인) 표시의미와 법적으로 기준이 되는(귀속가능한) 표시의미의 불일치'에 기한 것이고, 착오에 의한 의사표시는 실제로는 존재하지 않은 의사에 대한 '거짓 언명'이 아니라 '의도적인 효력발생지시'로서 효력표시이며, 이러한 착오에 의한 의사표시와 그 밖의 결함 있는 의사표시에 대해 어느 정도로 이를 유효한 것으로 취급할 것인지는 실정법이 결정할 문제라고 한다.[45]

그러나 이러한 효력설에 대해서는 오늘날 일반적으로 다음과 같은 평가가 이루어지고 있다. 즉 사실로서의 의사와 표시의 불일치는 결

---

43) BGHZ 91, 330.
44) Larenz, Die Methode der Auslegung des Rechtsgeschäfts(주16), S. 68f.; Dulckeit, Zur Lehre vom Rechtsgeschäft im klassischen römischen Recht, in FS Schultz I (1951), S. 148ff.
45) Larenz, a.a.O., S. 68.

코 부정될 수 없기 때문에(Als Faktum sei er nun einmal nicht aus der Welt zu schaffen) 이른바 효력설에 의해 의사와 표시의 이원론이 극복된 것이 아니라 교묘히 은폐된 것에 불과하며, 따라서 효력설은 결과적으로는 표시주의에 다름 아니라는 것이다.[46]

나아가 효력설에 대해서는 보다 의사주의적인 관점에서 다음과 같은 비판도 가해진다. 즉 효력설은 사적 자치란 효력설정된 법률효과의 자기결정(Selbst bestimmung der in Geltung gesetzten Rechtsfolgen)을 의미한다는 점을 간과하고 있다는 것이다. 표시착오와 내용상의 착오의 경우에는 표명된 법률효과가 아닌 다른 법률효과가 효력을 가져야 한다는 자기결정이 이루어져 있다. 그리고 행위 그 자체는 의도적으로 효력설정되었지만 그 행위 가운데서 표명된 법률효과는 효력설정되지 않은 경우(이른바 표시의식 결여의 경우)에는 자기결정이 존재한다고 할 수 없다. 따라서 결함 있는 자기결정은 실제로는 전혀 자기결정이 아니라는 것[47]이다.

IV. 국내의 연구성과

이하에서는 위에서 소개한 김증한 교수의 "법률행위론"의 내용에 따라 그 이후 발표된 국내의 연구성과를 의사표시의 본질론에 관한 연구와 합동행위 개념의 인정 여부 문제로 나누어 살펴보기로 한다.

---

46) Flume, Das Rechtsgeschäft, §4, 7; Bydlinski, Privatautonomie und objektive Grundlagen des verpflichten Rechtsgeschäfts (1967), S. 3f.; Kramer, Grundfragen der vertraglichen Einigung(주38), S. 131.

47) Singer, Selbstbestimmung und Verkehrsschutz im Recht der Willenserklärung (1995), StaudingerKomm·Singer, Vorbem zu §§ 116~144, Rn. 17.

1. 의사표시의 본질론

김증한 교수의 "법률행위론" 이후 의사표시의 본질론과 관련을 맺고 있는 최초의 본격적인 논문은 이호정 교수의 "사회정형적 행위론의연구"[48]라고 할 수 있다. 이 논문은 독일의 이른바 사회정형적 행위론(die Lehre vom sozialtypischen Verhalten: 사실적 계약관계이론, die Lehre von faktischen Vertragsverhältnissen)에 대한 검토와 비판(도입 부정론)을 주된 내용으로 하고 있지만, 그 전제로서 독일의 법률행위론, 특히 의사표시의 본질론에 대해 상세히 검토하고 있다. 즉 이 논문은 제2장 법률행위론(10면~60면)에서 먼저 법률행위와 의사표시 개념의 역사, 법률행위의 개념 등에 대해 서술한 다음, 의사표시의 주관적 구성요소, 특히 그 가운데 표시의식 결여의 문제를 상세히 검토한다. 이어서 이 논문은 의사표시의 객관적 요소인 표시와 관련하여 명시적 의사표시, 묵시적 의사표시, 침묵, 침묵 이외의 추단적 행위에 의한 표시(Erklärung durch sonstiges schlüssiges Verhalten), 의사표시가 아닌 추단적 행위(konkludentes Verhalten), 이의(Protestation, Verwahrung)와 유보(Reservation, Vorbehalt) 등에 관한 독일의 이론을 본격적으로 소개, 검토하고 있다. 나아가 이 논문은 의사주의와 표시주의의 대립, 독일 민법의 제정과정과 양주의의 대립에 관해 서술한 다음, 위의 김증한 교수의 "법률행위론"에서 소개된 바 있는 효력주의의 내용 및 이에 대한 그 당시 독일 학계의 평가를 보다 본격적으로 소개함과 아울러 이른바 효력주의를 다음과 같이 비판적으로 평가하고 있다: "이 문제(착오)에 관한 Larenz의 해결책은 결과적인 면에서는 표시주의(각주 생략)와 같아진다(각주 생략). 오히려 Flume의 시도처럼 착오의 경우에 있어서의 표시의 효력을 자기결정의 상관개념인 자기책임

---

48) 서울대학교 박사학위 논문: 서울대 경제논집 제12권 1호, 2호(1974).

의 사상에 입각하여 정당화하는 것이 적절하다고 본다."49) 이와 같이
이 논문은 그 당시 독일의 법률행위론을 본격적으로 소개, 검토함으
로써 그 뒤 국내에서 이루어진 법률행위론 분야 연구의 토대를 제공
하였을 뿐 아니라, 국내 최초로 이른바 사실적 계약관계이론(사회정
형적 행위론)의 도입 부정론을 주장하였으며 그 뒤 이러한 입장이 국
내의 지배적 견해50)가 되었지만, 이 부분에 대한 설명은 생략하기로
한다.

  한편 교과서 차원에서 기존의 일본 민법학의 영향을 벗어나 독일
의 이론을 주로 참고하면서 법률행위론을 본격적으로 취급한 최초의
문헌은 이영준 교수(변호사)의 「민법총칙」51)을 들 수 있다. 이 책은
종래의 교과서들과는 달리 '권리의 변동'(제2편 제2장)을 권리의 주
체 및 객체에 대한 서술보다 앞서 다루고 있으며, 이 가운데서 법률
행위에 관해 비교적 상세히 서술하고 있다. 우선 이 책은 기초이론으
로서 법률행위 개념의 의의와 역사적 발전과정을 서술한 다음, 법률
행위의 본질을 '추상화 개념으로서의 법률행위', '목적적 규율로서의
법률행위', '의사표시로서의 법률행위'로 나누어 서술한다. 이어서 이
책은 법률행위자유의 원칙(사적자치의 원칙)에 관해 설명하면서 자
기결정(Selbstbestimmung)의 원칙을 강조하고, 법률행위의 효력근거는
자기결정의 합치에 있다고 한다.

  그리고 이 책은 의사표시의 본질론과 관련하여 우선 의사표시의
주관적 요소로서 행위의사, 표시의사(표시인식), 효과의사에 관해 서
술한 다음, 종래 국내의 통설이 표시의사는 의사표시의 구성요소가
아니며 따라서 표시의사가 결여된 경우에도 의사표시는 성립하고 다

---

49) 이호정, 위의 논문(별쇄본), 60면.
50) 사실적 계약관계 이론에 관한 국내 학설상황의 변화에 대해서는 우선, 김증한·
　　김학동, 채권각론 제7판(박영사, 2006), 53면 주 51 참조.
51) 이영준, 민법총칙(초판: 박영사, 1987); 개정증보판(박영사, 2007).

만 착오에 의한 의사표시로서 취소의 대상이 될 뿐이라는 입장(부정
설)을 취하고 있음에 대해 다음과 같이 비판한다. 즉 관념상 행위의
사·표시의사·효과의사의 구별을 인정하면 표시의사를 의사의 한 요
소로 인정하는 것이 논리적이며 특히 표시의사는 표시상의 착오와
내용의 착오를 구별하는 기준이 될 뿐 아니라, 부정설의 입장처럼 표
시의사 없는 표시행위를 의사표시로 인정하는 것은 사물의 본성
(Natur der Sache)에 反하는 것이라고 한다. 그리고 이 책은, 종래 부
정설은 표시의사 없는 표시행위의 경우에도 의사표시의 존재를 인정
함으로써 거래의 안전을 달성하고자 하는 다소 실용주의적인 생각에
기초하고 있지만, 표시의사를 의사표시의 요소로 인정하더라도 대부
분의 경우 규범적 해석에 의하여 의사표시가 존재한다고 해석되므로
의사표시로서 일응 효력을 발생하며 거래의 안전을 해하는 결과가
되지는 않는다고 한다.[52]

나아가 이 책은 종래 국내의 통설이 일본 민법학[53]의 영향을 받아
효과의사를 내심적 효과의사와 표시상의 효과의사로 나눈 다음 의사
표시의 요소가 되는 것은 내심적 효과의사가 아니라 표시상의 효과
의사라고 주장하는 데 대하여, 이러한 통설에 따르면 내심적 효과의
사가 결여된 경우에 착오에 의한 취소를 인정하는 근거를 설명하기
힘들 뿐 아니라, 사람의 의사는 사물의 본성상 진의 즉 내심이어야
하며 이른바 내심적 효과의사와 표시상의 효과의사가 일치하지 않는
경우 표시상의 효과의사대로 계약이 성립한다고 하는 것은 효과의사
가 존재하지 않는 의사표시의 성립을 인정하는 것이 되어 사적 자치
의 원칙에 반한다[54]고 비판한다.

이어서 이 책은 독일의 의사주의와 표시주의 및 효력주의에 대해

---

52) 이영준, 민법총칙(초판), 98~100면.
53) 대표적으로 我妻榮, 民法總則(岩波書店, 1933), 271면.
54) 이영준, 민법총칙, 101~102면.

소개한 다음, 종래 국내의 통설은 절충주의를 표방하고 있지만 의사표시의 본체를 표시행위로 보고 있기 때문에 실제로는 표시주의에 입각하고 있음을 지적하면서, 일반적으로 표시주의는 표의자의 이익보다 상대방의 신뢰와 거래의 안전을 중요시한다고 하지만, 표시행위를 신뢰하였다는 사실로부터 의사표시가 도출될 수는 없으며, 신뢰보호와 거래의 안전은 자기책임의 원칙과 법률행위의 규범적 해석 및 보충적 해석에 의해 이루어질 수 있기 때문에 굳이 통설과 같이 표시주의이론을 고집할 필요는 없다고 한다. 그리고 이에 따라 이 책은, 자신의 입장은 자기결정의 원칙에 의하여 이른바 '표시상의 효과의사'의 실존을 부정한다는 점에서 종래 국내의 표시주의에 가까운 절충주의와 다르며, 의사에 하자가 있는 경우 자기책임의 원칙에 의하여 의사표시가 표시된 대로 효력을 발생한다고 보는 점에서는 의사주의이론과도 다르지만, 개인의 의사를 보다 강조하고 의사의 우월적지위로부터 출발하고 있다는 점에서는 의사주의에 가까우므로 이를테면 '신(新)의사주의이론'라고 칭할 수 있다고 한다.[55]

그리고 법률행위론 영역의 개별주제에 관한 박사학위논문으로서 1980~90년대에 송덕수, "민법상의 착오에 관한 연구"(1989), 엄동섭, "법률행위의 해석에 관한 연구"(1992), 지원림, "법률행위의 효력근거에 관한 연구"(1993) 등이 발표되었다. 그 이외에도 특기할 만한 사항으로, 청헌 김증한 교수의 학문적 업적을 계승하기 위해 설립된 청헌법률문화재단에서 발간한 사법연구 제2집[56]이 법률행위 분야를 민

---

55) 이영준, 민법총칙, 113~121면. 그 밖에도 이 책은 의사표시의 행위적 요소인 표시행위와 관련하여 교과서 차원에서는 최초로, 명시적 의사표시와 묵시적 의사표시 이외에 침묵, '포함적 의사표시'(Willenserklärung durch das schlüssige od. konkludente Handeln), 이의와 유보, 의사실현에 의한 의사표시, 법률이 의제하는 의사표시, 자동화된 의사표시 등에 관해 서술하고 있으며(104~113면), 사실적 계약관계이론과 준법률행위에 대해서도 비교적 상세히 소개, 검토하고 있다(121~144면).

법의 가장 기본적인 분야로 파악하여 이 분야의 기초가 되는 주제에 관한 연구를 집중적으로 수록하고 있다는 점이다. 즉 이 논문집에는 지원림, "법률행위개념의 정신적 기초", 최문기, "의사표시의 본질에 관한 소고", 김학동, "독일에서의 의사표시이론(본질 및 요건을 중심으로)", 박영규, "현대사회와 법률행위론", 엄동섭, "법률행위의 해석(현대 독일 민법학상의 논의를 중심으로)", 민일영, "불공정한 법률행위의 요건으로서의 급부의 불균형에 관한 일고", 김준호, "상대방에 유발된 동기의 착오", 송덕수, "타인의 명의를 사용하여 행한 법률행위" 등이 수록되어 있다.

그밖에 1998년에 발간된, 「법률행위론의 사적 전개와 과제」[57]를 통해서도 법률행위 분야의 개별주제에 관한 많은 연구들이 이루어졌다. 이 논문집은 기존의 기념논문집과는 달리 법률행위라는 특정주제에 맞추어 집필이 의뢰되었다. 따라서 이 논문집에는 심헌섭, "법률행위론의 법철학적 기초", 최병조, "사비니 이전의 법률행위론 - '법률행위' 및 '의사표시' 개념의 발달사를 중심으로", 지원림, "사비니의 법률행위론과 그 영향", 양창수, "독일민법전 제정과정에서의 법률행위규정에 대한 논의 - 의사흠결에 관한 규정을 중심으로", 송덕수, "착오론의 역사적 발전", 엄동섭, "현대 독일의 법률행위론 - BGHZ 91, 324 판결을 둘러싼 논의를 중심으로", 서민, "스위스의 법률행위제도", 이은영, "법률행위의 분류 - 단독행위, 계약, 합동행위의 분류에 관한 논의", 윤진수, "법률행위의 무효 - Pawlowski의 무효개념을 중심으로", 김학동, "대리권의 남용", 민일영, "독일민법에 있어서의 외관대리(Anscheins- und Duldungsvollmacht)의 전개와 현재", 조미경, "가족법상의 법률행위의 특수성", 이인재, "계약의 준거법에 관한 당사자자치의 원칙" 등 법률행위론 영역의 다양한 주제들에 관한 논문

---

56) 청림출판, 1994.
57) 이호정 교수 화갑기념논문집(박영사, 1998).

들이 수록되어 있다.

2. 합동행위 개념의 인정 여부

앞서 소개한 것처럼 김증한 교수가 "법률행위론" 및 「민법총칙」에서 합동행위 개념 부정설[58]을 주장한 이후, 국내에서도 부정설을 취하는 견해가 증가하고 있다.[59] 그리고 이 가운데서 부정설의 입장을 대표하는 문헌은 이은영 교수의 "법률행위의 분류 – 단독행위, 계약, 합동행위의 분류에 관한 논의"[60]라고 할 수 있다.

이 논문은 우선 1892년 독일의 Kuntze에 의해 제창된 합동행위 (Gesamtakt) 개념[61] 및 Kuntze가 합동행위에 속하는 사례로서 제시한 행위유형[62]에 대해 소개한 다음, 20세기 이후 이 개념이 v. Tuhr,

---

58) 이는 김증한·김학동, 민법총칙 제10판(박영사, 2013)에서도 그대로 유지되고 있다(189면, 318면 이하).

59) 종래의 합동행위 개념 인정설을 유지하는 문헌으로 곽윤직, 민법총칙(新訂版, 박영사, 1989), 345~6면; 고상룡, 민법총칙(법문사, 1990), 330면; 김상용, 민법총칙(법문사, 1993), 405~8면; 김민중, 민법총칙(두성사, 1995), 391~4면; 백태승, 민법총칙(개정판, 법문사, 2004), 326~7면; 송덕수, 민법총칙(제2판, 박영사, 2013), 170~1면; 지원림, 민법강의(제12판, 홍문사, 2014), 183면 등을 들 수 있음. 반면 합동행위 개념 부정설을 취하는 문헌으로는 이영준, 민법총칙(박영사, 1987), 153~6면; 이은영, 민법총칙(박영사, 1996), 336~9면; 이은영, "법률행위의 분류", 법률행위론의 사적 전개와 과제(주 57), 229~250면; 양창수·김재형, 민법 I: 계약법(박영사, 2010), 4면; 곽윤직·김재형, 민법총칙(제9판, 2013), 262~3면 등이 있음.

60) 주 59 참조.

61) Kuntze에 의하면 "합동행위란 수인의 협력에 의해서만 성립하는 어떤 법률행위를 제3자에 대하여 또는 제3자와 함께 실현하기 위하여 제3자에 대한 관계에서 통일적 법률효과를 얻기 위하여 수인이 대립하지 않고 공동으로 행위를 하는 것"으로 정의된다고 한다. Kuntze, Der Gesamtakt; ein neuer Begriff, in Festgabe der Leibziger Juristenfakultät für Otto Müller, 1892, S. 27ff.: 이은영, 법률행위의 분류, 230면.

Nipperdey, Hübner 등에 의해 독일 민법학에 수용, 발전되었으나[63] 최근에는 Larenz, Flume, Medicus 등 이 개념을 부정하는 견해가 확산되고 있음[64]을 지적하고 있다. 이어서 이 논문은 종래 국내의 합동행위개념 인정설과 부정설의 내용을 소개한 다음, 우선 종래 독일의 합동행위론과 국내의 합동행위론이 전제로 하는 행위유형이 크게 다르다는 점을 지적한다.[65] 그리고 이 논문은 다음과 같은 이유에서 결론적으로는 우리 민법학상으로도 합동행위개념을 인정할 필요가 없을 뿐아니라, 종래 합동행위의 대표적인 예로 제시되는 사단법인 설립행위는 계약으로 파악하는 것이 타당하다고 한다.

먼저 이 논문은 종래 국내의 합동행위개념 인정설에 의하면 수인

---

62) Kuntze는 합동행위에 속하는 예로서 ① 수인의 하나의 재단법인의 설립을 공동으로 행하는 경우 ② 수인의 대리인에게 공동대리권을 수여하여 그 대리권에 의하여 그들이 공동으로 법률행위를 하여야만 본인을 대리할 수 있게 되는 경우 ③ 어떤 자가 채권질권을 가지고 있는 경우에 채권자와 질권자가 해지통고를 하는데 공동으로 해야만 하는 경우 ④ 공유자의 공유물의 처분행위를 들고 있다고 한다. Kuntze, a.a.O., S. 27ff.: 이은영, 위의 논문, 231면.

63) 이은영, 위의 논문, 231~233면: 여기서는 특히 다면적 법률행위를 ① 계약, ② 합동행위, ③ 결의, ④ 단체법적 계약, ⑤ 사실적 계약으로 나누어 설명하고 있는 Hübner(Lehmann-Hübner, Allgemeiner Teil des BGB, 16. Aufl., S. 151ff.)의 견해를 상세히 소개하고 있다.

64) 이은영, 위의 논문, 233~4면: 여기서는 독일 민법의 규정들은 계약개념에 관한 것이며 채권법의 계약에 관한 것은 아니므로 법인설립행위 및 단체협약에도 계약의 일반규정이 적합하여, 굳이 이러한 행위들의 특성을 법적으로 파악하기 위하여 합동행위라는 추상개념을 별도로 사용할 필요가 없다는 Flume(Das Rechtsgeschäft, 2. Aufl., §33, 3)의 견해가 주로 소개되고 있다.

65) 이은영, 위의 논문, 243~4면: 앞에서 소개한 것처럼 합동행위 개념의 제창자인 Kuntze는 사단법인설립행위를 합동행위에 속하는 행위유형으로 제시하지 않고 있으며(주62 참조), 합동행위를 인정하는 Hübner도 사단법인 설립행위를 합동행위에 포함시키지 않고 단체계약이라는 독특한 계약유형으로 파악(주 63 참조)하는 반면, 국내의 합동행위론에서는 사단법인 설립행위가 합동행위의 대표적인 예로 파악되고 있음을 지적하고 있다.

의 공동소유자의 법률행위, 사단법인 설립행위, 사원총회의 결의·선
거가 모두 합동행위에 속한다고 하지만 이러한 특성이 다른 행위들
을 묶어 하나의 개념 속에 넣는 것은 의미가 없다는 점, 아래에서 보
는 것처럼 사단법인 설립행위는 계약으로 파악하여 당사자에게 계약
에 따른 채무를 인정하는 것이 타당하다는 점, 사단법인 설립행위는
합동행위로 파악하면서 이와 성격이 유사한 조합결성행위는 계약으
로 파악하는 것은 논리적이지 못하다는 점, 합동행위개념 인정설의
주된 목적은 다수 당사자 가운데 한 사람의 행위결함으로 다수 행위
자의 행위 자체가 효력을 상실하는 것을 막으려는 데 있지만 이는 다
른 방안을 통해 강구되어야 하며 합동행위라는 개념조작을 통해 그
러한 목적을 달성하고자 하는 것은 바람직하지 못하다는 점, 민법은
합동행위에 대한 규정을 전혀 두고 있지 않으므로 합동행위개념을
인정하여 계약규정의 적용을 배제할 경우 법의 공백이 생기게 된다
는 점 등에 비추어 보면, 합동행위 개념은 인정할 필요가 없다고 한
다.66)

　이어서 이 논문은 종래 사단법인설립행위를 합동행위로 파악하는
견해에 의하면 설립자의 단체설립의 의사 및 그에 상응하는 법률효
과(단체의 설립)만이 추상적으로 고찰될 뿐 단체로서의 실체는 전혀
고려되지 않고 있으므로, 사단법인 설립행위로부터 업무수행의무나
분담금지급의무 등과 같은 설립자 상호간의 구체적인 권리의무를 이
끌어 내기 위해서는 설립행위를 계약으로 파악하는 것이 타당하다고
한다. 그리고 이 논문은 다만 이와 같이 사단법인 설립행위를 계약으
로 파악하더라도 이는 다수당사자의 계약이므로 2인 사이의 계약에
서와 다른 특성을 인정할 수 있으며, 따라서 설립자 1인의 의사에 흠
결이 있는 경우나 민법 제124조(자기계약·쌍방대리의 금지)의 적용

---

66) 이은영, 위의 논문, 244~5면.

문제 등에 있어 2인 계약의 경우와는 달리 해석하는 것이 가능하고, 나아가 설립행위의 무효, 취소의 경우에도 조합이나 고용 등의 경우에 인정되는 소급효 제한의 법리를 원용하여 소급효를 제한할 수 있다고 한다.[67]

V. 맺음말

지금까지 살펴 온 내용을 토대로 - 의사표시의 본질론과 법률행위의 분류(합동행위 개념의 부정)라는 매우 한정된 주제를 통해서이기는 하지만 - 우선 김증한 교수의 법률행위론을 간략히 평가하면, 이는 일제 강점기하에서 일본 민법학을 배운 우리나라의 학문 1세대가 일본 민법학의 절대적인 영향으로부터 탈피하고자 하는 시도였다고 할 수 있다. 요컨대 그는 민법의 다른 영역에서와 마찬가지로 총칙 분야에서도 독일 민법학을 직수입함으로써 일본 민법학에의 종속으로부터 벗어나고자 했던 것이다.[68] 그리고 이는 위(二. 5. 소결 부분)에서 소개한 「민법총칙」 초판(1972) 서문에서의 서술에서 뿐 아니라, 우리 민법 제정 직후 발간된 「신민법총칙」 개정판(1960)[69]의 다음과 같은 서문으로부터도 이미 확인된다: "하루 속히 외국학자 - 특히 일본학자 - 의 결정적인 영향력에서 벗어나서, 우리 자신의 독자적인 민법체계를 완성하여야만 한다는 것은, 언외의 사실이며, 우리 자신

---

67) 이은영, 위의 논문, 245~7면. 그밖에
68) 총칙 이외의 분야, 특히 물권변동이론 분야에서 김증한 교수의 이러한 태도에 대한 지적으로 양창수, 한국법에서의 '외국'의 문제, 민법학의 현대적 양상(서민 교수 정년기념 논문집, 2006), 67~79면, 75면 참조.
69) 주 4에서 소개한 김증한·안이준, 「신민법총칙」(1958)의 개정판임.

이 이 점의 자각에 있어서, 인후(人後)에 뒤떨어지지 않는다는 것도 또한 진실이다. 이러한 우리의 자각은, 「신물권법(상)」의 공간이라는 유형적 모습으로서, 물권법의 일부에 한한 것이기는 하지만, 이미 그 일단이 현실화된 바 있다. 그러나, 이 책이 다루고 있는 총칙의 부분을 포함한 이여(爾餘)의 부분에 관해서는, 이 자각의 현실화는 우리 양인에게 무거운 짐이 된 채, 미래의 과제로서 남겨져 있다."[70]

다만 오늘날의 관점에서 보면 그의 "법률행위론"에는 많은 한계가 보여지는 것은 사실이다. 예컨대 앞서 소개한 현대 독일의 법률행위론(三.) 부분에서 보는 것처럼 의사표시의 본질론에 있어서 적어도 이론적으로는 매우 중요한 의미를 가지는 표시의사 또는 표시의식 문제와 관련하여, 표시행위 및 이른바 '표시상의 효과의사'만을 강조하는 종래 일본 민법학의 통설적 입장대로 표시의사는 의사표시의 요소가 아니라고 할 뿐, 더 이상 이 문제를 깊이 다루고 있지는 않다.[71] 그밖에 그 당시 이미 독일 민법학 내부에서 '결과적으로는 표시주의에 다름 아니다'라는 평가를 받고 있던 Larenz의 효력설의 소개에 많은 비중을 두는 반면, 의사표시의 본질론과 밀접한 관련을 맺고 있는 '법률행위의 해석 문제', 그리고 실천적 관점에서 볼 때 중요한 의미를 가지는 '침묵'이나 '추단적 행위에 의한 의사표시(Erklärung durch schlüssiges Verhalten)' 등의 문제는 전혀 다루어지지 않고 있다. 나아가 보다 근본적으로는, 일본 민법학의 극복 및 독자적인 우리 민법학의 수립과 독일 민법학의 직수입이 반드시 직결되어야만 하는가라는 의문[72]이 제기될 수도 있다.

---

70) 양창수, 앞의 논문(주 68), 74면에서 재인용.

71) 이 문제는 "법률행위론" 이후에 발간된 신고(新稿) 민법총칙(1983)에서도 마찬가지로 취급되고 있다(이 책, 210~211면 참조).

72) 이에 관해서는 양창수, 앞의 논문(주 68), 12면 이하 이외에 같은 필자의 "한국 민법학 50년의 성과와 앞으로의 과제", 저스티스 통권 제92호(2006.7.), 178~215면, 209면 이하도 참조.

그러나 민법학의 다른 분야는 논외로 하고, 적어도 법률행위론 분야에 있어서는 그 개념의 원산지인 독일의 법률행위론에 대한 소개 및 연구가 불가피하다고 할 수 밖에 없다. 특히 20세기 초 독일의 Danz, R. Leonhard 등의 고전적 표시주의[73]의 영향[74]하에 수립된 1930~1940년대의 일본의 법률행위론을 답습하는 수준에 머무르고 있던 당시의 우리 민법학을 조금이라도 발전시키기 위해서는, 그 시점에서 독일의 법률행위론의 큰 축을 담당하고 있던 Flume, Larenz 등의 이론을 국내에 적극 소개하고자 했던 것은 오히려 당연하다고 할 수 있다. 요컨대 그의 "법률행위론"은 그 이후 국내에서 이루어진, 비록 충분하다고는 할 수 없으나 다양한 연구성과들을 위한 토대 내지는 안내자로서의 역할을 담당했다는 점은 누구도 부정할 수 없을 것이다. 따라서 그의 "법률행위론" 및 그 이후에 이루어진 연구성과들을 향후 어떻게 발전시켜 나갈 것인가의 문제는 필자를 포함한 후학들에게 남겨진 '무거운 짐' - 어쩌면 오늘날의 로스쿨 체제하에서는 '지난(至難)한 과제' - 라고 할 수 있다.

그리고 이러한 과제의 실천방안과 관련해서는 연구자마다 연구방향이나 연구주제가 다를 수 밖에 없을 것이다. 다만 한 가지 첨언하자면 이 분야의 연구에 있어서도 예컨대 착오, 사기, 계약성립 등과 같은 개별적인 주제와 관련해서는 독일 이외의 다른 유럽이나 영미의 계약법리 나아가 유럽계약법원칙(PICC) 상의 관련 법리 등에 대한 연구를 통해 우리의 '법률행위론'을 발전시켜나갈 필요가 있다는 점이다. 최근 국내에서도 이러한 분야의 연구가 활성화되는 경향을

73) 이에 관해서는 엄동섭, 법률행위의 해석에 관한 연구(서울대 박사학위논문, 1992), 62~76면 참조.
74) 이를 단적으로 보여주는 문헌으로, 曄道文藝, "法律行爲ノ解釋", 京都法學會雜誌 제10권 11호(1915), 293~322면; 我妻榮, "ダンツの裁判官の解釋的作用", 法學協會雜誌 제41권, 1호~3호(1923), [同, 民法研究 I (1966), 51~145면 所收] 등을 들 수 있다.

보이고 있으며, 향후 이러한 분야의 연구성과들과 우리 민법의 접목을 통해 '지난한 과제'를 부분적으로라도 성취할 수 있을 것으로 생각된다.

〈참고문헌〉

고상룡, 민법총칙(법문사, 1990).

곽윤직, 민법총칙(신정판, 박영사, 1989).

곽윤직·김재형, 민법총칙(제9판, 2013).

김민중, 민법총칙(두성사, 1995).

김상용, 민법총칙(법문사, 1993).

김증한·안이준, 신민법총칙, 초판(1958), 개정판(1960).

김증한, 민법총칙(민법강의 I), 초판(1972), 신정4판(진일사, 1980).

김증한, 신고(新稿) 민법총칙, 초판(박영사, 1983).

김증한·김학동, 민법총칙 제10판(박영사, 2013).

_____, 채권각론 제7판(박영사, 2006).

백태승, 민법총칙(개정판, 법문사, 2004).

송덕수, 민법총칙(제2판, 박영사, 2013).

양창수·김재형, 민법 I: 계약법(박영사, 2010).

이영준, 민법총칙(박영사, 1987); 개정증보판(박영사, 2007).

이은영, 민법총칙(박영사, 1996).

지원림, 민법강의(제12판, 홍문사, 2014).

칼 라렌쯔, 엄동섭(역), 법률행위의 해석(서강대학교 출판부, 2010).

김준호, "상대방에 유발된 동기의 착오", 사법연구 제2집(청헌법률문화재단, 1994), 314~334면.

김증한, "법률행위론", 법학(서울대학교) 제13권 2호(1972), 5~22면; 동, 민법논집(진일사, 1978), 341~368면.

_____, "이분론", 현대공법의 이론(목촌 김도창박사 화갑기념, 학연사, 1982), 1~11면.

_____, "희랍민법개설", 서울대학교 논문집, 인문사회과학, 제6집(1957); 同, 민법논집, 395~446면.

김학동, "독일에서의 의사표시이론(본질 및 요건을 중심으로)", 사법연구 제2집, 72~165면.

민일영, "불공정한 법률행위의 요건으로서의 급부의 불균형에 관한 일고",
　　사법연구 제2집, 298~313면.
박영규, "현대사회와 법률행위론", 사법연구 제2집, 166~227면.
서 민, "스위스의 법률행위제도", 법률행위론의 사적전개와 과제(이호정교수
　　화갑기념논문집, 1998), 201~228면.
송덕수, "민법상의 착오에 관한 연구"(서울대 박사논문, 1989).
＿＿＿, "타인의 명의를 사용하여 행한 법률행위", 사법연구 제2집, 335~354면.
＿＿＿, "착오론의 역사적 발전", 법률행위론의 사적전개와 과제, 147~166면.
심헌섭, "법률행위론의 법철학적 기초", 법률행위론의 사적전개와 과제, 1~8면.
양창수, "독일민법전 제정과정에서의 법률행위규정에 대한 논의 - 의사흠결
　　에 관한 규정을 중심으로", 법률행위론의 사적전개와 과제, 105~
　　146면.
＿＿＿, "한국법에서의 '외국'의 문제", 민법학의 현대적 양상(서민 교수 정년
　　기념 논문집, 2006), 67~79면.
＿＿＿, "한국 민법학 50년의 성과와 앞으로의 과제", 저스티스 통권 제92호
　　(2006.7.), 178~215면.
엄동섭, "법률행위의 해석에 관한 연구"(서울대 박사논문, 1992).
＿＿＿, "법률행위의 해석(현대 독일 민법학상의 논의를 중심으로)", 사법연
　　구 제2집, 228~277면.
＿＿＿, "현대 독일의 법률행위론 - BGHZ 91, 324 판결을 둘러싼 논의를
　　중심으로", 법률행위론의 사적전개와 과제, 167~200면.
윤진수, "법률행위의 무효 - Pawlowski의 무효개념을 중심으로", 법률행위론
　　의 사적전개와 과제, 251~298면.
이은영, "법률행위의 분류 - 단독행위, 계약, 합동행위의 분류에 관한 논의",
　　법률행위론의 사적전개와 과제, 229~250면.
이호정, "사회정형적 행위론의 연구", 서울대 경제논집 제12권 1호, 2호
　　(1974).
조미경, "가족법상의 법률행위의 특수성", 법률행위론의 사적전개와 과제,
　　351~376면.
지원림, "법률행위의 효력근거에 관한 연구"(서울대 박사논문, 1993).
＿＿＿, "법률행위개념의 정신적 기초", 사법연구 제2집, 21~50면.

_____, "사비니의 법률행위론과 그 영향", 법률행위론의 사적전개와 과제, 81~104면.

최병조, "사비니 이전의 법률행위론 - '법률행위' 및 '의사표시' 개념의 발달 사를 중심으로", 법률행위론의 사적전개와 과제, 9~80면.

최문기, "의사표시의 본질에 관한 소고", 사법연구 제2집, 51~71면.

황적인, "김중한 교수의 민법학(II)", 사법연구 제5집(청헌법학, 2000), 1~14면.

Bydlinski, Privatautonomie und objektive Grundlagen des verpflichten Rechtsgeschäfts(1967).

Enneccerus-Nipperdey, Allgemeiner Teil des Bürgerlichen Rechts, 1. Bd., 2. Halbbd., 15. Aufl.(1960).

Flume, Das Rechtsgeschäft, 1. Aufl.(1965), 3. Aufl.(1979).

Kramer, Grundfragen der vertraglichen Einigung(1972).

Lange, BGB, Allegmeiner Teil, 11. Aufl.(1969).

Larenz, Die Methode der Auslegung des Rechtsgeschäfts(1930).

_____, Allgemeiner Teil des deutschen Bürgerlichen Rechts, 1. Aufl.(1967).

Lehmann-Hübner, Allgemeiner Teil des deutschen Bürgerlichen Gesetzbuch, 16. Aufl.(1966).

Savigny, System des heutigen römischen Rechts, 3. Bd.(1840).

Singer, Selbstbestimmung und Verkehrsschutz im Recht der Willenserklärung (1995).

v. Tuhr, Allgemeiner Teil des deutschen Bürgerlichen Rechts, II. Bd., 1. Hälfte (1957).

Staudinger Kommentar zum BGB, Allegmeiner Teil 3 u. Beurkundungsverfahren, Bearbeitung 2004.

Werner, 20 Probleme aus dem BGB, Allgemeiner Teil(1987).

Windscheid, Lehrbuch des Pandektenrechts, 1. Bd.

Brehmer, Willenserklärung und Erklärungsbewußtsein - BGHZ 91, 324, JuS 1986, 440.

Dulckeit, Zur Lehre vom Rechtsgeschäft im klassichen römischen Recht, FS für

Schulz, 1. Bd.(1951), 148.

Hefting, Erklärungswille, Vertrauensschutz und rechtsgeschäftliche Bindung, Festschrift der Rechtswissenschaftliche Fakulität zur 600-Jahr- Feier der Universität zu Köln(1988), 209.

Kuntze, Der Gesamtenakt; ein neuer Begriff, Festgabe der Leibziger Juristenfakultät für Otto Müller(1892), 27.

Singer, Geltungsgrund und Rechtsfolgen der fehlerhaften Willenserkärung, JZ 1989, 1030.

我妻榮, 民法總則(岩波書店, 1933).

我妻榮, "ダンツの裁判官の解釋的作用", 法學協會雜誌 제41권, 1호~3호 (1923), [同, 民法硏究 I(1966), 51~145면 所收].

曄道文藝, "法律行爲ノ解釋", 京都法學會雜誌 제10권 11호(1915), 293~322면.

소멸시효론*

윤 진 수**

I. 서 론

소멸시효 완성의 효과에 관하여 소멸시효 완성 그 자체만으로 권리소멸의 효과가 생기는가(이른바 절대적 소멸설), 아니면 소멸시효의 완성 외에 당사자의 원용이라는 별개의 요건까지 갖추어야만 비로소 권리소멸의 효과가 생기는가(이른바 상대적 소멸설)에 대하여는 민법 제정 후부터 지금까지 치열하게 논쟁이 계속되고 있다. 이 문제에 관하여 김증한 교수는 처음으로 상대적 소멸설을 제창하였는데,1) 이는 김증한 교수의 여러 연구 업적 가운데서도 이후의 학설과

---

* 이 글은 "김증한 교수의 소멸시효론"이라는 제목으로 민사법학 제69호에 게재되었던 것을 수정 보완한 것이다.
** 서울대학교 법학전문대학원 교수
1) 김증한 교수는 뒤에서 보는 것처럼 상대적 소멸설을 처음에는 교과서와 짧은 논문에서 언급하였으나, 그 후 이를 좀더 발전시켜 별도의 논문에서 상세하게 설명하였다. 金曾漢, "消滅時效 完成의 效果," 서울대학교 법학 제1권 2호, 1959, 249면 이하; 同, "消滅時效論", 서울大學校 法學博士 學位論文, 1967 (同, 民法論集, 1980, 245면 이하에 재수록). 이하에서는 앞의 것은 "金曾漢 (1959)"로, 뒤의 것은 "金曾漢(1980)"으로 표기한다. 박사학위 논문 원문은 서울대학교 중앙도서관 홈페이지(http://library. snu.ac.kr)에서 검색할 수 있다.

판례의 전개에 큰 영향을 준 것 가운데 하나로 꼽을 수 있다. 이 글은 김증한 교수의 소멸시효론이 가지는 학문적 의의와 그것이 이후의 논의에 미친 영향을 살펴보는 것을 목적으로 한다.

이 글의 구성은 다음과 같다. II.에서는 김증한 교수의 상대적 소멸설이 주장되기까지의 상황을 살펴보고, III.에서는 김증한 교수의 소멸시효론의 요지를 소개한다. IV.에서는 그 후의 판례의 전개를 살펴보고, V.에서는 상대적 소멸설의 합리성을 논증한다. 마지막으로 VI.에서는 결론을 갈음하여 김증한 교수의 소멸시효론이 가지는 현재의 의의를 정리하여 본다.

II. 민법상 소멸시효 규정의 제정과정과 초기의 논의

1. 소멸시효 규정의 제정 과정

민법상 소멸시효 규정이 어떻게 제정되었는가에 관하여는 기존의 연구에서 이미 소개된 바 있으므로,2) 여기서는 간략하게만 살펴본다.3)

---

2) 梁彰洙, "民法案의 成立過程에 관한 小考," 民法研究 제1권, 1991, 80면(처음 발표: 1989); 梁彰洙, "民法案에 대한 國會의 審議", 民法研究 제3권, 1995, 63면 이하(처음 발표: 1992)이 상세하다. 또한 이흥민, "「민법안의견서」의 학설 편입과정을 통해 본 민법개정에 대한 태도," 法學論叢 제19권 1호, 조선대학교 법학연구원, 2012, 318면 이하 참조.

3) 尹眞秀, "消滅時效 完成의 效果," 民法論攷 I, 2007, 237~239면(처음 발표: 1999) 참조.

민법 제정 전의 소멸시효 완성의 효과에 관한 입법자료로는 조선 임시민법전편찬요강 및 민법전편찬요강의 두 가지를 들 수 있다. 전 자는 1947년 6월 30일의 조선과도정부 행정명령 제3호에 의하여 민 사법 등의 기초법전의 초안을 작성하기 위하여 설치된 조선법제편찬 위원회에서 마련한 것으로, 그 총칙편 제14항은 "소멸시효 완성의 효 과는 권리를 소멸시킬 수 있는 일종의 항변권을 발생하도록 할 것"으 로 규정하고 있었다. 그리고 후자는 정부 수립 후인 1948. 9.에 대통 령령으로 민법전 등의 편찬을 위하여 설치된 법전편찬위원회가 작성 한 것으로, 그 총칙편 제13항은 전자와 같은 내용으로 규정하고 있었 다. 위 각 요강의 규정은 "권리의 소멸시효가 완성한 때에는 그 권리의 소멸로 인하여 이익을 받을 당사자는 그 권리의 소멸을 주장할 수 있 다"고 규정하고 있는 만주국 민법 제173조를 참조한 것으로 추측된다.

그러나 그 후 주로 김병로 당시 대법원장에 의하여 마련된 민법안 은 다른 부분은 대체로 민법전편찬요강을 따랐으면서도, 소멸시효 완 성의 효과에 관하여는 위 요강과 같은 규정을 두지 않았고, 이것이 결국 현행 민법으로 확정되었다. 이 점에 관하여 민의원 법제사법위 원회 민법안심의소위원회가 편찬한 민법안심의록은, "현행법 제145조 「時效의 援用」에 관한 규정을 삭제한 문제~(中略) 종래 時效의 援用 에 관하여 각종의 學說이 발생하였는바 草案은 이를 정리하여 援用 에 관한 규정을 삭제함으로써 時效에 관하여는 금후 絶對的 消滅說 이 확정되고 따라서 援用은 하나의 抗辯權으로 화하게 한 것이다"라 고 설명하고 있다.[4] 민법전 제정과정에서 핵심적인 역할을 담당하였 던 장경근 의원도 국회 본회의에서의 발언에서, "이렇게 학설상 대단 히 錯雜한 關係가 있기 때문에 草案은 이것을 한 번 簡素化하자 해서 일응 消滅時效만 완성될 것 같으면 그 자체로서 絶對消滅된다 하는

---

4) 民議院 法制司法委員會 民法案 審議小委員會 編, 民法案審議錄 上卷, 1957, 103면.

그런 學說을 취하는 견지에서"시효의 원용에 관한 규정을 다 없애버린 것이라고 발언하였다.5)

그런데 이 민법안에 대하여, 학자들로 구성된 민사법연구회가 펴낸 민법안의견서에서는, 한편으로 "草案이 …現行民法의 消滅時效에 관한 規定을 整序한 점을 贊成한다"고 하면서,6) 다른 한편으로는 초안 제173조 다음에 「권리의 소멸시효가 완성한 때에는 그 권리의 소멸로 인하여 이익을 받는 당사자는 권리의 소멸을 주장할 수 있다」라는 조문을 신설할 것을 제안하였다.7) 위 제안은 그 이유로서는, 현행 민법(依用民法)에 있어서처럼 한편에 있어서는 소멸시효의 완성으로 말미암아 권리 자체가 소멸한다고 규정하고, 다른 한편에 있어서는 원용을 조건으로 한다고 규정하면 이론적 해명 내지 전개에 일대 난점을 제기하고 있으므로 이것을 고려할 때 독일민법의 태도가 훨씬 논리의 요청에도 적합하고, 따라서 학설의 분규도 지양할 수 있으므로 우리 신민법도 현행민법보다는 독일민법의 태도를 참작하여 입법조치를 취하는 편이 현명하고, 다만 독일민법처럼 의무자가 급부를 거절할 수 있다고 하여 항변권이 있다는 취지를 소극적으로 규정하는 것보다는 권리의 소멸로 인하여 이익을 받는 당사자에게 항변권이 있다는 취지를 적극적으로 규정하는 것이 좋다고 하였다.8)

---

5) 第3代 國會 第26回 國會定期會議 速記錄 45호, 1957, 16면 하단 이하.
6) 民事法硏究會, 民法案意見書, 1957, 58면 이하(方順元 집필). 여기서는 그 이유로서, "(前略) 草案은 이러한 複雜한 見解의 對立이 있을 것을 避하기 爲하여 時效援用에 關한 規定을 除外한 것이 아닌가 한다. 換言하면 草案은 獨逸 民法의 趣旨에 따라 請求權만이 消滅時效에 걸리며 請求權이 消滅時效에 걸린 境遇에도 請求權自體는 存續하되 다만 永久的 抗辯으로 對抗된다는 理論을 採擇한 것에 歸着되며 法律關係의 簡明한 解決을 爲하여 妥當한 立法이라 할 수 있다"고 설명하고 있다. 그러나 方順元 교수는 뒤에 이러한 견해를 변경하였다. 아래 주 20) 참조.
7) 위 의견서 60면 이하(安二濬 집필).
8) 여기서도 만주국 민법 제173조를 참조의 근거로 들고 있다.

그리고 이른바 현석호 수정안[9])은 위 민법안의견서의 제안대로, "권리의 소멸시효가 완성한 때에는 그 권리의 소멸로 인하여 이익을 받는 당사자는 권리의 소멸을 주장할 수 있다"는 규정을 신설하자고 하였다. 위 수정안은 그 취지를 권리 자체는 절대적으로 소멸하는 것이 아니고, 상대방에게 主唱權 또는 항변권을 주어 소멸시효의 효과를 거두도록 하지는 것이라고 설명하면서, 권리 자체가 절대적으로 소멸한다면 소멸시효 기간 완성 후에 채무자가 변제를 하려고 하더라도 비채변제가 되어 증여하는 형식으로밖에는 할 수 없다고 주장하였다. 그러나 이 수정안은 1957. 11. 25. 국회 본회의의 표결에 두 차례 붙여져서, 재적 104인 중 1차에는 가 31표, 2차에는 가 32표의 지지밖에 받지 못하여 결국 채택되지 않았다.[10])

2. 초기의 논의

민법이 1958. 2. 22. 공포되자마자 소멸시효 완성의 효과에 관하여는 치열한 논쟁이 벌어지게 되었다. 이 문제에 관하여 처음으로 견해를 밝힌 것은 공포 후 며칠 뒤인 1958. 2. 25. 발행된 김증한·안이준 교수의 신민법총칙이다.[11]) 여기서는 소멸시효 완성의 효과가 무엇이냐에 관하여는 아무런 규정이 없으나, 그 효과는 권리 자체를 소멸시키는 것은 아니고, 다만 권리자가 그 권리를 주장하는 때에 이에 대한 항변권을 발생시킬 따름이라고 해하여야 할 것이라고 설명하였다.

9) 이는 현석호 의원 외 19인의 수정안으로 제안되었던 것의 통칭이다.
10) 速記錄(주 5), 17~18면.
11) 金曾漢·安二濬 編著, 新民法總則, 단기 4291, 421면. 단기 4291년은 서기 1958년이다. 이하에서 발간 당시 발간연도를 단기로 표기한 자료들은 모두 서기로 바꾸어 인용한다. 그리고 編著라고 되어 있는 것은 편자들이 그 서문에서 밝히고 있는 것처럼, 위 책이 일본의 와가쯔마 사카에(我妻 榮) 교수의 교과서를 토대로 한 것이었기 때문이다.

이는 대체로 민법안의견서에서의 방순원 교수의 의견과 같은 취지로 이해된다.[12] 위 책은 그 근거로서 원용 여부를 불문하고 권리가 절대적으로 소멸한다고 하는 입법례는 없다는 점, 시효의 이익을 받기를 원하지 않고 진실한 권리관계를 인정하려고 하는 자가 있을 때 그 의사를 전적으로 배척하는 것은 적당하지 않다는 점 및 민법의 다른 규정에서 "시효로 인하여 소멸한다"는 문자를 사용한 것은 민법 각편의 기초자가 달라서 용어의 불통일을 일으킨 것에 불과하다는 점을 들고 있다.

그러나 위 두 저자는 그 직후인 1958. 4. 발행된 신민법 (Ⅰ)에서는 설명을 달리하여, 소멸시효가 완성하면 권리 그 자체가 소멸하는 것이 아니라, 다만 시효로 인하여 이익을 받는 당사자에게 권리의 소멸을 주장할 수 있는 권리를 발생시킬 따름이라고 하여, 처음으로 상대적 소멸설을 주장하였다.[13] 그 논거는 위의 신민법총칙에서 열거하고 있던 것 외에, 소멸시효의 완성으로 인하여 권리가 절대적으로 소멸한다는 것은 시효의 이익의 포기를 인정하는 민법의 태도와 상용될 수 없다는 점을 추가로 들었다.

한편 김증한 교수는 위 신민법 (Ⅰ)과 거의 동시에 발표된 논문에서 마찬가지로 절대적 소멸설을 비판하고 상대적 소멸설을 주장하였다.[14] 위 논문이 절대적 소멸설을 비판하는 근거는 다음과 같은 4가지이다. 첫째, 취득시효에 관하여는 의용민법과 마찬가지로 「취득한다」는 문자를 사용하면서 소멸시효에 관해서만 의용민법과는 달리 「소멸한다」는 문자를 피한 것은 소멸시효의 효과를 취득시효의 경우와는 구별하려는 뜻이다. 둘째, 소멸시효의 이익을 받느냐에 관하여

---

12) 위 주 6) 참조.
13) 金曾漢·安二濬, 新民法 (Ⅰ), 1958, 193면.
14) 金曾漢, "소멸시효 완성의 효과," 考試界 제3권 3호, 1958, 114면 이하. 위 잡지는 그 해 4월에 발간된 것으로 되어 있다.

당사자의 의사를 절대로 배척하는 것은 부당하다. 셋째, 절대적 소멸설은 소멸시효 이익의 포기에 관한 제184조 제1항과 상용될 수 없다. 넷째, 소멸시효의 효과로서 권리가 절대적으로 소멸한다는 것은 소멸시효제도의 연혁에 어긋나고 입법례에 없는 바이다. 이는 기본적으로 그 다음 해에 발표된 김증한 교수의 논문과 같은 취지이지만, 그에 비하면 간략하다.

반면 김기선 교수는 1958년 3월에 발행된 교과서에서 절대적 소멸설을 지지하였다. 즉 시효의 원용에 관하여, 신법은 독일민법과 같이 원용제도를 두지 않고 있고, 소멸시효에 관하여는 구법이 시효의 완성으로 권리가 『소멸한다』고 한 것을 고쳐 다만 『시효가 완성한다』고 규정하고 있는데, 양자의 의의는 동일하지 않을까라고 하면서, 만일 동일하다고 한다면 신법상으로는 채무자가 알지 못하고 시효기간 후에 변제하는 것은 비채변제이므로 당연히 그 반환을 청구할 수 있다고 하였다.[15]

그리고 장경학 교수는 1958년 5월에 발행된 교과서에서 다음과 같이 설명하였다. 즉 소멸시효의 완성으로 권리는 절대적으로 소멸하며, 시효로 권리를 얻게 될 자가 그 이익을 받겠다고 다시 별도의 주장(원용)을 하지 않아도 충분하다고 하였다. 그리고 소멸시효가 완성한 뒤에 권리자가 청구할 때에는 의무자는 권리항변을 갖고 항변할 수 있고, 이는 항변권(Einrede)으로서 그 권리가 소멸했다는 것을 이유로 이행을 거절할 수 있는 의무자의 권리인데, 이러한 항변권은 권리부정의 항변(rechtsvernichtende Einwendung)이고, 항변권은 피고가 이를 원용하지 않는 한 법관은 이를 고려할 수 없는데, 피고가 항변권의 행사·불행사의 자유를 갖기 때문이라고 한다.[16] 그러나 이러한 설명은 나중에 김증한 교수로부터 권리부정의 항변과 협의의 항변권

---

15) 金基善, 新民法總則, 1958, 268면.
16) 張庚學, 新民法總則, 1958, 582~584면.

을 구별하지 못하고 있다는 비판을 받게 된다.[17]

그 후 당시 이화여대 교수이던 이영섭 전 대법원장은 1958년 9월에 발표한 논문에서 절대적 소멸설을 지지하면서, 그 근거를 상세하게 설명하였다.[18] 여기서는 우선 민법 규정이 「소멸시효가 완성한다」 또는 「(소멸)시효가 완성하지 아니한다」라고 말하는 것은 소멸시효의 기간을 규정한 것뿐이고, 그 효과에 대하여는 손을 대지 않고 있는 것으로 볼 수 있다고 하면서 이 점에 대하여는 김증한·안이준 교수의 주장에 동조한다. 그리고 두 교수의 절대적 소멸설 비판 근거를 첫째, 소멸시효제도의 연혁적 이유에 비추어 보거나 또는 절대소멸설을 지지하는 나라는 없다는 점, 둘째 시효의 이익을 받지 않으려는 사람에게 굳이 이익을 강요한다는 것은 의사자치의 원칙 내지 개인의 윤리사상에 비추어 부당하다는 두 가지로 파악하고 이에 대하여 검토한다.

우선 첫째의 점에 대하여는, 저당권의 부종성에 관한 제369조, 손해배상의 소멸시효에 관한 제766조, 시효에 관한 경과규정인 부칙 제8조 제1항 등으로부터 권리가 시효기간의 경과와 동시에 소멸하는 점에 관하여 전혀 疑義가 생기지 않는다고 한다. 그 외에 절대적 소멸설의 근거로서 신민법은 현행민법(당시 시행되고 있던 의용민법을 말한다)상 여러 가지의 해석론상의 난점을 자아내고 있는 시효의 원용에 관한 제도를 두지 않고 있고, 소멸시효와 마찬가지의 법리에서 인정되는 취득시효에 관하여는 원칙적으로 시효기간완성과 동시에 권리의 취득이 생기는 것으로 하였다고 하면서, 입법자의 의도를 짐작할 수 있는 자료로서 민법안심의록의 설명을 들고 있다.

그리고 둘째의 점에 대하여는 소멸시효에 걸린 채무를 자진하여

---

17) 金曾漢(1980), 290면.
18) 李英燮, "新民法下의 消滅時效의 效果와 그 利益抛棄," 저스티스 제2권 3호, 1958, 2면 이하.

변제한 경우에 이것이 반드시 비채변제로만 보아야 될 것인가, 소멸시효 이익의 포기를 법리상 어떻게 볼 것이냐 하는 점을 따져 보아야 하는데, 김증한·안이준 교수의 의견대로라면 시효완성 후의 이익포기를 설명하기는 여간 수월하지 않고 자연스럽기도 하다고 하면서도, 시효이익의 포기는 신민법이 다른 어떠한 개념유형으로서도 제대로 설명할 수 없는 고유개념의 유형을 인정하는 것이고, 신민법은 소멸시효의 효과로서 권리의 절대소멸을 인정하면서 한편으로는 그 이익을 받지 않으려는 사람의 자유의사를 존중함으로써 시효제도의 공익적성격과 개인의 의사와의 조화를 꾀하려 한다고 보고 있다.

그리고 이영섭 교수는 그 다음 해에 발행된 교과서에서는 소멸시효 완성 후에 채무자가 시효이익이 발생된 사실을 모르고 변제한 경우에는 법률상 부당이득을 이유로 변제목적물의 반환을 청구할 수 있다 하겠으나, 이 변제는 도의관념에 적합한 경우라고 볼 수 있으므로(민법 제744조) 그 반환청구는 불가능하게 된다고 설명한다.19)

이 이후의 절대적 소멸설의 논거도 이러한 주장에서 크게 벗어나지 않았고, 이 점에서 이영섭 교수의 주장은 절대적 소멸설의 원형을 이루었다고 할 수 있다.

그리고 당시 서울대학교 교수이던 방순원 전 대법관은 한편으로는 시효의 효과인 권리의 취득 및 상실은 당연히 발생하고, 시효의 이익을 받을 당사자가 이를 받을 의사표시를 함을 필요로 하지 않으며, 민법은 재판상 시효 원용과 같은 규정은 민사소송의 심리원칙에서 오는 당연한 규정으로 특별히 명문을 둘 필요가 없다 하여 이러한 규정을 두지 않았다고 하였다. 그러나 다른 한편으로는 시효에 의한 권리의 득상은 당사자의 의사를 불문하고 발생하지만, 그 발생한 권리를 이용하느냐의 여부는 당사자의 임의에 맡겨야 하고, 시효 완성 후

___
19) 李英燮, 新民法總則講義, 1959, 429면.

에 당사자가 시효의 이익을 포기하면 시효는 당초부터 완성하지 않은 것으로 볼 것이다(해제조건설)라고 설명하고 있다.[20] 그리고 채무자가 시효완성의 사실을 알지 못하고 변제하였다면 도의관념에 적합한 비채변제로서 채권자에게 그 반환을 청구할 수 없다고 한다.[21] 그러나 아래에서 보는 것처럼 해제조건설은 원용의 근거를 변론주의에서 찾는 확정효과설과는 구분되는 비확정효과설에 속하므로, 이러한 설명은 부정확하다.

Ⅲ. 김증한 교수의 소멸시효론

이러한 상황에서 김증한 교수의 1959년 논문이 발표되었다. 그리고 1967년의 박사학위 논문은 위 논문에 형성권과 제척기간의 문제를 추가로 덧붙인 것이지만, 소멸시효 완성의 효과에 관한 부분의 주된 내용은 대체로 1959년의 논문과 같다. 이하에서는 나중의 것인 1967년 박사학위 논문을 요약하여 소개한다.

이 논문은 우선 시효제도의 역사와 입법례를 소개하고 있다. 시효제도의 역사에 관하여는 로마법, 중세 이후의 게르만법, 근세의 민법 제정 전의 프랑스법과 독일법, 영법(영국법)을 다루었고, 입법례로서는 프랑스 민법, 독일 민법, 스위스 민법과 채무법, 그리스 민법, 이탈리아 민법, 중화민국 민법, 일본민법 및 만주민법, 필리핀 민법, 영미법을 소개하고 있다. 여기서 강조하고 있는 것은 소멸시효의 만료만으로 당연히 실체권 자체가 소멸한다고 하는 법제는 거의 없다는 점

---

20) 方順元, 新民法總則, 1959, 314~315면, 320~321면.
21) 方順元(주 20), 327~328면.

이다.

이어서 소멸시효 완성의 효과에 관한 우리 민법의 해석론을 전개한다. 우선 구민법(의용민법)상의 학설과 판례를 소개하고 있다. 그에 따르면 한때의 판례와 다수설은 시효로 인하여 권리의 득상이 확정적으로 또는 절대적으로 생긴다는 전제에 서서, 당사자가 원용을 하는 것은 소송상의 방어방법이라고 설명하였으나, 그 후의 학설들은 시효완성으로 인하여 권리소멸이라고 하는 실체법상의 효과는 생기지만, 그 효과는 확정적이 아니라고 하는 학설들이 주장되고 있다고 한다. 그 이론구성에 관하여는 시효기간 만료로 인한 권리의 소멸·취득이라는 법적 효과는 시효포기가 있은 때에는 발생하지 않았던 것으로 된다는 해제조건설과, 시효기간 만료로 인한 권리의 소멸·취득이라는 효과는 시효원용이 있으면 확정적으로 된다는 정지조건설이 있다고 한다.

그리고 민법안심의록의 언급을 인용하면서도, 민법안심의록은 민법초안에 관여하지 않았던 분들의 손으로 만들어진 것인만큼 기초자의 취의를 판단할 자료로는 박약하고, 기초자의 의사가 명백하다 하더라도 그것이 법률해석의 결정적인 근거는 될 수 없다고 한다.

이어서 절대적 소멸설의 논거의 취약성을 설명하고 있다.

첫째, 「소멸시효가 완성한다」는 문자를 바로 「소멸한다」는 문자와 동의라고 해석할 수는 없다. 독일, 스위스나 프랑스가 「권리가 소멸한다」고 규정한 예가 없는데, 일본민법이 「소멸한다」라는 문자를 사용하였기 때문에 대륙법의 시스템을 좇고 있는 소멸시효제도의 다른 부분과 조화시키는데 곤란을 느꼈고, 민법이 「소멸한다」는 문자를 쓰지 않은 것은 그러한 곤란을 피하려고 하는 의도에서 나온 것이다.

둘째, 「소멸시효가 완성한다」는 문자는 취득시효의 효력에 관한 제245조, 제246조에 대응하는 규정이기 때문에 私權 자체가 절대적으로 소멸한다고 보아야 한다는 주장이 있으나, 민법이 모처럼 취득시효와 소멸시효를 별개의 제도로 인정하여 양자를 별개로 규정하였는데, 취득시효에 관한 규정의 문자를 가지고 소멸시효 완성의 효과가 무엇이냐라는 문제에 추리하려고 하는 것은 타당하지 않다.

셋째, 민법이 원용에 관한 규정을 두지 않은 것은 절대적 소멸설의 근거가 되지 못한다. 일본민법에서는 「시효로 인하여 소멸한다」라는 규정이 있기 때문에 불가불 원용에 관한 규정이 필요하였지만, 소멸시효 완성의 효과를 어떻게 규정하느냐에 따라서는 원용에 관한 규정을 두지 않더라도 이것을 둔 경우와 같은 결과로 된다. 원용에 관한 규정이 없다는 것은 절대적 소멸설과도 조화될 수 있지만, 상대적 소멸설과도 조화될 수 있다.

넷째, 절대적 소멸설은 다른 조문에 「시효로 인하여 소멸」이라는 문자가 있는 것을 근거로 하기도 하고, 우리 민법은 소멸시효를 권리의 소멸원인으로 한다는 것을 강조하지만, 소멸시효가 권리의 소멸원인이라는 것은 상대적 소멸설도 이를 부인하지 않으며, 제766조 제2항과 부칙 제8조 제1항은 단순한 용어의 불통일에 불과하다.

이어서 양설의 실제적 차이를 검토하고 있는데, 양설의 차이는 결국 (1) 원용이 없어도 법원이 직권으로 시효를 고려할 수 있느냐, (2) 시효완성 후에 변제하면 어떻게 되느냐, (3) 시효이익의 포기를 이론상 어떻게 설명하느냐의 세 가지 문제에 있다고 한다.

우선 원용이 없어도 법원이 직권으로 시효를 고려할 수 있는가에 관하여, 상대적 소멸설에서는 당사자의 원용이 없는 이상 법원이 직권으로 시효를 고려할 수 없지만, 절대적 소멸설을 취한다면 원용이 필요하지 않고, 당사자가 소멸시효를 주장하고 아니하고를 불문하고 그 권리가 소멸시효에 걸렸느냐 어떠냐를 직권으로 조사하여 걸렸으면 그 권리는 소멸한 것으로 재판하여야 할 것이라고 한다. 그런데 절대적 소멸설에서는 민사소송법이 당사자 변론주의를 채택하고 있는 이상 자기에 유리한 판결을 요구하는 당사자가 유리한 사실을 주장하지 않으면 심리의 대상으로 하지 않으므로 원용에 관한 구민법 제145조는 민사소송의 심리원칙을 규정한 데 불과한 무용의 규정이라고 하는데, 변론주의란 주요사실의 존부 및 그 증거자료 등 사실문제에 관한 것일 뿐이고, 법규의 인식 및 적용은 법관의 직책인데, 소멸시효에 걸렸는가 어떤가는 법률문제임에 틀림없다고 한다. 그리고 시효소멸의 주장은 피고가 주장하지 않더라도 법원이 직권으로 고려하여야 하는 권리부정의 항변(rechtsverneinende Einwendung)이 아니라 항변권자가 주장하지 않는 한 법원이 직권으로 고려하지 못하는 협의의 항변권(Einrede)이라고 한다. 그러므로 절대적 소멸설을 취하는 이상 당사자의 원용이 없어도 법원은 직권으로 이를 고려해야 하지만, 당사자가 시효의 이익을 받기를 원하지 않는데 직권으로 이를 강요해야만 할 필요는 없다고 한다.

다음 채무자가 소멸시효 완성 후에 변제한 경우에, 상대적 소멸설에 의하면 소멸시효 완성의 사실을 알았거나 몰랐거나를 불문하고 원용이 없는 한 채무의 변제로 해석하여야 한다. 반면 절대적 소멸설에 의하면 소멸시효 완성의 사실을 모르고 변제한 경우에는 반환을 청구할 수 있다고 하여야 하지만, 실제로 이를 주장하는 논자들은 이는 시효 이익의 포기라거나 도의관념에 적합한 비채변제이므로 반환을 청구할 수 없다고 한다. 그러나 시효 완성의 사실을 몰랐다면 시효 이익의 포기라고는 할 수 없고, 소멸시효에 걸린 채무라도 갚는 것이 도의관념에 적합한 것이라면, 채무는 소멸시효에 걸리더라도 그것만으로 소멸하는 것이 아니라고 하는 것이 도의관념에 적합한 해석이며, 절대적 소멸설을 취하는 논자들이 유효한 변제를 한 경우와 같은 결론을 이끌어 내려고 하는 경향이 있는 것은 절대적 소멸설이 이끌어 내는 결과가 타당하지 않은 것임을 자인하는 것이라고 한다.

그리고 소멸시효 이익의 포기는 상대적 소멸설에 의하면 일단 발생한 권리부인권의 포기인 반면, 절대적 소멸설은 이를 제대로 설명하지 못한다고 한다. 절대적 소멸설에 의하면 권리소멸이라는 효과는 소멸시효 완성과 더불어 절대적으로 발생한 것이므로, 시효의 이익을 받지 않겠다는 의사표시란 있을 수 없고 어디까지나 이미 받은 이익을 포기하는 것인데, 그 포기의 효력이 소급할 수는 없다고 한다.

그리하여 결론으로서 상대적 소멸설은 모든 문제를 지극히 순탄하게 설명할 수 있을 뿐만 아니라, 그 실제적 결과도 매우 타당함에 반하여, 절대적 소멸설은 이론적 설명에 궁하게 될 뿐만 아니라 실제적 결과도 타당하지 않은 것이 많다고 한다. 또 독일에서는 채무자가 고의로 채권자의 시효의 중단을 방해하였다든가 채권자의 소의 제기가 채무자에게 속하는 어떤 사정 때문에 지연되었다는 경우에는 소멸시효가 완성하더라도 시효항변권은 권리남용의 재항변을 받음으로써 저지된다는 것은 이미 판례법상 확립되어 있는데, 절대적 소멸설에 의하면 그러한 보호를 받을 만한 가치가 없는 채무자도 일률적으로 보호를 받게 되는 반면 상대적 소멸설에 의하면 권리부인권의 남용이라고 하면 간단히 이러한 불합리를 제거할 수 있게 된다고 한다.

그리고 소멸시효 완성의 효과에 대하여는 소멸시효에 걸리는 권리가 청구권 또는 채권에 한한다면 항변권의 발생이라고 하여도 좋지만, 물권도 소멸시효에 걸리는데, 소유자는 이미 소멸시효에 걸린 지상권 또는 지역권의 등기 말소 청구를 할 수 있어야 하므로, 소멸시효가 완성하면 소멸시효의 이익을 받을 자에게 권리의 소멸을 주장할 권리부인권이 생긴다고 해석하여야 하고, 이는 일종의 형성권이라고 한다.

마지막으로 대법원의 판례는 소멸시효 이익을 받는 자의 원용을 필요로 한다는 것으로 확립되어 있는 것으로 판단되므로, 실질적으로 상대적 소멸설을 취한 것이라고 말해도 좋을 것이라고 한다.

IV. 판 례

앞에서도 언급한 것처럼 이 이후의 학설은 대체로 절대적 소멸설을 주장하는 이영섭 전 대법원장의 견해와 상대적 소멸설을 주장하는 김증한 교수가 주장한 내용의 테두리를 벗어나지 못하고 있다.[22)23)] 그러므로 그 후의 주장 가운데 새로운 것에 대하여는 필요한 한도에서 언급하기로 하고, 여기서는 판례의 동향을 살펴본다. 종전에는 판례는 절대적 소멸설을 따르고 있다고 보는 서술이 많았으나, 실제로 판례가 어느 견해를 따르고 있는가는 반드시 일률적으로 말할 수 없다.[24)]

---

22) 梁彰洙, "한국 민법학 60년의 성과와 앞으로의 과제," 민사법학 특별호(제36호), 2006, 740면은 다음과 같이 서술한다. "가령 앞서 본 소멸시효완성의 효력에 대하여 보더라도, 약 30여전 전에 金曾漢이 절대적 소멸설을 비판하고 상대적 소멸설을 옹호하면서 주장한 근거들(이를 論素라고 불러두기로 한다)은 최근의「교과서」에서 상대적 소멸설을 옹호하는 경우에도 그대로 반복되고 있다"(각주 생략). 그런데 이러한 서술은 상대적 소멸설뿐만 아니라 절대적 소멸설에 대하여도 마찬가지로 적용될 수 있다.
23) 과거에는 절대적 소멸설이 다수설이고, 상대적 소멸설은 소수설이라고 하는 서술이 많았고, 근래에도 이와 같은 서술을 찾아볼 수 있다. 김용호, "소멸시효완성의 효과," 法學論叢 제37권 4호, 단국대학교 법학연구소, 2013, 118면 등. 그러나 우선 위 논문이 나열하고 있는 자료들을 보더라도 어느 것이 다수설인지 판단하기 어렵다. 학설의 상황에 대하여는 김성수, 소멸시효 완성의 효력, 법무부 연구용역 과제보고서, 2009, 307면 이하도 참조. 뿐만 아니라 이처럼 학설이 팽팽하게 대립하고 있는 상황에서는 다수설과 소수설을 구별하는 것 자체가 별다른 의미를 가지지 않는다고 생각된다.
24) 張晳朝, "消滅時效 抗辯의 訴訟上 取扱," 法曹 1999. 1, 38면 이하는 종래의 판례를 절대적 소멸설에 따른 판례, 수정된 절대적 소멸설의 판례 및 상대적 소멸설에 근접한 판례로 분류하고 있다.

1. 절대적 소멸설을 따르고 있는 것으로 보이는 판례

우선 대법원 1966. 1. 31. 선고 65다2445 판결은, 당사자의 원용이 없어도 시효의 완성으로써 채무는 당연히 소멸하므로 소멸시효가 완성된 채무에 기하여 한 가압류는 불법행위가 되고, 가압류 당시 시효의 원용이 없었더라도 가압류채권자에게 과실이 없었다고는 할 수 없다고 하였는데, 이것이 절대적 소멸설에 따른다는 것을 가장 명확히 한 판례라고 할 수 있다. 또한 대법원 2012. 7. 12. 선고 2010다51192 판결은, 보증채무에 대한 소멸시효가 중단되는 등의 사유로 완성되지 아니하였다고 하더라도 주채무에 대한 소멸시효가 완성된 경우에는 시효완성의 사실로써 주채무가 당연히 소멸되므로 보증채무의 부종성에 따라 보증채무 역시 당연히 소멸된다고 하여, 절대적 소멸설과 같은 표현을 쓰고 있다.

그리고 대법원 1978. 10. 10. 선고 78다910 판결은, 근저당권에 기한 경매개시결정 이전에 그 피담보채권의 소멸시효가 완성된 경우에는 소멸시효의 원용이 경매개시결정 이후에 있었어도 경락인은 경매목적물의 소유권을 취득할 수 없다고 하였다. 이 판결은 경매개시결정 이전에 피담보채권이 소멸됨에 따라 위 근저당권이 소멸된 경우 그 소멸된 근저당권을 바탕으로 하여 이루어진 위 경매개시 결정을 비롯한 일련의 절차 및 경락허가의 결정은 모두 무효이지만, 실체상 존재하는 근저당권에 의하여 경매개시결정이 있었다면 그 후에 근저당권설정계약이 해지되어 그 설정등기가 말소된 경우에도 그 경매절차의 진행으로 경락허가결정이 확정되고 경매대금을 완납한 경락인은 경매부동산의 소유권을 적법하게 취득한다고 하는 일련의 대법원 판례25)를 전제로 한 것이다.26) 만일 이 사건에서 소멸시효 완성으로

---

25) 대법원 1964. 10. 13. 선고 64다588 전원합의체 판결; 1978. 10. 10. 선고 78

인한 피담보채권의 소멸이 경매개시결정 이후에 원용이 있은 때에 일어난 것이라면 경락인은 유효하게 소유권을 취득하게 된다고 볼 여지도 있다. 그러나 대법원은 원용이 있은 때가 아니라 경매개시 결정 전 소멸시효가 완성된 때에 피담보채권이 소멸하였다고 보아, 경락인이 경매목적물의 소유권을 취득할 수 없다고 하였다.

다른 한편 대법원 1985. 5. 14. 선고 83누655 판결은, 국가의 조세부과권도 그 소멸시효가 완성되면 당연히 소멸하므로, 소멸시효 완성 후에 한 조세부과처분은 납세의무 없는 자에 대하여 부과처분을 한 것으로서 하자가 중대하고 명백하여 그 처분은 당연무효라고 하였다.[27]

그 외에 판례는 소멸시효의 이익을 받을 자가 실제 소송에 있어서 시효소멸의 이익을 받겠다는 항변을 하지 않는 이상 그 의사에 반하여 재판할 수 없음은 변론주의의 원칙상 당연한 것이라고 하여, 절대적 소멸설과 마찬가지로 소멸시효의 원용을 필요로 한다는 근거를 변론주의에서 찾고 있다.[28]

2. 절대적 소멸설과는 모순되는 판례

그러나 근래에는 절대적 소멸설로는 설명하기 어려운 판례들이 계속 나오고 있다.

우선 판례는 아래에서 보는 것처럼 소멸시효를 원용할 수 있는 자

다910 판결 등.

26) 현재의 민사집행법 제267조는 위와 같은 판례를 받아들여 명문화한 것으로 이해되고 있다. 註釋 民事執行法 VI, 제3판, 2012, 279~282면(문정일) 참조.

27) 대법원 1988. 3. 22, 선고 87누1018 판결도 같다.

28) 대법원 1964. 9. 15. 선고 64다488 판결; 1968. 8. 30. 선고 68다109 판결; 1979. 2. 13. 선고 78다2157 판결 등.

는 권리의 소멸에 의하여 직접 이익을 받는 자에 한정된다고 하여 소
멸시효를 원용할 수 있는 자를 제한하고 있는데, 절대적 소멸설에 따
라 원용이 필요한 근거를 변론주의에서 찾는다면 소멸시효의 원용에
의하여 재판상 이익을 받는 사람은 누구나 원용할 수 있어야 할 것이
고,29) 소멸시효의 원용권자를 제한할 근거를 찾기 어렵다. 오히려 절
대적 소멸설에 의하면 소멸시효의 원용권이라는 개념 자체가 성립할
수 없다. 따라서 이러한 판례는 절대적 소멸설로는 설명하기 어렵고,
오히려 상대적 소멸설로만 설명할 수 있다.30)

먼저 대법원 1979. 6. 26. 선고 79다407 판결은, 채무자의 일반채권
자는 시효의 직접 당사자는 아니므로 채무자에 대한 이른바 채권자
대위권에 의하여서만 채무자의 채권자에 대한 소멸시효의 원용이 가
능하다고 하였다.31) 만일 소멸시효를 누구나 원용할 수 있다면 구태
여 채권자대위권에 기하여 원용할 필요가 없을 뿐만 아니라, 절대적
소멸설과 같이 소송상 소멸시효 완성의 주장이 단순한 공격방어방법
에 불과하다면, 개개의 소송행위에 대한 채권자대위권의 행사는 허용
되지 않는 점에 비추어 볼 때32) 이 또한 절대적 소멸설로서는 설명

---

29) 梁彰洙, "소멸시효 완성의 효과," 考試界 1994. 9, 150면.
30) 張晳朝(주 24), 42면; 尹眞秀(주 3), 248면 이하 참조. 양창수, "채무자의 시
효이익 포기는 그 후의 저당부동산 제3취득자에 대하여도 효력이 미치는가?,"
법률신문 제4338호(2015. 7. 27), 11면은, 소멸시효 완성의 효과에 관한 상대
적 소멸설이 1990년대 후반 이래 재판례의 주류적 태도라고 하여도 크게 문제
가 없다고 한다.
31) 대법원 1991. 3. 27. 선고 90다17552 판결; 1997. 12. 26. 선고 97다22676 판
결도 같은 취지이다.
32) 대법원 1961. 10. 26. 자 4294민재항559 결정은, 경락허가결정에 대한 항고는
이미 경매절차가 개시된 후에 나타나는 개별적인 소송법상의 채권행사로서 소
송당사자에게만 부여된 권리이므로 대위가 허용되지 아니한다고 하였다. 그리
고 근래의 대법원 2012. 12. 27. 선고 2012다75239 판결은, 채무자와 제3채
무자 사이의 소송이 계속된 이후의 소송수행과 관련한 개개의 소송상 행위는
그 권리의 행사를 소송당사자인 채무자의 의사에 맡기는 것이 타당하므로 채권

하기 어렵다.33)

또한 대법원 1991. 7. 26. 선고 91다5631 판결34)은, "소멸시효에 있어서 그 시효기간이 만료되면 권리는 당연히 소멸하는 것이지만 그 시효의 이익을 받는 자가 소송에서 소멸시효의 주장을 하지 아니하면 그 의사에 반하여 재판할 수 없는 것이고, 그 시효이익을 받는 자는 시효기간 만료로 인하여 소멸하는 권리의 의무자를 말한다"고 하면서, 채권자대위소송의 피고는 원고인 채권자의 채무자에 대한 피보전채권이 시효로 인하여 소멸하였다는 항변을 할 수 없다고 하였다.35)36) 다만 대법원 2008. 1. 31. 선고 2007다64471 판결은, 채권자대위소송의 제3채무자는 소멸시효의 완성을 원용할 수 없다고 하면서도, 채권자가 채무자에 대한 채권을 보전하기 위하여 제3채무자를 상대로 채무자의 제3채무자에 대한 채권에 기한 이행청구의 소를 제기하는 한편, 채무자를 상대로 피보전채권에 기한 이행청구의 소를 제기한 경우, 채무자가 그 소송절차에서 소멸시효를 원용하는 항변을 하였고, 그러한 사유가 현출된 채권자대위소송에서 심리를 한 결과, 실제로 피보전채권의 소멸시효가 적법하게 완성된 것으로 판단되면,

---

자대위가 허용될 수 없다고 하여, 재심의 소 제기는 채권자대위권의 목적이 될 수 없다고 보았다.
33) 張晳朝(주 24), 42면 참조.
34) 公 1991, 2244.
35) 이는 확립된 판례라고 할 수 있다. 가장 최근의 판례로는 대법원 2009. 9. 10. 선고 2009다34160 판결이 있다.
36) 다만 대법원 1992. 11. 10. 선고 92다35899 판결; 1997. 7. 22. 선고 97다5749 판결 등은 같은 결론을 내리면서도 채권자대위권에 기한 청구에서 제3채무자는 채무자가 채권자에 대하여 가지는 항변으로 대항할 수 없다는 이유도 아울러 들고 있으나, 일반적으로 채무자가 채권자에 대하여 가지는 항변을 제3채무자가 주장할 수 없다고는 말할 수 없으므로 위와 같은 판시는 의문이다. 예컨대 채무자의 변제로 채권자의 피보전채권이 소멸하였다면 제3채무자가 채권자에 대하여 이러한 주장을 할 수 있음은 당연하다.

채권자는 더 이상 채무자를 대위할 권한이 없게 된다고 판시하였다.

그리고 대법원 2007. 3. 30. 선고 2005다11312 판결은, 피공탁자라고 주장하는 자들이 구 토지수용법 제61조 제2항에 의하여 공탁을 한 기업자(토지의 수용 또는 사용을 필요로 하는 공익사업을 행하는 자)에 대하여 자신들이 공탁금출급청구권자임의 확인을 구한 사건에서, 공탁자인 기업자는 공탁금출급청구권의 소멸시효를 원용할 수 없다고 하였다. 판례는 그 이유로서, 채권의 소멸시효가 완성된 경우 이를 원용할 수 있는 자는 시효로 인하여 채무가 소멸되는 결과 직접적인 이익을 받는 자에 한정되는데, 공탁금출급청구권이 시효로 소멸된 경우 공탁자에게 공탁금회수청구권이 인정되지 않는 한 그 공탁금은 국고에 귀속하게 되는 것이어서, 공탁금출급청구권의 소멸시효를 원용할 수 있는 자는 국가이고, 토지수용위원회가 토지수용재결에서 정한 손실보상금의 공탁은 같은 법 제65조에 의해 간접적으로 강제되는 경우에는 공탁금출급청구권의 소멸시효가 완성되었다 할지라도 기업자는 그 공탁금을 회수할 수 없다고 판시하였다.

반면 판례가 소멸시효의 원용권을 인정한 예로는 연대보증인,[37] 채권담보의 목적으로 매매예약의 형식을 빌어 소유권이전청구권 보전을 위한 가등기가 경료된 부동산을 양수하여 소유권이전등기를 마친 제3자,[38] 물상보증인,[39] 채권자취소소송의 상대방인 수익자[40]가 있다.

---

37) 대법원 2012. 7. 12. 선고 2010다51192 판결
38) 대법원 1995. 7. 11. 선고 95다12446 판결.
39) 대법원 2004. 1. 16. 선고 2003다30890 판결; 2007. 1. 11. 선고 2006다33364 판결.
40) 대법원 2007. 11. 29. 선고 2007다54849 판결. 이 판결에 대하여 좀더 상세한 것은 尹眞秀, "2007년도 주요 民法 관련 판례 회고," 서울대학교 法學 제49권 1호, 2008, 339면 이하; 박운삼, "詐害行爲의 受益者와 取消債權者의 債權의 消滅時效의 援用," 判例硏究 제21집, 釜山判例硏究會, 2010, 243면 이하 참조.

나아가 판례는 일정한 경우에는 소멸시효 항변은 신의성실의 원칙에 반하는 권리남용으로서 허용되지 않는다고 보아야 할 것이라고 하고 있는데,[41] 절대적 소멸설에 의할 때에는 소멸시효의 항변이 권리라고는 할 수 없으므로, 이 또한 절대적 소멸설과는 어울리지 않는다.

다른 한편 대법원 1991. 8. 27. 선고 91다17825 판결은, 토지매수인이 토지를 매수하여 인도를 받지 아니한 관계로 민법부칙 제10조 또는 소멸시효에 의하여 등기청구권이 소멸되었다 하더라도, 그 후 토지매수인 앞으로 소유권보존등기가 마쳐졌다면, 특별한 사정이 없는 한 위 등기는 실체관계에 부합하는 유효한 등기라고 하였다. 만일 토지매수인의 등기청구권이 소멸시효기간의 완성에 의하여 바로 소멸한다면, 토지매수인 앞으로 된 소유권보존등기가 유효한 등기가 될 수는 없을 것이다.

V. 상대적 소멸설의 타당성

여기서는 상대적 소멸설이 타당하다는 점을 법학방법론적으로 논증하고, 종래 절대적 소멸설을 따랐던 것으로 평가되는 판례도 상대적 소멸설에 의하여 충분히 설명할 수 있음을 보인다. 그리고 앞으로의 입법론에 대하여도 간단히 언급한다.

---

41) 대법원 1997. 12. 12. 선고 95다29895 판결 등 확립된 판례이다. 최근의 것으로는 대법원 2013. 12. 26. 선고 2011다90194, 90200 판결이 있다.

1. 법학방법론적 고찰

절대적 소멸설과 상대적 소멸설 중 어느 것이 보다 타당한가는 기본적으로 법학방법론의 관점에서 따져 보아야 할 문제이다.

(1) 문리해석·역사적 해석의 관점

절대적 소멸설은 그 주된 근거로서 민법의 문언과 입법자의 의사를 들고 있다. 법률 해석은 기본적으로 그 문언으로부터 출발하여야 하고(문리해석), 또 입법자의 의사가 법률해석의 기준으로서 고려될 수 있다(역사적 해석)는 점도 오늘날 일반적으로 받아들여지고 있다.[42] 그러므로 상대적 소멸설에서는 이러한 절대적 소멸설의 주장을 극복하지 않으면 안 된다.

(가) 문리해석

절대적 소멸설은 우선 민법의 규정이 소멸시효가 완성하면 바로 권리가 소멸한다고 규정하고 있다는 것을 근거로 내세운다. 이 점에 관하여는 입법의 연혁을 살펴볼 필요가 있다. 원래 우리 민법의 소멸시효 규정은 만주국 민법의 규정을 참고한 것이었다. 대부분의 규정이 만주국 민법의 규정(제154조~제175조)과 거의 같다. 다만 소멸시효 완성의 효과에 관하여 만주국 민법 제173조는 "권리의 소멸시효가 완성한 때에는 그 권리의 소멸로 인하여 이익을 받을 당사자는 그 권리의 소멸을 주장할 수 있다"라고 규정하여 말하자면 상대적 소멸설을 따르고 있었고, 이것이 조선임시민법전편찬요강 및 민법전편찬요강에도 받아들여졌다(위 II. 1.).

만주국 민법은 기본적으로 일본 민법을 바탕으로 하면서도, 일본

---

42) 註釋民法 總則 (1), 제4판, 2010, 85면 이하(尹眞秀) 참조.

민법의 해석론으로서 다수 학자가 주장하는 바를 거의 남김없이 채용하는 것으로 수정된 것이었다고 평가된다.[43] 그런데 소멸시효에 관하여 일본 민법은 "권리를 일정 기간 행사하지 않으면 소멸한다"라는 형식으로 규정되어 있는데 반하여(제167조~제170조, 제172조~제174조), 만주국 민법은 "권리를 일정 기간 행사하지 않으면 소멸시효가 완성된다"는 형식으로 규정되어 있다(제154조~제157조). 이는 만주국 민법 제173조가 상대적 소멸설을 채택한 데 따른 것이라고 볼 수 있다. 민법도 그 규정 형식은 만주국 민법과 같다(제162조~164조). 이 점에서 민법은 만주국 민법의 소멸시효 원용 규정은 받아들이지 않았으면서도, 상대적 소멸설을 전제로 하는 만주국 민법의 규정은 그대로 받아들인 것이라고 할 수 있다.[44] 이 점에서 "소멸시효가 완성한다"라는 문언으로부터 절대적 소멸설 또는 상대적 소멸설 중 어느 하나의 결론을 이끌어낼 수는 없다.[45]

그렇지만 민법은 다른 곳에서는 시효가 완성되면 권리가 소멸한다는 것으로 읽힐 수 있는 표현을 쓰고 있다. 즉 제369조는 "저당권으로 담보한 채권이 시효의 완성 기타 사유로 인하여 소멸한 때에는"이라고 규정하고 있고, 제766조 제1항도 "불법행위로 인한 손해배상의 청구권은 … 시효로 인하여 소멸한다"라고 규정하고 있으며, 민법 부칙 제8조 제1항은 "본법시행당시에 구법의 규정에 의한 시효기간을 경과한 권리는 본법의 규정에 의하여 취득 또는 소멸한 것으로 본다"고 규정하고 있다. 또 민법 제정 후인 1977년에 만들어진 것이기는 하지만, 유류분반환청구권의 소멸시효에 관한 제1117조도 "시효에 의하여

---

43) 이 점에 대하여는 고쿠치 히코타(小口彦太), 임상혁 역, "일본 통치하의 만주국의 법," 법사학연구 제27호, 2003, 93면 이하, 특히 100면 이하 참조.

44) 이홍민(주 2), 319~320면 참조.

45) 절대적 소멸설을 주장하는 이영섭 전 대법원장도 이 점은 시인하고 있다. 李英燮(주 19), 3면.

소멸한다"고 규정한다.[46]

확실히 이러한 점은 절대적 소멸설의 유력한 근거가 될 수 있다. 그러나 다른 한편으로는 이러한 규정들은 소멸시효의 완성이 채권 등 권리의 소멸사유라는 것을 규정하는 것일 뿐, 소멸시효의 완성으로 원용 없이도 바로 권리가 소멸하는 것까지 규정하는 것은 아니라고 해석하는 것이 불가능한 것은 아니다. 일본의 다수설이나 판례는 일본 민법이 소멸시효가 완성하면 바로 권리가 소멸하는 것처럼 규정하고 있음에도 불구하고 민법 제145조가 규정하고 있는 시효의 원용과 관련하여 우리나라의 상대적 소멸설과 같은 정지조건설을 채택하고 있는 점을 보아도 알 수 있다. 이에 대하여는 아래에서 다시 살펴본다(아래 2. 가.).

(나) 역사적 해석

절대적 소멸설의 가장 유력한 근거는 입법자가 절대적 소멸설을 채택하려고 하였다는 점이다. 이 점에 관하여 김증한 교수는 입법자의 의사가 그와 같은 것이었는지는 분명하지 않다고 주장한다.[47] 그렇지만 민법의 제정과정에서 원래 원용제도를 규정하려고 하였던 것이 국회의 심의에서 빠졌던 것은, 민법안심의록이나 심의과정에서의 장경근 의원의 설명에 비추어 본다면 입법자가 절대적 소멸설을 채택하려고 하였던 때문이라고 보인다. 뿐만 아니라, 상대적 소멸설을 채택하려고 하였던 현석호 수정안이 결국 부결된 점[48]에 비추어 보면 입법자의 의사가 절대적 소멸설을 채택하려고 하였다는 것은 확

---

46) 이외에 제421조가 "어느 연대채무자에 대하여 소멸시효가 완성한 때에는 그 부담부분에 한하여 다른 연대채무자도 의무를 면한다"고 규정하는 것도 절대적 소멸설의 근거로 들 수 있을 것이다.

47) 김증한(1980), 275~276면 등.

48) 위 II. 1.

실하다고 생각된다.[49]

그러나 문제는 과연 이러한 입법자의 의사가 해석자를 절대적으로 구속하는가 하는 점이다. 입법자의 의사가 해석에서 중요한 참고자료임은 분명하지만, 역사적 해석과 다른 해석, 특히 목적론적 해석이 충돌할 때에는 어느 것이 우선한다고 볼 것인지는 결국 선택의 문제이다. 오늘날은 역사적 해석(주관적 해석)과 목적론적 해석(객관적 해석)을 절충하면서도 목적론적 해석에 좀 더 중점을 두는 것이 다수의 견해로 보인다.[50]

(2) 체계적·목적론적 해석의 관점

(가) 체계적 해석

현재의 절대적 소멸설 및 이를 따르는 판례는, 소멸시효의 이익을 받을 당사자가 시효의 이익을 받겠다는 주장을 하지 않는 이상 소멸시효가 완성하였다고 판결할 수 없다고 하면서, 그 근거를 민사소송법상의 변론주의에서 찾고 있다. 과연 그러한지는 체계적 해석의 관점에서 따져 볼 필요가 있다. 체계적 해석이란 어느 법규정의 의미를 그 자체로서 파악하려는 것이 아니라, 다른 법규정 내지 전체 법질서와의 체계적 연관 하에서 파악하려는 것을 의미한다.[51] 그런데 체계적 해석의 관점에서는 절대적 소멸설이 원용의 근거를 변론주의에서

---

49) 이흥민(주 2), 320면 이하도 같은 취지이다.
50) 尹眞秀(주 42), 102면 참조. 김학태, "법률해석의 한계," 외법논집 제22집, 2006, 188~189면은 역사적·주관적 해석방법은 입법의 역사적 배경이나 입법과정이 비교적 분명할 경우에 복합적 논거의 하나로 활용될 뿐 일반적인 법해석방법론으로 인정될 수는 없고, 역사적·주관적 해석방법은 문리적 해석에 반하거나 헌법합치성을 잃은 경우에는 한발 물러나야 할 것이며, 입법자의 목적이 분명하게 명확하지 않거나 또한 상충되는 목적들을 함께 실현하려고 했을 경우에는 한계에 부딪히게 된다고 할 수 있다고 서술한다.
51) 尹眞秀(주 42), 92면 참조.

찾을 수 있는가 하는 점이 문제된다.

이처럼 원용이 필요한 근거를 변론주의에서 찾으려는 것은 우리나라의 절대적 소멸설에 상응하는 일본의 확정효과설에서 유래한다. 확정효과설은 시효기간의 경과에 의하여 확정적으로 권리의 득실변경은 일어나고, 원용은 소송에 있어서의 공격방어방법에 지나지 않으며, 따라서 공격방어방법으로서 제출하지 않으면 민사소송법상의 변론주의의 원칙에 따라 실체법상의 권리관계와 다른 판결이 내려진다고 설명한다. 이 점에서 확정효과설을 공격방어방법설이라고도 부른다. 일본 판례는 1986년에 시효기간 만료로 인한 권리의 소멸·취득이라는 효과는 시효원용이 있으면 확정적으로 된다는 정지조건설을 따른다는 것을 명확히 한 판례[52]가 나오기 전까지는 확정효과설에 따르는 것으로 이해되고 있었다.[53] 민법의 입법자가 절대적 소멸설을 채택하려고 하였던 것은 이러한 확정효과설 내지 공격방어방법설을 따른 것이라고 볼 수 있다.[54]

그러나 김증한 교수가 지적한 것처럼, 변론주의로부터는 소멸시효의 이익을 받을 당사자가 시효의 이익을 받겠다는 주장을 하여야 한다는 결론을 이끌어낼 수는 없다.[55] 원래 변론주의하에서는 간접사실 아닌 주요사실은 당사자의 주장을 통하여 소송에 현출되지 않는 한 법원이 이를 판결의 기초로 삼을 수 없지만, 그 주요사실이 반드시 그로 인하여 이익을 받을 당사자에 의하여 주장될 필요는 없고,

---

52) 日本 最高裁判所 1986(昭和 61). 3. 17. 판결(民集 40卷 2號 420頁). 이 판결에 대하여는 尹眞秀(주 3), 252면 주 59); 서종희, "소멸시효완성의 효과와 부아소나드(Boissonade)의 시효론," 홍익법학 제15권 제2호, 2014, 175~176면 참조.
53) 상세한 것은 山本 豊, "民法一四五條," 廣中俊雄·星野英一 編 民法典の百年 II, 1998, 268면 이하 등 참조.
54) 尹眞秀(주 3), 250면 이하 참조.
55) 民法注解 III, 1992, 481면 이하(尹眞秀); 尹眞秀(주 3), 255면 이하.

그 상대방에 의하여 주장되더라도 법원은 그 사실에 의거하여 재판할 수 있다. 이를 주장공통의 원칙이라고 한다.[56] 대법원 1996. 9. 24. 선고 96다25548 판결도 "원고들은 소외 이채택이 피고들을 대리하여 이 사건 공동주택을 원고들에게 분양하였으므로 이전등기를 구한다는 주장만을 하였음이 명백하나 그 취지에는 원심이 인정한 바와 같이 피고들의 권리의무 포괄승계 주장이 포함된 것이라고 볼 수도 있을 뿐 아니라, 주장공통의 원칙에 따라 이러한 주장은 피고들에 의하여서라도 변론에 나타나면 되는 것이라고 할 것인데 피고들의 1994. 4. 14. 자 준비서면에 의하면 피고들은 원고들에 대한 것을 제외한 위 이채택의 권리의무를 포괄승계하였다는 주장을 하고 있으므로, 원심 판시에 변론주의 위배의 위법이 있다는 소론의 주장은 받아들일 수 없다"고 판시하여 이러한 주장공통의 원칙이 인정됨을 명백히 하고 있다. 또 변론주의의 지배는 사실과 증거방법에만 국한되고, 그 주장된 사실관계에 관한 법적 판단과 제출된 증거의 가치평가는 법원의 직책에 속하므로,[57] 당사자가 사실을 주장하면 충분하고 그에 따른 법률효과까지 진술하여야 하는 것은 아니다.[58] 민사소송법 제136조

---

56) 註釋 民事訴訟法 (Ⅱ), 제7판, 2012, 320면(안정호) ; 李時潤, 新民事訴訟法, 제7판, 2013, 309면 ; 宋相現·朴益煥, 民事訴訟法, 신정7판, 2014, 354면 ; 강수미, "주장책임에 관한 고찰," 민사소송 제17권 1호, 2013, 67면 이하 등.

57) 우리나라의 민사소송법 교과서는 일반적으로 이와 같이 설명한다. 李時潤(주 56), 313면 등. 황형모, "변론에서 주장이 필요한 여부에 관련한 판례의 검토," 東亞法學 제62호, 2014, 335면 주 11)은 이에 관한 문헌을 상세하게 소개하고 있다.

58) 대법원 1997. 11. 28. 선고 95다29390 판결은, 자동차손해배상보장법 제3조는 불법행위에 관한 민법 규정의 특별규정이므로, 자동차 사고로 인하여 손해를 입은 자가 자동차손해배상보장법에 의하여 손해배상을 주장하지 않았다고 하더라도 법원은 민법에 우선하여 자동차손해배상보장법을 적용하여야 한다고 판시하였다. 같은 취지의 선례로는 대법원 1967. 9. 26. 선고 67다1695 판결 등이 있다.

제4항이 "법원은 당사자가 간과하였음이 분명하다고 인정되는 법률
상 사항에 관하여 당사자에게 의견을 진술할 기회를 주어야 한다"고
규정하는 것도 이를 전제로 한 것이다. 가령 취득시효 중단사유의 주
장·입증책임은 시효완성을 다투는 당사자가 지지만, 그 주장책임의
정도는 취득시효가 중단되었다는 명시적인 주장을 필요로 하는 것은
아니라 중단사유에 속하는 사실만 주장하면 주장책임을 다한 것으로
보아야 한다.59)

다만 실체법상의 항변권이나 형성권과 같은 권리는 그 권리의 행
사 여부를 권리자에게 맡겨야 하므로, 권리자의 의사표시 없이는 법
원이 직권으로 이를 고려할 수 없다. 예컨대 동시이행의 항변권에 있
어서는 쌍방의 채무가 동시이행관계에 있다는 사실이 변론에 현출되
더라도, 채무자가 동시이행의 항변을 하지 않는 한, 법원이 직권으로
동시이행을 명할 수는 없다.60) 그러므로 항변권이나 형성권이 아닌
단순한 소송법상의 항변(Einwendung)의 경우에는 그 요건사실이 어
느 당사자에 의하여서든지 일단 주장되기만 하면, 법원은 그로 인하
여 이익을 받겠다는 당사자의 의사표시가 없어도 위의 항변을 고려
하여야 한다.61)

따라서 절대적 소멸설의 논리를 관철한다면, 소멸시효의 요건사실,
즉 어느 시점에서 권리를 행사할 수 있었고, 그 이후 소멸시효기간이
경과하였다는 점이 어느 쪽 당사자에 의하여서든 주장되기만 하면,
법원은 소멸시효로 인하여 권리가 소멸하였다고 판결하여야 할 것이
며, 소멸시효의 이익을 받을 당사자가 시효의 이익을 받겠다는 주장

---

59) 대법원 1997. 4. 25. 선고 96다46484 판결. 또한 대법원 1983. 3. 8. 선고 82
   다카172 판결도 참조. 그러나 대법원 1995. 2. 28. 선고 94다18577 판결은
   반대 취지로 보인다.
60) 대법원 2006. 2. 23. 선고 2005다53187 판결.
61) 김상일, "항변(Einwendung)과 항변권(Einrede)," 비교사법 제8권 1호(상),
   2001, 149면 이하 참조.

이 요구될 이유가 없다.62) 그러나 이러한 결론은 당사자의 의사에 반하고 시효제도의 존재이유에도 어긋나는 것으로서, 절대적 소멸설을 주장하는 학자들도 받아들이지 않고 있다.63) 반면 상대적 소멸설의 입장에서는 소멸시효가 완성하면 그로 인하여 이익을 받을 당사자가 권리의 소멸을 주장할 수 있는 일종의 형성권이 발생한다고 보므로, 그 당사자가 소멸시효 완성으로 인하여 권리가 소멸하였다고 주장하여야만 법원이 이를 인정할 수 있고, 이러한 문제는 생기지 않는다.64)

그리고 소멸시효의 원용이 소송상의 공격방어방법에 불과하다면, 소멸시효의 원용은 변론에서만 가능하고, 변론 외에서 하는 원용은 허용될 수 없을 것이다.65) 그러나 앞에서 살펴본 대법원 2008. 1. 31. 선고 2007다64471 판결은 채권자대위소송의 경우에 당해 소송 외에서 한 채무자의 소멸시효 원용의 효력이 채권자대위소송에도 미치는 것으로 보았다.

근래 일본에서는 주장공통의 원칙에 근거한 위와 같은 비판에 대하여 확정효과설의 입장에서 다음과 같은 주장이 제기되었다. 즉 시효의 원용은 권리항변에 해당하는데, 권리항변의 경우에는 권리의 발생·소멸의 주요사실이 변론에 현출되는 것만으로는 부족하고, 권리행사의 의사표시를 기다려 비로소 재판의 기초로 할 수 있다는 것이

---

62) 일본의 공격방어방법설에 대하여 같은 취지의 비판으로는 船越隆司, 民法總則, 1997, 299면 참조.

63) 다만 김진우, "서면에 의하지 아니한 증여의 해제," 민사법학 제56호, 2011, 360면은 소멸시효는 제척기간과 마찬가지로 직권조사사항이라고 새겨야 한다고 주장한다.

64) 이러한 비판에 대한 절대적 소멸설의 반론으로는 梁彰洙(주 29), 146~147면. 이에 대한 재반론은 尹眞秀(주 3), 256~258면 참조.

65) 일본의 확정효과설에 관한 注釋民法 (5), 1967, 45~46면(川井 健)의 설명 참조.

다.66) 일본에서 권리항변이라는 개념이 논의되게 된 것은, 일본 최고 재판소 1952. 11. 27. 판결67)이 계기가 되었다. 이 판결은 유치권과 같은 권리항변과 변제·면제와 같은 사실항변을 구별한다. 그리하여 변제·면제와 같은 사실항변의 경우에는 이를 구성하는 사실관계가 주장된 이상, 그것이 항변에 의하여 이익을 받을 자에 의하여 주장되었는지, 그 상대방에 의하여 주장되었는지를 묻지 않고, 항상 재판소가 이를 참작하지 않으면 안 된다고 하였다. 반면 권리항변의 경우에는 권리는 권리자의 의사에 의해 행사되어 그 권리행사에 의해 권리자는 그 권리의 내용인 이익을 향수하는 것이므로, 항변권 취득의 사실관계가 소송상 주장되었어도 권리자가 권리를 행사한다는 의사를 표명하지 않는 한, 재판소로서는 이를 참작할 수 없다고 하였다. 다시 말하여 이 판결은 사실항변의 경우에는 주장공통의 원칙이 적용되지만, 권리항변의 경우에는 권리자의 권리 행사의 의사가 표명되어야 한다고 본 것이다.

일본에서는 권리항변에는 형성권의 행사, 연기적 항변권의 행사, 대항요건에 관한 항변과 같은 것이 포함된다고 설명한다.68) 그러나 절대적 소멸설에 따를 때에는 소멸시효가 완성되면 권리의 소멸은

---

66) 金山直樹, "時效における民法と訴訟法の交錯," 時效における理論と解釋, 2009, 268~269(처음 발표: 1998).

67) 民集 6권 10호 1062면.

68) 坂田 宏, "權利抗辯," 民事訴訟法判例百選, 別冊 ジュリスト No. 169, 2003, 122~123면 등. 국내에서의 소개로는 김상일(주 61), 140면 이하가 있다. 다만 杉本和士, "時效における實體法と訴訟法", 金山直樹 編 消滅時效法の現狀と課題, 別冊 NBL No. 122, 2008, 65면은, 형성권의 경우에는 소송 밖에서라도 일단 형성권이 행사되면 법률관계의 변동을 초래하므로, 실체법상의 항변권이 항변권자의 원용을 요구하고 있는 것과는 그 취지를 달리하는 것이고 따라서 권리항변에는 포함되지 않는 것으로 본다. 강수미(주 56), 74면도 같은 취지이다. 대법원 2008. 1. 31. 선고 2007다64471 판결도 소송 외에서의 소멸시효 항변 원용의 효력이 소송에도 미친다고 보았다.

당연히 일어나는 것이므로, 이는 누구나 주장할 수 있고, 당사자의 권리와 같은 것은 논할 여지가 없다.[69] 따라서 권리항변의 개념에서 소멸시효 원용의 근거를 찾을 수는 없다.[70]

그러므로 절대적 소멸설이 소멸시효 원용의 근거를 변론주의에서 찾는 것은 체계적 해석의 관점에서는 문제가 있다.

(나) 목적론적 해석의 관점에서

1) 목적론적 해석의 의의

목적론적 해석이란 객관적으로 인정되는 법규의 목적(ratio legis)을 확정하고 그에 따라 해석하는 것을 말한다. 이러한 법규의 목적이란 역사적인 입법자가 가졌던 구체적인 목적이 아니라, 객관적으로 인정되는 합리적인 목적을 말한다. 법규의 목적을 확정하기 위하여는 다른 유사한 법규정이 추구하고 있는 목적을 고려하거나, 일반적인 법원리(Rechtsprinzipien)의 도움을 받을 필요가 있다.[71] 판례는 입법취

---

69) 그런데 金正晩, "소멸시효 원용권자의 범위," 사법연수원논문집 제5집, 2008, 51, 52면은 권리항변은 주장공통의 원칙에 대한 예외에 해당하고, 소멸시효 이익 원용의 항변도 권리항변이므로 이 점에 관한 상대적 소멸설의 절대적 소멸설 비판은 타당하지 못하고, 오히려 절대적 소멸설과 대법원 판례가 일치한다고 주장한다. 그러나 절대적 소멸설에 의하는 한 소멸시효의 원용을 권리의 행사라고는 볼 수 없고, 따라서 이를 권리항변이라고 설명할 수는 없다. 加藤雅信·加藤新太郎·金山直樹, "時效とは何か," 加藤雅信·加藤新太郎 編 現代民法學と實務 (上), 2008, 184면(金山直樹 발언)은 확정효과설의 입장에서, 시효의 원용은 권리항변이고, 시효의 원용을 규정하는 일본 민법 제145조는 변론주의가 아니라 처분권주의의 규정으로 읽어야 한다고 주장한다. 그러나 일본 민법의 입장에서도 소멸시효의 원용을 처분권주의의 발로라고 설명할 수는 없을 것이다.

70) 尹眞秀, "李容勳 大法院의 民法判例," 李容勳大法院長 在任紀念 正義로운 司法, 2011, 22면 주 47) 참조. 또한 杉本和士(주 67), 65~66면; 加藤雅信·加藤新太郎·金山直樹(주 68), 183면 이하(加藤雅信 발언) 참조.

71) 尹眞秀(주 42), 97면 이하 참조.

지라는 관점에서 이러한 목적론적 해석을 즐겨 사용한다. 예컨대 대법원 1991. 6. 25. 선고 91도1013 판결은, 당시의 도로교통법 제50조(현재의 제54조) 제2항 본문에 규정된 신고의무의 입법취지를 교통사고가 발생한 때에 이를 지체 없이 경찰공무원 또는 경찰관서에 알려서 피해자의 구호, 교통질서의 회복 등에 관한 적절한 조치를 취하게 함으로써 도로상의 소통장해를 제거하고 피해의 확대를 방지하여 교통질서의 유지 및 안전을 도모하는 데 있다고 보고, 이러한 입법취지와 헌법상 보장된 진술거부권 및 평등원칙에 비추어 볼 때, 교통사고를 낸 차의 운전자 등의 신고의무는 사고의 규모나 당시의 구체적인 상황에 따라 피해자의 구호 및 교통질서의 회복을 위하여 당사자의 개인적인 조치를 넘어 경찰관의 조직적 조치가 필요하다고 인정되는 경우에만 있는 것이라고 해석하여야 한다고 보았다. 대법원 2014. 2. 27. 선고 2013도15500 판결도 같은 취지이다.

2) 의무자의 의사 고려

그런데 상대적 소멸설이 절대적 소멸설에 대하여 가장 의문을 제기하는 점은, 소멸시효가 완성하였다고 하더라도 바로 권리가 소멸하는 결과를 가져오는 것은 바람직하지 않고, 소멸시효를 주장할 것인가 하는 점은 의무자의 의사에 맡겨야 하는 것이 기본적인 법의 체계 내지 일반인의 법의식에 부합하는 것이 아닌가 하는 점이다.[72] 다른 말로 한다면, 소멸시효제도는 직접적으로는 의무자의 법적 안정을 위한 것이기 때문에, 소멸시효 완성의 효과를 해석할 때에는 무엇보다도 당사자인 의무자의 의사를 존중하여야 하고, 따라서 소멸시효 완성의 효과로 권리가 소멸하더라도 그 과정에 의무자의 의사가 개입되도록 하는 것이 필요하다는 것이다.[73]

---

72) 金曾漢(1980), 290~291면; 尹眞秀(주 3), 259면 등.
73) 盧在虎, "消滅時效의 援用," 司法論集 제52집, 2011, 255면.

소멸시효 제도의 존재이유에 관하여는 사회질서의 안정, 입증곤란의 구제 및 권리행사의 태만에 대한 제재 등이 열거되어 왔다.[74] 필자는 소멸시효 제도의 존재이유를 입증곤란의 구제와 권리자가 더 이상 권리를 행사하지 않을 것으로 믿은 의무자의 신뢰를 보호하여야 한다는 점에서 찾아야 한다고 생각한다.[75] 헌법재판소 판례는, 소멸시효제도의 존재이유는 과거사실의 증명의 곤란으로부터 채무자를 구제함으로써 민사분쟁의 적정한 해결을 도모하고, 오랜 기간 동안 자기의 권리를 주장하지 아니한 자는 이른바 권리 위에 잠자는 자로서 법률의 보호를 받을 만한 가치가 없으며 시효제도로 인한 희생도 감수할 수밖에 없는 것이지만, 반대로 장기간에 걸쳐 권리행사를 받지 아니한 채무자의 신뢰는 보호할 필요가 있다는 점 등의 고려에 의하여 민사상의 법률관계의 안정을 도모하고 증거보전의 곤란을 구제함으로써 민사분쟁의 적정한 해결을 위하여 존재하는 제도라고 설명하고 있다.[76] 어느 설을 따르든 간에 소멸시효 제도의 중요한 근거가 의무자의 보호를 위한 것이라는 점에는 이견이 없다.

---

74) 대법원 1999. 3. 18. 선고 98다32175 전원합의체 판결은, 시효제도는 일정 기간 계속된 사회질서를 유지하고 시간의 경과로 인하여 곤란해지는 증거보전으로부터의 구제를 꾀하며 자기 권리를 행사하지 않고 소위 권리 위에 잠자는 자는 법적 보호에서 이를 제외하기 위하여 규정된 제도라고 설시하였다.

75) 尹眞秀(주 55), 390~392면. 盧在虎(주 73), 239면 이하는 소멸시효제도는 이미 변제 등 채무소멸행위를 한 의무자에 대하여는 그 입증의 부담이나 곤란을 덜어주는 기능을 하고(입증곤란 구제), 의무를 자각하고 있으나 권리자가 장기간 그 권리를 행사하지 않아 더는 그 권리가 행사되지 않을 것으로 믿고 있는 의무자에 대하여는 그 신뢰를 보호하여 법적 불안을 제거하는 기능을 하며(의무자의 신뢰 보호), 의무가 존재하지만 현실적으로 이를 인식하지 못하고 있는 의무자 또는 의무를 자각하고 있으나 언제 어떠한 내용의 청구를 받을지 불안정한 입장에 있는 의무자에 대하여는 그러한 법적 불안에서 벗어날 수 있도록 해 준다(장기간 불안정한 상태에 놓인 의무자의 보호)고 보고 있다.

76) 헌법재판소 1997. 2 .20. 선고 96헌바24 결정; 2001. 4. 26. 선고 99헌바37 결정 등.

이 점은 제척기간과 비교하면 좀더 명확하다. 종래의 판례나 학설은 제척기간은 권리자로 하여금 당해 권리를 신속하게 행사하도록 함으로써 법률관계를 조속히 확정시키려는 데 그 제도의 취지가 있다고 하고,77) 소멸시효의 존재이유인 '입증곤란의 구제' 및 '선량한 의무자의 보호'라는 관점은 제척기간에는 없다고 한다.78) 그러므로 제척기간이 도과하였는지 여부는 당사자의 주장에 관계없이 법원이 당연히 조사하여 고려하여야 할 사항이다.79)

따라서 소멸시효가 완성하였다고 하더라도, 의무를 이행할 것인지 여부는 제1차적으로는 의무자가 결정할 수 있어야 하고, 소멸시효 완성만으로 권리가 절대적으로 소멸한다고 본다면, 의무자가 의무를 이행하려고 하는 경우에도 이를 인정하지 않고, 보호를 강요하는 것이 된다.

물론 절대적 소멸설에서도 소멸시효 기간이 완성한 후 의무자가 의무를 이행할 수 있다는 것을 인정하고 있다. 즉 의무자가 소멸시효 기간이 완성하였다는 것을 알면서 의무를 이행하였다면 이는 시효이익의 포기이고, 의무자가 이를 모르고 변제하였다면 이는 비채변제이기는 하지만, 도의관념에 적합한 비채변제(민법 제744조)로서 반환을 청구할 수 없다고 한다. 그러나 시효이익의 포기는 절대적 소멸설의 입장에서는 설명하기 어려운 제도라는 것은 절대적 소멸설에서도 시인하고 있다. 또 소멸시효가 완성된 채무를 변제하는 것이 도의관념

---

77) 대법원 1995. 11. 10. 선고 94다22682, 22699 판결; 註釋民法 總則 (3), 제4 판, 2010, 498면(李縯甲); 김대정, 民法總則, 2012, 1200~1201면 등.

78) 金曾漢·金學東, 民法總則, 제9판, 1994, 515면. 그러나 김진우, "소멸시효와 제척기간," 財産法硏究 제25권 제3호, 2009, 173면 이하는 청구권의 행사기간을 제한하는 제척기간은 소멸시효와 마찬가지로 의무자를 보호하는 점에서 공통적이라고 한다.

79) 대법원 1994. 9. 9. 선고 94다17536 판결; 1996. 9. 20. 선고 96다25371 판결; 1999. 4. 9. 선고 98다46945 판결; 2013. 4. 11. 선고 2012다64116 판결 등.

에 적합한 채무변제라고 한다면, 채무는 소멸시효에 걸리더라도 그것
만으로는 소멸하지 않는다고 보는 것이 오히려 도의관념에 적합한
해석이라고 보아야 할 것이다.[80]

3) 원용권자의 제한

다른 한편 소멸시효를 주장할 것인지 여부는 제1차적으로 의무자
에게 맡겨야 한다면, 일반적으로 의무자 아닌 제3자가 소멸시효의 완
성을 주장하는 것은 인정될 수 없고, 정당한 이익을 가진 자만이 소
멸시효의 완성을 원용할 수 있다고 보아야 할 것이다. 반면 절대적
소멸설을 따를 때에는 누구나 소멸시효의 완성을 주장할 수 있고, 원
용권자가 누구인가를 문제삼을 필요가 없다. 그러므로 소멸시효의 원
용권자를 제한할 수 있다는 점은 상대적 소멸설의 또 다른 장점이라
고 할 수 있다.[81] 종전의 절대적 소멸설과 상대적 소멸설의 논쟁에서
는 원용권자를 한정할 필요가 있는가 하는 점은 그다지 논의되지 않
았는데, 판례가 원용권자를 한정하고 있어서 이 문제가 관심의 대상
이 되었다.

그런데 이와는 정반대로, 우리 민법의 제정과정에서 소위 절대적
소멸설을 취하고 시효의 원용에 관한 규정(의용민법 제145조)을 「삭
제」한 것은, 시효의 원용에 관련한 각종의 학설, 특히 원용권자의 범
위를 둘러싼 분분한 논의를 종결시키기 위한 것이었다는 주장이 있
다.[82] 그러나 과연 그러한지는 의문이다. 앞에서 본 것처럼 민법의
입법자가 소멸시효 원용 규정을 두지 않기로 한 것은 일본 민법상 판

---

80) 金曾漢(1980), 293면. 張晳朝(주 24), 32면 이하, 43면도 상대적 소멸설을 지
　지하면서, 도덕의식과 법률적 규율 사이의 갈등관계를 고려하여야 한다고 지적
　한다.
81) 尹眞秀(주 3), 259면 이하 참조.
82) 梁彰洙(주 29), 149~150면; 梁彰洙, 「「유럽계약법원칙」의 소멸시효규정,」 民
　法硏究 제8권, 2005, 161면(처음 발표: 2003).

례가 확정효과설을 따르고 있었던 것에서 영향을 받은 것으로 생각된다. 그러므로 우리 민법제정 당시 시효의 원용권자에 관한 일본의 판례와 학설은 어떠했는지를 살펴볼 필요가 있다.[83]

일본 판례는 앞에서 언급한 것처럼 1986년에 시효 완성의 효과에 관하여 정지조건설을 따른다는 것을 명확히 한 판례가 나오기 전까지는 확정효과설에 따르는 것으로 이해되고 있었다. 그렇지만 다른 한편으로는 당시의 일본 판례는 시효를 원용할 수 있는 자를 시효로 인하여 직접 이익을 받을 자로 한정하고, 시효로 인하여 간접적으로 이익을 받을 자는 시효를 원용할 수 없다고 하였다. 이 점에서는 현재의 우리나라의 판례와 마찬가지라고 할 수 있다. 일본의 다수의 학설도 판례에 찬성하고 있었고, 직접 또는 간접 여부를 묻지 않고, 시효에 의하여 당연히 법률상 이익을 취득하는 자에게는 모두 원용권을 인정하여야 한다는 견해는 소수설에 불과하였다.[84] 현재도 시효의 원용권자를 제한할 필요가 없다는 설은 확정효과설이나, 확정효과설과 거의 차이가 없는 법정증거제출설 내지 소송법설을 지지하는 소수의 학자가 주장하고 있는 정도이다.[85] 그런데 당시의 판례가 한편으로는 확정효과설을 따르면서도 다른 한편으로는 시효의 원용권자를 제한하고 있었던 것은 모순되는 것으로 보이는데도,[86] 당시의

---

83) 상세한 것은 川井 健(주 65), 44면 이하; 松久三四彦, "時效の援用權者," 時效制度の構造と解釋, 2011, 181면 이하(처음 발표: 1988); 山本 豊(주 53), 276면 이하 등 참조. 제한설과 무제한설에 대하여는 松久三四彦, 위 책 193면 이하가 상세하다.

84) 일본 민법 제정자의 의도가 원용권자를 제한하지 않으려고 했던 것인지, 아니면 제한하려고 했던 것인지에 관하여는 의견이 대립한다. 전설: 松久三四彦 (주 83), 182면. 후설: 森田宏樹, "時效援用權者の劃定基準 (二)", 法曹時報 54권 7호, 2002, 29면 이하.

85) 확정효과설: 金山直樹(주 66), 269면. 법정증거제출설: 平野裕之, 民法總則, 제2판, 2006, 494면.

86) 이 점에서 확정효과설을 따르는 柚木 馨, 判例民法總論 下卷, 1952, 352면

학설상으로는 이 점을 별로 의식하지 못하고 있었던 것 같다.[87] 따라서 민법의 입법자가 일본의 판례도 아니고 학설로서도 소수설에 불과하였던, 시효원용권자를 제한할 필요가 없다는 주장을 채택하였을 것으로는 보이지 않는다.

실제로 원용권자의 범위를 정하는 것이 그렇게 어려운 문제는 아니다. 의무자 자신이 소멸시효를 원용할 수 있음은 당연하고, 그 외에도 권리의 소멸에 관하여 정당한 이익을 가지는 자에게 소멸시효의 원용권을 인정하여야 한다고 말할 수 있다. 구체적으로는 의무자의 의무가 소멸함으로써 자신의 법률상 의무도 면하게 되는 자나, 권리자의 권리가 소멸되면 자신의 권리를 상실하지 않게 되는 이익을 얻게 되는 자도 의무자의 소멸시효를 원용할 수 있다고 보아야 한다. 위와 같은 기준에 의하면 원용권자의 범위에 관한 종래의 판례도 충분히 설명할 수 있다.

우선 보증인의 경우에는 주채무자의 채무가 소멸하면 자신의 보증채무도 면하게 되므로, 보증인이 자신의 보증채무의 소멸시효뿐만 아니라 주채무자의 채무의 소멸시효를 원용할 수 있음은 당연하다. 대법원 2012. 7. 12. 선고 2010다51192 판결은, 주채무에 대한 소멸시효가 완성되어 보증채무가 소멸된 상태에서 보증인이 보증채무를 이행하거나 승인하였다고 하더라도, 보증인은 여전히 주채무의 시효소멸을 이유로 보증채무의 소멸을 주장할 수 있다고 보아야 한다고 판시하였다. 또 채권자취소소송의 상대방인 수익자도 채권자의 채무자에 대한 피보전채권이 소멸시효로 인하여 소멸하면 자신의 원상회복의

이하가 판례를 비판하면서, 시효의 원용권자에 관하여 직접 이익을 받는지 간접 이익을 받는지는 구별할 필요가 없다는 이른바 무제한설을 주장하였던 것은 그 자체로는 논리가 일관된다.

87) 예컨대 石田文次郎, 現行民法總則, 1930, 491면 이하는 확정효과설을 따르면서도 원용권자의 범위에 관하여는 판례를 지지한다.

무를 면히게 되므로, 피보전채권의 소멸시효를 원용할 수 있다.[88]

그리고 의무자의 의무가 이행되면 자신의 권리를 상실하게 되는 자도 소멸시효를 원용할 수 있다고 하여야 한다. 권리의 상실은 경제적으로는 의무의 이행과 같은 의미를 가진다고 할 수 있고, 따라서 권리의 상실을 면하는 것도 의무를 면하는 것과 같이 평가될 수 있기 때문이다. 예컨대 담보권이 설정된 부동산의 제3취득자[89]나, 물상보증인[90]과 같은 자이다.[91] 이러한 자들은 담보권자에 대하여 직접 의무를 이행하는 지위에 있지는 않지만, 담보권자의 권리가 행사되면 목적물에 대한 권리를 상실하게 되기 때문이다. 가령 담보권이 설정된 부동산의 제3취득자나 물상보증인은 원래의 채무자가 채무를 변제하지 않으면 결국 자신이 채무를 변제하여야 하고, 이 점에서 채무자와 마찬가지의 지위에 있다고 할 수 있다.

반면 채무자의 일반채권자는 채무자가 특정 채권자에 대하여 채무를 이행하게 되면 채무자의 자력이 악화되어 다른 채권자들이 자신의 채권을 만족받지 못하게 되는 불이익을 입을 수는 있으나, 이는 채무자의 채무 이행으로 인한 반사적인 효과에 불과하고, 다른 일반채권자들의 법률상 권리나 의무에 영향을 미치는 것은 아니므로, 이

---

88) 대법원 2007. 11. 29. 선고 2007다54849 판결.
89) 대법원 1995. 7. 11. 선고 95다12446 판결.
90) 대법원 2004. 1. 16. 선고 2003다30890 판결; 2007. 1. 11. 선고 2006다33364 판결.
91) 그러나 金炳瑄, "時效援用權者의 範圍," 民事法學 제38호, 2007, 267면 이하는 소멸시효원용권자의 범위를 '소멸시효가 완성된 권리의 의무자'에 한정하여 해석하여아 하고, 제3자의 경우에는 법률이 규정하고 있거나 법률의 규정을 유추적용할 수 있는 경우에만 예외적으로 소멸시효를 원용할 수 있다고 하는 것이 타당하고, 따라서 물상보증인은 소멸시효를 원용할 수 있지만, 담보권이 설정된 부동산의 제3취득자나 후순위 저당권자는 소멸시효를 원용할 수 없으며, 다만 제3취득자가 채무를 인수하여 인수인과 채무자가 연대채무자의 관계에 있는 경우는 제3취득자가 소멸시효를 원용할 수 있다고 주장한다.

러한 일반채권자는 채무자의 소멸시효를 원용할 수는 없다고 보아야
한다. 필요하면 그러한 일반채권자는 채권자대위권에 의하여 채무자
의 소멸시효 원용권을 대위행사할 수는 있을 것이다.[92] 그리고 일반
채권자가 채무자의 소멸시효 원용권을 대위행사할 수 있다면, 채무자
가 소멸시효 완성 후에 한 소멸시효이익의 포기행위도 채권자취소권
의 대상인 사해행위가 되어 일반채권자가 취소할 수도 있다.[93]

  또한 채권자대위소송의 상대방은 채권자의 채무자에 대한 피보전
채권이 시효로 인하여 소멸하였다는 항변을 할 수 없다고 보아야 한
다. 채권자대위권 행사의 상대방에게 소멸시효의 원용을 허용하여 피
보전채권의 부존재를 이유로 채권자대위소송을 각하한다고 하더라
도, 그로 인하여 상대방의 채무자에 대한 실체법상의 의무가 소멸하
는 것은 아니고, 또 상대방이 권리를 상실하게 되는 불이익을 피할

---

[92] 위 대법원 1979. 6. 26. 선고 79다407 판결 등 참조. 프랑스 민법 제2253조
(2008년 개정 전 제2225조)는 "채무자가 시효를 포기한 경우에도, 채권자 기
타 시효의 완성으로 이익이 있는 자는 누구나 시효로 대항하거나 원용할 수
있다"고 규정하고 있어서 다른 일반채권자는 항상 소멸시효를 원용할 수 있는
것처럼 보인다. 그러나 프랑스의 학설은, 이러한 채권자는 채권자대위권(제
1166조)에 기하여 소멸시효를 원용하는 것과 마찬가지라고 이해하고 있다.
Ghestin, Billiau et Loisean, Traité de droit civil, Le régime des créances et des
dettes, 2005, no. 1206; Flour, Aubert, Savaux, Les obligation, vol. 3, Le
rapport d'obligation, 7e éd., 2011, no. 502 참조.

[93] 대법원 2013. 5. 31. 자 2012마712 결정 참조. 이 결정은 "채무자가 소멸시효
완성 후에 한 소멸시효이익의 포기행위는 소멸하였던 채무가 소멸하지 않았던
것으로 되어 결과적으로 채무자가 부담하지 않아도 되는 채무를 새롭게 부담
하게 되는 것이므로 채권자취소권의 대상인 사해행위가 될 수 있다"라고 하여
그 문언만으로는 절대적 소멸설을 따른 것으로 보이지만, 상대적 소멸설에 의
하더라도 소멸시효 이익의 포기는 곧 소멸시효 원용권의 포기이므로 사해행위
가 될 수 있다는 점에는 의문의 여지가 없다. 같은 취지, 朴範錫, "채무자가
소멸시효 완성 후에 한 소멸시효이익의 포기행위가 채권자취소권의 대상인 사
해행위가 될 수 있는지 여부," 대법원판례해설 제95호(2013년 상), 2013, 33면
이하.

수 있는 것도 아니다. 오히려 피대위자 자신이 상대방에게 소송을 제기하면 그 상대방은 또다시 소송에 응하여야 하는데, 이는 소송경제상으로 낭비를 초래하는 결과가 될 뿐만 아니라 상대방 자신에게도 이익이 되지 않기 때문이다.[94] 그리고 공탁자가 공탁금을 회수할 수 없는 경우에는 공탁금출급청구권의 소멸시효가 완성되더라도 그 공탁금을 취득할 수는 없으므로, 소멸시효 완성으로 인하여 공탁자의 법률상 지위에 무슨 영향이 있는 것은 아니어서, 그러한 공탁자도 소멸시효를 원용할 수 없다고 보아야 한다.[95]

한편 후순위 저당권자가 선순위 저당권자의 채권의 소멸시효가 완성되었음을 주장할 수 있는가 하는 점에 관하여는 다소 논의가 있다. 일본의 판례는 선순위 저당권의 피담보채권이 소멸하고 후순위 저당권자의 순위가 승진하여 부동산의 환가처분이 행하여지는 경우 배당액이 증가하는 이익을 받게 되는 것은 '반사적 이익'에 불과하기 때문에 후순위 저당권자는 간접적으로 시효이익을 받는 자에 지나지 않고 따라서 소멸시효를 원용할 수 없다고 하였다.[96] 과거의 일본 학

---

94) 尹眞秀(주 3), 260~261면 참조.

95) 위 대법원 2007. 3. 30. 선고 2005다11312 판결 참조. 그런데 盧在虎(주 73), 289면 주 117)은, 2009년 신설된 공탁법 제9조 제3항{제1항 및 제2항의 공탁물이 금전인 경우(제7조에 따른 유가증권상환금, 배당금과 제11조에 따른 물품을 매각하여 그 대금을 공탁한 경우를 포함한다) 그 원금 또는 이자의 수령, 회수에 대한 권리는 그 권리를 행사할 수 있는 때부터 10년간 행사하지 아니할 때에는 시효로 인하여 소멸한다}을 근거로 들면서, 공탁금출급청구권의 경우에는 예외적으로 소멸시효가 완성하면 권리가 곧바로 소멸한다고 해석하는 것이 타당하기 때문에{위 논문 258면 주 47) 참조}, 누구나 필요하면 소멸시효 완성을 주장할 수 있어야 한다고 주장한다. 그러나 위 조항이 신설된 것은 공탁법에 소멸시효에 관한 명문규정도 없고, 소멸시효에 관하여 민법을 준용하는 규정도 없어 민법상 소멸시효를 준용하여야 하는지 해석상 논란이 있어 이를 명확하게 하려는 것이었을 뿐, 민법상 일반적인 소멸시효와 다른 내용을 규정하려던 것은 아니었다. 법제사법위원회, 공탁법 일부개정법률안 심사보고서(2009. 12. 7.), 2면 참조.

설 가운데에는 후순위 저당권자에게도 선순위 저당권의 피담보채권
의 소멸시효를 원용할 수 있다고 보아야 한다는 견해도 있었으나, 현
재에는 판례와 같이 이를 부정하는 견해가 많은 것으로 보이고,[97] 우
리나라에서도 원용권을 부정하는 견해가 있다.[98] 생각건대 선순위
저당권이 실행되면 그 매각대금에서 선순위 저당권의 피담보채권이
우선 충당되므로, 후순위 저당권자는 자신의 채권의 만족을 받지 못
하게 될 염려가 있기는 하지만, 그렇다고 하여도 후순위 저당권자가
소멸시효를 원용함으로써 자신의 의무를 소멸시키거나, 권리 상실을
막을 수 있게 되는 것은 아니므로, 후순위 저당권자에게 소멸시효 원
용권을 인정할 필요는 없다. 후순위 저당권자로서는 선순위 저당권자
의 저당권이 실행됨으로써 자신의 채권이 완전히 만족을 받지 못할
수도 있다는 것을 충분히 예상하면서 이를 감수하고 저당권을 취득
한다고 볼 수 있다. 금융기관의 실무에서는 이러한 사정을 감안하여
목적물의 담보가치를 파악하고 그에 따라 대출 여부를 결정하는 것
이 통례이다. 따라서 그에게 선순위 저당권자의 피담보채권의 시효소
멸 원용권을 인정하지 않는다고 하더라도 특별히 부당하다고는 할
수 없다. 이 점에서 후순위 저당권자는 저당부동산의 제3취득자나 물
상보증인과는 달리 취급하여야 한다. 다만 후순위 저당권자로서는 저
당권 설정자가 선순위 저당권자에 대하여 가지는 소멸시효 원용권을
대위행사할 수는 있을 것이다.[99]

---

96) 日本最高裁判所 1999(平成 11). 10. 21. 判決(民集 53권 7호 1190면).
97) 상세한 것은 森田宏樹(주 84), 12면 이하 참조.
98) 박운삼(주 40), 2010, 291면; 盧在虎(주 73), 300~301면. 또한 金炳瑄(주
    91), 286면 이하 참조.
99) 참고로 일본의 구민법 기초자라고 할 수 있는 브아소나드(Boissonade)는 후순
    위 저당권자도 선순위 저당권자의 피담보채권의 소멸시효를 원용할 수 있다고
    보았다고 한다. 山本 豊(주 53), 260면 이하 참조. 그러나 山本 豊 자신은 이
    에 반대하면서, 후순위 저당권자는 채무자가 무자력인 경우에 원용권을 대위행

(3) 비교법적 관점

외국법 또는 비교법적 고찰이 입법론은 별론으로 하고 국내법의 해석에서 얼마나 유용한 것인지에 대하여는 의문이 있을 수 있다. 그러나 비교법적 연구 결과 어떤 원칙이 다른 나라에서도 일반적으로 승인되고 있다면, 이는 국내법의 해석에서도 고려될 필요가 있다.[100] 법학방법론의 관점에서는 이는 목적론적 해석에 포함시킬 수 있다. 특히 우리나라의 소멸시효 제도는 프랑스 민법의 영향을 많이 받았으므로,[101] 우리나라 민법의 해석에 있어서도 프랑스 민법을 비롯한 대륙법에서의 논의를 살펴보지 않으면 안 된다. 뿐만 아니라 민법의 입법자도 소멸시효 규정을 만들 때 외국의 입법례를 참고하였으므로,[102] 이러한 비교법적 고찰은 입법자의 의사를 탐구함에 있어서도 의미를 가진다.

그런데 소멸시효에 관하여는 소멸시효가 완성하면 권리 그 자체가 소멸하는 입법례[103]와, 권리 그 자체는 소멸하지 않고, 다만 의무자가 이행을 거절하는 권리(항변권)만을 취득하는 입법례[104]가 있다.

사함으로써 만족하여야 할 것이라고 주장한다. 위 논문 298면.

100) Jan M. Smits, "Comparative Law and its Influence on National Legal Systems," in Reimann and Zimmermann ed., The Oxford Handbook of Comparative Law, 2006, pp., 527 ff. 참조.

101) 민법상 소멸시효 규정의 원형이라고 할 수 있는 일본 민법의 소멸시효 규정이 프랑스의 학자인 브아소나드가 기초한 일본 구민법을 수정한 것이고, 이 구민법은 프랑스 민법을 바탕으로 한 것임은 잘 알려져 있는 사실이다. 일본 민법의 시효 성립사에 관하여는 예컨대 內池慶四郎, "現行時效法の成立とボアトナード理論," 消滅時效法の原理と歷史的課題, 1993, 83면 이하 참조.

102) 民法案審議錄(주 4), 103면 이하는 참고한 입법례로서 독일 민법, 스위스 채무법, 중국 민법, 만주국 민법 등을 열거하고 있다.

103) 예컨대 프랑스 민법 제2219조. 이 조문은 2008년에 개정된 것인데, 그 전에는 소멸시효로 인하여 권리(droit)가 소멸하는가, 아니면 소권(action)만이 소멸하는가에 관하여 논쟁이 있었으나, 개정법은 권리가 소멸한다는 점을 명백히 하였다. 김성수(주 23), 65면 이하 참조.

독일의 치머만 교수는 전자는 강한 효력(strong effect), 후자는 약한 효력(weak effect)을 인정하는 것이라고 표현한다.[105] 후자의 입법례에서는 원칙적으로 의무자가 이행을 거절하는 권리를 행사하여야만 한다는 것은 당연하지만, 전자의 입법례에서도 대체로 의무자의 소멸시효 원용을 필요로 한다고 보고 있다.[106] 그런데 치머만 교수는 강한 효력을 인정하는 입법례를 다음과 같이 비판한다. 즉 강한 효력을 인정한다면 채무자가 소멸시효가 완성된 후에 채무를 변제하였다면 이는 부당이득으로서 반환을 청구할 수 있어야 하고, 또 소멸시효를 법원이 직권으로(ex officio) 고려할 수 있어야 한다고 보게 될 것이지만, 이러한 결론은 강한 효과를 인정하는 입법례에서도 인정하고 있지 않다고 한다.[107] 따라서 국제적으로는 약한 효과가 더 지지를 받고 있는데, 이것이 시효법의 목적을 고려하면 이는 놀랍지 않다고 한

---

104) 예컨대 독일 민법 제214조 제1항.
105) Reinhard Zimmermann, Comparative Foundations of a European Law of Set-off and Prescription, 2002, pp. 72 ff.
106) 상세한 것은 김성수(주 23), 23면 이하 참조. 이 점은 소멸시효와는 다소 차이가 있는 권리의 기간제한(limitation of actions)을 인정하는 영미법의 경우에도 마찬가지이다. 잉글랜드와 웨일즈에 관하여는 Andrew McGee, Limitation Periods, 1994, p. 343 참조. 다만 특이하게도 북한 민법 제268조는 "재판기관이나 중재기관은 당사자가 민사시효의 리익을 주장하지 않아도 시효를 적용하여야 한다"고 규정하여 소멸시효의 원용이 필요없는 것으로 하고 있다. 김성수(주 23), 242면 참조. 북한의 문헌에서는 판사가 시효 채용(시효의 원용)을 주장하는 경우에만 시효를 적용하고 그렇지 않을 때에는 시효를 적용하지 않도록 하는 시효제도를 반동적 본질과 반인민적 성격의 규제라고 비판하고 있다. 리학철, "공화국민사시효제도의 본질," 김일성대학종합학보 력사법학 제44권 2호, 김일성종합대학출판사, 1998, 56면(법무부, 북한민법 주석, 2014, 353면에서 재인용).
107) 실제로 2008년 신설된 프랑스 민법 제2249조는 "채무를 소멸시키기 위하여 한 변제는 시효의 기간이 경과한 것만을 이유로 반환을 청구할 수 없다"고 규정하여 종래의 판례이론을 명문화하였다. 김상찬, "프랑스의 신시효법에 관한 연구," 法學研究 第38輯, 한국법학회, 2010, 36면 이하 참조.

다. 왜냐하면 법이 지급할 의사가 있고, 따라서 자신에게 그러한 의무가 있다는 것을 승인하는 것으로 받아들일 수 있는 채무자에게 보호를 받도록 강요할 이유는 없고, 그것이 공익(public interest)에 어긋나는 것도 아니라고 한다.[108]

유럽계약법원칙(PECL) 14:501조와 공통기준참조초안(DCFR) Ⅲ.-7: 501은 시효 완성의 효과로서 채무자에게 이행거절권을 인정하고, 채무자가 채무 이행으로서 변제한 것은 소멸시효의 완성을 이유로 반환청구를 할 수 없다고 규정하고 있으며, 그 이유에 대한 설명은 위와 같은 치머만 교수의 의견과 같다.[109]

그러나 이러한 치머만 교수의 비판은 강한 효과를 인정하는 경우에도 소멸시효 완성을 이유로 권리가 소멸하기 위하여는 당사자의 원용을 필요로 한다는 상대적 소멸설에는 적용될 수 없다. 그렇지만 절대적 소멸설과 같이 소멸시효 완성으로 인하여 원용이 없이도 의무가 당연히 소멸한다고 본다면 위와 같은 비판이 그대로 적용될 수 있다. 이 점에서 민법의 입법자가 다른 입법례와는 다른 결과를 이끌어내려고 하였을지는 매우 의심스럽다.[110] 김증한 교수는 절대적 소멸설에 대하여, 역사에 없고 타국의 어느 입법례에도 찾아볼 수 없는 혁신적인 제도를 우리나라에서 창조하려는 것인가 하는 의문을 제기하면서, 소멸시효제도는 이미 역사와 입법례를 통하여 하나의 유형화

---

108) Zimmermann(주 105), pp. 72 ff.

109) Ole Lando, Eric Clive André Prüm ed., Principles of European Contract Law, Part Ⅲ, 2003, p. 202; Christian von Bar and Eric Clive ed., Principles, Definitions and Model Rules of European Private Law, Draft common Frame of Reference(DCFR), Full Edition, Vol. 2, 2009, pp. 1196 f. 치머만 교수는 PECL의 소멸시효부분(Chapter 14) 제정 책임자였고, DCFR은 PECL의 해당 부분을 그대로 받아들였다.

110) 그러나 李英俊, 民法總則, 改訂增補版, 2007, 835면은, 우리 민법상의 소멸시효제도는 원용제도를 소송법상의 항변으로 대체한 보기 드문 입법례가 된 것을 유의하면 족하다고 한다.

된 제도이고, 우리나라에서 마음대로 뜯어 고칠 수 있는 것이 아니라고 지적하였다.[111]

그런데 절대적 소멸설은 위와 같이 비판을 받는 각각의 경우마다 별도의 이론 구성에 의하여 이러한 부당한 결과를 회피하려고 한다. 그러나 그러한 주장이 크게 설득력이 없을 뿐만 아니라, 특히 원용의 근거를 의무자의 의사 존중이 아니라 소송법상의 변론주의에서 구하는 한, 실체법상 원용권자를 제한하는 것과 같은 합리적인 해결은 불가능하다.

결국 우리 민법이 원용제도를 없애버린 것은, 입법자가 소멸시효의 원용이 가지는 실체법적인 의미를 소홀히 한 채 이를 소송상의 공격 방어방법으로만 취급해도 충분하다는 잘못된 판단에 기한 것으로서, 입법자도 이와 같은 모순된 결과를 의욕하지는 않았을 것이라고 보는 것이 합리적이고, 체계적·목적론적 해석에 의하여 이러한 모순된 결과가 생기지 않게 하는 것은 법의 해석에서 충분히 가능한 일이다.

2. 종래의 판례에 대한 재검토

종래의 판례 가운데 절대적 소멸설로는 설명할 수 없고, 상대적 소멸설로만 설명할 수 있는 판례가 있다는 점은 앞에서 살펴보았다. 뿐만 아니라, 종래 절대적 소멸설을 따랐다고 하는 판례도 상대적 소멸설에 의하여도 설명할 수 있거나, 또는 그 결과에 있어서 상대적 소멸설을 따르더라도 결과에 있어서 차이가 없다고 할 수 있다.

우선 판례가 소멸시효의 이익을 받을 자가 실제 소송에 있어서 시효소멸의 이익을 받겠다는 항변을 하지 않는 이상 그 의사에 반하여 재판할 수 없다고 하는 것은 실제로는 절대적 소멸설과 같이 변론주

---

111) 金曾漢(주 14), 120면. 또한 金曾漢(1959), 273면; 金曾漢(1980), 283면 참조.

의에 의하여는 설명할 수 없고, 상대적 소멸설에 의하여만 그러한 결론이 도출될 수 있다는 점은 위에서 살펴보았다.

또한 판례가 절대적 소멸설에 따른다는 것을 가장 명확히 한 것으로 평가되는 대법원 1966. 1. 31. 선고 65다2445 판결은, 소멸시효가 완성된 채무에 기하여 한 가압류는 불법행위가 되고, 가압류 당시 시효의 원용이 없었더라도 가압류채권자에게 과실이 없었다고는 할 수 없다고 하였다. 그러나 과연 절대적 소멸설에 따른다고 하여 소멸시효가 완성된 채무에 기하여 가압류를 한 채권자에게 과실이 있었다고 할 수 있는지는 의문이다. 종래의 판례는 채권이 법정기간의 경과로 인하여 소멸시효로 소멸된다는 것은 보통 일반적으로 아는 것이므로, 채무자가 시효완성 후에 채무의 승인을 한 때에는 일응 시효완성의 사실을 알고 그 이익을 포기한 것이라고 추정할 수 있다고 한다.[112] 그러나 이러한 판례는 당사자가 시효완성 후에 채무를 승인한 경우에는 이는 오히려 시효완성의 사실을 모르고 한 것이 통상적일 것이고 시효완성의 사실을 알면서도 승인한다는 것은 이례적이라고 하는 비판을 받고 있다.[113] 그러므로 채권자의 경우에도 당사자가 당연히 자신의 채권이 소멸시효가 완성되었음을 알았다고 추정할 수는 없고, 따라서 이러한 채권을 보전하기 위하여 가압류를 한 데 과실이 있다고 단정할 수는 없다. 상대적 소멸설에 의하면 이러한 경우에는 원칙적으로 채권자에게 과실이 없다고 보게 될 것이다.

그리고 대법원 1978. 10. 10. 선고 78다910 판결은, 근저당권에 기한 경매개시결정 이전에 그 피담보채권의 소멸시효가 완성된 경우에는 소멸시효의 원용이 경매개시결정 이후에 있었어도 경락인은 경매목

---

112) 대법원 1967. 2. 7. 선고 66다2173 판결. 같은 취지, 대법원 1965. 11. 30. 선고 65다1996 판결; 1992.5.22. 선고 92다4796 판결.

113) 尹眞秀(주 55), 554~555면; 註釋民法 總則 (3), 제4판, 2010, 668면(金弘燁) 참조.

적물의 소유권을 취득할 수 없다고 하였다. 그런데 소멸시효가 완성되면 그 효력은 기산일에 소급하므로(민법 제167조), 상대적 소멸설에 따르더라도 경매개시결정 후에 소멸시효를 원용하면 피담보채권이 경매개시결정 전에 소급하여 소멸한 것으로 볼 수 있다. 따라서 이러한 경우에는 마찬가지로 경락인이 경매목적물의 소유권을 취득할 수 없게 된다. 물론 이는 경락인에게 가혹한 결과가 된다고 생각할 수는 있으나, 소멸시효의 소급효에 대하여는 제3자 보호규정이 없으므로, 이는 불가피한 것이다.

다른 한편 대법원 2012. 7. 12. 선고 2010다51192 판결은, 주채무에 대한 소멸시효가 완성된 경우에는 시효완성의 사실로써 주채무가 당연히 소멸되므로 보증채무의 부종성에 따라 보증채무 역시 당연히 소멸된다고 하여, 절대적 소멸설과 같은 표현을 쓰고 있다. 그러나 이 판결의 주안점은 주채무가 소멸되면 보증채무도 소멸된다는 데 있는 것으로서, 원용이 있어야만 소멸하는가 하는 점이 실제로 문제된 것은 아니었고, 이 점에서 이러한 설시는 단순한 방론에 불과하다.

이 밖에 대법원 1985. 5. 14. 선고 83누655 판결은, 국가의 조세부과권도 그 소멸시효가 완성되면 당연히 소멸하므로, 소멸시효 완성 후에 한 조세부과처분은 납세의무 없는 자에 대하여 부과처분을 한 것으로서 하자가 중대하고 명백하여 그 처분은 당연무효라고 하였다. 그런데 이 문제는 국가의 조세부과권이 과연 소멸시효에 걸릴 수 있는가 하는 점부터 따져 보아야 한다. 국가의 조세부과권은 일종의 공법상 형성권이라고 할 수 있는데, 과연 이러한 형성권이 소멸시효에 걸릴 수 있는가 하는 점이다. 1984. 8. 7 신설된 국세기본법 제26조의2는 국세부과권이 소멸시효가 아니라 제척기간에 걸린다는 것을 명시하였다. 그러나 그 이전의 판례는 국세징수권 아닌 국세부과권은 별도로 소멸시효에 걸리지 않는 것으로 보다가,[114] 대법원 1984. 12. 26. 선고 84누572 전원합의체 판결이 국세의 징수권뿐만 아니라 부과권이 다같이 5년의 소멸시효에 걸리는 것으로 확정지었다. 이러한 점에 비추어 본다면, 위 국세기본법 제26조의2가 신설되기 전에 국세부과권이 소멸시효에 걸린다고 하더라도, 그 소멸시효는 실제로는 제척기간의 성질을 가지는 것이라고 이해할 수 있다. 뿐만 아니라 당시의 국세기본법 제26조는 "국세·가산금 또는 체납처분비를 납부할 의무는 다음 각호의 1에 해당하는 때에는 소멸한다"고 하면서 제2호에서 "제27조의 규정에 의하여 국세징수권의 소멸시효가 완성한 때"라고 규정하고 있었다.[115] 그런데, 이러한 국세징수권과 같은 공법상 채권의 경우에는 평등의 원칙에 의하여 당사자를 평등하게 다룰 필요가 있고, 외국에서도 공법상 채권의 경우에는 일반적인 경우와는 달리 소멸시효의 완성으로 채권이 절대적으로 소멸하는 것으로 하고 있는 예를 찾아볼 수 있으므로, 위 국세기본법의 규정이 적용되는 경우에는 국세징수권은 그 소멸시효가 완성되면 원용 없이도 당연히 소멸되는 것으로 볼 수도 있는 것이다.[116]

3. 입법론적 고찰

소멸시효 완성의 효과에 관하여 이처럼 복잡한 논의가 생기게 된 것은 기본적으로 민법이 소멸시효 원용에 관한 규정을 두지 않았기 때문이다. 그러므로 제1차적으로는 민법에 소멸시효 원용에 관한 규정을 두는 방법을 생각해 볼 수 있다. 실제로 제18대 국회에서 정부가 2011. 6. 22. 제출한 민법 일부개정법률안 제183조 제1항은 "소멸시효가 완성된 때에는 그 권리의 소멸로 인하여 이익을 받을 자는 그 권리의 소멸을 주장할 수 있다"고 규정하고 있었다.[117] 그러나 위 법

---

114) 대법원 1973. 10. 23. 선고 72누207 판결; 1980. 9. 30. 선고 80누323 판결.
115) 현행 국세기본법 제26조 제3호도 마찬가지이다.
116) 尹眞秀(주 55), 484면.

률안은 제18대 국회의 임기만료로 폐기되어 버렸다.

다른 한편 입법론으로는 소멸시효 완성으로 인하여 권리가 소멸하는 것은 아니고, 약한 효과, 즉 권리는 존속하지만, 의무자에게 그 의무의 이행을 거부할 수 있는 영구적 항변권을 인정하여야 한다는 주장도 있다.[118] 그러나 이처럼 소멸시효 완성으로 인하여 권리가 소멸하는 것이 아니라 영구적 항변권을 인정하는 것은 현재의 소멸시효 규정을 크게 변화시키는 것이 되는데, 앞에서 본 것처럼 상대적 소멸설과 약한 효과 사이에는 실제로 별다른 차이가 없다. 그러므로 위와 같은 개정은 노력에 비하여 얻어지는 실익이 별로 크지 않아서 굳이 그와 같이 개정할 필요성이 크지 않다.

VI. 김증한 소멸시효론의 의의

결론을 갈음하여 김증한 교수의 소멸시효론이 오늘날 가지는 의의를 생각해 본다.

우선 김증한 교수가 상대적 소멸설을 제창하지 않았더라면 과연 그 후 상대적 소멸설이 학설로서 주장되었을 것인가는 상당히 의심스럽다.[119] 이 점에서 김증한 교수의 소멸시효론이 가지는 의의는 아

---

117) 이에 대하여는 송덕수, "시효에 관한 2011년 민법개정안 연구," 이화여자대학교 법학논집 제15권 제4호, 2011, 38면 참조.

118) 金學東, "消滅時效에 관한 立法論的 考察", 민사법학 제11호·제12호, 1995, 78면 이하; 김진우(주 78), 179면 주 64); 서종희(주 52), 188면 주 88).

119) 민법 제정 후 초기에는 김증한·안이준 교수를 제외하고는 모두 절대적 소멸설을 따랐다. 처음으로 김증한 교수의 이론을 받아들인 것은 확인된 범위 내에서는 1968년에 발표된 최종길 교수의 논문이다. 崔鍾吉, "消滅時效의 完成과 時效의 援用", 法曹 제17권 제7호, 1968, 51면 이하. 이 글은 崔光濬 엮

무리 강조해도 모자란다.

나아가 그 내용에서도 생각할 수 있는 거의 대부분의 논점에 대하여 언급하고 있어서, 이후의 상대적 소멸설도 그 범주에서 크게 벗어나지 못하고 있다. 김증한 교수가 어떻게 상대적 소멸설을 주장하게 되었는지에 관하여는 명확한 자료가 없으나, 일단은 정지조건설을 주장한 일본의 와가쯔마 교수의 영향을 받은 것으로 추측된다. 김증한 교수가 안이준 교수와 함께 펴낸 신민법총칙 자체가 와가쯔마 교수의 민법강의를 토대로 한 것이었을 뿐만 아니라,120) 공편자인 안이준 교수는 와가쯔마 교수의 민법총칙 교과서를 번역하기도 하였다.121) 그런데 와가쯔마 교수의 정지조건설에 대한 설명은 비교적 간단한데 반하여,122) 김증한 교수는 여러 가지의 다양한 논거를 제시하고 있는 점에서 단순히 와가쯔마 교수의 주장을 반복하고 있는 것은 아니다. 특히 그 논증 가운데 오늘날의 관점에서도 주목하여야 할 것은 법학방법론적으로 법의 문언이나 입법자의 의사가 아니라, 의무자의 의사 존중과 같은 목적론적인 요소를 고려하여야 한다는 점을 강조하고 있다는 것이다. 또 풍부한 역사적 및 비교법적 논의를 펼치고 있는 점도 인상적이다.

한 가지 더 강조한다면, 절대적 소멸설이 원용의 근거를 변론주의에서 찾고 있는 데 대한 김증한 교수의 비판은 당시까지의 일본의 학

음, 崔鍾吉 敎授의 民法學 硏究, 2005, 633면 이하에 재수록되어 있다.

120) 위 주 11) 참조.

121) 我妻 榮 著, 安二濬 譯, 民法總則, 1950. 이 책은 我妻 榮 교수의 1933년 교과서를 번역한 것이다.

122) 我妻 榮(주 121), 353면 이하. 이 점은 위 1933년 교과서의 개정판인 我妻 榮, 民法總則, 1951, 344~345면에서도 별로 달라지지 않았다. 한 가지 덧붙일 것은, 정지조건설을 처음으로 주장한 것은 와카츠마가 위 책에서 스스로 밝히고 있는 것처럼, 호즈미 시게토(穗積重遠)이다. 穗積重遠, (改訂)民法總論, 1931, 457면.

설에서는 찾아볼 수 없었던 것이라는 점이다. 당시에 정지조건설이 공격방어방법설의 변론주의 논증에 대하여 비판하였던 이유는, 그에 따르게 되면 실체관계와 재판과의 사이에서 모순을 낳고, 민사소송법상의 원칙인 변론주의를 민법에 규정할 필요가 없다는 점 정도였으며,[123] 주장공통의 원칙과 관련시켜 비판하게 된 것은 비교적 최근의 일이었다. 그런데 김증한 교수는 변론주의의 의의 자체를 근거로 하여 절대적 소멸설을 비판하고 있다. 이는 독일의 학설을 참고한 것으로 보이는데,[124] 특히 당시의 학문적 상황에 비추어 볼 때에는 김 교수의 이와 같은 논증을 높이 평가하지 않을 수 없다.

그렇지만 다른 한편으로 김증한 교수 주장의 문제점도 지적하지 않을 수 없다. 우선 김증한 교수는 민법의 문언과 입법자의 의사를 다소 가볍게 취급하였다. 민법의 문언과 관련하여서는 민법이 「시효로 인하여 소멸」이라는 문자가 있는 것을 단순한 용어의 불통일이라고 하는데, 그와 같이 보기는 어렵다. 가령 민법 제766조는 滿洲國 民法 제745조를 참고한 것으로 생각되는데, 만주국 민법의 당해 조문은 "소멸시효가 완성한다"라고 규정하고 있는 데 반하여, 민법 제766조 제1항은 "시효로 인하여 소멸한다"고 하여 의도적으로 바꾼 것으로 보인다. 그러나 김증한 교수는 오히려 만주국 민법의 규정과 비교하면서, 제766조에 그러한 문언을 사용한 것이 특별한 이유가 있는 것이 아니라고 하고 있다.[125] 또한 입법자의 의사가 절대적 소멸설을 채택하려고 하였던 것임은 오늘날 상대적 소멸설을 주장하는 논자들도 대체로 시인하고 있다.

---

123) 我妻 榮(주 121), 353면 외에 松久三四彦(주 83), 579면 이하 등 참조.
124) 金曾漢(1959), 291면 주 60); 金曾漢(1980), 289 주 101)은 Ennecerus = Nipperdey, Lehmann, von Tuhr, Köst와 같은 독일 학자들의 글을 인용하고 있다.
125) 金曾漢(1980), 281~282면.

그리고 김증한 교수는 절대적 소멸설을 따른다면 시효항변에 대하여는 권리남용의 재항변이 불가능하다고 서술하고 있다.[126] 그러나 절대적 소멸설을 취한다고 하여 이러한 경우 반드시 소멸시효의 주장을 배척할 수 없다고는 볼 수 없고, 권리남용이 아니라 신의칙을 이유로 하여서는 배척할 수 있다고 보아야 할 것이다.[127]

그러나 이러한 문제점은 김증한 교수의 소멸시효론이 가지는 큰 의미에 비하면 사소한 것이다. 김증한 교수의 소멸시효론은 앞으로도 우리 민법학의 역사에서 획기적인 업적으로 남을 것이다.

---

126) 金曾漢(1980), 297면.
127) 尹眞秀(주 55), 412면; 尹眞秀(주 3), 245면 주 31); 崔復奎, "민법 제146조 후단 소정의 제척기간과 신의성실의 원칙," 대법원판례해설 제42호, 2003, 127면 이하 참조.

〈참고문헌〉

강수미, "주장책임에 관한 고찰," 민사소송 제17권 1호, 2013.

고쿠치 히코타(小口彥太), 임상혁 역, "일본 통치하의 만주국의 법," 법사학
　　연구 제27호, 2003.

金基善, 新民法總則, 1958.

김대정, 民法總則, 2012.

金炳瑄, "時效援用權者의 範圍," 民事法學 제38호, 2007.

김상일, "항변(Einwendung)과 항변권(Einrede)," 비교사법 제8권 1호(상),
　　2001.

김상찬, "프랑스의 신시효법에 관한 연구," 法學硏究 第38輯, 한국법학회,
　　2010.

김성수, 소멸시효 완성의 효력, 법무부 연구용역 과제보고서, 2009.

김용호, "소멸시효 완성의 효과," 法學論叢 제37권 4호, 단국대학교 법학연구
　　소, 2013.

金曾漢, "소멸시효 완성의 효과," 考試界 제3권 3호, 1958.

＿＿＿, "消滅時效 完成의 效果," 서울대학교 법학 제1권 2호, 1959.

＿＿＿, "消滅時效論", 서울大學校 法學博士 學位論文, 1967(同, 民法論集,
　　1980).

金曾漢·安二濬 編著, 新民法總則, 1958.

金曾漢·安二濬, 新民法 (Ⅰ), 1958.

金曾漢·金學東, 民法總則, 제9판, 1994.

金正晩, "소멸시효 원용권자의 범위," 사법연수원논문집 제5집, 2008.

김진우, "소멸시효와 제척기간," 財産法硏究 제25권 제3호, 2009.

＿＿＿, "서면에 의하지 아니한 증여의 해제," 민사법학 제56호, 2011.

金學東, "消滅時效에 관한 立法論的 考察", 민사법학 제11호·제12호, 1995.

김학태, "법률해석의 한계," 외법논집 제22집, 2006.

盧在虎, "消滅時效의 援用," 司法論集 제52집, 2011.

民法注解 Ⅲ, 1992(尹眞秀 집필부분).

民議院 法制司法委員會 民法案 審議小委員會 編, 民法案審議錄 上卷, 1957.

民事法研究會, 民法案意見書, 1957(方順元 집필부분, 安二濬 집필부분).

朴範錫, "채무자가 소멸시효 완성 후에 한 소멸시효이익의 포기행위가 채권자취소권의 대상인 사해행위가 될 수 있는지 여부," 대법원판례해설 제95호(2013년 상), 2013.

박운삼, "詐害行爲의 受益者와 取消債權者의 債權의 消滅時效의 援用," 判例研究 제21집, 釜山判例研究會, 2010.

方順元, 新民法總則, 1959.

서종희, "소멸시효완성의 효과와 부아소나드(Boissonade)의 시효론," 홍익법학 제15권 제2호, 2014.

송덕수, "시효에 관한 2011년 민법개정안 연구," 이화여자대학교 법학논집 제15권 제4호, 2011.

宋相現·朴益煥, 民事訴訟法, 신정7판, 2014.

我妻 榮 著, 安二濬 譯, 民法總則, 1950.

梁彰洙, "民法案의 成立過程에 관한 小考," 民法研究 제1권, 1991(처음 발표: 1989).

_____, "소멸시효 완성의 효과," 考試界 1994. 9.

_____, "民法案에 대한 國會의 審議", 民法研究 제3권, 1995(처음 발표: 1992).

_____, "「유럽계약법원칙」의 소멸시효규정," 民法研究 제8권, 2005, 161면 (처음 발표: 2003).

_____, "한국 민법학 60년의 성과와 앞으로의 과제," 민사법학 특별호(제36호), 2006.

尹眞秀, "消滅時效 完成의 效果," 民法論攷 Ⅰ, 2007(처음 발표: 1999).

_____, "2007년도 주요 民法 관련 판례 회고," 서울대학교 法學 제49권 1호, 2008.

_____, "李容勳 大法院의 民法判例," 李容勳大法院長 在任紀念 正義로운 司法, 2011.

李時潤, 新民事訴訟法, 제7판, 2013.

李英燮, "新民法下의 消滅時效의 效果와 그 利益抛棄," 저스티스 제2권 3호, 1958.

_____, 新民法總則講義, 1959.

李英俊, 民法總則, 改訂增補版, 2007.

이홍민, "「민법안의견서」의 학설 편입과정을 통해 본 민법개정에 대한 태도," 法學論叢 제19권 1호, 조선대학교 법학연구원, 2012.

張庚學, 新民法總則, 1958.

張晳朝, "消滅時效 抗辯의 訴訟上 取扱," 法曹 1999. 1.

第3代 國會 第26回 國會定期會議 速記錄 45호, 1957.

註釋民法 總則 (1), 제4판, 2010(尹眞秀 집필부분).

註釋民法 總則 (3), 제4판, 2010(李縯甲 집필부분, 金弘燁 집필부분).

註釋 民事訴訟法 (Ⅱ), 제7판, 2012(안정호 집필부분).

註釋 民事執行法 Ⅵ, 제3판, 2012(문정일 집필부분).

崔復奎, "민법 제146조 후단 소정의 제척기간과 신의성실의 원칙," 대법원판례해설 제42호, 2003.

崔鍾吉, "消滅時效의 完成과 時效의 援用", 法曹 제17권 제7호, 1968.

황형모, "변론에서 주장이 필요한 여부에 관련한 판례의 검토," 東亞法學 제62호, 2014.

加藤雅信・加藤新太郎・金山直樹, "時效とは何か," 加藤雅信・加藤新太郎 編 現代民法學と實務 (上), 2008.

金山直樹, "時效における民法と訴訟法の交錯," 時效における理論と解釋, 2009(처음 발표: 1998).

內池慶四郎, "現行時效法の成立とボアトナード理論," 消滅時效法の原理と歷史的課題, 1993.

杉本和士, "時效における實體法と訴訟法", 金山直樹 編 消滅時效法の現狀と課題, 別冊 NBL No. 122, 2008.

森田宏樹, "時效援用權者の劃定基準 (二)", 法曹時報 54권 7호, 2002.

石田文次郎, 現行民法總則, 1930.

穗積重遠, (改訂)民法總論, 1931.

我妻 榮, 民法總則, 1951.

柚木 馨, 判例民法總論 下卷, 1952.

注釋民法 (5), 1967(川井 健 집필부분).

山本 豊, "民法一四五條," 廣中俊雄・星野英一 編 民法典の百年 Ⅱ, 1998.

船越隆司, 民法總則, 1997.

松久三四彦, "時效の援用權者," 時效制度の構造と解釋, 2011(처음 발표: 1988).

坂田 宏, "權利抗辯," 民事訴訟法判例百選, 別冊 ジュリスト No. 169, 2003

平野裕之, 民法總則, 제2판, 2006.

Christian von Bar and Eric Clive ed., Principles, Definitions and Model Rules of European Private Law, Draft common Frame of Reference(DCFR), Full Edition, Vol. 2, 2009.

Flour, Aubert, Savaux, Les obligation, vol. 3, Le rapport d'obligation, 7e éd., 2011.

Ghestin, Billiau et 1Loisean, Traité de droit civil, Le régime des créances et des dettes, 2005.

Ole Lando, Eric Clive André Prüm ed., Principles of European Contract Law, Part Ⅲ, 2003.

Andrew McGee, Limitation Periods, 1994.

Jan M. Smits, "Comparative Law and its Influence on National Legal Systems," in Reimann and Zimmermann ed., The Oxford Handbook of Comparative Law, 2006.

Reinhard Zimmermann, Comparative Foundations of a European Law of Set-off and Prescription, 2002.

물권변동론

이 은 영*

Ⅰ. 논쟁의 발단

필자가 1970년 물권법강의를 듣던 시절 물권행위의 무인설과 유인설의 논쟁은 물권법이론의 핵심을 이루었다. 필자는 무인설의 주창자였던 고 김중한 교수로부터 물권법강의를 듣는 한편 당시 한창 학생들의 추앙을 받기 시작하던 곽윤직 교수로부터 물권법강의를 들으면서 두 교수의 강의를 비교해 볼 수 있는 기회를 가졌다. 곽윤직 교수의 강의가 명료하고 설득력이 있었기 때문에 그의 유인론에 매료되긴 했지만 논리적으로는 김중한 교수의 무인론에 매료되었다. 강의를 들었던 학생들은 김중한 교수가 물권행위의 무인성을 강의하면서 한국민법학이 일본으로부터 독립하여 독보적인 수준을 이루고 있다는 자부심을 강하게 드러냈던 것을 기억하고 있나. 딩시 김중한 교수는 독일의 선진이론을 직수입해 들임으로써 '한국민법학의 탈식민지화'를 이루려 하였고, 그것이 무엇보다도 해방직후 법학자로서의 역사적 사명이라고 확신하고 있었다. 독일의 물권법이론은 물권행위의 무인성을 중심으로하여 원인관계로부터의 영향을 단절시켜 형식에 의한

* 한국외국어대학교 법학전문대학원 교수

법적 명확화를 이루고자 하는 법기교를 채택하였다.[1] 그 무인론은 논리적으로 정교하여 연구를 거듭할수록 묘미를 느끼게끔 되어 있었다. 물권행위의 무인론에 내포되어 있던 이론적 정교성은 우리 법학을 발전시키는데에 결정적인 기여를 하였다. 해방후 얼마 되지 않아 맞이한 한국전쟁으로 인하여 어수선한 사회환경 속에서 대학은 아직 학문적 깊이를 갖지 못하고 우왕좌왕하고 있던 상황이었으나, 법학자들은 무인론의 정교한 이론을 통해서 학문 자체의 묘미가 무엇인가를 맛보았고 법학에 대한 자부심을 갖게 되었다. 당시 다른 학문분야들이 제자리를 찾지 못한채 외국유학한 교수들이 정착할 때가지 공백기를 이루었던 것과 비교한다면 법학은 해방후 즉시 우리 학문으로서의 자리를 마련하고 있었다고 평가할 수 있겠다. 김증한 교수가 물권법을 연구함에 있어서 또 하나의 지표로 삼았던 것은 "민중의 법의식을 존중해야 한다"는 사상이었다. 한편으로는 선진이론을 받아들이되, 다른한편으로 민중들의 법의식을 수용할 수 있는 보충적 제도를 마련해 놓음으로써 양자의 조화를 이루겠다는 의지가 분명했다. 이러한 의지는 그의 '물권적기대권론'으로 표출되었다. 당시의 관행에 따라 부동산의 매수인이 매매대금을 완납하고 점유를 이전받아 사용·수익·처분할 권한을 누리고 있는 경우에, 등기를 경료하지 않았기 때문에 완전한 소유권은 취득하지 못했지만 장차 그 소유권을 취득할 기대권을 갖고 있다고 보아야 하고, 그 물권적기대권은 채권보다는 강하고 물권보다는 못한 준물권의 성격을 갖는다고 보았다. 그 물권적기대권의 이론은 부동산매수인이 자신의 권리에 기해 물건을 직접 사용하거나 제3자에게 임대하여 수익을 올리거나 또는 제3자에게 처분하여 교환가치를 획득할 수 있다는 당시의 거래관행에 기초를 둔 이론이었다. 김증한 교수는 이러한 거래관행을 법의 세계로 포

---

1) 김증한, 신물권법, 법문사, 1960, 221~256면.

용하여 확실한 법적 권리로서 인정해야 한다고 주장하였다. 당시의 거래관행을 법의 세계에 끌어들였다는 점 하나만보면 김증한 교수의 물권적기대권론은 매우 탁월한 이론이다. 김증한 교수는 이 이론으로 법과 현실과의 괴리를 없애고 독일계의 법제도가 한국의 관행과 밀착할 수 있을 것으로 막연히 기대했던 것 같다. 그러나 독일의 물권행위 무인론과 물권적기대권은 그 성격상 결합되기 힘든 제도였다. 무인론이라는 것이 그 원인관계를 묻지 않으려는 제도인 반면에, 물권적기대권은 그 원인관계에 기반을 두고 원인관계에 상응하는 물권유사의 권리를 인정하려는 이론이었기 때문이었다. 김증한 교수는 실질과 형식 사이를 단절시킬 것인가의 문제에 있어서 일관성있는 이론을 제시하지 못했다는 취약점을 가질 수 밖에 없었다. 김증한 교수가 왜 이러한 상호 모순된 이론을 전개하였는가는 김증한 교수가 현행민법에 형식주의를 취하는 데에 관하여 어떤 입장을 취했는가를 살펴보면 다소 이해가 갈 것이다(후술).

김증한 교수보다 약 십년 정도 늦게 민법교수로 취임한 곽윤직 교수는 김증한 교수의 이러한 허점을 날카롭게 비판하였다. 곽윤직 교수는 물권행위의 유인론을 취하면서 김증한 교수의 무인론이 부당함을 지적하였다.[2] 곽윤직 교수는 논리적 완결성에 높은 비중을 두고 물권행위이론을 구성하였지만, 무인론은 취하지 않았다. 소유권이전은 원인행위인 매매계약에 뿌리를 두고 행해지는 것이라는 점에 확신을 두고 물권행위의 유인론을 전개해 나갔다. 곽윤직 교수는 물권행위의 독자성과 무인성이 같은 맥락에 있는 것이라고 양자의 논리적 필연성을 인정했기 때문에, 무인론에 대한 비판에서 독자성까지 부인해야 하는 것으로 생각하였다. 곽윤직 교수는 김증한 교수가 일

---

2) 곽윤직 교수는 「부동산물권변동 에 관한 연구」로서 서울대학교 법과대학에서 박학위를 취득하였고, 이 책은 박영사에서 1968년 출판되었다.

본민법하의 유인론에서 벗어나려는 의도는 이해했지만, 우리 민법이 독일식의 형식주의를 취했다고 하여 무인론까지 도입한 것으로 보는 것은 민법의 의도를 뛰어넘는 잘못된 해석이라고 보았다. 곽윤직 교수는 나름대로 일본민법과 우리 민법의 차이를 대항요건주의와 성립요건주의라는 용어를 사용하여 그 차이가 현격함을 강조하려 하였다. 곽윤직 교수의 비판이 격렬해지자 김증한 교수가 이에 대응하고 나서게 되었고 이로서 무인론과 유인론의 대립은 제2단계를 맞이하게 되었다. 제2단계에서는 논리의 완결성보다 '법과 관행의 일치'에 중점이 놓여졌다. 독자성·무인론을 주장하는 김증한 교수는 매도인이 잔금을 받은 후에야 매수인에게 소유권을 이전해 주려 한다는 점, 일단 등기가 경료된 후에는 말소등기가 없는 한 매매계약이 무효·취소되더라도 소유권은 매수인에게 남아 있는 것으로 생각한다는 점을 들어 무인론이 일반인의 법의식과 일치한다고 주장하였다. 이와 정반대로 곽윤직 교수는 매도인이 매매계약을 체결하면서 소유권이 매수인에게 넘어가는 것으로 생각한다는 점, 등기가 매수인의 명의로 남아 있더라도 매매계약이 무효·취소되면 말소등기 없이도 매도인에게 소유권이 복귀한 것으로 생각한다는 점을 들어 독자성부인설·유인론이 타당하다고 주장하였다. 이 논쟁과정에서 일반인의 법의식이라든가 거래관행은 보는 사람의 시각에 따라 달라질 수 있는 것이어서 객관적인 정확성이 없는 언급은 문제를 파악하는데에 도움이 되지 않는다는 것이 드러났다. 당시 법의식이라던가 거래관행에 대한 사회적 조사를 하기에는 우리 법사회학의 역량이 충분치 않았고 조사비용도 조달할 수 없었다. 곽윤직 교수는 매매계약과 소유권이전의 합의가 함께 행해진다고 보았기 때문에, 잔금과 동시에 권리증 등 등기서류를 교부해 주는 관행에 커다란 법적 의미를 부여하지 않았다. 그리고 매매대금의 완납 이후에도 등기하지 않는 매수인들은 준법정신이 부족한 사람들로서 물권적으로 보호할 필요가 없다고 방관하였고, 현행

민법이 정착하게 되면 그러한 매수인은 점차 없어지게 될 것이라고 낙관하였다.[3]

무인성과 유인성의 논쟁은 이론적 완결성만으로 우열을 가려 결판을 낼 성질의 것은 아니었고, 우리 민법이 어떤 입법주의(무인주의 또는 유인주의)를 취했는가를 밝혀내는 문제였으므로 어느 한 편의 명백한 승리란 있을 수 없었다. 곽윤직 교수는 이 논쟁과정에서 물권행위의 개념이 불필요하다는 의문을 가졌지만, 그 개념을 정면으로 부인하는 이론은 제기하지 않았다. 그래서 이 이론적 대립은 채권행위와 물권행위의 이원적 구조는 그대로 둔 채 양자의 관계가 어떠한가 하는 문제에만 초점이 맞추어 졌다. 곽윤직 교수는 유인론을 취하여 채권관계의 중요성을 강조했지만 계약당사자 사이의 채권관계와 제3자와의 사이의 물권관계가 상호 다르게 되는 것은 용납하지 않았으며, 소유권을 취득하지 못하는 것은 매매당사자 사이에서나 제3자에 대한 관계에서나 똑같아야 된다고 주장한 것에 그 특이성이 있었다. 그러고 보면 김증한 교수와 곽윤직 교수의 논쟁의 배후에는 식민지시대에 법학을 공부했던 학자들이 가졌던 탈식민지에의 열망, 선진제도에 대한 선망, 법과 현실의 괴리에 대한 고민 등이 공통적으로 자리잡고 있었다고 할 수 있을 것 같다.

필자가 대학원 입학시험을 치를 때 민법문제로 「물권행위의 유인성과 무인성의 논쟁에 관하여 서술하시오」라는 문제가 출제되었는

---

3) 곽윤직 교수는 후에 '매도되어 인도된 물건의 항변'이라는 로마법상의 법리를 우리 민법의 해석에 도입하여 미등기매수인의 매도인에 대한 채권적 항변권을 인정하였다. 곽윤직, 물권법(신정판), 1992, 179면(이 항변권이론을 언급한 것은 1975년 전정판부터라고 추측됨).

데, 필자는 그 문제를 접하고 답안을 쓰기까지 한참을 숙고했다. 이 문제를 누가 출제했을까 어느 이론에 입각해서 논지를 전개해야 높은 점수를 받을 수 있을까 하는 것을 염려할 수 밖에 없었다. 당시 두 교수님들은 이 논쟁과 관련하여서만은 자신의 이론을 따르지 않는 답안에 과락점을 주는 것으로 소문이 나 있었기 때문이었다. 그보다 더 깊은 고민으로는 대학원에서 민법을 전공하려는 필자로서 어떤 자세와 시각을 갖고 공부해 나가야 할 것인가를 생각게 하는 문제였기 때문이다. 두 교수의 연구경향이 전혀 달랐기 때문에, 대학원에서 지도교수를 선택하는 문제는 곧 민법연구의 경향을 선택하는 문제이기도 했다. 당시 필자는 무인론을 취해서 답안을 써냈던 것으로 기억된다. 비록 그 대학원입학시험에 떨어진다 하더라도 내 소신껏 논지를 펼치겠다는 각오로 답안지를 채워나갔는데, 다행이 좋은 점수를 받았다. 두 교수의 물권행위론에서 비롯된 갈등은 대학원생들을 난처하게 만들었고 민법을 전공으로 택하기를 꺼리게 만들었다. 민법을 선택한 학생들도 물권행위론에 관한 연구를 기피하고 어쩌다 수업시간에 물권행위론에 관한 얘기가 나오면 얼버무려 그 논쟁의 핵심에 끼어들지 않으려 했었다. 대학원시절에 접한 외국서적 그 중에서도 독일서적에는 채권법에 관한 흥미있는 주제들이 많았기 때문에, 대학원생들은 물권행위에 관한 구태의연한 논쟁을 답습할 필요가 없이 새롭고 흥미있던 채권법의 주제들에 관심을 쏟았다. 물권행위론은 해방직후 세대의 관심사였고 그 다음 세대 법학도들의 관심은 변화하는 채권법이론에로 옮겨져 있었다. 물권행위에 관한 논제를 석사논문이나 박사논문 주제로 택해서는 합의체의 논문심사절차를 무사히 통과할 수 없으리라는 현실적인 우려도 잠재해 있었다. 1980년대에 고 정옥태 교수가 서울대 법대에서 박사학위논문을 제출할 때에는 김증한 교수는 정년퇴임한 후였고 곽윤직 교수가 원로교수로서의 영향력을 발휘하고 계셔서, 정옥태 교수는 평소에 무인론을 추종했음에

도 불구하고 박사논문의 결론부분을 무인론에서 유인론으로 수정하
고서야 논문심사에 통과할 수 있었다는 유명한 얘기가 있다. 재미있
는 일은 정옥태 교수가 그 박사학위 논문을 인쇄하고 난 후에 다른
논문집에 무인론을 취하는 논문을 발표함으로서 자신은 논문통과를
위해서 어쩔 수 없이 결론을 유인론으로 수정했었음을 밝혔다는 점
이다. 어쨌든 1960년대 후반과 1970년대의 민법학은 물권행위론이 거
의 전부를 차지했다고 해도 과장이 아닐 정도로 그 논쟁이 격심했으
며, 후학들에게 그 논쟁은 큰 짐이 되었다. 이제와서 돌이켜보면 필자
가 대학원시절 그렇게 기피하던 물권행위론에 다시 관심을 갖게 되
었다는 것, 그리고 김증한 교수를 존경했음에도 불구하고 물권행위의
유인론을 추앙하게 되었다는 것은 무어라 설명할 수 없는 수수께끼
라고 여겨진다.4)

---

4) 졸저, 물권법, 박영사, 1998, 119~150면에서는 다음과 같은 결론에 도달했다.
   첫째, 물권행위의 개념은 양도계약에 한해서 인정하였다. 양도계약에서는 일단
   계약에 의하여 장래 양도할 물건과 그 대금을 약정하고 그 약정의 이행으로서
   물건의 소유권을 이전하는 두 단계의 법률행위가 행해지는 것이 보통이므로
   채권행위와 별도로 물권행위를 인정할 실익이 있다. 특히 제작물공급계약과 종
   류매매에서 계약 당시에 물건이 제작되지 않았거나 조달되지 않은 상태였던
   경우에, 채권행위와 별도의 물권행위개념은 유용하게 된다. 물건이 현존·특정
   이 소유권이전을 위한 물권행위의 요건이고 그 요건이 갖추어진 것은 채권행
   위(계약)가 행해진 한참 후의 일이기 때문이다. 그러나 용익물권의 설정이나
   담보물권의 설정에서는 구태여 그 거래과정을 채권행위와 물권행위로 분리할
   필요가 없다. 어차피 제한물권이 설정된 후에도 그 제한물권의 본질은 소유자
   와 제한물권자 사이의 채권관계로서의 내부적관계에 있기 때문이다. 둘째, 물
   권행위의 독자적 시기를 인정하는 입장을 취하였다. 물권적합의의 시기에 관해
   서는 매도인이 매수인으로부터 대금완급과 상환하여 등기서류교부 및 점유이
   전을 하는 때에 행해 진다고 보았다. 물권행위의 독자성인정설을 취하지만 민
   법 제186조가 가리키는 물권변동의 원인이 되는 법률행위는 채권행위를 가리
   킨다고 해석하였다. 셋째, 물권행위는 유인성을 띤다고 파악하였다. 그 근거 중
   에 가장 중요한 것은 소유권이전의 정당성의 근거는 채권행위인 매매계약 등
   에서 찾아야 하므로 유인주의가 타당하다는 점이다. 매매계약과 단절하여 당사

II. 형식주의의 도입에 관한 입법의견

해방 후 우리 민법학에서 물권행위론이 중심을 이루게 된 이유는 무엇보다도 현행민법이 식민지시대에 유래하는 의용민법과 달리 물권변동에 관하여 독일식 형식주의를 채택하였다는 것에 있다. 1957년 민의원, 국회의 법제사법위원회(위원장, 장경근), 민법안심의소위원회가 공동발간한 「민법안심의록」상권에서는 초안 제177조로서 "부동산에 관한 법률행위로 인한 물권의 득실변경은 등기하여야 그 효력이 생긴다"는 규정을 신설할 것을 제안하였고, 초안의 이 규정은 현행민법 제186조로 입법되었다. 이 규정은 조선민사령 제13조에 비교되는 규정이었으나 의용민법은 대항요건주의를 취했음에 반하여 (일본민법 제177조 참조) 초안은 성립요건주의를 채택한 획기적인 것이었다. 외국의 입법례로서는 독일민법 제873조, 스위스민법 제656조를 참조하는 외에 중국민법 제758조와 만주민법 제177조가 우리 초안 제177조와 동일함을 밝히고 있었다.

심의과정에서는 의사주의와 형식주의의 장점을 요약하는 것으로부

자의 소유권이전의 합의라는 추상적인 의사합치에서 찾는 것은 지나치게 개념주의에 빠지는 결과로 되어 부당하다고 생각한다. 원인이 소멸하면 그에 기초한 물권행위도 따라서 소멸하는 것인 인과의 법칙이며, 이 인과법칙은 자연스러운 법원리이다. 유인설은 이 자연적 원리를 존중하는 이론이라고 보았다. 또한 유인주의를 취하는 것이 거래당사자의 법의식에 일치하게 되어, 법과 현실의 괴리를 막을 수 있다. 만약 무인설을 취하여 원인행위의 무효에도 불구하고 물권행위에 하자가 없는 한 등기대로의 소유권이전이 유지된다고 하면 형식적인 법적안정은 얻을 수 있지만 실질적인 법적 혼란이 일어나게 된다. 실질적인 소유자가 자기의 부동산을 되찾을 수 있는 길이 끊어짐으로서 법에 대한 불신을 나타내게 될 것이다.

터 시작하였는데, 의사주의의 장점으로는 당사자의 편의에 따른 것, 개인의사자유의 원칙에의 부합, 동산에 관한 물권변동에 있어서는 간이인도, 점유개정, 지시에 의한 점유권양도 등 추상적 관념인 인도방식을 취하고 있기 때문에 형식주의를 채택하여도 의연히 물권변동시기가 외부에 명확히 인식되기 어렵다는 점을 들었다. 의사주의의 단점으로서는 물권변동으로 발생하는 의사표시의 존부가 불명확하다는 점, 법률관계가 착잡하다는 점을 들었다. 형식주의의 장점으로서는 다음의 두 가지가 거론되었다. 1) 의사주의에 의하면 물권변동의 존부와 그 시기가 불명확하나 형식주의에 있어서는 명료하다. 따라서 거래의 안전을 기하기에 편리하다. 2) 의사주의에 의하면 물권변동에 있어서 당사자간과 대 제3자와의 관계를 다르게 하게 됨으로 법률관계가 착잡해진다. 특히 의사주의에 수반하여 대항요건주의를 쓰면 소위 제3자의 범위를 입법상 명확히 획정하기 곤란하고 또 제3자의 범위를 학설상 확정하기도 어렵다. 형식주의의 단점으로서는 1) 현행제도에 의한 등기의 절차와 이에 요하는 비용 시간 등을 고려할 때 당사자에게 불편하다. 2) 동산에 있어서는 대 제3자관계가 의사주의와 동일하다. 3) 동산에 있어서 당사자간에서의 물권변동의 시기가 명료하지 못하다는 것들이 거론되었다.[5)

민법안 심의록에서는 결론적으로 "이상의 각 의견에 입각하여 본조에 대한 찬부가 대립하였으나 물권변동의 존부와 시간을 명료히 함으로써 거래의 안전을 기하고 당사자간의 관계와 대 제3자와의 관계를 다르게 취급함으로서 법률관계를 착잡화함을 피하기 위하여도

---

5) 양창수, "부동산물권변동에 관한 판례의 동향", 「민법연구」 제1권, 203면에서는 형식주의를 취한 이유에 관하여 "채권과 물권을 개념적·추상적으로 준별하고 그러한 이념형으로서의 고전적 물권개념을 될 수 있으면 관철하려고 한다"는 것도 이유로 열거하였다.

형식주의가 가하다. 의사주의를 취한다고 하더라도 적어도 대항요건
주의는 채택하지 아니할 수 없는 바 그렇다면 결국에 있어서 물권을
취득한 자는 등기를 하지 않으면 안된다. 따라서 형식주의의 등기의
실용등의 단점은 의사주의 하에서도 같다"고 하여 원안에 합의하는
것으로 기록하였다.[6]

민법제정에 즈음하여 학자들이 낸 「민법안의견서」에서 김증한 교
수는 "물권변동에 있어서 형식주의를 채택함에는 찬성할 수 없으며
현행민법대로 의사주의를 답습함이 가하다"라는 표제의 기다란 의견
을 제시하였다.[7] 동산물권에 관하여서는 의사주의와 형식주의 어느
것을 취하거나 점유가 관념화된 금일에 있어서는 실제에 있어서 대
차가 없는 것이므로 주로 부동산물권의 득실변경이 등기를 하여야
효력이 생긴다는 주의를 현재 우리나라에서 채용하는 것이 과연 적
당하겠느냐"를 검토하겠다고 하였다. 김증한 교수는 형식주의의 장점
을 인정하기는 했지만, 법률관계의 획일화 자체는 절대적가치를 가진
것이 아니라고 하면서 형식주의 채용의 가부는 현재 등기가 어느 정
도로 여행(勵行)되고 있느냐에 달려 있다고 하면서 "형식주의를 채용
한다고 급작히 등기가 잘 여행되리라고 기대하기 어렵고, 등기가 여
행되지 않을 때의 폐단은 의사주의에 있어서보다도 형식주의에 있어

---

6) 민법제정시의 『속기록』, 제30호 6면 하단에는 "그러나 이 물권관계에 있어서는
   될 수 있으면 일반거래계를 안정시키고 확신을 주게 하기 위하여는 형식주의
   가 장점이 있다. 그래서 우리의 민법에 취한 것은 형식주의를 취하는 동시에
   그렇다고 해서 그 원인이 무효의……아주 원인이 없는 당사자에 대해서 전연
   히 효력이 없는 이런 경우에는 거기에 아무리 형식주의라도 신빙성력을 주지
   아니한다. 이런 즉 절충적 의미가 이 속에 되어 있다"고 하여 형식주의를 취하
   면서도 무인주의는 취하지 않기로 하였다고 이해된다. 고상룡, "물권행위의 독
   자성과 무인성론의 재검토 Ⅲ", 월간고시 1981년 5월호, 125면.
7) 민사법연구회, 민법안의견서, 일조각, 1957, 67면 이하.

서 더욱 크기 때문이다"라고 지적하였다. 그리고 "형식주의를 채용하려면 등기에 공신력을 인정하여야 한다"고 건의하였다. 김증한 교수는 결론으로서 "현재의 등기여행의 실정으로 보아서는 형식주의의 채용은 도리어 막심한 폐해를 채용하리라고 생각되며, 또 형식주의채용에는 등기의 공신력이 따라야 하는데 현재의 실정으로는 도저히 등기에 공신력을 인정할 수 없다는 결론을 얻었다. 그러므로 차라리 수십년간 우리가 그 밑에서 살아 왔으며, 그 동안에 판례법이나 해석이론도 어느 정도 확립된 의사주의를 답습하는 것이 현책(賢策)일 것이다. 또 근시의 물권법의 경향은 소유 중심으로부터 다시 이용 중심으로 역전하고 있으며, 이에 따라 부동산이용권의 강화를 꾀하기 위하여 단순한 점유에 대항력을 부여하려고 하는 추세에 있음을 고려할 때, 주로 거래의 안전을 꾀함으로서 토지의 상품화를 촉진할 것을 이상으로 삼았던 형식주의는, 근래의 - 그리고 장래 일층 촉진될 것으로 예상되는 - 물권법의 추세와 조화되기 어려운 것이라 아니할 수 없다"고 마무리 지었다.

이러한 김증한 교수의 입법의견을 볼 때 원래 김증한 교수는 의사주의를 선호하였으나, 현행민법의 제정 이후에 그 해석론으로서 독일식의 무인론에 빠져들었음을 알 수 있다. 후에 나타난 그의 물권적기대권론과 사상적으로 균형을 이루는 것은 의사주의에 대한 그의 선호였다. 그는 의사주의를 답습해야 하는 이유로서 일반인들이 등기를 경료하지 않을 것이라는 점을 들었다. 그가 현행민법의 제정 이후에 등기를 경료하지 않은 매수인의 지위를 설명하기 위해 물권적기대권론을 구상하는 등 고민을 하였음은 자연스런 연구과정이라고 여겨진다. 또한 김증한 교수가 의사주의가 타당하다고 지적한 이유중에 「형식주의는 토지의 상품화에 기여하는 제도이지만 장래에는 토지의 이용권이 활발히 이용될 것이기 때문에 의사주의가 더욱 적절하다고 한 것」은 탁견이라고 할 수 있을 것이다.

Ⅲ. 현행민법하에서의 물권행위론

현행민법의 제정직후 우리 민법학이 당면한 가장 시급했던 문제는 물권변동에 관한 제186조를 우리 민법에 맞게 해석하는 일이었고, 이 규정의 해석과 관련하여 격심한 논쟁이 벌어졌다. 이렇게 유독 물권변동에 관하여 격심한 논쟁이 벌어진 이유는 무엇보다도 민법 제186조가 식민지시대의 의용민법에는 없던 규정이기 때문에 우리 민법학자의 고유한 이론구성을 필요로 하였기 때문일 것이다. 그밖에 1950년대에는 일본민법학에서 물권행위의 독자성·무인성논쟁이 독일민법학의 영향아래에서 종래과는 다른 양상으로 전개되어 민법학 최대의 관심사가 되었다는 점도 우리 민법학자에게 자극을 주는 계기가 되었을 것이다.[8] 1960년대의 대부분의 민법학자들이 민법 제186조의 해석문제에 골몰하였지만, 이 글에서는 물권변동논쟁의 핵심에 있었던 김증한 교수와 곽윤직 교수의 이론을 중심으로 서술하기로 하겠다.

김증한 교수는 종전의 일본민법서의 번안서였던 안이준 교수와의 공저에서 탈피하여 단독저서로서 신물권법(법문사, 1960년)을 내면

---

8) 일본에서 물권행위의 독자성을 긍정한 학자들은 岡松, 石坂, 中島 등이었고, 이와 함께 무인설을 주장한 학자는 末川이었다. 독자성을 부인하고 유인설을 주장한 학자들은 我妻, 川島, 舟橋, 廣中, 柚木등이었다. 石田喜久夫는 독자성을 인정하면서 유인론을 취했다(同著, 物權變動論, 有斐閣, 1979). 山本進一, わが民法における物權行爲の獨自性ど有因性, 法論 29卷 4·5号 59면이하 참조.

서 그 서문에서 "이번에 물권법에서 시작하여 다른 부분도 점차로 我
妻 교수의 틀을 벗어나서 독자적인 저서로 길러 나가려고 생각하고
있다"고 계획을 말하였다. 이 책에서 현행민법 제186조에 관한 최초
의 해석론이 전개되었는 바, 그 내용은 다음과 같다. 첫째, "법률행위
는 그 효과로서 채권을 발생시키느냐 또는 물권의 변동을 일으키느
냐에 따라서 채권행위와 물권행위로 구별할 수 있다"(102면)고 하여
물권행위의 개념을 인정하는 것을 당연한 것으로 서술했다. 둘째, 김
중한 교수는 의용민법에서의 의사주의와 현행민법의 형식주의의 차
이에 관해서는 "의사주의에 의하면 그 동안은 당사자 간에서는 이미
물권변동이 일어난 것으로 되지만, 제3자에 대한 관계에 있어서는 아
직 물권변동이 일어나지 않은 것으로 됨에 반하여 형식주의에 의하
면 당사자간에 있어서나 제3자에 대한 관계에 있어서나 물권변동은
아직 일어나지 않은 것으로 된다"고 설명하였다.[9] 셋째, 물권행위의
시기를 등기절차의 착수 시에 일어난다고 보았다. 김중한 교수는 채
권행위와 물권행위의 개념설명에 앞서서 세 개의 사례를 소개하고
나서 "갑(매도인)과 을(매수인)이 병(사법대서인)에게 이전등기의
신청을 의뢰하였다는 것은 암묵리에 갑은 을에게 소유권을 이전할
의사를, 그리고 을은 갑으로부터 소유권을 이전받을 의사를 표시한
것이라고 해석하여야 할 것이다. 이 경우에 있어서의 당사자의 의사
는 장차 소유권을 이전하겠다는 것이 아니라, 등기절차에 다소의 시
간이 걸리는 것은 별문제이지만 적어도 당사자들로서는 당장에 소유
권을 이전시켜도 좋다는 의사이라고 해석된다. 그러므로 병에게 이전
등기를 신청한 때에 갑·을간에서 소유권의 이전을 목적으로 하는 물
권행위가 행하여졌다고 해석하여야 할 것이다"라고 하였다.[10] 넷째,

---

9) 김중한, 신물권법, 법문사, 1960, 236면.
10) 김중한, 상계서, 232면. 그리고 "물권행위가 어느 때에 행하여진 것으로 해석하
    느냐에 관하여 이른바 물권행위의 독자성을 인정하는 견해와 이를 부정하는

물권행위의 무인성을 인정하였다. 김증한 교수는 "민법의 해석으로서 무인성을 인정하는 것이 좋으리라고 생각한다. 그 이유는 다음과 같다. (a) 물권행위를 채권행위와 별개의 행위로 생각하면 그 유효성여부도 채권행위의 그것과는 별개로 정해져야 마땅할 것이다. (b) 물권적 법률관계는 모든 사람에 대하여 명료함을 이상으로 하므로, 당사자간에서만 효력을 갖는 원인행위의 유효성여부 때문에 영향을 받게 하는 것은 적당치 않다. (c) 무인성을 인정함으로써 등기에 공신력을 부여치 않는 우리 민법의 결함을 보정할 수 있다"고 하였다.[11] "일반적으로 무인성을 인정하더라도 다음과 같은 경우에는 물권행위가 유인성을 띠게 된다. (1) 원인행위의 무효 또는 취소의 원인이 물권행위에도 공통되는 경우 (2) 채권행위의 유효를 물권행위의 조건으로 한 경우 (3) 채권행위와 물권행위가 외형상 1개의 행위로 행하여진 경우"라고 함으로써 상대적 무인론을 전개하였다.[12] 김증한 교수는 무인론은 원래 등기에 공신력을 인정치 않았던 19세기 독일에서 거래의 안전을 보호하려는 목적으로 제창되었던 것이라고 하면서, 우리 민법 하에서 무인론의 도입필요성을 강조하였다.

곽윤직 교수는 민법 上(총칙, 물권법), 中(채권법)을 출간한 후 물권법부분을 대폭 수정하여 물권법(박영사, 1963)을 출간하면서 그 머리말에서 "특히 물권변동에 관하여는 근본적으로 설이 달라졌다"고 밝혔다. 곽윤직 교수는 물권변동의 분야에서 독특한 법률용어와 법이론을 전개했다는 점에서 특징적 이었다. 첫째, 곽윤직 교수는 "직접 물권의 변동을 목적으로 하는 의사표시를 요소로 하는 법률행위를 가리켜 '물권행위' 또는 '물권적 법률행위'라고 한다. 그것은 채권·채

견해가 대립된다"(245면)고 하여 당시 일본민법하의 학설대립을 소개하였다.
11) 김증한, 상게서, 251~252면.
12) 김증한, 상게서, 253~256면.

무를 발생시키는 법률행위인 채권행위와 대립하는 개념이다"라고 설명함으로서 물권행위개념을 당연한 것으로 받아들였다는 점에서는 김증한 교수와 같았다.[13] 둘째, 곽윤직 교수는 의사주의·형식주의의 용어를 다르게 불렀다는 점, 부동산물권변동에 관하여는 형식주의의 우수성을 매우 강조했다는 점, 반면에 동산물권변동에 관하여는 형식주의가 적절치 못함을 비판했다는 점에서 특색을 보였다. 그러나 의사주의와 형식주의 차이점에 관하여는 곽윤직 교수도 김증한 교수와 대체로 같은 설명을 했다. 곽윤직 교수는 의용민법의 입법주의를 '불법주의(佛法主義)'라고 부르면서 부동산물권변동에 있어서 그 법률관계가 당사자간의 법률관계와 제3자에 대한 법률관계로 분열하여 복잡한 문제가 생긴다고 비판하였다. 현행민법이 취하는 입법주의는 '독법주의(獨法主義)'라고 부르면서 독법주의에 있어서는 물권행위는 당연히 공시방법과 결부되어 있기 때문에 불법주의에서와 같은 물권변동의 효과가 당사자간과 제3자에 대한 관계에 있어서 다를 수 있다는 문제는 생겨날 여지가 없다고 설명하면서, 부동산물권변동에 관하여는 법률관계가 명료하고 따라서 거래의 안전이라는 요청도 충분히 충족할 수 있으므로 독법주의가 더 우수한 제도라고 평가하였다.[14][15] 그러나 동산물권변동에 관하여는 "인도가 공시방법으로서 극히 불완

---

13) 곽윤직, 물권법, 박영사, 1963, 37면. 당시 물권행위를 아예 인정하지 않고 법률행위를 하나로 파악하는 견해도 일각에서 주장되었다. 현승종, 민법(총칙,물권), 일신사, 1975, 181~2면. 물권행위 부인설은 제186조와 제188조 1항의 '법률행위'와 '양도'는 각각 채권행위를 가리킨다고 주장하고, 그 이유로서 위 조항의 '법률행위'나 '양도'는 채권행위 또는 물권행위와 합체되어 있는 채권행위로 된다는 것이다. 그러나 물권행위 부인설은 별로 지지를 얻지 못하였다.

14) 곽윤직, 상게서, 1963, 64면.

15) 그러나 형식주의를 취했더라도 물권행위의 무인성을 인정하지 않는 경우에는, 미등기 매수인이 매도인에 대한 채권적 권리로서 사실상의 소유권을 가지게 되며, 그 결과 일본민법의 의사주의와 우리 민법의 형식주의의 차이는 그리 크지 않게 된다. 졸저, 물권법, 1998, 89면, 94~99면 참조.

전한 것이라는 점을 생각할 때 인도를 동산물권변동의 성립요건으로 하지 않았음은 물론 오히려 대항요건으로도 하지 않은 불법주의가 현명한 입법이 아닐까?"하고 현행민법을 비판하였다.16) 셋째, 곽윤직 교수가 물권행위의 독자성을 부인하였다는 점은 우리 민법학에서 매우 특징적인 이론전개라고 할 수 있다. 곽윤직 교수는 "요컨대 독자성을 인정하는 분들이 주장하는 이유는 타당하다고 할 수 없고, 독자성을 인정하느냐 부정하느냐에 따라 큰 차이가 없으며 또한 거래의 실정에 있어서도 의식해서 물권행위를 하고 있지 않으므로 물권행위의 독자성을 인정할 필요가 없다고 할 것이다"라고 주장하였다.17) 넷째, 곽윤직 교수는 물권행위의 유인성을 주장하고 무인론을 맹렬히 비판한 대표적인 학자이었다. 곽윤직 교수는 물권행위는 원칙적으로 채권행위와 일체로서 행해지므로, 그 무인성도 부인되어야 한다고 하면서, "채권행위와 물권행위는 특별한 사정이 없는 한 하나의 행위로 행하여 지는 것이 원칙이며, 비록 따로 따로 행하여지는 경우 ─ 예컨대 매매계약을 체결한 후에 그 채무의 이행으로서 물권의 이전만을 목적으로 하는 법률행위를 따로이 한다든가 또는 소비대차계약에 기하여 차주가 부담하고 있는 채무를 변제하기 위하여 물권을 이전하는 행위를 한다든가 하는 때에는 ─ 채권행위의 존재, 무효 또는 실효는 반대의 특약이 없는한 원칙적으로 물권행위의 효력에 영향을 미친다"고 하였다.18) 그리고 무인론이 거래의 안전을 보호하려 하지만 무인성을 인정하면 악의의 제3자까지 보호되고 유인성을 인정하면 선의의 제3자 보호규정이 있는 경우만 보호된다는 차이를 명료히 하였다. 곽윤직 교수는 무인론을 인정함으로서 법률관계를 명료하게 할 수 있다는 장점을 부정하지는 않았으나, 법적 확실성보다도 정당

---

16) 곽윤직, 전게서, 67~68면.
17) 곽윤직, 상게서, 68면.
18) 곽윤직, 상게서, 88~89면.

한 이익을 보호해야 한다는 것이 더 높이 평가되어야 한다고 보았
다.[19]

  이상의 논쟁이후 민법학자들의 관심은 물권행위의 독자성과 무인
성의 문제에로 집중되었다. 당시 그 두 논점은 서로 결합하였고, 독자
성을 인정하는 학자는 모두 무인성을 인정하고 독자성을 부인하면
무인성도 부인하는 것으로 학설이 이분되었다. 그리고 물권행위의 독
자성문제는 "거래당사자가 매매계약을 체결하여 소유권이전등기를
하는 과정 중에서 어느 시점에 물권행위를 하였다고 판단할 것인가"
하는 물권행위의 성립시기에 관한 논쟁으로 그 내용이 변천하였
다.[20] 당사자들은 물권행위라는 개념을 알지 못하지만 어느 시점에

---

19) 곽윤직, 상게서, 84면.

20) 참고문헌; 고상룡, "물권행위의 독자성과 무인성론의 재검토", 월간고시 1981
  년1월호, 4월호, 5월호; 곽윤직, 『부동산물권변동의 연구』, 박영사, 1968년;
  권용우, "물권행위의 독자성", 고시연구 1986년 11월호; 김기선, "신민법 제
  186조 및 제188조1항에 관하여", 서울대 법학 2권2호(1960); 김상용, "영미재
  산법상 부동산물권변동", 곽윤직교수화갑기념 『민법학논총』(박영사, 1985) 수
  록; 김상용, "관인계약서사용에 의한 부동산물권변동의 수정", 고시계 1988년
  12월; 김상용, "물권의 종류에 따른 물권변동요건의 특수성", 고시연구 1990년
  4월호; 김용한, "민법 제186조의 의의와 적용", 고시연구 1977년 1월호; 김용
  한, "물권행위의 독자성이론", 동저 『재산법의 과제와 판례』(1989) 수록; 김증
  한, "물권변동이론 서설 I, II", 월간고시 1980년1월호; 김증한, "물권행위론",
  동저 『민법논집』(진일사,1978) 수록; 김증한, "부동산물권변동에 관한 일본판
  례의 변천", 곽윤직교수화갑기념 『민법학논총』(박영사, 1985) 수록; 서영배,
  "관인계약서사용의 실효성", 민사법학 8호(1990) 수록; 양창수, "부동산물권
  변동에 관한 판례의 동향", 민사판례연구10권 및 동저 『민법연구1』 수록; 정
  옥태, "한국민법상 물권행위의 무인성론", 김기선교수고희기념논문집(1987);
  정옥태, "물권행위의 독자성", 고시계 1991년 7월호; 정조근, "물권행위의 독
  자성 부인론", 고시계 1988년 12월호; 장경학, "물권행위의 독자성과 무인성",
  이광신 박사 화갑기념논문집 『현대민법론』(1982) 수록; 홍성재, 『부동산물권
  변동론』, 법문사, 1992.

이르러서 "이제 소유권을 매도인으로부터 매수인에게로 넘기겠다"는 의사를 표시하게 되는데, 이 시점은 법률가가 당사자의 거래과정을 관찰하여 규범적으로 판단할 문제라고 파악되었다.21) 독자성인정설은 물권행위가 원칙적으로 그 원인행위인 채권행위와 별개의 행위로 행하여져야 하고 그 시기는 통상 '잔금지급과 상환해서 등기서류를 교부할 때'라고 보았다.22) 이에 대하여 독자성부정설은 물권행위가 원칙적으로 채권행위와 같이 행하여 지며, 부동산매매의 경우에 물권행위는 매매계약과 동시에 이루어 진다고 보았다.23) 거래의 실정을 살펴볼 때, 처음의 매매계약 가운데에 소유권이전의 합의도 했다고 보는 것이 당사자의 의사에 부합하며, 등기서류를 주고 받거나 목적물을 인도하는 것은 공시방법을 갖추기 위한 행위일 뿐이라고 이해하였다. 1990년 9월 1일부터 검인계약서제도가 시행되었다. 계약을 원인으로 소유권이전등기를 신청한 때에는 당사자, 목적부동산, 계약년월일, 대금지급 등의 법정기재사항을 적은 계약서를 시장, 군수 등의 검인을 받아 관할등기소에 제출하도록 요구된다(부등특조법 제3조 제1항). 이 검인계약서가 등기원인서류인가 아니면 첨부서류에 지나지 않는가가 독자성이론과 관련하여 논의되었는데 종전과 같이 학설은 계속 대립했고 검인계약서제도는 물권행위론에 큰 영향을 미치지 못하였다. 독자성인정설에서는 검인계약서제도는 투기방지를 위

---

21) 곽윤직, 물권법(신정판), 박영사, 1992, 80~81면은 "물권행위는 원칙적으로 원인이 되는 채권행위와는 현실적으로도 별개의 행위로서 행하여져야만 하는가? 이것이 이른바 물권행위의 독자성의 문제이다"라고 한다.

22) 김증한, 물권법강의, 박영사, 1988, 44~48면; 김증한·김학동, 물권법, 박영사, 1997, 51면; 이영준, 물권법(전정판), 박영사, 1996, 73~79면; 황적인, 현대민법론Ⅱ, 박영사, 1988, 54면 이하; 졸저, 물권법, 박영사, 1998, 137~138면.

23) 곽윤직, 전게 물권법(신정판), 박영사, 1992, 80~89면; 김상용, 물권법(개정판), 법문사, 1995, 117~118면; 고상룡, "물권행위의 독자성과 무인성론의 재검토", 월간고시 1981년 1월호, 2월호.

해 정책적으로 도입된 제도일 뿐 실제 당사자의 물권적합의의 시점
에는 영향을 미치지 않는다고 보는 결과, 매매계약의 이행으로 교부
되는 검인계약서, 등기신청위임장, 등기필증, 인감증명 등 등기서류
의 교부시에 물권적합의가 있는 것으로 해석하였으며,[24] 독자성부정
설 중에서는 기존의 매도증서의 사용이 금지되고 검인계약서를 등기
서류로 이용하게 되므로 채권행위와 등기와의 중간에 별도의 물권행
위가 행하여 진다는 이론구성은 불가능하고, 검인계약서로서 채권행
위와 물권행위가 합체되어 행하여 진다고 주장하는 견해가 생겼
다.[25]

물권행위에 관한 논쟁의 핵심은 물권행위의 유인성·무인성논쟁이
었다.[26] 물권행위의 무인성을 인정하는가 유인성을 인정하는가에 따
라 실제사례의 해결에 있어서 다른 결과를 초래하므로 이에 관한 논
쟁은 법적용 및 법정책과 직접 연관을 가졌다. 1980년대에 이르기까
지는 무인설이 다수견해를 이루었다. 무인설에서는 물권행위의 효력
은 그 자체의 요건만으로 결정하고 그의 원인이 된 채권행위의 무효·
취소에 직접 영향받지 않도록 하는 이론구성을 취했다.[27] 물권행위

---

24) 이영준, 전게서, 78면; 졸저, 전게서, 139면.
25) 김상용, 전게서, 117면.
26) 참고문헌: 고상룡, "물권행위의 독자성과 무인성론의 재검토", 월간고시 1981
    년 1월호, 4월호, 5월호; 곽윤직, 『부동산물권변동의 연구』, 박영사, 1968년;
    김욱곤, "불독민법상 원인론의 고찰", 숭전대학 논문집 3집, 4집(1971, 1973);
    정옥태, "한독민법상 물권행위 무인론관계규정", 배경숙교수화갑기념 『한국민
    사법학의 현대적 전개』(1991) 수록; 정옥태, "나치시대 물권행위의 유인론적
    법개정작업에 관한 고찰", 김용한교수화갑기념 『민사법학의 제문제』(1990) 수
    록; 정옥태, "물권행위의 무인론", 고시연구 1991년 8월호; 홍성재, 『부동산물
    권변동론』, 법문사, 1992.
27) 김증한, 전게서, 49~55면; 김증한·김학동, 전게서, 55~61면; 정옥태, "물권행
    위의 무인론", 고시연구, 1991.8월호. 그밖에 1960년대에 무인설을 주장했던

를 채권행위와 별개로 생각한다면 그 유효성 여부도 별도로 생각하여야 한다고 보았다. 무인설에서는 무인성을 인정함으로써 등기의 공신력을 인정하지 않는 민법의 제도상 흠결을 보정하여 거래의 안전을 보호할 수 있다고 주장했다. 물권적 법률관계는 모든 사람에 대하여 명백할 것이 요청되므로, 당사자 사이에만 효력을 갖는 원인행위의 유효성 때문에 제3자가 영향을 받게 된다는 것은 부당하다고 하였다. 다만 우리나라의 무인론자들은 원인행위와의 조건적 결합을 인정하는 상대적무인설의 경향을 띠었다.[28] 유인설은 1980년 이전에는 소수설에 그쳤으나 1980년대 이후 점차 다수설의 지위로 세가 확장되다가 근래에는 지배적인 견해로 자리를 굳혔다.[29] 유인론자들은 물권행위의 무인성을 부정하고 물권행위의 유인성을 인정하는 것이 「사물의 본성」에 맞는다고 보았다. 물권행위는 독자성을 갖고 있다고 하더라도 물권행위의 기능은 채권행위에 의한 의무를 이행하는 데 있는 것이므로 채권행위가 불성립·무효·취소되면 물권행위도 이와 운명을 같이 하는 것이 합리적이라고 하였다. 부동산거래에서는 일차적으로 진정한 권리자를 보호하고 거래의 안전은 2차적으로 보호되어야 한다는 입장을 취했다.

물권행위의 유인성을 인정할 것인가 또는 무인성을 인정할 것인가는 원래 입법정책에 의해 법률로써 결정할 사항이다.[30] 민법은 법률

물권법교과서로서는 김기선, 103면; 김현태, 64면; 방순원, 전게서. 26면; 장경학, 전게서, 190면; 최식, 전게서. 78면 등이 있었다.

28) 김증한·김학동, 상게서, 59면.

29) 곽윤직, 전게서, 97~102면; 김상용, 전게서, 127면; 이영준, 전게서, 79~80면; 고상룡, "물권행위의 독자성과 무인성론의 재검토Ⅲ", 월간고시 1981년 5월호, 155면.; 졸저, 전게서, 148~150면.

30) 프랑스민법은 물권행위의 개념을 인정하지 않고 채권행위의 효과로서 소유권이 이전한다고 규정하므로 물권행위의 독자성·무인성을 인정할 여지가 없다.

행위가 비진의 표시·허위표시로서 무효이거나 착오·사기·강박을 이
유로 취소된 경우에 그 무효 또는 취소의 효과를 선의의 제3자에 대
하여 대항할 수 없는 것으로 규정하고 있다(민 제107조 제2항, 제108
조 제2항, 제109조 제2항, 제110조 제3항). 이러한 규정은 민법이 물
권행위에 관하여 무인주의를 채택하였더라면 명문으로 규정할 필요
가 없었던 것이라고 해석될 여지가 있다.[31] 물권행위 무인성이라는
법기술적인 효과를 인정하기 위하여는 경개와 같이 구채무와 단절됨
을 명문으로 규정하거나(민 제500조) 또는 지시채권에서 인적항변이
절단된다는 규정(민 제515조)을 두는 것과 같이 명문규정을 두었어
야 했다. 결국 민법에 '원인행위의 무효나 취소의 경우에 소유권이전
에는 영향이 없다'는 내용의 규정을 두었어야 하며 이러한 규정이 없
는 한 무인성을 인정하기는 쉽지 않았다.[32] 어쨌든 민법에 명문규정

프랑스민법은 "재산의 소유권은 상속, 생존자간의 증여, 유증, 채무의 이행에
의하여 취득되거나 이전된다"고 규정한다(프민711조). 물권행위의 무인성을
인정하는 무인주의의 대표적 입법례로서는 독일민법을 들 수 있다. 독일민법
은 무인주의에 관한 명문규정을 두지 않으나, 립법이유서에 「물권계약은 여러
가지 법률상 원인을 전제로 할 수 있으나 이러한 법률상 원인이 존재하지 않거
나 무효인 경우도 물권계약의 효력은 이에 의하여 배제되지 않는다」고 밝히고
있어(Mugadan, Ⅲ, 523) 학설이 이에 따라 물권행위의 무인성을 인정하고 있
다. 우리 민법과 비교적 유사한 입법례인 스위스민법은 "토지소유권을 취득하
려면 토지등기부에 등기하여야 한다"고 규정하며(스민656조1항), "소유권양도
를 목적으로 하는 계약은 공증을 받아 구속력을 가진다"(스민657조)고 하며,
학설은 등기신청행위를 물권행위에 해당한다고 해석한다. 스위스민법은 "정당
한 이유가 없는 등기란 법적근거가 없이 행하여 졌거나 구속력없는 법률행위
에 의하여 행해진 등기를 말한다"(스민974조)라고 하여 유인성을 인정한다.
31) 동지; 이영준, 전게서, 80면.
32) 무인설에서는 무인주의의 전형인 독일민법도 이에 관하여 아무런 명문의 규정
을 두고 있지 아니하므로 이러한 명문의 규정이 없다는 것을 이유로 우리 민법
이 무인주의를 취하고 있지 않다고 판정하는 것은 의문이라고 하였다. 우리 민
법 제정 당시의 상황으로 보아 우리 민법의 입법자는 등기·인도를 물권행위의
효력요건으로 규정하고 전술한 바와 같이 물권행위의 독자성을 규정하면서 이

이 없는 이상 현행민법의 해석론으로서 무인설과 유인설이 대립할
소지는 있었다. 무인론자들은 민법의 해석론의 위치에서 거래의 안전
을 도모하는 것에 만족하지 못했다. 특히 판례가 유인설을 지지하고
나서자 더욱 입법적해결을 갈망했던 것 같다. 무인론자들은 원인증서
를 공증하도록 법제화할 것을 제안함으로써 우리나라에서도 독일에
서와 같은 원인증서공증제도를 갖추려고 시도했다. 그리하여 민법 제
186조에 "전조의 등기는 공증된 서면을 기초로 하여야 한다"는 것을
규정하고, 부동산등기법에는 공증을 받을 등기원인증서는 매도증서
로 하도록 규정할 것을 제안하였다.[33] 개정논자들은 공증된 문서에
의해서만 등기를 할 수 있게 함으로써 부동산 거래에 관한 분규의 가
능성을 줄이고 중간생략등기의 폐해도 같이 시정될 수 있다고 보았
다.[34] 이러한 민법학자들의 주장은 매매 기타 계약을 원인으로 하는
때에는 검인계약서를 제출하도록 요구하는 「부동산등기특별조치법」
(1990년)으로 입법화되었다.[35] 검인계약서제도가 채택되기는 했으나
독일식의 원인증서공증제도와는 거리가 멀었고, 부실등기가 빈법하
게 이루어지는 상황에서 등기에 공신력을 부여하는 것도 곤란했다.

에 의하여 물권행위의 무인성을 당연한 전제로 하였을 가능성도 있다고 보았다.

33) 김용한, "등기원인증서의 공증", 「부동산등기법의 개정에 관한 연구」(민사법학
회편, 1978) 수록.

34) 김증한, "원인증서의 공증", 민사법학회 「민사법개정문제 심포지움」, 1980, 주
제발표문, 23면. 기타 같은 취지의 논문; 김증한, "매도증서의 법제화를 촉구한
다", 월간고시 1980년 11월호, 12면 이하; 정권섭, "대장과 등기부의 일원화"
「부동산등기법의 개정에 관한 연구」(민사법학회편, 1978), 66면 이하; 정옥
태, "등기원인 및 그 공증에 관한 일고찰", 전남대 「사회과학 논총」 9집, 1981,
30면 이하.

35) 등기신청인은 계약서에 검인신청인을 표시하여 부동산의 소재지를 관할하는
시長이나 구청장의 검인을 받아 관할 등기소에 제출해야 한다(부동특조법3
조). 그 계약서에는 당사자, 목적부동산, 계약년월일, 대금 및 그 지급일자등,
부동산중개업자, 조건이나 기한 등의 사항을 기재한다.

Ⅳ. 물권변동에 관한 판례

　판례는 '물권적 계약'이라던가 '물권적 합의'라는 용어를 종종 사용하면서 일관되게 물권행위의 개념을 인정해 왔다.[36] 물권행위의 시기에 관해서도 많은 판례에서 선이행의 특약이 없는 한 잔금이 지급되어야 물권행위가 이루어진 것으로 입장을 정리하여 왔다.[37] 판례는 "약정매매대금 전액이 지급되었거나 또는 매매대금 완불전이라도 소유권이전등기를 하기로 하는 약정이 있다는 사정이 없었던 경우에, 소요서류 위조 등의 방법으로 한 매수인명의의 소유권이전등기는 매도인의 의사에 반하는 것임이 분명하여 실체적 권리관계에 부합한다고 할 근거가 없다"고 하였다(대판 1985.4.9, 84다카130). 이 판례는 절차상 하자 있는 등기라도 실체적 권리관계에 부합하는 경우에는 유효로 보았는데, 여기서 등기가 실체적 권리관계에 부합한다 함은 그 등기절차에 문서의 위조 등의 하자가 있더라도 진실한 권리관계와 합치되는 경우를 말한다고 하였다. 이 판결은 등기의무자의 동시이행의 항변권이 있는 경우 등의 상태에서 등기권리자에 의하여 일방적으로 등기가 이루어진 경우에 그 등기는 등기의무자의 의사에 반하는 것이라는 취지를 밝혔다. 결국 판례는 매매계약만으로는 소유권이전의사가 있다고 볼 수 없고 잔금완급에 의한 묵시의 물권적합

---

36) 대판1964.11.24, 64다851, 852는 소유권이전등기에 있어서 담보목적으로 소유권을 이전하기로 한 합의를 '물권적 계약'이라고 지칭한다. 이는 판례가 채권행위 외에 물권행위의 개념상 독자성을 인정한 것으로 해석된다.

37) 대판 1977.5.24, 75다1394는 우리 민법이 물권행위의 독자성과 무인성을 인정하지 않는다고 표현은 하고 있으나, 이 사건에서는 독자성이 쟁점이 된 바 없고 또한 이 사건은 계약해제의 효과에 관한 사건이므로, 판례가 독자성을 인정하는가의 여부를 판단할 대표판결이 되지 못한다.

의 또는 명시의 물권적합의가 있어야 소유권이전의 실체적 권리관계가 존재한다고 보았다.[38] 다른 판례에서는 "매매계약시 잔금지급 이전에 매매목적물인 부동산에 관한 소유권이전등기를 매수인에게 경료하여 준다는 특별한 약정이 없는 한, 잔금지급 이전에 소유권이전등기를 경료하여 주는 것은 극히 이례에 속하므로, 어느 부동산에 관하여 잔금지급과 상환으로 소유권이전등기를 경료하여 주기로 하는 내용의 부동산 매매계약이 체결되고 매매목적물에 관하여 매수인 명의로 소유권이전등기기 경료되었다면, 특단의 사정이 없는한 매수인의 잔금지급의무는 이미 이행되었다고 봄이 경험상 상당하고 그와 같은 사정에도 불구하고 매매대금이 전부 지급된 것이 아니라고 판단하기 위하여는 특단의 사정에 대한 이유 설시가 선행되어야 한다"고 판시하였다(대판 1996.10.25, 96다29700).

판례는 물권행위의 무인성·유인성 논쟁에 관하여는 유인설을 취하는 것으로 보여진다. 채권행위가 무효·취소된 경우에 그의 효과로서 물권행위가 실효하게 된다는 유인성을 정면으로 인정하는 판례는 거

---

38) 갑과 을(피고인) 사이에 "갑이 임야의 입목을 벌채하는 둥의 공사를 완료하면 乙이 甲에게 그 원목을 인도한다"는 계약이 성립되어 갑은 그 계약상의 의무를 모두 이행하였다. 이 경우 의무이행만으로 원목의 소유권이 바로 갑에게 귀속되는 것은 아니며, 소유자인 을이 갑에게 별도로 원목에 관한 소유권이전의 의사표시를 하고 이를 인도함으로써 비로소 소유권이전의 효력이 생긴다. 아직 을이 갑에게 그 원목에 관한 소유권이전의 의사표시와 인도를 하지 않은채 그 원목을 타인에게 매도한 행위는 자기 소유 물건의 처분행위이므로, 절도죄를 구성하지 않는다(대판 1991.4.26, 90도1958). 이 사건은 형사사건이지만 법리구성 면에서는 민사적 요소가 강하다. 이 사건에서 피고인이 자기 소유물을 처분하였으므로 절도죄는 성립되지 않지만, 갑이 계약이행에 의해 갖는 원목 인도청구권과 원목에 대한 유치권을 침해하는 을의 행위는 권리행사방해죄를 구성할 수 있다고 판시하였다. 판례는 종래부터 권리행사방해죄의 구성요건 중 타인의 '권리'란 제한물권만을 의미하지 않고 물건에 대하여 점유를 수반하지 않는 채권도 포함된다고 해석해 왔다(대판 1968.6.18, 68도616).

의 없었다. 그러나 판례는 민법시행 후 부동산등기의 원인무효에 관한 많은 사건에서 물권행위의 무인성을 인정한 적이 없으므로 유인론을 취한 것으로 해석된다.39) 1970년대에 계약해제의 효과에 관해 직접효과설 및 물권행위유인성에 기한 물권적 효과설을 취한 판결이 있어 우리 대법원이 물권행위의 유인성을 취함을 표명한 바 있었다.40) 다음에 대표적인 판례 세 개를 소개한다. ① 갑 을 두 회사의 대표이사를 겸하고 있던 자에 의하여갑회사와 을회사 사이에 토지 및 그 건물에 대한 매매계약이 체결되고, 을회사 명의로 소유권이전등기가 경료된 경우에, 그 매매계약은 갑회사에 불이익을 생기게 할 염려있는 '이사의 자기거래'에 해당하고 그 거래에 대한 갑회사 이사회의 승인이 없었으므로, 그 매매계약은 을회사에 대한 관계에서 무효이다라고 판시하였다(대판 1996.5.28, 95다12101). 따라서 이사건에서 대법원은 갑회사의 을회사에 대한 소유권이전등기 말소청구를 인용하였다.41) ② 채무자가 채권자의 승낙을 얻어 본래의 채무이행에 갈음하여 부동산으로 대물변제를 하였으나 본래의 채무가 존재하지 않았던 경우에, 당사자가 특별한 의사표시를 하지 않은 한 대물변제

39) 이영준, 전게서, 80면은 "판례는 현행민법이 시행된 직후부터 계속하여 무인성을 부정하는 판결을 함으로써 이제 물권행위의 무인성을 부정하는 것은 확고한 관습법으로 되었다"고 한다.
40) 이에 대하여 무인성을 주장하는 입장에서는 주의의무에 관한 사항이므로 대법원의 태도가 잘못되었음을 지적하는 견해도 있다. 정옥태, "물권행위의 무인성," 고시계, 1991.7, 125면.
41) 이 사건은 서울 강남구 삼성동에 있는 시가 3천억원 대의 한국중공업 건물의 소유권을 둘러싼 현대와 한국중공업 사이의 8년에 걸친 대형 소송사건이다. 원래 현대측의 소유이던 이 건물을 현대양행의 소유로 해 두었던 것을 1980년 국보위의 부실기업정리 비상조치로 현대양행이 공기업인 한국중공업에 흡수되자 건물소유권도 빼앗겼는데, 이 소송으로 현대측에서 되찾게 되었다. 이 재판은 엄청난 소송가액(3천억원 정도), 변호사가 전대법원장 김덕주씨(현대측)와 전대법관 이회창씨(한국중공업측)라는 거물급이라는 점에서 세간의 관심을 모았다(조선일보 1996.5.29일).

는 무효로서 부동산의 소유권이 이전되는 효과가 발생하지 않는다고 판시하였다(대판 1991.11.12, 91다9503; 동지 대판 1977.5.24, 75다 1394)).[42] 이 사건에서 부동산소유자 갑은 돈을 차용하면서 을(피고)에게 소유권이전청구권보전의 가등기를 해 주었다(1986년). 한편 갑은 병(원고)에게 채무이행과 손해배상금 총 6천7백만원을 지급하라는 1심판결(이 사건과 별도)을 받아 그 채무 중 4천만원은 상계로 처리하고 나머지 2천7백만원은 그 부동산으로 대물변제하기로 하고 갑에서 병으로의 이전등기를 마쳤다(1987년 11월). 그런데 2심판결과 대법원판결에서는 갑의 병에 대한 채무가 3천만원과 지연손해금이라고 축소시켰고(1988년), 이에 따라 갑이 대물변제로서 병에게 지급하려 했던 2천7백만원의 채무는 없었던 것으로 판명되었다. 다른한편 을은 가등기에 기한 본등기를 마쳐(1987년 12월) 병 명의의 등기는 직권말소되었다. 그러자 병은 갑을 대신하여 차용금과 이자등 총 1197만원을 을에게 변제공탁하고 가등기담보법 11조의 제3자로서 본등기 말소청구를 하였다. 이 대법원판결에서는 병이 대물변제의 무효로 담보부동산의 제3취득자의 지위에 있지 않으므로 가등기담보법 제11조의 권리행사를 할 자격이 없다는 취지로 판시하였다. 이 판결을 이론적으로 살펴건대, 갑으로부터 병에게로의 소유권이전이 을의 본등기 이전까지 일단 유효하게 이루어졌는가가 쟁점으로 취급되었다. 그 소유권이전에는 채권행위에 해당하는 「소비대차채무의 존재」, 물권행위에 해당하는 「대물변제의 물권적합의」, 「소유권이전등기」의 세 요소가 필요하다. 그런데 채권행위가 무효였다는 판결이 나자 그

---

42) 유사판례, 대판 1964.11.24, 64다851: 채무자가 피담보채무를 변제하여 채무가 소멸한 이상 채권담보의 목적으로 소유권을 이전하기로 합의한 물권적 계약은 목적소멸로 인하여 소멸하였다. 이 경우 채권자가 소유권이전등기서류가 자기에게 있음을 기화로 하여 자기명의로 위 부동산의 소유권이전등기를 거쳤다 하면 이는 물권적 계약이 없는 등기로서 당연무효이며, 이러한 무효의 등기명의자로부터 소유권이전등기를 받은 제3자 역시 소유권을 취득할 수 없다.

것은 물권행위에 직접 영향을 미쳐 물권행위를 무효로 하고, 이에 따라 소유권이전등기는 원인무효가 되고, 소유권은 원소유자 갑에게 있다는 결론이 난 것이다. 이 판결은 채권행위와 물권행위 사이의 유인성을 인정하여 갑으로부터 병으로의 소유권이전을 부인하는 법리를 취하였다. ③ 계약에 따른 채무의 이행으로 이미 등기나 인도를 한 경우에, 그 원인행위인 채권계약이 해제됨으로써 원상회복될 때에 그 이론구성에 관하여 소위 채권적효과설과 물권적효과설이 대립되어 있으나 우리의 법제가 물권행위의 독자성과 무인성을 인정하고 있지 않은 점과 민법 제548조 제1항 단서가 거래안전을 위한 특별규정이라는 점을 생각할 때에 계약이 해제되면 그 계약의 이행으로 변동이 생겼던 물권은 당연히 그 계약이 없었던 원상태로 복귀한다고 판시하였다(대판 1977.5.24, 75다1394). 이 판결은 물권행위의 독자성과 무인성을 모두 부정하였으나 그 이후 물권행위의 독자성을 인정하는 취지의 판결이 여러 개 된다 점을 고려할 때 이 판결은 「대법원이 물권행위의 유인성을 취하고 있다」는 점만을 말해주는 대표판례로서의 성격을 갖는다고 볼 것이다.

판례는 가급적 이론적 논쟁에 말려들지 않으면서 사건해결에 꼭 필요한 범위에서 법원칙을 명확히 하고 그 원칙을 적용하는 태도를 취해왔다. 물권행위의 개념을 인정하면서, 거래관행에 맞추어 물권행위의 시기를 잔금과 등기서류를 교환한 때로 파악하고 물권행위의 무인성은 부인하였다. 이와 관련하여 특기할만한 점은 판례가 우리 민법이 형식주의를 취했다는 점을 충분히 인식하면서도 매매대금을 다 내고 점유를 이전받은 매수인을 사실상의 소유자로서 보고 일반채권자보다 강한 권리를 인정하였다는 것이다. 미등기매수인의 법적 지위와 관련하여 사실상의 소유자인 매수인의 등기청구권은 소멸시효에 걸리지 않는다고 판시하였고(대판 1976.11.6, 76다148 전원합의체), 그 매수인이 부동산에 관한 권리를 제3자에게 미등기전매한 경우에 그 제3자의 등기청구권도 소멸시효에 걸리지 않는다고 판시하였다(대판 1999.3.18, 98다32175 전원합의체).[43] 이러한 판례의 입론은 김증한교수에 의하여 주장된 물권적기대권론과 결론적으로 유사하며, 이러한 판례의 이론구성은 과거 김증한교수가 형식주의 적용과 현실의 승인 사이에서 고민했던 것을 상기시킨다.

V. 글을 맺으며

20세기 우리 민법학에서 가장 중심이 되었던 논제는 물권행위론이었다고 말해도 무리는 아닐 것이다. 물권행위론을 살펴보면서 민법제정 직후의 우리 민법학자들이 식민지법학에서 탈피하려는 자주정신을 가지고 한국민법학의 기틀을 다졌다는 점에 새삼 고개가 숙여진다. 당시 일본민법학에서도 물권행위론이 쟁점이었다는 사실 그리고 그 논쟁의 양상이 우리와 비슷했다는 사실을 가지고 의기소침해할 필요는 없다고 생각한다. 우리 민법학자들은 그 논쟁에서 우리 민법을 기초로 해석론을 전개해야겠다는 자극을 받았던 것 같다. 그리고 우리 민법학을 선진화시키겠다는 의지도 강했기 때문에, 독일의 법제와 학문을 직수입해야 되겠다는 의욕을 가졌고 그 과정에서 물권행위의 무인론이 민법제정 직후 다수설의 지위를 차지하였다. 독일법과

---

43) 이 판결에서는 매수인이 다른 사람에게 그 부동산을 처분하고 점유를 승계하여 준 경우에, 그 이전등기청구권의 행사여부에 관하여 그가 그 부동산을 스스로 계속 사용수익만 하고 있는 경우와 특별히 다를 바 없으므로, 두 경우 모두 이 전등기청구권의 소멸시효는 진행되지 않는다고 판시하였다. 판례평석; 졸고, "미등기매수인의 처분과 등기청구권의 대위행사", 법률신문 1999년 5월 일자.

우리 법 사이에 상당한 차이가 있음에도 불구하고 독일의 물권행위에 관한 법리들은 우리 민법의 해석에 지대한 영향을 미쳐왔다. 우리의 민법학자들이 독일의 부동산물권변동의 법제가 우수하다고 보고 그 법리를 도입하려 했지만, 한국과 독일 사이에는 민법규정 이외에도 등기원인서류의 공증제도,[44] 일반인들의 법의식 등 기초상황이 크게 달랐기 때문에, 그 격차를 단순히 물권행위의 무인성론으로 메우려는 것은 무리한 발상이었다. 물권행위론의 또 다른 바람직한 측면은 이론적 논쟁에서 출발하였지만, 국민의 법의식·거래현실에 대한 분석이 가미되었다는 점이다. 법학분야에서 의식조사 및 실태조사의 필요성이 인식되는 계기를 제공하였다. 나아가서 법정책에 대한 관심도 고조되어 거래의 안전을 위해서 매매계약서나 매도증서를 공증하는 제도를 마련할 필요가 있다는 입법론으로 이어졌다. 등기에 공신력 부여하자는 입법론도 제안되었는데, 그러한 입법제안의 배후에는 독일식의 제도에 접근하고자 하는 열망이 담겨져 있었다. 그러나 부동산물권제도의 선진화는 법제만 가지고 되지 않고 건전한 거래풍토를 조성하는 것도 중요한 요인이라는 점이 간과되었다. 물권법은 법적 논리만의 소산이 아니라 토지정책과 밀접한 관련이 있다는 사실도 경시되었다.

물권행위론은 법학도들에게 민법학의 이론적 기초를 습득하는 데에 큰 역할을 했다. 물권행위의 독자성·무인성논쟁을 통하여 법학도들은 '리갈 마인드'를 형성해 갔다. "법학전공자와 비전공자 사이의

---

44) 독일에서는 부동산거래를 신중하게 하기 위하여 부동산소유권이전의 물권적합의는 '아우프라쏭'(Auflassung)이라는 특별한 요식행위로 하도록 강제한다(독민 제925조). 아우프라쏭을 하기 위해서는 양도인과 양수인이 함께 공증인에게 가서 소유권이전의 합의를 해야 하여 공증인은 이를 공정증서로 만들어 등기신청에 사용한다. 독일에서도 동산의 양도에는 특별한 방식을 요구하지 않는다.

차이점은 물권행위론을 이해하느냐 아니냐에 있다"거나, "아무리 부동산실무를 오래 다루었더라도 법학교육을 받지 않은 사람이 민법의 체계를 이해할 수 없는 이유는 물권행위론을 공부하지 않았기 때문이다"라고 할 정도로 이 논쟁은 법논리의 교육에는 유용했다. 다른 한편으로는 민법학자의 관심이 과도하게 이론적 논쟁에 집중됨으로써 학문적 역량이 소진되었다는 측면도 무시할 수 없다. 하나의 주제에 관한 논쟁이 수 십년을 거듭하면서 약간의 논거가 추가되기는 했지만 대체로 같은 논리가 반복되어 주장·반박됨으로서 그 논쟁을 접하는 사람들에게 진부하다는 느낌을 주었다. 만약 민법시행 후 민법학자들이 관심이 좀 더 다양한 주제에 퍼졌더라면 우리 민법학은 더욱 발달했을 터인데 하는 아쉬움도 남는다. 그밖에 민법학도에게는 본의 아니게 계파의 선택을 강요함으로써 학문을 자유롭게 하기 어려운 환경을 조성하였다. 물권행위에 관한 과도한 논쟁은 한때 '물권법에 대한 기피', 나아가서 '민법학에 대한 기피'의 현상까지 유발하였다.

이 글에서는 다른 논문들과 서술방법을 약간 달리하였다. 보통 우리 법학논문의 내용은 외국의 선진이론을 소개하고 그 이론을 우리 법학에 도입할 필요성에 관해 역설하는 것으로서 채워지는데, 그 방식은 취하지 않았다. 필자의 법학수업에 대한 회고담에서 시작하여 필자가 경험했던 민법학자의 인품과 학문을 바탕으로 그들의 이론을 이해하고 평가하는 내용으로 써내려갔으며, 필자가 쓰고 싶은 중요한 얘기를 글 첫머리에 모두 수필식으로 적고나서 그 다음으로 학문적인 자료들을 열거하는 방식으로 써나갔다. 한국법학을 회고하고 현시점에서 재평가하는데 있어서는 그 평가자의 체험도 무시해서는 안된다고 생각한다. 평가자의 체험은 개인적인 것이라기 보다는 동시대의 법학자가 공통으로 경험했던 학문적 기반이기 때문이다.[45]

〈참고문헌〉

고상룡, "물권행위의 독자성과 무인성론의 재검토",「월간고시」1981. 1, 4,
　　5월호.

곽윤직,「물권법」(신정판), 박영사, 1992.

_____,「부동산물권변동의 연구」, 박영사, 1968.

_____,「물권법」, 박영사, 1963.

권용우, "물권행위의 독자성",「고시연구」1986. 11.

김기선, "신민법 제186조 및 제188조1항에 관하여" 서울대「법학」2권 2호
　　(1960).

김상용, "관인계약서사용에 의한 부동산물권변동의 수정",「고시계」1988.
　　12.

_____, "물권의 종류에 따른 물권변동요건의 특수성",「고시연구」1990. 4.

_____,「물권법」(개정판), 법문사, 1995.

김용한, "등기원인증서의 공증"「부동산등기법의 개정에 관한 연구」, 민사법
　　학회편, 1978.

---

45) 이 글은 다음의 지면에 오래전에 발표한 것을 청헌 김증한교수를 기리는 민사
　　법학회 학술대회에서 발표하는 것이다. 이은영, "물권행위에 관한 이론적 논
　　쟁",「한국민법이론의 발전」이영준박사화갑기념논문집, 박영사 1999, 215~
　　236면. 당시의 논문에서 생략된 부분은 다음과 같다. "이 글을 이영준박사의
　　회갑논문집에 게재하게 됨을 영광으로 생각한다. 이영준 박사는 필자보다 10
　　여년 선배이시지만 이 글에서 중점적으로 소개한 김증한 교수, 곽윤직 교수 등
　　초기민법학자의 인품과 학문을 필자보다 더욱 오래전부터 경험했기 때문에,
　　같은 선학으로부터 영향을 받았다는 점을 빌미로 감히 같은 학문풍토에서 성
　　장했다고 할 수 있을 것 같다. 물권행위론에 관해서는 이미 초기 민법학자들이
　　격렬하게 논쟁을 벌였기 때문에, 그 문제를 늘 곰곰 생각해왔으면서도 스스로
　　는 누구와 그 문제에 관하여 격한 논쟁을 벌일 장을 갖지 못한 채 자신의 가치
　　관에 적합한 이론을 조용히 선택하게 되었다는 점은 그 후학들의 공통점일 것
　　이다. 특히 이영준 박사는 독일 유학 경험과 독일 학위과정을 겪었다는 점에서
　　필자와 유사한 점이 많은 선배학자이기도 하다. 필자가 이영준 박사와 마찬가
　　지로 물권행위의 독자성인정·유인론을 지지한 데에는 그 학문적 풍토의 공통
　　성도 크게 작용하였으리라고 생각한다."

_____, "물권행위의 독자성이론" 『재산법의 과제와 판례』, 박영사 1989.

_____, "민법 제186조의 의의와 적용", 「고시연구」 1977. 1.

김욱곤, "불독민법상 원인론의 고찰", 숭전대학 「논문집」 3집, 4집(1971, 1973).

김증한, 「물권법강의」, 박영사, 1988.

_____, "부동산물권변동에 관한 일본판례의 변천", 곽윤직교수화갑기념, 『민법학논총』, 박영사, 1985.

_____, "물권변동이론 서설 I, II", 「월간고시」 1980. 1, 2월호.

_____, "원인증서의 공증", 민사법학회 「민사법개정문제 심포지움」, 1980, 주제발표문.

_____, "물권행위론" 『민법논집』, 진일사, 1978.

_____, 「민법논집」, 진일사, 1978.

_____, 「신물권법」, 법문사, 1960.

_____, "매도증서의 법제화를 촉구한다", 서울대 「법학」 2권2호(1960).

김증한·김학동, 「물권법」, 박영사, 1997.

서영배, "관인계약서사용의 실효성", 「민사법학」 8호(1990).

양창수, "부동산물권변동에 관한 판례의 동향" 「민사판례연구」 제10권, 박영사.

_____, 「민법연구」 제1권 박영사, 1993.

이영준, 「물권법(전정판)」, 박영사, 1996

이은영, 「물권법」, 박영사, 1998,

_____, "미등기매수인의 처분과 등기청구권의 대위행사", 법률신문 1999년 5월 1일자.

장경학 "물권행위의 독자성과 무인성", 이광신 박사 화갑기념논문집 『현대민법론』, 1982.

정권섭, "대장과 등기부의 일원화" 「부동산등기법의 개정에 관한 연구」, 민사법학회편, 1978.

정옥태, "물권행위의 무인론", 「고시연구」 1991. 8.

_____, "물권행위의 독자성", 「고시계」 1991. 7.

_____, "물권행위의 무인성", 「고시계」, 1991. 1.

_____, "한독민법상 물권행위 무인론 관계 규정" 배경숙교수화갑기념논문집 『한국 민사법학의 현대적 전개』, 박영사, 1991.

_____, "나치시대 물권행위의 유인론적 법개정작업에 관한 고찰", 김용한교
수화갑기념논문집 『민사법학의 제문제』, 박영사, 1990.

_____, "한국민법상 물권행위의 무인성론", 「김기선교수고희기념논문집」,
법문사, 1987.

정조근, "물권행위의 독자성 부인론", 「고시계」 1988. 12.

현승종, 「민법(총칙, 물권)」, 일신사, 1975.

홍성재, 「부동산물권변동론」, 법문사, 1992.

황적인, 「현대민법론II」, 박영사, 1988.

石田喜久夫, 「物權變動論」, 有斐閣, 1979.

山本進一, "わが民法における物權行爲の獨自性ど有因性,"「法論」29卷 4·5号.

물권적 기대권론이 가지는 의미

권 오 승*

Ⅰ. 머리말

무릇 사적 자치를 법질서의 기본으로 삼고 있는 나라에서는 개인 상호간의 법률관계를 규율하는 사법의 영역에 있어서 각자가 그들의 생활을 영위하기 위하여 형성하는 다양한 거래관계와 이를 규율하기 위한 법과 제도 사이에 일정한 괴리가 발생하는 경우가 자주 있다. 특히 우리나라와 같이 외국법을 계수한 나라에서는 그러한 괴리현상이 발생하는 경우가 더 많을 수밖에 없을 것이다. 그런데 이러한 괴리현상은 법의 타당성과 실효성을 떨어뜨리는 요인이 되기 때문에 그러한 괴리현상을 극복하는 것이 법학의 이론과 실무에서 중요한 과제로 등장하고 있다. 이와 같은 괴리현상은 법의 모든 영역에서 발생할 수 있지만, 민법 분야에서는 특히 부동산물권변동과 관련하여 자주 나타나고 있다. 우리나라에서는 오랫동안 부동산거래는 공적 등록 없이 당사자 간의 계약만으로 성립하고 또 효력을 발생한다는 의식이 형성되어 왔으며, 또 구민법 하에서는 이러한 전통적인 법의식에 부합하는 이른바 의사주의 내지 대항요건주의가 채택되고 있었기 때문에, 국민들의 의식 속에는 등기 없이도 부동산물권을 취득할 수

---

* 서울대학교 명예교수

있다는 관념이 뿌리깊이 박혀 있었다. 그런데 1960년에 시행된 신민법은 이를 "부동산에 관한 법률행위로 인한 물권의 득실변경은 등기하여야 그 효력이 생긴다."(민법 제186조)고 하는 이른바 형식주의 내지 등기주의로 전환하게 되었다. 그럼에도 불구하고 등기 없이도 부동산물권을 취득할 수 있다는 전통적인 법의식이 그대로 남아 있을 뿐만 아니라, 그 영향으로 인하여 신민법이 시행된 지 어언 50여 년이 지난 오늘날까지도 등기이전을 하지 않고 있는 부동산 취득자가 적지 않게 나타나고 있는 것을 볼 수 있다. 따라서 우리나라에서는 부동산물권변동과 관련하여 제기되는 법제도와 현실간의 괴리를 메우기 위하여 노력할 필요가 있는데, 그 방안으로서 한편으로는 부동산 취득자에게 가능한 한 빨리 등기이전을 하도록 독려하면서, 다른 한편으로는 그럼에도 불구하고 아직 등기이전을 하지 않고 있는 부동산 취득자를 적절히 보호할 수 있는 방안을 강구할 필요가 있을 것이다.

그런데 이러한 문제를 해결함에 있어서 우리가 반드시 유의해야 할 필요가 있는 것은 구체적 타당성과 법적 안정성의 조화이다. 즉, 우리가 어떠한 사안에 관련법의 규정을 해석하여 적용함에 있어서 우선, 구체적 타당성을 실현하기 위하여 노력할 필요가 있으며, 나아가 법적 안정성을 해치지 않도록 배려할 필요가 있다. 그런데 여기서 양자 간에 충돌이 발생하는 경우에는 어느 쪽을 우선할 것인가 하는 문제가 제기된다. 이러한 문제는 부동산물권변동과 관련하여 아직 등기이전을 하지 않고 있는 부동산 취득자를 보호하고자 할 경우에도 마찬가지로 제기된다. 우리가 과연 그러한 취득자를 보호할 필요가 있는지, 그 필요성이 인정된다면 어떠한 방법으로 어느 정도까지 보호해야 할 것인지를 결정할 때에 반드시 고려해야 할 점이 바로 구체적 타당성과 법적 안정성을 어떻게 조화시킬 것인가 하는 점이다. 그러나 우리나라 민법학계에서는 아쉽게도 이러한 기본적인 문제에 대한 논의가 그다지 활발하게 이루어지지 않고 있는 것 같은 느낌을 받는다. 필자는 이를 매우 안타깝게 생각하고 있으며 앞으로는 이러한 문제에 대하여 좀 더 진지하게 논의할 필요가 있다고 생각한다.

이러한 관점에서 볼 때, 고 김증한 교수가 일찍이 신민법이 시행되던 1960년에 부동산물권변동과 관련하여 나타나는 법제도와 현실간의 괴리를 막기 위한 방안으로 '물권적기대권'에 관한 논의를 시작한 것[1]은 매우 의미 있는 시도였다고 할 수 있다. 따라서 이 글에서는 물권적 기대권에 관한 논의를 간단히 살펴 본 뒤에, 그러한 논의가 갖는 의미를 다시 검토해 보고, 여기서 우리가 본받아야 할 점이 무엇인지에 대하여 생각해 보고자 한다.

II. 물권적 기대권의 의의와 유용성

1. 물권적 기대권의 개념

우리나라에서 물권적 기대권을 최초로 소개하신 분은 고 김증한 교수이다. 김증한 교수는 독일의 물권적 기대권을 소개하면서, 독일 학자들의 견해에 따라 기대권의 개념을 "완전한 권리의 취득을 위한 요건 중 일부는 이미 실현되어 있으나 아직 다른 또는 적어도 하나의 요건은 아직 실현되어 있지 않은 자의 권리취득의 전망"[2]이라고 정의하신 뒤에, "물권취득을 위한 몇 개의 요건은 갖추어졌으나 아직 갖추어지지 않은 요건이 남아 있는 자의 지위를 물권적 기대권"[3]이

---

1) 김증한, 신물권법 상권, 1960. 46면, 특히 292면 참조.
2) Raiser, Dingliche Anwartschaften, 1961, S.3f.

라고 정의한 바 있다.[4] 그리고 이러한 개념은 고 최종길 교수에 의하여 더욱 구체화되었는데, 최종길 교수는 "권리취득을 위한 수개의 법률요건 중에서 전부는 아직 실현되어 있지 않으나 몇 개의 법률요건이 이미 실현되어 있으면 권리의 전 단계에 도달한 것이고, 덜 갖추어진 법률요건이 적을수록 완전한 권리에 접근하며, 이와 같이 완전한 권리를 향하여 발전하고 있는 과정에 있는 법적 지위가 곧 기대권"이라고 설명한 바 있다.[5] 이러한 정의는 오늘날까지 그대로 유지되고 있다. 예컨대 김상용 교수가 "권리취득에 필요한 구성요건, 즉 법률요건이 수 개의 법률사실로 구성되어 있는 경우에 그 권리를 취득하기 위하여 필요한 법률요건의 전부는 아직 실현되지 않았으나, 이미 몇 개의 법률요건이 실현되어 있으면 권리취득의 전 단계 (Vorstufe)에 도달한 것이라고 볼 수 있다. 그리하여 아직 실현되지 않은 법률요건이 적으면 적을수록 이 전 단계에 있는 권리는 더욱 더 완전한 권리(Vollrecht)에 접근하게 된다. 이와 같이 생성과정에 있는 불완전한 권리, 즉 완전한 권리를 향하여 발전하고 있는 과정에 있는 법적 지위가 곧 기대권(Anwartschaft)이며, 권리취득의 법률요건이 완전히 다 갖추어졌을 때 취득되는 완전한 권리가 물권일 때에 이 완전한 권리를 향해서 발전하고 있는 법적 지위가 곧 물권적 기대권이라고 한다"고 정의하고 있는 것과 같다.[6]

2. 물권적 기대권을 인정할 필요성

고 김증한 교수가 1960년에 독일의 물권적 기대권을 우리나라에

---

3) Bauer, Lehrbuch des Sachenrechts, 8. Aufl., $3.II 3.
4) 김증한, 민법논집, 박영사, 1980, 182면.
5) 최종길, 소유권유보부매매의 법률관계 "서울대 법학 제 9권 2호(1967. 12), 79면.
6) 김상용, 주석 민법[물권1], 박영사, 2001, 256면.

소개한 후 이를 우리 민법의 물권변동이론에 실제로 적용한 것은 바로 법제도와 현실 간의 괴리를 메우기 위한 노력의 일환이었다고 할 수 있다. 이는 김증한 교수가 '물권적 기대권'이라는 개념을 최초로 소개하면서, 그 이유를 다음과 같이 설명한 것을 보면 더욱 분명하게 알 수 있다.[7]

> "필자가 물권적 기대권의 개념을 소개한 까닭은 우리 민법이 물권변동에 관하여 형식주의를 채택하였지만, 물권거래를 등기하지 않고 지내는 습성이 조속히 근절되리라고는 기대하기 어렵고, 그렇게 되면 등기가 권리관계를 여실히 반영하지 못하는 결과를 가져 올 것이기 때문에, 매매계약 후 물권행위까지 필하였음에도 불구하고 아직 등기가 되지 아니한 상태를 법적으로 어떻게 설명하느냐 하는 문제가 생기게 된다. 그래서 필자는 이러한 상태에 있는 자의 법적 지위를 독일에서 논의되고 있는 Anwartschaft의 개념을 도입하여 설명하려고 하였던 것이다."

그런데 고 김증한 교수의 이러한 노력에 대한 학계의 반응은 한결같지 않았다. 한편에서는 이를 지지하는 견해도 있었지만,[8] 곽윤직 교수는 "등기를 이전하지 않은 부동산취득자를 보호하기 위하여 물권적 기대권을 적용하려고 하는 것은 부당할 뿐만 아니라 또한 그러한 권리를 인정하여야 할 아무런 이유도 발견할 수 없다"는 이유로 강력히 반대한 바 있다.[9] 그러나 최근에는 물권적 기대권에 관한 논의는 물론이고 법제도와 현실 간의 괴리를 메우기 위한 노력이 그다지 활발하게 이루어지지 않고 있는 것으로 보인다. 그런데 이러한 현

---

7) 김증한, 민법논집, 61면.
8) 김증한, 민법논집, 61면 이하; 최종길, 물권적 기대권, 사법행정(1965.2~6); 김용한, 물권법론, 1975, 114, 156, 164, 167면; 황적인, 현대민법론 II, 62면 이하; 정옥태, 등기청구권에 관한 일고찰, 전남대 사회과학논총 5, 31면 이하 참조.
9) 곽윤직, 부동산물권변동의 연구, 1968, 217면.

상은 매우 안타까운 일이라고 하지 않을 수 없다. 왜냐하면 우리나라
에는 아직도 법제도와 현실 또는 법의식 간에 상당한 괴리가 있는 경
우가 많으며, 이러한 괴리현상은 법의 타당성과 실효성을 저해하는
요인으로 작용하고 있기 때문이다. 따라서 필자는 우리 민법학의 건
전한 발전을 위해서는 우리 후학들이 장차 법과 현실간의 괴리를 메
우기 위하여 더욱 열심히 노력할 필요가 있으며, 그러한 관점에서 물
권적 기대권에 관한 논의가 갖는 의미를 재음미해 볼 필요가 있다고
생각한다.

　　우리나라에서 물권적 기대권을 인정할 필요가 있는가 하는 문제는
결국 현행 민법 하에서 등기이전을 하지 않고 있는 부동산 취득자를 보
호할 필요가 있는가 하는 문제로 귀결된다. 그런데 이 점에 관하여 곽
윤직 교수는 "그러한 부동산 취득자를 현행법상 특히 보호하는 것은 부
당하다"고 하면서, 그 이유를 다음과 같이 설명한 바 있다. 즉 "현행 민
법은 법률행위에 의한 부동산물권변동에 관하여 이른바 독법주의 내지
등기주의를 채용하여 등기하지 않으면 물권을 취득하지 못하는 것으로
하고 있다. 그럼에도 불구하고 그러한 등기주의에 따르지 않는 자를 보
호할 필요가 어디에 있는지 납득이 가지 않는다. 오히려 그러한 자를
보호한다는 것은 우리 구법에서의 불법주의를 버리고 독법주의로 전환
한 정신에 반하는 것이 되는 것으로 생각된다. 극단적으로 말해서 그러
한 자를 보호하려는 것은, 특히 이를 두텁게 보호하면 할수록, 독법주
의를 부인하려는 것과 같은 결과가 된다"고 주장한 바 있다.[10] 그러나
이러한 비판에 대하여, 고 김증한 교수는 이는 "모든 국민이 언제나 법
에 어떻게 규정되어 있다고 하는 것을 염두에 두고 생활하고 있는 것은
아니라는 사실을 간과한" 것이고, 또 "법을 알고 있더라도 등기절차를
밟는 것이 귀찮아서, 또는 취득세 기타의 세를 물어야 하는 것이 힘들
어서, 기타 여러 가지 사정으로 등기가 지연되는 일이 허다하다. 그러
므로 등기하지 않은 것을 모두 죄악시한다면 그것은 현실에 맞지 않다

---

10) 위의 책, 223면.

는 견해이다"라고 반박한 바 있다.[11]

이와 같이 우리나라가 이른바 등기주의를 채택한 신민법이 시행된 지 얼마 되지 않았을 당시에 이미 등기이전을 하지 않고 있는 부동산 취득자를 보호할 필요가 있는지에 대하여 견해가 심각하게 대립하고 있었던 것을 보면, 신민법이 시행된 지 50여년의 세월이 지난 오늘날에는 이를 찬성하는 견해보다 반대하는 견해가 더 많은 지지를 받을 가능성이 있을 것으로 짐작된다. 그러나 이것은 논리적인 문제가 아니라 가치판단의 문제라고 할 수 있다. 우리가 민법을 해석함에 있어서 반드시 고려해야 할 가치, 즉 구체적 타당성과 법적 안정성이 서로 충돌할 경우에 어느 쪽을 우선할 것인가 하는 문제와 깊은 관련이 있는 문제라고 할 수 있다. 고 김증한 교수는 구체적 타당성을 중시하는 입장을 견지한 반면에, 곽윤직 교수는 법적 안정성을 중시하는 입장을 취한 것으로 볼 수 있다. 그런데 개인주의와 자유주의를 기본으로 하는 법질서에서 개인 상호간의 법률관계를 규율하는 사법의 기본법인 민법의 규정을 해석함에 있어서 우리가 추구해야 할 우선적인 가치는 구체적 타당성의 실현이지 법적 안정성이 아니라고 할 수 있다. 다시 말하자면 법적 안정성은 구체적 타당성을 실현하기 위한 노력이 넘어서지 말아야 할 한계를 설정하는 이차적인 기준이라고 할 수 있다. 그러나 우리나라에서는 아직 양자의 관계에 대하여 진지한 논의가 이루어지지 않고 있을 뿐만 아니라, 양자의 우선순위가 뒤바뀌는 경우도 적지 않게 나타나고 있는 것으로 보인다. 그런데 이러한 현상은 우리 민법의 이념에 부합하지 않는 것으로서 반드시 재고할 필요가 있을 것이다.

---

11) 김증한, 민법논집, 193면.

그런데 여기서 우리가 반드시 유의할 필요가 있는 것은 우리나라가 신민법에서 부동산물권변동에 관하여 이른바 등기주의를 채택하고 있는데, 그럼에도 불구하고 아직 등기주의를 따르지 않고 있는 부동산취득자가 있을 경우에, 국가가 그러한 괴리를 메우기 위하여 어떠한 노력을 경주해야 할 것인가 하는 것과 그러한 부동산취득자를 어떻게 보호할 것인가 하는 것은 차원이 다른 문제라는 점이다. 다시 말하자면 국가는 가능한 한 그러한 부동산취득자가 생기지 않도록 열심히 노력할 필요가 있는 것은 사실이지만, 그렇다고 해서 그러한 부동산취득자를 일방적으로 비난하거나 법의 보호 밖으로 밀어내는 것은 타당하지 않다고 할 수 있다. 왜냐하면 그들은 소유자로서 물권법적 보호를 받기에 충분한 요건을 갖추지는 못하였지만, 그렇다고 하여 아무런 요건도 갖추고 있지 않은 것은 아니며, 더욱이 어떠한 불법을 저지른 것은 결코 아니기 때문이다. 따라서 우리는 한편으로는 아직 등기이전을 하지 않은 부동산취득자에게 하루 속히 등기이전을 하도록 독려하면서, 다른 한편으로는 등기이전을 하지 않고 있는 부동산취득자를 보호하기 위하여 부단히 노력할 필요가 있을 것이다. 따라서 이러한 관점에서 보면, 곽윤직 교수가 "그러한 자를 보호한다는 것은 불법주의를 버리고 독법주의로 전환한 정신에 반하는 것이 되는 것"이라고 주장한 것이나, "그러한 자를 보호하려는 것은, 특히 이를 두텁게 보호하면 할수록, 독법주의를 부인하려는 것과 같은 결과가 된다."고 주장한 것은 법제도의 안정성을 지나치게 강조한 나머지 구체적 타당성에 대한 고려를 다하지 않은 주장으로서 재고할 필요가 있다고 생각되며, "실제로 그러한 자를 보호할 필요가 있다"고 주장한 고 김증한 교수의 견해가 더 설득력을 가진다고 할 수 있다.

한편, 이러한 필요성은 우리나라 지방세법의 규정에 비추어 보면, 더욱 분명하게 인정될 수 있을 것이다. 즉, 지방세법 제7조(납세의무자) 제2항 본문은 "부동산등의 취득은 민법… 등 관계 법령에 따른 등기·등록을 하지 않은 경우라도 사실상 취득하면 각각 취득한 것으로 보고 해당 취득물건의 소유자 또는 양수인을 각각 취득자로 한

다."고 규정하고 있다.[12] 이것은 국가가 등기이전을 하지 않은 부동
산취득자를 사실상의 취득자로 보아 그들에게 납세의무를 부과하고
있다는 것을 의미한다. 실제로 우리나라에서는 부동산을 취득한 자가
취득세까지 납부하였음에도 불구하고 아직 등기이전을 하지 않았다
는 이유로 이를 양도받았거나 거기에 저당권을 설정한 제3자에 대하
여는 아무런 보호를 받지 못하는 경우가 적지 않게 나타나고 있는 것
을 알 수 있다. 그런데 그러한 경우에 그 부동산취득자에게 물권적
기대권을 인정하게 되면, 그는 최소한의 보호를 받을 수 있게 될 것
이지만, 그것을 인정하지 않게 되면 그는 제3자에 대하여 아무런 법
적 보호도 받지 못하게 될 것이다. 그러나 일반 국민들은 이러한 결
과를 납득하기가 어려울 것이다. 왜냐하면 그것은 국가가 조세 확보
를 위해서는 등기이전을 하지 않은 부동산취득자를 사실상의 소유자
로 보아 그에게 세금을 부과하면서, 그의 권리가 침해되었을 경우에
는 아무런 보호도 해 주지 않는 부당한 결과를 초래하기 때문이다.

3. 물권적 기대권 인정의 유용성

물권적 기대권 이론은 독일에서 발전된 것이다. 그런데 독일민법의
해석상 물권적 기대권이 인정되는 경우는 대체로 동산소유권유보부
매매에 있어서 목적물을 인도받은 매수인의 법적 지위, 부동산소유권
이전의 합의(Auflassung)는 있었으나 아직 등기를 이전하지 않은 부동

---

12) 지방세법 제 7조(납세의무자) 제 2항은 다음과 같이 규정하고 있다. 부동산등
의 취득은 「민법」, 「자동차관리법」, 「건설기계관리법」, 「항공법」, 「선박법」, 「입
목에 관한 법률」, 「광업법」 또는 「수산업법」 등 관계 법령에 따른 <u>등기·등록
등을 하지 아니한 경우라도 사실상 취득하면 각각 취득한 것으로 보고</u> 해당
취득물건의 소유자 또는 양수인을 각각 취득자로 한다. 다만, 차량, 기계장비,
항공기 및 주문을 받아 건조하는 선박은 승계취득인 경우에만 해당한다.

산취득자의 법적 지위, 저당권자로 등기되어 있으나 아직 피담보채권이 성립하지 않은 자 또는 증권저당권에 있어서 아직 저당증권의 교부를 받지 않은 자의 법적 지위 등이다. 우리나라에서는 동산소유권유보부매매에 있어서 목적물을 인도받은 매수인의 법적 지위, 부동산소유권이전의 합의(Auflassung)는 있었으나 아직 등기를 이전하지 않은 부동산취득자의 법적 지위, 그리고 점유시효취득자의 법적 지위강화 등을 위해서 물권적 기대권을 인정할 필요가 있다고 한다.

(1) 등기이전을 하지 않은 부동산취득자의 법적 지위

독일에서 학설과 판례가 물권적 기대권을 인정하게 된 것은 성립요건주의를 채택한 독일민법이 시행된 후 단지 등기만을 갖추지 않은 진실한 권리자를 보호할 사회적 필요성에 기인한 것이라고 할 수 있다. 따라서 물권적 기대권은 물권과 채권의 중간에 위치하는 권리이지만 물권에 더 가까운 권리로 이해되고 있다. 즉, 물권적 기대권은 물권에서 등기를 뺀 준물권으로 파악되고 있다.13) 이러한 문제는 우리나라에서도 나타나고 있는데, 우리 민법학계에서는 등기를 이전하지 않은 부동산 취득자의 법적 지위를 물권적 기대권으로 보호할 필요가 있는지에 대하여 견해가 갈리고 있지만, 이를 인정하는 것이 바람직할 것이다.

한편, 이를 인정하는 입장에서도 어느 정도의 법률요건을 갖추었을 때에 물권적 기대권을 인정할 것인가에 대해서는 견해가 일치하지 않고 있다. 매도증서를 등기원인 서면으로 이용하고 있었을 당시에는 물권행위가 행하여졌을 때, 즉 매수인이 매도인으로부터 매도증서와 기타 등기신청서류를 다 교부받았을 때에 물권적 기대권이 발생한다고 하는 주장과 물권행위 뿐만 아니라 부동산의 명도를 받아서 점유

---

13) 김상용, 주석 민법[물권1], 박영사, 2001, 256~257면 참조.

까지 하여야 물권적 기대권을 인정할 수 있다는 주장이 대립하고 있었다. 그러나 검인계약서를 등기원인서면으로 하고 있는 지금은 채권행위와 물권행위가 결합되어 행해지므로, 물권행위가 있은 후 곧바로 물권적 기대권이 발생한다고 하기는 어렵고, 물권행위뿐만 아니라 당해 부동산이 명도되어 매수인이 점유를 했을 때에 비로소 물권적 기대권을 취득한다고 하는 것이 바람직할 것이다. 다시 말하자면 물권행위와 점유이전은 있었으나 아직 등기이전은 하지 않은 자의 법적 지위를 물권적 기대권으로 설명할 수 있을 것이다.14)

(2) 동산의 소유권유보부매매에 있어서 매수인의 법적 지위

우리나라에서는 동산의 할부매매와 관련하여 매수인이 그 대금을 완급하지 않은 상태에서 그 목적물을 인도받아 현실적으로 사용, 수익하고 있는 경우에 매도인이 대금채권을 확보하기 위하여 그 목적물에 대한 소유권을 자신에게 유보해 두고 있는 이른바 소유권유보부매매가 널리 행해지고 있다. 그런데 이러한 경우에 있어서 매수인과 매도인의 법적 지위를 어떻게 설명하는 것이 바람직할 것인지에 대하여, 매수인의 법적 지위를 물권적 기대권으로 보고 매도인의 법적 지위를 담보권자로 구성할 필요가 있다는 점에 대하여는 대체로 동의하고 있지만, 그에 대한 구체적인 논의는 그다지 활발하게 전개되지 않고 있는 것으로 보인다.

(3) 점유시효취득자의 법적 지위 강화

우리 민법은 20년간 소유의 의사로 타인의 부동산을 평온·공연하게 점유한 자는 등기함으로써 소유권을 취득할 수 있다고 규정하고 있다(민법 제245조 제1항). 따라서 대법원 판례는 취득시효기간이 만

---

14) 위의 책, 256~258면 참조.

료되었더라도 등기하지 않은 동안에 등기명의인으로 이전등기를 마친 제 3자에게 대항할 수 없다고 판시하고 있다.[15] 그러나 취득시효기간 만료 전에 등기명의인으로부터 소유권을 취득하고 등기한 제3자에 대하여는 점유시효취득자가 대항할 수 있다고 판시하고 있다.[16] 따라서 판례에 의하면 점유취득시효의 시효기간이 만료한 자의 지위는 그다지 강하지 않다. 그런데 만약 점유시효취득자에게 물권적 기대권을 인정하게 되면 취득시효기간이 만료한 후 등기명의인으로부터 소유권이전등기를 한 제3자에게도 대항할 수 있게 되어 점유취득시효의 시효기간이 만료한 자의 지위를 보다 강하게 보호할 수 있게 된다.[17]

Ⅲ. 맺는 말

고 김증한 교수는 신민법이 구민법상의 의사주의를 버리고 이른바 등기주의를 채택한 이래, 아직 등기하지 않은 부동산취득자를 보호하기 위하여 물권적 기대권을 도입할 필요가 있다고 보아 이를 적극 주장한 바 있다. 그러나 물권적 기대권에 관한 논의는 그 후에 곽윤직 교수의 강한 반대에 부딪쳐 계속 유지, 발전되지 못하였다. 그런데 이것은 매우 안타까운 일이라고 생각된다. 왜냐하면 고 김증한 교수기 물권적 기대권을 주장한 것은 법제도와 현실 간의 괴리를 메우기 위한 노력의 일환이었으며, 그 과정에서 아직 등기이전을 하지 않은 부

---

15) 대판 1971.12.28, 71다1566; 대판 1980.9.24, 79다2129·2130; 대판 1983.2.8, 80다 940.
16) 대판 1977. 8.23, 77다 785.
17) 김상용, 앞의 책, 262면 참조.

동산취득자를 보호(구체적 타당성)하기 위한 방안을 마련하기 위한 시도였다고 할 수 있다. 그런데 이러한 괴리현상은 지금도 도처에서 발견되고 있으며, 새로운 제도에 쉽게 적응하지 못하는 사람들은 어느 나라에나 있기 마련이기 때문에, 민법학을 연구하는 학자나 실무가는 이러한 괴리현상을 극복하기 위하여 더욱 열심히 노력할 필요가 있을 것이다. 이러한 관점에서 보면, 고 김증한 교수가 일찍이 물권적 기대권에 관한 논의를 제기한 의도나 충정은 반드시 존중되어야 할 것이며, 앞으로도 이를 면면히 이어갈 필요가 있을 것이다.

그리고 우리나라처럼 뒤늦게 근대화를 추구하고 있는 나라에서는 국가가 법질서를 정립하기 위하여 외국의 법과 제도를 도입하여 시행하고 있는 경우가 많은데, 이러한 경우에 정부는 그러한 법과 제도의 실효성을 제고하기 위하여 가능한 한 그 내용이나 절차를 일반 국민들에게 널리 알려서 일반국민들이 하루 속히 그 법과 제도에 적응할 수 있도록 노력할 필요가 있다. 그러나 그럼에도 불구하고, 그러한 법과 제도에 쉽게 적응하지 못하는 사람들이 있을 경우에는 이들에 대하여 어떻게 대처하는 것이 바람직할 것인가 하는 문제가 제기된다. 그런데 이러한 문제는 국가가 법과 제도의 실효성을 제고하기 위하여 노력하는 것과는 다른 차원에서 새로운 법과 제도에 적응하지 못하는 국민들을 배려해야 할 책무에 관한 문제라고 할 수 있다. 우리 헌법이 지향하고 있는 사회적 법치국가의 이념에 비추어 볼 때, 국가가 이러한 국민들을 비난하거나 법의 보호 밖으로 밀어내는 것은 결코 타당하지 않으며, 그러한 국민들의 권리도 적절히 보호할 수 있는 방안을 강구하기 위하여 노력하는 것이 바람직한 태도라고 할 수 있다. 따라서 학자나 실무가들도 이러한 노력에 적극 동참할 필요가 있을 것이다.

〈참고문헌〉

곽윤직, 부동산물권변동의 연구, 박영사, 1968.

권오승, 민법의 쟁점, 법원사, 1990.

김상용, 주석 민법[물권1], 박영사, 2001.

김용한, 물권법론, 박영사, 1975.

김증한, 신물권법 상권, 박영사, 1960.

_____, 민법논집, 박영사, 1980.

정옥태, 등기청구권에 관한 일고찰, 전남대 사회과학논총 5.

정옥태교수 20주기 추도 유고논문집, 물권행위론의 제문제, 2013.

최종길, 물권적 기대권, 사법행정(1965.2~6)

_____, 소유권유보부매매의 법률관계 "서울대 법학 제 9권 2호(1967. 12).

황적인, 현대민법론 II, 박영사, 1980.

Bauer, Lehrbuch des Sachenrechts, 8. Aufl.

Raiser, Dingliche Anwartschaften, 1961.

공동소유론
─ 특히 총유를 중심으로 ─

정 종 휴*

Ⅰ. 머리말

1. 마음 속의 김증한 교수

사사로운 이야기이나 지방대학 69학번인 필자는 1학년 "민법총칙"
과 2학년 "물권법"을 담당교수 "강의안"으로, 다른 교수 담당 3학년
"채권총론"은 "곽윤직, 채권총론"으로 민법을 배웠다. "소멸시효"나
"물권변동"과 관련된 곳에서 일종의 편향된 시각의 김증한 교수를 접
할 수 있었을 뿐이었다. 그 후 군대 마치고 74년 2학기 복학해서도
"곽윤직, 채권각론"이 교재였고, 그 후 대학원 석사과정 때도 김증한
교수 저작은 늘 서가에 꽂아 두면서도 실은 읽지 않은 유명한 작품일
뿐이었다.

그 후 여러 해 일본생활 하던 중에도 민법을 전공한다는 주제에 스
케일이 좁아 여전히 김증한 교수의 저술을 꼭 읽어야 할 필요를 느끼
지 못했다. 그러다가 80년대 중반 "법학개론" 강의 준비차 김증한 교
수의 "법학통론"[1]을 보다가 "민법"편을 읽으면서 점차 생각이 달라졌

* 전남대학교 법학전문대학원 교수

다. "이건 핵심이 잘 드러난 세련된 명문이구나!" 그에 앞선 몇 년 전부터 민사법학회나 다른 학술모임 등에서 인사를 올리고 과분한 말씀도 들려주시는 등 사랑을 많이 받았지만, 부끄러운 이야기이나 그래도 필자에겐 바로 이 법학통론 "민법" 부분과의 만남이 마음속에 김증한 교수의 존재가 지워질 수 없는 방식으로 자리잡게 된 계기였다. "모모 저명한 민법학자보다 김증한 교수의 문필력, 표현력이 더 뛰어난 게 아닌가?"하는, 그 무렵 갖게 된 생각은 과문한 탓인지 그 후로도 거의 바뀌지 않고 있다.

2. 공동소유론과의 인연

이번 민사법학회 정기학술대회에서 청헌 김증한 교수의 민법학을 통일 주제로 하면서 "김증한 교수의 공동소유론(특히 총유)"을 필자에게 맡겨 주셨다. 그러나 사실 이 분야에 관한 이렇다 할 연구도 없는 필자에겐 과분한 과제이다. 관련을 군이 들자면 20년 전에 엉성하게 독일과 일본의 총유이론사[2]를 정리한 적이 있을 뿐이다. 또 한 가지 더 들어도 된다면 필자는 우리 민법의 "총유"관련 규정의 존재는 20세기 전반부 동아시아 (민)법학을 특징짓는 키워드의 하나인 "학설계수"의 연장선에 있는 독특한 성과라고 생각해 왔다는 점이다. 이 발표 역시 종래의 이러한 입장을 드러내는 방식으로 꾸밀 수밖에 없는 이유이다.

---

1) 김증한, 법학통론,(박영사, 1982) 수록. 수중에 있는 제6공화국판법학통론(박영사, 1988)에서는 193~239쪽 수록.
2) 정종휴, "독일과 일본의 총유이론사", 법사학연구 14(1993), 47~66쪽.

II. 한국민법 공동소유규정과 김증한 교수 공동소유론

1. 전 제

1896년 제정된 메이지민법(현행 일본 민법의 원형)이 판덱텐 방식에 따른다는 겉보기와는 달리 프랑스법적 요소를 독일민법적 요소보다 어쩌면 더 많이 내포하고 있다는 것,[3] 그러나 메이지민법 시행후 독일민법학(조문, 학설, 판례)은 더욱 강력한 기세로 일본 민법학에 영향을 미쳐 1910년대~20년대에는 "독일법학이 아니면 법학이 아니다"하는 항간의 속설이 생겨날 정도로 그 영향은 절대적인 것이 되었다는 것, 이토록 한 나라의 법학설이 타국의 법체계를 바꿀 정도의 강력한 영향을 미치는 현상을 "학설계수"[4]라 부른다는 것, 그리하여 "일본민법전이 예정하고 있던 민법의 체계"와 "독일 법학의 영향을 장기적, 대량, 집중적으로 받아 형성된 민법의 체계"와의 편차가 발생하여 "민법의 이중구조"[5]를 낳기에 이르렀다는 것, 그러는 가운데 "중화민국민법전"(재산편 1929년 공포)[6]과 "만주국민법전"(재산편 1937년 공포)[7]이 일본민법학의 영향 아래 제정되었다는 것, 특히 "만

---

3) 梅 (謙次郎) 博士述 「開會ノ辭及ヒ仏國民法編纂ノ沿革」『仏蘭西民法百年紀念』(有斐閣, 1905) 3~4쪽.
4) 北川善太郎『日本法學の歷史と理論—民法學を中心として—』(日本評論社, 1968) 25~26쪽.
5) 北川, 상게서 153, 250쪽.
6) 제정과정에 관하여는 정종휴, "한국민법전의 비교법적 계보"(이하 "비교법적 계보"로 줄임), 민사법학 제8호(1990), 79쪽 이하 참조.
7) 제정과정에 관하여는 정종휴, 비교법적 계보, 82쪽 이하 참조.

주국민법전"은 "일본민법 시행 후 30년간 사회사정의 변천과 법률사상의 추이에 응하여 학설·판례가 서로 협력하여 쌓아올린 최신의 이론을 채용"[8]한 것이라는 것, 중화민국민법전과 만주국민법전은 해방 이후 시작되어 정부수립 후 본격화된 민법 편찬 작업에 중요한 비교법적 참고물[9]이 되었다는 것은 학계의 상식에 속한다고 할 것이다.

그럼 공동소유에 관한 규정(현행민법 제262조~278조)은 어떠한가? 물론 중국·만주 두 민법전의 관계 조문이 법안 기초 단계에서부터 중요한 참고자료가 되었고, 특히 만주국민법전의 관련 조문과 혹사한 정부안이 만들어졌으며, 정부안은 1개 조문안을 제외하고는 국회법제사법위원회의 심의를 통과하여 본회의에 회부되었다. 그러나 현석호 수정안에 의해 조문수로나 내용으로나 민법안에 가하여진 최대의 수정을 거쳐 현행 민법의 조문으로 확정된다. 현석호 수정안[10]은 곧 민법안연구회[11]라는 학자들의 의견을 반영한 것이고, 그 중 공동소유에 관한 부분은 청헌 김증한 교수의 연구 성과[12]라는 것도 이

---

8) 我妻榮 「滿洲國民法所感」 法曹雜誌4卷7·8号民事法典制定紀念号(1937·8) 48~49쪽.

9) 민의원법제사법위원회민법안심의소위원회, 민법안심의록(상권)(1957년), "외국입법례" 참조.

10) 정종휴, 한국민법전의 제정과정(이하 "제정과정"으로 줄임), 후암곽윤직교수화갑기념논문집(1985), 1~37쪽.

11) 1956년 9월 첫 회합, 11월 9일까지 분과별 예비토의, 11월 9일부터 57년 1월 19일까지 12차의 전체회의에서 검토. 한국민사법학회의 전신을 이루는 것으로 이해되고 있다.

12) 물론 "민법안의견서"는 민법안연구회의 공적의견이고, 그 이유 설명의 말미에 부기된 성명은 "원고정리를 담당한 사람을 밝힌 것에 불과"하다는 서문의 알림이 있다(민법안의견서 1~2쪽). 이러한 알림을 통해 "민법안의견서"가 각 항목 담당자의 개인 의견의 집합이 아니라 연구회 참여자들의 의견의 총화임을 알 수 있다. 그러나 김증한 교수의 "유형론"과의 내용적 관련을 보아, 그가 담당한 "공유"에 관한 민법개정안에 대한 의견은 거의 순수한 형태로 개정안연구회의 공적의견이 된 것임을 부인하기는 어려울 것이다.

미 학계의 상식이 되었다고 할 것이다. 곧 살펴겠지만 한 학자의 학
설이 이토록 강력히 민법안 심의에 영향을 미치기까지는 당연히 그
에 앞선 오랜 연구의 온축이 있었다.

2. 김증한 교수의 공동소유론의 전개 — 유형론

(1) 출발점: 石田·我妻説에 대한 의문

김증한 교수는 공동소유에 대한 자신의 연구를 정부수립 후 6.25사
변 사이의 혼란기에 "공동소유형태의 유형론"13)으로 발표한다. 이 유
형론은 공동소유형태의 유형에 관한 일본의 石田文次郎14)나 我妻
榮15)의 설명에 대한 "약간의 의의를 제기"하고자 쓴 장대한 논문이
다. 그 의의란 "일유형과 타유형과 간의 본질적 구별을 어디에 구하
느냐, 따라서 각유형 간의 관계를 어떻게 위치시키느냐"는 것이었
다.16)

(2) 공동소유의 유형에 관한 石田·我妻의 설명

(가) 石田·我妻의 설명

총유와 공유의 본질적 구별에 관한 두 사람의 이해에는 미묘한 차

---

13) 김증한, "공동소유형태의 유형론"(이하 "유형론"으로 인용), 법조협회잡지 2권
   3호(1950), 220~248쪽.
14) 김증한이 인용하는 石田의 저작은 다음과 같다. 石田 文次郎 『物權法論』(有
   斐閣, 1922년); 同, 「合有論」(法學協會雜誌49권4호 1쪽 이하); 同, 「共有」
   (『岩波法律學辭典』 제1권 492쪽); 同, 『土地總有權史論』(岩波書店, 1929
   년).
15) 김증한이 인용하는 我妻의 저작은 다음과 같다. 我妻 榮, 『物權法』(民法講義
   II)(岩波書店, 1932년).
16) 김증한, 유형론, 220~221쪽.

이가 있으나, 그래도 두 사람 모두 "공동소유의 두 가지 이상적 형태로서 '총유'와 '공유'를 양극단에 위치시키고 그 중간에 '합유'"를 놓는다. 그러나 합유가 공유와 총유 중 어느 쪽에 더 가까운가에 관하여는 반드시 일치하지 않는다.

石田에 의하면, 합유는 공유에 속한다. 각자의 지분을 자유로이 처분할 수 있는가(공유), 불가한가(합유)로 나뉜다.[17] 그런데 我妻는 합유가 총유·공유 중 어느쪽에 더 가까운지 침묵한다.[18] 두 학자가 드는 공동소유 3유형의 관계를 김증한 교수는 다음과 같이 나타낸다.

〈표 1〉 3유형의 관계[19]

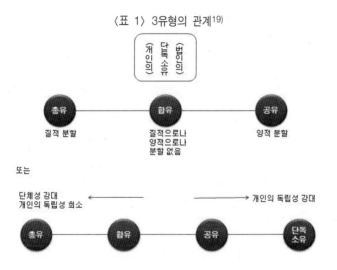

김증한 교수는 "총유, 합유, 공유가 과연 일직선상에 놓을 것인가에 대하여 의심을 품는다."[20]

---

17) 石田, 물권법론 510쪽 등을 인용한다.
18) 我妻, 물권법 181쪽 이하를 인용한다.
19) 김증한, 유형론, 223쪽.
20) 김증한, 유형론, 223쪽.

(나) 총유, 합유, 공유의 개념

1) 이 문제를 이 문제를 고찰하려면 우선 "총유·합유·공유의 개념 내용을 밝혀 둘 필요가 있었다. 왜냐면 "이상적 형태의 합유 이상적 형태의 공유"의 여러 가지 수정형태가 있기 때문이다. 공유가 로마법에 유래하고, 총유와 합유는 주로 게르만법에서 발달하였던 형태임은 모두 다 인정한다. 그 가운데 공유의 법률관계는 대체로 명확하여, 각 국법전은 "공유에 관한 명확한 규정을 두고 있"다. 이에 반해 "총유·합유라는 개념"은 학자들에 의해 제창된 것은 "최근의 일"이며, 구별하지 않는 학자들도 많고 또 총유·합유라는 용어를 사용하면서도 그 개념내용이 학자에 따라 상당히 차이가 있다.[21] 김증한 교수는 로마법상의 공유에 관한 설명도 하지만, 특히 총유와 합유의 형성사에 천착한다.

2) 그 내용은 훗날 공동소유 민법안 개정의견으로 보다 세련된 형태로 나타나므로 뒤에 소개하기로 하고, 여기서는 石田·我妻 두 학자의 주장에 의문과 그에 대한 김증한 교수의 입장을 정리한다.

1) 총유·합유·공유의 기본형태에 관한 의문

石田	"합유권의 성립에 관하여 중세말까지는 총유와 합유 사이에 구별이 없었"다. "로마법 계수의 결과 총유관계가 법인화하고 총유권이 법인의 단독소유권으로 전화(轉化)함에 이르러 비로소 합유가 총유로부터 분리독립하게 된 것"이다.[22] "합유의 기본형태를 1850년의 Thürich 법전중의 공유에 구한다."[23]

---

21) 김증한, 유형론, 224쪽.
22) 石田, 합유론 8~9쪽 등을 인용한다. 김증한, 유형론, 235쪽.
23) 石田, 합유론, 11쪽을 인용한다. 김증한, 유형론, 235쪽.

金曾漢	"총유와 합유와의 미분이니 분리니" 함은 "민중생활"을 보고 그러는가, "이론"을 보고 그러는가? 전자라면 "합유의 형태의 기원이 프랑크 시대의 가족공동체에 있음은 同박사 자신이 시인하는 바"이며, 후자라면 "합유를 총유와 구별되는 형태라고 설명하는 이론은 Beseler에 이르러 비로소 나타난 바"이기 때문이다.[24) "법인화"라 하는 데 "Genossenschaft의 Körperschaft로의 전화"를 말하는 것인가 아니면 "게르만법상의 단체가 로마법상의 법인개념을 가지고 설명되게 되었음"을 말하는 것인가? 전자라면 "Körperschaft의 형태가 이미 중세에 분명히 성립되었음을(예, 도시 Zunft 등) 간과"한 말이고, 후자라면 "단체뿐만 아니라 합수적 조합·합유도 조합·공유의 개념으로 설명되었음을 간과"한 말이다.[25)
石田	합유를 "단체주의가 개인주의에 의하여 파괴되어 나가는 도정에 있어서의 중간형태로 보는 모양".[26)
金曾漢	합유는 "단체주의적 속박이 상당히 강하였던 시대에 이미 성립"했음을 논증한다. "혹 Gierke가 설명하는 합유를 총유라고 부르고, 근세 이후에 있어서의 합유의 수정형태만을 가리켜 합유라고 부른다면" 혹 "石田박사의 이러한 설명도 수긍될지 모"르나, 그러한 용어례는 외국에도 없고 "총유·합유를 구별하는 이상에는 그 내념 내용에 관하여는 Gierke 등에 따르는 것이 옳을 것이다."[27) 石田박사가 "합유제의 기원이 공동상속인의 합수적 조합에 있음을 인정하면서 합유권 고유의 형태를 근세 이후에 구하고 있음은 불가해한 일"이다. "현행법상의 합유의 기원을 여기에 구한 것이고, 현행법상의 합유만을 고찰하려고 하는 것이라면, 총유를 합유와 동렬로 공동소유의 일유형으로 등장시킬 수 없을 것이다. 현행법상 총유를 규정하고 있는 입법례는 없기 때문이다. 게르만법사상의 총유개념을 가지고 현행법의 해석에 이용하려는 것이라면, 그 총유개념은 과거에 구하여야 하지 않겠는가?[28)

---

24) 김증한, 유형론, 235쪽.
25) 김증한, 유형론, 235쪽.
26) 石田, 합유론, 5쪽을 인용한다. 김증한, 유형론, 236쪽.
27) 김증한, 유형론, 236쪽.
28) 김증한, 유형론, 237쪽.

3. 총유·합유·공유간의 구별

(1) 총유와 공유와의 구별

총유와 공유의 본질적 차이

石田	1개의 소유권의 양적 분할(共有), 질적 분할(總有)[29]
我妻	공유: 공유자 1인이 독립하여 직접 물건에 대한 소유자로서의 전 권능을 갖는다. 총유: 성원은 단체원으로서의 지위에 기하여 비로소 물건에 대한 권능을 갖는다.[30]
金曾漢	• "개인주의적 법제와 단체주의적 법제의 분기점"은 개인이 그 자신의 독립적 존재를 有하느냐 또는 어떤 단체의 일원으로서만 존재할 수 있느냐이다.[31] • "공유와 총유의 본질적 차이는 공유가 개인주의적임에 대하여 총유가 단체주의적이라는 점에 귀착될 것."[32]

(2) 합유와 공유의 구별

공유는 개인주의적, 합유는 단체주의적이라는 점에 있다. 石田·我妻가 총유와 공유를 구별하기 위하여 한 말은 "그대로 합유와 공유와의 구별에 관하여도 들어맞는다". "합유자 각원의 개별권인 지분은 합유자의 일원(전원이 일체로서 有하는 총체권의 담당자)으로서의 지위에 기하여 이 지위로부터 유출"한다.[33]

---

29) 김증한, 유형론, 239쪽.
30) 김증한, 유형론, 239쪽.
31) 김증한, 유형론, 240쪽.
32) 김증한, 유형론, 249쪽.
33) 김증한, 유형론, 240~241쪽.

我妻	합유는 총유와 달라서 성원이 "지분을 유하며, 이 지분은 物에 대한 직접지배자로서의 지위"[34]
金曾漢	합유에서의 '지분'이란 공유에서의 지분처럼 단체원으로서의 지위에 의한 매개가 없는 직접지배권이 아니라, 총유에서와 같이 단체원으로서의 지위에 기하여 "지분"된다. 그리고 이러한 의미에서의 지분은 총유에도 있다.[35]
石田	합유에서는 (총유에서와 같은) 질적 분할도 없고, 또 (공유에서와 같은) 양적 분할도 없다.[36]
金曾漢	아니다. 합유에서도 총유에서처럼 소유권의 내용인 제권능(諸權能)이 "총체권의 내용인 권능"과 "개별권의 내용인 권능"으로 "질적으로 분할되어 각각 분속한다."[37]

(3) 총유와 합유의 구별

총유와 합유는 공유에 대한 관계에서는 같은 표징으로 구별된다. 구별 기준은 "단체와 합수적 조합의 구별과 일치". 즉 "성원의 다과 (多寡), 즉 규모의 대소"로 구별. 따라서 "그 구별은 상대적임을 면치 못한다."[38]

2종류의 총유가 있다.

2종류의 총유[39]	
Körperschaft의 총유	Körperschaft아닌 단체의 총유
• 지배적 권능이 단일적인 법인격에 속한다.	• 지배권능은 성원의 총체에 속하고 그 이외의 권능이 개별권으로서 각 성원에 속한다는 구조에 있어서 합유와 조금도 차이가 없다. 그럼 차이는? • "수가 많기 때문에 전원의 직접 참여가 곤란하여, 단체적 조직을 가지고 단체의 기관이 전체를 대표하여 이에 참여"한다.

---

34) 김증한, 유형론, 241쪽.
35) 김증한, 유형론, 241쪽.
36) 石田, 合有論, 15쪽을 인용한다. 김증한, 유형론, 241쪽.
37) 김증한, 유형론, 241쪽.
38) 김증한, 유형론, 241쪽.

• 합유에서는 지배적 권능이 법인격이 아니라 합유자 전원의 총체에 속한다. 합유와 비교적 명확히 구별.	• 합유에서는 "성원이 비교적 소수이어서 전성원이 총체권(지배적권능)의 행사에 직접 참여"한다. • 그러나 합유에서도 그 수정형태에서는 일원이 다른 전원을 대리하여 처분할 수 있게 되었으니, 이 경우에는 총유에 더욱 가까워진다.

(가) 단체주의적 형태와 개인주의적 형태

김증한 교수는 공동소유 형태를 둘로 나눠 "단체주의적 형태와 개인주의적 형태"를 든다.[40]

다음과 같은 식으로 정리해 보았다. <표 2>[41]

법인	총유	합유	공유
"총유에 부응하는 개인주의적"	단체주의적		"합유와 부응하는 개인주의적"
		관여자의 수가 비교적 소수 단체적 조직 없음	
개인주의	단체주의		개인주의
무수한 중간형태 있음		무수한 중간형태가 있음	
공유와 무수한 중간면으로 연속			법인의 단속소유와 무수한 중간면으로 연속
역사적 발전은 단체주의적 방향에서 개인주의적 방향으로 접근			

(나) 흥미롭게도 김증한 교수는 공동소유의 다른 형태로 "분할소유권(Geteiles Eigentum)"을 들어 총유·합유·공유와 비교한다.[42] 분할 소

---

39) 김증한, 유형론, 242쪽.
40) 김증한, 유형론, 242쪽.
41) 김증한, 유형론, 242~243쪽.
42) 김증한, 유형론, 244~245쪽.

유권이란 동일 토지상에 하나의 소유권이 상하로 나뉘어, 1인이 "상급 소유권(Obereigentum) 또는 직접 소유권(dominium directum)"을 갖고, 타인이 "하급 소유권(Untereigentum) 또는 이용 소유권(dominium utile)"을 갖는 형태이다. 1개의 소유권이 2인의 소유자에게 분할되어 분속한다는 의미로 이 용어가 생겼고, 상급 소유권은 봉주·영주·지주들이 갖고 그 내용은 소작료·지대 등의 징수권이다. 이에 반해 하급 소유권은 봉신·차지권자들이 갖고 토지의 직접 이용·수익권이 그 내용이다. 단체주의적 성격이 강한 게르만법에 독특한 것[43]으로 "현대법은 어느 나라를 막론하고 분할 소유권을 전적으로 배척"하고, "1물에 2개 병존할 수 없는"[44] "로마법적 구성을 채용"[45]한다. 김증한 교수는 "소유권과 제한물권"이라는 대립을 표[46]로 나타낼 정도로 공동소유에 관한 연구를 입체적으로 심화시킨다.

(다) 김증한 교수가 비판한 학설의 주장자인 石田文次郞나 我妻榮이 누구인가? 우선 我妻榮(1897~1973)은 만주국민법전 제정시 "審核"이란 자격으로 그 민법전 제정에 절대적 영향[47]을 미친 대가이고, 石田文次郞(1892~1979)는 적어도 만주국민법전 물권편의 제정에 영향[48]을 미친 단체법론의 대가가 아니던가? 김증한 교수가 石田·我妻

---

43) 그러나 이중소유권으로도 불린 이와 같은 분할소유권 현상은 한국에서나 일본에서도 볼 수 있었던 것으로 오랫동안 거의 보편적인 법현상에 속하였던 것이 아닌가 생각된다. 한국의 예에 관하여는 정종휴, "한국에서의 일본민법의 변용", 전남대학교 논문집 제30집(법·행정학편)(1985), 96쪽 이하, 일본에서의 이중소유권의 존재에 관한 언급으로는 예컨대, 山中永之佑監修『日本現代法史論─近代から現代へ─』(法律文化社, 2010년), 191쪽.

44) 김증한, 유형론, 244쪽.

45) 김증한, 유형론, 245쪽.

46) 김증한, 유형론, 246쪽.

47) 「司法法規制定に就きて」 法曹雜誌4卷7·8号民事法典制定紀念号(1937·8) 1059쪽 ;「民事法規制定に關する座談會」위 법조잡지66쪽.

두 학자들의 공동소유론에 의의를 제기한다는 것은 만주국민법전 조
문으로 구체화된 공동소유 규율방식에 대한 의문을 가졌음을 나타낸
것이며, 그 연구의 성과가 훗날 한국민법전 제정과정에 드러날 것임
은 1950년 초 이미 예고된 것이라 하겠다.

4. 공동소유론의 절정과 결실

(1) 정부안과 법제사법위원회 개정안

간단히 정리하면 현행 민법전(재산편)의 제정은 민법전 편찬요강
→ 김병로의 단독기초 → 정부안 → 국회법사위 심의 → 현석호 수정
안 → 국회 본회의 의결과정을 거쳐 이루어진 것이라 할 수 있다.[49]
정부가 제출한 "민법안"중 공동소유 법안은 제252조~제265조까지이
다. 이 가운데 의용민법 제254조와 동일한 취지인 정부안 제257조만
법사위 심의과정중 "삭제"하기로 했을 뿐 나머지는 거의 그대로 법사
위안으로 합의되기에 이르렀다.[50] 그 내용은 "공유와 합유"를 "제3절
공유"아래 규정한 것으로서 의용민법 및 만주국민법 조문과 관련이
분명히 드러난 것으로서 이변이 없는 한 그대로 통과될 예정이었다
고 할 것이다.

정부안 규정과 만주국민법 규정을 대비해 보자.

---

48) 「民事法規制定に關する座談會」 위 법조잡지 66~67쪽 등. 石田은 공저로 예
   컨대 石田文次郎＝村 敎三 『滿洲民法(物權)』(有斐閣, 1942년); 『滿洲民法
   (担保物權)』(有斐閣, 1942년) 외 여러 권의 만주국민법 교과서를 내었다.
49) 민법안 확정 및 국회심의과정에 관하여는 정종휴, 제정과정, 7쪽 이하.
50) 심의록 164쪽~170쪽.

정부안	만주국민법
정부안 제262조 ① 어느 지방의 주민, 친족단체 기타 관습상 집합체를 이루는 수인이 물건을 소유할 때는 이를 합유로 한다. ② 합유물에 대한 권리의 득상변경 및 합유자의 권리, 의무에 관하여는 관습에 의하는 외에 이하 2조의 규정에 의한다.	**만주국민법 제252조** ① 어느 지방의 주민, 친족단체 기타 관습상 총합체를 이루는 수인이 그 관계에 기하여 한 개의 물건을 소유할 때는 이를 총유자로 한다. ② 총유자의 권리 및 의무에 관하여는 관습에 따르는 외에 이하 2조의 규정을 적용한다.
정부안 제263조 ① 합유자의 권리는 합유물 전부에 미친다. ② 합유자는 합유물의 분할을 청구할 수 없다.	**만주국민법 제253조** ① 총유자의 권리는 총유물의 전부에 미친다. ② 총유자는 총유물의 분할을 청구할 수 없다.
정부안 제264조 합유자는 전원의 동의 없으면 합유물을 처분하거나 변경하지 못한다. 그러나 보존행위는 각자가 할 수 있다.	**만주국민법 제254조** 총유자는 그 전원의 동의가 없으면 총유물을 처분하거나 변경을 가할 수 없다. 단 보존행위는 각총유자가 이를 할 수 있다.

(2) 민법안의견서[51]-김증한 교수 공동소유론의 절정

김증한 교수의 공동소유론은 민법안의견서상의 개정의견에서 절정을 이룬 것으로 보인다. "'공유'라는 절명을 '공동소유'로 하는 동시에, 그 중에 공유, 합유, 총유의 3유형을 규정한다"는 그의 개정의견[52]은 공동소유에 관한 그 자체 한편의 논문이다. 내용을 정리하면 다음과 같다.[53]

---

51) 민법안연구회, 민법안의견서, (일조각, 1957) 본문 201쪽 및 부록(민법초안과 수정안과의 대조) 110쪽.
52) 민법안의견서, 96~109쪽.
53) 양창수, "공동소유 - 민법 제정과정에서의 논의와 그 후의 평가를 중심으로-", 한국민법이론의 발전(이영준박사 화갑기념논문집)(박영사, 1999), 361쪽 이하에 잘 정리되어 있고, 본고에서의 정리에도 큰 도움을 얻었다.

(가) 인적 결합 형태

인적 결합 형태는 ① 법인 ② 권리능력 없는 사단 ③ 합수적 조합 ④ 조합의 4유형으로 나누어진다. 확실히 이처럼 인적 결합형태를 모조리 파악할 수 있다는 틀을 전제하는 것이 김증한 교수 공동소유론의 특색이다.54) 그가 말하는 "공동소유라는 것은, 1물에 대한 권리주체가 단일인이 아니라 복수인인 형태를 의미하는 것이므로, 공동소유의 유형은 그 주체인 인적결합의 유형에 따라서 결정된다. 그러한 의미에서 공동소유형태는 인적 결합 형태의 물권법에의 반영이다. 그런데, 위 4개의 유형 중 개인에 준하여 파악된 법인은 그 소유형태도 개인처럼 단독소유이므로, 공동소유의 유형에서 제외되고, 결국 공동소유형태에는 권리능력 없는 사단에 있어서의 총유, 합수적 조합에 있어서의 합유, 조합에 있어서의 공유의 3유형"이 남는다.55)

"민법의 초안은 권리능력 없는 사단에 관한 규정을 두지 않았고, 공유의 절 중에 합유에 관하여 3개의 조문을 두었으나(초안 262~264조), 총유와 합유를 구별하지 못하고 양자를 혼동하고 있다." 또 권리능력 없는 사단 규정도 빠져있다.56)

(나) 인적 결합 및 공동소유에 관한 학설 및 입법사

"「로마」법 계수 후 학자들은 「게르만」법상의 다채로운 인적 결합과 공동소유형태를 「로마」법상의 개념강제로 파악하려고" 했으나, 무리임이 드러나, 별개의 개념으로 설명하려 했다. 처음에는 「게르만」법에 독특한 형태를 통틀어서 하나로 파악하려고 하였으나, Beseler는 두 개의 유형을 구별하여야 함을 발견하고, Gierke는 이를 바탕으로

---

54) 양창수, 위 "공동소유", 372쪽.
55) 민법안의견서, 96쪽.
56) 민법안의견서, 97쪽.

「게르만」법 고유의 단체법론 및 공동소유이론을 완성하였다.[57]

"Gierke는 「게르만」 법상의 단체인을 Genossenschaft(실재적 종합인 (綜合人))와 Gemeinschaft zur gesamten Hand(합수적 조합)의 두 유형으로 파악하고, 이 각 유형의 공동소유형태를 Gesamteigentum(총유) 및 Eigentum zur gesamten Hand(합수적 공유)라고 부른다."[58] Gierke의 학설은 거의 모든 독일 사법학자들 간에 통설[59]로 되었다. 日本에서도 Gierke의 총유, 합유의 개념이 그대로 통용되고 있다.[60]

그럼에도 "현행 각국법전에 합유에 관하여 규정하고 있는 것은 스위스뿐이고(스위스민법 652~654조, - 다만 스위스민법은 이 합유를 Gesamteigentum이라고 부르고 있다), 총유에 관하여 규정하고 있는 나라는 없다."[61] 독일민법은 조합, 공동상속 등에 관하여 실질적으로는 합유에 해당하는 규정을 두고 있다. 총유, 합유의 구별이 독일민법전 (1896년)과 스위스 민법전(1907년)에 규정되지 않은 것은 두 민법전이 모두 Gierke의 공동소유 이론(1905년)이 널리 보급되기 전에 제정되었기 때문이다.[62]

(다) 권리능력 없는 사단과 합수적 조합 및 총유와 합유

인적결합형태나 공동소유형태는 천태만상이므로, 각 유형의 이상형을 찾아 설명한다. 먼저, 권리능력없는 사단에 관하여 독일민법이 조합에 관한 규정을 적용(동법 54조)함은 권리능력 없는 사단의 본질에 어긋난다. "권리능력 없는 사단은 조합과 그 본질이 같은 것이 아

---

57) 민법안의견서, 97쪽.
58) 민법안의견서, 97쪽.
59) 확실히 이점은 다소 의문스럽다. 양창수, 위 논문(373쪽 주44)에 자세하다.
60) 石田『物權法論』507쪽 이하; 我妻『物權法』210쪽 이하 ; 末川 博『物權法』 (日本評論新社, 1956년) 345쪽을 든다.
61) 민법안의견서, 97쪽.
62) 민법안의견서, 98쪽.

닐 뿐만 아니라, 조합과 「사단법인」과의 중간물도 아니다."[63]

인적 결합의 제형태는, 단체로서의 단일성이 보다 더 강한가, 각개 성원의 다수성이 보다 더 강한가에 따라 사단과 조합의 두 유형으로 나누이며, "사단 중에서 형식상 법인격을 가진 것이 사단법인, 법인격을 가지지 않은 것이 권리능력 없는 사단인 것이다. 그러면 여기서 문제가 되는 것은 권리능력 없는 사단의 내부적 및 외부적 법률관계에 대하여 어떠한 범위로 사단법인에 관한 법규가 적용되느냐이다."[64] 이어서 권리능력없는 사단 부분[65]을 논하나 생략하겠다.

합수적 조합을 보자면, "조합에도 「로마」 법상의 조합(Societas)과 「게르만」법상의 합수적 조합을 구별할 수 있으니, 전자는 단체성이 전무한 것이고, 후자는 다소의 단체성을 가진 것이다." "Societas에 있어서는 공동의 목적이 없으며, 각 조합원이 하등 타조합원의 의사에 의하여 구속을 받는 일이 없으나, 합수적 조합에 있어서는 공동의 목적이 있고, 각 조합원은 타조합원의 의사에 의하여 강력한 구속을 받는다. Societas에 있어서는 각 조합원은 언제든지 조합원의 공유물에 대한 지분의 분할을 청구할 수 있고, 그로써 조합관계를 종료시킬 수 있으나, 합수적 조합에 있어서는 전원일치로써가 아니면 조합관계를 종료시킬 수 없고, 각 조합원은 지분의 분할을 청구할 수 없음은 물론 탈퇴하는 자유도 없다. Societas에 있어서는 각 조합원은 공유물에 대한 지분을 처분하는 자유를 가지고 있으나, 합수적 조합에 있어서는 지분의 처분은 금지된다."[66]

"민법상의 조합은, Societas이기 보다도 오히려 합수적 조합이라고

---

63) 민법안의견서, 98쪽.
64) 민법안의견서, 98쪽.
65) 민법안의견서, 98~100쪽.
66) 김증한 스스로 자신의 유형론(253쪽)을 인용한다. "유형론"과 "의견서"를 대조해 보니 유일하게 이 합유 부분만 내용이 중복되는 것으로 보였다.

하는 것이 근래의 통설이다."[67]

총유는 법인격 없는 단체의 물건 소유 형태이다. "총유에 있어서는 관리·처분과 같은 지배적 권능은 단체 전체에 속하고, 사용·수익과 같은 경제적 권능은 각개의 성원에 속하여, 이 단체의 전체적 권능과 성원의 개별적 권능이 단체의 조직적 통제에 의하여 종합 통일되어 소유권의 전 내용을 실현한다. 그러므로 목적물의 관리 또는 처분에 관하여는 성원 전체의 동의 또는 단체의 규약에 기한 다수결에 의하여야 한다. 또 각 성원은 단체가 정한 방법에 따라서 사용·수익하여야 한다."[68]

"단체성원이 가지는 사용, 수익의 권능은 그 성원인 신분에 수반하여 그 신분의 득상에 따라서 취득 또는 상실되므로, 그 신분을 떠나서 상속 또는 양도의 목적이 될 수 없다. 또 관리·처분의 권능은 단체의 전체적 권능에 속하므로, 각 성원은 분할청구권을 가지지 않는다."[69]

합유는 "합수적 조합이 물건 또는 재산을 소유하는 경우에 있어서의 공동소유 형태"이다. 공유와 비교하면, "공유는 1개의 소유권을 양적으로 분할하여 그 분수적 일부를 각 공유자에게 분속시키는 것이다. 각 공유자는 그 지분에 대하여 완전한 소유권을 가지며, 각 공유자는 각각 독립하고 있어서, 서로 결합하여 일체를 이루는 일이 없다." 따라서 소유권이 각 공유자에게 완전히 분할귀속되어 버리고, 분할할 수 없이 한 덩어리 채 일체로 결합된 공유자 전원에게 단일적으로 귀속될 아무 것도 없다.[70]

공유와 합유는 객체로도 구별된다. "공유의 객체는 물건에 한하고,

---

67) 민법안의견서, 100쪽.
68) 민법안의견서, 101쪽.
69) 민법안의견서, 101쪽.
70) 민법안의견서, 101쪽.

재산이 일체로서 공유의 객체가 될 수는 없다. 합유의 객체는 물건인 수도 있으나 흔히 어떤 특별재산인 수가 많다. 합유는 다수 권리자가 인적으로 결합되어 일체로서, 일체로서의 특별재산을, 그 일체로서의 특별재산에 대한 지배를 통하여 그때그때에 그 특별재산에 포함되는 개개의 物을, 불분할적으로 지배하는 형태이다."71)

합유에서도 "각 권리자는 「지분」을 가진다. 이 지분권은 다수 권리자 전체에 속하는 총체권에 대하여, 각개 권리자에게 속하는 개별권이다." 그러나 이 지분권은 "다른 권리자들과 결합하여 일체를 이루고 있는 총체권자로서의 지위와 내부적으로 결합되어 있기 때문에, 그 지분권도 따로 따로 독립하여 있는 것이 아니라, 서로 결합하여 있는 것이다. 따라서 각 권리자의 지분의 처분은 전연히 금지되는 것이 본래의 원칙이다. 따라서 합유관계의 존결 중은 성원의 지분권은 기대적 내지 잠재적인 것이다. 합유재산의 전부 또는 일부의 처분은 오로지 전원일치로써만 할 수 있고, 각 성원은 지분이나 합유물의 분할을 청구하지 못한다. 전원일치로 합유물을 분할하고 합유관계를 종료시킬 때에는 현재적으로 되어 그 때에는 공유물의 분할에 있어서와 같"아진다.72)

(라) 권리능력 없는 사단에 관한 규정을 두어야 하는 이유

이제 김증한은 민법전에 권리능력없는 사단에 관한 규정이 두어야 하는 이유를 설명한다. 의용 "민법이 법인을 그 목적에 따라 영리법인과 공익법인으로 나눈 것을 초안이 영리법인과 비영리법인으로 하였기 때문에 권리능력 없는 사단이 성립 할 여지가 없다고 생각한다거나, 초안이 그렇게 한 것이 권리능력 없는 사단의 성립을 막으려는

---

71) 민법안의견서, 101쪽.
72) 민법안의견서, 102쪽.

의도에서 나온 것이라고 생각한다면, 그것은 잘못이다." 법인의 설립에 관하여 자유설립주의를 취하지 않는 한, 권리능력 없는 사단의 성립은 불가피한 것이고, 또 법이 배척할 아무런 필요가 없다.73)

권리능력없는 사단은 적어도 다섯 가지 이유로 발생할 수 있으며 "결코 예외적 존재가 아니라 무수히 존재하는 것인 만큼 그 표준법규를 밝혀 두는 것이 좋을 것이며, 표준법규가 없으면 더욱 분규를 조장할 것이다."74) 김증한은 과거에 종중관계 소송이 많았던 것도 종중의 성격과 종중의 재산관계가 어떤 성격인지 명확하지 않았던 데게 기인한 바 적지 않으리라고 한다.75) 또 "이미 민사소송법과 조선부동산등기령이 권리능력 없는 사단에 대하여 각각 당사자능력 및 등기능력을 부여하고 있는데 가장 기본적 법전인 민법이 이에 관하여 아무런 규정을 두지 않는 것은 불비라는 비난을 면치 못 할 것이다."76)

(마) 총유·합유를 구별하지 않음의 불합리성

이러한 관점에서 볼 때 "공유"에 관한 정부안은 문제가 많다. 우선 정부안은 "합유"와 "총유"를 혼동한다. 즉, 초안 제262조 제1항은 "어느 지역의 주민, 친족 단체, 기타 관습상 수인이 물건을 소유하는 때에는 합유로 한다"고 한다. 그러나 이 규정이 예시하고 있는 지역의 주민이나 친족 단체의 공동소유는 합유가 아니라 총유라고 부르는 형태이다. 총유·합유의 개념은 전술한 바와 같이 현재에 있어서는 거의 통설로서 확립되어 있다고 하여노 과인이 이니다. 무슨 까닭으로

---

73) 민법안의견서, 102쪽.
74) 민법안의견서, 103쪽.
75) 그 근거로 김증한은 1932년 8월부터 1940년 6월까지의 8년 동안 조선고등법원 판결에 나타난 사안중 종중 또는 문중을 당사자로 하는 사건수가 117건이었다는 연구를 언급한다. 민법안의견서, 101쪽.
76) 민법안의견서, 103쪽.

종래 총유라고 불러온 것을 합유라고 부르려고 하는가? 무슨 까닭으로 총유·합유의 구별이 명확하여진 오늘날 그 구별이 불분명하였던 시대의 용어법으로 돌아가려고 하는 것인가?[77]

나아가 "초안이 「관습상」 존재하는 공동소유만을 합유라고 규정하려고 하는 이유는 무엇인가? 권리능력 없는 사단과 합수적 조합의 소유관계가 모두 그렇듯이, 인위적으로 성립하는 공동소유형태로서 공유라는 범주로는 도저히 파악할 수 없는 것이 얼마든지 있을 터인데 그런 것은 어떻게 하려는 것인가? 오히려 초안 제262조 제2항이 규정하는 바와 같이 관습상의 공동소유는 제1차로 관습의 규율을 받으며 그 관습의 내용은 비교적 명확하기 때문에, 민법이 이것을 규정할 필요는 거의 없는 것이 아닐까?"라면서, 민법이 규정할 필요가 있는 것은 인위적으로 성립하는 공동소유관계라고 한다.[78]

마지막으로, 초안대로 한다면 "초안이 「합유」라고 부르는 것은 관습상 존재하는 총유만을 의미하는 것이고, 그 「합유」에 관하여는 제1차로 관습에 의하므로, 초안 제263, 264의 양조는 실제상 거의 필요 없는 것이기는 하되, 혹 양조가 존재의의를 가지는 수가 있다고 하더라도, 제264조는 합유에 있어서의 합수성의 원칙을 규정한 것으로 총유에는 적용될 수 없는 것이다. 즉 총유에 있어서는 관리처분은 사원총회의 결의에 의하는 것이 원칙이어서 「전원의 동의」를 요구할 수

---

77) 조선고등법원 판결(1927·9·23)판결록321쪽 이래 수많은 판례에서 종중재산을 종중의 '합유'에 속한다 했음을 비판한다. 조선고등법원 판례도 종중을 권리능력없는 사단으로 풀이하고 있고, 종중재산의 관리 및 처분은 관습 또는 종규(宗規)에 의하되 종규에 정함이 없고 관습이 불분명한 때에는 종회(宗會)를 열어 출석자 과반수에 의한다고 하고 있으므로 그 공동소유관계는 합유가 아니라 총유라 한다. 김증한은 이와 관련 野村調太郎『종중에 관한 법률관계』(司法協會雜誌18권11호. 990쪽 이하)를 들고 있다. 총유인데 합유라 부름은 공유 아닌 공동소유형태를 막연히 合有라 총칭하는 용어법 때문이라 한다. 민법안의견서, 105쪽.

78) 민법안의견서, 103쪽

없는 것이 보통이고, 또 총유에 있어서는 보존행위도 단체의 규율에 의하여야 할 것이지 각자가 자유로 할 수 있는 것이 아니다."79)

이상과 같은 입장은 공동소유론에 관한 당시 일본민법학의 도달점 및 그 구체적 표현이라 할 만주국민법전의 규정에 대한 통절한 비판이 아닐 수 없다. 김증한 교수의 공동소유론은 그 만큼 앞선 것이었고 독보적인 것이었다.

(바) 결론

결론으로서 "권리능력 없는 사단(어떤 목적재산이 법인격은 없으면서 실질적으로 권리주체로서의 기능을 가지는 수도 있으므로 권리능력 없는 재단과 함께)에 관한 규정을 둘 것과, 물권편 제3장 제3절을「공동소유」로 하고 그 중에 공유에 관한 규정 이외에 총유 및 합유에 관한 규정을 포함시킬 것을 제의한다."80)

그 "시안"이 곧 현행 한국민법 공동소유중 "합유" 및 "총유"에 관한 규정이다.

(3) 민법안의견서 "개정의견"의 설득력
(가) 현석호 수정안

김증한 교수의 공동소유 관련 개정제안은 현석호 수정안으로 국회에 제출된다. 현석호 의원은 민법안 제2독회중 수정안 설명 중에 다음과 같이 수정안 입법화의 의의를 설명한다.

공동소유의 형태에 공유, 합유, 총유가 있음은 "벌써 몇 십 년 전부터 학설로는 인정"되고 있다. 그러나 현재까지 어느 나라나 이를 법률로 규정화한 곳은 없다. 그러니까 "오늘날 우리가 대한민국에서 민

---

79) 민법안의견서, 103쪽 이하.
80) 민법안의견서, 104쪽 이하.

법전을 만드는데 있어서 각국의 학자들이 인정한 학설을 비로서 처음 법문화"하는 것이다. 이것은 "우리 민법전으로서 대단히 의의가 있고"다른 나라의 민법전에 앞서서 그렇게 법문화한다는 것은 대단히 중요한 의의가 있고 획기적인 것이라 생각"한다.[81]

(나) 장경근 위원장의 발언

국회 법제사법위원장 장경근은 공동소유에 관한 김증한 교수의 제안의 통과에 결정적인 기여를 했다. 먼저 제3절 "공유"라는 절명을 "공동소유"로 바꾸자는 수정안에 대하여 이 수정안이 "정확하다고 생각해서 여기에 반대하지 않"는다. "다만 초안이 그 규정의 대부분이 '공유'이니까 '공유'로 하고 나머지는 거기에 부속된 것이니까 '공유'로 하자고 생각"해서 법사위에서도 통과시킨 것인데, "이러한 정확한 수정안이 나올 것 같으면 이렇게 고쳐도… 현석호 의원의 수정안대로 해도 좋다고 생각"[82]한다 하여 통과를 이끌었다.

장경근은 현석호의원의 제안 설명 전에 "법제사법위원회에서는 초안의 규정이 좀 불만족하지만 초안을 전부 다 뜯어 고치는 것이 무엇하다 해서 그대로 됐는데 지금 현석호 의원으로부터 더 정확하게 규정한 이러한 수정안이 나온 이상에는 현석호 의원의 수정안대로 이것을 통과시키는 것이 좋을 것 같다"[83]고 하여, 정부안에 대한 근본적인 수정안의 무리없는 통과를 유도했다. 김증한 교수의 공동소유론은 그만큼 울림이 컸던 것이다.

---

81) 민법안 제2독회, 국회속기록 제47호 6쪽 하단 이하.
82) 민법안 제2독회, 국회속기록 제47호 6쪽 상단.
83) 민법안 제2독회, 국회속기록 제47호 6쪽 하단 이하.

(4) 공동소유 관련규정의 상호 관련성

이제 의용민법, 만주국민법, 정부안, 법사위 심의, 현석호 수정안 등의 상호 관련속에 현행 민법 "공동소유" 조문들의 형성 경로를 정리하면 다음과 같이 나타낼 수 있을 것이다.

〈표 3〉 공동소유 조문 관련 경로

제3절"공동소유"(현석호 수정안) ← 제3절"공유"(정부안)					
현행민법 조문	정부안	의용민법	만주국 민법	현석호수정안 (민법안의견서)	법사위 심의 등
제262조 (물건의 공유)	제252조	제249조, 제250조	제240조		
제263조(공유지 분의 처분과 공유물의 사용, 수익)	제253조	제249조 (사용ㅇ)	제241조, 제242조		'비례'를 '비율'로 수정
제264조(공유물 의 처분, 변경)	제254조	제251조 (처분×)	제243조		
제265조(공유물 의 관리, 보존)	제255조	제252조	제244조		
제266조 (공유물의 부담)	제256조	제253조	제245조		① "1년이내"를 "1년이상"으로 ② 매수←매취
	제257조	제254조 삭제	제246조		선취특권 폐지
제267조(지분포 기 등의 경우의 귀속)	제258조	제255조	제247조		'비례'를 '비율'로 수정
제268조(공유물 의 분할청구)	제259조	제256조, 제257조	제248조, 제249조		
제269조 (분할의 방법)	제260조	제258조	제250조		
		제259조 삭제			선취특권 폐지 "의용민법

					제259조 대응규정 없으므로"
		제260조 삭제			"실익전무"
제270조(분할로 인한 담보책임)	제261조		제251조		
		제262조 삭제			"규정불요"
	제262조 [물건의 합유]	신설 제263조 취지포함 (제263조 삭제)	제252조		"총유(자)" [만주민법]를 합유(자)로 수정
	제263조 [합유자의 권리, 분할청구]	신설	제253조		
	제264조 [합유물의 처분]	신설	제254조		
제271조 (물건의 합유)				제262조 (제262조)	
제272조(합유물 의 처분, 변경과 보존)				제263조 (제263조)	
제273조(합유지 분의 처분과 합유물의 분할금지)				제264조 (제264조)	"민법안의견서" [66] 김증한 교수 집필
제274조 (합유의 종료)				제265조 앞에 4조 신설 (제264조의 2)	
제275조 (물건의 총유)				제○조 (제264조의3)	

제276조(총유물의 관리, 처분과 사용, 수익)				제ㅇ조 (266조의4)	
제277조(총유물에 관한 권리의무의 득상)				제ㅇ조 (제264조의5)	
제278조 (준공동소유)	제265조	제264조	제255조		

Ⅲ. 공동소유 3형태론에 대한 평가

1. 현행민법상의 조문화에 대하여

(1) 곽윤직

김증한 교수와 쌍벽을 이루던 민법학의 대가 곽윤직 교수는 민법전에 총유규정을 둔 것에 별다른 의의가 있다고 할 수 없으며, 오히려 "민법의 하나의 장식물에 지나지 않는"다고 비판한다. 다음과 같은 이유를 들었다.[84]

첫째, 총유적 이용관계는 전근대적 유물이다. 근대적 소유권 개념으로 처리할 수 없는 이질적 분자를 포함한다. 사회적으로 장차 절멸한 운명의 것을 민법전에서 별도의 공동소유형태로 인정할 이유가 있는가.

둘째, 권리능력없는 사단의 소유 형태는 극히 다양성을 띠고 있다. "민법의 간단한 수개의 규정만에 의하여서는 충분히 규율할 수 없는

---

84) 곽윤직, 물권법(박영사, 1963), 247쪽 이하.

예외적인 경우에 지나지 않는다." 특히 민법 규정은 게르만 법학자에 의한 전통적인 총유에 관한 것으로 아무런 현대적 감각도 없는 불충분한 것, "불명확"한 것이다.

(2) 신유철[85]

공동소유에 관하여 김증한 교수가 모델로 삼은 기르케의 이론을 수용한 것이다. 기르케가 "사용하는 개념들은 법사학적으로는 많은 의미를 함축하고 있을지도 모르지만, 법리학적으로는 상당히 모호한 점이 많"다. 특히 공동소유론에 있어서는 "독일적 소유권(das deutsche Eigentum)" 개념을 상정한 것인데, 그것은 아직 "물권이라는 추상적 개념이 아직 형성되지 아니한" 때의 것이었다. 따라서 그 견해는 "그 방법론상 보편성이 결여된 것이므로, 게르만 민족 이 아닌 다른 민족은 이를 무비판적으로 계수할 수 없는 것"이며, 독어권에서도 입법적으로나 학설적으로나 관철되지 않은 것이다. "남용될 소지가 농후한 단체주의적 사고가 투영된 공동소유 3유형론을 과연 우리 민법이 받아들여야 할 필요가 있었는지 대단히 의문"이다.

공동소유에서의 핵심 문제는 "관념적 지분을 갖고 있는 각 공동소유자에게 물권적 분할지분 내지 분할청구권을 인정할 것인가"이다. 따라서 공동소유의 형태도 "분할을 지향하는 공동소유", 즉 공유 (Miteigentum)와 "분할을 배제하는 공동소유", 즉 합유(Gesamteigentum, Gesamthandseigentum)의 두 유형으로 충분하다. "총유"는 합유의 일종으로 파악할 수 있다. 합유의 원인이 되는 채권관계는 "대부분 조합계약이라 할 것"이고, 민법상의 조합계약은 "사적 자치의 원

---

85) 본고는 총유규정에 대한 국내학자들의 평가를 도모하지 않는다. 다만 학회 발표(2014.10.18.)에 대한 신유철 교수의 지정토론중 관련 부분을 소개하는 데 그친다. 국내학자들의 논의라면 양창수, 위 논문, 381쪽 이하가 자세하다.

칙상 대단히 신축적으로 형성될 수 있기 때문"이다. 총유를 한국민법에서처럼 별도의 유형으로 파악하면, 예컨대 교회의 교단 탈퇴나 교회의 분열 사안에서 볼 수 있는 바와 같이 "법인이 아닌 사단"의 개념을 통하여 "총유"라는 공동소유 형태를 기계적으로 상정하는 것이되고, 그로부터 "당사자들의 진정한 의사를 잘 탐구하지 못하고 사적자치의 이념에 반하는 불합리한 결론이 도출될 위험이 없지 않다."[86]

2. 합유·총유 제도 자체에 대하여(일본 내의 반응)

(1) 星野英一

총유도 "그 개념이 그다지 확실치 않다."[87] 총유는 독일법제사상의 개념이지 권리능력 없는 사단을 예정하고 구성된 개념이 아니므로, 이에 들어 맞추면 무리가 생긴다. '총유'이니까 운운하는 식의 논법은 배제해야 하며, 심지어는 '권리능력없는 사단'의 재산 소유형태도 운운할 필요가 없고, 권리능력없는 사단을 둘러싼 갖가지 이익을 비교고량하여 각문제마다 판단하면 족하다.[88] 일본에서 가장 강력한 총유 반대이론이라 할 수 있다.

(2) 北川善太郎

"총유가 갖는 법적 특질을 법기술적으로 활용하는 것 자체가 타당하지 않다고는 할 수 없다." 그러면서도 "권리능력없는 사단"의 소유를 '총유'로 풀지 않고 '권리능력 없는 사단 단독 소유'로 풀이한다.[89]

---

86) 신유철, "토론문", 2014년 한국민사법학회 추계학술대회 자료집, 431~432쪽.
87) 星野英一, 民法槪論II(物權·担保物權)(良書普及會, 1976), 132쪽.
88) 星野英一, 「いわゆる『權利能力なき社団』について」, 民法論集I(有斐閣, 1970년), 306쪽 이하.

(3) 민법개정안연구회의 가안

합유와 총유관련 규정안을 둔다.[90]

3. 근자의 새로운 시각

(1) "총유" = "상호부조적 공동체 관계"론

지금까지의 총유론과는 달리, 총유를 "상호 부조적 공동체 관계"를 권리 의무로 갖는 공동소유관계라는 풀이[91]가 있다. 게르만법상의 소유권을 이원적으로 분할하여, 관리와 처분은 통일체로서의 게마인 데에 귀속(다수결 원리)하고, 사용과 수익 권능은 관념적 지분에 따

89) 北川善太郎, 民法總則 [民法綱要I] (有斐閣, 1993년), 84쪽.
90) 民法改正硏究會(代表 : 加藤雅信) 『民法改正國民·法曹·學會有志案』(日本 評論社, 2009년), 153쪽. 다음과 같은 조문 수정 및 신설을 제안한다.
  민법개정연구회안 제177조(총유와 공유의 성질을 갖는 입회권) [현행 제263 조 수정] ① 공유지 위에 입회권이 존재할 경우, 이 입회지의 공동소유관계(이 하 '총유'라 함)에 관하여는 각지방의 관습에 따르는 외에, 그 성질에 반하지 않는한, 이 절의 규정을 준용한다.
  [신설] ② 전항의 규정에 불구하고, 총유에 관하여는 (신)제165조(공유) 제2 항이 정하는 지분은 인정되지 아니한다.
  [신설] ③ 입회 임야인 토지에 관하여 그 농림업상의 이용을 증진하기 위해, 입회권을 소멸시키고, 도 이에 따라 입회권 이외의 권리를 설정하거나 이전하 고, 또는 소멸시키는 절차에 관하여는 따로 입회임야 정비 실시 절차로서 정하 는 바에 의한다.
  민법개정안연구회안 제178조(합유와 조합계약) [신설] ① (신)제617조(조합 계약)에 규정하는 조합계약에서의 조합재산의 공동소유관계(이하 '합유'라 함)에 관하여는 그 성질에 반하지 않는 한 이 절의 규정을 준용한다.
  [신설] ② 전항의 규정에 불구하고, 합유에 관하여는 (신)제166조(공유자의 사 용, 수익 및 처분) 제2항이 정하는 지분처분의 자유, (신)제171조(공유관계의 종료) 제1항이 정하는 분할청구는 인정되지 아니한다.
91) 심희기, 한국법사연구-토지소유와 공동체(영남대학교출판부, 1992), 324쪽.

라 각 성원에 주어지며, 이 양자가 합하여 총유권이 완성된다는 것이 김증한 교수의 총유론92)이라면, 상호 부조적 공동체 관계론의 주장자는 기르케가 전체권(Gesamtrecht)과 개별권(Sonderrecht)의 질적 분할을 말할 뿐, 처분 관리권과 사용 수익권이라는 질적 분할을 말한 적이 없다고 한다.93)

만약 심희기 교수의 이해가 타당하다면, 일본과 한국에서의 총유이론은 근원부터가 잘못 이해되었다는 결론이 된다. 기르케의 저작에는 어느 쪽으로도 이해될 수 있을 법한 설명이 다수 존재한다. 필자는 Genossenschaft의 법률관계는 인적인 면과 물적인 면이 있는 것으로 보고 있다. 총유공동체를 인적인 면에서 파악할 때는 "상호부조적 관계"가 되며, 물적인 면으로 보면 "마르크의 이용은 공동체가 결정할" 문제였지만94) 굵게 보아 "관리처분 권능과 사용 수익 권능의 분속관계"로 분해되지 않는가 싶다. 이 가운데 물적인 측면만 일본법학에 학설계수기에 "이념형"으로 받아들여져 공유, 합유와 다른 형태의 공동소유 태양으로 정착된 것으로 보고 있다.95)

(2) "총유 규정" = "법인 아닌 사단의 민사법적 지위에 관한 체제정합적 규율"

법인 아닌 사단의 문제와 관련하여 총유 규정의 폐기가 거론되기 시작한 것은 1999년부터이다.96) 총유란 비교법적으로 유래가 없는

---

92) 김학동, "총유의 본질과 실체", 사법연구 제1집(1992), 129면. Gierke, DGR, Bd.2, S.333을 전거로 든다. 정종휴, "독일과 일본의 총유이론사" 91쪽.
93) 심교수가 전거로 삼는 곳은 Otto von Gierke, Das deutsche Genossen-schaftsrecht. Bd.2: Geschichte des deutschen Körperschaftsbegriffs(Weidmann, 1873), SS. 381, 616. 정종휴, "독일과 일본의 총유이론사" 91쪽 이하.
94) Gierke, DGR. Bd.2. S. 616.
95) 정종휴, 독일과 일본의 총유이론사, 52쪽.
96) 예컨대, "사회현실에 맞지 않으며 독립된 제도로 존치시키는 실효성에 대한 의

전근대적 제도이니, 법인 아닌 사단의 다양한 모습을 규율하기 미흡하다느니, 총유 규정은 민법의 체계에도 맞지 않다느니 하는 지적들이다. 이러한 풍토에서, 총유에 대한 이러한 주장들은 오해에 기반한데다가 적절한 비판도 될 수 없다는 연구[97]가 최근 발표되었다. 논자에 따르면 법인이 아닌 사단은 법인이 아니므로 권리능력을 가질 수 없어 소유권이 단체 자체가 아니라 사원들의 총합에 주어질 수 밖에 없다. 그것은 단체적 소유의 성질을 갖지만, 법인격이 없기에 사원들의 소유인 형태로 구성하면서 지분은 인정되지 않는 것으로 해야 하는 것이다. 공동소유의 한 형태이므로 부동산등기법 제26조가 등기능력을, 민사소송법 제52조가 소송능력을 인정하는 것은 법인격이 없음을 전제로 한 조화로운 규정이다. 제275조 이하의 총유 규정이 있기에 권리능력의 개념에 변화를 주지 않으면서도 법인 아닌 사단에 관한 소유관계가 잘 설명된다. 총유 규정의 폐지는 이처럼 정합된 체제를 흐트려 오히려 소유권, 권리능력, 법인격 등 민사법 체계의 재구성까지 생각할 정도의 파괴력을 갖는다면서 민법전 개정논의도 "총유 규정이 갖는 역할도 전면적인 이론적 검토를 거치면서" 이루어져야 할 것을 주장한다.[98]

문"이 제기되었다. 법무부민법개정자료발간팀 편, 2004년 법무부민법개정안(총칙. 물권편), (2012), 362쪽.

97) 임상혁, 법인이 아닌 사단의 민사법상 지위에 관한 고찰 - 총유 규정을 둘러싼 민법 개정 논의와 관련하여, 서울대학교 법학, 54권 3호(2013년 9월), 189쪽 이하.

98) 임상혁, 205쪽.

IV. 종합적 평가

1. 한국에서 이루어진 학설계수의 전형

김증한 교수의 공동소유론은 "학설계수의 연장선"상에서 이해되어야 한다. 일본에서는 1920년대 후반부터 서서히 막을 내린 학설계수가, 공동소유분야에서는 만주국민법에서 제도화되었다. 그 이론적 배경을 제공한 石田·我妻 교수의 이론에 대한 의문을 가진 김증한 교수의 철저한 연구로 공동소유론은 정점을 보이면서 1950년대 제정된 한국민법전에 조문화되었다. 김증한 교수의 "유형론"은 과문하지만 한국과 일본 두 나라를 털어 공동소유 유형에 관한 가장 심도있는 저작이 아닐까 싶다. 김 교수의 "유형론"이야말로 학설계수의 전형이요, 민법전상의 조문화라는 결실을 이루었다는 점에서 극히 특이한 20세기 동아시아 민법사의 한 장면이다.

2. 김증한 교수는 "개념법학자"인가?

김 교수는 공동소유에 관한 로마법·독일법의 특수 이론을 금과옥조삼아 그 정확한 이해에 이르지 못한 것으로 보인 石田과 我妻 두 교수의 학설을 비판했고, 마침내 기르케의 이론에 따라 김 교수 자신만이 할 수 있는 독자적 총유규정을 민법전에 조문화하는데 성공했다. 이러한 점에서 김증한 교수의 철저한 "유형론"과 "공유 관련 정부안에 대한 입법의견"만을 본다면, 그는 공동소유론에 관한 한 철저한 "개념법학자"인 것으로 여겨질지 모르겠다. 그러나 그건 결코 아니다. 김증한 교수는 "판례"와 "구체적 법현실의 다양성"을 늘 의식하였다.

"민법안이유서"에 조선고등법원판결을 인용하여 개정의견을 내는 것도 그렇지만, 현행 민법 시행 직후에 출간한 물권법 교과서를 보면 그가 얼마나 공동소유의 토착화 같은 것에 민감했는지를 잘 알 수 있다.99)

3. 법제도 발전의 다양성

총유는 독일민법학에서는 완전히 역사적 유물, 일본민법학에서는 이론100) 및 판례101)상의 개념임에 반해, 한국민법학에서는 실정법상

---

99) 김증한이 "개념법학자"가 아님은 무엇보다 민법 시행 후 출간된 그의 "신물권법 (상권)(박영사, 1960년)"에 잘 드러나 있다. 김증한은 단체들의 "법적 구조에도 천차 만층이 있"음을 전제로 한다. 이러한 단체들을 몇 개의 유형으로 나눌 수 있다. "우리 민법이 공유 이외에 합유·총유의 두 형태를 규정한 것은 현대에 있어서의 무수히 많은 종류의 인적 결합체에 있어서의 소유관계를 적절히 규율하기 위한 것이고, 현대의 수요에 가장 적합한 것이라 할 것이다."(170쪽). "총유·합유의 규정의 실용적 의의는 점차 감소"되어 간다면서 민법이 이를 조문으로 둔 것은 "시대의 추세에 역행하는 것"이라는 의견이 있음을 들고, 이에 대하여 다음과 같이 반박한다. "그러나, 그 이유가 현대의 민법은 개인 자유의 이념 위에 입각하여야 한다는 데에 있다면, 그것은 개인활동의 자유는 필연적으로 결사의 자유를 포함한다는 것, 결사의 자유는 필연적으로 무수한 종류의 인적 결합체를 산출한다는 것, 인적 결합체의 종류가 많아지면 필연적으로 그것에 부합하는 공동소유형태가 생기게 된다는 것을 간과한 것이다." "총유·합유라고 하면 중세의 게르만법을 연상하고 어쩐지 전근대적인 것 같은 인상을 받는 법률가가 많은 것 같다." 그러나 "총유·합유의 개념은 중세 게르만의 단체법의 연구를 통하여 밝혀진 것은 사실이다." 그러나 "현대에 있어서도 어느 나라에 있어서나 총유 또는 합유의 개념으로 파악되지 않으면 안될 공동소유형태가 부단히 창조되고 있음을 잊어서는 안된다." "총유·합유의 개념 없이는 단체의 소유관계를 적절히 규율할 수 없는 것이다."(170~171쪽). 김증한 교수의 이러한 신념은, 총유·합유 규정의 존재가치에 대한 학자들의 평가와는 별개로, 그가 오늘날 냉소적인 의미로 쓰이는 "개념법학자"와는 정반대에 서는 현실중시론자였음을 보여준다 하겠다.

100) 물론 그 이론은 찬반으로 갈린다. 예컨대, 山本敬三『民法講義 總則』(제3

의 제도이며, 학설상의 찬반은 별론으로 하고, 판례상으로도 자주 등장한다. 민법전상의 총유 규정의 존재는 특별한 의미를 갖는다. 그것은 한 제도가 다른 나라에 법전상 또는 학설상 일단 받아들여지면, 원산국의 사정에 구애됨이 없이 독자적으로 전개됨을 보여주는 적례인 것이다. 성문법 국가에서 '조문의 존재'는 잊혀져 있다가도 언제든 현재화할 수 있다. 경우에 따라서는 원산국에서는 사라진 것인데도, 고형(古形)이 유지된 채 독자적인 발전을 보이는데, 김증한 교수의 젊은 날 혼란기의 연구에 의해 전개되고, 민법안 심의과정에 절정에 이르러 입법화에 이른 총유론은 비교법적으로나 법제사적으로 지극히 이채로운 자리를 차지한다.

4. 권리의 주체로서의 단체

성문법국가에서 제도 규정은 그 자체 유권적 구속력의 표현으로 그 번복은 용이하지 않다. 명확한 문언의 의미를 학설로, 판례, 입법으로 바꿔간다는 것은 얼마나 힘든 과정인가. 제도 규정이 포괄적이고 원칙적일수록 그 의미의 전환은 쉽지 않다.

김증한 교수의 지적대로 "근대법은 원자론적으로 인간을 추상적이고 독립적인 인격(권리능력)으로 파악하고, 다수인이 한 개의 조직체를 이루고 한 개의 단일체로서 사회활동을 할 때에는, 이것을 개인에

판)(有斐閣, 2011년), 521쪽과 같은 강력한 반대론이 있는가 하면, 加藤雅信 「總有論、合有論のミニ法人論的構造」 星野英一先生古稀祝賀論文集 『日本民法學の形成と課題上卷』(有斐閣, 1996년)과 같은 적극 찬성론도 있고, 佐久間 毅『民法の基礎2物權』(補訂版)(有斐閣, 2007년) 193쪽 등, 최근의 교과서에서처럼 거부감 없이 소개되기도 한다. 또 주91에서 보듯이 개정안으로서 총유와 합유 규정 신설안도 있다.

101) "총유"를 거론한 최근 판결로는 (日)最判2003·4·1判時1823호55쪽(입회지의 매각대금채권은 "입회단체의 총유에 속한다.").

준하여"인격으로 파악하는 바 "이것이 법인이다."[102] 권리능력의 주체로서의 "자연인과 법인", 근대법의 철칙중의 철칙과 같은 대원칙이라 할 수 있다. 그렇기 때문에 법인격을 갖지 못한 단체들은 늘 "법인격 없는(=법인아닌) 단체"라는 식으로 다루어져 왔다. 그러나 원칙과 더불어 예외가 많아질수록 원칙의 힘은 약해진다. 과연 오늘날 법인격없는 단체들은 권리능력자로서의 예외 취급을 받아야 할 정도의 것인가? 일찍이 권리능력의 주체는 "자연인과 법인"으로 할 것이 아니라 "자연인과 단체"로 해야 함[103]을 주장해 온 필자에게는 각종 형태의 법인아닌 단체에 소유권의 주체 자격을 부여하려 했던 김증한 교수의 공동소유유형론에서 일종의 선구자적 면모가 보인다.

5. 김증한 교수의 공동소유론의 결론과 현대 법사상

김증한 교수는 공동소유 유형론을 다음과 같이 마무리하고 있다.

"종래의 법제는 개인주의적 토대위에 서 있었다. 이 개인주의적 법제는 바야흐로 어떤 수정을 받지 않으면 안될 단계에 다달어 있다. 그러면 그것이 어떻게 수정되어야 할 것인가. — 이 문제의 해결은 "현대 20세기 법학에 부과된 최대의 과제이며 실로 세계문화사적 과제"이다. 이 과제의 완성까지는 앞으로 상당한 연월을 요할 것이며, 아직은 각국 사법체계는 대체로 개인주의적 토대에서 벗어나지 못하고 있다. 그 과제의 수행에 게르만법의 단체주의가 유력한 시사를 주리라는 것만은 사실일 것이다."[104]

---

102) 김증한, 민법안의견서, 96면.
103) 주석민법(제3판)총칙1[법인총설(정종휴)](사법행정사, 2002년) 581~582쪽.
　　 "단체"를 "사단"과 "재단"으로, 또 단체를 "법인격 있는 단체"와 "법인격 없는 단체"로 나눈다.
104) 김증한, 유형론, 247쪽.

상대주의, 인권, 소수자 존중, 리버럴리즘, 자기결정권, 개인의 자유, 규제완화, 자기책임, …등 오늘날의 법사상에서는 자칫 단체주의가 설 자리가 점차 부실해져가는 지도 모른다. 그러나 "단체주의"라는 표현은 뒤로 물러설지언정 "단체주의"로 표현되는 정신은 인간성의 보편성을 인정하는 한 사라질 수가 없다 할 것이다. 최근의 수많은 "연대"를 보라. "연대"란 무엇인가? "남에 대한 책임"을 함께 진다는 뜻 아닌가? 인간의 삶에서, 특히 인간 이기심의 한계와 같은 면모를 갖는 법의 세계에서, 더욱이 오늘날 글로벌 SNS시대에 개인의 순간판단의 파장이 어느 때보다 큰 마당에, "남에 대한 책임"의식은 강조해 마땅하지 아니한가? 60년도 더 전에, 그것도 인류 전체가 집단이기주의, 국가 이기주의라는 광기의 발작으로 미증유의 참화를 겪은 1940년대의 후반, 거의 세계 최빈곤 신생 독립국의 젊은 학자가 "서울에서 전등불 구경을 못하던 때에 석유 람프불로 매일 밤 1시, 2시경까지 앉아서"[105) 쓴 개인주의 법제 수정에의 호소는 풍요시대를 구가하는 오늘날의 후학들에게 변변한 사색의 소재가 되는 것이 아닐까?

6. 로스쿨 시스템 아래서의 법제사 연구

3년 교육기간 중 21세기 글로벌시대에 적합한 법학지식을 이론과 더불어 실무와 함께 습득하여 3년 생활의 마지막 단계에 변호사시험을 통해 법률가가 되어야 할 로스쿨 학생들에게 김증한 교수의 연구는 어떠한 의미가 있을까? 또 이 학생들을 이론 또는 실무적으로 교육해야 할 로스쿨 교수들에게는 김증한 교수의 "유형론"과 같은 법사학적 연구는 어떠한 의미가 있을까? 조문의 배경, 판례 비평, 전체

---

105) 김증한, 민법논집, (진일사, 1978년), 1면.

학설 구도속의 통설 이해, 법학이라는 넓은 숲속에 나는 지금 어디에 서서 무엇을 배우고 있는가에 대한 그 나름의 좌표인식을 수반한 법학교육같은 건 꿈도 꾸지 못하는 출범 6년째의 로스쿨에서, 조문, 판례, 통설 암기에 허덕이는 학생들, 그저 모범답안, 판례와 통설을 통한 지름길 터득 외엔 관심도 시간도 없는 학생들에게는 비교법이니 법제사니 하는 게 눈에 들어올 여지가 없는 것으로 보인다. 그럼 오늘날 로스쿨 법학 교육에서 법제사, 비교법, 법철학적 소양 따위는 무용한 것일까? 원로 법학자의 학문세계를 점검하는 이러한 기회에 바람직한 법학교육, 로스쿨 교육, 나아가 바람직한 법조양성 시스템에 대한 솔직한 대화의 문이 열릴 수는 없을까?(2014년 10월 13일)

〈참고문헌〉

곽윤직, 물권법, (박영사, 1963).

김증한, "공동소유형태의 유형론", 법조협회잡지 2권 3호(1950).

_____, 민법논집, (진일사, 1978년).

_____, 법학통론, (박영사, 1982).

_____, 법학통론(제6공화국판), (박영사, 1988).

_____, 신물권법(上), (박영사, 1960년).

김학동, "총유의 본질과 실체", 사법연구 제1집(1992)

민법안연구회, 민법안의견서, (일조각, 1957).

민의원법제사법위원회민법안심의소위원회, 민법안심의록(상권)(1957년).

법무부민법개정자료발간팀 편, 2004년법무부민법개정안(총칙. 물권편), (2012).

신유철, "토론문", 2014년 한국민사법학회 추계학술대회 자료집.

심희기, 한국법사연구-토지소유와 공동체(영남대학교출판부, 1992).

양창수, "공동소유 – 민법 제정과정에서의 논의와 그 후의 평가를 중심으로-", 한국민법이론의 발전(이영준박사 화갑기념논문집)(박영사, 1999).

임상혁, "법인이 아닌 사단의 민사법상 지위에 관한 고찰 – 총유 규정을 둘러싼 민법 개정 논의와 관련하여", 서울대학교 법학, 54권 3호(2013년 9월).

정종휴, "한국민법전의 제정과정", 후암곽윤직교수화갑기념논문집(박영사, 1985).

_____, "한국에서의 일본민법의 변용", 전남대학교 논문집 제30집(법·행정학편) (1985).

_____, "한국민법전의 비교법적 계보", 민사법학 제8호(1990).

_____, "독일과 일본의 총유이론사", 법사학연구 제14호(1993).

주석민법(제3판)총칙1[법인총설(정종휴)](사법행정사, 2002년).

石田文次郎, 「合有論」 法學協會雜誌 49권 4호.

_____, 『物權法論』(有斐閣, 1922년).

_____, 『土地總有權史論』(岩波書店, 1929년).

石田文次郎＝村 敎三 『滿洲民法(物權)』(有斐閣, 1942년).

_____, 『滿洲民法(担保物權)』(有斐閣, 1942년).

梅(謙次郎) 博士 「開會ノ辭及ヒ仏國民法編纂ノ沿革」『仏蘭西民法百年紀念』
(有斐閣, 1905).

加藤雅信 「總有論、合有論のミニ法人論的構造」星野英一先生古稀祝賀論文
集 『日本民法學の形成と課題上卷』(有斐閣, 1996).

北川善太郎, 『日本法學の歷史と理論一民法學を中心として一』(日本評論社,
1968).

_____, 『民法總則 [民法綱要I]』(有斐閣, 1993).

佐久間 毅 『民法の基礎2物權』(補訂版)(有斐閣, 2007).

「司法法規制定に就きて」 法曹雜誌4卷7・8号民事法典制定紀念号(1937・8).

末川 博 『物權法』(日本評論新社, 1956년).

末弘嚴太郎, 田中耕太郎責任編輯, 『法律學辭典』(岩波書店, 1934~1937).

星野英一, 「いわゆる『權利能力なき社団』について」, 『民法論集I』(有斐閣,
1970).

_____, 『民法槪論II (物權・担保物權)』(良書普及會, 1976).

民法改正研究會(代表：加藤雅信) 『民法改正國民・法曹・學會有志案』(日本評
論社、2009).

山中永之佑監修『日本現代法史論一近代から現代へ一』(法律文化社, 2010).

山本敬三, 『民法講義 總則』(제3판)(有斐閣, 2011).

我妻 榮, 『物權法(民法講義II)』(岩波書店, 1932년).

_____, 「滿洲國民法所感」法曹雜誌4卷7・8号民事法典制定紀念号(1937・
8).

Otto von Gierke, Das deutsche Genossenschaftsrecht. Band 2: Geschichte des
deutschen Körperschaftsbegriffs(Weidmann, 1873).

전세권론
- 전세권특수용익물권설 -

윤 대 성*

I. 서 설

우리나라 전세권제도는 서양에서와 달리 동양사회에서 발전한 담보제도인 전(당)이나 질의 형태에서 관습법으로 고유하게 형성하여 발전한 제도라고 할 것이다.[1] 이와 같은 관습법으로서의 전세제도를 우리나라 민법전을 편찬하는 과정에서 민법전기초자는 물권으로서 전세권을 입법하고자 하였고, 그 민법초안을 심의하는 과정에서 전세권을 물권의 일종으로 규정하는데 대하여는 반대여론이 상당히 많았으나[2] 물권으로서 전세권을 입법하여 1960년 1월 1일에 시행되고 1983년에 일부 개정을 거친 이후 오늘에 이르고 있다.

우리나라 민법전을 편찬하는 입법과정에서 민법안심의소위원회의 심의 도중에, 김증한 교수는 한국민사법연구회[3]를 서울특별시내에

소재하는 각 대학의 민사법담당 교수들로서 구성하여, 재산법의 분야에 국한된 것이기는 하지만, 168개 항목에 달하는 의견을 공동으로 작업하여 「민법안의견서」를 국회에 제출한 것은 우리나라 입법사(立法史)에서 처음이라 할 것이다.[4]

여기에서 먼저 민법전을 편찬하는 입법과정에서 김증한 교수를 중심으로 한 한국민사법연구회(한국민사법학회의 전신)가 민법초안에 있어서 전세권을 어떻게 보았는가를 분석·검토하고(II. 민법초안과 전세권에 관한 논의), 다음으로 김증한 교수의 전세권에 관한 법적 구조를 어떻게 구성하였는가를 분석·검토한다(III. 김증한 교수의 전세권특수용익물권설). 그리고 그 이후 우리나라 학계에서 전세권의 법적 구조에 관하여 어떠한 논의가 있었는가를 분석·검토하고자 한다(IV. 전세권론의 전개). 마지막으로 아직도 전세권의 법적 구조에 관한 논의가 끝나지 않은 상황에서 우리나라 경제현실을 감안하여 전세권을 어떻게 법적으로 구성하는 것이 바람직할 것인가를 전망하고자 한다(V. 전망).

이를 위하여 1950년대 민법전의 입법자료 및 전세권에 관한 입법자료, 김증한 교수의 전세권에 관한 교과서 및 연구자료 등을 수집하여 이를 분석하고 검토하고자 한다. 그 이후 전세권론의 전개는 연구논문 및 교과서 등을 수집하여 분석하고자 한다. 이 논문의 기술에 있어서 전세권에 관한 논의를 분석하고 검토함에 가치중립을 유지하도록 노력한다.

따라서 이 논문은 우리나라 전세권에 관한 김증한 교수의 전세권특수용익물권설을 분석하고 검토하는 것을 주된 내용으로 하여 그 공헌을 밝히고 그 후 전개된 전세권의 법적 구조에 관한 논의를 분석하고 검토함으로써 앞으로 전세권을 어떻게 법적으로 구성하는 것이

권제2호, 서울대학교법학연구소, 1968. 12., 28면.

4) 김증한, 위의 논문, 28~29면.

바람직한가를 전망하고자 하는 것이 목적이다.

II. 민법전초안과 전세권에 관한 논의

1. 민법전초안과 전세권

우리나라의 민법전편찬사업은 해방 직후 미군정시대부터 착수되었으며[5] 1948년 대한민국 정부수립을 계기로 그 사업은 한층 박차를 가하였고, 6.25사변이 발발한 후 얼마 동안은 약간 멈춘 상태에 빠져 있었으나 정부가 부산에 그럭저럭 자리를 잡자 피난중에 갖은 어려운 조건 아래에서도 민법기초사업은 꾸준히 계속되었다. 그리하여 민법의 정부초안이 완성되어 국무회의를 거쳐 국회에 제출된 것은 1954년 10월이었다.[6]

2. 민법초안의 전세권 규정

민법초안에 있어서 제2편 물권 제6장에 전세권을 규정한 내용을 보면 다음과 같다.[7]

---

5) 미군정시대의 한국민법전편찬사업에 대하여는, 윤대성, 미군정시대(1945~1948)의 한국민법전편찬사업, 한국학술정보㈜, 2009; 동, 한국전세권법연구, 251~254면을 참조.
6) 김증한, "민법안상정에 대한 이의: 법사위의 수정안을 보고", 법정, 제12권제10호, 1957, 18면.
7) 국회사무처, 제28회 국회정기회의속기록 제42호, 1957. 11. 21. 부록 참조; 민사법연구회, 민법안의견서, 일조각, 1957, 부록 43~47면.

제290조 전세권자는 전세금을 지급하고 타인의 부동산을 점유하여 그 부동산의 용도에 좇아 사용 및 수익할 권리가 있다. 농경지는 전세권의 목적으로 하지 못한다.

제291조 타인의 토지에 있는 건물에 대하여 전세권을 설정한 때에는 전세권의 효력은 그 건물의 소유를 목적으로 한 지상권 또는 임차권에 미친다. 전항의 경우에 전세권설정자는 전세권자의 동의없이 지상권 또는 임차권을 소멸하게 하는 행위를 하지 못한다.

제292조 대지와 건물이 동일한 소유자에 속한 경우에 건물에 대하여 전세권을 설정한 때에는 그 대지소유자의 특별승계인에 대하여도 건물에 대한 전세권의 효력이 있다. 전항의 경우에 대지소유자 및 그 특별승계인에게 그 대지를 임대하거나 이를 목적으로 한 지상권 또는 전세권을 설정하지 못한다.

제293조 전세권자는 전세권을 타인에게 양도 또는 담보에 제공할 수 있고 그 존속기간내에서 그 목적물을 타인에게 임대할 수 있다. 그러나 설정행위로 이를 금지한 때에는 그러하지 아니한다.

제294조 전세권양수인은 전세권설정자에 대하여 전세권자와 동일한 권리의무가 있다. 전세권의 양도는 양도인이 전세권설정자에게 통지하거나 전세권설정자가 이를 승낙함이 아니면 이로써 전세권설정자 기타 제삼자에게 대항하지 못한다.

제295조 전세권의 목적물을 임대한 경우에는 전세권자는 임대하지 아니하였으면 면할 수 있는 불가항력으로 인한 손해에 대하여도 그 책임을 부담한다.

제296조 전세권설정자가 그 목적물을 타인에게 양도할 경우에는 이를 전세권자에게 통지하여야 한다. 전항의 경우에 전세권자가 상당한 기간내에 동일한 가액으로 매수할 것을 요청한 때에는 전세권설정자는 정당한 이유없이 이를 거절하지 못한다.

제297조 전세권자는 그 목적물의 현상을 유지하고 그 통상관리에

속한 수선을 하여야 한다.

제298조 전세권자는 그 목적물의 관리비용 및 공과금을 부담한다.

제299조 전세권자가 목적물의 보존 개량에 유익비를 지출한 때에는 그 가액의 증가가 현존한 경우에 한하여 소유자의 선택에 좇아 그 지출액이나 증가액의 상환을 청구할 수 있다. 전항의 경우에 법원은 소유자의 청구에 의하여 상당한 상환기한을 허여할 수 있다.

제300조 전세권자는 그 목적물의 용도를 변경하거나 그 관리에 관한 주의를 해태함으로 인하여 목적물의 현상에 현저한 훼손을 가한 때에는 전세권설정자는 전세권의 소멸을 청구할 수 있다. 전항의 경우에는 전세권설정자는 전세권자에 대하여 원상회복 또는 손해배상을 청구할 수 있다.

제301조 전세권의 존속기간은 10년을 넘지 못한다. 당사자의 약정기간이 10년을 넘는 때에는 이를 10년으로 단축한다. 전세권의 설정은 이를 갱신할 수 있다. 그 기간은 갱신한 날로부터 10년을 넘지 못한다.

제302조 전세권의 존속기간을 약정하지 아니한 때에는 각 당사자는 언제든지 상대방에 대하여 전세권의 소멸을 통고할 수 있고 상대방이 이 통고를 받은 날로부터 6월이 경과하면 전세권은 소멸한다.

제303조 전세권의 목적물 전부 또는 일부가 불가항력으로 인하여 멸실한 때에는 그 멸실한 부분의 전세권은 소멸한다. 전항 일부멸실의 경우에 전세권자가 그 잔존부분으로 전세권의 목적을 달할 수 없는 때에는 전세권설정자에 대하여 전세권 전부의 소멸을 통고하고 전세금의 반환을 청구할 수 있다.

제304조 전세권의 목적물 전부 또는 일부가 전세권자의 책임있는 사유로 인하여 멸실된 때에는 전세권자는 일체의 손해를 배상할 책임이 있다. 전항의 경우에 전세권설정자는 전세권자에 대하여 전세권의 소멸을 통고한 후 전세금으로 손해의 배상에 충당하고 잉여가 있

으면 반환하여야 하며 부족이 있으면 다시 청구할 수 있다.

제305조 전세권만기전의 계약으로 전세금의 반환에 가름하여 전세권자에게 전세권 목적물의 소유권을 취득하게 하거나 경매 이외의 방법으로 그 목적물을 처분하게 하지 못한다. 동일한 목적물에 타인의 물권이 설정된 경우에는 전세권의 만기후에도 전항과 같다.

제306조 전세권이 그 존속기간의 만료로 인하여 소멸한 때에는 전세권자는 그 목적물을 원상에 회복하여야 하며 그 목적물에 부속시킨 물건은 수거할 수 있다. 그러나 전세권설정자가 그 부속물건의 매수를 청구한 때에는 전세권자는 정당한 이유없이 거절하지 못한다. 전항의 경우에 그 부속물건이 전세권설정자의 동의를 얻어 부속시킨 것인 때에는 전세권자는 설정자에게 대하여 부속물건의 매취를 청구할 수 있다. 부속물건이 설정자로부터 매수한 것인 때에도 같다.

제307조 전세권이 소멸한 때에는 전세권설정자는 전세권자로부터 그 목적물의 인도 및 전세권설정등기의 말소등기에 요할 서류의 교부를 받는 동시에 전세금을 반환하여야 한다.

제308조 전세권설정자가 전세금의 반환을 지체한 때에는 전세권자는 경매법의 정한 바에 의하여 전세권 목적물의 경매를 청구할 수 있다.

제309조 제201조, 제202조, 제204조 내지 제234조의 규정은 전세권자간 또는 전세권자와 인지소유자 및 지상권자간에 이를 준용한다.

(1) 전세권에 관한 기초취지

1957년 11월 6일 제26회 국회정기회의 제30차 회의인 민법안 제1독회에서 법전편찬위원회 위원장인 김병노는 다음과 같이 전세권에 관한 기초취지를 설명하였다.[8]

---

8) 국회사무처, 제26회 국회정기회의속기록 제30호, 1957. 11. 6. 참조.

"… 물권에 가서 몇 가지 말씀하면 거기에 특별히 전세권이라는 것을 우리나라에 방방곡곡이 널리 시행된 것이 아니었는데 그것을 특정물권으로서 냈니 이런 혹 생각을 하시는 이가 계실 것입니다만 전세라는 제도가 이 경성이 제일 오래 또 널리 실시되어 왔고 기타의 지금 근래의 경향을 보면 각 지방에도 도시에는 많이 이 제도가 차차 자꾸 시행이 되어 갑니다. 각 지방에도 각 도시생활하는 사람들은 … 그런 필요가 있을 뿐더러 이것이 외국법을 갖다 또 거기에 비교해서 보면 외국의 용익권이라는 것이 여러 나라 법에 있는데 그 물권의 즉 말하자면 사용수익한 권리를 갖는 계약입니다. 이런 용익물권이라는 것이 많이 있는데, 그 가운데에는 또는 복잡한 성질도 있고 다른 우리나라 입법할려고 하는 다른 계약과 혹은 이중되는 경우도 많이 있어요. 다른 나라 법제의 … 하고 또 중국 고유부터 내려오는 것인데 전권이라는 권리가 있어요. 민법 가운데에 전권이라는 권리가 있는데 그것의 내용인즉, 우리나라 전세하고 비슷한 것이에요 … 하고 또 우리나라의 전세라는 것을 과거에 보면 어떻게 취급해 왔느냐 하면 전세하는 게 무슨 한 개의 물권이 아니니까 한쪽으로는 임대차계약을 형성이라고 하고 해 가지고 한쪽으로는 저당권이라는 물권을 갖다가 거기다가 혼동해서 전세라는 효과를 버젓이 유지해 내려왔던 말이에요. 그런 것보다 앞으로도 많이 이용되는 그런 것이라고 인정된 이상에는 완전히 전세권이라는 한 물권적 완전한 효과를 주는 것이 좋겠다. 이래서 전세권이라는 것을 한 특정의 물권으로 입안하게 된 것입니다."

이 기초취지의 설명만으로는 명확하지 않아서 이해하기가 매우 어렵지만 여기에서 전세권에 관한 기초자의 입법의사를 몇 가지로 간추려 낼 수 있다고 본다. 즉, 첫째로 전세는 중국의 전권과 유사한 제도라는 것, 둘째로 전세는 종래 임대차관계와 저당권관계가 혼합한 성질이라는 것, 셋째로 용익권 운운한 것으로 보아서 용익물권의 성질을 고려하였다는 것, 넷째로 전세권이라는 하나의 물권적 완전한 효과를 주고자 하였다는 것으로 요약할 수 있다.9)

---

9) 윤대성, 한국전세권법연구, 263면. 우리 민법의 기초자인 김병노 선생은 해방

(2) 전세권에 관한 법제사법위원회의 수정안과 민사법연구 회의 민법안의견서

(가) 법제사법위원회의 수정안

법제사법위원회 민법안심의소위원회에서 심의한 결과로 전세권에 관한 수정안이 1957년 10월 11일 법제사법위원회 본회의에 상정되어 수정 없이 통과됨으로써 이 수정안은 법제사법위원회의 수정안으로 서 같은 달 12일에 정부안(초안)과 함께 국회 본회의에 상정되었다.

전세권에 관한 법제사법위원회의 수정안을 보면 다음과 같은 내용 이었다.[10]

(1) 제292조 제1항 중 "그 대지소유권의 특별승계인에 대하여도 건

후 한민당계로서 미군정에서 사법부 부장으로 미군정의 한국민법전편찬사업을 추진함에 참여하였고, 그 당시 민법전초안(Lobingier's Proposed Civil Code for Korea, 1949) 제546조에 Defined. Antichresis is a pignorative contract by which an immovable is transferred by the owner to a creditor to occupy and collect the fruits thereof and apply them on the debt; but ownership remains in the debtor despite any contrary stipulation.라고 전세권(Antichresis(Chinese Dien))에 대한 정의를 내리고 있으면서, Pledge(Pignus, Pawn) of Movables, Hypotheca(Mortgare), Sale With Rights of Redemption(Lat., Pactum de Retreemendo; Spanish, Pacto de Retro; French, Vente a Remiere), Possessory Liens(Right of Retention)와 함께 규정하고 있음을 적어도 염두에 둔 것이 아 닌가를 추정할 수 있다. 이에 대한 상세한 내용은, 윤대성, 미군정시대(1945~ 1948)의 한국민법전편찬사업: 로빈기어(Lobingier, C.)의 한국민법전초안 (Proposed Civil Code for Korea, 1949), 한국학술정보(주), 2009, 118, 150면 이하 참조.

10) 국회사무처, 제26회 국회정기회의속기록 제42호, 1957. 11. 21. 부록 88~89 면; 윤대성, 위의 책, 266~267면. 그러나 법제사법위원회의 수정안에 대하여 김증한 교수는 "도대체 법제사법위원들이 민사법연구회의 의견서나 신문 잡지 에 발표된 논고들을 한번씩이나마 읽어나 보았는지 지극히 의심스럽다"고 개 탄하면서 민법안 상정에 대한 이의를 제기하였다. 김증한, "민법안상정에 대한 이의: 법사위의 수정안을 보고", 법정, 제12권제10호, 1957. 10., 18면.

물에 대한 전세권의 효력이 있다"를 "그 대지소유권의 특별승계인은 전세권설정자에 대하여 지상권을 설정한 것으로 본다. 그러나 지료는 당사자의 청구에 의하여 법원이 이를 정한다"로 수정하고, 제2항 중 "및 특별승계인"을 삭제하였다.

(2) 제293조 중 "타인에게"의 다음에 "전전세 또는"을 삽입하였다.

(3) 제294조 중 제2항을 삭제하였다.

(4) 제295조 중 "목적물을"과 "전세권자는" 다음에 "전전세 또는"을 각 삽입하였다.

(5) 제296조를 전문 삭제하였다.

(6) 제298조를 전문 삭제하였다.

(7) 제299조 제1항 중 "목적물의 보존, 개량에 관하여 유익비를 지출한 때에는 그 가격의 증가가"를 "목적물을 개량하기 위하여 지출한 금액 기타 유익비에 관하여는 그 가액의 증가가"로 수정하였다.

(8) 제300조 제1항을, "전세권자가 전세권설정계약 또는 그 목적물의 성질에 의하여 정하여진 용법으로 이를 사용수익하지 아니한 경우에는 전세권설정자는 전세권의 소멸을 청구할 수 있다"로 수정하였다.

(9) 제303조 제2항 중 "현존부분"을 "잔존부분"으로 수정하였다.

(10) 제304조 제1항 중 "일체의"를 삭제하고, 제2항 중 "전세권자에 대하여 전세권의 소멸을 통고한 후"를 "전세권이 소멸된 후"로 수정하였다.

(11) 제305조를 전문 삭제하였다.

(나) 민사법연구회의 민법안의견서

민법초안의 전세권에 관한 민사법연구회의 의견을 보면 다음과 같다.[11]

[70] 전세권을 물권으로 규정하는데에 대하여는 찬성할 수 없으며

전세계약으로 채권편에 규정함이 가하다.(이유는 채권편 [151]에서 설명한다)12)

[151] 초안 제8절 임대차 다음에 「전세」라는 절을 신설하고 전세의 정의에 관한 규정, 전세에 관한 관습법이 없을 때에는 임대차의 규정에 의한다는 취지의 규정 등 약간 수의 조문을 설치한다. 다음은 하나의 시안이다.13)

제0조 전세의 차주는 기한에 차용부동산을 반환하고 대주는 전세금을 반환하여야 한다. 전세금에 관한 전항의 권리는 부동산에 관하여 생긴 채권으로 된다. 이에 반하는 약정은 그 효력이 없다.

제0조 전세에 관하여 법률에 규정이 없으면 관습법에 의하고, 관습법이 없으면 그 성질이 허하는 한 전절의 규정을 준용한다.

여기에서 민사법연구회 주재황 교수의 민법초안의 전세권에 관한 의견은 다음과 같이 요약할 수 있다. 먼저 전세권에 관한 의견안을 낸 이유로서, (1) 전세는 관습상 가옥의 일부를 목적으로 하는 경우가 많은데, 그러한 경우에는 물권의 대항요건인 등기(민법안은 형식주의를 취하나 본 의견서에서는 의사주의를 취할 것을 주장하고 있는 것이다)의 이천이 불가능하며, (2) 전세의 관행은 아직 전국에 보편적으로 행하여지는 것이라고 볼 수 없으며, (3) 현행 전세의 관행은 일종의 특수한 임대차라고 볼 수 있는데 이를 개편하여 구태여 물권관계로 규정하야야 할 적극적인 이유를 발견할 수 없으며, (4) 전세권자의 보호를 위한 방법은 전세를 채권관계로 규정하면서도 어느 정도 가능하다는 것 등을 들고 있다.14) 따라서 전세를 채권편에 전형

---

11) 민사법연구회, 민법안의견서, 112면 및 184~186면; 윤대성, 위의 책, 275면 이하.
12) 김진웅 교수(고려대)의 의견.
13) 주재황 교수(고려대)의 의견.

계약의 일종으로 규정하여야 한다고 하였다. 다음으로 그 밖의 의견을 보면, 전세는 경향각지에서 관행되고 있었다고는 하나 종래 주로 서울을 중심으로 성행되어 온 것이라는 데, 금반의 6.25동란으로 아마 그 관행이 상당히 각지에 전포된 모양이고 그 내용도 재래의 그것과 반드시 동일하지 않을지 모른다[15]고 하면서, 시안에서 전세금반환청구권을 전세 목적물에 관하여 생긴 채권으로 간주한 것은 "그 목적물의 제삼취득자의 명도요구에 대하여 차주의 목적물에 대한 유치권을 인정하여 이에 대항케 하고자 한 것"이라 하였다. 이로써 차주의 자금회수를 보장하고자 한다는 것이다.[16]

이 민사법연구회의 의견서는 국회 본회의에서 현석호 의원에 의하여 수정안으로 제출되고, 윤형남 의원이 찬성하였음에도 현석호 의원의 수정안은 채택되지 못하고 폐기되었다.[17]

그 결과 법제사법위원회의 수정안대로 통과되어 자구수정, 각 조문의 표제를 붙이는 것, 조문의 배열, 정리 등을 거쳐서[18] 1958년 2월 7일에 정부로 이송되었고, 정부는 이것을 같은 달 22일에 법률 제471호로 공포하였다. 부칙 제28조에 의하여 공포일부터 2년 후인 1960년 1월 1일부터 시행을 보게 되었다.[19]

---

14) 민사법연구회, 민법안의견서, 184~185면.
15) 민사법연구회, 위의 책, 185면.
16) 민사법연구회, 위의 책, 185면.
17) 국회사무처, 제26회 국회정기회의속기록 제48호, 5면; 윤대성, 한국전세권법연구, 279~281면.
18) 국회사무처, 제26회 국회정기회의속기록 제62호, 11면; 윤대성, 한국전세권법연구, 281~282면.
19) 윤대성, 한국전세권법연구, 282면.

III. 김증한 교수의 전세권특수용익물권설

1. 개 요

민법전이 1958년 2월 22일에 공포된 뒤에 김증한 교수는 전세권의 법적 구조에 관하여 "신민법상의 전세권"[20]이라는 논문을 발표하였다.[21] 이 논문이 새로운 민법전의 전세권에 관한 김증한 교수의 최초 논문으로 추정된다. 따라서 이를 중심으로 전세권의 법적 구조에 관한 김증한 교수의 법리 구성을 분석하고자 한다.

김증한 교수의 전세권에 관한 이 논문은, 1. 전세권의 의의 및 성질, 2. 전세권의 설정, 3. 전세권의 존속기간, 4. 전세권의 효력, (1) 효력이 미치는 목적물의 범위, (2) 전세권자의 권리의무, (3) 전세권자의 투하자본의 회수, 5. 전세권의 소멸로 구성되어 있다. 여기에서 주된 논의는 전세권의 의의 및 성질에 관한 것이 된다.

2. 전세권이란 어떤 권리인가.

(1) 전세권의 의의

김증한 교수는 "전세권은 전세금을 지급하고 타인의 부동산을 점유하여 그 부동산의 용도에 좇아 사용 수익하는 권리이다(제303조). 이것은, 신민법에서 새로이 나타난 물권의 종류이다. 종래 임대차유사의 계약으로 행하여져 온 전세의 관습을 토대로 하여 이것을 물권

---

20) 김증한, "신민법상의 전세권", 법조, 제7권제4, 5호, 법조협회, 1958. 5., 7면 이하.
21) 이 내용은, 그 뒤 김증한 교수의 새로운 교과서인 신물권법(하), 법문사, 1960 에 그대로 서술되고 있다.

화한 것이다."[22)고 보았다.

여기에서 유의할 점은 전세권이 "종래 임대차유사의 계약으로 행하여져 온 전세의 관습"이란 것이다.[23) 우리나라에서 법전편찬사업을 전개하면서 과연 우리나라의 민사관습조사를 실시한 일이 있었는가. 우리가 "전세의 관습"이라고 하는 것은 일제강점기에 일제의 한국관습조사사업[24)에 의하여 조사보고 된 관습을 그대로 받아드리고 있는 것이 아닌가. 이에 대한 의문은 뒤에서 다시 검토하기로 한다.

(2) 전세권의 법적 구조: 특수한 용익물권설

김중한 교수는 "전세권을 물권의 일종으로 규정하는데 대하여는 반대여론이 상당히 많았다. 그 이유는, 종래에도 지상권이나 영소작권 대신에 임대차가 많이 행하여졌던 사정을 생각할 때 전세를 물권으로 규정하드라도 전세의 대부분은 종래와 같이 채권적전세로 행하여지고 실제로는 거의 이용되지 않으리라는 데에 있었다. 특히 전세는 일동의 건물의 일부를 목적으로 하는 경우가 많은데, 그러한 경우에는 등기하기가 곤란한 때가 많을 것이고 또 전세는 기간이 짧은 것이 보통인데 그러한 단기의 권리의 설정을 위하여 번쇄하고 비용이 드는 등기의 절차를 밟으려고 하지 않으리라는 것이다. 그러나 큰 삘딩을 비교적 장기간 전세로 주는 경우에는 물권적전세권을 설정하는 실익이 있을 수 있으므로 이것이 전혀 행하여지지 않으리라고 단언할 수도 없다. 실제로 어느 정도 이용되느냐는 결국 앞으로 보아야

---

22) 김중한, 앞의 논문, 7면.
23) 이와 같은 입장은 민사법연구회의 「민법안의견서」에서도 동일함을 알 수 있다. 민사법연구회, 앞의 책, 184~186면.
24) 이에 대하여, 윤대성, 한국민사법제사연구, 한국학술정보㈜, 2009를 참조. 일제의 한국관습조사사업은 당시 민법전제정파와 일본민법적용파의 논쟁 속에서 민법전제정파에 의하여 실시된 것으로 그 후 일본민법을 강제로 적용하기 위한 사업이었음을 주의하여야 할 것이다.

알 일이다."25)고 전제하고, 전세권의 법적 구조를 나누어 서술하고 있다.

여기에서 유의할 점은 전세권의 이용이 저조할 것이라는 점과 채권적전세와 물권적전세권이라는 새로운 용어를 사용하고 있는 점이다. 특히 채권적전세와 물권적전세권이라는 용어는 오늘날에도 사용되고 있지만, 이와 같은 용어의 사용에 따라서 하나의 전세권제도를 채권적전세와 물권적전세권으로 이원화한 것에 대하여 의문을 제기하지 않을 수 없다.

김증한 교수는 전세권의 법적 구조에 대하여 다음과 같이 서술하고 있다.26)

(1) 전세권은 타인의 부동산 위의 권리이다. (가) 전면적 지배권인 소유권을 제한하여 부동산을 일면적으로 지배하는 권리이다. 그러나 그 일면적 지배는 그 부동산의 용도에 좇아 모든 사용 및 수익을 하는 광범한 것이고, 이로 인하여 소유권은 이른바 허유권으로 화하게 된다. (나) 목적물은 부동산, 즉 건물 또는 토지이다. 건물은 일동의 건물의 일부라도 좋으나 그 부분만의 등기가 가능하여야 한다. 토지도 전세권의 목적이 될 수 있으나 농경지는 전세권의 목적이 될 수 없고(제303조 제2항, 농지개혁법 제7조 참조) 타인의 토지를 건물 기타 공작물 또는 수목을 소유하기 위하여 사용하는 때에는 전세권을 설정할 수 없다고 해하여야 한다. 지상권을 설정할 수 있는 경우에 전세권을 설정하여도 무방하다고 하면 지상권에 관한 민법의 강행규정을 회피하는 결과로 되기 때문이다(지상권과 전세권은 특히 그 존속기간에 큰 차이가 있음을 유의하라).

(2) 전세권은 전세금의 지급을 요소로 한다. 전세금은 전세권설정계약에 제하여 일시에 지급되는 것이고 주기적으로 지급되는 것이

---

25) 김증한, 앞의 논문, 7면.
26) 김증한, 위의 논문, 7~8면. 여기에서는 원문을 그대로 인용하고자 한다.

아니다. 그러므로 전세권설정계약은 부동산소유자로서는 자금융통의 목적으로 행하여지는 경우가 많을 것이고 그 점에 있어서 약정담보 물권과 공통한 성질을 가진다.

(3) 사용·수익으로 인한 이득은 전세금의 이자에 상당하는 것으로 생각되며 그 점에 있어서 수익질과 유사한 성질을 가진다.

(4) 전세권은 점유를 수반하는 권리이다. 이 점이 저당권과 다른 점이다. 점유를 수반하는 권리이기 때문에 전세의 침해에 대하여 방해제거 및 방해예방 청구권 뿐만 아니라 반환청구권이 있다(제319조 참조).

(5) 전세금의 반환에 관하여 그 부동산을 담보로 한다(제308조 참조). 이 점에 있어서도 약정담보물권과 공통한 성질을 가진다. 다만 전세권자에게 우선변제권이 있느냐의 여부에 관하여 문제가 있는 것은 후술하는 바와 같다.

(6) 전세권은 물권이므로 상속성 및 양도성이 있으며(제306조), 이 점에 있어서 채권적전세권과 다르다.

여기에서 유의할 점은, 김증한 교수는 전세권은 용익물권이라는 것을 전제로 하고 약정담보물권으로서의 공통한 성질을 갖는 것으로 보았다. 즉, 전세권을 용익물권으로서 담보물권의 성질을 겸유하는 특수한 용익물권이라는 것이다.[27] 이것은 어디까지나 전세권이 용익물권이라는 것을 바탕으로 한 것이다.

그러나 우리나라는 1981년 5월에 성장발전저해요인개선을 위하여 행정개혁위원회를 구성하고 국정 전반에 걸친 개선의지를 밝히고 나

---

27) 김증한, 물권법(하), 진일사, 1972, 62~66면. 이 견해와 같이 하는 입장으로서, 김현태, 신물권법(하), 일조각, 1964, 34~41면; 김용한, 물권법론, 박영사, 1975, 428~431면 등.

서, 같은 해 7월에 성장발전을 저해하는 법령을 정비한다는 차원에서
민사법의 개정방침을 결정하였다. 그 가운데 전세권에 대한 개정안
은, (1) 전세권에 우선변제적 효력의 인정,28) (2) 건물전세권의 최단
존속기간 연장, (3) 전세금증감청구권의 인정, 증액율의 대통령령에
의 위임을 내용으로 하였다. 전세권에 관한 민법전의 개정내용을 보
면 다음과 같다.

제303조[전세권의 내용] ① 전세권자는 전세금을 지급하고 타인의
부동산을 점유하고 그 부동산의 용도에 좇아 사용 수익하며 그 부동
산 전부에 대하여 후순위자 기타 채권자보다 자기채권의 우선변제를
받을 권리가 있다.<개정>

제312조[전세권의 존속기간] ② 건물의 전세기간은 1년보다 단축하
지 못한다.<신설>

③ 전세권의 설정은 이를 갱신할 수 있다. 그 기간은 갱신한 날로
부터 10년을 넘지 못한다.<현②→개③>

④ 건물의 전세권설정자가 전세권의 존속기간 만료전 6월부터 1월
까지 사이에 전세권자에 대하여 갱신거절의 통지 또는 조건을 변경
하지 아니한다는 뜻의 통지를 하지 아니한 경우에는 그 기간이 만료
된 때에 전세권을 설정한 것으로 본다. 이 경우에 전세권의 존속기간
은 그 정함이 없는 것으로 본다.[신설]

제312조의2[전세금증감청구권] 전세금이 목적 부동산에 관한 조세
기타 부담의 증감이나 가격의 변동으로 인하여 상당하지 아니하게

---

28) 전세권에 우선변제적 효력을 인정하는 것에 대하여, 이를 인정함은 물권법정주
의에 반하는 무리한 해석이라고 용익물권설은 비판을 하였다. 곽윤직, 물권법,
박영사, 1975, 422~429면. 이에 따라서 당시 경매법은 1990년 민사소송법의
개정으로 민사소송법 제7편 강제집행편에 담보권실행 등을 위한 경매로 통합
됨에 따라서 폐지되었다.

된 때에는 당사자는 그 증감을 청구할 수 있다. 그러나 증액의 경우에는 대통령령이 정하는 비율을 초과하지 못한다.<신설>

이와 함께 전세에 관한 주택임대차보호법의 개정안이 나왔다. 그 내용을 보면 다음과 같다.

제12조[미등기전세에의 준용] 등기하지 아니한 전세에 대하여 이 법에 관한 규정을 준용한다.<신설>

이와 같이 1960년 민법전의 시행 이후에 처음으로 1983년 민법전 재산편의 개정과 함께 전세권에 관한 개정이 이뤄졌다. 그럼에도 불구하고 김증한 교수는 전세권의 법적 구조에 관하여 종전의 견해를 그대로 유지하였다. 즉, 전세권은 담보물권의 성질을 겸유하거나 대유 하는 특수한 용익물권이라는 것이다.[29] 이것이 전세권특수용익물권설이다. 그 이유를 살펴보면, 부동산등기법의 개정에 의하여 건물의 일부를 등기할 수 있게 되었고(부동산등기법 제95조, 제74조), 전세권자의 경매권과 우선변제에 대하여 김증한 교수는 "전세권소멸시에 전세권설정자가 전세금의 반환을 지체한 때에는 전세권자는 경매법에 의하여 목적물의 경매를 청구할 수 있다(제318조). 그러나 질권이나 저당권과 달라서 우선변제권이 있다는 뜻이 민법에 규정되어 있지 아니하다. 이 점에 있어서 유치권에 있어서는 경매법 제2조 제3항에 의하여 실질적으로 우선변제를 받을 수 있다. 그러면 전세권자에게도 경매법 제2조 제3항의 권리를 인정하여야 할 것이냐. 유치권에 있어서는 그 담보되는 채권액이 근소한 것이 보통이기 때문에 그와 같이 하여도 큰 문제가 없겠지만 전세권에 있어서는 전세금이 상

---

29) 김증한, 물권법강의, 박영사, 1984, 294~300면. 이와 같은 입장으로서, 김용한, 물권법론, 박영사, 1985, 412~425면 참조.

당히 큰 금액이기 때문에 사정이 다르다. 또 동일목적물 위에 저당권을 설정한 후에 전세권을 설정한 경우에 경매법 제2조 제3항의 권리를 전세권자에게 주면 후에 설정된 전세권이 먼저 설정된 저당권보다 순위에 있어서 우선하는 결과로 되어 불합리하다. 그러면 경매권만 주고 우선변제권을 주지 않는 것은 실익이 없는 것이라는 문제 그리고 또 일반적으로 전세권이 설정된 저당목적물을 경매하는 경우에 전세권을 어떻게 처리해야 할 것이냐는 앞으로 해결하여야 할 (민법 시행전에 부속법규로서) 곤란한 문제이다"[30])는 지적을 경매법을 민사소송법에 편입하여 폐지하고, 나아가 민사집행법으로 독립하여 개정하게 되었다.[31) 김증한 교수는 이미 민법전의 전세권에 관한 문제점에 대하여 개정입법을 구상하고 1983년 민법개정으로 해결하고자 하였기 때문이 아닌가 생각된다.

IV. 전세권론의 전개

1. 전세권의 법적 구조에 관한 그 밖의 초기 이론

(1) 전세권용익물권설

전세권용익물권설은, 전세권은 타인의 부동산상의 권리로서 부동

---

30) 김증한, "신민법상의 전세권", 14~15면.
31) 경매법은 1990년 민사소송법의 개정에 의하여 민사소송법 제7편 강제집행편에 담보권실행 등을 위한 경매로 통합됨에 따라서 폐지되고, 2002년 민사집행법 (2002. 1. 26. 법률 제6627호.)이 제정됨에 따라서 동법 제3편 담보권 실행 등을 위한 경매로 편입되어서 부동산을 목적으로 하는 경매에 강제집행에 관한 절차를 준용하게 되었다(동법 제268조).

산의 용도에 좇아 사용 수익하는 것을 본체로 하며, 전세금의 지급은 전세금의 이자와 사용료와 상계되어 별도로 사용료를 지급하지 않으므로 일종의 정지조건부 반환채권을 수반하는 금전소유권의 이전이 된다는 것 등을 근거로 하여 전세권을 순수한 용익물권으로 보려는 견해이다. 즉, ① 전세권은 타인의 부동산상의 권리로서 부동산의 용도에 좇아 사용 수익하는 것을 본체로 한다. ② 전세금의 지급은 전세금의 이자와 사용료와 상계되어 별도로 사용료를 지급하지 않으므로, 일종의 정지조건부 반환채권을 수반하는 금전소유권의 이전이 된다. ③ 전세권자의 경매청구권(제318조)은 종료된 전세관계의 청산을 전세권자의 적극적인 행동에 의할 수 있도록 한 것으로 이에 우선변제권을 인정하지 않았으며, 이를 인정함은 물권법정주의에 반하는 무리한 해석이라고 한다. ④ 그러나 전세권의 설정에 의하여 약정담보물권에 있어서와 같은 피담보채권과 신용수수가 있음을 전적으로 부인할 수 없고 또한 입법론으로 전세권자의 경매청구권에 우선변제권을 인정할 필요는 있다는 것이다.32)

(2) 전세권담보물권설

전세권담보물권설은, 전세제도의 연혁이나 관행으로 보아서 부동산소유자가 자기의 부동산 위에 전세권을 설정하여 고액의 전세금을 취득함으로써 자금융통의 수단으로서의 약정담보물권과 그 기능상 다를 바가 없으며, 전세권자의 경매청구권은 유치권과 동일할 뿐만 아니라 다른 용익물권에서는 볼 수 없는 것이며, 전세권에 있어서 법

---

32) 방순원, 신물권법(전), 일한도서출판사, 1960, 201면; 최식, 신물권 담보물권법, 박영사, 1962, 252~254면; 김용진, "전세권의 법률적성질", 법학논총, 제5집, 단국대학 법률학연구회, 1965, 39면; 곽윤직, 물권법, 422~429면; 장경학, "전세권의 법률적 성질", 고시계, 제24권 제4호, 1979, 39면 등; 윤대성, 한국전세권법연구, 30면.

정지상권을 인정한 것은 저당권과 공통한다는 것 등을 근거로 하여, 전세권을 순수한 담보물권으로 보려는 견해이다. 즉, ① 전세제도의 연혁이나 관행으로 보아서 부동산소유자가 자기의 부동산 위에 전세권을 설정하여 부동산가액의 5할 내지 7, 8할이라는 고율로 전세금을 취득함은 자금융통의 수단으로서의 약정담보물권(질권, 저당권)과 그 기능상 다를 바가 없다. ② 전세권자는 전세금의 반환이 지체된 경우에 목적부동산을 경매할 수 있는 경매청구권을 갖는 것은 유치권과 동일할 뿐 아니라(제318조, 제322조) 다른 용익물권(지상권, 지역권)에서 볼 수 없는 것이며, 입법정신으로 보아 우선변제권을 인정함이 타당하다. ③ 전세권에 있어서 법정지상권을 인정한 것은 저당권과 공통된다(제305조, 제366조). ④ 전세권자는 타인의 부동산을 그 용도에 좇아 사용 수익하고 그 대가와 전세금의 이자를 상계하는 것은 구민법상의 부동산질권(제356조)과 다를 바가 없다. ⑤ 민법의 편별상으로도 전세권을 지역권(제5장)과 유치권(제7장)의 사이에 규정한 것으로 보아서도 담보물권으로 볼 수 없다는 견해는 부당하다는 것이다.[33]

(3) 인역권설

인역권설은, 전세권을 역권으로서 전세권자에게 주어지는 인역권의 일종으로 보았다.[34]

---

33) 김기선, 한국물권법, 법문사, 1972, 299~301면; 김기선, "전세권담보물권론", 백남억박사환력기념논문집, 법문사, 1975, 225~240면.
34) 장경학, 신물권법각론(상), 서울고시학회, 1959, 84면. 그 후 장경학 교수는 이 견해를 폐기하고 전세권을 순수한 용익물권이라는 입장으로 바꾸었다. 장경학, "전세권의 법률적 성질", 고시계, 제24권 제4호, 1979, 39면.

(4) 특수용익물권설에 대한 비판

이와 같이 전세권의 법적 구조에 관한 초기 이론의 쟁점은 전세권 자의 우선변제권을 인정할 것인가에 집중되었다. 김중한 교수의 특수 용익물권설은 "전세금의 반환에 관하여 그 부동산을 담보로 한다(308 조 참조). 이 점에 있어서도 약정담보물권과 공통한 성질을 가진다. 다만 전세권자에게 우선변제권이 있느냐의 여부에 관하여 문제가 있 는 것은 후술하는 바와 같다."35)고 한 뒤에 "전세권소멸시에 전세권 설정자가 전세금의 반환을 지체한 때에는 전세권자는 경매법에 의하 여 목적물의 경매를 청구할 수 있다(제318조). 그러나 질권이나 저당 권과 달라서 우선변제권이 있다는 뜻이 민법에 규정되어 있지 아니 하다. 이 점에 있어서 유치권과 같다. 그렇지만 우선변제를 받지 못한 다면 경매권을 준 실익이 없는 것이며 이 점 유치권에 있어서는 경매 법 제2조 제3항에 의하여 실질적으로 우선변제를 받을 수 있다. 그러 면 전세권자에게도 경매법 제2조 제3항의 권리를 인정하여야 할 것 이냐. … 또 동일목적물 위에 저당권을 설정한 후에 전세권을 설정한 경우에 경매법 제2조 제3항의 권리를 전세권자에게 주면 후에 설정 된 전세권이 먼저 설정된 저당권보다 순위에 있어서 우선하는 결과 로 되어 불합리하다. 그러면 경매권만 주고 우선변제권을 주지 않는 것은 실익이 없는 것이라는 문제 그리고 또 일반적으로 전세권이 설 정된 저당목적물을 경매하는 경우에 전세권을 어떻게 처리해야 할것 이냐는 앞으로 해결하여야 할(민법시행전에 부속법규로서) 곤란한 문제이다."36)고 우선변제의 인정에 대한 문제점을 서술하였다.

이에 대하여 비판이 있었다. 곽윤직 교수는, 전세권자의 우선변제 권에 대하여, 전세권자의 경매청구권(민법 제318조)은 종료된 전세관

35) 김중한, "신민법상의 전세권", 8면.
36) 김중한, 위의 논문, 14~15면.

계의 청산을 전세권자의 적극적인 행동에 의할 수 있도록 한 것으로
이에 우선변제권을 인정하지 않았으며, 이를 인정함은 물권법정주의
에 반하는 무리한 해석이라고 비판하였다.[37] 이와 같은 비판을 반영
하여, 당시 경매법의 개정이 이뤄졌고, 앞에서 본 바와 같이, 1983년
전세권의 개정시에 민법 제303조를 "① 전세권자는 전세금을 지급하
고 타인의 부동산을 점유하고 그 부동산의 용도에 좇아 사용 수익하
며 그 부동산 전부에 대하여 후순위자 기타 채권자보다 자기채권의
우선변제를 받을 권리가 있다."고 개정함으로써 입법적인 해결을 보
게 되었다 할 것이다.

2. 전세권에 관한 새로운 전개

우리나라의 민법개정법률이 1984년에 시행됨과 함께 민법교과서의
개정판이 출간되면서 전세권에 관하여 새로운 연구가 이뤄졌다.

(1) 김증한 교수의 입장

김증한 교수는 김용한 교수와 함께 종전에 주장한 입장인 특수용
익물권설의 해석론을 그대로 유지하였다. 따라서 개정 이전과 같이
전세권은 담보물권의 성질을 겸유하거나 대유하는 특수한 용익물권
이라고 하였다.[38]

---

37) 곽윤직, 물권법, 박영사, 1975, 422~429면; 곽윤직, "전세권제도에 대한 약간
   의 고찰", 법학, 제3권 제2호, 서울대학교 법학연구소, 1962 참조.
38) 김증한, 물권법강의, 박영사, 1984, 294~300면; 김용한, 물권법론, 박영사,
   1985, 412~425면.

(2) 곽윤직 교수의 입장: 전세권용익물권담보물권설

곽윤직 교수는 순수용익물권설인 종전의 입장을 바꾸어 전세권은 일종의 담보물권이므로 담보물권의 통유성인 부종성, 수반성, 물상대위성, 불가분성의 특성을 가진다면서 담보물권성을 갖는다는 해석론을 전개하였다.[39] 그럼에도 전세권의 용익물권성을 전적으로 부인하지는 않았다. 즉 전세권은 용익물권인 동시에 담보물권이기도 한 것이라고 하였다.[40]

(3) 신진학자들의 입장

신진학자들의 교과서에서도 대체로 전세권의 법적 구조에 관하여 특수용익물권설을 유지하고 있었다.[41] 그러나 김증한 교수의 특수용익물권설이 전세권의 법적 구조에 대하여 용익물권위주설로 기운 것에 대하여 용익물권성과 담보물권성을 동격으로 보려는 동격설이 주장되기도 하였다.[42] 이에 대하여 전세권담보물권설은 종래의 담보물권설이 근거로 한 것에 더 나아가 우리나라의 전세제도의 연혁 및 입법례를 들어서 새롭게 주장되기도 하였다.[43][44]

---

39) 곽윤직, 물권법, 박영사, 1985, 415~431면.
40) 곽윤직, 위의 책, 429면. 그러나 그 뒤 개정판에서 이 부분을 삭제한 것은 아직도 전세권 용익물권설에 대한 미련을 버리지 못한 것이 아닌가의 의문을 갖게 한다.
41) 박병대, "전세권", 곽윤직 대표편집, 주해민법[VI] 물권(3), 박영사, 1992, 172~174면; 송덕수, 민법강의, 박영사, 2014, 756면; 지원림, 민법강의, 홍문사, 2007, 601~602면 등.
42) 고상룡, 물권법, 법문사, 2002, 471면; 이은영, 물권법, 박영사, 2002, 628면.
43) 박병대, "전세권", 곽윤직 대표편집, 주해민법[VI] 물권(3), 박영사, 1992, 172~173면; 윤대성, "전세권", 박준서 편집대표, 주석민법 물권(3), 한국사법행정학회, 2001, 205~206면.
44) 윤대성, 한국전세권법연구, 한국학술정보㈜, 2009, 330~331면. 그러나 전세 관습에 대하여 최근에 구한국기의 민사관결자료를 통하여 구한국기에 임대차의

분쟁과 전세관습에 관한 법제사적 연구가 나와서 주목을 끈다. 특히 조선시대
의 기록 속에서 전세 관련 관습을 분석하고 일제의 관습조사보고서에서의 전
세 관습을 분석하여 이를 임대차로 보려는 주장이 있다. 문준영, "구한국기의
임대차 분쟁과 전세 관습: 민사판결자료를 통한 접근", 법사학연구, 제48호,
2013. 10, 135~138면; 더 나아가 일본의 보아소나드 민법초안 및 부동산질권
제도와의 비교를 통하여 구한말 민사판결자료에 나타난 전세관습을 분석한 연
구도 있다. 권재문, "전세권의 법적 성질: 구한국기 민사판결에 나타난 전세관
습을 중심으로", 법사학연구, 제49호, 2014. 4, 46면 이하. 이 연구들은 1984년
동학혁명과 갑오경장이 있은 뒤 1985년 재판소구성법이 공포됨과 함께 법관양
성소에서 법학교육이 시작되었고 당시 교관들은 관비유학생으로 일본에 가서
일본이 받아드린 서구법을 익히고 돌아왔다는 점, 1905년 을사조약과 함께 일
제가 실시한 초기 한국관습법조사사업에서 梅謙次郎가 주도적인 역할을 한 점
에서 일본 명치민법을 제정하는 과정에서 용익관계를 임대차에 한정하려 하였
던 정부위원 梅의 입장이 우리나라 관습조사에서도 전당에 대하여 부정적이었
고 그에 의하여 유지되었던 전세 = 임대차라는 '전세임대차론'은 법원의 관습
조회에서 그대로 반영되었음을 밝히지 않은 연구로서 평가되어야 할 것이다.
윤대성, 한국민법학사서설, 한국학술정보(주), 2009, 68면 이하; 윤대성, 한국
민사법제사연구: 일제의 한국관습법조사사업과 민사관습법, 한국학술정보
(주), 2009, 287면 이하 참조. 이점에 대하여 최근 일본에서의 한 연구에서도
이를 인정하고 있다(山下純司, "質·傳貰·典: 用益的擔保物權과 擔保的用益
權", 東アジア比較私法學의 構築のたぬに, 學習院大學東洋文化研究叢書,
勁草書房, 2009, 55頁). 또한 일본에서도 명치민법을 서둘러서 입법 시행하는
과정에서 법과 현실이 맞지 않는 것을 관습이라는 것으로 메꾸었던 경험에서
전통적으로 따라서 고정적 경향을 갖는 기존의 질서와 날로 생성 발전하여 이
미 그것이 아닌 새로운 사회형성력과의 접촉면에 "불연속선적 渦流"가 발생한
다고 末弘嚴太郎는 그의 "法律과 慣習"(民法雜記帳, 上卷, 日本評論社,
1980, 292~305頁)에서 지적하고 있음을 주시하지 않으면 안 된다. 한편 전세
권의 기원을 도지권의 환퇴인 퇴도지매매에서 찾는 입장이 있다(김상용, "한국
의 전세권, 중화민국(대만)의 전권과 일본의 부동산질권의 비교", 토지법학,
제30권 제1호, 한국토지법학회, 2014. 6, 283~284면). 그러나 우리나라의 전
당이나 퇴도지매매(환퇴)가 담보제도로 발전하는 과정에서 서로 유사성을 갖
고 있었음을 확인할 수 있는 것이지만, 토지와 달리 가사(家舍) 또는 동산에
대하여는 전당이 문서질 또는 비점유질의 형태로 발전하는 과정에서 점유질의
형태로서 가사전당의 관습이 전세관습으로 형성되어 전개되었음을 부인할 수
없다.

3. 전세권의 법적 구조에 관한 김증한 교수의 이론적 영향

우리나라 민법전이 제정·시행된 이후 전세권에 대한 법적 구조에 관한 김증한 교수의 특수용익물권설은 민법의 개정에 의하여 더욱 공고히 되었다. 이 입장은 그 후 민법학계에 영향을 주어서 신진학자들에 의하여 유지되고 있다. 이에 대한 수정 내지 비판적 연구도 있지만 대체로 김증한 교수의 입장을 그대로 받아들여 유지되고 있다고 할 것이다. 그 만큼 김증한 교수의 한국 민법학에의 영향은 아직도 극복되지 못한 크나큰 업적이 아닐 수 없다. 김증한 교수는 민법전 제정에 참여하였을 뿐 아니라, 민법학 전 분야에 걸쳐 5권의 저서를 남겨 한국 민법학의 기초를 마련하였고, 일본의 와가츠마(我妻)의 민법학을 출발로 삼았지만 거기서 한걸음 더 나아가 "민법학의 연구는 이론·판례·답사의 3박자로 이루어져야 한다."고 주장하며 우리의 이론을 구축하려고 애썼다는 평가는 전세권의 법적 구조에 관한 이론을 구성함에도 그대로 적용한다 할 것이다. 또한 김증한 교수는 한국 민법학의 정착을 강조하였고 법제사적 고찰을 바탕으로 보다 우리 사회의 현실에 알맞고 보다 적절하게 사회현실을 규율할 수 있는 이론을 구성하고자 노력하였던 결과라 할 것이다.[45]

---

45) 최종고, "김증한(1920~1988)", 한국의 법학자, 서울대학교출판부, 2007, 369~370면.

V. 전 망

1. 전세제도의 이원적 구조 극복

　　김증한 교수는 한국 민법학의 이론적 구축을 위한 많은 공헌이 인정되지만, 전세권제도에 대한 이론적 구축에서, "전세권은 전세금을 지급하고 타인의 부동산을 점유하여 그 부동산의 용도에 좇아 사용 수익하는 권리이다(제303조). 이것은 신민법에서 새로이 나타난 물권의 종류이다. 종래 임대차유사의 계약으로 행하여져온 전세의 관습을 토대로 하여 이것을 물권화한 것이다."[46]고 정의하면서, "전세권을 물권의 일종으로 규정하는데 대하여는 반대여론이 상당히 많았다. 그 이유는, 종래에도 지상권이나 영소작권 대신에 임대차가 많이 행하여졌던 사정을 생각할 때 전세를 물권으로 규정하드라도 전세의 대부분은 종래와 같이 채권적전세로 행하여지고 실제로는 거의 이용되지 않으리라는 데에 있었다. 특히 전세는 일동의 건물의 일부를 목적으로 하는 경우가 많은데, 그러한 경우에는 등기하기가 곤란한 때가 많을 것이고 또 전세는 기간이 짧은 것이 보통인데 그러한 단기의 권리의 설정을 위하여 번쇄하고 비용이 드는 등기의 절차를 밟으려고 하지 않으리라는 것이다. 그러나 큰 삘딩을 비교적 장기간 전세로 주는 경우에는 물권적전세를 설정하는 실익이 있을 수 있으므로 이것이 전혀 행하여지지 않으리라고 단언할 수 없다. 실제로 어느 정도 이용되느냐는 결국 앞으로 보아야 알 일이다."[47]고 하면서, 하나의 전세제도를, 민법전의 제정으로 물권인 전세권으로 하였음에도 불구하고,

---

46) 김증한, "신민법상의 전세권", 7면.
47) 김증한, 위의 논문, 7면.

물권인 전세권과 채권계약으로서의 전세로 나누고, 물권적 전세권과 채권적 전세권이라고 이원적으로 법적 구조를 구성한 것은 극복되어야 할 과제가 아닐 수 없다.

(1) 전세권과 부동산임차권과의 법적 구조의 비교

첫째로, 기본적으로 동일한 점은, 부동산의 대여와 일정기간 경과 후의 반환(민법 제618조, 제303조, 제317조)·목적물에 들인 비용의 상환(민법 제626조, 제310조)·일정한 책임사유에 의한 소멸(민법 제640조, 제311조)·부속물매수청구권(민법 제646조, 제316조 제2항) 등이 있다.

둘째로, 전세이기 때문에 임대차에 관한 규정이 변용된 점은, 차임의 불지급(민법 제303조)·전세권자의 전세가옥의 유지수선의무(민법 제309조)·전세기간의 단기(민법 제312조) 등이 있다.

셋째로, 전세권이 물권으로 됨으로써 그 효력이 강화된 점은, 임차권은 대항력이 없는 일이 있으나(민법 제621조), 전세권은 반드시 대항력이 있는 점(민법 제186조)·임차권자는 임대인의 동의없이 양도·전대할 수 없으나(민법 제629조), 전세권자는 양도·임대 및 전전세를 할 수 있는 점(민법 제319조)·임차권자는 경매권이 없으나 전세권자는 경매권이 있는 점(민법 제318조) 등을 들 수 있다.[48] 또한 개정민법에 의하여 전세권자에게 우선변제권이 인정된 것(민법 제303조)을 들 수 있다.

---

48) 이상에 대하여, 김증한, 물권법(하), 진일사, 1970, 60~61면.

(2) 부동산임차권의 법적 성질론과 비판: 용익적 담보물권으로서 전세권의 복귀

오늘날 부동산임차권에 관한 법적 성질에 관하여 임차권채권설, 임차권물권화설 및 임차권물권설 등이 나뉘고 있다. 즉, 임차권채권설은 임차권은 어디까지나 사용수익청구권을 내용으로 하는 채권이라고 한다. 독일 및 일본에서의 종래의 통설 및 판례의 입장이었다.[49] 임차권물권화설은 임차권은 물권화 하는 권리라는 것이다. 현재 독일 및 일본에서 지배적 견해이고 우리나라의 다수설이다.[50] 임차권물권설은 임차권은 물건을 직접 지배하는 권리, 즉 물권이라 한다. 독일과 일본의 일부학자들에 의하여 주장되고,[51] 우리나라에서는 등기된 임차권은 물권으로 보아야 한다는 견해가 있다.[52]

그러나 임차권물권설에 대하여, 곽윤직 교수는, 대항력이 물권의 유일한 징표나 속성이 아니며, 임차권에는 지상권과 같은 용익물권적 성격이 포함되어 있다 할 수 있으나 이는 어디까지나 채권을 행사하는 과정에서 그와 같은 권리내용을 갖게 되는 것이고, 근대 민법전은 임차권을 채권으로 의제하는 데서 출발하였으나 그 후 사회경제사정의 변천 및 사상의 전향으로 많은 특별법의 제정을 통하여 임차권의 효력이 강화되고 물권에 접근하고 있다는 점을 들어서 비판하고 있다.[53] 이와 달리 김기선 교수는, 부동산임차권을 규정한 신민법 제

---

49) 이영환, "부동산임차권에 관한 약간의 고찰", 민법상의 제문제, 한국사법행정학회, 1972, 117면의 주73) 참조; 김현태, 신채권법각론, 일조각, 1969, 181면.

50) 최식, 신채권각론, 박영사, 1961, 167면; 김증한·안이준, 신채권법각론(상), 박영사, 1965, 325면; 이태재, 채권각론강의, 진명문화사, 1967, 251면 등.

51) 이영환, 앞의 논문, 118~121면.

52) 김기선, 한국채권법각론, 법문사, 1973, 143면; 김기선, "임차권의 물권성", 고시계, 제26권제3호, 1981, 64~65면.

53) 곽윤직, 채권각론, 박영사, 1977, 279~280면; 동, 채권각론, 박영사, 1981, 303~304면.

621조가 구민법 제605조에 해당하는 것인즉 임차권은 채권이며 다만 등기를 함으로써 비로소 제3자에 대하여 효력이 생기는 데 불과하다는 것이 일반적 견해인 것 같다고 하면서, 양조는 모두 임차권을 등기하면 제3자에 대하여 효력이 생긴다 하더라도 구민법에 있어서는 임대인에게 등기의무를 부과하지 않았는데 반하여 신민법에 있어서는 임대인에게 등기의무를 부과시켰으며, 신민법상의 임차권에 있어서 임대인에게 등기의무를 부과한 점에서 일반의 물권변동에 있어서 물권양도인 또는 설정인에게 등기의무를 부과시킨 것과 동일하지 않을 수 없고, 신민법에 있어서 임대인에게 등기의무를 부과시킨 이유가 임차인의 보호, 즉 임차권의 강화를 기도하는 데 있다고 한다면, 임차권을 물권으로 하든가 그렇지 않으면 적어도 원칙은 채권이되 등기되면 물권으로 취급하여야 할 것이라고 주장한다.[54]

그렇다면 임차권물권화설 내지 임차권물권설과 더불어 부동산임차권은 전세권과 접근 내지 일치하게 되는 것이다. 즉 전세권의 법적 구조에 관한 이론구성에 있어서 전세권용익물권설을 취하는 한 종래의 전세임대차론에서와 같이[55] 전세권과 부동산임차권과의 구별에 있어서 그 한계를 확정하기 어렵게 된다. 한편 전세권용익물권설에서 본다면, 부동산임차권채권설은 용익물권인 전세권은 채권인 부동산임차권과의 한계를 등기의 유무에 의하여 정할 수 있다는 점에서 그 타당성이 인정된다. 부동산임차권물권화설은 용익물권인 전세권은 부동산임차권이 원칙으로 채권이라는 점에서 양자의 한계를 지을 수 있으나, 물권화 하는 범위 안에서는 그 한계가 불분명하게 된다. 부동산임차권물권설은 용익물권인 전세권은 물권임으로써 용익물권인 부동산임차권과의 한계를 찾을 수 없고 오히려 양자가 완전히 접근하고 만다. 전세권담보물권설에서 본다면, 부동산임차권채권설이나 부

---

54) 김기선, 한국채권법각론, 법문사, 1973, 143면.
55) 윤대성, 한국전세권법연구, 124면 이하.

동산임차권물권화설에 대하여서 뿐만 아니라 부동산임차권물권설에 대하여도 전세권과 부동산임차권과의 구별을 명확하게 한다. 이와 같은 구별의 실익은 전세권의 법적 구조를 부동산임차권과 연관지어서 파악하는 것과의 단절에 있다.[56] 즉, 전세임대차론의 극복과 더불어 채권적 전세권과 물권적 전세권이라는 전세권의 이원적 구성을 극복하는 데 그 실익이 있다.[57]

(3) 전세권과 미등기 전세의 일원화 문제

민법전을 제정하면서 전세권을 물권으로 하고 물권변동에 있어서 등기주의를 취함에 따라서 전세권은 다른 물권과 마찬가지로 그 설정에 있어서 등기를 하여야 하게 되었다(민법 제186조). 이에 따라서 전세권의 등기가 현실적으로 이행될 것인가에 대하여 민법전의 제정 시부터 회의적인 시각[58]이 있었다. 그 결과 민법안의 심의경과에서, "등기를 하지 아니함으로써 본장의 전세권(물권)은 아니라도 종래 관행의 전세계약으로서는 그 효력이 있을 것이며, 이러한 채권관계에도 가급적 본장의 규정이 유추적용될 것이다(채권적 성격에 반하지 않는 한)"고 함으로써, 등기를 하지 않으면 민법이 물권으로서의 전세권을 규정하였더라도, 계약자유의 원칙에 의하여 종래의 관습인 전세와 같이 등기가 이뤄지지 않는 전세관계의 설정이 금지되는 것은 아니라고 하였다. 이와 같은 물권인 전세권에 대한 회의론은 민법전을 제정하면서 모처럼 전세권을 물권으로 하였음에도 미등기 전세의 이용가능성을 그대로 남겨놓게 하였다. 즉, 전세권의 입법과정에서 하

---

56) 윤대성, 위의 책, 358~359면.
57) 윤대성, 위의 책, 346면 이하. 결국 전세권의 법적 구조를 용익적 담보물권으로 함으로써 전세권의 이원적 구성을 근원적으로 극복할 수 있다고 할 것이다.
58) 국회사무처, 속기록, 31호(1957), 12면. 소선규 의원의 보충질문을 보면, 전세권의 등기에 대하여 회의적인 입장을 보였다.

나의 전세제도가 전세권과 미등기 전세로 이원화 되는 결과를 초래하였고, 미등기 전세에의 적용법조에 관한 문제가 제기되었다. 더욱이 오늘날 민사특별법인 주택임대차보호법 제12조 및 상가건물임대차보호법 제17조에 의하여 전세권과 미등기 전세가 적용법조에 의하여 완전히 이원화 되고 말았다.59)

소위 미등기 전세에의 적용법조에 대하여, 이를 채권적 전세 또는 채권적 전세권이라고 하는 종래의 학설이나 판례의 입장에서 보면 주택임대차보호법 제12조에 의하여 주택의 미등기 전세에 동법을 준용하도록 한 것은 종래의 판례 및 학설의 입장을 명문화 한 것이라고 보거나,60) 이와 같은 입법은 매우 적절한 조치였다61)고 하였다. 더욱이 채권적 전세를 임차권으로 간주한 것이라고 설명하기도 하였다.62) 지금까지 이렇게 설명하는 것이 다수설이었다. 물론 상가건물의 미등기 전세에도 이와 같은 해석론이 그대로 적용될 것이다.63) 이에 대하여 전세제도는 담보물권으로서 사회경제적 기능을 수행하는 독자적인 제도이고,64) 미등기 전세와 전세권은 법률관계의 실체에 있어서 동일한 것으로 다만 등기라는 공시방법을 갖추었는가의 차이가 있을 뿐이므로,65) 미등기 전세를 임대차로 구성함은 부당하며 궁

---

59) 윤대성, "전세권과 미등기 전세와의 관계: 입법론적 검토", 민사법학, 제37호, 2007. 6, 345면 이하.

60) 고상룡, "주택임대차보호법중 〈개정법률〉의 해설", 개정 민사법해설, 박영사, 1985, 252면.

61) 곽윤직, 물권법, 1985, 418면; 김용한, 물권법론, 1985, 413면.

62) 조종현, "주택임차권의 거주보호", 매석 고창현화갑기념논문집, 박영사, 1987, 455면.

63) 윤대성, "전세권과 미등기 전세와의 관계: 입법론적 검토", 한국민법의 역사와 해석, 창원대학교출판부, 2008, 736면; 동, "전세권과 미등기 전세와의 관계: 입법론적 검토", 민사법학, 제37호, 2007. 6 참조.

64) 윤대성, 위의 논문, 736면.

65) 윤대성, 한국전세권법연구, 2009, 383면.

극적으로 전세권에 합체하여 일원적으로 구성하여야 한다면서,66) 주
택임대차보호법 제12조 또는 상가건물임대차보호법 제17조는 동일한
연원을 가진 전세제도를 법적으로 완전히 이중구조화 한 불미한 입
법으로서 오히려 미등기 전세와 임대차는 서로 상이한 것이라는 전
제에 설 때에만 다수설과 같이 의미있는 규정이 되는 것이라는 견
해67)가 있다.68) 이와 같은 논의의 실익은 소위 미등기 전세에 관한
이론구성에만 그치는 것이 아니고, 소위 미등기 전세에 대하여 민법
의 전세권에 관한 규정을 적용할 것인가 아니면 임대차에 관한 규정
을 적용할 것인가의 적용법조에 관한 차이를 가져오는 데 있다.69)

그렇다면 소위 미등기 전세에는 어느 법조를 적용하여야 할 것인
가. 판례도 일관되지 않다.70) 학설도 나뉘고 있지만, 소위 미등기 전
세는 전세권설정계약만이 있을 뿐 아직 등기를 하지 않은 것으로 그
법률관계의 실체는 전세권과 동일한 것이므로, 등기를 갖추지 않은
물권취득자의 지위로서71) 대항력 등의 법률관계를 해결하는 것이 소
위 미등기 전세의 전세권으로 일원화를 할 수 있다 할 것이다.72)

---

66) 윤대성, 위의 책, 384면.
67) 윤대성, 위의 책, 380면.
68) 곽윤직 편집대표, 민법주해, VI, (3), 160~161면(박병대 집필).
69) 윤대성, "전세권과 미등기 전세와의 관계: 입법론적 검토", 한국민법의 역사와
    해석, 736면.
70) 윤대성, 위의 책, 737면.
71) 이에 대하여, 한국민사법학회 2014년 추계학술대회: 청헌 김증한 교수의 생애
    와 학문세계(2014. 10. 18) 주제의 발표에 대한 토론과정에서, 권오승 교수(서
    울대)는 미등기 전세계약자는 전세권에 대한 '물권적 기대권'을 취득한 것으로
    하는 방안을 제시하였다.
72) 윤대성, "전세권과 미등기 전세와의 관계: 입법론적 검토", 한국민법의 역사와
    해석, 737~738면.

2. 용익적 담보물권으로서의 전세권

(1) 새로운 해석론의 전개: 일본에서의 부동산질담보적용익권론

(1) 일본에서 버블 경제의 붕괴는 저당권자가 부동산의 수익가치에 착안하게 된 결과를 가져왔다면서, 저당부동산의 임료채권에 대하여 저당권에 기한 물상대위권을 행사하고 그로부터 채권을 회수하고자 하는 것은 일본 담보법의 주요한 주제가 되었다는 것이다. 한국민법에서는 질권의 물상대위에 관한 규정(민법 제342조)이 저당권에 준용되고 있다(민법 제370조). 저당권에 의한 물상대위는 저당목적물의 멸실, 훼손, 공용징수의 경우에 한정되고, 일본과 달리 매각, 임대의 경우에는 인정되지 않는다. 그러므로 한국에서는 임료에 대한 물상대위라는 문제가 제기될 여지가 없다. 일본의 학설에서 말하는 '대체적 물상대위'만이 인정되고, '부가적 물상대위'는 인정되지 않는다 할 것이다. 그럼에도 불구하고 한국의 전세권제도가 입법당시의 우려가 주택임대차보호법에 의하여 대체되고, 전세금의 우선변제권이 인정된 후에 주택 이외의 부동산을 중심으로 담보목적의 전세권 설정이 증가되는 등 전세제도의 새로운 사회적 기능을 창출하는 과정에 있다고 보이고 있는 점은 일본의 부동산질권제도의 활용을 위하여 담보부동산의 수익가치에 착안한 활용론을 들어 부동산질권과 기능적으로 유사한 전세권제도를 재평가할 것을 제안하는 논의가 나타나고 있다.[73] 이와 같은 새로운 시도는 우리나라의 전세권제도를 용익

---

73) 박순성, "전세권에 관한 판례의 동향과 전망: 전세권의 담보물권성을 중심으로", 21세기 한국민법학의 과제와 전망(심당 송상현교수화갑기념논문집), 박영사, 2002, 76~114면; 윤대성, "전세권과 미등기전세와의 관계: 입법론적 검토", 민사법학 제37호, 한국민사법학회, 2007, 345면 이하.

물권으로서 담보적 기능을 가진 것으로 구성하는 특수용익물권설과 반대로 담보물권으로서의 부동산질권을 담보부동산의 수익가치에 착안한 것이라 할 것이다. 일본의 경험은 부동산시장의 불황을 전제로 한 수익담보에의 착안이지만 귀기우릴 여지가 있다 할 것이다.[74]

(2) 또한 후순위권리자와의 관계에서 한국의 전세금반환청구권과 일본의 부금반환청구권은 무시할 수 없는 차이점이 있지만 공통점을 발견할 수 있다는 것이다. 전세권은 후순위권리자와의 관계에서 우선변제효가 인정되는 것은 물권으로서의 전세권에 한하지만 채권적 전세에서도 마찬가지라는 것이다. 주택임대차보호법이 채권적 전세에도 준용되어 전세금반환청구권이 보호되기 때문이다. 그러나 부금반환청구권은 오로지 채권이기 때문에 다른 채권자와의 사이에 채권자평등의 원칙이 적용된다. 임차인이 미지급한 임료 등의 채무를 부담하는 경우에는 그것을 수동채권으로 하여 상계를 할 수 있으므로 그에 한하여 다른 채권자에 우선하는 결과가 된다.[75] 이 또한 우리나라의 전세제도의 이원화로 물권인 전세권뿐만 아니라 채권적 전세에서도 마찬가지로 우선변제효가 인정되는 것을 일본에서 부금반환청구권이 채권이지만 우선변제효를 인정하는 이론적 구성을 하려는 것이라 할 것이다.

(3) 그 후 일본의 질(質), 한국의 전세(傳貰), 중국의 전(典)을 비교 연구하면서 새로운 해석론을 제시하기도 한다. 물권으로 보는 경우 전세권과 전권은 경제적 기능에서 일본의 부동산질권과 유사하다. 한국 및 중국에서는 이러한 제도가 무엇보다 부동산의 이용권으로서 특히 주거대차의 목적으로 이용되고 있으나, 일본에서는 건물의 대차 형태는 전통적으로 임대차이고 부동산질권을 이용하는 것은 거의 생

---

74) 大村敦志·權澈, 日韓比較民法序說, 有斐閣, 2010, 110~111頁(權澈교수집필).

75) 大村敦志·權澈, 위의 책, 120~121頁(大村敦志교수집필).

각할 수 없다는 것이다.76) 그러나 이와 같은 전통적 권리의 새로운
가능성을 제시하고 있다. 이들 3자는 경제적 기능이 매우 유사한 것
으로서 부동산과 금전을 일정한 기간을 정하여 교환하고 일방은 부
동산의 이용이익을 취득하고 타방은 금전의 운용이익을 취득하는 합
의에 있다면서77) 이와 같은 경제적 구조는 유사한 제도가 유럽에서
도 오래 전부터 존재하였다고 하며 드문 것은 아니라고 한다.78) 일본
에서는 질은 담보권이고 가옥대차의 방법으로서 가질(家質)이 이용
되었던 역사가 있지만, 일본민법의 제정시부터 질권은 담보물권으로
서 기능만을 강조되고 용익물권으로서 의식되지 않았다. 그러나 한국
의 전세나 중국의 전은 담보권으로서의 기능을 인정하고 있지만, 보
다 용익권으로서 특히 가옥대차의 방법으로서 이용될 수 있는 관습
이 있다. 이와 같은 논의를 전제로 각 제도를 분석하고 일본의 부동
산질권을 용익권으로서 임대차계약의 대체수단으로서의 활용가능성
을 한국의 채권적 전세와 같이 미등기 부동산질권을 이용할 것인가,
아니면 채권적인 비전형계약으로서 구조를 구축할 것인가를 검토하
고 있다. 특히 비전형계약으로 하는 경우 이 계약은 부동산의 소유자
와 금전의 소유자가 일정기간 서로 물건을 예탁하기로 합의함으로써
부동산의 이용이익과 금전의 운용이익을 교환하는 것이라는 내용의
계약으로서 쌍무계약이므로 목적 부동산의 반환채무와 예탁된 금전
의 반환채무가 동시이행의 관계에 서게 된다. 그러나 예탁금전이 부

---

76) 山下純司, "質·傳賈·典: 用益的擔保物權과 擔保的用益權", 東アジア比較私
    法學の構築のたぬに, 學習院大學東洋文化研究叢書, 勁草書房, 2009, 51~
    2頁.
77) 전세금은 통상 부동산가액의 6, 7할로 말하고 있지만, 금전은 유통성이 높고
    부동산에 비하여 수익률이 좋기 때문에 이용이익과 운용이익을 등가로 하려는
    합의이므로 전세금의 금액은 자연히 부동산가액을 하회하는 것이 될 것이다.
    山下純司, 위의 논문, 58頁 注21).
78) 프랑스의 antichrèse가 유명하다. 山下純司, 위의 논문, 58頁 注22).

동산소유자로부터 반환되지 않는 경우에는 부동산에 대하여 유치권을 행사할 수 있는가. 만약 이와 같은 경우에 유치권을 넓게 인정하면 부동산질권이 등기없이 제3자에 대한 대항요건을 갖는 것과 실질적으로 다르지 않은 결과가 된다는 것이다. 그러나 일본 판례[79]는 미등기 부동산질권은 제3자에 대하여 대항력을 갖지 않는다고 부정하고 있다. 이에 대하여 일본법에서 부동산의 이용이익과 금전의 운용이익을 교환할 목적으로 부동산과 금전의 점유를 교환하기로 합의하는 비전형계약이 체결된 경우 그것이 차지차가법의 적용이 있는 부동산임대차의 요소를 포함하는 것이라는 해석이 되는 범위에서 예탁금반환청구권을 피담보채권으로 한 부동산유치권의 성립을 인정할 수 있는 가능성이 없지 않다는 것이다. 따라서 그 유치권은 차지차가법 제10조, 제31조가 등기없이 임차권의 제3자 대항력을 인정하는 범위에서 부동산의 제3취득자에 대하여도 대항할 수 있을 것이라고 한다.[80]

이상과 같이 우리나라의 전세권제도에 의한 영향, 특히 김증한 교수에 의하여 전세권과 미등기 전세의 이원화에 따른 문제를 민법의 개정과 함께 주택임대차보호법의 제·개정으로 미등기 전세에 준용을 하도록 한 입법적 조치에 영향을 받은 일본의 민법학에서 부동산질에 관한 새로운 해석론에 의한 해결방안을 모색하고 있는 것을 확인할 수 있다. 그러나 일본이 이미 겪은 경제버블과 유사한 현상이 나타나고 있는 우리나라에서는 다시 일본에서의 우리나라 전세권제도에 의한 이론구축에 주목하면서 그 반대로 생각할 필요가 있다고 본다.

---

79) 사안은, 건물의 소유자로부터 당해 건물의 이용을 인정하는 것으로 하고서 금전을 대여하였지만 건물소유자가 제3자에게 건물을 양도하고 제3자가 임차인에게 명도를 청구한 것이다. 日最判 昭和 30. 8. 30(裁判集 民事23号 31頁). 山下純司, 위의 논문, 61頁.

80) 유치권의 '대항'이라는 고찰을 한 것에 대하여, 道垣內弘人, 擔保物權法(제3판), 有斐閣, 2008, 16頁; 山下純司, 위의 논문, 61~62頁.

(2) 용익적 담보물권으로서의 전세권

전세권제도가 민법에 의한 물권인 전세권과 주택임대차보호법에 의한 미등기 전세로 이원화됨에 따라서 흔히 전세하면 미등기 전세로 이용되고 있는 것이 현실이다. 그러나 우리나라에서도 최근 부동산시장이 침체되면서 부동산의 이용가치와 금전의 운용가치에 균형이 깨지고 있다. 부동산의 이용가치에 치중하면 전세금의 상승은 당연한 것이지만 부동산의 교환가치를 상회하여 가계경제를 위협하는 것을 어떻게 해결할 것인가. 이와 같은 현상은 일본이 이미 겪은 경제 버블과 유사한 모습으로 다가오고 있다는 불길한 예감을 준다.[81] 더욱이 금전의 운용가치도 금리인하로 인하여 하강하고 있는 현실에 대하여 지금까지 미등기 전세에 의한 전세금의 상승과 가계부채의 증가를 막을 수 없다고 본다. 즉 하우스 푸어(house poor) 또는 렌트 푸어(lent poor)라는 사회적 문제를 해결하는데 한계가 있다고 본다.

그렇다면 전세권을 용익적 담보물권으로서 담보권의 기능을 강화하여 주택의 이용가치와 금전의 운용가치를 조정할 필요가 시급하다고 본다. 따라서 전세권의 담보권으로서 기능을 강화하는 것이 타당하다. 즉 담보권으로서 전세권제도의 일원화가 절실하다고 본다.

---

81) 금리인하와 부동산대출 규제완화가 맞물리면서 지난달 은행 주택담보대출이 5조원 급증했다. 한국은행이 11일 내놓은 '금융시장 동향'에 따르면 올해 8월말 기준 은행 주택담보대출 잔액은 345조5,000억원을 기록했다. 한 달 새 5조원 늘어 350조원 돌파를 눈앞에 뒀다. 월 증가폭으로는 한은에서 주택담보대출 통계를 내기 시작한 2003년 1월 이후 최고치다. 이에 따라 주택담보대출을 포함한 은행의 전체 가계대출도 497조원으로 늘어났다. 정부가 주택담보인정비율(LTV)과 총부채상환비율(DTI) 같은 부동산 대출 규제를 완화하고(8월 1일), 연이어 한은이 기준금리를 낮추면서(8월 14일) 대출 수요를 끌어올렸다. 문제는 경기부양이란 정부 의도와 달리 늘어난 주택담보대출이 '빚 돌려 막기'에 상당 부분 쓰였다는 점이다. 중앙일보, 제154321호 40판, 2014. 9. 12. Business & money, B1.

3. 결 어

지금까지 김증한 교수의 전세권론인 특수용익물권설을 중심으로
그 밖의 학설과 일본에서의 새로운 논의까지를 분석과 검토한 결과,
그 공적으로서 한국의 민법학뿐만 아니라 민법전의 제정과 개정 등
입법에 있어서 전세권에도 많은 영향을 주었음을 확인하였다. 여기에
서 전세권에 관한 판례에 미친 영향까지를 분석하지 못하였다. 그러
나 남겨놓은 과제로서 전세권제도의 일원화를 어떻게 할 것인가는
후학들이 해결하여야 할 문제라 할 것이다.[82] 그 전세권론의 전개에
서 일본에서의 영향까지 보았을 때에 전세권을 용익적 담보물권으로
서 담보적 기능을 강화함으로써 우리나라의 경제 상황이 부동산시장
의 장기적 침체로 문제가 되고 있는 주택 등의 용익가치와 교환가치
의 조정이 이뤄져야 할 긴요함을 확인할 수 있다. 그렇다면 결론적으
로 전세권은 부동산담보권으로서 전세제도가 일원화되어야 한다는
것이다.

---

82) 이를 위한 노력으로서, 윤대성, "주택임대차보호법폐지론", 법학연구, 제2권 제
   1호, 충북대학교 법학연구소, 1990. 11, 389~441면; 동, "전세임대차론의 재
   검토", 재산법연구, 제7권 제1호, 한국재산법학회, 1990, 91~119면; 동, "주택
   임대차보호법의 근본문제", 소비생활연구, 제6호, 한국소비자보호원, 1990,
   13~23면; 동, "주택임대차보호법과 미등기 전세의 대항력", 소비생활연구, 제
   11호, 한국소비자보호원, 1993, 34~42면; 동, "미등기 전세와 파산관계", 저스
   티스, 제34권 제4호, 한국법학원, 2001. 8, 34~50면; 동, "상가건물미등기전세
   와 파산", 성균관법학, 제16권 제1호, 성균관대학교 비교법학연구소, 2004. 6,
   113~144면; 동, "전세권과 미등기 전세와의 관계: 입법론적 검토", 민사법학,
   제37호, 한국민사법학회, 2007. 6, 345~374면 등이 있다.

〈참고문헌〉

고상룡, 물권법, 법문사, 2002.

곽윤직, 물권법, 박영사, 1975.

＿＿＿, 물권법, 박영사, 1985.

김기선, 한국물권법, 법문사, 1972.

＿＿＿, 한국채권법각론, 법문사, 1973.

김용한, 물권법론, 박영사, 1975.

＿＿＿, 물권법론, 박영사, 1985.

김증한, 신물권법(하), 법문사, 1960.

＿＿＿, 물권법(하), 진일사, 1972.

＿＿＿, 물권법강의, 박영사, 1984.

김증한·안이준, 신채권법각론(상), 박영사, 1965.

김현태, 신물권법(하), 일조각, 1964.

＿＿＿, 신채권법각론, 일조각, 1969.

민사법연구회, 민법안의견서, 일조각, 1957.

방순원, 신물권법(전), 일한도서출판사, 1960.

송덕수, 민법강의, 박영사, 2014.

윤대성, 한국전세권법연구[수정증보판], 한국학술정보㈜, 2009.

＿＿＿, 한국민사법제사연구, 한국학술정보㈜, 2009.

＿＿＿, 미군정시대(1945~1948)의 한국민법전편찬사업, 한국학술정보㈜,
　　　2009.

＿＿＿, 한국민법학사서설, 한국학술정보(주), 2009.

이은영, 물권법, 박영사, 2002.

이태재, 채권각론강의, 진명문화사, 1967.

장경학, 신물권법각론(상), 서울고시학회, 1959.

지원림, 민법강의, 홍문사, 2007.

최 식, 신물권·담보물권법, 박영사, 1962.

＿＿＿, 신채권각론, 박영사, 1961.

권재문, "전세권의 법적 성질: 구한국기 민사판결에 나타난 전세관습을 중심으로", 법사학연구, 제49호, 2014. 4.

김기선, "전세권담보물권론", 백남억박사환력기념논문집, 법문사, 1975.

_____, "임차권의 물권성", 고시계, 제26권제3호, 1981.

김용진, "전세권의 법률적성질", 법학논총, 제5집, 단국대학 법률학연구회, 1965.

김상용, "한국의 전세권, 중화민국(대만)의 전권과 일본의 부동산질권의 비교", 토지법학, 제30권 제1호, 한국토지법학회, 2014. 6.

김증한, "민법안상정에 대한 이의: 법사위의 수정안을 보고", 법정, 제12권제10호, 1957. 10.

_____, **"신민법상의 전세권", 법조, 제7권제4.5호, 법조협회, 1958. 5.**

_____, "한국민법의 법제사적 및 비교법적 연구", 법학, 제10권제2호, 서울대학교법학연구소, 1968. 12.

문준영, "구한국기의 임대차 분쟁과 전세 관습: 민사판결자료를 통한 접근", 법사학연구, 제48호, 2013. 10.

박병대, "전세권", 곽윤직 대표편집, 주해민법[VI] 물권(3), 박영사, 1992.

박순성, "전세권에 관한 판례의 동향과 전망: 전세권의 담보물권성을 중심으로", 21세기 한국민법학의 과제와 전망(심당 송상현교수화갑기념논문집), 박영사, 2002.

윤대성, "전세권의 입법과 법리", 한국민사법학회 편, 민법학의 회고와 전망(민법전시행30주년기념논문집), 한국사법행정학회, 1993.

_____, "전세권", 박준서 편집대표, 주석민법 물권(3), 한국사법행정학회, 2001.

_____, "전세권과 미등기 전세와의 관계: 입법론적 검토", 민사법학, 제37호, 2007. 6.

이영환, "부동산임차권에 관한 약간의 고찰", 민법상의 제문제, 한국사법행정학회, 1972.

장경학, "전세권의 법률적 성질", 고시계, 제24권제4호, 1979.

최종고, "김증한(1920~1988)", 한국의 법학자, 서울대학교출판부, 2007.

국회사무처, 제26회 국회정기회의속기록 제30호, 1957. 11. 6.

_____, 제28회 국회정기회의속기록 제42호, 1957. 11. 21. 부록.

大村敦志·權澈, 日韓比較民法序說, 有斐閣, 2010.
道垣內弘人, 擔保物權法(제3판), 有斐閣, 2008.

末弘嚴太郎, "法律과 慣習", 民法雜記帳, 上卷, 日本評論社, 1980.
山下純司, "제3장 質·傳貰·典: 用益的擔保物權과 擔保的用益權", 「東アジア
　　　　比較私法學の構築のために」, 學習院大學東洋文化研究叢書, 勁草書
　　　　房, 2009.
尹大成, "傳貰權の歷史と解釋", 21世紀の日韓民事法學, 信山社, 2005.

양도담보론

김 인 유*

Ⅰ. 서 론

양도담보라 함은 채권담보의 목적으로 채무자 또는 제3자가 목적물의 소유권을 채권자에게 이전하고 채무자가 채무의 변제를 하지 않으면 채권자가 그 소유권을 확정적으로 취득하거나 그 목적물로부터 우선변제를 받지만, 채무자가 채무를 변제하면 목적물을 다시 원소유자에게 반환하는 방법에 의한 담보를 말한다.[1] 이러한 양도담보의 유형으로서, 넓은 의미의 양도담보는 담보제공자가 필요한 자금을 획득하는 방법에 따라 매매의 형식을 이용하는 매도담보와 소비대차의 형식을 이용하는 좁은 의미의 양도담보로 나눌 수 있지만,[2] 후자는 다시 채권자의 정산의무의 유무에 따라 유담보형의 양도담보와 정산의무를 남기는 약한 의미의 양도담보로 구별된다. 이러한 양도담

* 한국해양대학교 해사법학부 부교수

1) 곽윤직, 「물권법」, 박영사, 2012, 402면; 이영준, 「물권법」, 박영사, 2009, 972면; 지원림, 「민법강의」, 홍문사, 2013, 848면; 송덕수, 「신민법강의」, 박영사, 2014, 890면; 양형우, 「민법의 세계」, 진원사, 2014, 846면 등.
2) 김증한, 「신물권법(하권)」, 법문사, 1961, 658면; 김증한, 「물권법[민법강의 Ⅱ]」, 박영사, 1983, 542면.

보에 대한 그 속내를 들여다보면 실질은 담보이지만 소유권이전의 형식을 취하고 있기에, 이에 대한 법적 성질이 어떠한지에 대한 논란이 있어 왔다.

그런데 이러한 양도담보는 비전형담보의 한 유형으로서 판례를 통해 그 위상이 정립되었다고 할 수 있지만, 두 차례에 걸친 특별법의 제정으로 양도담보에 대한 이해 및 그 역할에 대한 변화가 있었다. 즉 부동산에 관한 양도담보는 「가등기담보 등에 관한 법률」[3]의 제정으로 한 차례의 변화가 있었고, 동산에 관한 양도담보는 「동산·채권 등의 담보에 관한 법률」[4]의 제정으로 또 한 차례의 변화에 직면하게 된 것이 바로 그것이다.

사회적 필요에 따라 자연발생적으로 생긴 양도담보제도를 특별법의 제정으로 규제하는 것이 타당한지에 대한 논란이 있기는 하지만, 사적 실행에서 정산절차 없이 담보목적물의 소유권을 취득하는 폐단을 해소한다는 취지로 제정된 가등기담보법은 양도담보의 법적 성질의 변화와 관련되어 있고, 동산담보법의 제정은 동산담보에 대한 공시방법의 개선과 관련되어 있다고 볼 수 있다.

이하에서는 먼저 양도담보의 법적 성질에 대한 청헌 김증한 교수의 견해 및 그 의미를 살펴본다. 그리고 청헌 김증한 교수의 양도담보론 이후 양도담보법의 변화와 관련하여, 가등기담보법의 제정에 따른 양도담보의 법적 성질에 대한 변화를 검토하는 한편, 동산 양도담보에 대한 공시의 문제를 개선하기 위한 하나의 방편으로 최근에 제정된 동산담보법의 내용 및 시행이후의 문제점들을 고찰한다. 마지막으로 두개의 특별법 제정 후의 양도담보의 역할에 대해 살펴본다.

---

3) 이하에서는 가등기담보법이라 칭한다.
4) 법률 제10366호, 2010.6.10.제정, 2012. 6.11.시행(이하에서는 동산담보법이라 칭한다).

II. 양도담보에 대한 청헌 김증한 교수의 견해

1. 서 설

넓은 의미의 양도담보는 매매의 형식을 취하여 권리를 이전하고 채권을 남기지 아니하는 것과 채권을 기초로 하여 그 담보를 위하여 권리를 이전하는 것을 의미하지만, 좁은 의미 내지는 진정한 양도담보는 후자를 의미한다. 후자의 경우 보통은 소유권의 이전이라고 하는 법률적 형식은 어떤 목적(경제적 목적)을 위하여 이전되는지는 문제삼지 않고 추상적으로 파악되는 것임에 반하여, 양도담보는 「담보를 위한 양도」로서, 언제나 양도의 목적을 함께 고려해야 한다는 점에서 양도담보의 법률적 구성에 특이한 곤란성이 있다고 한다.[5]

즉 양도담보는 목적이 담보인데, 형식은 소유권 이전을 취하는 형태이다. 목적이 담보라면 담보권을 설정해야 하는데도 불구하고 소유권을 이전한다는 점에서 목적과 형식이 일치하지 아니하다. 문제는 형식인 소유권 이전에 치중할 것인가, 아니면 목적인 담보에 치중할 것인가의 여부이다. 이에 대해 청헌 김증한 교수의 견해는 다음과 같다.

2. 청헌 김증한 교수의 견해

(1) 1957년 「담보물권법」

광의에 있어서는 매매의 형식을 취하여 권리를 이전하고 채권을

---

5) 김증한, 전게 「물권법[민법강의 II]」 545면.

남기지 않는 것과 채권을 기초로 하여 그 담보를 위하여 권리를 이전하는 것과의 양자를 양도담보라 할 수 있지만, 좁은 내지 진정한 의미에 있어서는 후자만을 양도담보라고 하면서 그 법률적 구성은 다음과 같이 서술하고 있다. 즉 첫째, 담보될 채권이 존재한다. 둘째, 담보의 목적인 재산권은 채권자에게 이전된다. 이전에는 아무런 물권적 제한을 수반하지 않는다. 다만 채권자가 이 권리를 담보의 목적에만 이용하여야 할 채권적 구속을 받을 뿐이다. 이 이론은 판례·통설이 인정하는 바이지만 채무자에게 불리한 것은 분명하다. 셋째, 채무자는 목적물을 사용하는 것이 보통이다. 넷째, 양도담보권자의 제3자를 배척하는 우선적 효력은 그 담보의 목적인 재산권 자체가 담보권자에게 귀속함으로써 달성된다.

한편 판례는 양도담보에는 담보의 목적인 권리가 내외 모두 이전하는 것과 외부적으로만 이전하고 내부적으로는 이전하지 않는 2종이 있다고 하면서, 이른바, 관계적 귀속이론을 든다.

이에 대해 김증한 교수는 판례가 이 구별을 쓴 것은 독일에 있어서의 학설이 이른바 관계적 소유권설 내지 소유권의 관계적 귀속이라는 관념에 의하여 양도담보의 대외적 효력에 차이를 인정하려고 한 것과는 달라서, 단순히 당사자간에 있어서의 채권적 효력에 관하여 담보권자가 담보를 위하여 필요한 최소한도의 약한 권리를 취득하는 경우와 더욱 강한 권리를 취득하는 경우와를 구별하여 전자를 외부적으로만 이전하는 것, 후자를 내외 모두 이전하는 것이라고 함에 그친다. 따라서 이 한에 있어서는 오히려 비유적인 표현으로서 구태여 이것을 배격할 필요는 없다고 하여,[6] 판례의 이른바 관계적 귀속이론에 동조하고 있다. 다만 여기서는 양도담보의 법적 성질에 관한 주요학설을 소개하고 있지는 않다.

---

6) 김증한·안이준, 「담보물권법」, 위성문화사, 1957, 279~281면.

(2) 1961년 「신물권법(하권)」- 관계적 귀속설

양도담보에 관한 법리구성과 관련한 학설로서, 관계적 귀속설, 제
한물권설, 소유권이전설을 들면서 관계적 귀속설이 타당하다고 한다.
여기서 관계적 귀속설은 형식상(법률상)의 소유권은 채권자에게 귀
속하고 실질상(경제상)의 소유권은 채무자에게 남아 있다고 하는 설
이다. 또는 대외관계에 있어서는 소유권이 채권자에게 속하고, 대내
적 관계에 있어서는 소유권이 채무자에게 속한다고 설명하기도 한다.
한편 소유권이전설은 채권자는 물권법상으로는 완전한 소유권을 취
득하지만, 채무자에 대한 관계에 있어서 담보목적을 넘어서 그 소유
권을 행사하지 아니할 채무를 부담한다고 하는 설이다. 관계적 귀속
설은 소유권이전설보다 채무자의 지위를 더욱 두텁게 보호하려는 취
지에서 취하여지고 있는 것이며, 양자의 차이는 양도담보권자의 채권
자의 집행에 대하여 양도담보설정자가 이의를 주장할 수 있느냐와
양도담보권자가 파산한 경우 양도담보설정자가 환취권을 주장할 수
있느냐에 있다고 하면서, 우리나라에 있어서도 채무자를 보다 두텁게
보호하기 위하여 관계적 귀속설을 취하는 것이 타당하다고 믿는다고
하여 관계적 귀속설을 주장하고 있다.[7]

(3) 1983년 개정판 「물권법」 - 해제조건부 소유권이전설

1980년 초판 물권법 및 1983년 개정판 물권법에서는 양도담보의
법률적 구성과 관련하여 주요학설인 해제조건부 소유권이전설, 신탁
적 소유권이전설, 제한물권설을 설명하면서, 해제조건부 소유권이전
설을 주장하고 있다.

---

7) 김증한, 전게 「신물권법(하권)」, 662~663면. 이에 대해 소유권은 배타성이 인
   정되는 권리인데, 당사자간의 합의로 배타성이 없는 소유권을 창출하는 것은
   물권법정주의에 어긋난다는 비판을 받는다.

해제조건부 소유권이전설에 의하면, 양도담보권자는 목적물에 대한 소유권을 취득하지만, 이 소유권이전은 피담보채권의 변제를 해제조건으로 한다. 따라서 양도담보의 목적물이 부동산인 경우에는 양도담보설정자로부터 양도담보권자에게 소유권이전등기를 함으로써 그 효력이 생기지만, 변제가 있으면 소유권은 당연히(등기없어도) 양도담보설정자에게 복귀한다고 하는 견해이다.[8) 김증한 교수는 종래 관계적 귀속설을 취하였던 입장을 바꾸어 해제조건부 소유권이전설을 취한다.[9) 이러한 입장변화에 대해서 청헌 김증한 교수는 어떠한 논리도 언급한 바가 없지만, 관계적 귀속이론은 내부관계에서는 소유권이 양도담보설정자에게 남아 있고, 외부관계에서는 소유권이 양도담보권자에게 있다고 하여, 소유권의 2원적 구성을 취하고 있는데, 이는 절대권인 소유권이 내외관계에 따라 분리될 수 없을 뿐만 아니라 물권법정주의에도 반한다는 비판 때문이라고 보여진다.

3. 청헌 김증한 교수의 주장이 갖는 의미

양도담보의 법률적 구성에 있어서 핵심적 문제는 어떻게 하면 지나치게 불리한 채무자의 지위를 보호할 수 있느냐에 있다고 보는 것

---

8) 김증한, 전게 「물권법[민법강의 II]」, 545면.
9) 판례이론인 소유권의 관계적 귀속이론은 소유권이 대내외적으로 모두 이전하는 것과 대외적으로만 이전하고 대내적으로는 이전하지 않는 것으로 구별하고 후자의 경우에만 소유권의 관계적 귀속을 인정하는 것에 비해, 신탁적 소유권이전설은 대내외 구별없이 양도담보에 의해 등기가 되면 소유권은 완전히 채권자에게 이전하고 다만 채권자는 소유권을 채권담보의 목적을 넘어서 행사하지 않을 채무를 부담한다고 하는 측면에서 양 견해의 차이가 있다. 따라서 관계적 귀속이론에 의하면 대내적으로는 소유 권이 채무자에게 있으므로 양도담보권자의 채권자의 집행이 있는 경우, 채무자는 제3자 이의의 소(민사집행법 제48조)나 환취권(채무자 회생 및 파산에 관한 법률 제70조)을 주장할 수 있게 된다.

이 청헌 김증한 교수의 기본적인 생각으로 이해된다.

물론 양도담보는 법률관계가 불안정한 면이 많고 채권자는 높은 이자를 요구하는 것이 실정이므로 폭리를 꾀하는 수단으로 이용하는 일이 아주 없지는 않다. 그러나 경제계의 필요와 현행 담보제도의 결함을 생각할 때에는 오히려 양도담보는 일반적으로 유효로 하고, 그 법률구성을 될 수 있는 대로 타당한 것으로 하는 것이 법률해석의 임무에 더욱 충실한 길이라고 하였다.[10]

이에 신탁적 소유권이전설은, 변제기 전에는 양도담보권자가 단지 채권적 제한을 받는다고 하고, 변제기 후에는 청산하여야 한다고 함으로써 채무자보호를 꾀하려고 하지만, 청헌의 해제조건부 소유권이전설은 변제기 전에 양도담보권자가 담보목적물을 제3자에게 양도했을 때 양도담보설정자는 이를 반환할 수 없게 되는 불이익을 피하려는 데 그 의미가 있다고 한다. 즉 양도담보권자가 목적물을 제3자에게 처분한 경우에는 등기에 해제조건 또는 양도담보의 기재가 있는 경우에는 양도담보설정자가 그의 물권적 기대권을 제3자에게 주장하더라도 거래의 안전을 해치는 것은 아니라고 한다. 이와 같은 등기는 채무자의 이익과 거래의 안전을 조화시킬 수 있는 것이기 때문에 담보권설정자에게 해제조건의 등기를 청구할 권리를 인정하는 것이 합리적이고, 이러한 등기청구권은 담보권설정자가 가지는 물권적 기대권에서 나오는 것이라고 설명한다.

이러한 김증한 교수의 생각대로, 해제조건부 소유권이전설은 양도담보의 법률적 구성의 핵심은 지나치게 불리한 채무자의 지위를 보호하는데 있다고 하면서, 채권자로 하여금 이전받은 권리를 담보의 목적을 위해서만 행사할 채권적인 구속을 받을 뿐이라고 하는 것은 채무자보호에 충분하지 못하므로, 채무자가 얻은 신용을 반환하고 목

---

10) 김증한·안이준, 「신민법(I)」, 위성문화사, 1958, 367면.

적물을 다시 찾는다는 기대권은 해제조건부 소유권이전설을 취함으로써 훨씬 더 보호받을 것이며, 이렇게 해석하는 것이 당사자의 의사에도 부합한다고 한다.[11] 부동산에 관하여 해제조건이 등기된 이상 양도담보설정자가 그의 물권적 기대권을 제3자에게 주장할 수 있다고 하더라도 거래의 안전을 해치는 것은 아니고, 이러한 해제조건의 등기를 청구할 수 있는 등기청구권은 채무자가 가지는 물권적 기대권에서 나온다고 한다.

결국 해제조건부 소유권이전설은 지나치게 불리한 채무자를 보호하는 데 주안점을 두고 있다고 볼 수 있으며, 이 학설을 뒷받침하기 위하여 독일과 일본의 학설 및 판례를 풍부하게 동원하고 있으며, 그 채무자 보호를 위해서는 물권적 기대권이론으로 설명하고 있다고 정리할 수 있겠다.

Ⅲ. 청헌 김증한 교수의 양도담보론 이후 양도담보법의 변화

1. 서 설

청헌 김증한 교수의 양도담보에 대한 견해는 우리 민법 시행 당시의 양도담보에 대한 법적 성질에 관한 태도로서, 그 당시에 해제조건부 소유권이전설을 주장한 것은 전적으로 채무자의 이익보호를 위한 고뇌로 느껴진다. 이러한 그의 양도담보론 이후 양도담보법의 변화는

---

11) 김증한, 전게 「물권법[민법강의 Ⅱ]」, 546면.

가등기담보법과 동산담보법으로 이어진다.

가등기담보법의 제정으로 부동산 양도담보는 동법의 적용을 받게 되었는데, 이는 청헌 김증한 교수가 의도한 대로 결과론적으로는 청산절차를 거치게 함으로써 채무자보호에 기여하였다고 볼 수 있다. 다만 동법의 제정으로 부동산 양도담보의 법적 성질에 대한 변화를 초래하게 되었는데, 그 변화한 학설을 검토하고 판례이론도 함께 고찰한다.

그리고 동산 양도담보는 가등기담보법의 적용여부에 대한 논란이 있기는 하지만, 이와는 별개로 동산 담보물권에 대한 공시방법의 개선차원에서 동산담보법이 제정되기에 이르렀다. 즉 질권의 경우 우리 민법은 점유개정에 의한 질권의 성립을 금지하고 있는 관계로 질권설정자가 담보목적물을 사용·수익할 수 없게 되어 동산질권의 활용은 상당히 제한적일 수밖에 없었다. 따라서 실거래계에서는 점유개정을 인정하는 양도담보가 상당히 폭넓게 활용되어 왔다. 그런데 동산 양도담보는 점유질인 동산질권의 한계를 극복했다고는 하나, 점유개정이라는 공시방법의 불완전성에 기인하는 문제점(이중의 양도담보, 선의취득의 문제)에 봉착하게 되었고, 이를 개선한 제도가 동산담보법의 제정이라고 볼 수 있다.[12] 동법에 따르면 동산담보권은 동산담보등기로 공시되는 것이기 때문에 동산 양도담보의 불완전한 공시방법인 점유개정을 획기적으로 개선하였다고 볼 수 있고, 또한 동산 양도담보는 그 법적 성질에 따라 소유권이 이전하는지, 그렇지 않고 담보권만이 설정되는 것인지에 대해 논란이 있지만, 동산담보권은 이를 명확하게 하고 있다. 이하에서는 가등기담보법 및 동산담보법의 제정과 양도담보와의 관계를 차례로 검토한다.

---

12) 이 법은 동산과 채권을 담보목적물로 제공하고 등기를 하는 제도로써, 그 적용대상은 동산과 채권이지만, 이 연구에서는 동산담보에 한정하기로 한다.

2. 가등기담보법의 제정과 양도담보

(1) 양도담보에 관한 학설

(가) 해제조건부 소유권이전설

양도담보권자는 목적물에 대한 소유권을 취득하지만, 이 소유권이전은 피담보채권의 변제를 해제조건으로 한다. 따라서 변제가 있으면 소유권은 당연히(등기나 인도가 없어도) 양도담보설정자에게 복귀한다고 하는 견해이다.[13]

청헌 김증한 교수의 이 견해에 대한 후학들의 비판은 다음과 같다. 즉 의용민법이 적용되던 시대와는 달리 부동산물권변동에서 성립요건주의를 취하고 있는 현행 민법하에서는 물권적 기대권으로서는 채무자의 지위가 그 만큼 견고하게 보호되는 것은 아니라는 점, 그리고 해제조건을 등기할 길이 있음(부동산등기법 제53조)에도 불구하고 위 해제조건이 등기되지 아니하고 양도담보계약이 아닌 통상의 매매를 등기원인으로 하여 이전등기되는 경우가 대부분이므로 해제조건이 등기된 경우에만 양도담보설정자가 양도담보권자로부터 담보목적물의 소유권을 취득하여 소유권이전등기까지 경료한 제3자에 대하여 그 물권적 기대권을 주장할 수 있게 하고 있으므로 물권적 기대권을 주장함에 의하여 양도담보설정자가 보호되는 경우는 거의 없다는 점 등의 비판이 있다.[14][15]

---

13) 김증한, 전게 「물권법[민법강의 II]」, 545면; 김증한·김학동, 「물권법」, 박영사, 1997, 596면. 다만 김증한·김학동, 「물권법」, 598면에서는 가등기담보법 제정을 계기로 소유권이전등기에 의하여 소유권이 이전된다는 것을 전제로 하는 해제조건부 소유권이전설은 적어도 부동산 양도담보에 관해서는 더 이상 타당할 수 없게 되었다고 한다.

14) 이영준, 전게서, 979면.

15) 이러한 문제점, 특히 해제조건 또는 양도담보라는 뜻의 등기가 현실적으로 행

(나) 신탁적 소유권이전설

신탁적 소유권이전설에 의하면, 소유권은 채무자로부터 채권자에게 이전되어 채권자는 완전한 소유권을 취득한다. 다만 채권자는 채무자에 대하여 담보의 목적범위 내에서만 소유권을 행사해야 할 채권계약상의 채권적 의무를 부담한다. 따라서 목적물이 제3자에게 처분된 경우에 제3자는 선악을 불문하고 완전한 소유권을 취득하지만, 채권자는 채무자에 대하여 담보목적을 초과하여 소유권을 행사하지 아니할 채권적 의무를 부담하는 것이므로 이에 위반하면 채무불이행에 기한 손해배상의무를 지게 된다는 견해로서, 가등기담보법 시행전 우리나라 다수설16)이었다.

이 견해는 가등기담보법 제정 이후에도 여전히 신탁적 소유권이전설이 타당하다고 하며, 그 근거로는 첫째, "채권자가 담보부동산에 관하여 이미 소유권이전등기가 경료된 경우에는 청산기간 경과 후 청산금을 채무자 등에게 지급한 때에 목적부동산의 소유권을 취득한다"는 동법 제4조 제2항은 판례의 신탁적 소유권이전설의 연장에 불과하다는 점.17) 둘째, 채권자가 목적물을 처분하면 제3자가 소유권을

해지지 않은 점에 대해, 「양도담보계약」을 등기원인으로 하여 등기할 수 있도록 입법론을 제기하고 있다(김증한, 전게서, 547면). 이와 관련하여 「부동산 실권리자명의 등기에 관한 법률」제3조 제2항에서는 "채무의 변제를 담보하기 위하여 채권자가 부동산에 관한 물권을 이전받는 경우에는 채무자, 채권금액 및 채무변제를 위한 담보라는 뜻이 적힌 서면을 등기신청서와 함께 등기관에게 제출하여야 한다"라고 규정하여 담보라는 것을 등기하는 근거규정이 있다.

16) 곽윤직, 전게서, 405면; 김기선, 「한국물권법」, 법문사, 1985, 533면; 이태재, 「물권법」, 진명문화사, 1985, 426면; 이영준, 전게서, 983면; 장경학, 「물권법」, 법문사, 1987, 900면 등.

17) 즉, 소유권이전등기가 경료된 때에 제3자에 대한 관계에 있어서 소유권을 취득하는 것은 물론이지만 채무자에 대한 관계에 있어서까지 소유권을 취득하는 것은 이것만으로는 족하지 않고 청산기간의 경과 및 청산금의 지급을 요건으로 한다는 것이다. 왜냐 하면 채권자가 양도담보에 의하여 취득한 소유권을 행사

취득하는 경우가 많으므로(가담법 제11조 단서, 선의의 제3자인 경우) 담보물권설을 취하면 이 경우에도 목적물을 환수할 수 있어야 하는데 그렇지 못하므로 담보물권설이 별로 유용하지 못하다는 점.[18] 셋째, 담보물권설에 따른다면 공시방법과 실체관계가 부합하지 않는 다는 문제점이 있고 따라서 물권변동의 원칙과 상치되어 물권변동의 존부와 시기 및 그 내용을 극도로 불명확하게 하는 점[19] 등을 들고 있다.

(다) 담보물권설

담보물권설에 의하면, 채권자는 진정한 의미의 소유권을 취득하는 것이 아니라 소유권은 여전히 채무자에게 있고 채권자는 단지 양도 담보권이라는 특수한 제한물권을 취득한다는 견해로서, 가등기담보 법 시행 이후다수설[20]이다. 이 설이 드는 근거는 가등기담보법 제4조 제2항이다. 즉 "채권자는 담보부동산에 관하여 이미 소유권이전등기 가 경료된 경우에는 청산기간경과 후 청산금을 채무자 등에게 지급 한 때에 목적 부동산의 소유권을 취득한다"는 것이다. 따라서 양도담 보를 설정하여 소유권이전등기까지 하고 있더라도 청산금을 지급하 기까지는 소유권은 이전되지 않는 것으로 되기 때문에 종래의 판례

함에 있어서 설성사에 대히어 담보목적을 넘어서 행사하지 않을 의무를 부담하
는 것이고, 이러한 의무는 청산기간 경과 및 청산금 지급에 의하여 비로소 소
멸한다는 것을 선언한 것이라고 해석한다(이영준, 전게서, 981면).
18) 양창수, 「민법연구」 제1권, "가등기담보등에관한법률의 현황과 문제점", 박영
사, 1991, 323~354면.
19) 양창수, 전게 민법연구, 323~354면.
20) 고상용, 「물권법」, 법문사, 2001, 745면; 곽윤직, 전게서, 408면; 김상용, 「물권
법」, 법문사, 1994, 889면; 김용한, 「물권법론」, 박영사, 1993, 632면; 김증한·
김학동, 전게서, 598면; 이은영, 「물권법」, 박영사, 2003, 851면; 장경학, 전게
서, 900면.

및 다수설과 같이 이전등기를 한 때에 소유권이 이전되는 것으로 보는 신탁적 소유권이전설을 가지고는 이론구성할 수 없고, 담보물권적 구성을 하는 수밖에 없다고 한다.21)

(2) 판례이론

(가) 외부적 이전형·약한 의미의 양도담보

판례에 등장하는 양도담보의 유형은 외부적 이전형과 내·외부적 이전형, 강한 의미의 양도담보와 약한 의미의 양도담보로 구분된다.22) 그런데 대법원은 "채무자가 채권자에 대하여 그 소유부동산을 담보로 제공할 것을 약정하고 그에 관한 매도증서와 인감증명서 및 위임장을 교부하였다면 다른 특별한 사정이 없는 한 약한 의미의 양도담보를 한 것으로 볼 수 있을 것이다"라고 판시23)한 이래 양도담보라는 용어 대신에 약한 의미의 양도담보라는 용어를 사용하고 있고,24) 외부적 이전형과 내·외부적 이전형 중에는 외부적 이전형이 원칙이라고 하였다.25) 전술한 외부적 이전형이 약한 의미의 양도담보이고, 대내외적 이전형이 강한 의미의 양도담보를 말하는 것이다.

(나) 정산의무의 부과26)

담보권의 실행과 관련해서는 정산형인 경우와 유질형인 경우가 있

---

21) 곽윤직, 전게서, 408면.
22) 자세한 내용은 김증한(집필대표), 「판례학설 주석민법(상)」, 한국사법행정학회, 1973, 861면 이하.
23) 대판 1967. 12. 29, 67다1999.
24) 대판 1993. 6. 22, 93다7334.
25) 대판 1962.12.27, 62다724.
26) 김인유, "부동산 양도담보에 관한 재고", 토지법학 제20호, 2004.12, 36~37면의 내용을 재인용 함.

는데, 전자는 "양도담보의 경우에 있어서는 채권자는 채무자가 변제를 이행하지 않을 때에는 당해 목적물을 시가에 의하여 처분하여 그 매득금으로서 피담보채무의 변제에 충당하되 잉여가 있으면 이를 채무자에게 반환하고 부족이 있으면 다시 채무자에게 청구하는 것이다"고 판시[27]하여 채권자에게 정산의무를 부과하고 있다. 반면에 후자인 "유질형인 경우에는 채무불이행과 동시에 목적물의 소유권은 확정적으로 채권자에게 귀속하고 채무자는 변제에 의하여 반환을 청구할 수 없고 물론 정산을 청구할 수도 없다"고 판시[28]하여 양자를 구별하고 있다. 그 이후 "채무자가 변제기를 도과한 후 채권자는 동 부동산을 처분하여 그 대금을 대부원리금 변제에 충당하되 잔여가 있으면 채무자에게 교부하고 부족이 있으면 채무자로부터 청구한다"고 판시[29]하여 양도담보의 경우 정산의무를 명확히 하고 있다.

(다) 대내·외 법률관계

양도담보권자와 양도담보설정자간의 내부관계에서는 그 부동산의 등기명의가 양도담보권자 명의로 되어 있다고 하더라도 설정자인 채무자가 그 실질적인 소유권을 갖는다고 한다. 따라서 판례는 채무자의 채무불이행시 정산을 요구하고 있으며, 정산을 하여야 비로소 담보권을 실행한 것이고, 이때 피담보채권이 소멸하게 된다.[30] 그리고

---

27) 대판 1955. 3. 31, 4287민상124; 대판 1955. 10. 6, 4288민상34.
28) 대판 1955. 7. 21, 4288민상55; 대판 1969. 2. 4, 68다2438.
29) 대판 1960. 6. 10, 4293민상222; 대판 1965. 5. 4, 65다377.
30) 양도담보의 소멸과 관련하여 "채무자로서는 그 채무를 변제하면 언제라도 그 소유자에 의존하여 그 소유권이전등기의 말소등기를 청구할 수 있지만, 피담보권의 변제와 교환적으로는 말소등기절차의 이행을 구할 수 없다할 것이고", "변제기간을 경과하였을지라도 아직 채권자가 그 목적물을 처분하지 않는 동안에는 채무자가 원리금을 제공하여 이의 반환을 청구할 수 있는 것이다"라고 하고 있다(김증한, "광복 30년 우리나라 판례(민사법)의 회고", 법조 26, 9,

담보목적물의 사용과 수익은 특별한 사정이 없는 한 양도담보설정자가 행사한다.[31]

한편 양도담보권자와 제3자간의 대외관계에 대해서는, 당사자의 약정에 의하여 담보의 목적인 권리가 대외적 관계에 있어서만 이전되는 경우와 대내외적 관계에 있어서도 이전되는 경우가 있으나 어느 경우를 막론하고 양도담보인 이상 대외적 관계에 있어서는 그 권리는 채권자에게 이전된 것이라고 판시[32]한 이래 가등기담보법 제정 이후에도 여전히 이러한 태도를 견지하고 있다.

(3) 소 결

양도담보에 관한 학설 및 판례를 정리하면, 먼저 학설은 가등기담보법 제정 전 후에 따라 극명하다. 즉 가등기담보법 제정 전의 학설은 신탁적 소유권이전설이 다수설이었지만, 동법 제정 후의 학설은 담보권설이 다수설의 지위를 점하고 있다. 다만 판례는 부동산과 동산을 구별하여 동산 양도담보는 동법 제정 전 후를 불문하고 기존의 판례이론[33]에 따르고 있다.[34] 다만 부동산 양도담보의 경우 동법 제

1977.8, 8~10면).

31) 대판 2001. 12. 11, 2001다40213.

32) 대판 1962. 12. 27, 62다724.

33) 동산 양도담보에 대한 판례의 태도를 설명하면서, 대부분의 경우에는 판례도 신탁적 소유권이전설이라고 기술하지만, 엄격하게 본다면 판례이론과 신탁적 소유권이전설은 차이가 있으므로 신탁적 소유권이전설이 아닌 판례이론에 따른다고 기술하였다(즉 판례에서 말하는 외부적 이전형 내지는 약한 의미의 양도담보는 양도담보권자와 설정자간의 내부관계에서는 소유권이 채무자에게 있고, 외부관계에서는 소유권이 채권자에게 있다고 하지만(이른바 독일의 소유권의 관계적 귀속이론에 근거), 신탁적 소유권이전설은 이러한 판례이론에 입각한 견해이기는 하지만, 판례이론이 물권법정주의에 반한다는 비판하에 내부관계나 외부관계 모두 소유권이 이전한다고 하는 견해이므로 이점에서 양자는 차이가 있음).

정 후에는 해석상 논란이 없지는 않지만, 가등기담보법이 적용되지
않은 경우(예컨대 소비대차에 의해 발생한 채권의 담보를 위한 양도
담보가 아니라 매매대금 중 잔금의 지급을 위한 양도담보)는 여전히
종래의 판례이론에 따르고 있다.[35)36)]

판례는 기본적으로 양도담보를 신탁행위로 파악하고 그러한 전제
에서 법리를 전개하였다고 볼 수 있다. 즉 양도담보권자와 양도담보
설정자간의 대내관계는 양 당사자간의 합의인 법률행위로서의 신탁
계약에 의해 정해지는데, 그 신탁계약의 기본은 담보의 목적으로 소
유권을 이전하는 것으로서 양 당사자간에는 설정자가 소유권을 그대
로 유지한다는 것이고, 목적물의 사용·수익 또한 설정자에게 귀속된
다는 것이다. 다만 양도담보권자와 제3자간의 대외관계는 양도담보

---

34) 대판 2005.02.18, 2004다37430; 대판 2004.06.25, 2004도1751; 대판 1999.
09.07, 98다47283; 대판 1994.08.26, 93다44739 등.
35) 판례 중에서 "단지 채무의 담보를 위하여 채무자가 자기의 비용과 노력으로
신축하는 건물의 건축허가명의를 채권자 명의로 하였다면 이는 완성될 건물을
담보로 제공하기로 하는 합의로서 법률행위에 의한 담보물권의 설정에 다름
아니므로 완성된 건물의 소유권은 일단 이를 건축한 채무자가 원시적으로 취
득한 후 채권자 명의로 소유권 보존등기를 마침으로서 담보목적의 범위내에서
위 채권자에게 그 소유권이 이전된다고 보아야 한다"고 판시하였는데(대판
1990. 4. 24, 89다카18884.), 이 판례는 소비대차에 의하여 발생한 채권의 담
보를 위한 양도담보가 아니라 대지 매매대금 중 잔금의 지급담보를 위한 양도
담보이다. 즉 A는 B로부터 B의 소유인 대지를 매수하면서 잔금의 지급담보를
위하여 대지 위에 건축한 건물의 소유권보존등기를 B명의로 한 사안으로서,
판례는 이러한 유형의 사안(대판 1991.8.13, 91다13830; 대판 1991.11.8, 91
다21770; 대판 20011.5, 200다47682; 대판 2002.7.12, 2002다19254 등)에 대
해 일관되게 가등기담보법 적용대상이 아니라고 판시하고 있어, 담보권설을 취
했다기 보다는 오히려 신탁적 소유권이전설을 취했다고 봄이 더 타당하다.
36) 양도담보에 관한 대법원 판례 중 담보물권설을 취하고 있다고 주장되는 판례는
모두 가등기담보법이 적용되지 않는 매매대금의 지급을 위한 것이어서 이러한
판례를 근거로 대법원 판례가 담보물권설을 취하고 있다는 주장은 타당하지 않
다고 본다(동지; 박홍래, "동산의 양도담보", 법조 54권 제12호, 2005, 284면).

권자가 소유권자라는 것이지만, 그것도 양도담보권자는 담보의 목적 범위내에서만 소유권자가 된다는 제한이 붙는다는 것이다.

이와 같이 판례는 실질인 채권담보와 형식인 소유권이전 양자를 모두 고려하면서 신탁행위에 기초를 두어 개별적인 사안마다 구체적 타당성을 구하고 있는데, 이는 당사자가 그러한 것을 원했기 때문이 라는 사적자치에 근거하고 있다.

양도담보는 자연발생적인 현상에 대해 오랜 판례의 축적으로 이미 하나의 관습법이 된 사회현상이다. 이러한 양도담보의 특성을 고려할 때 가등기담보법의 제정으로 판례이론의 혼란을 초래하는 것은 바람 직하지 않다고 생각되므로 가등기담보법은 제한적으로 적용되어야 하며, 동법이 적용되지 않는 경우에는 종래의 판례이론대로 해석하는 것이 타당하며, 최근 몇몇 판례37)의 태도도 이러한 취지로 이해된다.

3. 동산담보법의 제정과 양도담보

(1) 동산담보권의 의의

동산담보권이라 함은 담보약정에 따라 동산(여러 개의 동산 또는 장래에 취득할 동산을 포함한다)을 목적으로 등기한 담보권을 말한 다(동법 제2조 제2호). 동산담보권이 성립하려면 당사자간에 담보약 정을 하고, 약정에 따른 동산담보권의 득실변경은 담보등기부에 등기 를 하여야 그 효력이 생긴다(제7조 제1항). 따라서 부동산물권변동에 관한 효력을 규정한 민법 제186조와 마찬가지로 성립요건주의를 취 하고 있다.

당사자와 관련하여 이 법에서는 담보권자에 대한 제한은 없지만,

---

37) 대판 2002.7.12, 2002다19254; 대판 20011.5, 200다47682; 대판 1991.11.8, 91다21770; 대판 1991. 8.13, 91다13830.

담보권설정자는 법인(상사법인, 민법법인, 특별법에 따른 법인, 외국법인을 말한다) 또는 「상업등기법」에 따라 상호등기를 한 사람으로 한정하고 있으므로(제2조 제5호), 개인은 동산담보권의 설정자가 될 수 없다. 다만 담보권을 설정한 후에 상호등기가 말소되는 경우 그 담보등기의 효력이 문제될 수 있으므로, 동법에서는 "담보권설정자의 상호등기가 말소된 경우에도 이미 설정된 동산담보권의 효력에는 영향을 미치지 아니한다"라고 하여 입법적으로 해결하고 있다.

한편 이 법에 따른 동산담보등기는 "전산정보처리조직에 의하여 입력·처리된 등기사항에 관한 전산정보자료를 담보권설정자별로 저장한 보조기억장치(자기디스크, 자기테이프, 그 밖에 이와 유사한 방법으로 일정한 등기사항을 기록·보존할 수 있는 전자적 정보저장매체를 포함한다)를 말한다(제2조 제8호)고 규정하여, 부동산등기의 물적 편성주의와는 달리 인적 편성주의를 채택하고 있다는 점이 특징이다.

그리고 동산담보권의 존속기간은 5년을 초과할 수 없다고 규정하고 있는데(제49조 제1항), 이는 피담보채권이나 담보목적물이 소멸되었음에도 불구하고 담보등기가 남아 있는 등 무효등기의 적체를 해소하기 위함이다. 다만 유효하게 존속하는 등기를 위해서는 5년을 초과하지 않는 범위에서 연장등기를 할 수 있게 하였다(동조 제2항).

담보등기부의 열람에 대해서는, "누구든지 수수료를 내고 등기사항을 열람하거나 그 전부 또는 일부를 증명하는 서면의 발급을 청구할 수 있지만, 개인정보보호를 위하여 등기부의 열람 또는 발급의 범위 및 방식 수수료에 관하여는 대법원규칙으로 정한다고 하여 일정한 제한을 가하고 있다(제52조). 이 점이 바로 공시로서 누구나 제한없이 열람 및 발급이 가능한 부동산등기와의 차이점이다.

(2) 동산담보권 이용 실태

법원행정처의 2013년 사법연감에 따르면 동산·채권담보에 대한 등 기건수는 1810건으로 집계되고 있다. 지역별로 보면 서울(208), 의정 부(85), 인천(222), 수원(393), 춘천(25), 대전(108), 청주(77), 대구 (211), 부산(78), 울산(47), 창원(147), 광주(155), 전주(47), 제주(7) 등이다.[38] 2012.6.11.부터 2012.12.31.까지 불과 6개월 정도의 기간과 시행 초기라서 제도에 대한 이해 및 홍보부족 등을 감안한다면 상당 히 많은 실적이라고 금융감독원은 평가하고 있다.[39][40]

한편 금융권에서 취급하고 있는 동산담보 상품의 종류는 유형자산, 재고자산, 매출채권, 농축수산물 등 크게 4종류이다. 유형자산의 경우 절삭기, 사출기, 선반, 분쇄기 등과 같은 범용성 기계 위주이고, 재고 자산은 철강, 아연, 동판, 석재, 골재, 코일, 전자부품 등 다양하게 취 급되었으며, 농축수산물의 경우 쌀, 소, 냉동·냉장 농축산물, 돼지[41]

---

38) 법원행정처, 「사법연감(2013)」, 법원행정처, 2013.8.31, 984~991면.

39) 이러한 결과는 금융감독원의 역할이 컸다고 평가할 수 있다. 즉 여신대상자의 조건을 업력 3년 이상의 제조업체에서 1년 이상의 제조업체와 부수적인 업종 이 제조업인 업체까지 확대한 점, 상품별 대출한도를 확대한 점, 농축산물에 돼지를 추가하는 등 담보물의 범위를 확대한 점, 동산담보 종류별 담보인정비 율을 차등화 한 점 등을 들 수 있다(금융감독원, "여신대상자 확대 등 동산담보 대출 상품개선", 보도자료 2013. 4.25).

40) 다만 거래계의 평가는 다르다. 금융권관계자에 따르면 신용등급이 낮아 신용대 출이 안되고, 부동산 등의 담보여력도 낮은 중소기업 및 자영업자(상호등기를 한 자영업자)가 주로 이용하는 것으로 나타나고 있는데, 이는 금융감독원의 적 극적인 관여에 따른 결과이지 거래계의 필요에 따른 결과는 아니라고 한다. 즉 이러한 중소기업을 지원하라고 하니(1건이라도) 마지못해 하는 것이지, 거래 계에 맡겨두면 활성화되기 어려울 것이라고 한다. 왜냐하면 담보물의 평가는 감정평가사를 통해야 하고, 담보물의 유지 관리 등이 쉽지 않다는 점, 등기열람 의 제한 등의 이유에서이다. 참고로 대여금의 이율은 부동산담보보다는 높고 신용대출보다는 낮은 수준이라고 한다.

41) 돼지의 경우 2013.4월에 추가되었으며, 돼지고기이력제 시행 영농법인 및 상호

가 담보물로 취급되고 있다.[42]

국내 은행은 동산담보대출제도 도입 후 1년간(2012.8.8~2013.8.7) 2,457개 업체에 6,279억 원의 동산담보대출을 취급했고, 담보종류로는 유형자산, 재고자산, 매출채권, 농축수산물 순이다.

〈표 1〉 은행권 동산담보대출 종류별 취득실적　　　　　　　(단위: 억원, %)

유형자산	재고자산	매출채권	농축수산물	합계
2,721	1,965	1,444	150	6,279
(43.3)	(31.3)	(23.0)	(2.4)	(100)

* ( ) 내는 동산담보대출에서 차지하는 비중
출처: 금융감독원, "동산담보대출제도 도입 후 1년간 실적 및 향후 활성화 방안", 보도자료, 2013.8.26).

(3) 동산담보권과 동산 양도담보와의 관계

(가) 양자의 관계

동산에 대한 담보제도로서는 주로 질권과 양도담보를 들 수 있지만, 질권은 점유개정을 인정하지 않으므로 그 실효성이 떨어졌고, 그 결과 자연발생적으로 태생한 양도담보가 많이 행해졌다는 사실은 주지하는 바와 같다. 다만 동산에 대한 양도담보는 점유개정이라는 공시방법의 불완전성으로 인해 이중양도의 문제가 자주 발생하고 있다. 동산담보법의 제정은 동산에 관한 담보로서 질권 및 양도담보의 공시방법을 개선하겠다는 취지로 제정된 법이라고 볼 수 있다. 그렇지만 동법에서는 질권이나 양도담보를 폐지한다거나 동법만을 적용한다는 등의 규정은 없으므로 동산담보에 관한 질권이나 양도담보 등 기존의 제도는 그대로 존치시키는 것으로 봐야한다. 따라서 동산에

등기자에 한정하고 있다.
42) 금융감독원, "12년 중 동산담보대출 취급실적 및 13년도 취급목표액", 보도자료 2013. 2.5.(www.fss.or.kr).

관한 담보로서 양도담보 이외에 새로운 동산담보등기제도가 신설되어 양자는 서로 병존하게 된다.[43] 그 결과 양자간의 우선순위가 문제될 수 있지만, 동산담보법 제7조 제3항은 "동일한 동산에 관하여 담보등기부의 등기와 인도(「민법」에 규정된 간이인도, 점유개정, 목적물반환청구권의 양도를 포함한다)가 행하여진 경우에 그에 따른 권리 사이의 순위는 법률에 다른 규정이 없으면 그 선후에 따른다"고 규정하여 등기와 인도 중에 먼저 성립한 것이 우선한다고 입법적으로 해결하고 있다.[44]

문제는 당사자간에 양도담보 약정을 하고 점유개정의 방법에 따라 유효하게 동산 양도담보권이 설정된 후에 또 다시 이 동산에 대해 동산담보법에 따라 담보약정을 하고 담보등기를 한 경우라면(즉 동일한 동산에 대해 양도담보도 설정하고 동산담보법상의 담보등기도 한 경우), 양도담보로서의 효력을 인정할 것인지, 아니면 동산담보법상의 동산담보권으로서의 효력을 인정할 것인지가 문제될 수 있다.

이에 대해 동산담보법에 따른 동산담보권의 효력과 양도담보의 효력은 서로 병존할 수 없다는 견해가 있다.[45]

---

43) 동산담보법 제7조 제3항을 보더라도 기존의 동산담보제도와 동산담보법상 동산담보등기제도를 별개의 독립한 제도로 보고 이들 간의 우선순위를 규정하고 있다.

44) 그런데 이 규정이 적용되는 경우는 어느 경우인가. 동산 유치권이나 동산 질권의 경우에는 점유가 요건이므로 유치권이나 질권이 성립한 후에 다시 동산담보권이 설정되는 경우란 상정하기 어렵다. 그렇다면 동산 양도담보를 설정하고 점유개정을 통하여 당해 동산으로 다시 동산담보권을 설정하는 경우를 상정할 수 있다. 신탁적 소유권이전설의 경우는 소유권이 채권자에게로 이전하므로 채무자는 무권리자가 되므로 당해 동산으로 동산담보권을 설정할 수 없게 되지만, 양도담보의 법적 성질을 담보권설로 보는 경우나 판례의 약한 의미의 양도담보인 경우에는 소유권이 채무자에게 있으므로 당해 동산으로 다시 동산담보권을 설정할 수 있게 되며, 우선순위가 문제될 수 있다.

45) 김재형, "동산담보권의 법률관계", 저스티스 통권 제137호, 2013.8. 15면에서는, "양도담보권자는 담보권을 설정받는 것이 아니라 소유권을 양도받는 형식

그러나 동산 양도담보와 동산담보법상의 동산담보권과의 관계는
전술한 바와 같이 후자가 전자를 대체하는 제도가 아니다. 동산 양도
담보는 신탁적 소유권이전설에 따르면 소유권이 이전하는 형태이고,
동산담보권은 담보물권이 성립하는 형태이다. 양도담보약정에 따라
양도담보권자가 담보목적물에 대한 소유권을 보유하고 있다면 그 양
도담보권자는 자신의 소유물에 담보권을 취득할 수 없을 것이라는
견해가 있다.46) 신탁적 소유권이전설에 따르면 타당한 견해이다. 그
러나 판례가 취하는 약한 의미의 양도담보의 경우에는 양도담보설정
자와 양도담보권자 사이, 즉 내부관계에서는 여전히 설정자가 소유권
자이므로 양도담보를 설정하고 점유개정을 통하여 당해 동산으로 또
다시 동산담보권을 설정할 수 있다. 그리고 양도담보의 법적 성질을
담보권설로 보는 경우 또한 마찬가지이다. 따라서 이 둘의 경우라면
동산담보권의 효력과 양도담보의 효력은 서로 병존할 수 있고, 따라
서 그 우선순위는 동산담보법 제7조 제3항에 따라 양도담보권자가
제1순위가 되고, 동산담보권자가 제2순위가 되는 것이다. 다만 제3자
와의 관계인 외부관계에서는 신탁적 소유권이전설이나 판례의 약한
의미의 양도담보 모두 양도담보권자가 소유권자이므로 자기 소유물

을 취한다. 따라서 양도담보권자는 담보를 위하여 소유권을 취득한다. 그러나
동산담보권을 설정하는 경우에는 점유개정이 아니라 담보등기에 의하여 동산
담보권을 공시한다. 따라서 동산담보권은 이른바 他物權으로서 점유개정의 약
정을 통하여 동산담보권자가 소유권을 취득하는 것이 아니라 동산담보설정자
에게 소유권이 있는 것을 전제로 동산담보권자가 담보권을 취득할 뿐이다. 만
일 양도담보약정에 따라 양도담보권자가 담보목적물에 대한 소유권을 보유하
고 있다면 그 양도담보권자는 자신의 소유물에 담보권을 취득할 수 없을 것이
다. 동산담보권은 물권이므로 법에서 정한 물권의 내용과 다른 효력을 부여하
는 것은 물권법정주의의 원칙상 허용되지 않는다. 따라서 양도담보약정을 한
후 동산담보등기를 한 경우에는 동산담보권으로서의 효력만이 있다고 보아야
한다"고 하고 있다.
46) 김재형, 전게논문, 15면.

에 대한 담보권을 설정할 수 있느냐의 문제가 발생한다. 물론 이 경우에는 동산담보권이 혼동으로 소멸하겠지만, 혼동한 동산담보권이 제3자의 권리의 목적인 때에는 혼동으로 소멸하지 않는 경우가 있다.

그렇다면 동일한 동산에 대해 양도담보를 설정한 후에 또 다시 동산담보등기를 하는 실익은 어디에 있는가, 굳이 그 실익을 든다면, 양도담보만으로는 이중양도의 문제가 발생하므로 동산담보등기를 함으로써 이중양도의 문제를 저지하는 효과는 있지 않을까 생각된다.

(나) 선의취득의 문제

동산 양도담보에서 발생하는 이중양도는 결국 동산 양도담보에서 공시방법의 불완전성에 기인하는 것이다. 그렇다면 질권 및 양도담보의 공시방법의 개선책이라고 하는 동산담보법에서는 이러한 문제를 어떻게 해결하고 있는지 검토할 필요가 있다.

동산담보법 제32조에서는 "동산담보권이 설정된 담보목적물의 소유권·질권을 취득하는 경우에는 「민법」 제249조부터 제251조까지의 규정을 준용한다"라고 규정하고 있다. 이 규정을 둘 것인지에 대한 논란이 심했고, 특히 실무계에서의 반대가 상당했지만, 현재 민법상 동산거래에서 선의취득을 인정하고 있기 때문에 담보등기가 되어 있다고 하더라도 선의취득을 부정할 수는 없다는 점, 동산담보의 활성화를 위하여 거래의 안전을 도외시 할 수 없다는 점을 들어 선의취득을 인정하기로 하였다고 한다.[47]

결국 거래의 안전을 위한 조치로 이해할 수 있다. 그런데 선의취득이라 함은 무권리자로부터의 취득이 그 요건이지만, 동산담보의 경우에 설정자는 여전히 권리자라는 점, 그리고 등기등록으로 공시되는 동산은 선의취득이 되지 못한다는 점[48] 등을 고려한다면 선의취득규

---

47) 김재형, 전게논문, 32~33면.

정에 대한 의문이 제기될 수밖에 없다. 물론 동 규정에서 담보목적물
에 대한 선의취득을 인정한다는 것은, 제3자가 담보목적물에 대한 소
유권을 취득할 당시에 동산담보권의 제한을 받지 않은 온전한 소유
권을 취득하는 것을 인정하는 의미로 이해[49]할 수는 있고, 또한 그렇
게 해석할 수는 있을지라도 본래의 의미의 선의취득이 아닌 거래안
전을 위한 부득이한 해석으로 이해할 수는 있다.

그렇다면 동법상의 선의취득규정에 따른 거래의 안전보호로 담보
등기된 동산의 양수인은 원시취득을 하게 되어 아무런 부담이 없는
동산을 취득하게 되지만, 동산담보권자는 담보권자의 지위를 잃게 된
다. 다만 동법은 물상대위의 범위를 매각의 경우에까지 확대하고 있
으므로, 담보권자는 매매대금채권에 대해 물상대위를 행사하여 보호
받을 수는 있지만, 증여나 대물변제 등의 법률행위로 담보등기된 동
산을 선의취득한 경우이어서, 담보설정자가 그 대가로 받을 금전이나
그 밖의 물건이 없는 경우라면 동산담보권자의 보호문제는 그대로
남게 된다.

과연 그렇다면 실거래계의 현실은 어떠한가. 전술한 동법 시행 후
동산담보 등기의 현황에서 보는 바와 같이 그 대상인 동산은 크게 유
형자산, 재고자산, 농축산물이고, 가장 많이 행해지고 있는 유형자산
은 개별동산인 반면, 재고자산 및 농축산물은 (유동)집합동산이다.
유형자산의 실제 담보등기 예를 하나 들어 보면 다음과 같다. 즉 담
보권설정자 갑은 씨엔씨자동선반을 담보목적물로 하여 남보권자인
을 은행으로 하여금 채권최고액 1억 2천만 원에 담보설정계약을 맺
고 동산담보등기를 경료하였다. 생각보다 채권최고액이 상당히 고액

---

48) 물론 동산담보법상 등기는 부동산등기와 다른 점이 있다는 점을 들어 선의취득
   을 배제해야 하는 논리필연적인 이유는 아니라는 견해가 있기는 하지만, 동산
   담보등기도 등기사항을 공시한다는 점에는 본질적으로 동일하다.
49) 김재형, 전게논문, 31면.

이라는 사실을 알 수 있다. 그런데 만약 그 이후 갑이 당해 동산을 병에게 매각한 경우라면, 병의 선의무과실을 이유로 병은 담보권의 부담이 없는 동산을 취득하는가, 아니면 담보권의 부담을 안을 동산을 취득하는가이다. 지금 선의취득 규정대로라면 당해 동산담보등기를 조사할 의무가 없으므로 병은 담보권의 부담이 없는 동산을 취득하게 될 가능성이 상당히 높은데, 그렇다면 담보권자인 을은 담보물을 잃게 되고 담보등기를 한 보람이 없게 된다. 이 경우라면 누가 보더라도 병은 담보권의 부담을 안은 동산을 취득한다고 보는 것이 타당하고, 동산담보등기를 한 취지에도 부합한다고 본다. 이와 같이 유형자산은 자주 거래되는 동산이 아니므로 거래의 안전보다는 담보권자 보호를 고려해야 한다는 점이다.

다만, 거래의 안전이 문제되는 것은 재고상품과 같은 집합동산이다. 이 경우 매수인은 담보권의 부담이 없는 동산을 취득할 필요성이 있고, 거래의 안전이 문제될 수 있다. 동법상 선의취득규정에 따라 담보권이 부담이 없는 동산을 취득하게 할 필요성이 있지만, 이는 선의취득규정이 아니더라도 집합동산 양도담보 설정계약에서처럼 처분수권 조항에 따라 거래의 안전에 기여할 수 있다. 또한 굳이 입법을 한다면 미국 UCC 제9~201조와 같이 "담보권설정계약서는 당사자간에 정한 바에 따라 담보물의 양수인과 채권자에 대해서 효력이 있다"고 규정하여 양도된 목적물에도 여전히 담보권의 효력이 미친다고 규정하되, 통상의 영업과정에 따라 담보물을 취득한 자를 보호한다는 예외규정을 두는 방안을 고려할 필요가 있다고 본다.[50] 중국의 경우도 집합동산의 경우에 대해서는 중국물권법 제189조 후문에서 "집합동산에 대해 담보를 설정하는 경우에는 정상적인 영업활동 중에 합리적인 대금을 지불하고 담보목적물을 취득한 매수인에게는 대항하지

---

50) 동산담보법상 선의취득에 대한 자세한 내용은, 김인유, 「「동산·채권 등의 담보에 관한 법률」에 관한 소고", 원광법학 제27권 제4호, 2011.12, 14~15면.

못한다"고 규정하고 있는데, 향후 동법 개정시 고려해 볼 가치가 있다.

IV. 가등기담보법·동산담보법 제정후의 양도담보의 역할

1. 가등기담보법 제정 후의 양도담보의 역할

(1) 동산 양도담보의 경우

동산 양도담보의 법적 성질에 대해 학설은 가등기담보법 제정 전에는 신탁적 소유권이전설이, 동법 제정후에는 담보물권설이 다수설이지만, 판례는 동법 제정전후를 막론하고 판례이론을 고수하고 있다. 따라서 판례에 따르면 동산 양도담보는 가등기담보법의 적용대상이 아니므로 종래 판례이론이 여전히 유효하다. 오히려 동법 제정 후에 유동집합동산에 대한 양도담보로 대상의 폭이 넓어졌다고 할 수 있다.

(2) 부동산 양도담보의 경우

부동산에 대한 양도담보는 가등기담보법의 제정을 계기로 양도담보를 이용하는 경우가 획기적으로 줄어들었다고 할 수 있다. 자금을 대여하는 채권자의 입장에서 그 만큼 장점이 사라졌다고 할 수 있기 때문이다.

다만 최근 대법원 판례51)에서 보는 바와 같이 가등기담보법은 "차

---

51) 대판 2002. 1. 11, 2001다48347; 대판 2001. 1. 5, 2000다47682 등.

용물의 반환에 관하여 차주가 차용물을 갈음하여 다른 재산권을 이전할 것을 예약할 때 그 재산의 예약 당시 가액이 차용액과 이에 붙인 이자를 합산한 액수를 초과하는 경우에 이에 따른 담보계약과 그 담보의 목적으로 마친 가등기 또는 소유권이전등기의 효력을 정함을 목적으로 한다"(제1조)고 하여 소비대차에 의하여 발생한 채권의 담보를 위한 양도담보 등에 적용되는 것이므로, 소비대차가 아닌 대지 매매대금 중 잔금의 일부의 지급담보를 위한 양도담보는 동법의 적용대상이 아니라고 판시하여, 부동산 양도담보가 동법의 제정을 계기로 완전히 사라진 것은 아니고, 대지 매매대금의 지급담보를 위한 양도담보가 자주 행해지고 있음을 보여준다. 예컨대 A는 B로부터 B의 소유인 대지를 매수하면서 잔금의 지급담보를 위하여 대지 위에 건축한 건물의 소유권보존등기를 B명의로 한 경우이다.

2. 동산담보법 제정 후의 양도담보의 역할

(1) 동산담보법상의 인적 적용범위의 한정에 따른 한계

(가) 동산담보권설정자

동산담보법 제2조 제5호에 따르면 "동산·채권을 담보로 제공하는 경우에는 법인 또는 「상업등기법」에 따라 상호등기를 한 사람으로 한정한다"고 규정하여, 이에 해당되지 않는 개인은 동산담보등기제도를 이용할 수 없다. 질권이나 양도담보는 모든 권리주체를 대상으로 하는 반면에 동산담보법은 담보권설정자를 법인과 상호등기를 한 사람으로 제한하고 있으므로 법인등기나 상호등기를 하지 않은 개인은 여전히 양도담보를 이용할 수밖에 없는 법현실이다.

(나) 동산담보권자

동산담보법상의 담보권설정자와는 달리 담보권자에 대해서는 동법상 아무런 제한을 두고 있지 않다. 따라서 질권과 양도담보에 비해 법상으로는 차이가 없다. 다만 현실에서는 자금을 빌려주고 동산을 담보로 담보권자가 되는 경우는 대부분 금융권자들에 한정되고 있다는 것이다. 동법의 시행이 불과 얼마 되지 않은 측면도 있지만 개인의 경우에는 동산담보등기를 하기 위한 비용 및 불편이 수반되므로 굳이 이 제도를 활용하지 않는 측면이 있어 보인다.

(2) 동산담보법의 대상이 되는 객체의 한계

동산담보법상 동산담보권의 대상은 동산(집합동산, 장래에 취득할 동산 포함)이므로 법상으로는 모든 동산이 그 대상이다. 다만 금융권에서 취급하고 있는 동산담보 상품의 종류는 주로 유형자산, 재고자산, 매출채권, 농축수산물 등 4종류이다. 특히 농축산물의 경우, 쌀, 소, 냉동·냉장 농축산물, 돼지 정도이며, 양식수산물 등은 아직 취급 대상이 아니다. 물론 장차 대상 동산이 늘어가겠지만, 관리상의 문제를 들어 모든 동산으로 확대하기에는 어려움이 있어 보인다.

(3) 개인정보와 관련한 등기부 열람 및 발급의 제한

등기부의 열람 및 발급과 관련하여, 동산담보법에 의하면 "누구든지 수수료를 내고 등기사항을 열람하거나 그 전부 또는 일부를 증명하는 서면의 발급을 청구할 수 있고"(동법 제52조 제1항), "등기부의 열람 또는 발급의 범위 및 방식, 수수료에 관하여는 대법원규칙으로 정한다"(동 제2항)고 규정하고 있고, 부동산등기법에서도 "누구든지 수수료를 내고 대법원규칙으로 정하는 바에 따라 등기기록에 기록되어 있는 사항의 전부 또는 일부의 열람과 이를 증명하는 등기사항증

명서의 발급을 청구할 수 있다. 다만, 등기기록의 부속서류에 대하여
는 이해관계 있는 부분만 열람을 청구할 수 있다"(부동산등기법 제19
조)고 규정하고 있다.

공시란 일정한 사항을 일반인에게 알리는 것이므로 누구든지 수수
료를 내고 등기사항을 열람하거나 그 전부 또는 일부를 증명하는 등
기사항증명서의 발급을 청구할 수 있는 것이 원칙이다. 이에 대해서
는 동산담보법이나 부동산등기법이나 그 원칙을 규정하고 있다. 다만
물적 편성주의를 취하고 있는 부동산이나 선박 등에 대한 등기는 이
에 충실하여 등기부의 열람 및 발급에 대해서 별다른 제한을 두고 있
지 않지만, 인적 편성주의를 취하고 있는 동산담보등기는 개인정보보
호와 밀접한 관련이 있으므로, 모든 사람이 동산담보등기를 열람하거
나 발급받을 수 있는 것이 아니라 일정한 자에 한하여 일정한 범위내
로 제한을 두고 있다. 즉「동산·채권의 담보등기 등에 관한 규칙」에
따르면 ① 하나의 담보약정에 따른 등기사항 전부를 기재한 등기사
항전부증명서(말소사항 포함) ② ①의 사항 중 현재 유효한 사항만을
기재한 "등기사항전부증명서(현재 유효사항) ③ ①의 사항 중 담보목
적물에 관하여는 특정한 담보목적물에 대한 사항만을 기재한 등기사
항일부증명서에 대해서는 다음에 해당되는 사람에 한하여[52] 직접 이
해관계가 있는 범위내에서 발급을 신청할 수 있다(동 규칙 제23조 제
2항)고 규정하고 있으며, 열람에 대해서도 발급과 마찬가지로 일정한
사람에 한하여 직접 이해관계가 있는 범위 내에서 열람을 신청할 수
있다(동 규칙 제25조 제3항).[53]

---

52) 이에 해당하는 자로서는, 담보권설정자, 담보권자, 채무자, 담보권설정 후 담보
   목적물인 동산의 소유권을 취득한 사람 또는 담보목적물인 채권을 양수한 사
   람, 담보권설정 후 담보목적물에 대하여 질권이나 그 밖의 담보권을 취득한 사
   람, 담보목적물인 채권의 채무자, 그 밖에 당해 담보등기에 관하여 법률상 이해
   관계를 갖는 사람, 위 각 호에서 정한 사람의 파산관재인 등 관리처분권을 갖
   는 사람으로 한정하고 있다(동 규칙 제23조 제2항).

따라서 부동산등기부의 열람 및 발급처럼 일반인이 누구든지 할 수 있는 등기사항증명서는 하나의 담보약정에 따른 등기사항 전부를 기재한 등기사항전부증명서 중 대법원예규로 정하는 개요사항 또는 해당 법인·상호등기를 한 사람에 대하여 아무런 등기기록이 개설되어 있지 않다는 내용을 기재한 등기사항개요증명서(동 규칙 제23조 제1항 제4호)뿐인 점이 동산담보등기제도의 특이점이다. 동산담보에 대한 등기부 열람 및 발급의 제한 또한 동 제도의 활용에 걸림돌의 한 측면이다.

V. 결 론

이 연구는 청헌 김증한 교수의 양도담보론을 음미하면서 그 이후의 양도담보의 변천을 통한 양도담보의 역할을 검토하였다. 먼저 양도담보라는 제도가 가등기담보법을 제정으로 그 법적 성질이 어떻게 변화되었는지, 동산담보법을 제정으로 공시방법이 어떻게 변화되었는지에 대해 검토한 후, 두 특별법과 양도담보와의 관계 및 그 역할에 대해서도 고찰하였다.

우선 양도담보의 법적 성질과 관련해서는, 양도담보는 자연발생적인 현상에 대해 오랜 판례의 축적으로 이미 하나의 관습법으로서 그 지위가 정립되었다고 할 수 있다. 이러한 양도담보의 특성을 고려하여 가등기담보법의 제정으로 판례이론의 혼란을 초래하는 것은 바람

---

53) 현재 대법원 인터넷등기소의 경우, 동산담보등기에 대한 등기사항증명서 중 등기사항전부증명서나 등기사항일부증명서는 이해관계자로서 담보권설정자와 (근)담보권자에 한하고, 등기사항개요증명서는 누구나 열람할 수 있게 되어 있다.

직하지 않다고 생각되므로, 가등기담보법은 입법목적에 부합하는 경우에만 제한적으로 적용되어야 하며, 동법이 적용되지 않는 경우에는 양도담보의 특성 및 당사자자치에 기초한 신탁행위를 기반으로 하는 판례이론으로 해석하는 것이 타당하다고 본다.

한편 동산에 대한 담보방법인 질권이나 양도담보는 공시방법의 불완전성으로 인한 문제가 발생하는데, 동산담보법의 제정은 동산에 대한 담보로서 질권 및 양도담보의 공시방법을 개선하겠다는 취지로 제정된 법이라고 볼 수 있다. 그러나 동법상의 동산담보는 기존의 질권이나 양도담보를 대체하는 제도가 아니라 기존의 담보제도를 그대로 두고 또 다른 담보제도가 새롭게 신설되었다고 보는 것이 일반적이므로 양자는 병존적 관계이다.

다만 동산담보법은 담보권설정자를 법인과 상호등기를 한 사람으로 제한하고 있으므로 법인등기나 상호등기를 하지 않은 개개인은 동산담보등기제도를 이용할 수 없다는 점, 동법시행 후 그 이용실태를 보더라도 담보권자의 지위를 갖는 자는 주로 금융권에 한정되고 있는 점, 모든 동산이 동법의 적용대상으로 되어 있지만, 현실적으로는 동법의 적용대상이 되는 동산의 종류는 상당히 제한적이라는 점, 개인정보보호를 위하여 등기부의 열람 또는 발급의 범위에 제한이 있다는 점 등은 동산담보법의 한계이다. 따라서 동산담보법상의 이러한 한계들을 고려한다면 동산담보법이 시행된 이후에도 양도담보의 역할은 여전히 남아 있고 중요하다고 보여진다.

〈참고문헌〉

고상용, 「물권법」, 법문사, 2001.

곽윤직, 「물권법」, 박영사, 2012.

김기선, 「한국물권법」, 법문사, 1985.

김상용, 「물권법」, 법문사, 1994.

김용한, 「물권법론」, 박영사, 1993.

김증한, 「신물권법(하권)」, 법문사, 1961.

_____, 「물권법[민법강의 II]」, 박영사, 1983.

김증한(집필대표), 「판례학설 주석민법(상)」, 한국사법행정학회, 1973.

김증한·김학동, 「물권법」, 박영사, 1997.

김증한·안이준, 「담보물권법」, 위성문화사, 1957.

_____, 「신민법(I)」, 위성문화사, 1958.

법원행정처, 「사법연감(2013)」, 법원행정처, 2013.

송덕수, 「신민법강의」, 박영사, 2014.

양창수, 「민법연구」, 박영사, 1991.

양형우, 「민법의 세계」, 진원사, 2014.

이영준, 「물권법」, 박영사, 2009.

이은영, 「물권법」, 박영사, 2003.

이태재, 「물권법」, 진명문화사, 1985.

장경학, 「물권법」, 법문사, 1987.

지원림, 「민법강의」, 홍문사, 2013.

김인유, "「동산·채권 등의 담보에 관한 법률」에 관한 소고", 원광법학 제27
　　　권 제4호, 2011.12

_____, "부동산 양도담보에 관한 재고", 토지법학 제20호, 2004.12.

김재형, "동산담보권의 법률관계", 저스티스 통권 제137호, 2013.8.

김증한, "광복 30년 우리나라 판례(민사법)의 회고", 법조 26,9, 1977.8.

박홍래, "동산의 양도담보", 법조 54권 제12호, 2005.

금융감독원, "동산담보대출제도 도입 후 1년간 실적 및 향후 활성화 방안", 보도자료, 2013.8.2.

_____, "여신대상자 확대 등 동산담보대출 상품개선", 보도자료 2013.4.25.

_____, "12년 중 동산담보대출 취급실적 및 13년도 취급목표액", 보도자료 2013.2.5.6.

계약해제론

이 상 정*

I. 서 언

우리법상 해제에 관해서는 제543조 이하에서 규정하고 있다. 김증한 교수는 해제를 "유효하게 성립하여 있는 계약관계를 당사자 일방의 의사표시에 의하여 청산관계(Abwicklungs-verhältnis)로 전환(umwandeln)시켜 당사자 사이에 처음부터 계약이 존재하지 않았던 것과 같은 상태로 만드는 것을 계약의 해제라고 한다."고 한다.[1][2]

김증한 교수는 이전 저서에서 "계약의 해제라 함은 계약이 체결된 후에, 그 일방의 당사자의 의사표시에 의하여, 계약관계를 소급적으로 해소하고, 아직 이행되어 있지 아니하는 채무는 이행할 필요가 없는 것으로 하고, 이미 이행된 것이 있는 때에는, 서로 반환하는 것으로 하여, 법률관계를 청산하는 것이다."라고 하였다.[3] 이러한 해제와

---

* 경희대학교 법학전문대학원 교수

1) 김증한, 「채권각론」[민법강의Ⅳ], 박영사, 1988, 78면.

2) 해제와 관련하여 김증한 교수가 독자적으로 작성한 논문은 찾지 못했다[다만 1985년에 서울대학교 법학연구소에서 발간된 김증한 교수 정념기념호 중 '김증한교수 연보·주요저작'에는 1958년 "계약의 해제·해지에 관한 신·구민법의 규정"[법조 7권 8, 9호(9월)]이라는 글이 발표되었음을 알려주고 있다]. 그러므로 김증한 교수의 저서를 중심으로 살펴보는 것으로 한다.

관련하여 우리법은 제548조에서 ① 당사자 일방이 계약을 해제한 때에는 각 당사자는 그 상대방에 대하여 원상회복의 의무가 있다. 그러나 제삼자의 권리를 해하지 못한다. ② 전항의 경우에 반환할 금전에는 그 받은 날로부터 이자를 가하여야 한다고 규정하고, 제551조에서 계약의 … 해제는 손해배상의 청구에 영향을 미치지 아니한다고 규정한다. 김증한 교수는 처음에는 직접효과설에 의하여 해제의 효과를 설명하였으나 생전의 최종판인 1988년 판에서는 청산관계설로 바꾸었다. 즉 김증한 교수는 1988년 2월 서문에서 종래의 상권과 하권으로 나누어 내셨던 채권각론을 한권으로 통합하면서 "그러나 「상권」을 기계적으로 흡수한 것이 아니라, …, 계약의 해제에 관한 학설을 직접효과설에서 「청산관계설」로 바꾸는 등 내용에도 많은 손질을 하였다"고 적고 있다. 이하에서는 먼저 해제의 효과와 관련된 1988년 채권각론의 내용을 살펴본다.

II. 1988년 채권각론의 내용

김증한 교수의 저서 99면에서 109면에 걸친 해제의 효과와 관련된 내용은 대체로 다음과 같다.

1. 서 설

1) "계약의 해제는 유효하게 성립한 계약의 효력을 당사자 사이에

---

3) 김증한·안이준 편저, 「채권각론」[김증한·안이준 민법강의Ⅳ], 박영사, 1970, 111면.

처음부터 계약이 존재하지 않았던 것과 같은 법률효과를 발생시키는
것이다. 그러므로 해제의 효과에 관하여 법정해제의 경우에는 제548
조, 제549조, 제551조가 적용된다."4)

2) "해제의 효과에 관한 이론구성으로서 종래 세가지 학설이 대립
하여 있었다. 이것은 본래 독일민법에서 해제의 효과인 원상회복의무
를 설명하기 위한 이론구성이었다."5) "직접효과설은 부당이득의 일
반원칙인 현존이익의 반환의무가 원상회복의무에까지 확대되는 근거
를 명백히 설명할 수 없는 약점이 있다고 할 수 있다. 그러나 제548
조 제1항의 규정에 비추어보나, 그 직접적인 이론구성으로 보나, 직
접효과설이 타당하다고 생각할 수 있다.

그러나 직접효과설이 결정적으로 불합리한 것은, 해제의 효과로 채
권·채무는 소급적으로 소멸한다고 하면서, 제551조가 규정하는 손해
배상청구권의 성질이 채무불이행을 이유로 하는 것이라고 설명하는
점에 있다. 그래서 직접효과설보다도, 해제는 계약관계를 청산관계로
전환(umwandeln)시키는 것이라고 설명하는 청산관계설이 타당하리라
고 생각한다."6)

2. 해제의 소급효

(1) 계약의 소급적 실효   해제된 계약 자체로부터 생긴 법률효
과는 해제에 의하여 모두 소급적으로 소멸한다.

1) 계약에 의하여 발생한 채권·채무는 해제에 의하여 소멸한다. 당
사자의 일방이 그 채권을 제3자에게 양도한 경우에도 마찬가지이다.

2) 계약의 이행으로서 권리를 이전하는 물권행위가 행하여지고 그

---

4) 김증한 앞의 책, 99면.
5) *ibid.*
6) 위의 책, 100면.

효력발생요건이 갖추어져서 권리의 이전이 생긴 경우에, 해제에 의하여 그 이전된 권리는 당연히 복귀하느냐? 학설은 대립하고 있다. 이른바 채권적 효과설과 물권적 효과설이다. 나는 물권행위의 독자성과 무인성을 인정하므로 전설(前說)을 취한다.7)

3. 원상회복의무

(1) 성질

계약이 해제되면 각 당사자는 상대방을 계약이 없었던 상태로 복귀케 할 의무를 부담한다(제548조 제1항 본문). 이것을 원상회복의무라고 한다. 이 원상회복의무는 제741조의 부당이득반환의무와 그 성질이 같으냐에 관하여 학설이 대립하여 왔다. …. 해제의 원상회복의무도 법률상 원인이 없어짐으로써 생기는 효과라는 점에서 부당이득과 같으므로, 이를 구태여 부당이득과는 본질이 다르다고 할 필요가 없다. 주의할 것은 부당이득에 관한 제748조 제1항에 의하면「그 받은 이익이 현존한 한도에서」반환하면 되지만 해제에 있어서는 계약은 소급적으로 소멸하고 급부가 없었던 것과 동일한 상태로 되돌아가게 되므로 그 이익의 현존 여부를 묻지 않고 받은 급부를 모두 상대방에게 반환하여야 한다. 이 경우에 보증인은 원상회복의무에 대해서도 책임이 있다.8)

---

7) 위의 책, 102면. 여기서 김증한 교수는 대판 77.5.24〈75 다 1394〉를 언급하면서, "그러나 이 판결이「물권행위의 독자성과 무인성을 인정하는 법제」하에서는 모르지만이라는 뜻이라면 부끄러운 판결이다. 민법의 조문으로 그러한 것을 인정하는 예는 없다고 생각되기 때문이다"고 한다.

8) 위의 책, 103면 주 57).

(2) 내 용

원상회복의 범위는 해제에 관한 특칙과 부당이득반환의무에 관한 일반원칙에 의하여 정하여 진다. 이미 이행된 급부의 종류와 성질에 따라서 다르다.

1) 원물이 존재하면 그 물건의 반환을 청구할 수 있다(원물반환). 그 물건이 채무자에게 있는 동안에 멸실·훼손한 때에 관하여는 설이 나누어져 있다. 그 멸실·훼손이 채무자에게 책임없는 사유로 인한 경우에도 역시 해제당시의 가격으로 반환하여야 한다는 설도 있다. 그러나 채무자에게 책임 있는 사유에 기한 경우에 한하는 것이 타당하다. 아무리 채무불이행 책임이 있는 자라고 하더라도 책임 없는 사유에 관해서까지 책임을 지게 하는 것은 공평하지 않기 때문이다.

채무자가 목적물을 이용한 때에는 그 사용으로 인한 이익을 반환하여야 한다. 채무자가 그 물건에 관하여 필요비를 지출한 때에는 그 금액, 유익비를 지출한 때에는 채권자의 선택에 의하여 그 액 또는 현존의 증가액을 채권자(sic 채무자)에게 상환하여야 한다.

2) 채무자가 한 급부가 노무 기타 무형의 것인 경우에는 해제 당시에 있어서의 그 객관적인 가격을 반환하여야 한다.

3) 채무자가 받은 금전에는 수령시부터 이자를 붙여서 반환하지 않으면 안 된다.

4. 해제와 제3자

민법은 해제로 인한 소급효는 「제3자의 권리를 해하지 못한다」(제 548 제1항 단서)고 규정한다.

(1) 제548조 제1항의 의의

1) 해제의 소급효를 인정하고 물권행위의 독자성과 무인성이론과 함께 채권적 효과설을 취하는 학설에 의하면, 해제의 효과는 제3자에게 영향을 미치는 일이 없다. …. 따라서 이 규정은 무의미한 규정에 지나지 않는다.[9]

2) 해제의 소급효를 인정하고 물권행위의 유인성의 이론과 함께 물권적 효과설을 취하는 견해에 의하면, …, 이규정은 해제의 소급효를 제한하여 거래의 안전을 보호하기 위한 필요적 규정이라고 한다 (곽 156, 이태 127).[10]

5. 손해배상의 청구

(1) 손해배상청구권의 성질

민법은 「계약의 해지 또는 해제는 손해배상의 청구에 영향을 미치지 아니한다」고 규정한다(제551조). 따라서 계약의 해제와 손해배상의 청구가 양립할 수 있는 것이 분명하다. 그러면 이 손해배상청구권의 성질은 무엇이냐?

해제의 소급효이론을 관철하면, 계약상의 채무는 소급하여 소멸하므로, 해제시까지 채무가 존속하였음을 전제로 하여 비로소 인정되는 채무불이행을 이유로 하는 손해배상과 해제를 양립시키는 것은 이론상 모순이다.[11] [그럼에도 불구하고 …. 우리 나라의 학설은 이 설을 취하는 데 일치하고 있고, 판례도 같은 견해를 취하고 있다.]

---

9) 위의 책, 105면.
10) *ibid.*
11) 위의 책, 107면.

(2) 손해배상의 범위

(가) 일반규정의 적용

제551조의 손해배상을 채무불이행을 이유로 하는 손해배상이라고 한다면, 그 배상의 범위는 제390조 이하의 통칙, 특히 제393조에 의하여 정하여져야 한다.[12]

(나) 전보배상액 산정의 기준

채무불이행의 일반원칙을 따르는 외에, 특이한 점은 다음과 같다.[13]

1) 이행시, 해제시, 손해배상시 사이에 목적물의 가격에 변동이 있는 때에는 원칙적으로 해제시의 가격을 기준으로 하여야 한다. 해제한 자는 그 때까지의 이행이 가능한 본래의 급부를 청구할 수 있었던 것이고, 해제에 의하여 본래의 급부청구권이 전보배상청구권으로 전환된다고 보기 때문이다.

2) 해제에 의한 손해배상의 청구권은 그 지급을 최고한 때로부터 지연이자가 생긴다.

(다) 손해액의 예정

특약으로 손해배상액이 예정되어 있는 경우에는, 해제가 있더라도 이 특약은 그대로 유효하며, 해제에 의한 손해배상의 기준이 된다고 해석하여야 한다.[14]

---

12) 위의 책, 107면.
13) 위의 책, 108면.
14) *ibid.*

Ⅲ. 김증한 교수와 청산관계설

청산관계설을 최초로 소개한 김형배 교수는 "그 때까지 존속하였던 채권관계는 원상회복을 위한 청산단계로 변용하는 것이라고 할 것이다. … 그러므로 해제권행사에 의하여 변형된 반환채무관계는 원래의 채권관계와의 연속성 내지 동일성을 가지면서 그 내용상의 변용이 있다고 이해하여야 한다. 그 결과 해제권 행사의 효과는 취소의 경우와는 달리 소급효(…)가 없다고 보아야 할 것이다."15)고 한다.

또 청산관계설을 초기에 상세히 소개한 김용담 (당시) 판사는 이 학설을 다음과 같이 설명한다.16)

"(1) 먼저, 해제에 의하여 원계약상의 채권관계는 청산관계로 변형(…)된다고 생각한다. 즉, 원계약상의 채권관계와 해제에 의한 청산관계는 동일물의 발전 연장의 관계에 있다고 파악하는 것이다. (2)…(가) 사견에 따르면, 해제로 인한 청산관계는, 기이행된 급부의 반환을 그 내용으로 한다. 즉 민법 제548조 제1항 본문의 [원상회복의무]를 기이행된 급부의 반환의무로 파악하는 것이다. 이것은 직접효과설이… 계약이전상태의 회복의무로 이해하는 것과 다르다. (나) 또한 사견에 의하면, 해제시의 원상회복의무는 더 이상 수정된 부당이득반환의무가 아니다. … 해제권의 행사는 (계약상의 반대급부를 이행한 당사자가 반대급부에 대하여 처음부터 이행되지 않았던 상태의 회복을 구하여 급부와 반대급부 사이에 등가교환적 균형을 유지시키려는) 의사표시로서, 결국 해제시의 원상회복의무는 법률행위에 기한

---

15) 김형배, "해제의 효과에 관한 법리 구성", 「고시연구」, 고시연구사, 1978.10, 51면.
16) 김용담, "해제의 효과에 관한 일고찰", 「민사법학」(4·5합병호), 1985, 146면 이하.

것이며, 결코 법정채권관계일 수 없는 것이다."

또 청산관계설을 지지하는 이은영 교수는 청산관계설을 "계약해제로 인하여 종전의 계약구속력은 소멸하고 계약은 청산관계로 변형된다는 견해이다. 해제할 때까지 이행되지 않은 채무는 소멸되지만, 해제 이전에 이행된 채무는 청산관계에서 원상회복의무를 발생시킨다고 한다. 해제의 이러한 효과를 계약구속으로부터의 해방효(…)라고도 한다. 따라서 해제에 의해서 미이행채무는 장래에 향하여 소멸하게 되나, 기이행채무의 경우에는 그 계약채무는 소멸하지 않고 반환채무관계로 변형하는 기초가 된다. 직접효과설과 같이 계약의 소급적 소멸을 인정할 경우에 해제 이후의 법률관계를 부당이득반환의 법정채권관계로 파악하는 문제점이 있다고 지적하고, 청산관계설은 해제 이후에도 청산의 완료시까지 계약관계가 존속한다고 본다."[17] 한다. 이상의 설명에 비추어 보면 "청산관계설은 해제에 의한 계약의 소급적 소멸을 부정하고, 해제시까지 이행되지 않은 채무는 장래에 대하여 소멸되지만, 그 때까지 존속하였던 채권관계는 원상회복을 위한 청산관계로 변형된다고 이해하는 이론"[18]으로 보인다.

그러나 김증한 교수는 청산관계설을 지지하면서도 "계약의 소급적 실효"를 그대로 기술하고 있어서 논자에 따라서는 "다만 김증한, 101-3은, 청산관계설을 취하면서도 해제의 소급효를 인정하고 있어, 과연 다른 학자들이 주장하는 소급효를 인정하지 않는 청산관계설과 동일한 학설인가 의문이 있다."[19]거나 "청산관계설을 교과서에 최초로 소개하고 있지만 - 여전히 직접효과설적 사고를 유지하고 있다고 생각한다"거나 "직접효과설을 주장하고 있다"고[20] 설명하기도 한다.

---

17) 이은영, 「채권각론」(제3판), 박영사, 1999, 250면.
18) 대표편집 곽윤직·집필자 김용덕, 「민법주해」(제13권: 채권(6)), 박영사, 2009, 309면.
19) *ibid.*, 각주 8).

그렇기는 하나 김증한 교수가 서문에서 밝히고 있다시피 청산관계 설을 지지한 것만은 분명하다. 그렇다면 왜 청산관계설을 지지하였을까. 추측해 본다면 대체로 다음과 같은 이유가 아니었을까 싶다.

하나는 해제이론 자체에서의 문제이다. 김증한 교수는 처음부터 "해제의 효과는 계약을 처음부터 법률요건인 효과를 가지지 않았던 것으로 하는 것(계약의 소급적 실효)이다. 다만 민법은 해제하더라도 손해배상을 청구할 수 있는 것으로 하였으므로(제551조) - 그리고, 이 손해배상청구권의 성질에 관하여는 학설상 다툼이 있으나, 후에 말하는 바와 같이 채무불이행으로 인한 손해배상이라고 解하여야 할 것이므로[…] - 해제의 효과로서 계약은 소급적으로 그 효력을 잃는 다고 하는 右의 이론에는, 큰 제한이 가해지게 된다."21)고 하면서 직접효과설의 한계를 자인하였다. 그러므로 이러한 손해배상채무와 관련한 김증한 교수의 고뇌를 청산관계설을 통해 해소하려는 것이 이 학설을 지지한 첫째 이유라고 본다. 하여 직접효과설에 대한 설명 후에 "그러나 직접효과설이 결정적으로 불합리한 것은, 해제의 효과로 채권·채무는 소급적으로 소멸한다고 하면서, 제551조가 규정하는 손해배상청구권의 성질이 채무불이행을 이유로 하는 것이라고 설명하는 점에 있다. 그래서 직접효과설보다도, 해제는 계약관계를 청산관계로 전환(umwandeln)시키는 것이라고 설명하는 청산관계설이 타당하리라고 생각한다."고 서술한다. 아울러 청산관계설은 김증한 교수가 종래 주장하던 직접효과설-채권적 효과설과 적용 결과에서 먼 거리에 있는 이론이 아니고 보면 이러한 변경이 이해가 된다.22)

---

20) 엄동섭, "해제의 효과에 관한 일고찰", 「사회과학논총」(제7집), 계명대학교, 1988, 193면 각주 1); 오시영, "계약해제의 효과와 그 법적 성질에 대한 검토", 「민사법학」(제58호), 한국민사법학회, 2012.3., 328면 각주 7).

21) 김증한·안이준, 앞의 책, 151~152면.[밑줄: 필자].

22) 양창수·김재형, 「민법 1, 계약법」, 박영사, 2010, 521면은 "직접효과설과 청산 관계설은 해제의 효과를 설명하는 방식이 위와 같이 다르지만, 그 구체적인 내

다음은 독일법학에 대한 김증한 교수의 신뢰다. 김증한 교수는 '한국민법학의 진로'라는 글[23]에서 "요컨대 일본법학의 굴레에서 벗어나서 우리 자신의 독자적 이론을 개척해 나가야 한다. 그것을 하는데 있어서는 역시 독일법학이 가장 손쉬운 의거처가 되지 않을 수 없다. 왜 하필이면 독일이냐고 반대할 사람이 있을지 모른다. 그러나 … 일본뿐만 아니라, 전세계적으로 보더라도 19세기의 독일법학은 세계적으로 가장 훌륭하게 발달한 것이라고 하는 것을 부인할 수 없다. 20세기 미국의 최대의 법학자라고 할 수 있는 Rosco Pound도 그가 그렇게 위대한 법학자가 될 수 있었던 것은 그가 젊어서 독일에 유학하여 독일법학을 착실히 공부하고 있기 때문이라고 나는 믿는다."고 언급하였고, 독일 법학에 전적인 신뢰를 보였다. 따라서 독일에서 지배적 위치를 차지하기 시작한 '청산관계설'에 관심을 갖지 않을 수 없었을 것이다. 그리고 부수적으로는 당시 김증한 교수가 기대를 걸었던 젊은 학자들에 대한 지지와 격려라고 본다.[24]

용에 관해서는 차이점을 발견할 수 없다."고 한다.

23) 「법학」(제26권 2·3호[통권 62·63호]), 서울대학교 법학연구소, 1985.10, 11면.

24) 김증한 교수는 1988년 개정판의 머리말에서 "이 책을 쓰는 데 있어서 먼저 特記하고 싶은 것은, … 권오승, 이은영, 김상용 등 제교수들의 논설과 이은영 교수의 「약관규제론」 등 제자들의 논저로부터 크게 도움을 받았다고 하는 사실이다."고 적고 있다. 이들은 모두 청산관계설을 지지한다: 권오승, "계약해제의 효과", 「사법행정」 사법행정학회, 1983.4, 42면·「민법특강」, 홍문사, 1994, 519~522면; 이은영, 앞의 책; 김상용, 「채권각론」(제2판), 화산미디어, 2014, 139~140면.

IV. 청산관계설과 현재의 학설 상황

1. 학설상황

김증한 교수가 지지한 청산관계설은 현재 김형배,[25] 김용담, 권오승, 이은영, 김상용, 김학동, 정진명[26] 등이 주장·지지하고 있다. 그러나 청산관계설에 비판적인 견해도 적지 않다. 김욱곤,[27] 양창수,[28] 윤철홍,[29] 김준호,[30] 지원림,[31] 송덕수,[32] 명순구[33] 등이다. 이러한 직접효과설 중 김준호, 지원림, 송덕수 교수는 물권적 효과설, 윤철홍 교수는 채권적 효과설을 취한다. 그밖에 제3의 학설이라고 할 수 있는 것도 주장되고 있다.[34]

---

25) 김형배, 「채권각론[계약법]」, 박영사, 1997, 227면.
26) 정진명, "계약해제와 제3자", 「나암 서민교수정년기념논문집」, 법문사, 2006, 279면.
27) 김욱곤, "해제의 효과에 관한 법리 소고", 「손해배상법의 제문제(성헌 황적인 박사 화갑기념)」, 박영사, 1990, 711면 이하.
28) 양창수, 「민법연구」(제3권), 박영사, 1995, 278면: "결국 청산관계설은 민법의 규정과 조화되지 않는다고 필자는 생각한다. 필자는 단순히 해제로 인한 계약의 소급적 소멸은 이미 발생한 손해배상청구권을 해하지 않는 "범위에서의" 소멸이라고 해하면 그만이라고 본다. 이 때의 소급적 소멸은 손해배상청구권 발생의 기초가 되는 채권관계까지를 복멸하는 내용을 가지는 것이 아니라고 하면 된다."
29) 윤철홍, 「채권각론」(전정판), 법원사, 2009, 45면 이하.
30) 김준호, 「계약법」, 법문사, 2011, 575면 이하.
31) 지원림, 「민법강의」(제13판), 홍문사, 2015, 1409~1410면.
32) 송덕수, 「민법강의」(제7판), 박영사, 2014, 1360면.
33) 명순구, "계약의 해제", 「(무암 이영준박사 화갑기념논문집) 한국민법이론의 발전」, 박영사, 1999, 827면: "최소한 우리나라에서는 청산관계설이 채택될 수 없는 것으로 생각한다."

2. 맺음말

우리 입법자들이 당시의 상황에서 해제의 소급적 실효를 염두에
두고 입법한 것은 분명한 것 같다. 이 점은 제548조 제1항의 단서 규
정이나 제550조에 비추어 보아도 짐작이 간다. 그렇다고 하나 법조문
은 [당사자 일방이 계약을 해제한 때에는 각 당사자는 그 상대방에
대하여 원상회복의 의무가 있다. 그러나 제3자의 권리를 침해하지 못
한다]로 되어 있고, 이것을 청산관계설로 해석하지 못할 바 아니
다.35) 오히려 계약상의 법률적 구속으로부터의 해방, 원상회복·손해
배상에 대해서 청산관계설은 기존의 직접효과설보다 설득력있는 설
명을 하는 것으로 보인다. 무엇보다도 김증한 교수가 고심하였던 손
해배상부분에 대해서는 기존 계약관계가 그대로 존속한다고 보아야
설명이 가능하다. 이에 대해 "해제에 의하여 소급적으로 소멸하는 것
은 법률행위로부터 발생하는 계약관계이고, 채무불이행이라고 하는
비법률행위적 사실로부터 발생하는 손해배상채권관계까지 소급적으
로 소멸시키는 것은 아니"36)라는 주장도 있으나 이행이익의 배상이
라고 하는 것은 기존의 계약관계를 전제로 하지 않고는 생각하기 힘
들다고 본다. 계약이전상태로의 복귀라는 목적을 위하여 우리 입법자

---

34) 오시영교수는 자신의 견해를 '비소급채권적효과설'이라고 부른다.
35) "문제는 어느 견해가 타당한지에 대한 판단을 하려면 우리 민법 제548조 제1항
    본문의 '원상회복의무'를 계약의 소급적 소멸의 근거규정으로 볼 수 있느냐 여
    부에 달려 있다고 하겠다. 이를 위해서는 해제권의 법적 성질에 대한 정립이
    먼저 필요하다. 민법 제543조 제1항은 … 상대방에 대한 일방적 의사표시에 의
    해 효력이 발생하는 형성권으로 규정하고 있다. 그렇다면 … 이러한 해제권의
    행사를 통해 당사자는 계약관계로부터 탈퇴하려는 의사를 표시한 것으로 본다
    면 구태여 계약 당시로 소급하여 계약관계를 소멸시킬 필요까지는 없다고 본
    다. 왜냐하면 계약의 무효나 취소하고 해제는 근본적으로 다르기 때문이다."
    (오시영, 앞의 글, 352면).
36) 김욱곤, 앞의 글, 727면.

들이 계약의 소급적 실효라는 수단을 택했다고 하나 그 이후에 발견
된 수단이 당해 목적에 보다 부합한다면 이러한 견해를 배척할 이유
가 없다. 해석론으로 직접효과설을 취하는 견해도 청산관계설의 장점
을 인정한다.[37] 무엇보다도 직접효과설은 "실제로 존재하고 있던 채
권관계를 마치 처음부터 존재하지 않았던 것처럼 가정"한다는 취약점
을 안고 있다.[38] 그러나 정말 문제는 직접효과설-물권적 효과설이다.

독일, 일본, 우리나라, 어느 입법사에 비추어 보더라도 물권적 효과
설에 기초한 예는 없다.[39] "해제가 해제조건이라고 하는 형식으로부
터 독립할 때, 그 효과에 대해서 가장 중요한 계기로 된 것은, 거래안
전을 위한 물권적 효과를 부정한다고 하는 점에 있었다. 독일 민법전
제1초안은 이러한 과제를 수행할 수 있는 간접효과설을 채택했다. 그

---

37) "계약을 해제하더라도 계약에서 정하고 있는 내용이 모두 소멸하는 것은 아니
다. 해제의 요건이나 효과에 관한 특약, 위약금 등 손해배상에 관한 약정, 중재
에 관한 약정은 그대로 효력을 가진다고 보아야 한다. 직접효과설은 이 점을
설명하는데도 문제점을 드러낸다. 그리하여 이러한 측면을 포괄적으로 설명하
기 위해서는 해제 이후에도 계약이 소급적으로 소멸되지 않는다고 보는 것이
편리하다. 다만 우리의 입법자는 직접효과설에 따라 해제의 효과에 관하여 규
율했다고 볼 수 있다. 특히 제548조 제1항 단서는 직접효과설에 따를 경우에
의미있는 규정이다. 따라서 해석론으로 청산관계설을 받아들이기 곤란하다."
(양창수·김재형, 앞의 책, 522면).
38) 김형배, 앞의 글, 51면; 권오승, 앞의 책, 521면.
39) 다만 그 후 일본에서 유인론을 주장하고 해제의 효과로서 직접효과설, 물권적
효과설을 주장하는 견해(다수설)이 나타났고, 그 대표적인 학자는 고 我妻교
수이다. 동 교수는 제3자가 보호되기 위해서는 대항요건을 갖추지 않으면 안된
다고 한다. 다만 동 교수는 해제 전후를 나누어 해제 전에는 일본민법 제545조
제1항 단서에 의해 해제 후에는 동법 제177조, 제178조라는 차이는 있지만 모
두 대항요건을 갖추면 이제 해제자는 제3자에게 대항할 수 없다고 본다. 따라
서 대항요건을 갖춘 제3자의 선의·악의는 묻지 않는다. 논자에 따라서는 해제
의 의사표시 전에 권리를 취득한 자는 대항요건을 갖추지 않더라도 동법 제
545조 단서규정에 의하여 보호된다고 보는 견해도 있다. 결국 일본에서도 최대
한 요구되는 요건이 대항요건의 구비이며, 선의·악의는 묻지 않는 것 같다.

러나 그 후 입법심의 과정에서 이 입장은 후퇴하고 입법적 해결을 포기한" 1896년 민법전 제346조로 낙착을 보았다.[40] "그 이유의 하나는 물권행위 무인이론을 전제로 하면 간접효과설이 아니더라도 채권적 효과에의 한정은 될 수 있다는 점에 있었다."[41] 우리 입법자들도 형식주의(성립요건주의)로 바뀌어서 그럴 염려는 없지만 '다른 소급효가 인정되는 규정들과 균형을 맞추기 위하여' 단서를 규정한 것이다. 그러므로 우리 입법자들이 물권적 효과를 줄 의사는 전혀 없었던 것으로 보인다.[42]

결국 제548조 제1항 및 그 단서는 원상회복은 하되 제3자의 권리가 계약의 소급적 실효에 의해 해침을 당하지 않도록 주의하라는 지침을 주고 있는 것이다. 그러함에도 물권적 효과설은 제3자의 권리를 해치는 해석을 하고 그 부당한 결과를 회피하기 위해 제548조 제1항 단서로 도피하고 있는 것이다. 학설의 문제점을 해결하기 위해서 법조문이 존재한다는 것은 본말이 전도된 것 아닌가. 그러므로 물권적 효과설을 취하는 것은 마치 금지구역에 들어가지 말라는 경고판을 딛고 금지구역에 들어간 것과 같다.

끝으로 김증한 교수가 부끄러운 판결이라고 언급한 [대법원77.5.24. 선고 75 다 1394판결]에 대해 일언하고자 한다. 민법 제548조 제1항 단서가 '물권적 효과'를 인정하지 아니한다는 취지의 규정이라는 것은 앞서 본 바와 같고, 또 하나의 이유인 무인론·유인론과 관계된 것이다. 본 판결은 우리 법제가 물권행위의 독자성과 무인성을 인정하지 않는 점을 들고 있으나 그렇다고 유인론에 입각하고 있다고 단정

---

40) 北村實, "解除の法的構成", 「(ジュリスト 增刊) 民法の爭點」, 有斐閣, 1978, 232면.

41) *ibid.*

42) "판례나 물권적 효과설이 물권행위의 독자성을 부인하면서 해제에 있어서 물권적 효과를 주장하는 것은 적어도 입법자의 의사에는 들어 맞지 않는 것이 되며, 논리의 본말이 전도된 감을 갖게 한다."(김용담, 앞의 글, 124면).

할 바도 아니라고 본다. 무엇보다도 가장 주된 논쟁의 장인 취소에서 우리 민법 제145조가 '추인할 수 있는 후에=취소의 원인이 종료한 후에' 일부나 전부 이행이 있으면 이제 취소권이 배제된다고 규정하고 있다. 다시 말하면 아무리 원인행위에 흠이 있다고 하더라도 그 후에 '그 자체로는 흠 없는' 이행행위가 행하여지면 더 이상 취소할 수 없다고 규정하고 있는 것이다. 그러므로 무인, 유인에 관한 명문의 규정은 없지만(김증한 교수의 언급대로 '물권행위의 독자성이나 무인성을 법률에 명문으로 밝히고 있는 입법례'는 없다) 법정추인제도에 비추어 보면 우리법제를 유인론에 의해 해석하는 것은 무리라고 본다. 그러함에도, 위의 대법원 판결이 "우리 법제가 물권행위의 독자성과 무인성을 인정하지 않는 점과 민법 제548조 제1항 단서가 거래안전을 위한 특별규정이라는 점을 생각할 때 계약이 해제되면 그 계약의 이행으로 변동이 생겼던 물권은 당연히 그 계약이 없었던 원상태로 복귀한다"고 판시한 이래 물권적 효과설이 판례로 굳어진 것은 재고할 필요가 있다고 본다.

〈참고문헌〉

〈단행본〉

곽윤직(편집대표), 「민법주해」(제13권: 채권(6)), 박영사, 2009.

권오승, 「민법특강」, 홍문사, 1994.

김상용, 「채권각론」(제2판), 화산미디어, 2014.

김준호, 「계약법」, 법문사, 2011.

김증한, 「채권각론」[민법강의IV], 박영사, 1988.

김증한·안이준 편저, 「채권각론」[김증한·안이준 민법강의IV], 박영사, 1970.

김형배, 「채권각론[계약법]」, 박영사, 1997.

서울대학교 법학연구소, 「법학」(제26권 2·3호[통권 62·63호]), 1985.10.

송덕수, 「민법강의」(제7판), 박영사, 2014.

양창수, 「민법연구」(제3권), 박영사, 1995.

양창수·김재형, 「민법 1, 계약법」, 박영사, 2010.

이은영, 「채권각론」(제3판), 박영사, 1999.

윤철홍, 「채권각론」(전정판), 법원사, 2009.

지원림, 「민법강의」(제13판), 홍문사, 2015.

〈논문〉

권오승, "계약해제의 효과", 「사법행정」 사법행정학회, 1983.4.

김용담, "해제의 효과에 관한 일고찰", 「민사법학」(4·5합병호), 1985.

김욱곤, "해제의 효과에 관한 법리 소고", 「손해배상법의 제문제(성헌 황적
　　　인 박사 화갑기념)」, 박영사, 1990.

김형배, "해제의 효과에 관한 법리 구성", 「고시연구」, 고시연구사, 1978.10.

명순구, "계약의 해제", 「(무암 이영준박사 화갑기념논문집) 한국민법이론의
　　　발전」, 박영사, 1999.

엄동섭, "해제의 효과에 관한 일고찰", 「사회과학논총」(제7집), 계명대학교,
　　　1988.

오시영, "계약해제의 효과와 그 법적 성질에 대한 검토", 「민사법학」(제58
　　　호), 한국민사법학회, 2012.3.

정진명, "계약해제와 제3자", 「나암 서민교수정년기념논문집」, 법문사, 2006.
北村實, "解除の法的構成", 「(ジユリスト 增刊) 民法の爭點」, 有斐閣, 1978.

임대차론

이 은 희*

I. 서

민법은 임대차에 관하여 제618조 이하에서 규정하고 있는데, 김증한 교수는 임대차를 민법 제618조에 따라 "대주가 차주에게 목적물을 사용·수익하게 할 것을 약정하고, 차주가 이에 대하여 차임을 지급할 것을 약정함으로써 효력이 생기는 계약"이라고 정의한다.[1]

사실 임대차는 김증한 교수의 중요한 연구분야는 아니었으나, 전혀 관심 밖의 주제도 아니었다. 김증한 교수는 연구생애 중 후반기에 임대차와 관련한 논문을 4편 발표하였다. 그 중 1979년에 발표된 "임대차의 쌍무계약성"[2]이 임대차에 관한 대표적인 논문이라고 생각된다. 그밖에 "권리의 중층구조"[3] 가운데 전대차에 관한 연구가 포함되어 있고, "민법의 분해"[4]에 주택임대차보호법에 관한 연구가 포함되어 있다. 비교법적 연구로서는 "1983년의 서독 신임대차법"[5]이 있다.

---

* 충북대학교 법학전문대학원 교수
1) 김증한, 민법대의, 박영사, 1990, 389면.
2) 법조(법조협회) 28권 3호(1979. 3), 1~12면.
3) 법조(법조협회) 28권 9호(1979. 9), 1~5면.
4) 법정논총(동아대학교 학도호국단) 26집(1986), 7~13면.

위 네 논문을 중심으로 김증한 교수의 임대차론을 살펴본 후(Ⅱ), 그에 대한 후학들의 연구성과를 살펴보고(Ⅲ), 임대차분야와 관련된 김증한 교수의 업적과 한계에 관하여 생각해보고자 한다(Ⅳ).

Ⅱ. 김증한 교수의 임대차론

1. 임대차의 쌍무계약성

김증한 교수의 "임대차의 쌍무계약성"은 1. 서언, 2. 쌍무계약의 연혁, 3. 쌍무계약의 본질, 4. 유상계약으로 구성되어 있다. 서언에서 김증한 교수는 임대차가 매매와 함께 쌍무계약의 전형적인 예임에도 불구하고 쌍무계약에 특수한 효력으로서 규정된 동시이행의 항변권(민법 제536조)과 위험부담(민법 제537조)이 임대차에 적용된 모습은 매매와 달리 쉽게 이해할 수 없다고 하면서 연구의 필요성을 제기한다.[6]

(1) 주관적 등가성론

이 논문의 핵심적 부분인 3. 쌍무계약의 본질에서는 쌍무계약을 "계약의 각 당사자가 서로 대가적인 의의를 가질 뿐만 아니라 원칙적으로 상환으로 이행되어야 할 성질을 가진 채무를 부담하는 계약"이라고 정의한다.[7] 여기서 대가적 의의가 있다고 하는 것은 두 개의 급

---

5) 동아법학(동아대학교 법학연구소) 제2호(1986), 265~309면.
6) 김증한, 임대차의 쌍무계약성, 1면.
7) 김증한, 임대차의 쌍무계약성, 6면.

부가 동등한 가치를 가진다고 하는 개념과 불가분하게 결합되어 있다고 한다.[8] 두 개의 급부가 서로 '동등한 가치'를 가진다고 하는 것을 어떻게 설명하느냐에 관하여는 세 가지 이론(객관적 등가성론, 주관적 등가성론, 법률행위적 등가성론)이 있는데, 김증한 교수는 주관적 등가성론을 따른다고 한다.[9] 즉 객관적으로 동등한 가치를 가지고 있다는 뜻이 아니라 주관적으로 상대방이 그러한 급부를 하니까 나도 이것을 급부한다고 생각하고 있으면 그것은 대가적 의의가 있는 것이라고 한다.[10] 사냥꾼과 낚시꾼이 서로 산토끼와 물고기를 바꾸기로 했다면, 산토끼와 물고기가 객관적으로 값이 같지 않더라도 각자가 저쪽에서 준다니까 나도 준다고 생각하고 있으면 두 급부 사이에 주관적 등가성이 있다고 한다. 그런데 김증한 교수는 쌍무계약과 관련하여 중요한 것은 '급부의 상환성'이며 '등가성'의 문제는 별로 중요하지 않다고 생각한 것 같다.[11]

한편 차임증감청구권에 관한 민법 제628조에 관하여는 공평의 관념에 입각하여 신설된 규정이며, 계약법을 지배하는 신의칙의 적용으로서 가장 주목할 만한 규정의 하나라고 평가하였다.[12]

(2) 동시이행

김증한 교수는 서언에서 제기했던 문제, 즉 임대인의 목적물을 사용시킬 채무와 임차인의 차임지급채무가 과연 동시이행관계에서는 것인가,[13] 오히려 차임지급채무가 임대인의 채무보다 후에 이행되어

---

8) 김증한, 쌍무계약에 관한 일고찰, 법학(서울대학교) 특별호 4권, 46면.
9) 김증한, 쌍무계약에 관한 일고찰, 46~47면.
10) 김증한, 임대차의 쌍무계약성, 5면.
11) 김증한, 쌍무계약에 관한 일고찰, 47면 참조.
12) 김증한, 민법대의, 398면.
13) 김증한, 임대차의 쌍무계약성, 1면.

야 하는 것은 아닌가[14] 하는 점을 먼저 검토한다. 그에 대한 답은 쌍무계약의 쌍무성 내지 견련성부터 도출된다. 임대차에 있어서의 기간(월 또는 연 등)의 임대인의 채무와 임차인의 채무는 역시 상환으로 이행되어야 할 관계에 있다는 것이다. 차임의 지급시기를 선급으로 하느냐 후급으로 하느냐는 거래관습에 의하여 정하여지거나 당사자가 자유로 정할 수 있는 것이되,[15] 1979년도분의 차임과 1979년도분의 임대인의 채무는 성질상 상환으로 이행되어야 할 것이라고 한다.[16] 김증한 교수가 쌍무계약과 관련하여 가장 역점을 둔 부분은 바로 이 '급부의 상환성'이다.[17]

(3) 위험부담

임대차의 목적인 가옥이 임대인에게 책임 없는 화재로 소실된 후 임차인의 차임채무가 존속하는지 아니면 소멸하는지 하는 문제에 대한 답 역시 쌍무계약의 쌍무성 내지 견련성으로부터 도출한다.[18] 즉 존속에 관하여도 견련관계를 인정하여, 자신의 채무가 소멸한 임대인은 차임을 청구할 수 없다고 하는 것(채무자주의)이 지당하다고 한다.[19] 민법 제627조 제1항은 임차물의 일부가 임차인의 과실 없이 멸실 기타의 사유로 인하여 사용·수익할 수 없는 때에 임차인이 그 부분의 비율에 따라서 차임의 감액을 청구할 수 있도록 하고 있지만, 이론적으로는 위험부담의 법리(민법 제537조)에 따라 차임이 당연히 감액되어야 할 것이라고 한다.[20]

---

14) 김증한, 임대차의 쌍무계약성, 6면.
15) 김증한, 쌍무계약에 관한 일고찰, 법학(서울대학교) 특별호 4권(1979. 12) 38면.
16) 김증한, 임대차의 쌍무계약성, 6면.
17) 김증한, 쌍무계약에 관한 일고찰, 48면.
18) 김증한, 임대차의 쌍무계약성, 8면.
19) 김증한, 임대차의 쌍무계약성, 9면.
20) 김증한, 민법대의, 398면.

(4) 유상계약

김증한 교수는, 임대인이 사용대주와 달리 목적물의 상태유지의무(민법 제623조)나 비용상환의무(민법 제626조)를 부담하는 것은 임대차가 유상이기 때문이라고 한다.[21]

2. 전대차

(1) 전차권의 중층구조

김증한 교수의 "권리의 중층구조"는 전차권, 전전세권, 전질권을 다루고 있다. 이 권리들은 모두 기초권(각각 임차권, 전세권, 질권)을 그 성립의 기초로 하는 지분권으로서, 기초권에 의하여 제약을 받으며, 기초권이 소멸하면 지분권도 소멸한다고 한다.[22]

(2) 기초권인 임차권의 채권성

전전세권과 전질권은 그 기초권이 물권으로서 원전세권설정자나 질권설정자의 동의없이 성립(민법 제336조)하는 데 반해, 전차권은 그 기초권이 채권으로서 임대인의 동의를 얻어 성립(민법 제629조 1항)한다는 차이가 있다고 한다. 그 때문에 지분권자와 기초권설정자의 관계 및 책임가중의 문제에 있어서 양자 사이에 차이가 발생한다고 한다.

먼저 지분권자와 기초권설정자 사이의 관계에 있어서는, 전전세권자와 원전세권설정자 사이에는 직접적인 권리의무가 성립하지 않는데 반해, 전차인은 직접적으로 임대인에 대하여 의무를 진다(민법 제

---

21) 김증한, 민법대의, 391면.
22) 김증한, 권리의 중층구조, 4면.

630조 제1항 전문)고 한다.

책임가중의 문제에 있어서도 다음과 같은 차이가 발생한다. 즉 전전세와 전질에 있어서는 전세권자나 질권자가 전전세 또는 전질하지 아니하였으면 면할 수 있는 불가항력으로 인한 손해에 대해서도 책임을 져야(민법 제308조, 제336조 후단) 하는 데 반해, 전대차의 경우에는 책임가중의 문제가 생기지 않는다고 한다.

(3) 전차인의 보호

민법 제631조가 "임차인이 임대인의 동의를 얻어 임차물을 전대한 경우에는 임대인과 임차인의 합의로 계약을 종료한 때에도 전차인의 권리는 소멸하지 않는다"고 한 것에 대하여는 임차인이 임대인의 동의를 얻었다는 사실에 기초하여 설명하지 않고 있다. 이는 전차권의 지분권으로서의 성질에 배치되는 것이지만, 전차인의 보호를 위하여 둔 정책적 규정이라고 한다.[23] 전질의 대항요건을 갖춘 때에 전질권자의 동의 없이 원질권자에게 채무를 변제하여도 이로써 전질권자에게 대항하지 못하도록 한 민법 제331조 제2항에 대해서는 기초권자는 기초권을 소멸시킴으로써 지분권까지 소멸케 하는 행위를 하지 아니할 구속을 받는다는 점에서 그 근거를 구하면서도 이 역시 민법 제631조와 비슷한 것으로, 전질권자의 보호를 위한 정책적 규정이라고 한다.[24]

---

23) 김증한, 권리의 중층구조, 4면.
24) 김증한, 권리의 중층구조, 4면.

3. 주택임대차보호법

(1) 입법론

(가) 주택임대차보호법의 정당성

주택임대차보호법은 1981년에 제정된 이후 계속해서 그 정당성에 관한 질문에 맞닥뜨렸다. 특히 법 개정을 전후하여서 논의가 분분하였다. 1차 개정을 앞둔 시점에 경향신문[25]은 약한 셋방살이 서민을 보호하고자 하는 법제가 강한 임차권자 또는 약하지 않은 임차권자를 보호하는 일이 없도록 배려하여야 한다고 하였다. 이러한 주장은 주택임차인 중에는 약자가 아닌 사람도 있다는 것을 전제하며, 약자인 임대인도 있음을 항변한다.[26]

김증한 교수는 이러한 입장과는 거리가 있었던 것 같다. 김증한 교수는 "민법의 분해"에서 임대차에 관한 민법의 규정은 구민법보다 임차인의 지위를 많이 강화하였으나 아직도 압도적으로 임대인에게 유리하다고 한다. 그런데 1981년에 제정되고 1983년에 개정된 주택임대차보호법은 이러한 상황에 근본적인 변혁을 가져왔다고 한다.[27]

(나) 민법과의 통합 여부

1981년에 주택임대차보호법이 제정된 후 주택임차인뿐 아니라 영업용 건물의 임차인도 그 보호범위에 포함시키자는 주장[28]이 제기되

---

25) 1982년 6월 19일자
26) 김기수, 법률신문 1982년 6월 28일
27) 김증한, 민법의 분해, 8면.
28) 한국민사법학회, 민사법개정의견서, 1982, 74면(현승종); 이은영, 주택임대차보호법의 개정에 관한 연구, 법조 제31권 4호(1982. 4), 법조협회, 18~19면; 김용한, 민법상 임대차와 주택임대차보호법, 고시계 28권 7호(1983. 6), 30면.

었다. 주택임대차보호법을 '건물임대차보호법'으로 이름을 바꾸고 궁극적으로는 민법의 임대차에 관한 규정을 개정하여 건물임대차보호법을 민법에 흡수하는 게 현실문제상으로나 비교법적으로 타당하다고 주장하였다.29)

이러한 주장에 대하여는 그 보호의 필요성을 인정하면서도 영업용 건물의 임대차에 관하여 특별법을 새로 제정하는 게 바람직하다는 반론30)이 있었다. 이들의 논거는 특별법의 이질성이다. 임차인보호를 위한 조문을 민법에 두는 것은 일반법으로서의 민법의 성격에 맞지 않는다는 것이다.31) 특별법의 수를 줄이는 것이 바람직 하지만, 임차인보호를 위한 특별법은 현실에서 임차인보호의 필요성이 약화되어야 비로소 민법전에 흡수될 수 있다고 한다.32) 김증한 교수는 "민법의 분해"에서 임대차에 관한 민법의 규정은 주택임대차보호법에 의하여 상당한 정도로 배척을 당하지만 기본원칙을 정하고 있는 것은 역시 민법이라고 주장하는데,33) 그 논조로 보아 민법과 임대차특별법의 통합을 반대하는 입장에 있었던 것 같다.

(2) 해석론

김증한 교수는 "강단법학에서 생활법학으로"34)라는 제목의 권두언에서 주택임대차보호법의 해석에 관한 논설이 많이 나오고 있는 것

---

29) 현승종, 민법개정의 움직임과 임대차법, 사법행정(1981. 10) 31면 이하; 한국민사법학회, 민사법개정의견서, 1982, 58~59면(김석우).

30) 고상룡, 주택임대차보호법의 문제점과 그 개선방향, 민사법학 제4·5호 합병호(1985), 한국민사법학회, 217면.

31) 고상룡, 주택임대차보호법의 민법화에 관한 의문점, 법률신문 제1408호(1981. 8), 5면.

32) 이은영, 주택임대차보호법의 개정에 관한 연구, 16면.

33) 김증한, 민법의 분해, 13면.

34) 김증한, 강단법학에서 생활법학으로, 사법행정 318호(1987. 6), 6면.

에 대해 바람직하다고 평가하였다. 이 논설들이 단지 시론의 제시에 지나지 않고 계속해서 연구되어야 할 것들이지만, 우리 생활에서 멀리 떨어진 순전히 추상론에만 그치는 것이 아니라는 의미에서 바람직하다고 한다.

김증한 교수는 "민법의 분해"에서, 민법의 임대차규정에 우선하여 적용되는 주택임대차보호법뿐만 아니라, 민법의 고용규정에 우선하여 적용되는 근로기준법과, 민법의 도급규정에 우선하여 적용되는 건설업법을 소개하고 있는데, 이 역시 생활법학의 일환으로서 행해진 것이라 짐작된다. 김증한 교수는 주택임대차보호법을 민법과의 관련 속에서 다음과 같이 설명한다.

(가) 임차권의 대항력

주택임대차보호법 제3조 제1항 제1문은 "임대차는 그 등기가 없는 경우에도 임차인이 주택의 인도와 주민등록을 마친 때에는 그 익일부터 제3자에 대하여 효력이 생긴다"고 규정하는 바, 이는 민법 제621조 제2항에 대한 특칙으로서, '등기'가 아닌 '점유'를 대항요건으로 규정한 것이라고 한다.[35]

(나) 임대인의 지위의 승계

임대인이 건물을 제3자에게 양도한 경우에 양수인이 임대인의 지위를 승계한다는 주택임대차보호법 제3조 제2항은 1983년 개정에 의해 신설된 조문이다. 김증한 교수는 이 조문을 신설하게 된 이유에 관하여, 타인의 집에 세들어 살고 있는 사람이 보증금의 반환도 받지 못한 채 집을 쫓겨나서 다수 가족이 집없이 노숙하는 실정이었기 때문에 법률 개정을 통한 보완이 필요했다고 설명한다.[36]

---

35) 김증한, 민법의 분해, 9면.

(다) 소액보증금의 보호

"임차인은 소액의 보증금에 관하여 다른 담보물권자보다 자기 채권의 우선변제를 받을 권리가 있다"고 규정한 주택임대차보호법 제8조 제1항 역시 1983년 법 개정을 통해 신설된 조문이다. 김증한 교수는 이 조문에 대하여, 아무런 공시도 없는 단순한 채권이 물권보다도 우선한다고 하는 것은 확실히 모순이고 재산법이론에 반하는 것이기는 하나 약소 임차인의 보호의 필요성이 절실했기 때문에 신설되었다고 설명한다.37) 이 신설안을 96개 기관에 보내어 의견을 물은 데 대하여 은행들도 불가하다고 말하지 않았고 다만 주택 한 채당 최고액의 한도를 정하라고 하였을 뿐이라고 한다. 그래서 제2항에 "제1항의 경우에 소액보증금의 범위와 기준은 주택의 가액의 2분지1의 범위안에서 대통령령으로 정한다"고 규정하였다고 한다.

(라) 법정임대차관계

"임대차가 종료한 경우에도 임차인이 보증금을 반환받을 때까지는 임대차관계는 존속한 것으로 본다"고 규정한 주택임대차보호법 제4조 제2항 역시 1983년 개정을 통해 신설된 조문이다. 임대차가 종료했는데도 임대인이 보증금의 반환을 지연한다든가, 반환을 지연하는 동안에 목적물을 제3자에게 매도한 경우, 임차인은 임대인의 목적물 명도청구에 대해 동시이행의 항변을 할 수 있다고 한다.

(마) 임대차기간과 갱신

김증한 교수는 임대차기간과 관련한 주택임대차보호법의 작용을 다음과 같이 설명한다. 주택임대차보호법 제정 당시에는 6개월의 임

---

36) 김증한, 민법의 분해, 9면.
37) 김증한, 민법의 분해, 9면.

대차가 널리 행해지고 있었다. 그런데 주택임대차보호법 제4조 제1항
이 "기간을 1년 미만으로 정한 임대차는 그 기간의 정함이 없는 것으
로 본다"고 하기 때문에 6개월의 임대차는 민법 제635조 제1항에 의
하여 "당사자가 언제든지 계약해지의 통고를 할 수 있게 된다". 하지
만 주택임대차보호법 제5조가 기간의 정함이 없는 임대차에 있어서
임대인은 함부로 계약해지를 할 수 없도록 할 뿐만 아니라 제6조는
법정갱신제도를 두고 있어서 임차인의 지위가 안고하게 된다.[38]

(바) 차임 등 증액청구의 제한

차임 등의 증감청구권에 관한 주택임대차보호법 제7조는 1983년
개정을 통해 신설된 조문이다. 이 조문은 근본적으로는 민법 제628조
와 같은 것이지만, 그 단서에서 증액에 대하여는 제동을 걸고 있는
점이 민법과 크게 다르다고 한다.[39]

(사) 주택임차권의 승계

제1항에서 "임차인이 상속권자 없이 사망한 경우 그 주택에서 가정
공동생황르 하던 사실상의 환인관계에 잇는 자는 임차인의 권리와
의무를 승계한다"고 규정하는 주택임대차보호법 제9조도 1983년 개
정을 통해 신설된 조문이다. 김증한 교수는 이 규정은 단순히 일반시
민법적인 상속법상의 특칙이 아니라 사회법적인 규정이라고 평가한
다. 또한 이 규정은 단순히 임대차에 관한 특별법이라는 것 이상의
의미를 가진다고 한다.[40]

---

38) 김증한, 민법의 분해, 9면.
39) 김증한, 민법의 분해, 10면.
40) 김증한, 민법의 분해, 10면.

(아) 미등기전세계약에의 본법 준용

"본법은 등기하지 아니한 전세계약에 관하여 이를 준용한다"고 규정한 주택임대차보호법 제12조도 1983년 개정을 통해 신설된 조문이다. 김증한 교수는 실제로 사회에서 행하여지고 있는 전세가 미등기전세이므로 이 법률에 의하여 보호를 받는 범위가 엄청나게 크다고 평가한다.[41]

(3) 실태조사의 필요성

김증한 교수는 "강단법학에서 생활법학으로"[42]라는 제목의 권두언에서 아쉽게도 실태조사가 너무나 약하다고 한다. 사실 법원행정처에서 1981년에 주택임대차의 실태에 대한 조사를 부분적으로 수행하였으나,[43] 질문지가 난해하고 조사방법이 미진하여 본격적인 실태조사에는 이르지 못하였다.

김증한 교수는 실태조사에는 많은 인원과 비용이 소요되고 경우에 따라서는 경찰로부터 불필요한 주목도 받아서 여러가지로 어려운 것이 사실이지만 꼭 필요한 일이라고 한다.[44]

(4) 비교법적 연구

그간 주택임대차에 관한 비교법적 연구는 주로 고상룡 교수에 의해 이루어졌는데, 독일 임대차법에 관한 연구는 상대적으로 미진한

---

41) 김증한, 민법의 분해, 10면.
42) 김증한, 강단법학에서 생활법학으로, 사법행정 318호(1987. 6), 6면.
43) 김영일, 소위 채권적 전세권에 관한 관습, 관습실태조사(2)·과태료분석, 재판자료 제11집(1981), 법원행정처; 김태훈·이재곤, 일반가옥에 관한 채권적 전세에 있어서의 제문제점-실태조사를 중심으로…, 관습실태조사(2)·과태료분석, 재판자료 제11집(1981), 법원행정처.
44) 김증한, 강단법학에서 생활법학으로, 7면.

상태였다.[45] 그러던 차에 김증한 교수는 임대차법은 사회법인 동시에 고도로 정치적인 법이라고 지적하면서, 임대인에게 유리한 방향으로 개정된 1983년의 서독 신임대차법을 소개하는 글을 발표하였다.

　1969년 10월에 성립한 브란트 연립정권(사회민주당·자유민주당의 연립정권)은 임차인보호를 강화하는 정책을 폈으나,[46] 1982년 10월에 이르러 새로이 탄생한 Kohl 연립정권(기독교민주·사회동맹과 자유민주당의 연합)은 임대인에게 편의를 제공함으로써 주택을 임대차 시장에 끌어내려는 정책을 폈다. 그 결과 탄생한 법률이 1983년 1월 1일에 시행된 '주택공급의 촉진을 위한 법률(Gesetz zur Erhöhung des Angebots an Mietwohnungen)'이다.[47] 이 개정 법률은 독일민법전(BGB)과 차임규제법(MHG) 등의 몇 개 조문을 개정하는 것을 그 내용으로 한다.[48] 아래에서는 김증한 교수가 소개하는 이 법률의 내용을 간략히 살펴본다.

---

45) 고상룡, 주택에 관한 임대차제도 <3>, 법률신문 제1323호(1979)은 프로이센 일반주법(1974년)부터 1955년 연방차임법에 이르는 서독 주택임대차제도를 연혁적으로 고찰하고, 고상룡, 주택에 관한 임대차제도 <4>, 법률신문 제1324호(1979)은 1960년의 '주택통제의 해제 및 사회적 임대차법에 관한 법률'부터 1967년의 '임대차법규개정에 관한 제3차법'에 이르는 민법상의 임대차규정의 변천을 소개하고 있다. 1967년의 '임대차법규개정에 관한 제3차법'은 윤천희, 신주택임대차보호법, 현대문예사, 1981, 375면에 번역 소개되어 있다.

46) 그 결과로 나온 법률이 1971년 11월의 '제1차 주거임대차해지보호법'이었다. 이 법률은 임대인의 해지를 제한하고 비교임대료라는 기준을 도입하였다. 이 법률은 1974년말까지의 한시법으로 제정되었지만 1974년 12월에 다시 '제2차 주택임대차해지통고보호법'이 제정되었다. 이 법률에 의하여 주택임차권의 존속보호는 민법전 안으로 들어왔고(민법 제564조의 b), 차임규제는 '차임규제법'이 규정하게 되었다. 1974년의 '제2차주택임대차해지통고보호법'은 법제처, 각국의 주택관계법, 법제자료 제100집, 1978, 259면 이하에 번역 소개되어 있다.

47) 김증한, 1983년의 서독 신임대차법, 266면.

48) 김증한, 1983년의 서독 신임대차법, 266면.

(가) 개량조처의 인용

1) 종래의 법

종래 독일민법 제541조의 a 제2항은 임대인의 주택개량조처로 말미암아 임차인이 지출하여야만 했던 비용에 대하여 임대인은 임차인에게 상당한 보상을 하여야 한다고 규정하고 있었다.[49] 하지만 이 조문만으로는 임대인이 주택개량조처를 행하는 경우의 법률관계를 규율하기에 충분하지 않았다.

2) 개정법의 내용

1983년법은 민법 제541조의 b를 신설하여 주택개량에 있어서 임차인의 인용의무와 그 범위를 명확하게 규정하였다. 김증한 교수는 이 부분이 1983년법의 핵심적인 부분이라고 평가한다.[50]

(i) 임차인의 인용의무: 임대인의 주택개량을 임차인은 원칙적으로 인용하여야 한다.[51] 다만 그 조처가 임차인 또는 그 가족에게 가혹할 때에는 인용의무를 지지 않는다.[52] 가혹한지 여부를 판단함에 있어서는 개량작업으로 인한 임차주택의 사용방해,[53] 개량조처를 행한 결과 발생한 이·불리,[54] 선행한 임차인의 비용지출[55] 및 개량조처로 인해 예상되는 임대료 상승정도[56] 등을 고려하여야 한다.

(ii) 임대인의 통지의무: 임대인은 개량조처를 개시하기 2개월 전에 공사의 종류, 범위 및 예상되는 기간, 예상되는 차임인상 등에 관

---

49) 윤천희, 신주택임대차보호법, 316면 참조.
50) 김증한, 1983년의 서독 신임대차법, 266면.
51) 김증한, 1983년의 서독 신임대차법, 267면.
52) 김증한, 1983년의 서독 신임대차법, 269면.
53) 김증한, 1983년의 서독 신임대차법, 269면.
54) 김증한, 1983년의 서독 신임대차법, 270면.
55) 김증한, 1983년의 서독 신임대차법, 270면.
56) 김증한, 1983년의 서독 신임대차법, 271면.

하여 임차인에게 통지하여야 한다(독일민법 제541조의 b 제2항).

(iii) 임차인의 해지권: 임대인의 통지를 받은 임차인은 임대차를 해지할 수 있다(독일민법 제541조의 b 제2항).[57] 이 해지통고는 임대인의 통지를 받은 달의 다음달 말까지 임대인에게 도달하여야 한다. 이 해지통고가 있으면 해지통고가 행해진 달의 다음달 말에 임대차가 종료된다.

(iv) 간이조처: 앞에서 말한 임대인의 통지의무와 임차인의 해지권에 관한 규정은, 개량조처로 인해 임차주택의 사용에 중대한 침해를 가하지 않을 뿐 아니라 중대한 차임인상을 초래하지 않는 경우에는 적용되지 않는다(독일민법 제541조의 b 제2항 제4문).

(v) 임차인의 비용보상: 임차인은 임대인의 개량조처로 말미암아 임차인이 부담하게 된 비용(청소비, 임차인이 일시적으로 다른 곳에 숙박한 비용[58]) 등에 대하여 상당한 보상을 임대인에게 청구할 수 있다(독일민법 제541조의 b 제3항).

(나) 임차보증금

1) 종래의 법

독일민법에는 임차보증금에 관하여 아무런 규정이 없었다. 그러나 임대인이 임차인에게 담보를 요구하는 관행이 점차 형성되었으며 보증금에 관한 다툼이 그치지 않았다. 분쟁의 대부분은 임대인이 임차인에게 보증금을 반환할 때 이자를 가산하여 주어야 하는 것이었다.[59]

---

57) 김증한, 1983년의 서독 신임대차법, 281면.
58) 김증한, 1983년의 서독 신임대차법, 284면.
59) 김증한, 1983년의 서독 신임대차법, 287면.

2) 개정법의 내용

1983년법은 독일민법에 임차보증금에 관한 규정을 처음으로 도입하였다(독일민법 제550조의 b).

(ⅰ) 전제로서의 보증금의 합의: 위 조문은 보증금이나 보증금의무를 창설하는 것은 아니고 임차인이 자신의 의무를 담보하기 위하여 보증금을 제공하기로 임대인과 합의한 경우에 적용되는 조문일 뿐이다.60)

(ⅱ) 법률상의 최고보증금, 지급방법: 보증금은 월차임의 3배를 초과할 수 없다. 임차인은 보증금을 3회로 나누어 지급할 수 있다.

(ⅲ) 보증금의 임치: 임대인은 수령한 보증금을 수탁재산으로서 자기재산과는 분리하여 이자부 예금계좌에 예치하여야 한다.

(ⅳ) 이자: 임대차계약이 끝나면 임대인은 임차인에게 보증금을 환급할 때 이자를 가산하여 주어야 한다(독일민법 제550조의 b 제2항 제2문).

(ⅴ) 이와 다른 합의: 임차보증금에 관한 법규정에 반하는 임차인에게 불리한 합의는 무효이다.

(다) 해지보호의 개정

1) 종래의 법

1971년이래 주택임대인의 해지는 원칙적으로 금지되었고 예외적으로만(정당한 이익이 있는 경우에만) 가능하였다(독일민법 제564조의 b). 임대인이 계약해지를 할 수 있는 경우로서 독일민법 제564조의 b 제2항은 첫째, 임차인에게 중대한 계약위반이 있는 경우, 둘째, 임대인 자신이 주택이 필요한 경우, 셋째, 임대차를 해지하지 않으면 임대인의 토지에 대한 정당한 이익이 방해되고 중대한 손해를 입게 되는

---

60) 김증한, 1983년의 서독 신임대차법, 288면.

경우를 규정하였다.[61]

2) 개정법의 내용

1983년법은 학생과 청소년의 주거를 전체적인 임차인보호로터 제외하였고(독일민법 제564조의 b 제7항 제3호), 한시적 임대차를 도입하였다(독일민법 제564조의 c 제2항). 그 결과 해지보호가 약화되었는데, 이 중 결정적인 것은 한시적 임대차의 도입이다.[62]

(라) 한시적 임대차

1) 종래의 법

기간의 정함이 있는 임대차의 경우 임대인이 임대차관계의 종료에 정당한 이익을 갖지 않는 경우에는 임차인은 기간만료 2개월 전에 서면으로 임대차의 계속을 청구할 수 있었다(독일민법 제564조의 c 제1항).[63] 이러한 임차인보호는 일시적으로만 임대가 가능한 빈집이 임대시장에 나오는 것을 막는 역기능을 하였다.

2) 개정법의 내용

1983년법은 갱신가능성을 배제하는 한시적 임대차를 도입하였다. 이 임대차는 기간의 만료에 의하여 종료하는데, 다음과 같은 요건 하에서 인정된다.[64] 첫째, 계약기간은 5년 이내의 단기이어야 한다. 둘째, 임대인은 자신이용 또는 개량조처가 예정되어 있음을 계약체결시에 임차인에게 서면으로 통지하여야 한다. 셋째, 임대인은 자신이용 또는 개량조처의 예정에 변경이 없음을 기간만료 3개월 전에 임차인

---

61) 윤천희, 신주택임대차보호법, 337면 참조.
62) 김증한, 1983년의 서독 신임대차법, 291면.
63) 법제처, 각국의 주택관계법, 260면 참조.
64) 김증한, 1983년의 서독 신임대차법, 297면.

에게 서면으로 통지하여야 한다.

임대차기간이 만료되었음에도 불구하고 임대인이 당초에 통지한 이용의도의 실현을 지체할 경우에는 임차인은 임대차관계의 연장을 청구할 수 있다.[65] 이 연장에 의하여 임대차관계의 존속기간이 당초의 기간과 합하여 5년을 초과하는 때에는 임차인은 임대차의 계속을 청구할 수 있다(독일민법 제564조의 c 제1항). 그리함으로써 임대차관계는 다시 독일민법 제564조의 b에 의한 일반적인 해지보호를 받게 된다.[66]

(마) 차임인상

1) 종래의 법

차임의 변경에 관하여 당사자간에 합의가 성립하지 않는 경우 임대인은 차임규제법이 정하는 바에 따라서만 차임증액을 청구할 수 있었다.

(i) 조정차임: 특히 새로운 차임이 그 지방의 조정차임을 넘을 수 없었다(차임규제법 제2조 제1항 제1호). 각 지방의 조정차임이란 '동일한 시 읍 면 또는 인근 시 읍 면에 있는 동일한 종류, 규모, 시설질 및 상태에 있는 주택의 임대차에 관하여 합의 또는 변경된 관행적인 대가'를 말한다.[67] 그런데 과연 어떤 차임이 조정차임인가, 특히 임대인이 태만하여서든 관대하여서든 오랫동안 변경이 없었던 차임도 조정차임인지에 관하여 다툼이 있었다.[68]

(ii) 증액청구의 근거제시: 임대인은 차임증액청구를 함에 있어서 임차인에게 요구하는 차임이 조정차임을 넘지 않는다는 근거를 제시

---

65) 김증한, 1983년의 서독 신임대차법, 300면.
66) 김증한, 1983년의 서독 신임대차법, 301면.
67) 법제처, 각국의 주택관계법, 261면 참조.
68) 김증한, 1983년의 서독 신임대차법, 303면.

하여야 한다. 근거를 제시하는 방법으로는 임대차범례를 인용하는 방법, 전문가의 공식적인 감정서를 제시하는 방법, 자신의 임대주택과 동등한 조건을 갖춘 세 개의 대조주택의 차임을 제시하는 방법이 있다(차임규제법 제2조 제2항). 임대차범례는 시·읍·면이 작성하므로, 임대인으로서는 임대차범례를 인용하는 방법이 가장 설득력 있고 안정적인 방법이라고 할 수 있다. 그런데 임대인이 요구하는 차임이 표준적인 척도의 평균치를 넘는 때에는 법원은 임대인에게 특별한 이유제시를 요구하였다.

2) 개정법의 내용

1983년법은 비교대상이 되는 차임을 최근 3년간의 것에 한정하였다. 이는 조정차임의 수준을 가능한 한 최근의 시장차임수준에 접근시키고자 하는 것이었다.

나아가 3년간의 증액률이 30%를 초과해서는 안 된다는 제한을 추가하였다. 이는 급격한 차임상승을 막기 위한 제한이다. 예컨대 3년 전에 차임이 300마르크이었다면 차임을 390마르크 이상으로 인상할 수 없다. 비교대상인 주택의 차임이 390마르크보다 더 높다고 해도 그러하다.[69]

개정법은 임대인이 차임증액청구의 근거를 제시함에 있어서 임대차범례를 인용하는 경우 임대인이 청구하는 새로운 차임이 표준적 척도 안에 있기만 하면, 설령 표준적 척도의 상한에 있다 하더라도, 특별한 이유제시가 필요 없도록 하였다.

---

69) 김증한, 1983년의 서독 신임대차법, 304면.

(바) 단계별 차임

1) 종전의 법

앞서 말하였듯이, 주거공간의 임대차계약을 차임인상의 목적으로 해지하는 것은 차임규제법 제1조에 의하여 금지되어 있다. 차임인상은 임대인이 단지 특별한 전제하에서만 그리고 차임규제법 제2조의 규정에 따른 표준에 따라서만 할 수 있다. 임대인과 임차인이 단계별 차임을 합의하여 약정된 기간 동안 약정된 차임의 변경이 자동적으로 이루어지게 하는 경우, 법원은 이를 탈법으로 평가하고 그 합의는 무효라고 판시하였다.[70]

2) 개정법의 내용

1983년법은 새로이 단계별 차임이라는 제도를 도입하였다. 단계별 차임이란 임대인과 임차인이 일정기간에 걸쳐 차임의 변경시기와 변경금액을 명시하여 서면으로 합의하는 것을 말한다.

이는, 임차인에게 불리하게 변경하는 합의를 일반적으로 금지하는 것(차임규제법 제10조 제1항)에 대한 예외로서 허용되었다(차임규제법 제10조 제2항).[71] 단계별 차임의 합의는 다음과 같은 요건 아래에서 허용된다. 첫째, 합의한 기간이 10년을 넘지 않아야 한다.[72] 둘째, 차임변경은 최소한 1년간을 단위로 하며,[73] 차임변경을 항상 금액으로 표시하여야 하고 증액률만을 표시하여서는 불충분하다.[74]

독일민법상 임차인은 법률상의 해지통고기간을 지키면서 언제든지 임대차계약을 해지할 수 있다. 그러나 이 권리는 원칙적으로 계약에

---

70) 김증한, 1983년의 서독 신임대차법, 305면.
71) 김증한, 1983년의 서독 신임대차법, 306면.
72) 김증한, 1983년의 서독 신임대차법, 307면.
73) 김증한, 1983년의 서독 신임대차법, 308면.
74) 김증한, 1983년의 서독 신임대차법, 308면.

의해 배제할 수 있다. 그러나 단계별 차임을 합의한 경우에는 임차인의 해지권 배제가 4년을 넘는 기간인 경우에는 무효이다. 따라서 4년 후에는 임차인은 해지권을 도로 찾게 된다.[75]

Ⅲ. 후학들의 연구성과

1. 임대차의 쌍무계약성

(1) 등가성론

(가) 정진명 교수

1) 주관적 등가성론 비판

김중한 교수는 등가성의 개념에 관하여 주관적 등가성론을 취하였다. 이 주관적 등가성론은 폭리행위나 의사표시에 관한 주관적 견해로 이어진다.[76] 정진명 교수는 주관적 등가성론이 주장하는 근거인 계약당사자가 급부의 객관적 가치에 대하여 가지는 인식은 쌍무계약의 본질이라고 보기 어렵다고 한다.[77] 각 당사자가 상대방이 주니까 나도 준다고 하는 사고는, 산토끼와 물고기가 동등한 가치를 가진다고 하는 급부의 가치에 대한 인식에 있는 것이 아니라, 계약당사자가 그것을 계약의 내용으로 정한 것에서 찾을 수 있다고 한다.[78] 즉 정진명 교수는 계약 내재적 등가성론을 지지하는데, 이 견해에 따르면

---

75) 김중한, 1983년의 서독 신임대차법, 307면.
76) 정진명, 등가성 장애에 관한 연구, 민사법학 제62호(2013. 3), 129면.
77) 정진명, 등가성 장애에 관한 연구, 104면.
78) 정진명, 등가성 장애에 관한 연구, 107면.

등가성은 각 당사자의 급부가 어떠한 장애도 없는, 계약상 있어야 할 상태로 교환되는 것, 즉 쌍무계약의 작용의 관점에서 급부와 반대급부가 동등한 가치를 가지는 것을 말한다. 여기서 '쌍무계약의 작용'은 각 당사자가 상대방으로부터 반대급부를 획득할 목적으로 자신의 급부를 이행하는 것을 의미하며, 쌍무계약에는 평균성, 동등한 가치, 그리고 정당한 고려 등이 내포되어 있는데 당사자가 이를 계약으로 확인한 것이라고 한다.

정진명 교수는 쌍무적이지 않은 부수적 의무(예컨대 건물의 임대차에 있어서 임차인이 불법적인 영업을 하지 않을 의무)가 계약에 적합한 급부의 총 가치로서 주된 급부와 함께 계약의 내용이 되는 경우, 쌍무적이지 않은 부수적 의무도 등가성을 가질 수 있다고 한다.[79] 이를 넓은 의미의 급부교환관계라고 부른다고 한다.

2) 등가성 장애의 해결

정진명 교수는 급부와 반대급부의 등가성은 사적 자치의 사고에 따르면 당사자가 체결한 계약에 대하여 개별적인 계약정의의 기준이 된다고 한다.[80] 쌍무계약의 당사자는 자신의 급부와 상대방의 반대급부가 동등한 가치를 가지는 경우를 전제로 하기 때문에 쌍무계약에 있어서 쌍방의 등가성에 대한 당사자의 관념은 통상 행위기초가 된다. 계약체결 이후 계약당사자가 예상하지 못한 사정의 변경에 의하여 현저한 불균형이 발생하게 되면 등가성 장애가 인정되고,[81] 계약당사자는 변경된 사정에 맞게 계약을 수정할 수 있다고 한다.[82] 다만 계속적 계약에서는 변경된 사정이 계약당사자가 통상적으로 부담

---

79) 정진명, 등가성 장애에 관한 연구, 108면.
80) 정진명, 등가성 장애에 관한 연구, 110면.
81) 정진명, 등가성 장애에 관한 연구, 110면
82) 정진명, 등가성 장애에 관한 연구, 119면.

하는 계약위험을 초과하는 중대한 등가성 장애가 발생한 경우에만 계약수정이 고려될 수 있다고 한다. 정진명 교수는 위와 같은 등가성 장애의 개념을 주로 고용계약과 관련하여 논하고 있으나, 임대차와 관련한 질문도 제기한다. 가령 장기간의 임대차계약을 체결하면서 매년 차임을 증액하기로 약정하였으나 경기하강으로 인하여 임차목적물의 가치가 현저하게 하락하는 경우 임차인이 임대인에게 차임감액을 청구할 수 있는가? 이에 대해 정진명 교수는 임차인이 인수한 계약위험이 현저하게 높은 경우, 장기계약의 구속력 '단축'이 필요하다고 한다.[83]

(나) 박영목 교수

박영목 교수는 등가관계의 불균형을 해결하는 이론으로서 사정변경원칙이 제시되고 있는데, 과연 불능과 사정변경원칙의 적용영역을 어떻게 구분할 것인가 하는 문제를 제기한다. 가령 에드워드 7세의 대관식을 관람하기 위해서 창문이 있는 방을 빌렸는데 에드워드 7세의 질병으로 인해 그 대관식이 연기되었다면, 임대인은 임차인에게 차임의 지급을 요구할 수 있는가?[84] 박영목 교수는 1차적 목적과 2차적 목적의 구분을 통해 두 적용영역을 구분할 것을 제안한다.[85] 1차적 목적의 장애는 불능으로, 2차적 목적의 장애는 사정변경의 원칙으로 해결하자고 한다.

통상적으로 1차적 목적은 상대방의 급부를 받는 것이고, 2자석 목적은 받은 급부를 사용하는 것이라고 할 수 있다고 한다. 계약관계에서 각 당사자는 상대방의 2차적 목적까지 확인할 수는 없으므로 2차

---

83) 정진명, 등가성 장애에 관한 연구, 122면.

84) Krell v. Henry [1903] 2 KB 740.

85) 박영목, 사정변경으로 인한 등가관계 장애의 법적 해결, 고려법학(고려대 법학연구원) 제71호(2013. 12), 448면.

적 목적의 장애를 이유로 계약구속의 완화를 인정한다면 거래의 안
정성을 해치게 된다고 한다. 채무자의 급부를 어떻게 사용할 것인지
는 원칙적으로 채권자의 일이기 때문에, 채권자는 사용위험을 부담한
다고 한다. 하지만 사용목적의 달성을 조건으로 하거나 사용목적의
달성불능시 해제권을 약정했다면 사용위험은 채무자에게 이전되며
채권자가 반대급부의무에서 벗어날 수 있다고 한다. 또한 사용목적이
명시되지는 않았다고 하더라도 당사자 사이에 계약성립의 궁극적 목
적이었다는 점에 대한 인식이 공유된 경우에도 계약구속이 완화되어
야 한다고 한다. 위의 예에서 임대인은 여전히 방을 빌려줄 수 있지
만 임차인은 차임지급의무에서 벗어날 수 있다.[86]

(2) 동시이행

(가) 이은영 교수

이은영 교수는 쌍무계약의 상환성은 계약청산시에도 유지되는 것
이 공평하므로 계약청산시 양 당사자의 원상회복의무는 동시이행의
관계에 놓인다고 주장하였다. 따라서 임대차의 기간이 종료한 경우
임차인의 임차물반환의무와 임대인의 보증금반환의무는 동시이행관
계에 있다고 해석된다고 한다.[87]

(나) 남효순 교수

남효순 교수는 동시이행의 항변권을 인정하는 실질적인 근거는 '이
행에 있어서의 공평'이라고 보았다. 비록 채무가 서로 대가적이거나
쌍무관계에 있다고 하더라도 상대방의 채무가 아직 변제기에 있지
않고 일방 채무만이 변제기에 있는 경우에는 동시이행의 항변권이

---

86) 박영목, 사정변경으로 인한 등가관계 장애의 법적 해결, 443면.
87) 이은영, 쌍무계약과 동시이행의 항변권, 고시연구 14권 7호(1987), 125면.

인정되지 않는다고 한다. 그리하여 민법 제633조(임대차에 있어서 차임의 후불)에 의하여 선이행의무가 있는 임대인은 동시이행의 항변권이 인정되지 않는다고 한다.[88]

또한 동시이행의 항변권이 쌍무계약의 전형적인 효력이기는 하지만 쌍무계약에만 특유한 제도는 아니라고 한다.[89] 두 개의 채무가 하나의 쌍무계약에서 발생한 것이 아니더라도 하나의 법률요건으로부터 발생하여 서로 관련되어 있기 때문에 동시에 이행하는 것이 공평이념에 부합하는 경우에는 동시이행의 항변권이 인정된다고 한다. 그리하여 쌍무계약 이외에 쌍무관계가 성립하는 예로서, 임대차계약기간이 만료된 경우 임대인의 보증금반환의무와 목적물반환의무 간의 동시이행관계를 든다.[90] 이 경우 임대인이 보증금반환의무의 이행제공을 하지 아니하는 한 임차인의 점유는 불법점유가 아니어서 임차인은 이에 대한 손해배상의무가 없으며 또한 임차인이 그 점유로 인하여 얻은 이익이 없다면 부당이득반환의무도 성립하지 않는다고 한다.

(3) 위험부담

이은영 교수는 임차목적물의 일부 멸실의 경우 차임감액청구권이 발생하고 계약목적의 달성불능의 경우 계약해지권이 있음을 규정하는 민법 제627조는 매매에 관한 민법 제572조와 같은 취지의 규정이라고 한다. 이 때의 차임감액청구권(민법 제627조 제1항)은 실제는 청구권이 아니고 위험분담제도(민법 제537조)에 의해 대금이 감액되었음을 주장하는 효과를 가질 뿐이라고 한다. 위험분담제도는 원칙적으로 쌍무계약의 상환적 채무의 존속상의 견련성을 구체화한 것이므

---

88) 남효순, 동시이행관계의 본질 및 내용, 민법학논총 제2(후암 곽윤직선생 고희 기념논문집), 1995, 335면.
89) 남효순, 동시이행관계의 본질 및 내용, 330면.
90) 남효순, 동시이행관계의 본질 및 내용, 332면.

로, 일부불능의 경우에도 그 원칙을 관철하여 차임감액청구권의 범위
에서 당연히 반대급부의무도 감축된다고 해석하는 것이 옳다는 것이
다.91)

(4) 유상계약

김증한 교수는, 임대인이 사용대주와 달리 목적물의 상태유지의무
(민법 제623조)나 비용상환의무(민법 제626조)를 부담하는 것은 임
대차가 유상이기 때문이라고 하였다.92) 고영남 교수는 이처럼 임대
차의 유상계약성에 근거한 설명은 본질적으로는 계약당사자들의 意
思에서 규범의 근거를 찾는 것이라고 한다.93) 그런데 임대인이 목적
물의 사용과 수익에 필요한 상태를 계약기간 내내 유지할 의무를 부
담하는 이유는, 임대인이 그렇게 하자고 약정하였기 때문이 아니라,
임차인으로부터 그에 상당하는 차임을 수령하거나 그럴 예정이기 때
문이라고 한다.94) 따라서 임차목적에 맞기 목적물의 사용과 수익에
필요한 상태를 유지하기 위한 부담은 그것이 비록 계약체결 이후의
것이라 하더라도 전적으로 모두 임대인의 몫이라고 한다(민법 제626
조 제1항). 사용대차의 경우 차주가 차용물의 통상필요비를 부담(민
법 제611조 제1항)하는 것은, 사용차주가 차용물을 사용·수익한다고
해서 사용대주가 어떤 이득도 향유하지 않기 때문이라고 한다.

유익비상환청구권은 계약관계가 종료할 때 임차인과 사용차주 양
자에게 인정되는데, 목적물의 가액을 증가시키는 임차인이나 사용차
주의 행위가 임대인이나 사용대주에게 이득이 되기 때문이라고 한다.

---

91) 이은영, 위험의 분담과 이전, 인권과 정의 133호(1987), 64면.
92) 김증한, 민법대의, 391면.
93) 고영남, 계약규범 재구조화를 위한 가치다양성: 민주주의의 관점에서, 제9회
    한국법률가대회 제3세션 제4분과 세미나 자료집, 한국법학원, 2014, 64면.
94) 고영남, 계약규범 재구조화를 위한 가치다양성, 64면.

이는 당사자의 약속 내지 의사의 가치로써는 도저히 정당화할 수 없는 규범이라고 한다. 따라서 임대인 등의 동의가 없거나 그의 개별적 의사에 반하더라도 가액증가의 이득이 존재하는 한 그는 유익비를 상환하여야 하는 것이라고 한다.[95]

주택이나 상가건물의 임차인이 부담하는 차임지급의무 역시, 임대차계약을 스스로 체결하였다는 데에서 나오는 것이 아니라, 해당 주택을·사용수익함으로써 임차의 목적을 달성하는 등 일정한 이득을 얻었기 때문이라고 설명한다.[96] 주택임대차보호법(제7조)이나 상가건물임대차보호법(제11조)이 규정하는 차임증감청구권의 근거도, 종래의 계약과 달리 임차인이나 임대인이 이득을 더 얻었다면 그에 상당하는 임료를 지급하거나 반환해야 한다는 데에서 구한다.[97]

결론적으로 계약관계 여부를 떠나서[98] 일방이 너무 많이 갖게 되고 그 반면에 상대방은 너무 적게 가지는 경우 正義는 교환의 등가성을 회복하기 위하여 일방에게 넘치는 부분만큼은 타인에게 넘김으로써 달성된다고 한다.[99]

2. 전대차

김증한 교수는 전전세와 전질의 경우와는 달리, 전대차에서는 임차인의 책임가중 문제가 생기지 않는다고 논한 바 있다.

---

95) 고영남, 계약규범 재구조화를 위한 가치다양성, 64면.
96) 고영남, 계약규범 재구조화를 위한 가치다양성, 62면.
97) 고영남, 계약규범의 재구조화를 위한 가치다양성, 63면.
98) 최봉경, 개념과 유형, 법철학연구 제6권 1호(2003), 13면도 민법 제201조 내지 203조, 제261조, 제548조 제1항, 제587조, 제626조, 제739조 제1항, 제748조를 통일적으로 이해할 수 있도록 매개하는 가치체계는 부당이득법의 사상이라고 한다.
99) 고영남, 앞의 논문, 69면.

후속연구에서 임대인의 동의하에 임차물을 전대한 임차인의 책임 문제는, 전차인의 과책으로 목적물이 멸실·훼손된 데 대하여 임차인에게도 채무불이행책임을 물을 수 있는가 하는 문제를 중심으로 다루어졌다. 학설은 민법 제391조를 적용함으로써 전차인을 임차인의 이행보조자 내지 이용보조자로 보아 전차인의 과실에 대한 전 책임을 귀속시키는 견해[100]와, 이행대행자로 보아 전차인의 선임·감독상의 과실에 대해서만 임차인에게 책임을 귀속시키는 견해[101]로 나뉘었다. 후자의 견해는 임대인이 자기 의사에 의해 전차인을 받아들였다면 그러한 편입으로 인한 위험도 어느 정도 감수하여야 할 것이라는 데 그 근거를 두고 있다. 반면 전자의 견해에서는 임대인의 동의는 임차인의 사용·수익의 확장을 허용하는 것일 뿐 전차인의 개입으로 인한 위험을 스스로 부담한다는 의미는 없다고 반박한다.

신국미 교수는 위 두 견해가 모두 우리 전대차법의 체계 및 형평성, 실제 거래관념에 부합하지 않는 해석론이라고 비판하였다. 그는 임대인의 동의가 있는 전대차의 경우 민법 제630조, 제631조 등의 규정에 의해 임대인과 전차인간에 직접적으로 법률관계가 성립한다는 데 착안하여, 전차인을 임대인의 공동임차인으로 파악한다.[102] 그에 따르면 임차물의 멸실·훼손시 전차인과 임차인은 임대인의 공동임차인으로서 제654조에 의해 제616조를 준용함으로써 임대인에 대하여 법정연대책임을 부담한다고 한다.

---

100) 양창수, 이행보조자의 의미와 구분에 관한 약간의 문제, 민법연구 제4권, 박영사, 1997, 195면; 이은영, 채권각론, 2005, 438면.
101) 김형배, 채권각론, 2001, 484면; 곽윤직, 채권각론, 2003, 210면.
102) 신국미, 전차인의 과실과 임차인의 책임, 민사법학 제31호(2006), 490면.

3. 주택임대차보호법

(1) 입법론

(가) 주택임대차보호법의 한계

2000년대에 들어와 주택임대차보호법의 한계를 지적하는 주장이 제기되었다.[103] 주택임대차보호법에 의한 국가의 개입은 주택문제를 근원적으로 해결한다거나 노동자와 서민들의 주거권을 확보할 수 있는 실질적 조치라고 볼 수 없다는 것이다. 주택임대차보호법은 국가의 책임을 사인에게 떠넘기는(임대인의 사회경제적 지위를 따지지 않고 그의 권리를 제한하고 임차인에게는 고액의 임대료부담을 지우는) 법이라고 비판하였다. 필자도 주택임대를 개인들에게만 맡길 것이나 국가나 지방자치단체, 대학교 따위가 주택을 소유하여 임대하는 비중을 높여야 한다고 주장하였다.[104]

(나) 민법과의 통합 여부

주택임대차보호법에 대하여 꾸준히 제기된 논제 중 하나는 주택임대차보호법(과 상가건물임대차보호법[105])을 민법에 흡수하여야 하는가 하는 문제인데, 여전히 찬반양론이 대립하는 상황이다.[106]

---

103) 고영남, 주택임대차보호법의 한계와 공공성의 포기, 민주법학 23호(2003), 140면.
104) 이은희, 영국의 차임규제에 관한 연구, 554면.
105) 2001년말에 제정되었다.
106) 통합을 반대하는 취지의 논문으로 민일영, 주택임대차보호법에 관한 제문제, 민사판례연구 제12집(1990), 민사판례연구회, 485면 참조. 통합을 찬성하는 취지의 논문으로 이은영, 계약법의 사회적응과 개선방향, 민사법학 9·10호(1993), 510면; 윤철홍, 상가건물임대차보호법의 주요내용과 문제점, 법률신문 제3047호(2002. 1. 31), 법률신문사 참조.

(2) 해석론과 개정론

(가) 주택임대차보호법의 적용범위

1999년에 주택임대차보호법이 개정[107]된 이후에는 주택임대차보호법이 정말 보호하여야 할 자를 보호하는 것인지 하는 의문이 제기되었다. 고액의 임대차보증금을 제공하고 값비싼 주택을 임차한 사람들과 자신 소유의 주택을 가지고 있으면서 주택을 임차한 사람들을 보호할 필요가 없는데, 주택임대차보호법이 주택임차인이면 일률적으로 보호하는 것은 잘못이라는 것이다.[108] 고액의 임대차보증금을 제공하고 값비싼 주택을 임차한 사람들을 제외하자면 상가건물임대차보호법 제2조를 본따서 주택임대차보호법 제2조를 개정하면 될 것이다. 그러나 필자는 이에 반대하였다.[109] 값비싼 주택이든 값산 주택이든 임차인의 주거이기 때문이다. 자신 소유의 주택을 가지고 있으면서 주택을 임차한 사람들을 제외하는 방안 역시 필자는 반대하였다. 그 임차인의 주거는 자신이 소유하고 있는 주택이 아니라 임차한 주택이기 때문이다.

(나) 임차권의 대항력

주택임대차보호법이 정하고 있는 '점유'라는 대항요건이 민법상의 '등기'라는 대항요건에 비하여 공시기능이 약하다는 점은 계속하여 논란거리가 되었다. 그리하여 임대인의 협력을 얻을 필요가 없이 손쉽게 갖출 수 있으면서도 공시기능을 제대로 발휘할 수 있는 방안으로서 주택임대차등록부,[110] 임차권등기의 단독신청,[111] 촉탁등기[112]

---

107) 임대차등기명령제도가 도입되었다(제3조의 3).
108) 김 연, 부동산임차인의 강제집행절차상의 지위, 민사소송 3권(2000), 344면, 365면.
109) 이은희, 주택임차인 보호의 근거와 방법, 아세아여성법학 제12호(2009), 90면.
110) 유원규, 주택임차권의 공시방법, 이십일세기 한국민사법학의 과제와 전망, 심

등이 제안되었다.

(다) 소액보증금의 보호

1999년에 주택임대차보호법이 개정된 이후, 시간적으로 앞선 권리가 우선한다(first in time rule)는 일반원리에 반한다는 이유로 소액보증금보호를 폐지하자는 견해[113]가 등장하였다. 이에 대하여 필자는 소액임차보증금은 다른 대출금과는 성질이 다르므로 소액임차인 우대는 타당하다는 견해를 발표하였다.[114] 저당권자는 대출상품을 구매할 소비자를 많은 수의 잠재고객 중에서 선택할 수 있지만, 소액임차인은 규모나 지역이나 가격 면에서 임대주택의 선택여지가 한정적이기 때문에, 요건을 먼저 갖춘 자를 우대한다는 동일한 기준을 서로 다른 종류의 채권자에게 적용하는 것은 부당하다고 주장하였다. 또한 소액보증금 보호는 임차인이 생활근거지를 크게 벗어나지 않고도 최소한의 대체주거를 마련할 수 있도록 하는 사회적 배려임을 강조하였다.[115]

(라) 임대차기간과 갱신

1) 갱신의 근거

주택임대차보호법은 임대차기간이 만료하기 1개월 전까지 임대인

당 송상현선생 화갑기념논문집, 박영사, 2002, 226면.

111) 이은희, 임대차법의 현황과 과제, 민사법학 특별호(제36호), 박영사, 2007, 447면.

112) 류창호, 주택 및 상가임차권의 공시에 관한 연구, 법학논총(전남대학교 법학연구소) 33집 2호(2013. 8), 129면.

113) 김 연, 부동산임차인의 강제집행절차상의 지위, 민사소송 3호(2000. 2), 한국민사소송법학회, 367면.

114) 이은희, 임대차법의 현황과 과제, 453면.

115) 이은희, 임대차법의 현황과 과제, 452면.

이 상대방에게 갱신거절의 통지를 하지 아니하거나 계약조건을 변경하지 아니하면 갱신하지 아니한다는 뜻의 통지를 하지 아니한 경우 그 기간이 끝난 때에 전 임대차와 동일한 조건으로 다시 임대차한 것으로 본다(제6조 제1항). 여기서 새로이 임대차관계가 성립하는 근거가 무엇인가에 대해, 고영남 교수는 임대인의 침묵이 야기한 임차인의 '신뢰'를 든다.116) 원인행위를 제공한 사람(임대인)은 신뢰를 한 사람(임차인)보다 사회경제적으로 우월한 지위 또는 정치적 다수자의 위치에 있으므로 비록 약속 내지 의사로 인한 약정이 없더라도 신뢰로 인한 계약규범의 형성을 수용하는 관대함이 규범적으로 요청된다고 한다.117)

2001년 말에 제정된 상가건물임대차보호법은 전체 임대차기간이 5년을 초과하지 않는 범위에서 임차인이 계약갱신을 요구하면 임대인은 정당한 사유 없이 이를 거절하지 못하도록 하였다(제10조). 그리하여 임대차관계가 여러 차례 갱신되는 근거는 무엇인가? 고영남 교수는 상가건물 임차인은 초기투자 자본을 회수하기 위한 최소한의 존속기간이 매우 필요하다는 점 등이 그 근거라고 하면서 이 역시 일종의 '신뢰'라고 한다.118)

2) 개정론

상가건물임대차법과 달리, 주택임대차보호법은 계약기간이 끝난 이후의 계약갱신은 임대인과 임차인의 사적 자치에 맡겨 두고 있다. 하지만 주택임차인의 주거안정을 위해서는 무엇보다도 임대차계약기간이 끝난 이후 적정한 조건으로 계약갱신이 적정하게 이루어져야 한다.119) 그리하여 상가건물임대차보호법에서 규정하는 바와 같은

---

116) 고영남, 계약규범 재구조화를 위한 가치다양성, 71면.
117) 고영남, 계약규범 재구조화를 위한 가치다양성, 78면.
118) 고영남, 계약규범 재구조화를 위한 가치다양성, 72면.

계약갱신요구권을 주택임차인에게도 인정하자는 주장이 제기되었다.[120]

(마) 차임 등 증액청구의 제한

임대보증금과 차임은 임대인에게나 임차인에게나 매우 중요한 계약조건이다. 하지만 주택임대차보호법은 사정변경으로 인한 차임증액의 경우(제7조) 외에는 차임 또는 보증금액에 대한 통제를 하지 않는다. 필자는 예외적으로 높은 차임으로부터 임차인들을 보호하는 수준의 차임규제는 이루어져야 함을 주장하였다.[121] 이자제한법이 이자율의 상한을 정하듯이, 임대주택의 기본가치의 일정퍼센트로 최고차임(maximum rent)을 정하는 것이 바람직하다고 하였다.

(바) 주택임차권의 승계

김증한 교수는 주택임차권의 승계를 규정한 주택임대차보호법 제9조의 입법의도가 동거가족의 주거안정에 있음을 강조한 바 있다.

안영하 교수는 상속인이 가족공동생활을 하고 있지 않는 경우에 상속인의 상속권보호문제와 동거가족의 주거권의 보호문제가 상충하게 된다고 주장하였다.[122] 따라서 주거권과 재산적 권리(임차보증금 반환채권)를 분리하여 승계 또는 상속케 하는 것이 합리적인 해결방안일 것이라고 제안하였다.

---

119) 고상룡, 주택임대차보호법의 민법화에 관한 의문점, 법률신문 제1408호 (1981. 8), 5면.
120) 고영남, 주택임대차보호법의 한계와 공공성의 포기, 민주법학 23호(2003), 161면; 이은희, 상가건물임차인의 계약갱신요구권, 민사법학 26호(2004), 140면.
121) 이은희, 영국의 차임규제에 관한 연구, 민사법학 제34호(2006), 554면.
122) 안영하, 주택임대차보호법 제9조에 의한 임차권의 승계, 비교사법 제15권 2호 (2008), 231면 이하.

(3) 실태조사

김증한 교수가 그 필요성을 주장하였던 주택임대차 실태조사는 한국소비자보호원과 한국법제연구원이 행하였다.[123]

(가) 한국소비자보호원

한국소비자보호원은 1988년 8월에 행한 임대차실태조사를 바탕으로 ① 적기의 전세금반환확보방법이 미비하고 ② 차임 또는 보증금 등의 무리한 인상요구에 대한 규제가 미비하며 ③ 선순위 담보권이 설정된 집에 입주한 후 설정된 후순위담보권의 실행으로 인한 피해로부터의 구제방법이 미비하고 ④ 주민등록 전입신고를 하지 않거나 늦게 하여 피해가 발생하며 ⑤ 전세권등기가 어려우며 ⑥ 영세소형 상가의 피해구제방법이 미비하며 ⑦ 전세계약의 최소보장기간이 1년으로 되어 있어 보증금인상의 주원인이 되고 있으며 ⑧ 소액보증금의 보호한도액이 적정하지 않으며 ⑨ 부동산중개인의 사기행위 등에 대한 규제가 미비하며 ⑩ 주택임대차보호법의 홍보 및 세입자의 권리의식이 미약하다는 점을 지적하였다.[124]

이러한 지적사항 중 ③과 ⑦, ⑧은 1989년의 주택임대차보호법 제2차 개정에 반영되었다. 즉 대항요건을 갖춘 임차인이 후순위권리자보다 보증금을 우선변제받을 권리에 관한 규정(제3조의 2)을 마련하였고, 임대차의 기간이 정함이 없거나 2년 미만인 때에는 그 기간을 2년으로 보았으며(제4조 제1항), 소액보증금 보호에 관한 규정도 개정하여, 주택임차인은 일반적으로 일정액의 범위에서 최우선변제권을 가지는 것으로 하되 그 보호를 받는 임차인과 우선변제를 받는 보증

---

123) 그밖에 박운길, 우리의 주택임대차계약에 관한 실제적 고찰, 법학논총(조선대 법학연구소) 4집(1998).
124) 한국소비자보호원 국민생활법령정비위원회, 주택임대차실태조사결과보고서 (1988. 9), 17~22면.

금액의 구체적인 범위는 대통령령으로 정하게 하였다(주택임대차보호법시행령 제3조, 제4조).

한국소비자보호원은 1990년에도 "주택임차실태조사"를 실시하여 대도시 임차가구의 실태 중 거주과밀, 저수준임차주택거주, 임차가구의 집단동거현상, 높은 임대료수준, 부당한 임대료 지불, 임차가구의 주거불안정, 피해 및 분쟁 등 임차가구가 갖는 여러 문제를 파악·분석함과 아울러 시장표준임대료를 산정하고 임차가구의 주택구매력을 판단하였다. 또한 임차주택서비스소비자로서의 주택임차인 보호를 위해 주택정책에 따른 복지정책의 채택과 임차정책을 제시하고 주택임차가구의 문제점 개선 및 제반제도 개선방향을 제시하였다.[125]

(나) 한국법제연구원

한국법제연구원은, 소비자보호원의 위 연구는 법학의 측면이 아닌 경제학의 측면에서 수행되어 법적 관점에서는 부족한 점이 있었다고 지적하면서,[126] 현실에 적합하고 본래의 목적을 달성할 수 있는 주택임대차보호법의 운용방안을 모색하기 위하여 1993년 10월 하순에 서울에서 현지조사를 하였다. 그 결과를 바탕으로 민법의 관련내용과 주택임대차보호법의 적용실태와 법과 현실의 차이를 규명하고 주택임대차보호법의 개선방향을 모색하는 연구보고서[127]를 발간하였다.

---

125) 김종구, 주택임차인보호에 관한 연구, 한국소비자보호원, 1991.
126) 가령 주택임대차관계의 일방 당사자인 임차인에 대한 연구만 수행되었고 다른 당사자인 임대인에 대한 조사·연구는 없었다는 점을 지적한다.
127) 한국법제연구원, 주택임대차실태에 관한 연구, 1993.

(4) 비교법적 연구

(가) 국회사무처 입법조사국

1964년에 "일·독·영·불의 차지차가법"이란 단행본을 발간한 바 있는 국회사무처 입법조사국은 1990년에 미국, 일본 등 주요국의 주택임대제도를 소개하는 책자를 발간하였다.[128] 1964년과는 달리, 미국의 주택임대제도를 소개하고 있다는 점이 눈에 띤다. 그러나 총 47면에 걸친 미국편 서술의 대부분은 주택정책에 관한 것이고 주택임대법제에 관한 부분은 3면에 불과하다. 참고문헌도 모두 한국주택은행, 대한주택공사, 국토개발연구원에서 발간된 책들로서 법 관련 문헌은 찾아볼 수 없다. 독일[129]편을 보면 여전히 1983년 임대차법을 소개하고 있으나 김증한 교수의 글보다 이해하기가 더 쉽다. 김증한 교수는 개정내용을 중심으로 소개하다보니, 전체적인 개관이 이루어지지 못하였기 때문이다. 하지만 우리 임대차법에의 시사점을 검토하는 데까지 이르지 못한 것은 김증한 교수와 마찬가지였다.

(나) 일본법

국회사무처의 "주요국의 주택임대제도"는 주로 1941년에 개정된 '차가법'의 내용을 소개하였으나, 일본은 1991년에 종래의 '차지법'과 '차가법'을 통합한 '차지차가법'을 제정하였다. 이에 관한 개략적인 소개는 永田 眞三郎, "일본의 차지차가법"[130]에서 신속하게 이루어졌고, 상세한 소개는 김진현, "우리 주택임대차제도의 문제점에 관한 비교법적 연구"[131]와 김성욱, "일본 차지차가법의 시사점과 도입가능성

---

128) 국회사무처 입법조사국, 주요국의 주택임대제도, 입법참고자료 제273집, 1990.
129) 1990년 10월에 서독과 동독이 통일이 되었기 때문에 1990년 12월에 발간된 위 책자는 '서독'이라는 표현 대신 '독일'이라는 표현을 사용하고 있다.
130) 토지법학 8(1992), 한국토지법학회, 83~87면.

에 관한 고찰"132)에서 이루어졌다.

김진현 교수와 김성욱 교수는 일본의 정당한 사유제도(차지차가법 제28조)가 임차권의 존속 보호와 관련하여 중요한 사회적 기능을 담당하고 있다는 점을 설명하고133) 우리 주택임대차보호법에 도입할 것을 제안한다.134)

(다) 독일법

1) 1983년법

김상용 교수는 "한국과 독일에서의 주거임차료규제에 관한 비교고찰"135)에서 임차기간 보장과 관련하여 우리 주택임대차보호법과 독일민법(제556조의a, 제556조의b, 제556조의c, 제564조의a)의 차이를 간단히 언급한 후, 임차료의 인상규제에 관한 독일의 제도를 자세히 소개하였다. 그리고 우리나라에서도 독일에서와 같은 임차료기준(Mietspiegel)표의 작성 공고의 방법에 의해서 임차료의 적정유지를 유도해 나갈 수 있으리라고 제안하였다.136)

소재선 교수는 "독일민법상 주택임대인의 해지제도와 사회적 조항"137)에서 임대인의 해지에 대한 임차인의 이의(제564조의b) 제도를 자세히 소개하고 통일 후 구동독지역에서는 1992년말까지 강화된 해지보호규정이 적용되고 있다는 점138)을 알려주었다.

---

131) 민사법학 13·14호(1996), 349~447면.
132) 동북아법연구(전북대학교) 제5권 제1호(2011. 5), 99~120면.
133) 김진현, 앞의 논문, 420면.
134) 김성욱, 일본 차지차가법의 시사점과 도입가능성에 관한 연구, 113면.
135) 법학논총(한양대학교) 8집(1991), 219~231면.
136) 김상용, 한국과 독일에서의 주거임차료규제에 관한 비교고찰, 229면.
137) 경희법학(경희대학교) 28권 1호(1993), 159~184면.
138) 소재선, 독일민법상 주택임대인의 해지제도와 사회적 조항, 167면.

2) 1993년법

1993년에 Kohl 연립정권은 통독을 전후로 임대차법상 문제가 되어왔던 부분을 대폭 개정하였는데, 소재선 교수는 "독일의 제4차 개정 주택임대차법의 내용과 문제점 소고"[139]와 "민사법학 방법론으로서 기능적 접근방법의 모색"[140]을 통해 이 소식을 신속하게 전하였다. 김진현 교수는 "우리 주택임대차 제도의 문제점에 관한 비교법적 연구"[141]에서 당시의 현행법인 1993년법을 소개하였다. 그 주요내용은 다음과 같다.

첫째, 종래 독일민법 제541조의b 제1항에서 규정하고 있던 임차인의 개량조처인용의무를 수돗물절약을 위한 수도계량기의 설치에까지 확장하였다. 둘째, 제549조의 a를 신설하여 소유자가 아닌 임대인으로부터 주택을 임차한 임차인을 보호하였다. 셋째, 1983년법은 비교대상이 되는 차임을 최근 3년간의 것에 한정하였는데, 1993년법은 이를 최근 4년간의 것으로 연장하였다. 그 결과 조정차임의 수준이 감소하게 되었다.

3) 2001년법

독일은 통일 후 10여년이 경과하면서 임대차와 관련하여 양극화현상이 뚜렷하게 나타났다. 즉 구동독지역은 비어 있는 집이 많은 반면 구 서독의 대도시에서는 차임이 폭등하였다. 이러한 사회적 갈등을 해소하기 위해 독일은 2001년에 다시 임대차법을 개정하였다. 이 개정 소식 역시 소재선 교수가 "독일 임대차현대화법(2001개정)의 과제와 전망"[142]을 통해 전하였으며, 양창수 교수는 "독일민법전" 개정판

---

139) 경희법학(경희대학교) 29권 1호(1994), 251~286면.
140) 경희법학(경희대학교) 29권 2호(1995), 87~121면.
141) 민사법학 13·14호(1996), 349~447면.
142) 성균관법학(성균관대학교) 제16권 제3호(2004), 73~90면.

을 통해 새로운 조문을 소개하였다.[143] 권대우 교수도 "임차인의 주거권보장과 주택임대차보호법 개정방향"[144]에서 현행법으로서의 2001년법을 소개하고 있다. 그 주요내용은 다음과 같다.

(i) 차임: 2001년법은 차임상한법의 규정을 민법전 안의 하나의 항(제556조부터 제561조)으로 들여오고 그 지역의 일반적 차임수준 (ortsübliche Verglichesmiete)의 확정을 용이하게 하였다. 현 차임이 15개월간 지속되었고 그 지역의 일반적 차임수준(ortsübliche Verglichesmiete)에 미달할 때에는 임대인은 그 수준으로 차임을 인상할 것을 요구할 수 있다(독일민법 제558조 제1항). 그러나 3년 이내에 20%[145]를 초과하여 인상하지 못한다(독일민법 제558조 제3항). 차임기준표(Mietspiegel)는 지방자치단체와 임대인, 임차인의 대표들이 모여 정하며 2년에 한번씩 수정한다.

(ii) 해지기간: 2001년법은 해지기간을 종전보다 단축하였다(제573조 이하). 임대인과 임차인을 위한 해지기간은 대략 3개월정도이며 임대차계약기간이 5년이 지나면 임대인을 위한 해지기간은 6개월로, 또 8년이 지나면 9개월로 연장된다(독일민법 제573조의 c). 임차인이 해지하는 경우와 임대인이 해지하는 경우에 해지기간을 달리한 것은, 임차인의 이익이 보다 중대한 점을 고려했기 때문이라고 한다.[146]

(iii) 관리비: 관리비의 투명성을 높이는 개정이 이루어졌다.[147] 관리비는 주거면적의 비율에 따라 산정되는 것으로 하고, 그 발생여부가 임차인에 의한 소비 또는 원인유발에 달려 있는 관리비는 그 사용

---

143) 양창수, 독일민법전, 박영사, 2002년판 서문 참조.
144) 법학논총(한양대학교) 제28집 제4호(2011), 235~258면.
145) 종래 30%이었던 것을 강화한 것이다.
146) 소재선, 독일임대차현대화법의 과제와 전망, 83면.
147) 소재선, 독일임대차현대화법의 과제와 전망, 84면.

또는 원인유발의 차이를 고려한 기준에 따라 산정하는 것으로 하였다(독일민법 제556조의 a). 관리비를 일괄정액으로 정한 경우 임대인은 관리비용의 증가분을 문면방식으로 하는 의사표시로써 임차인에게 비율적으로 할당할 수 있도록 하였다(독일민법 제560조).

(ⅳ) 임차권의 승계: 종래 임차권의 승계는 임차인의 배우자와 가족에 한정되었다(구민법 제569조의 a). 하지만 수백만쌍이 법적인 혼인관계 없이 없이 동거생활을 하는 현실을 감안하여, 2001년법은 임차인과 계속적으로 공동생활을 하고 있던 사람이 임차권을 승계할 수 있도록 하였다(독일민법 제564조 제2항).148) 반면 임차인의 주택에서 동거하지 않은 상속인에게는 임대인이 정당한 이익 없음을 고지할 수 있도록 하였다(독일민법 제564조).

(ⅴ) 정기임대차: 종래에 기간의 정함이 있는 임대차는 2종류가 있었다. 즉 갱신가능성이 있는 경우와 갱신가능성이 배제되는 경우가 있었다(구 민법 제564조의 c). 2001년법은 전자를 폐지하고 갱신가능성이 배제되는 경우만을 인정하였다.149)

정기임대차는 ① 임대인 자신이나 가족이 사용하기 위하여, ② 임대목적물인 주택을 개보수하기 위하여, ③ 직원용 주택과 같이 피용자를 위하여 제공해야 하는 경우에만 가능하다(제575조).

(라) 프랑스법

법제처가 "서독민법전"150)을 번역하여 발간한 것이 1966년인데, 그로부터 10년이 지난 1977년에 "프랑스민법전"151)이 번역되어 발간되었다. 그만큼 프랑스민법에 대한 연구는 독일민법에 대한 연구에 비

---

148) 소재선, 독일임대차현대화법의 과제와 전망, 86면.
149) 소재선, 독일임대차현대화법의 과제와 전망, 86면.
150) 법제처, 서독민법전, 법제자료 제26집, 1966.
151) 법제처, 프랑스민법전, 법제자료 제87집, 1977.

해 미진하였다.[152]

국회도서관 입법조사국에서 1964년에 발간한 "일독영불의 차지차가법"은 프랑스의 차가특별법으로서 1918년법, 1922년법, 1926년법, 1948년법을 소개하였으나, 법제처가 1978년에 발간한 "각국의 주택관계법"에서는 프랑스법을 전혀 소개하지 않았다.

국회사무처가 1990년에 발간한 "주요국의 주택임대제도"에서는 1989년 임대관계개선을 위한 법률[153]을 중심으로 프랑스의 주택임대차제도를 소개하였다. 1989년법은 2014년에 크게 개정되었으며 그에 대한 소개는 다음해 이루어졌다.[154]

IV. 결

지금까지 김증한 교수의 임대차론을 살펴보고 그와 관련된 후학들의 연구성과를 소개하였다. 끝으로 임대차분야와 관련된 김증한 교수의 업적과 한계에 관하여 생각해보고자 한다.

"임대차의 쌍무계약성"과 "권리의 중층구조"는 김증한 교수의 논리적 측면을 잘 보여주는 논문이라고 생각한다. 수학을 좋아했다는[155]

152) 김욱곤, 한국과 프랑스간의 민사법교류사, 세계화지향의 사법: 그 배경과 한국과 프랑스의 적응, 고려대학교 법과대학 100주년 프랑스민법전 200주년 기념 국제학술회의 자료집(2005), 110면.
153) 조문 번역은 법제처, 최근외국입법동향 통권 95호(1990), 36~58면에 실려 있다.
154) 이은희, 프랑스법상 주택임대차에 관한 연구, 법학연구(충북대학교) 제26권 제1호(2015. 6), 27면 이하.
155) 서 민, 청헌 김증한 교수의 생애, 2014년 민사법학회 추계학술대회 자료집, 176면.

김증한 교수가 전전세와 전질, 전대차에서 같은 점과 다른 점을 찾아
내는 모습은 교집합과 차집합을 찾아내는 수학자와 같은 모습이다.
논리성은 설득력 있는 논증의 가장 기본적인 요건이기 때문에 그와
같은 연구자세는 후학들에게 귀감이 되었다고 생각한다. "1983년의
서독 신임대차법"에서 보여준 김증한 교수의 성실하고[156] 겸허한[157]
자세 역시 후학들에게 귀감이 되는 것이다.

김증한 교수는 "민법의 분해"에서는 임대차뿐 아니라 고용, 도급을
다루고 있는데, 그 셋을 선택한 이유는 민법과 특별법의 관계를 고찰
하기 위해서였다. 결론에서 일반법으로서의 민법에 대한 애착을 보이
기는 하나, 특별법을 결코 도외시하지 않는 태도를 보여주는 글이다.
김증한 교수는 늘 규율대상인 사회현실을 중시하는 태도를 가지고
있었으므로,[158] 특별법에 관심을 기울이는 것은 자연스러운 일이었
다고 생각한다. 후학들도 이러한 태도를 본받아 적어도 임대차와 관
련하여서는 특별법에 대해 계속적인 관심(해석론, 개정론 등)을 기울
일 수 있었다.

또한 김증한 교수 자신이 임대차에 관한 실태조사를 행한 것은 아
니나, 실태조사를 중시하였던 것은 임대차법과 관련하여 중요한 가르
침이었다고 생각한다. 한국법제연구원이 1993년에 임대차실태조사를
실시한 것도 필시 그 영향을 받았으리라 생각한다.

한편 김증한 교수는 "임대차의 쌍무계약성"에서 주관적 등가성론
을 취하고 있는 바, 그 후 "1983년의 서독 신임대차법"에서 소개한 차
임인상규제제도에 대하여는 과연 어떠한 의미를 부여할 것인지 의문

---

156) 김증한 교수가 이 글을 발간할 당시 서울대학교를 정년퇴임하고 동아대학교
    법과대학 학장직을 수행하고 있었다는 점을 생각하면, 외국의 개정법률에 관
    하여 45면에 이르는 글을 발표하였다는 것은 대단한 일이다.
157) 김증한 교수는 서두(266면)에서 "오역 내지 적당치 않은 번역이 상당히 있지
    않을까 염려된다"고 말하고 있다.
158) 안이준 편, 한국민법학의 진로, 한국법학의 증언, 교육과학사, 1989, 140면 참조.

이다. 김증한 교수는 "1983년의 서독 신임대차법" 서두에서 임대차법은 사회법인 동시에 고도로 정치적인 법이라고 말할 뿐, 임대인에게 유리하게 개정된 1983년법을 지지한다거나 반대한다거나 하는 평가를 내리지 않고 있다. 또한 우리 법에의 시사점에 관하여도 아무런 언급이 없다. 민법전 제정시 임차인보호가 강화된 점 및 주택임대차보호법이 제정, 개정된 점에 대해 긍정적으로 평가하는 태도로 보아 김증한 교수가 임차인보호의 필요성을 공감하고 있었던 것은 명백하다. 그러나 과연 어떤 근거에서 어느 정도까지 보호해야 하는가 하는 문제에 대하여는 김증한 교수가 숙고하지 않았다고 생각한다. 지금까지 우리 임대차법이 차임규제에 소극적이었던 것도 위와 같은 태도의 영향 하에서 행해진 일이 아닐까? 이를 극복하려는 노력이 여러 학자들에 의해 행해지고 있는 것은 고무적인 일이라고 생각한다.

〈참고문헌〉

곽윤직, 채권각론, 박영사, 2003

국회사무처 입법조사국, 주요국의 주택임대제도(입법참고자료 제273집), 1990

김종구, 주택임차인보호에 관한 연구, 한국소비자보호원, 1991

김증한, 민법대의, 박영사, 1990

김형배, 채권각론, 박영사, 2001

법제처, 서독민법전(법제자료 제26집), 1966

_____, 프랑스민법전(법제자료 제87집), 1977

_____, 각국의 주택관계법(법제자료 제100집), 1978

_____, 최근외국입법동향 통권 95호, 1990

안이준 편, 한국법학의 증언, 교육과학사, 1989

양창수, 독일민법전, 박영사, 2005

윤천희, 신주택임대차보호법, 현대문예사, 1981

이은영, 채권각론, 박영사, 2005

한국민사법학회, 민사법개정의견서, 1982

한국법제연구원, 주택임대차실태에 관한 연구, 1993

한국소비자보호원 국민생활법령정비위원회, 주택임대차실태조사결과보고서, 1988

고상룡, 주택에 관한 임대차제도 〈3〉 〈4〉, 법률신문 제1323호, 제1324호 (1979)

_____, 주택임대차보호법의 민법화에 관한 의문집, 법률신문 제1408호 (1981. 8)

_____, 주택임대차보호법의 문제점과 그 개선방향, 민사법학(한국민사법학회) 제4·5호 합병호(1985)

고영남, 주택임대차보호법의 한계와 공공성의 포기, 민주법학(민주주의법학연구회) 제23호(2003)

_____, 계약규범 재구조화를 위한 가치다양성: 민주주의와 인권의 관점에

서, 근대 사법 120년 –성찰과 새로운 지향(제9회 한국법률가대회 자료집), 2014

권대우, 임차인의 주거권보장과 주택임대차보호법 개정방향, 법학논총(한양대학교) 제28집 제4호(2011)

김상용, 한국과 독일에서의 주거임차료규제에 관한 비교고찰, 법학논총(한양대학교) 제8집(1991)

김성욱, 일본 차지차가법의 시사점과 도입가능성에 관한 연구, 동북아법연구(전북대학교) 제5권 제1호(2011)

김 연, 부동산임차인의 강제집행절차상의 지위, 민사소송(한국민사소송법학회) 제3호(2000)

김영일, 소위 채권적 전세권에 관한 관습, 재판자료(법원행정처) 제11집(1981)

김용한, 민법상 임대차와 주택임대차보호법, 고시계 제28권 제7호(1983. 6)

김욱곤, 한국과 프랑스간의 민사법교류사, 세계화지향의 사법: 그 배경과 한국과 프랑스의 적응, 고려대학교 법과대학 100주년 프랑스민법전 200주년 기념 국제학술회의 자료집(2005)

김증한, 임대차의 쌍무계약성, 법조(법조협회) 제28권 제3호(1979. 3)

_____, 권리의 중층구조, 법조(법조협회) 제28권 제9호(1979. 9)

_____, 쌍무계약에 관한 일고찰, 법학(서울대학교) 특별호 제4권(1979. 12)

_____, 1983년의 서독 신임대차법, 동아법학(동아대학교 법학연구소) 제2호(1986)

_____, 민법의 분해, 법정논총(동아대학교 학도호국단) 제26집(1986)

_____, 강단법학에서 생활법학으로, 사법행정 제318호(1987. 6)

김진현, 우리 주택임대차제도의 문제점에 관한 비교법적 연구, 민사법학(한국민사법학회) 제13·14호(1996)

김태훈·이재곤, 일반가옥에 관한 채권적 전세에 있어서의 제문제점—실태조사를 중심으로, 재판자료(법원행정처) 제11집(1981)

남효순, 동시이행관계의 본질 및 내용, 민법학논총 제2(후암 곽윤직선생 고희기념논문집)(1995), 박영사

류창호, 주택 및 상가임차권의 공시에 관한 연구, 법학논총(전남대학교 법학연구소) 제31집 제2호(2013. 8)

민일영, 주택임대차보호법에 관한 제문제, 민사판례연구 제12집(1990), 민사
　　판례연구회

박영목, 사정변경으로 인한 등가관계 장애의 법적 해결, 고려법학(고려대학
　　교) 제71호(2013)

박운길, 우리의 주택임대차계약에 관한 실제적 고찰, 법학논총(조선대학교)
　　제4집(1998)

서　민, 청헌 김증한 교수의 생애, 2014년 민사법학회 추계학술대회 자료집,
　　176면

소재선, 독일민법상 주택임대인의 해지제도와 사회적 조항, 경희법학(경희
　　대학교) 제28권 제1호(1993)

＿＿＿, 독일의 제4차 개정 주택임대차법의 내용과 문제점 소고, 경희법학
　　(경희대학교) 제29권 제1호(1994)

＿＿＿, 민사법학 방법론으로서 기능적 접근방법의 모색, 경희법학(경희대학
　　교) 제29권 제2호(1995)

＿＿＿, 독일임대차현대화법(2001개정)의 과제와 전망, 성균관법학(성균관
　　대학교) 제16권 제3호(2004)

신국미, 전차인의 과실과 임차인의 책임, 민사법학(한국민사법학회) 제31호
　　(2006)

안영하, 주택임대차보호법 제9조에 의한 임차권의 승계, 비교사법(한국비교
　　사법학회) 제15권 제2호(2008. 6).

양창수, 이행보조자의 의미와 구분에 관한 약간의 문제, 민법연구 제4권
　　(1997), 박영사

永田眞三郎, 일본의 차지차가법, 토지법학(한국토지법학회) 8(1992)

유원규, 주택임차권의 공시방법, 이십일세기 한국민사법학의 과제와 전망,
　　심당 송상현선생 화갑기념논문집(2002), 박영사

윤철홍, 상가건물임대차보호법의 주요내용과 문제점, 법률신문(법률신문사)
　　제3047호(2002. 1. 31)

이은영, 주택임대차보호법의 개정에 관한 연구, 법조(법조협회) 제31권 제4
　　호(1982. 4)

＿＿＿, 쌍무계약과 동시이행의 항변권, 고시연구 제14권 제7호(1987)

＿＿＿, 위험의 분담과 이전, 인권과 정의(대한변호사협회) 제133호(1987)

_____, 계약법의 사회적응과 개선방향, 민사법학(한국민사법학회) 제9·10호 (1993)

이은희, 상가건물임차인의 계약갱신요구권, 민사법학(한국민사법학회) 제26 호(2004)

_____, 영국의 차임규제에 관한 연구, 민사법학(한국민사법학회) 제34호 (2006)

_____, 임대차법의 현황과 과제, 민사법학, 민사법학(한국민사법학회) 제36 호(2007)

_____, 주택임차인 보호의 근거와 방법, 아세아여성법학 제12호(2009)

_____, 프랑스법상 주택임대차에 관한 연구, 법학연구(충북대학교) 제26권 제1호(2015)

정진명, 등가성 장애에 관한 연구, 민사법학(한국민사법학회) 제62호(2013)

최봉경, 개념과 유형, 법철학연구 제6권 제1호(2003)

현승종, 민법개정의 움직임과 임대차법, 사법행정 제22권 제10호(1981. 10)

도급계약론
―도급건축물의 소유권귀속을 중심으로―

이 상 태*

I. 서 론

청헌 김증한 교수는 평소 법학연구에 있어서 실태조사에 바탕을 둔 연구를 강조하였다. 법이론은 법현실에 적용되는 것이므로, 법현실과 동떨어진 법이론은 아무 소용이 없다는 확고한 믿음으로부터 나온 말씀이라고 생각된다.

필자가 김증한 교수의 대학원 수업시간(1983년)에 하신 말씀 중 지금도 기억하고 있는 내용은 有泉亨 교수의 예를 들면서 하신 말씀이다. 즉, 有泉亨 교수께 후진 법학도에게 남기고 싶은 말을 부탁드렸더니, 그 분은 개념법학에 그치지 말고 현실생활에 밀착하여 법학을 연구할 것을 강조하면서, 구체적으로는 판례를 가지고 연구할 것을 권면하셨다는 말씀을 하시면서, 김증한 교수께서도 법학도의 법학연구 태도는 이와 같아야 한다는 것을 강조하셨다.

이러한 김증한 교수의 확신은 "한국민법학 30년의 회고"라는 글의 첫 머리에서 "민법학에는 이론연구와 판례연구와 실태조사의 세 가지가 정립(鼎立)해야만 한다는 것"이 소신이라고 밝히고서 글을 시작

―――――――――――
* 건국대학교 법학전문대학원 교수

하고 있는 것에서도 잘 나타나고 있다.[1]

또한 김증한 교수 정년퇴임기념 인터뷰에서도 "법학연구라는 것은 이론연구·판례연구·실태조사 이 세 가지를 정립"하는 것이라고 언급하고 있다.[2]

그리고 김증한 교수의 "한국민법학의 진로"라는 제목의 글 초두에서도 "민법학의 연구는 이론연구·판례연구·실태조사의 세 가지가 정립되어야 한다"고 말씀하시고, 글 말미에서는 착실한 실태조사와 판례연구를 통하여 한국의 실정에 맞는 한국의 민법학을 세워나가야 한다는 것을 결론으로 맺고 있다.[3]

한편 1981년 고시계의 권두언에서는 "법률공부는 반드시 구체적 사례를 가지고 하라"라는 제목의 글 아래에서, 미국의 법학교육은 Case-Method에 의하고 있다는 것을 예로 들면서, 법학도들은 교과서를 맹목적으로 암기하려고 하지 말고, 반드시 구체적 사례를 상정하면서 공부할 것을 강조하고 있다.[4]

김증한 교수의 회갑을 맞이하여 황적인 교수와의 대담내용을 게재한 "청헌 김증한 박사께서 걸어오신 길"이라는 제목의 글 가운데도 김증한 교수는 Case-Method를 강조하고 있다. 즉, 1953년 미국 툴레인(Tulane) 대학교에서 1년 간 연구하면서, 가장 큰 영향을 받은 것은 미국의 Case-Method식 강의였고, 귀국 후에는 일본 대심원(大審院) 판결을 교재로 하여 Case-Method식 강의를 시도한 적이 있으며, 그리고 그곳의 영향을 받아 서울대 법대에서 최초로 민사모의재판을

---

1) 김증한, "한국민법학 30년의 회고", 법학 제19권 제1호, 서울대학교, 1978, 76면.
2) 김증한박사님 정년퇴임인터뷰, "나의 인생, 나의 학문", 고시계 제30권 제9호(통권343호), 국가고시학회, 1985.9, 16면.
3) 김증한, "한국민법학의 진로", 법학 제26권 제2·3호, 서울대학교, 1985, 1 및 12면.
4) 김증한, 권두언 "법률공부는 반드시 구체적 사례를 가지고 하라", 고시계 제26권 제5호(통권 제291호), 국가고시학회, 1981.5. 11면.

시도하기도 하였다는 술회를 하고 있다.5)

이러한 소신을 가지고 있는 김증한 교수는, 법학의 모든 영역에서 우리 현실의 실태 조사가 필요하지만, 그 중에서 가장 현실의 실태 조사가 필요한 영역 중의 하나는 도급계약 부분이고 그 중에서도 도급건축물의 소유권귀속을 예로 들었다.

이러한 연유로, 본고에서는 도급건축물의 소유권귀속에 관하여 김증한 교수가 종래의 통설·판례와 다른 새로운 이론을 제시하였으므로, 먼저 도급계약에 의해 완성된 건물의 소유권귀속과 관련한 문제를 다루기로 한다(Ⅱ). 이어서 후술하는 바와 같이 김증한 교수는 소유권이 물질적 소유권인가, 기능적 소유권인가의 본질에 관한 문제를 던져 준 것으로 생각되어, 이것이 도급계약에 의하여 완성된 건물의 소유권귀속의 문제와는 어떠한 연관관계가 있는지를 생각해 보기로 한다(Ⅲ). 그리고 완성건물의 소유권귀속의 문제는 건물이 건축 도중에 어떤 사정에 의하여 공사가 중단되었다가 다시 제3자에 의하여 완성된 경우에 더 복잡한 문제가 발생하기 때문에, 마지막으로 미완성 건축물을 제3자가 완성한 경우의 소유권귀속의 문제를 고찰하기로 한다(Ⅳ).

---

5) 황적인, "청헌 김증한 박사께서 걸어오신 길", 법학 제20권 제2호, 서울대학교, 1980, XV면.

II. 도급건축물의 소유권귀속론

1. 김증한 교수의 견해

도급계약에 의해 완성된 물건의 소유권귀속에 관한 구 민법 시대의 학설과 판례의 일반적 해석론은 다음과 같았다. 즉, ① 도급인(주문자)이 재료의 전부 또는 주요부분을 제공하는 경우에는 그 완성된 물건이 동산이거나 부동산이거나를 불문하고 완성과 동시에 그 소유권은 원시적으로 도급인에게 귀속한다. ② 수급인(제작자)[6]이 재료의 전부 또는 주요부분을 조달하는 경우에는 원칙적으로 완성과 동시에 수급인이 완성물의 소유권을 취득하고 그 완성물을 도급인에게

---

6) 도급계약에 있어서 재료의 제공자가 누구이어야 하는가에 관하여 견해의 대립이 있다. 즉, 일반적 견해는 도급계약을 "당사자의 일방(수급인)이 어떤 일을 완성할 것을 약정하고 상대방(도급인)이 그 일의 결과에 대하여 보수를 지급할 것을 약정함으로써 성립 하는 낙성·불요식의 계약"으로 파악하고, 재료의 제공자는 도급인에 한하지 않고 수급인이라도 무방하다고 한다(곽윤직, 채권각론[제6판], 박영사, 2005, 255면; 김주수, 채권각론[상], 삼영사, 1986, 353면; 김증한·김학동, 채권각론[제7판], 박영사, 2006, 502면 등).
   이와 달리, 도급계약을 "수급인은 도급인이 제공한 재료에 도급인의 지시대로 약속한 일을 완성할 의무를 지고, 도급인은 수급인의 일의 결과에 대하여 보수를 지급할 의무를 질 것을 약정함으로써 성립하는 계약"으로 파악하면서, 수급인이 재료를 제공하고 또한 수급인이 취득한 소유권을 도급인에게 이전하기로 약정된 계약은 도급계약이 아니고, 제작물공급계약이라는 독자적인 계약유형에 속한다고 하는 견해도 있다(이은영, 채권각론[제5판], 박영사, 2005, 510면).
   그런데 후자의 견해와 같이 수급인이 재료를 전적으로 또는 주로 제공하여 물건을 완성하는 경우를 도급의 범주에 넣지 않고 제작물 공급계약이라는 특수한 유형에 넣는다면, 여기서의 '수급인'이라는 용어는 '제작자'라고 하는 것이 더 정확하다고 하겠다.

인도함으로써 도급인에게 소유권이 이전된다. ③ 다만, 후자의 경우에도 당사자의 특약에 의하여 완성된 물건이 처음부터 도급인에게 원시적으로 귀속할 것으로 정할 수 있다는 것이었다.[7]

그런데 김증한 교수는 물권변동에 관하여 이른바 의사주의를 취했던 구 민법 아래에서의 위와 같은 해석론이 과연 물권변동에 관하여 이른바 형식주의를 취하게 된 현행 민법 아래에서도 그대로 유지될 수 있는 것인가에 대한 의문을 품고, 1965년 국내에서는 처음으로 새로운 해석론을 논문으로 발표하였다.[8]

이 논문은, 구체적으로, 새로운 현행 민법이 시행되면서, 도급인이 재료의 전부 또는 주요부분을 제공한 경우에는 문제가 없으나, 수급인이 재료의 전부 또는 주요부분을 조달한 경우 중 목적물이 건물인 경우 그 소유권귀속에 관한 구 민법의 해석론에는 문제가 있고, 따라서 현행 민법에서는 새로운 해석론이 필요하다는 인식으로부터 출발하고 있다.

그리하여 도급계약에 의하여 건물을 축조한 경우에 수급인이 재료의 전부 또는 주요부분을 조달한 경우에 그 완성된 건물의 소유권은 수급인이 원시적으로 취득하고 - 대부분의 경우 도급대금을 다 지급받은 후 - 그 건물을 도급인에게 인도함으로써 그 건물의 소유권이 도급인에게 이전된다는 이른바 수급인귀속설은 다음과 같은 문제점

---

7) 예컨대 대법원 1955.11.10. 선고 4288민상376 판결은 "청부인이 자기 재료로써 주문자의 소유 또는 임차 대지상에 건물을 신축한 경우에는 특약이 없으면 그 건물의 소유권은 청부인에게 속"한다고 판시하고 있다.

8) 김증한, "도급건축물의 소유권", 법정 제20권 제2호(통권 제176호), 법정사, 1965. 2, 15면 이하; 이 논문은 김증한, 민법논집, 박영사, 1978(초판), 369∼382면에 그대로 수록되어 있어, 본고에서는 이 '민법논집'에서 김증한 교수의 논문 내용을 인용하기로 한다. 한편 이와 같은 새로운 해석론의 내용을 요약하여 김증한·안이준, 신채권각론(하)[초판], 박영사, 1965, 461∼463면에서도 싣고 있다.

이 있음을 지적한다. ① 우선, 수급인귀속설에 의하더라고 수급인이 건물의 인도로써 도급인에게 소유권이 이전한다는 것은 등기를 부동산물권변동의 성립요건으로 하고 있는 현행 민법상의 물권변동 이론에 모순된다는 것이다. 즉, 수급인의 원시취득은 법률의 규정에 의한 물권변동이므로(민법 제187조 본문) 건물의 완성과 동시에 등기 없이도 당연히 효력이 발생하지만, 수급인이 그 소유권을 도급인에게 이전하려면 그 이전은 법률행위(도급계약)에 의한 물권변동이므로 수급인은 먼저 자기 명의로 보존등기를 한 다음 도급인에게 이전등기를 해 주어야 비로소 도급인이 소유권을 취득한다는 것이다(민법 제187조 단서).9) ② 수급인귀속설은 비실제적이고 비현실적이라는 점을 든다. 실제로 수급인이 완성한 건물의 보존등기를 자기 명의로 하는 일은 거의 없으며, 재료를 누가 공급하였든 간에 보존등기는 도급인 명의로 하는 것이 거래의 실정이다.10) ③ 수급인귀속설에 의하면 수급인은 건물의 완성과 동시에 소유권을 원시취득하고 도급인에게 이전등기를 하여야 하지만, 만약 보존등기를 수급인 명의로 하지 않고 바로 도급인 명의로 행한 경우 그 도급인 명의의 보존등기의 유효성을 인정할 수 있는 것인가가 문제된다고 한다. 이때 위에서 언급하였듯이 민법 제187조 단서에 저촉되는 점은 논외로 한다고 하더라도, 도급인 명의로 보존등기를 하는 것을 정당화시킬 만한 기초가 되는 법률관계를 인정하기가 어렵다. 그럼에도 무리해서라도 굳이 이야기를 해 본다면, 수급인과 도급인 사이에 소유권이전의 의사표시기 별도로 있은 경우에는 도급인 명의 보존등기의 유효성을 인정할 수 있을 것이지만, 그러나 그러한 의사표시라고 인정할 만한 사실이 있기 전에 도급인 명의의 보존등기를 한 때에는 그 유효성을 인정할 수가 없게 된다. 더구나, 도급인이 보존등기를 하여 저당권을 설정하

---

9) 김증한, 위의 민법논집, 372면.
10) 위의 민법논집, 372면.

는 예가 실제로 대단히 많은데, 도급인의 보존등기가 무효라면 저당권설정등기도 무효로 될 것이다. 이것은 도급인·수급인 간의 내부관계 여하 때문에 제3자가 불측의 손해를 보는 것이 되어 매우 부당하다.[11] ④ 거래관념상, 아무리 재료를 수급인이 조달한 경우라 할지라도, 완성된 건물의 소유권이 수급인에게 귀속된다는 의식이 존재한다고 하기 어렵다고 한다. 위에서 언급하였듯이 실제로 거의 모든 경우에 도급계약에 의한 완성건물의 소유권 보존등기를 도급인 명의로 한다는 현실은, 단지 수급인 명의의 보존등기와 도급인에로의 이전등기를 생략하려고 하는 의식 때문이라고 하기 보다도, 거래관념상 완성된 건물의 소유권은 처음부터 도급인에게 귀속한다고 일반적으로 의식되고 있기 때문이라고 새기는 것이 타당하다고 한다.[12] ⑤ 등기의 절차상으로도 완성건물을 수급인 명의로 보존등기를 하는 것은 실제로 불가능하다고 한다. 왜냐 하면 건물의 보존등기를 하려면 먼저 건축물대장을 작성한 다음 건축물대장등본을 첨부하여야 하고, 건축물대장의 작성에 있어서나 보존등기의 신청에 있어서는 건축허가를 받은 건축주의 명의로 하지 않으면 실제로 접수가 되지 않는데, 건축허가를 받는 것은 재료를 누가 공급하든 간에 언제나 도급인 명의로 할 것이기 때문이다.[13] ⑥ 수급인이 건물의 소유권을 취득한다고 하더라도, 수급인은 토지를 사용할 아무런 권리도 없으므로 정당한 권원 없이 타인의 토지 위에 건물을 소유하는 것이 되어 매우 곤란한 문제가 일어나게 된다. 즉, 수급인은 도급인으로부터 건물의 철거를 청구당할 수가 있다. 이때 도급인은 묵시적으로 수급인에게 토지의 사용을 허용한 것이라고 말할 수 있을는지도 모르나, 그렇게 해석하더라도 그 허용이 채권적 효력만을 가지고, 물권적 효력은 가질

---

11) 위의 민법논집, 373면.
12) 위의 민법논집, 374면.
13) 위의 민법논집, 375면.

수가 없다. 그렇다고 한다면 만약 도급인이 대지의 소유권을 제3자에게 양도한 경우에는 건물소유자인 수급인은 도급인으로부터 토지사용의 허용을 받았다는 것을 가지고 대지의 신 소유자에게 대항할 수 없을 것이다.[14] ⑦민법 제666조는 수급인에게 보수채권의 담보목적으로 저당권설정청구권을 인정하는데, 그것은 도급인이 완성부동산의 소유권을 취득하는 것을 전제로 한 규정이므로, 재료를 수급인이 조달한 경우 수급인귀속설을 취하게 되면 원칙적으로 이 규정이 적용될 여지가 없다는 부당한 결론이 나오게 된다.[15]

결론적으로 이러한 문제점을 해결하기 위해서는 재료를 누가 공급 또는 조달하였든 간에 도급으로 완성된 건물의 소유권은 언제나 도급인에게 원칙적으로 귀속된다고 해석하여야 한다는 것을 주장한다.

그러나 이러한 결론이 나아가 과연 건물과 토지가 별개의 부동산으로 다루어지는 현행 법제 아래에서도 타당한 것인지까지를 검증할 필요가 있음을 지적한다. 즉, 건물은 토지와 별개의 부동산으로 취급되고 따라서 건물의 토지에의 부합을 인정하지 않는 우리의 법제 아래에서, 건물의 재료와 그 재료에 가공된 노력이 모두 수급인의 것인데, 어떻게 그 결과로 만들어진 건물의 소유권이 도급인에게 원시적으로 귀속된다는 것을 합리적으로 설명할 수 있는 이론적 근거가 무엇인가를 찾아야 한다는 것이다.

김중한 교수는 이에 대한 이론적 근거를 다음과 같이 설명한다. 즉, 도급인의 수분에 의하여 노급인이 소유권 또는 이용권을 가진 토지 위에 건축을 하는 경우에는, 수급인은 도급인의 주문에 의하여 '도급인을 위하여' 일을 하는 것이고, 환언하면 도급인의 집을 지어 주는 것이며, 따라서 완성된 건물의 소유권 귀속에 관하여 가공의 규정의 적용을 배제하고, 언제나 도급인에게 귀속시키려고 하는 묵시적 합의

---

14) 위의 민법논집, 376면.
15) 위의 민법논집, 377~378면.

가 도급계약의 내용으로 당연히 포함되어 있다는 점에 그 근거가 있다고 한다. 그렇다면 종래의 판례·통설은 수급인이 재료의 전부 또는 주요부분을 조달하여 건물을 건축한 경우에 완성된 건물의 소유권은 수급인에게 원칙적으로 귀속하고 다만 당사자 사이의 특약이 있는 경우에 한하여 도급인에게 귀속한다고 하지만, 오히려 반대의 특약이 없는 한 당사자의 의사는 재료의 공급이나 조달을 누가 하든 간에 완성된 건물의 소유권은 도급인에게 귀속시키려고 하는 것이라고 해석하여야 한다고 한다.[16] 물론 당사자가 명시적으로 건물의 소유권을 수급인이 원시적으로 취득할 것으로 특약을 하였다면 그 특약의 효력은 인정하여도 무방하다는 점을 덧붙이고 있다.[17][18]

2. 그 후의 추이

도급계약에 있어서 완성건물의 소유권은 재료의 제공자가 누구인

---

16) 위의 민법논집, 380~381면.

17) 위의 민법논집, 382면.

18) 김증한 교수 정년퇴임기념 인터뷰 "나의 인생, 나의 학문"의 내용 중 '도급건축물의 소유권귀속'의 문제와 관련한 대담 마지막 부분에서 "누구 이름으로 등기하느냐, 즉 등기명의자가 소유자가 되는 거지요"라고 언급한 부분이 나온다. 무릇 건축물을 지으려고 할 때에 먼저 관할 관청의 건축허가를 받아야 할 것이고, 그 건축허가 신청자 명의는 통상 토지소유자인 도급인으로 할 것이다. 그리고 건축물이 완공되고 소유권보존등기를 하려고 할 때에는 건축허가서가 제출되고, 그 허가를 받은 명의인으로 소유권보존등기가 될 것이다. 그런데 수급인 명의나 또는 다른 사람 명의로 소유권보존등기를 하려고 할 때에는 건축허가 명의자를 변경하여야 한다. 이러한 실무절차에 비추어 본다면, 위의 대담 내용 중 "등기명의자가 소유자가 되는 거지요"라고 하는 의미는 도급건축물의 등기를 도급인과 수급인 중 누구로 하여 행하는가에 따라 그 사람이 소유자가 된다는 것이고, 결국은 도급인과 수급인 사이의 의사에 따라 도급건축물의 소유자를 정할 수 있다는 의미를 내포하고 있는 것으로 생각된다(김증한박사 정년퇴임인터뷰, 앞의 주2)의 글, 27면).

지 불문하고 원칙적으로 도급인에게 원시적으로 귀속된다는 김중한 교수의 견해가 주장된 이후, 학설은 많은 분들이 위 견해에 찬동하고 있지만, 판례는 구 민법시대의 견해를 여전히 그대로 따르고 있다고 할 수 있다.

(1) 학 설

(가) 수급인귀속설

여전히 구 민법시대의 소유권귀속론과 같이 해석하는 학설이 있다. 이에 의하면, 수급인이 재료의 전부 또는 주요부분을 제공한 경우에 완성물이 동산이든 부동산이든 언제나 수급인에게 원시적으로 귀속하고, 인도에 의하여 도급인에게 이전한다고 한다.[19]

(나) 도급인귀속설

완성물이 동산인 때에는 원시적으로 수급인에 귀속하나, 부동산인 때에는 원시적으로 도급인에 귀속한다는 견해이다. 현재 우리의 다수설이다.[20]

---

19) 김기선, 한국채권법각론[제2전정판], 법문사, 1982, 243면; 김현태, 신고 채권법각론, 일조각, 1969, 235면; 이태재, 채권각론신강[개정판], 진명문화사, 1985, 295면.

20) 곽윤직, 앞의 주6)의 책(채권각론), 257면에서는, 위의 김중한 교수의 도급인 귀속설의 근거를 대체로 그대로 인정하면서, 그 밖에 ① 수급인의 관심사는 일의 완성에 대한 보수를 받는 데 있지, 건물의 소유권취득에 있지 않으며, 수급인의 보수청구권을 확보하려는 목적은 유치권·동시이행의 항변권·저당권설정청구권 등으로 달성되며, 건물의 소유권까지 취득시킬 필요가 없다는 점, ② 건축공사에 있어서 우리의 관행은 공사 대금의 지급을 일의 진척도에 따라 일부씩 지급하고 있어, 건물완성 당시에는 대금 전액이 지급되지는 않더라도 상당액이 지급되는 것이 보통인데, 이러한 경우에도 완성건물이 수급인에게 귀속한다고 하는 것은 부당하다는 점을 덧붙이고 있다. 그 외 김석우, 채권각론, 박영사, 1978, 333면; 김주수, 채권각론(상), 삼영사, 1986, 367면; 김형수, "도급

(2) 판 례

대법원 판례는 구 민법 시대의 입장과 동일하게 현행 민법 아래에
서도, 수급인이 재료의 전부 또는 주요부분을 제공한 경우에는, 완성
건물의 소유권은 도급인에게 인도[21]하기 전까지는 수급인이 원시취
득함이 원칙이나, 당사자 사이에 특약이나 기타 특별한 사정이 있는
때에는 그에 따라 소유관계가 결정된다고 한다.[22][23]

___

건축물의 소유권귀속에 관한 연구", 부동산법학 제5집, 한국부동산법학회,
1999, 210면; 이은영, 앞의 주6)의 책(채권각론), 516면; 장경학, "도급계약에
있어서 완성물의 소유권귀속에 관한 연구", 사법행정 제333호, 한국사법행정학
회, 1989, 28면; 황적인, 현대민법론 Ⅳ, 박영사, 1987, 319면 등.

21) 초기에는 이와 내용의 일부와 상치되는 대법원 판결이 없었던 것은 아니다. 즉,
"수급인이 건축재료의 전부 또는 주요부분을 제공한 경우에는 그 소유권은 수
급인에게 귀속되고 도급인은 수급인으로부터 그 소유권의 이전을 받음으로써
그 소유권을 취득한다고 해석함이 타당하며 그 경우에 있어서도 민법 제186조
에 의하여 그 취득을 등기하지 아니하면 건물취득의 효력을 발생하지 않는 것
이다"라고 판시하고 있다(대법원 1962.10.11. 선고 62다460 판결).

22) 대법원 1963.1.17. 선고 62다743 판결; 동 1973.1.30. 선고 72다2204 판결;
동 1979.6.12. 선고 78다1992 판결; 동 1980.7.8. 선고 80다1014 판결; 동
1984.11.27. 선고 80다177 판결; 동 1985.5.28. 선고 84다카2234 판결; 동
1988.12.27. 선고 87다카1138 판결; 동 1990.2.13. 선고 89다카11401 판결;
동 1992.3.27. 선고 91다34790 판결; 동 1992.8.18. 선고 91다25505 판결; 동
1997.5.30. 선고 97다8601 판결; 동 1999.2.9. 선고 98두16675 판결; 동
2003.12.18. 선고 98다43601 전원합의체 판결; 동 2005.11.25. 선고 2004다
36352 판결; 동 2011.8.25. 선고 2009다67443 판결 등.

23) 그러나 도급인·수급인 사이의 완성물에 대한 합의에 따라 소유권귀속인 결정
된다는 점에 대하여 비판적 견해가 있다. 이에 의하면, ① 제256조 본문의 문언
상 부동산의 소유자가 '그 부동산에 부합한 물건'의 소유권을 취득한다고 되어
있을 뿐 '부합으로 생겨난 물건 전체'의 소유권을 취득한다고 되어 있지 아니하
므로 부합으로 인하여 생겨난 전체 물건은 처음부터 제256조 본문의 규율대상
이라고 보지 않는 것이 타당하고, ② 만약 특약에 의하여 부동산과 그에 부합된
물건의 소유권이 함께 부합된 물건의 소유자에게 귀속될 수 있다면 부동산 소
유권 이전의 관점에서 보면 이는 법률행위로 인한 물권변동임에도 불구하고 등
기하지 아니하고도 그 효력이 발생하는 것으로 되어서, 민법 제186조·제187조

그런데 위의 1985년 판례[24]가 "건물건축도급계약에 있어서는 준공된 건물[의] …… 소유권 귀속을 가리려면 도급인과 수급인의 약정내용을 살펴보아야 하고, 도급계약이라는 사실만으로 그 소유권이 수급인에게 귀속한다고는 할 수 없다."고 한 이후로, 법원은 당사자 사이에 완성될 건물의 소유권을 도급인에게 원시적으로 귀속시키려는 합의 또는 특약이 존재하는지의 여부에 초점을 맞추어 판단하면서, 이러한 합의 또는 특약이 존재한다는 것을 이유로 하여 도급인의 소유로 판단하는 판결이 계속 나오고 있다.[25][26]

의 물권변동원칙에 반하게 되어 허용될 수 없다고 한다. 결국 건축물 건축을 내용으로 하는 도급계약에서 수급인이 자신의 재료와 노력만으로 건물을 완공한 경우라도 완성될 건물을 도급인에게 원시취득시키는 것으로 하는 특약은 공사가 개시되기 전에 이루어진 것에 한하여 유효하다고 보아야 한다고 한다(김창희, "건축 중 건물을 양수하여 완공한 경우 원시취득자", 법조 제58권 제7호(통권634호), 법조협회, 2009, 18~19면). 또한 위의 견해 중 ②와 같은 내용을 주장하는 견해도 있다. 즉, 당사자 간에 행해진 완성건물의 소유권귀속에 관한 합의의 유효성이 인정된다고 하더라도, 이는 독립한 건물이 되기 전에 가능할 수 있을지언정, 독립한 건물이 됨으로써 원시취득자가 확정된 후 합의에 의하여 원시취득자를 새로 정하는 것까지 허용된다고 할 수는 없다. 후자의 합의는 원시취득한 소유권을 이전하는 합의로 보아야 할 것이며, 원시취득자가 누구인가를 정하는 합의로는 보기 어렵다. 그렇다면 민법 제187조에 따라, 소유권을 원시취득 한 자가 소유권본존등기를 한 다음 다시 이를 양수한 자 앞으로 소유권이전등기를 하여야 할 것이다. 대법원 1995.12.26. 선고 94다44675 판결도 이와 같은 취지이다. 다만, 이 판결에서는 원시취득자와 승계취득자 사이의 합치된 의사에 따라 승계취득자 앞으로 직접 소유권보존등기를 경료하게 된 경우 그 소유권보존등기는 실체적 권리관계에 부합되어 적법한 등기가 된다고 판시하고 있다고 한다(김동윤, "구분소유의 대상이 될 수 있는 구조의 건물에 있어서 원시취득자의 확정", 사법 제7호, 사법연구지원재단, 2009, 165~166면).

24) 위 대법원1985.5.28. 선고 84다카2234 판결.

25) 도급계약에 있어서는 수급인이 자기의 노력과 재료를 들여 건물을 완성하더라도 도급인과 수급인 사이에 도급인명의로 건축허가를 받아 소유권보존등기를 하기로 하는 등 완성된 건물의 소유권을 도급인에게 귀속시키기로 합의한 것으

3. 소 결

김증한 교수의 위와 같은 도급인은 물론 수급인이 재료의 전부 또는 주요부분을 조달하여 건물을 건축한 경우 그 건물의 소유권은 원칙적으로 도급인에게 원시적으로 귀속한다는 견해는, 우리의 거래실제나 거래관념, 그리고 우리 민법이 채택하고 있는 이른바 형식주의와 등기제도에 적합할 뿐 아니라, 도급에 의한 건물건축의 경우 완성된 건물의 소유권은 도급인이 취득한다는 묵시적 합의가 도급계약의 내용 중 당연히 포함되어 있다고 볼 수 있기 때문에, 전적으로 타당하다고 생각된다.

로 보여질 경우에는 그 건물의 소유권은 도급인에게 원시적으로 귀속된다(대법원 1990.4.24. 선고 89다카18884 판결; 동 1992.3.27. 선고 91다34790 판결; 동 1997.5.30. 선고 97다8601 판결; 동 2003.12.18. 선고 98다43601 전원합의체 판결; 동 2005.11.25. 선고 2004다36352 판결; 동 2010.1.28. 선고 2009다66990 판결).

26) 이와 같이 우리 판례가 수급인이 재료를 조달하여 완성한 건축물의 소유권이 명시적·묵시적 합의가 없는 한, 수급인이 원시취득한다고 하는 것은 재료 공급자가 누구인가가 중요시되던 수 천년 전의 로마법상의 원칙을 현재에도 적용하는 것으로서 이는 현실에 적합하지 않을 뿐 아니라 보존등기의 문제, 주택분양 관련법상의 문제, 세법상의 문제 등과 충돌하는 점이 많다는 비판이 있다(양재모, "도급건축물의 소유권귀속이론의 검토 - 민법의 해석원칙과 관련법안의 통일적 해석 -", 한양법학 제21집, 한양법학회, 2007. 8, 520면 이하).

Ⅲ. 소유권의 개념 – 물질적 소유권 또는 기능적 소유권

김중한 교수는 1970~80년대 우리나라에서 '토지소유권의 공개념'에 관한 논의가 활발하게 논의되는 것과 관련하여 시사하는 바가 적지 않다는 취지를 간단히 설명하면서, 독일의 Hans-Martin Pawlowski 교수의 논문인 "Substanz oder Funktionseigentum? - Zum Eigentumsbegriff des geltenden Rechts"[27]를 번역한 글을 발표하였다.[28] 이 글의 내용은 소유권의 개념에 관한 것으로서, 도급건축물의 소유권귀속의 문제와도 간접적으로 관련이 있다고 생각되어, 아래에서는 이 글의 내용을 간략히 살펴보고, 도급건축물의 소유권귀속의 문제와의 관련을 생각해 보기로 한다.

1. Pawlowski 교수의 소유권에 관한 견해

Pawlowski 교수는 소유권 개념에 관한 완전한 문제제기는 매우 광범한 일이 되기 때문에, 자신의 논문에서는 소유권과 물건과의 관계만을 다룬다고 하면서, 두 개의 소유권 개념(물질적 소유권, 기능적 소유권)을 설명한다.[29]

27) Hans-Martin Pawlowski, "Substanz oder Funktionseigentum? - Zum Eigentumsbegriff des geltenden Rechts", Archiv für die civilisische Praxis(A.c.P.) 165. Band, J.C.B. Mohr, 1965, SS. 395~420.
28) 김중한, "물질적 소유권이냐 기능적 소유권이냐?"(상), 법조 제29권 제4호, 법조협회, 1980.4, 1~12면 및 동, "물질적 소유권이냐 기능적 소유권이냐?"(하), 법조 제29권 제5호, 법조협회, 1980.5, 1~12면.
29) 김중한, 위의 번역논문("물질적 소유권이냐 기능적 소유권이냐?"(상)), 1면.

(1) 먼저 소유권은 소유권자에게 그가 의욕하는 모든 일을 할 수 있는 권능을 부여한다는 것으로부터 출발하는 입장이 있다. 이는 소유권을 물건의 물질에 대한 권리로 생각하는 관념이라고 할 수 있다.[30]

소유권의 외부적 대상은, 물질적으로만 본다면(der Substanz nach), 소유권자의, 물건에 대한 모든 권리(즉, 소유권자가 임의로 처리할 수 있는 모든 권리)를 내재하고 있는 소유물이다. 즉, 물건은 물질적으로 그 소유자에게 속한다. 이로부터 자동적으로 이러한 대상은 오로지 유체물만이 대상이 될 수 있다는 말을 할 수 있다. 독일 민법 제903조 전문[31]의 규정도 위와 같은 말을 되풀이 하고 있는 것처럼 보인다.[32][33]

---

30) 위의 번역논문(상), 4면.
31) 독일 민법 제903조 전문은 "물건의 소유자는, 법률 또는 제3자의 권리에 반하지 않는 한, 물건을 임의대로 처리할 수 있고 또 타인의 어떠한 간섭도 배제할 수 있다."고 규정한다.
32) 김증한, 앞의 주28)의 번역논문("물질적 소유권이냐 기능적 소유권이냐?" (상)), 5면.
33) 이러한 시각에서는 소유권은 그 객체의 가능성을 통하여 정해지는 것으로 본다. 이때 소유권의 내용은 객관적 법으로부터 직접적으로 또는 완전히 발견되는 것이 아니며, 우리들의 외계 속에 존재하는 물건과 우리들 스스로 만든 물건이 제공하는 가능성으로부터 정해진다고 한다(**물질적 소유권 Substanzeigentum**). 여기에서는 소유권의 객체는 하나의 독자적인 의미를 갖는 것으로서, 그것은 소유권의 내용을 결정하며 아울러 그와 함께 법률관계의 형성에 계속적으로 참가할 수 있는, 개개의 법적 구성원의 권능을 결정한다. 이 경우 권리의 객체가 제공하는 가능성에 변화가 있을 수 있다 - 이 변화는 법적 구성원들의 상상과 발명재간에 기초를 둔다. 이는 물건의 가능성의 각각의 새로운 사용이며, 각각의 새로운 사용방법이다. 이것은, 오랫동안 권리의 소지자의 그러한 종류의 행동이 명문규정에 반하지 않는 동안에는, 허용된다(Hans-Martin Pawlowski, Allgemeiner Teil des BGB: Grundlehren des bürgerlichen Rechts, 7. neu bearbeitete Aufl., Rn. 284, C.F. Müller Verlag, 2003, S.139.)

(2) 한편 소유권은 오로지 한 가지 방법 - 이웃을 방해하지 않는 방법 - 으로만 이용할 수 있는 권능만을 부여한다는 것으로부터 출발하는 입장도 있다. 여기에서는 소유권을 그때 그때의 소유권의 기능과 결부시키려고 한다. 소유권은, - 예컨대 주택이 밀접해 있는 지역에서는 - 오로지 물건이 특정의 '통상적' 방법으로 이용할 권리만을 부여하는 것으로 파악한다. 이러한 입장에 의하면, 소유권은 물건의 '통상적 기능'과 관련되는 것이다.[34]

물건에 따라서는 법률에 의하여 소유자의 임의적 행사를 제한하는 경우가 있다. 예컨대 자동차를 가지고 있는 사람은 브레이크가 잘 정비되어 있고, 세금 등의 미납이 없는 등등 잘못된 것이 없으면 그 차를 운행할 수가 있다. 공장의 소유자는 행정청의 동의 없이는 공장의 운영을 중단해서는 안 된다. 또 소유자에 속하는 물건을 특정의 방법으로 다루는 것을 금지하는 경우가 있다. 소유자는 그의 창고 또는 토지에 안전하지 않은 광선이나 화기(火氣)를 접근시키는 것을 금지하고 있다(독일형법 제368조).[35][36]

---

34) 김증한, 앞의 주28)의 번역논문("물질적 소유권이냐 기능적 소유권이냐?" (상)), 4면.

35) 위의 번역논문(상), 6면.

36) 이와 같이 소유권의 내용은 오직 객관적 법을 통하여 정해진다고 하는 것으로부터 시작하는 시각도 있을 수 있다. 즉, 소유권은, 그 소지자에게 법규를 통하여 부여된, 외계의 일부[객체]에 대하여 이것저것 할 수 있는 권능 안에 존재한다. 따라서 객관적 법이 소유권의 객체를 다룰 수 있는 권능을 그 객체의 소지자에게 부여하여야만, 그것은 그 소지자에게 속하게 된다. 그 객체는 이용가능성(機能性 Funktionen)이 있는 부분만이 소유권의 객체가 되며, 그것은 객관적 법에 의하여 소유권자에게 지시된다. 소유권자가 그 객체의 새로운 기능을 발견하게 되면, 그때 비로소 객관적인 법(법규; das Gesetz)은, 이것을 그 사람에게 속하게 할 것인지 아닌지를 결정해야 한다. 그리고 난 다음 그 객체의 각 새로운 사용방법(Benutzungsart)은, 법공동체(특히 법원)의 기관들이 그 새로운 사용방법을 적법한 것으로 승인할 때에, 비로소 소유권의 행사(Ausübung des Eigentums)로서 적법하게 허용된다. 이러한 시각에 의하면 소유권은, 하나

(3) 그런데 소유권에는 위에서 본 바와 같이 개별적인 법률에 의한 제한이 있기도 하지만, 헌법은 일반적으로 소유권자에게 공공복리에 적합하도록 사용할 의무를 지우고 있다(기본법 제14조 제2항). 따라서 오늘날의 소유권은 처음부터 '사회적으로 구속받고 있는 소유권(Sozial gebundenes Eigentum)'이라고 하고 있다. 이로부터 오늘날에 있어서는 로마법에서 채택되었던 '절대적 소유권 개념(der absolute Eigentumsbegriff)'이 전혀, 아니면 완전히는 들어맞지 않게 되었다.[37]

이와 같이 소유권은 그것이 하나의 권리이기 때문에 사회적으로 구속되어 있다는 것, 즉 소유권은 '사회적 구속성(die soziale Gebundenhit)'을 가지고 있다는 것은, 소유권은 '물건에 대한 권리(ein Recht gegenüber Sachen)'가 아니라, '사람에 대한 권리(ein Recht gegenüber Person)'라는 것을 나타내는 것이라고 말할 수 있다. 이로부터 소유권은 언제나 단지 '상대적인 권리(ein relatives Recht)'에 지나지 않고, 결코 '절대적인 권리(ein absolutes Recht)'일 수 없다고 연역(演繹)하게 된다.[38]

하지만 여기서 다음과 같은 사실이 서로 모순되는 것이 아닌가라는 의문이 제기된다. 즉, 소유권은 사회적 구속의 하나의 수단으로서 그 자체 '사회적으로 구속된(제한된)' 것이 아니면 안 된다고 하는 것은 명백하다. 그러나 다른 한편 그것을 넘어서서, 어떤 사람이 다른 사람과의 관계에 있어서 그 다른 사람의 결정에 따르도록 강제되지 않을 때에만, 따라서 '그의 임의대로 행동할 수 있을 때'에 비로소 소유자일 수 있다는 것도 명백하다.[39]

의 물건의 지금까지 승인된 기능들 안에서 그 물건을 사용할 수 있는 권리이다(**기능적 소유권** Funktionseigentum)(Hans-Martin Pawlowski, a.a.O., Rn. 283, S.138).

37) 김증한, 앞의 주28)의 번역논문("물질적 소유권이냐 기능적 소유권이냐?" (상)), 6면.

38) 위의 번역논문(상), 7면.

그러나 이 두 사실의 조화는 다음과 같은 설명에서 찾을 수 있다. 즉, 소유자의 물건에 대한 결정은 오로지 그의 소유권의 행사가 기존의 법에 저촉되지 않는 경우에 한해서 소유권의 행사가 인정된다. 소유자의 '임의'를 소유자가 책임감 있게 법질서의(즉, 법공동체의 생활질서의) 건설에 함께 참여하는 권리로 이해한다면, 그것은 소유자의 '사회적 구속'과 매우 쉽게 융합될 수 있는 것이다. 이 구속은 이미 소유자의 '법적 의사(die rechtliche Willen)' 속에 포함되어 있는 것이다. 왜냐 하면 그의 의사는 기존의 사회적 구속의 새로운 형성을 향한 것으로 보이기 때문이다.[40]

2. 소유권의 성질

위의 Pawlowski 교수의 논문에서 논하고 있는 물질적 소유권과 기능적 소유권의 개념을 건축도급계약에 의한 완성건물의 소유권귀속의 문제와 관련지워서는 다음과 같은 점을 생각해 볼 수가 있을 것으로 생각된다. 즉, 과연 소유권은 물건 자체에 대한 지배권(결과적으로 물건에 대한 권리)인가, 물건의 유용성에 대하여 법에 의하여 허용된 의사지배(결과적으로 사람에 대한 권리)인가, 나아가 이 두 견해 중 어느 것을 취하는가에 따라 건축도급계약에 의한 완성건물의 원시취득자가 달라지는가를 살펴볼 수 있지 않을까 한다.

이와 관련하여 먼저 우리 민법에도 직·간접적으로 영향을 준 프랑스 및 독일 민법에 있어서 소유권에 관한 관념의 변천과 이에 따른 도급계약에 있어서 완성물의 소유권귀속을 살펴보는 것이 도움이 될 것으로 생각된다.

---

39) 위의 번역논문(상), 9면.
40) 김증한, 앞의 주28)의 번역논문("물질적 소유권이냐 기능적 소유권이냐?" (하)), 8~9면.

(1) 프랑스

(가) 소유권 관념의 변천

프랑스 민법 성립 이전에는 소유권은 다음과 같이 생각되고 있었다. 즉, 소유권이라 함은, 물건의 측면에서, 그것을 가진 자에게 물건을 전속시키는 권리라고 하는 점에 그 본질이 있다. 그리고 소유권자가 가지는 물건의 사용·수익·처분을 한데 모은 의미에서의 처분권은, 이와 같이 전속시킨 것의 효과로서 생기는 것에 지나지 않는다. 바꾸어 말하면, 소유권자는, 자신에게 물건을 배타적으로 귀속시키고 있는 소유권을 물건 내에 가지고 있는 것이고, 자신이 물건에 대하여 가진 처분권(지배권)은 그 효과에 지나지 않는다고 하는 것이다.[41][42]

또한 이와 같은 소유권에는 그 권리의 한 내용으로서 첨부권(droit d'accession)이 있고, 그 물건으로부터 생기는 과실(果實) 또는 그 물건에 자연적으로 또는 인위적으로 결합한 종물의 지배도 소유권자에게 귀속시킨다.

프랑스 민법 제544조도 "소유권이라 함은, 물건을 가장 절대적인

---

41) 이것은 당시의 대표적 학자인 Pothier의 다음과 같은 기술(記述)로부터 추측할 수 있다고 한다. 즉, "소유권이라는 것이, 그와 같이 불리워지는 이유는, 그것에 의해서 어느 물건이 나에게 고유하게(propre), 다른 모든 자를 배제하여 나에게 귀속하는 권리이기 때문이다. 이러한 소유의 권리(droit de propriete)가 그 효과와 관련하여 생각될 때에는, 어느 물건을 임의로 처분하는(disposer) 권리로 정의될 수 있다. 다만, 타인의 권리나 법률을 침해할 수는 없다."(Pothier, Traite du droit de propriete, n°3; 坂本武憲, "請負契約における所有權の歸屬", 民法講座 5[代表編集 星野英一], 有斐閣, 1985, 440面 註2에서 轉註).
42) 고대 로마법에서는 소유권만을 유체물로 구성했다. 그 이유는 로마 법학자들이 물건과 이에 대한 권리를 추상화하지 않고, 물건과 소유권을 불가분의 단일체로 구성한 것에 기인한다. 이러한 물건과 소유권 개념의 미분화는 신성도금대물소송(神聖賭金對物訴訟; legis actio sacramento in rem)에서 원고가 요식문언으로 그의 소유권을 주장하지 않고, 그의 물건임을 주장한 사실에서도 알 수 있다고 한다(현승종·조규창, 로마법, 법문사, 1996, 479면).

방법으로 사용·수익하고, 처분할 권리이다. 단, 법률 또는 명령에 의
하여 금지된 용법으로 행사하지 않는 것을 조건으로 한다."고 규정함
으로써, 물건의 지배라고 하는 면에서 소유권이 생각되고 있었던 것
은 거의 분명하다. 그리고 이것을 받아서 19세기의 학설도, 소유권을
물건과 뗄 수 없는 관계로 파악하고, 사람과 물건에 대하여 가지는
절대적·배타적 지배권으로 정의(定義)하고 있었다.[43]

이와 같이 소유권을 사람이 물건에 대하여 가질 수 있는 지배권이
라고 하는 경험적 현상의 측면에서 파악한다면, 소유권은 물건을 떠
나서 독립한 존재로 관념되는 것은 아니다.

그런데 이에 대하여 20세기의 학설은, 소유권을 물건과 떠나서 독
립적으로 관념하게 되었다.[44] 즉, 프랑스 민법 제544조가 물건을 사
용·수익·처분할 권리를 소유권이라고 한 것은 소유권의 주요한 속성
을 열거하고 있을 뿐이고 진정한 정의를 내리고 있는 것이 아니라고
하면서, 소유권이라 함은 그것에 의해서 어느 물건이 어느 법주체의

---

43) 坂本武憲, 앞의 주41)의 논문("請負契約における所有權の歸屬)", 442面.
44) 그러나 프랑스 민법 성립 이전에도 이미 물건을 떠나서 소유권을 독립시킬 수
    있다는 주장이 있기는 하였다. 이에 의하면, 물건의 점유가 이전되기 전에도
    그 물건의 소유권은 취득될 수 있는데, 그 이유는 지배권(droit de domaine)과
    이 권리를 행사할 수 있는 권능과는 불가분이 아니기 때문이라고 한다. 환언하
    면, 소유권을 그것을 행사하는 물리적·현실적 능력도 포함하는 것으로 파악하
    는 때에는 물건의 인도 없이 소유권은 이전하지 않지만, 소유권을 그것에 의해
    서 어느 물건이 누군가에게 귀속한다고 하는 순수하게 관념적 성질로서만 파
    악하는 때에는 물건의 인도 전에 당사자의 합의만으로 소유권이 이전하는 것
    에 아무런 지장을 가져오지 아니한다고 한다(Pothier, op. cit., n°245에서 소개
    하고 있는 Grotius & Pufendorf의 說). 이와 같이 합의만으로 소유권이 이전한
    다는 생각은 프랑스 민법에 의해서 받아들여지기는 하였다(제1138조 및 1583
    조). 그러나 이와 같이 소유권이전에 대해서는 새로운 이론을 취한 것으로 보
    이지만, 다른 한편에서는 제544조가 물건의 지배권이라는 면에서 소유권을 파
    악하고 있어서, 소유권이 물건과는 독립한 존재라는 것을 완전히 인정하고 있
    는 것은 아니다.

의사와 행위에 절대적·배타적으로 복종하는 권리라고 정의한다. 그러나 물건을 소유자의 지배에 복종하게 하는 권리라고 하는 것만으로는, 물건으로부터 소유권을 독립시키기에는 부족하고, 소유권이 진정으로 물건과는 독립한 존재를 가지기 위해서는 타인의 간섭을 배제하고 물건을 지배할 수 있는 배타성이 있는 것으로 생각될 필요가 있는 것이다.[45]

이와 같이 소유권이 관념적으로 독립하여 존재하고 있다고 하는 것은, 그것은 우리들에게 있어서 객관적인 존재이며, 그 의미에서 소유권은 사회적 존재인 것을 의미하게 된다. 그리하여 소유권은, 그 사회의 구성원에게 객관적인 존재로서의 물건의 유용성에 대한 배타적 지배권한을, 바꾸어 말하면 사회적으로 승인되고 있는 소유권자의 지위 자체를 나타내는 것으로 생각할 수 있게 된다.

이리하여 소유권이 사회적 존재로서 사회적으로 승인받고 있다는 것은, 소유권은 '물건에 대한 권리'가 아니라, '사람에 대한 권리'라는 것을 나타내는 것이라고 말할 수 있는 것이다.

이러한 소유권이론의 변천은 당연히 첨부권에 관하여도 기본적인 변경을 가져오게 한다. 종래 첨부권은 물건 내에 있는 소유권의 한 내용으로서 그것으로부터 생기는 과실(果實)이나 그것에 결합하는 종물에 대하여 지배를 할 수 있게 하는 것으로 파악되고 있었지만, 소유권이 물건과는 독립한 것으로 생각됨에 따라 첨부는 물건 자체의 지배를 취득하는 것이 아니라 단지 과실 또는 종물이 가지게 될 유용성에 대한 배타적 지배권한으로서의 소유권을 원시취득하는 것에 지나지 않는 것이 된다.

---

45) 坂本武憲, 앞의 주41)의 논문("請負契約における所有權の歸屬"), 442~443面.

(나) 도급계약에 있어서의 소유권귀속

이러한 소유권관념의 변천은 또한 도급계약에도 변화를 일으켰다. 프랑스 민법은 로마법의 전통[46]에 따라서 임대차계약에는 물건의 임대차와 노무의 임대차의 2종류가 있음을 규정하고(제1708조), 노무의 임대차를 "당사자의 일방이 상대방을 위하여 당사자 사이에서 합의된 대가를 받고 어떤 일을 행할 의무를 부담하는 계약"으로 정의하고 있다(제1710조). 그런데 초기의 Potier의 설명에 의하면, 주문자가 전적으로 또는 주된 재료를 제공하는 경우에는 노무임대차계약, 반대로 제작자 또는 직인(職人)이 그것을 제공하는 경우에는 매매계약이라고 한다. 전자의 경우에서는 주된 재료에 대한 소유권의 내용 중의 하나인 첨부권에 의하여 완성된 물건은 주문자에게 귀속되어서 그가 소유권자로 되지만, 후자의 경우에는 동일한 이유에서 완성된 물건은 먼저 제작자 또는 직인이 소유권자로 되며 그 물건의 인도에 의해 주문자에게 소유권이 이전하게 된다. 이것을 건물건축의 경우에 적용시

---

46) 로마법에서는 오늘날 도급계약이라고 하는 것이 '대약(貸約; locatio conductio)의 일종으로 파악되고 있었다. '대약(貸約)'은 오늘날 임대차 (locatio conductio rei)·고용(locatio conductio operarum)·도급(locatio conductio operis)의 세가지 가운데 어느 하나에 속하는 경우를 총괄적으로 포함하는 계약이었다(Max Kaser, Römisches Privatrecht(ein Studienbuch), 9.Aufl., C. H. Beck, 1976, SS.174-175).

그리고 로마법에서는 '대약'의 일종인 도급(locatio conductio operis)과 매매를 구별함에 있어서, 재료의 공급자를 기준으로 하여 제작자가 재료를 공급하는 경우에는 매매, 그 주문자가 재료를 공급하는 경우에는 도급으로 보았다 (이태재, 채권각론신강, 진명문화사, 1978, 297면, 주4).

그런데 중세 르네쌍스 때까지는 예술가의 제작재료가 주문자(도급인)로부터 공급되는 것이 보통이었으나, 이때를 즈음해서부터 위와 같은 원칙에 동요가 있은 것으로 보인다. 즉, 예술가들은 제작재료를 스스로 조달하기 시작하였는데, 그들 자신이 선택한 그림재료를 사용함으로써만이 독특한 색채를 나타낼 수 있었다는 서술이 있다(Mitteis·Lieberich, Deuches Privatrecht, 7. Aufl., C. H, Beck, 1976, S.153).

켜 본다면, 주문자가 토지를 제공하는 때에는 수급인이 다른 모든 재료를 제공하여야 한다고 하더라도 이는 노무임대차계약이 되며, 그 이유는 집을 세우기 위하여 제공되는 토지는 집의 건축에 있어서 주된 물건이기 때문이라고 한다.[47] 그 결과 주물인 토지의 소유권의 한 내용인 첨부권에 의해, 그 위에 세워진 건물에 대하여도 주문자를 소유권자로 만들며, 그 효과로서 주문자는 건물이 세워짐에 따라서 그의 재산권을 취득하여 간다고 파악한다.[48]

이상과 같은 노무임대차의 이론도 소유권이론의 변천과 더불어 큰 전환을 가져 오지 않을 수 없었다. 즉, 소유권을 그 사회의 구성원에게 객관적인 존재로서의 물건의 유용성에 대한 배타적 지배권한을 부여하는 것으로 파악하게 되면, 제작되는 물건 자체가 주문자에게 귀속하는 것이 아니고, 그 물건이 사람 일반에 대하여 줄 수 있는 유용성에 대한 배타적 지배권한(소유권)을 첨부라고 하는 소유권 취득원인에 의하여 주문자가 원시취득할 뿐인 것이다.[49]

---

47) Pothier, Traité du contrat de louage, n° 394; 坂本武憲, 앞의 주41)의 논문 ("請負契約における所有權の歸屬"), 444面에서 轉註.

48) 따라서 만일 노무가 완성된 후 주문자에게 인도되기 전에 불가항력에 의해 멸실한 경우에는, 소유권자 위험부담의 원칙에 의하여, 그 노무가 귀속하고 있는 주문자가 멸실의 위험을 부담하며, 이미 완성한 부분의 노무에 대하여는 그 지배권자인 주문자가 그 대가를 지급하여야 한다. 또한 완성된 물건을 주문자가 점검하여 수령한 이상, 그것에 하자가 나타나더라도, 제작자는 책임을 지지 않는 것이 당연하게 된다.

49) 따라서 그 유용성을 주문자에게 주는 수단으로서의 물건 자체의 완성은 모두 채무자인 제작자가 계약상의 위험을 부담하게 된다. 즉, 주문자가 물건을 수령한 후에도, 그 물건의 유용성을 손상시키는 하자가 존재하는 때에는, 제작자가 책임을 지게 된다. 이리하여 프랑스 민법의 1967년 및 1978년 등 수차의 개정에 따라 제작자의 책임이 확대되었고, 나아가 건축도급에 있어서 주문자가 공사의 주도권을 갖지 않게 되고 건축사를 비롯하여 새로이 출현하는 전문가도 또한 제작자와 동일한 책임을 지게 되었다(제1792조, 제1792조의1~6, 제2270조).

(2) 독 일

(가) 소유권 관념의 변천

독일에 있어서도 물건의 지배(Herrschaft)의 측면을 중시하여, 소유권을 대표로 하는 물권의 본질이 물건지배의 직접성에 있다고 하는 견해가 없었던 것은 아니지만, 그러나 이 학설은 시간이 경과함에 따라 그 영향력이 약해졌다고 한다.[50]

그러나 독일 사법이론에 매우 큰 영향을 미친 것은 Windscheid의 견해라 하지 않을 수 없다. 그에 의하면, 권리라 함은 법질서에 의해서 부여된 의사의 힘(Willensmacht) 또는 의사의 지배(Willensherrschaft)라고 한다.[51] 이러한 입장에서는 물권도 다음과 같은 의사의 지배로 파악한다.

"물권(dingliches Recht)이라 함은, 그것에 의해서 권리자의 의사가 물건에 대하여 결정적으로 미치는 권리이다. 법질서가 어느 물권을 수여함에 있어서 복종을 명하고 있는 것이 마치 물건인 것처럼 이해되어서는 안 된다. 그것은 아무런 의미도 가지지 않게 될 것이다. 모든 권리는 사람과 사람 사이에 존재하는 것이지, 사람과 물건 사이에 존재하는 것이 아니다. 오히려 그것은 다음과 같은 것을 의미하는 것이라고 하여야 할 것이다. 결국 물권적 권리자의 의사가 결정적인 것은 물건에 관한 거동(Verhalten)에 대하여서, 즉 모든 사람의 거동에 대하여서 이고, 이 사람 또는 저 사람의 거동에 대하여서는 아니라고 하겠다. 그러나 물권을 나타내는 의사력(ausmachenden Willensmacht)의 내용은 다음과 같이 소극적인 것이다. 즉, 권리자의 반대편에 서 있는 자들은 물건에 대한 작용(Einwirkung) - 전부이든 또는 특정된 것이든 -을 억제하여야 하며, 또한 그들은 그 물건에 대한 거동을 통하여 권리자의 물건에 대한

---

50) 坂本武憲, 앞의 주41)의 논문("請負契約における所有權の歸屬"), 447面.

51) Bernhard Windscheid, Lehrbuch des Pandektenrechts, Bd. 1, §37, 8. Aufl., Rutten & Loenig, 1990, S.131.

작용 - 임의이든 또는 특정이든 -을 방해해서는 안 된다는 것이다."[52]

이와 같은 사고에 기하여 유명한 절대권과 상대권의 구별이 제창
된다. 즉, 모든 사람에 대하여 효력을 가지는 것이 절대권, 누군가 한
사람 또는 제한된 수의 사람에 대하여 효력을 가지는 것이 상대권이
며, 소유권을 대표로 하는 물권은 당연히 전자에 속한다고 한다.[53][54]

이와 같은 영향으로 인하여 독일에서도 소유권의 본질적 요소를
물건과의 직접적 지배종속관계에서 찾는 것을 벗어나, 물건의 유용성
에 대한 지배권에서 찾고 있다고 할 수 있다. 왜냐 하면, 권리자 이외
의 자에게 물건에의 영향(Einwirkung)을 억제시킴으로써 확보되는 것
은 자기의 독점적 사용·수익·처분권이고, 그것은 곧 물건의 유용성을
의사지배하고 있다고 하는 것에 다름 아니기 때문이다. 그 결과 근자

---

52) Id., §38, SS.140~141.
53) Id., §41, S.149.
54) Windscheid처럼, 권리관계를 사람과 사람 사이의 관계로 파악하고, 권리를 의
사의 힘(Willensmacht) 혹은 의사의 지배(Willensherrschaft)로 파악하게 된다
면, 절대권·상대권의 구별이 가능하게 된다. 즉, 권리가 존재한다면, 가장 먼저
의사의 힘을 가지고 있다고 말할 수 있는 주체가 설정되어야 함은 물론이다.
그리고 이러한 힘의 소지(Machthaben)는 필연적으로 주체와 구별되는 객체를
요구하게 되고, 그 객체는 처음에는 다른 사람의 의사가 된다. 그리고 다른 사
람이 하나의 권능의 객체로 설정되어지는 순간, 동시에 하나의 상응하는 의무
의 주체로서 나타난다. 이러한 의무의 주체는 이중적 방법으로 규정될 수 있다.
즉, 권리가 모든 사람에 대하여 향하여지고 따라서 그 자체 의무의 주체가 특
정되지 않거나, 또는 권리가 처음부터 특정된 주체에 향해지는 것 둘 중의 하
나이다. 이것으로부터 절대권과 상대권의 구별이 생겨나게 되는 것이다
(Roland Dubischar, "Über die Grundlagen der schuldsystematischen Zwieteilung
der Rechte in sogenannte absolute und relative. Ein dogmengeschichtlicher
Beitrag zur Lehre vom subjektiven Privatrecht," Dissertation, Eberhard-Karls-
Universitaet zu Tübingen, 1961, S. 131.) 이와 같은 절대권·상대권이라는 새
로운 개념은 Windscheid에 의하여 채용됨으로써, 사법학(私法學)에 있어서 확
고한 지위를 차지하게 되었고, 오늘날까지 주장되고 있다.

에, 소유권을 법질서가 물건에 대하여 허용하고 있는 가장 포괄적인 지배권으로 정의하는 것[55]도, 물건의 유용성을 자신이 전적으로 향수할 수 있다고 하는 법에 의해서 허용된 상태의 것을 말하는 것으로 이해할 수 있다.[56]

(나) 도급계약에 있어서의 소유권귀속

2002년 개정 전의 종전 독일 민법 제651조는 매매와 도급 외에, 또 하나의 계약유형으로서 이른바 제작물공급계약(Werklieferungsvertrag)을 규정하고 있었다(제651조).[57] 그런데 이 규정의 내용을 보면, 위에서 본 소유권에 대한 관념의 변화와 밀접한 관련이 있는 것으로 볼 수가 있다. 즉, 소유권이라는 것이 물건 자체에 대한 지배권이라고 생각되고 있던 시기에는, 그 물건이 누구의 소유인가에 따라서 위험부담을 비롯한 당사자의 관계는 전혀 달라지게 된다. 그 결과 물건의 제작에 대한 계약에서도, 제작된 물건의 지배권자가 누구인가에 따라서 법률관계가 전혀 달라진다. 그러나 이에 대하여 소유권을 물건 자체의 지배권이 아니고, 물건의 유용성에 대하여 법에 의하여 허용된 의사지배라고 파악한다면, 소유권의 귀속이 달라지더라도 물건 자체의 제작에 대한 법률관계가 달라져야 하는 것은 아니다. 왜냐 하면,

---

55) 예컨대 Hans Josef Wieling, Sachenrecht, Bd.1, Springer-Verlag, 1990, S.13, S.262.

56) 坂本武憲, 앞의 주41)의 논문("請負契約における所有權の歸屬"), 448~449面.

57) 구 독일 민법 제651조 제1항: "수급인이 자기가 조달하는 재료를 가지고 일을 제작할 의무를 지고 있는 때에는, 주문자에게 제작된 물건을 인도하고 또 그 물건의 소유권을 제공하여야 한다. 이와 같은 계약에 대하여는 매매에 관한 규정을 적용한다. 비대체물을 제작하는 때에는, 제433조·제446조 제1항 제1문 및 제447조·제459조·제460조·제462조 내지 제464조·제477조 내지 479조 대신에, 제647조 및 제648조를 제외한 도급계약에 관한 규정을 적용한다." 제2항: "수급인이 부속물 또는 기타의 종물만을 조달할 의무를 지는 때에는, 도급계약에 관한 규정을 적용한다."

소유권이 물건 자체에 대한 지배권이 아닌 이상, 소유권자가 누구인
가에 따라서 물건 자체의 제작에 대한 법률관계가 달라져야 할 필연
성은 어디에도 없기 때문이다. 종전의 독일 민법 제651조에서, 수급
인이 재료를 공급하여 비대체물을 제작하는 계약은, 소유권이전에 관
하여는 매매의 요소를, 물건의 제작에 관하여는 도급의 요소를 아울
러 가지는 독자적 계약유형으로서 제작물공급계약이 인정되는 것은
이러한 소유권관념의 변화를 보여주는 것이라 해석할 수 있다.

(3) 우리의 소유권 관념

우리 민법 제211조는 "소유자는 법률의 범위 내에서 그 소유물을
사용, 수익, 처분할 권리가 있다"고 규정하고 있다. 이것은 분명히 소
유권자가 가질 수 있는 지배권능을 중심으로 하여 소유권을 규정하
고 있다. 학설도 역시 소유권을 "물건에 대하여 가할 수 있는 모든 지
배를 허용하는 포괄적인 권리",[58] "물건을 전면적으로 지배할 수 있
는 권리",[59] 또는 "물건을 사용·수익·처분할 수 있는 권리"[60]라고 하
여, 지배권능을 중심으로 하여 정의하고 있다.

그러나 이로부터 우리 민법이 소유권을 물건 자체에 대한 지배권
의 관념으로 파악한 것으로 단정할 수는 없다. 왜냐 하면, 물권을 "그
의 객체인 물건을 직접 지배해서, 이익을 얻는 것을 내용으로 하는
권리",[61]로 정의하고 있어서, 그 이익 가운데는 물건의 유용성에 대
한 지배도 포함될 수 있는 소지가 있기 때문이다.

한편 우리의 학설은 권리를 "일정한 이익을 향수하도록 하기 위하
여 법이 인정하는 힘"[62]으로 파악하면서, 이는 사람과 사람과의 관계

---

58) 김증한·김학동, 물권법[제9판], 박영사, 2004, 246면.
59) 곽윤직, 물권법[제7판], 박영사, 2006, 167면.
60) 이영준, 물권법[전정신판], 박영사, 2009, 416면.
61) 곽윤직, 앞의 주59)의 책(물권법), 5면.

에 지나지 않는 것이라고 한다.⁶³⁾ 그리고 다수설⁶⁴⁾은 독일의 절대권·상대권의 이론을 원용하여, "물권은 절대권으로서 특정의 상대방이라는 것이 없고, 일반인을 의무자로 하여 그 자에 대하여서만 주장할 수 있는 권리"인 것에 대하여, "채권은 상대권으로서 특정인을 의무자로 하여 그 자에 대하여서만 주장할 수 있는 권리"라고 한다.

또한 권리를 "일정한 이익을 향수케 하기 위하여 법이 인정하는 힘"으로 파악한다면, 권리의 내용은 법이 인정하는 내용에 따라 달라질 것이다. 즉, 법이 인정하는 내용은 직접 물건을 지배하는 것을 내용으로 할 수도 있고, 혹은 일정한 사람의 행위를 청구하는 것을 내

---

62) 곽윤직, 민법총칙[제7판], 박영사, 2006, 48면; 김용한, 민법총칙론[전정판], 박영사, 1986, 47면; 김증한·김학동, 민법총칙[제9판], 박영사, 1995, 48~49면.

63) 곽윤직, 위의 주62)의 책(민법총칙), 45면에서는, "사람의 구체적 생활관계를 생활관계에 서는 개인을 중심으로 하여서 본다면, 사람과 사람과의 관계(예를 들면, 채권관계·친족관계)뿐만 아니라, 사람과 물건 기타의 재화와의 관계(물권관계·지적재산관계 등), 또는 사람과 장소와의 관계(주소·사무소·영업소 등) 등으로서 나타난다. 그런데 이를 자세히 검토해 본다면, 사람과 물건 기타의 재화와의 관계라는 것도, 사람은 타인의 물건이나 재화를 침해해서는 안 된다는 의무를 지는 것이므로, 결국은 사람과 사람과의 관계라고 말할 수 있다."고 한다.

김용한, 위의 주62)의 책(민법총칙론), 46면에서도, "사람의 물건 또는 권리에 대한 관계라 하더라도 궁극적으로는 법률적 공동생활관계 내에 있어서의 다른 어떤 사람에 대한 관계라고 볼 수 있으므로 사법적 법률관계는 결국 법적 공동생활에 있어서의 사람 상호 간의 생활관계라고 생각하여도 무방하다."고 한다.

김증한·김학동, 위의 주62)의 책(민법총칙), 47면에서도, "물건에 대한 관계는 결과적으로는 사람에 대한 관계로 나타난다. 즉, 甲이 X물건을 소유한다는 것은 타인에 대하여 甲의 X물건에 대한 권리를 침해하지 말라는 의미를 내포하고, 따라서 이는 甲의 다른 사람에 대한 관계로 되는 것이다."라고 한다.

64) 고상룡, 민법총칙[제3판], 법문사, 2003, 42면; 곽윤직, 위의 주62)의 책(민법총칙), 54면; 김상용, 민법총칙, 화산미디어, 2009, 105~106면; 김증한·김학동, 위의 주62)의 책(민법총칙), 60면. 그러나 이러한 분류에 반대하는 견해로는 김기선, 한국물권법, 법문사, 1990, 31면.

용으로 할 수 있으며, 혹은 일정한 법률관계를 형성하는 단독행위를 할 수 있는 것을 내용으로 할 수도 있다. 그리고 권리자가 있는 곳에 반드시 그것에 대립하는 의무자가 있어야 하는 것은 아니며, 의무자를 필요로 하는가의 여부는 법이 인정하기에 따라 달라진다.[65]

이상과 같은 점들을 볼 대, 우리 민법상의 물권 또는 소유권 관념은 물건 자체에 대한 지배권이라고 하기보다, 물건의 유용성에 대한 배타적 지배권을 의미하는 관념적 존재로 파악하고 있다고 할 수 있다.

3. 소 결

앞에서 우리의 학설과 판례는 제작자 내지 수급인이 재료를 제공하면서 완성한 건물의 소유권귀속과 관련하여, 우리의 학설과 판례는, 도급인귀속설 또는 수급인귀속설 중 어느 것을 취하든 간에, 당사자의 특약이 있는 때에는 그 특약에 따라서 소유관계가 결정되어야 한다는 점에 대하여는 의견이 일치되어 있다. 소유권을 물건의 유용성에 대한 배타적 지배권한이라는 의미를 가진 관념적 존재로 파악한다면, 첨부이론을 벗어나서 도급인과 수급인 사이의 의사에 따라 완성건물의 소유관계가 결정될 수 있다는 것을 이해하기가 쉽지 않을까 생각한다.

그동안 우리 민법학상 물권이 물건 자체에 대한 지배권인가, 아니면 물건의 유용성에 대한 지배권인가에 관한 인식은 별로 행해지지

---

65) 그런데 김증한·김학동, 앞의 주62)의 책(민법총칙), 50면에서는 "권리는 단순한 힘·기능이 아니고, 자기 스스로의 의사에 따라 그 행사가 맡겨진 힘이며, 권리개념의 중심에는 개인의 자유로운 영역의 확보가 자리한다."라고 하고, 또 이영준, 민법총칙[개정증보판], 박영사, 2007, 46면에서는 "권리라고 하는 것은 궁극적으로는 개인의 존엄과 가치를 보장하는 사적자치로부터 연원한다. 결국 권리는 의사에 귀착되는 것이다."라고 하여, 권리가 권리자의 의사에 기초를 두고 있음을 강조하고 있다.

않았다. 그런데 김증한 교수가 Pawlowski 교수의 "물질적 소유권이냐 기능적 소유권이냐?"의 논문을 번역한 것은 우리에게 소유권의 본질에 관한 문제의식을 던져 준 것은 아닌가를 생각하면서, 건축도급계약에 있어서 건축물의 소유권귀속문제와 관련지워 살펴보았다. 이에 관하여는 더욱 정치한 연구를 필요로 한다.

IV. 미완성건축물을 제3자가 완성한 경우의 소유권귀속론

실제로 건물을 건축함에 있어서 기초공사부터 건축공사를 완료할 때까지 여러 단계의 복잡한 공정을 거칠 뿐 아니라 각 단계별로 토지소유자를 비롯하여 건축주·수급인·하수급인·재료제공자 등 많은 사람이 관여할 뿐만 아니라 그 관여의 형태도 매우 다양하다.[66]

그로 인하여 건물건축과 관련해서는, 건축 도중에 있는 건물의 법적 성질과 토지에의 부합 여부, 독립한 부동산으로서의 건물이 되기 위한 요건과 그 판단기준, 그리고 구분소유권 또는 법정지상권의 인정 여부, 나아가 건물이 완성되었을 때 그 건물의 원시취득자, 특히

---

66) 박재영, "건축 중인 건물의 소유권귀속", 사법논집 제46집, 법원도서관, 2008, 534면 이하에서는, 건축 중인 건물의 법적 성질을 5단계, 즉, ① 토공사·기초공사의 단계, ② 골조공사를 시작한 후 일부 층도 건물의 요건을 구비하지 못한 상태, ③ 일부 층이 주요 공사를 마쳐 건물의 요건을 갖춤으로써 구분소유권의 객체가 될 정도에 이른 단계, ④ 전체 건물이 주요 공사를 마쳐 건물의 요건은 갖추었으나 부대공사는 마치지 못한 단계, ⑤ 주요·부대공사 이후 경미한 미시공 부분 또는 하자가 존재하여 사용승인을 받지 못하고 있는 단계로 분류하여 법률관계를 논하고 있다.

건축자의 건축공사 중단과 제3자에 의한 속행 시 완성건물에 대한 소유권의 원시취득자, 그리고 강제집행의 방법과 절차 등등 여러 가지의 복잡한 법적 쟁점들이 내포되어 있다.

위에서 본 바와 같이, 김증한 교수가 도급계약에 의하여 완성된 건물의 소유권귀속에 관하여 획기적인 도급인귀속설을 제시한 이후에, 우리나라에서도 근자에는 이와 같은 여러 가지 문제들에도 대해서도 관심을 가지고 논의가 지속적으로 행해지고 있다.

아래에서는 이 중에서 특히 건물이 건축 도중에 공사가 중단되었다가 제3자에 의하여 완성된 경우에 과연 그 완공된 건물의 소유권은 누구에게 귀속되는가의 문제를 중심으로 고찰하기로 한다. 그리고 건축 관여자들 사이의 법적 관계에 관하여는 그 외연을 넓혀서 반드시 도급계약을 체결한 경우에 한정하지 않기로 하며, 이에 관한 우리 대법원의 판결도 상당히 많이 나와 있기 때문에 이러한 판결들을 중심으로 하여 살펴보기로 한다.

1. 독립한 건물과 미완성건축물

(1) 독립한 부동산으로서의 건물

토지와 건물을 별개의 부동산물권의 객체로 하는 우리 법제 아래에서는, 건물이 독립한 부동산의 단계에 달하고 있는 경우라면, 그것을 토지로부터 독립한 물건으로 다루어서 법률관계를 처리하게 된다. 그런데 건축공사의 착공에서부터 건물로 완성되기까지에는 많은 공정이 있고, 시간적으로도 장기에 걸치게 된다. 여기서 중요한 문제는 이러한 일련의 과정 중 어느 단계에서 독립한 부동산인 건물로 된다고 보는가가 문제된다.

무릇 건물이라고 하여도, 그 목적·기능·구조 등이 다양하기 때문에, 획일적인 기준에 의해서 독립성 여부를 판정하는 것은 상당히 곤란하다. 우리의 일반적 학설[67]은, 반드시 물리적 형태에 따라 결정할 것은 아니고, 거래의 실태에 쫓아서 건물의 사용목적도 고려하면서 법규의 목적과 사회관념에 따라서 정할 수밖에 없다고 한다. 따라서 예컨대 사람이 들어 사는 주택일 경우에는, 비바람을 막을 수 있고 사람의 기거가 가능할 정도의 완성도를 갖추고 있어야 한다고 한다. 판례[68]도 독립된 부동산으로서의 건물이라고 함은 최소한의 기둥과 지붕 그리고 주벽이 이루어지면 법률상 건물이라고 할 수 있다고 한다.[69]

(2) 건축 중 미완성건축물의 법적 성질

그러면 여기서 먼저 아직 부동산인 건물에 이르지 아니한 단계에 있는, 즉 건축 도중에 있는 미완성건축물의 법적 성질을 어떻게 볼

---

67) 곽윤직, 앞의 주62)의 책(민법총칙), 170면; 김상용, 앞의 주64)의 책(민법총칙), 280면; 김증한·김학동, 앞의 주62)의 책(민법총칙), 234면; 이영준, 앞의 주65)의 책(민법총칙), 988면; 이은영, 민법총칙[제5판], 박영사, 2009, 300면.

68) 대법원 1986.11.11. 선고 86누173 판결; 동 1996.6.14. 선고 94다53006 판결; 동 2001.1.16. 선고 2000다51872 판결; 동 2003.5.30. 선고 2002다21592·21608 판결; 동 2005.7.15. 선고 2005다19415 판결 등.

69) 구체적으로, 지하 1층 지상 4층으로 예정된 연립주택 신축공사에서 4층 전체의 골조와 지붕의 공사가 완료된 경우(대법원 1997.5.9. 선고 96다54867 판결), 기둥, 벽, 지붕의 골조공사 및 벽체공사가 완료되어 거푸집을 제거한 상태인 경우(대법원 1998.9.22. 선고 98다26194 판결), 원래 7층으로 설계되어 있는 건물에 지하 1, 2층 및 지상 1층까지의 콘크리트 골조 및 기둥, 천장 슬라브 공사가 완료된 경우(대법원 2001.1.16. 선고 2000다51872 판결), 골조·벽·지붕·창호공사 등이 모두 마무리된 경우(대법원 2002.3.12. 선고 2000다28184, 24191 판결), 원래 지상 12층의 건물이 예정되어 있었는데 지하 1층부터 지하3층까지 기둥·주벽 및 천장 슬라브 공사가 완료된 경우(대법원 2003. 5. 30. 선고 2002다21592, 21608 판결)에 독립된 건물로 인정하고 있다(김창희, 앞의 주23)의 논문("건축 중 건물을 양수하여 완공한 경우 원시취득자"), 10면 참조).

것인가를 생각해 보지 않을 수 없다. 이 점에 대하여는 종래 우리나라에서는 그렇게 적극적으로 논의가 되고 있지는 않으나, 다음과 같은 생각을 해 볼 수 있을 것이다.[70]

먼저 로마법 이래 일반적으로 인정되는 "지상물은 토지에 따른다 (superficies solo cedit)"는 원칙에 따라서 이론을 구성한다면, 토지소유자가 직접 자신의 토지에 건물을 짓거나 혹은 토지이용에 아무런 권원이 없는 자가 무단으로 타인의 토지 위에 건물을 짓는 경우라 하더라도, 건축 도중의 미완성건축물은 토지의 정착물로서 토지에 부합하고(민법 제256조 본문) 토지의 일부 또는 구성부분이 된다고 생각해 볼 수가 있다.[71] 그러나 예컨대 지상권자나 토지임차권자처럼 토지이용에 정당한 권원이 있는 자가 타인의 토지 위에 자신의 건물을 짓는 경우에는, 정당한 '권원'에 의한 것이므로 건축 도중의 미완성건축물은 토지에의 부합이 일어나지 않는다고 해석할 수 있다(동조 단서).

그런데 위와 같이 로마법의 원칙에 따라서 토지소유자가 직접 자신의 토지에 건물을 짓든 혹은 토지이용에 아무런 권원이 없는 자가 무단으로 타인의 토지 위에 건물을 짓든, 건축 도중의 미완성건축물은 토지의 정착물로서 토지에 부합하고 토지의 일부 또는 구성부분이 된다고 해석하더라도, 건물의 완성되었을 때 건물의 소유권이 과연 누구에게 귀속되는가의 문제가 제기된다. 즉, 로마법의 원칙에 충실히 따르면, 토지소유자가 직접 자신의 토지에 건물을 짓든 또는 토지이용에 아무런 권원이 없는 자가 건축하든, 건축 도중의 미완성건축물은 토지에 부합하고 그 미완성건축물은 일단 토지소유자의 소유

---

70) 이상태, "건축 중 공작물이 제3자의 공사에 의해 건물로 완성된 경우 소유권 귀속", 일감법학 제4권, 건국대학교 법학연구소, 1999, 57면 이하 참조.

71) 대법원도 기초공사단계에 있는 지하 굴착공사에 의한 콘크리트 구조물(대법원 1994. 4.22.자 93마719 결정)뿐만 아니라 사회통념상 독립한 건물에 이르지 못한 정착물(대법원 2008.5.30.자 2007마98 결정)은 토지에 부합하는 것으로 판단하고 있다.

권의 범위 내에 들어가지만, 그것이 일단 독립한 건물로서 완성되게
되더라도 그 완성된 건물의 소유권도 토지소유권의 내용 중에 흡수
되어서 독립한 권리가 되지 않는다. 그러나 건물을 토지와 별개의 독
립한 부동산으로 다루고 있는 우리 법제 아래에서는 특히 무단건축
자가 건물을 건축하는 경우에 문제가 일어난다. 즉, 토지이용에 아무
런 권원이 없는 자가 무단으로 타인의 토지 위에 건물을 건축하는 경
우에는, 일단 건축 도중의 미완성건축물은 토지에 부합하여 그 미완
성건축물은 일단 토지소유자의 소유권의 범위 내에 들어가지만, 일단
건물이 완성되면 건물 부분에 대한 소유권이 토지로부터 분리되어서
새로이 탄생되는 결과가 일어나는데, 이때 탄생되는 건물에 대한 소
유권은 토지소유자에 귀속하는 것이 아니고, 비록 토지소유자에 의하
여 토지소유권에 의한 철거청구는 당할지언정 무단건축자에게 귀속
하는 것으로 해석하게 된다는 것이다. 이와 같이 무단건축자의 건물
건축의 경우, 처음에는 공사 시작부터 건축 도중의 미완성건축물이
토지에 부합하기 때문에 그 미완성건축물의 소유권이 토지소유권자
에게 있다고 하다가, 그 건물이 완성되면 완성건물의 소유권을 무단
건축자가 원시적으로 취득한다고 하는 것은 매우 어색하다고 하지
않을 수가 없는 것이다.

그렇다고 한다면 건축구조물이 건물의 건축 시작부터 토지에 부합
한다고 하는 로마법적 관념으로부터 한 번 해방되어 이 문제를 생각
해 볼 필요가 있을 것으로 생각된다. 즉, 우리 민법은 부동산을 "토지
와 그 정착물"로 정의하고 있다(민법 제99조). 그리고 "정착물"이란
토지에 고정되어 사용되는 물건이라고 해석하고, 이 정착물 가운데
토지와 별개의 부동산으로 인정되는 것이 있고 그렇지 않는 것도 있
다. 토지와 별개의 부동산으로 인정되는 대표적인 것이 건물이고, 그
외에 구분소유건물·입목·명인방법을 갖춘 미분리과실이나 수목의 집
단·그리고 판례가 인정하는 농작물 등이 있다.

이와 같이 건물은 토지의 정착물로서 토지와 별개의 부동산으로
다루어지고 있으므로, 누구가 건축하든 간에, 건물이 완성되었을 때
비로소 토지와 별개의 독립한 부동산이 되는 것이 아니라, 건물건축
이 시작되었을 때부터 토지에 부합이 일어나지 않고 토지와 별개의
독립한 물건으로 파악하는 것이 적절할 것으로 생각한다.[72]

그렇다면 건축 도중의 건축물은 동산으로 볼 것인가, 아니면 부동
산으로 볼 것인가의 어려운 문제가 다시 제기된다. 그런데 건물은 그
것이 완성되었을 때 독립한 부동산으로 되는 것이지, 건축 도중의 건
축물을 처음부터 토지와 별개의 독립한 부동산으로 볼 수는 없다. 그
렇다면 건축 도중의 건축물을 동산으로 볼 수밖에 없을 것인데, 통상
일반 동산과는 다른 점이 있기 때문에 일반 동산으로 파악하는 데 있
어서도, 여러 가지 어려운 점은 있다. 우선 동산성을 인정하려면, 거
래의 경제적 가치·독립성·공시제도·장소의 이동성 등을 살펴보아야
할 것이다. 먼저 건물이 완공되기까지 많은 시간과 비용이 소요되므
로, 완공되지 않은 건물도 상당한 재산적 가치가 있고, 실제로도 미완
성건축물이 거래의 대상이 되어 매매가 이루어지고 있다.[73] 그렇다
면 비록 토지에 정착되어 있다고 하더라도, 물건으로서의 독립성은
인정될 수 있을 것으로 생각된다. 그리고 무엇보다도 장소적 이전성
(移轉性)의 면에서 동산성을 충족하는가 어떤가라는 또 다른 어려운

---

72) 이와 같은 견해로는, 김창희, 앞의 주23)의 논문("건축 중 건물을 양수하여 완
공한 경우 원시취득자"), 28면.

73) 홍기태, "미완성건물에 대한 강제집행의 방법", 민사판례연구 XIX, 민사판례연
구회, 1997, 513면에서는, "현실적으로도 미완성의 건물은 기성고에 따라 평가
되어 거래의 대상이 되어 매매가 이루어지고 있고 … "라고 하여, 미완성건물
이 토지와 독립하여 거래의 객체가 되고 있다고 한다. 또한 민사집행법 제189
조 제2항에서는 "등기할 수 없는 토지의 정착물로서 독립하여 거래의 객체가
될 수 있는 것"을 유체동산으로 본다고 규정하고 있으므로, 미완성건축물도 여
기의 유체동산에 포함되어서, 압류와 경매의 대상이 될 수 있는 것이 현행법상
으로도 허용되고 있다고 하겠다.

문제가 일어나지만, 우리 법상으로 토지·건물·입목이 등기라는 공시
방법을 갖추면 부동산으로 인정되고 있는 이상, 아무런 공시방법이
마련되지 않고 있는 건축 도중의 공작물을 부동산이라 할 수는 없고,
아무래도 동산으로 해석할 수밖에는 없을 것으로 생각되는 것이
다.[74]

이와 같이 건축 도중의 미완성건축물을 토지에 부합하지 않고 처
음부터 독립한 물건으로 파악하는 것으로 전제로 하는 것이, 건축도
중의 미완성건축물이 제3자에게 다시 양도 또는 인도되어서 완성된
다는 것을 이해하기 쉬울 것으로 생각된다.

다음에는 이러한 입장을 전제로 하여, 건물건축이 중단되었다가 다
시 제3자의 공사에 의하여 건물이 완성된 경우 그 완성된 건물의 소
유권 귀속에 관하여 재판례를 중심으로 하여 고찰하여 보기로 한다.

2. 판례의 사례

건물이 건축 도중에 공사가 중단되었다가 제3자에 의하여 건물로

---

74) 이와 견해를 같이 하는 견해로는, 고홍석, "건축 중의 건물을 제3자가 완공한
   경우 소유권의 귀속에 관한 법률관계", 민사판례연구 ⅩⅩⅩ, 민사판례연구회,
   2008.3, 43~45면; 김증한·김학동, 앞의 주62)의 책(민법총칙), 242면(짓고
   있는 건물이 아직 독립한 건물로 인정되지 않는 경우에는 동산의 집합에 불과
   하다고 한다); 박용표, "집합건물공사 중 건축주가 변경된 경우 건물소유권의
   원시취득자 - 대법원 2006. 11.9. 선고 2004다67691 판결 -", 판례연구 19집,
   부산판례연구회, 2008.2, 225면.
      그러나 건축 도중의 구조물은 토지에 부합되지는 않지만 독립한 부동산으로
   파악해야 한다는 견해도 있다. 이에 의하면, 건축 도중의 구조물이 그 자체로서
   거래가능성이 있다는 것은 그 물건의 독립성을 나타내는 것일 뿐 그것이 동산
   임을 의미하지 않으며, 또한 공시방법의 존부가 부동산인지 여부를 결정짓는
   것도 아니라고 한다(김창희, 앞의 주23)의 논문("건축 중 건물을 양수하여 완
   공한 경우 원시취득자"), 30면).

서 완성된 경우에, 완성건물의 소유권을 누가 원시취득하는가의 문제
에 관하여, 판례의 주류는 중단된 당시의 건축 도중의 건물이 사회통
념상 독립한 건물의 단계에 이르렀는지 여부를 기준으로 하여, 그 단
계에 이른 경우에는 원래의 건축주가, 독립한 건물의 단계에 이르지
못한 경우에는 완공한 제3자가 완성 건물의 소유권을 원시취득한다
는 입장을 취하고 있기 때문에, 아래에서도 이러한 기준을 가지고 유
형을 나누어 살펴보기로 한다.

(1) 중단 당시 사회통념상 독립한 건물로 인정된 경우

(가) 대법원 1984.1.24. 선고 82다카58 판결[보존등기말소 등]

[사실관계]

　A 주택회사가 그 대표이사인 피고1 명의로 건축허가를 받아 10층
건물의 아파트를 건축하였다. 그런데 A 주택회사는 피고1 명의로 관
할 관청에 이 아파트에 관한 준공신고를 하였으나 관할 관청은 여러
가지의 미비점을 이유로 하여 준공신고서는 반려하였다. 그러던 중
피고1은 수표부도 등 자금사정이 여의치 않아 행방을 감추자, 원고를
비롯한 분양받은 118명은 관할 관청으로부터 위 118명 앞으로 그 건
축허가명의변경허가를 받은 다음 각각 자금을 내어 미비된 부분을
정비하였다. 그 사이 피고1 앞으로 원고가 분양받은 이 아파트 701호
에 관하여 소유권보전등기가 행해졌다. 이에 원고는 피고1의 소유권
보존등기 및 이에 터잡아 마쳐진 피고2 명의의 소유권이전등기의 말
소를 청구하였다.

[대법원 판결 요지]

　이 사건 아파트는 적어도 준공신고를 하기 이전에 주거의 편의를
도모할 수 있는 모든 시설이 완벽하게 갖추어 있지는 않았다 하더라

도 독립된 부동산으로서 소유권의 객체가 될 수 있는 정도에 이르렀기 때문에, 이를 건축한 위 A 주택회사가 원시취득하였다고 판단하고, 따라서 피고1이 이를 양수하는 등 특별한 사정이 없는 한, 이에 대하여 마쳐진 피고1 명의의 소유권보존등기 및 이에 터잡아 마쳐진 피고2 명의의 소유권이전등기는 원인을 결여한 무효의 등기라고 판단하였다.

(나) 대법원 1993.4.23. 선고 93다1527·1534 판결[소유권이전등기말소]

[사실관계]

도급인인 피고와 수급인인 소외 A 사이에, 피고 소유의 토지 위에, 건축허가 명의를 소외 B로 하여, 지하 1층, 지상 2층, 연건평 50평의 건물을 신축하기로 약정하였다. 그러나 위 신축건물이 2층 일부와 3층 벽 및 지붕공정 등이 완성되지 않은 상태에서 공사가 중단되자, 그 후 도급인인 피고가 이어 받아 잔여 공정을 마쳤다.

[대법원 판결요지]

공사가 중단된 시점에서의 위 미완성건물은 사회통념 상 독립한 건물로서, 당초의 건축주인 소외 B가 원시취득한다고 판단하였다.[75]

---

75) 다만, 이 판결에는 약간의 의문이 있다. 이 사안은 도급관계가 존재하는 사건이다. 즉, 도급인(피고)과 수급인(소외 A) 사이에 도급인 소유의 토지 위에 건물 1채를 짓기로 하는 도급계약을 체결하면서 건축허가명의는 타인(소외 B)으로 하기로 하였다. 그 후 수급인이 사회통념 상 독립한 건물로서 인정될 수 있을 정도로 공사를 행한 상태에서 공사를 중단하게 되고, 나머지 공정은 도급인이 이어 받아 완공한 사안이다.

　그렇다면 수급인이 공사중단할 당시에 비록 미완성이지만 사회통념 상 독립한 건물로 볼 수 있는 경우이므로, 여기에는 도급관계에 있어서의 소유권귀속에 관한 원리가 여기에 적용되어야 하지 않을까 생각된다. 우리의 판례는 앞에

(다) 대법원 1997.5.9. 선고 96다54867 판결[건물명도].

[사실관계]

원래의 건축주인 소외 회사가 건축허가를 받아 지하 1층 지상 4층 총 8세대의 연립주택의 신축공사를 진행하던 중 4층까지 전체 골조 및 지붕공사를 완료하여 전체의 45% 내지 50% 정도의 공정에 이르렀 을 무렵 부도로 인하여 더 이상 공사를 계속할 수 없게 되자, 건축허 가 명의를 원고로 변경하고 그가 약 20%의 공정을 더 시공하였으나 원고도 부도를 내어 공사를 중지하였다. 그 후 건물의 일부를 취득하 기로 한 수분양자들이 잔여공사를 시행하였고 소유권보존등기를 경 료하지 않은 채로 직접 점유하거나 또는 임대하고 있다. 피고들은 현 재 이 건물을 점유하고 있는 자로서, 원고는 피고들에 대하여 건물명 도를 청구하였다.

[대법원 판결요지]

건축허가 상의 건축주의 명의를 변경한 시점에서 위 건물은 4층 전 체의 골조와 지붕의 공사가 완료된 상태이어서 사회통념상 독립한 건물이라고 볼 수 있는 형태와 구조를 갖추었으므로 원래의 건축주

서 본 바와 같이, 도급인과 수급인 사이에 완성건물의 소유권귀속에 관한 특약 이 없는 한 수급인이 소유권을 원시취득한다는 입장이므로, 이 판례의 이론을 이 사안에 적용하면 다음과 같이 생각할 수 있을 것이다. 즉, 도급인(피고)과 수급인(소외 B) 사이에 특별히 도급인 또는 건축허가명의자(소외 B)에게 완 성건물의 소유권을 귀속시키기로 하는 특약이 존재하는지의 여부를 먼저 살펴 보고, 이어서 그러한 특약이 존재하지 않는다면 본 사건 건물의 중단 당시에는 이미 사회통념상 독립한 건물로 볼 수 있는 사안이므로 그 소유권은 수급인이 원시취득한다고 판단하였어야 함이 옳을 것이다.

그런데 본 판결에서는 건축허가명의자(소외 B)에게 소유권을 귀속시키기로 하는 특약이 도급인·수급인 사이에 존재하는지 여부를 따져 보지 않고 건축허 가명의자가 건축주라고 하면서 그가 이 사건의 건물의 소유권을 원시취득한다 고 판단하고 있는 것이 문제점으로 지적될 수 있다.

인 소외 회사가 이 사건 건물을 원시취득하였다고 인정하고, 소외 회사로부터 소유권이전등기를 이전받지 아니한 원고의 소유권주장을 배척한 원심 판결을 정당하다고 판단하였다.

(라) 대법원 1998.9.22. 선고 98다26194 판결[제3자이의].

[사실관계]

소외 회사가 건설하고 있던 아파트의 한 동이 전체 공정의 70%가 진행된 상태에서 공사를 중단하자, 입주예정자 등이 입주자대표회의를 구성한 후 시공자를 정하고 그가 나머지 공정을 완료하였다. 그러자 소외 회사의 채권자가 아파트 건물에 대하여 강제집행을 하자, 원고는 이 건물의 소유자라고 주장하면서 소외 회사의 채권자를 피고로 하여 제3자이의의 소를 제기하였다.

[대법원 판결요지]

소외 회사가 공사를 중단할 당시 위 건물은 골조공사와 벽체공사가 완료되고 알루미늄 창문틀도 설치되었으며, 내장공사의 마무리 단계인 초벌도배까지 끝난 상태였고, 나아가 기둥·벽·지붕의 골조공사 및 벽체공사가 완료되어 거푸집을 제거한 상태에서, 전체 공정의 70%가 진행된 상태였다면, 공사 중단 당시 위 건물은 사회통념상 건물로서의 구조와 형태를 갖추고 있었으므로, 원래의 건축주인 소외 회사가 원시취득하였다고 판단하면서, 원고의 주장을 배척한 원심의 판단을 지지하였다.

(마) 대법원 2001.1.16. 선고 2000다51872 판결[소유권확인]

[사실관계]

원래 지상 7층 건물로 설계되어 있는데, 원고가 토지를 경락받을 당시 지하 1, 2층 및 지상 1층까지의 콘크리트 골조 및 기둥, 천장(슬라브) 공사가 완료되어 있고, 지상 1층의 전면(남쪽)에서 보아 좌측(서쪽) 벽과 뒷면(북쪽) 벽 그리고 내부 엘리베이터 벽체가 완성된 상태의 공작물에 대하여 피고를 상대로 하여 소유권확인을 구하였다.

[대법원 판결요지]

공사 중단 당시의 위와 같은 공작물은 최소한 지붕과 기둥 그리고 주벽이 이루어졌다고 할 것이어서 미완성 상태의 독립한 건물로서의 요건을 갖추었고, 또한 원래 지상 7층 건물로 설계되어 있으나, 지상 1층만으로도 구분소유권의 대상이 될 수 있는 구조임이 분명하므로 피고에게 구분소유권이 인정된다고 판단하고, 위 공작물에는 주벽이 완성되지 아니하고 공사진척도가 20~30%에 불과하여 독립한 건물로 보기 어렵다는 이유로 이 사건 공작물이 토지에 부합되어 토지와 함께 경락인을 거쳐 원고 소유가 되었다고 판단한 원심판결을 파기·환송하였다.

(바) 대법원 2003.5.30. 선고 2002다21592·21608 판결[지상권설정 등기절차이행·임료 등]

[사실관계]

도급인인 소외 A 건설회사가 그의 소유 토지 위에 지하 3층 지상 12층의 주상복합건물을 신축하기 위하여 수급인인 소외 B 회사와 공사도급계약을 체결하고 공사에 착수하도록 하여 부도로 공사가 중단될 때까지 지하 1층 내지 지하 3층에는 철근콘크리트 구조물이 설치되었고, 지상 1층부터 지상 4층까지는 에이치 빔(H-beam)으로 철골조가 조립되었다.

위 건물공사 착수 후 곧 설정된 근저당권에 기한 임의경매절차에서 피고 등이 위 토지를 공동으로 낙찰받아 경락대금을 완납하여 소유권을 취득하였고, 한편 소외 A 건설회사는 원고에게 위 신축 건물을 인도하였다. 원고는 소외 A 회사를 대위하여 법정지상권 취득을 원인으로 한 지상권설정등기절차의 이행을 구하는 본소청구를 피고에게 제기하였고, 피고는 원고에 대하여 위 토지의 불법점유를 원인으로 한 임료 상당의 손해배상을 구하는 반소청구를 제기하였다.

[대법원 판결요지]

피고의 경락대금 납부 당시 신축 건물이 이미 지하 1층부터 지하 3층까지 기둥, 주벽 및 천장 슬라브 공사가 완료된 상태였을 뿐만 아니라 지하 1층의 일부 점포가 일반에 분양되기까지 하였다면, 비록 토지가 경락될 당시 신축건물의 지상층 부분이 골조공사만 이루어진 채 벽이나 지붕 등이 설치된 바가 없다 하더라도, 지하층 부분만으로도 구분소유권의 대상이 될 수 있는 구조라는 점에서, 신축 건물은 경락 당시 미완성 상태이기는 하지만 독립한 건물로서의 요건을 갖추었다고 보아야 한다는 이유로 원고의 본소청구를 배척하고 피고의 반소청구를 인용한 원심판결을 파기하였다.

(사) 대법원 2005.7.15. 선고 2005다19415 판결[건물명도등]

[사실관계]

원고는 제1심 공동피고 A에게 자신의 소유인 토지의 지상에 일반 철골구조 슬라브지붕의 건물 2동을 신축하여 식당을 운영하도록 하는 임대약정을 하였다. 그 후 원고와 A는 위 임대차계약을 해지하고, A가 그 때까지 신축하고 있던 건물에 대한 모든 권리를 포기하는 대신, A가 원고에 대하여 위 임대차계약상 가지는 모든 권리의무를 피고가 인수하기로 약정하였다.

그런데 A가 원고 명의로 건축허가를 받아 자신의 비용과 노력으로 이 사건 건물을 건축하다가 자금사정으로 공사를 중단하였고, A가 공사를 중단할 당시 이미 이 사건 건물의 2층 전체의 골조와 지붕공사가 완료된 상태였고, 그 후 피고가 위 공사를 인도받아 잔여공사를 마쳐 이 사건 건물을 완공하였다. 피고는 이 건물을 2층까지만 완공한 후, 식당을 운영하였다.

원고는 피고의 차임연체를 이유로 임대차계약을 해지하고, 원고와 A, 피고 사이에 완성된 건물의 소유권을 원고에게 귀속시키기로 합의한 것이고, 그에 따라 원고는 이 건물의 소유권을 원시적으로 취득하였다는 것을 이유로, 피고에 대하여 건물의 명도를 구하였다.

[대법원 판결요지]

A가 공사를 중단할 당시 이미 이 사건 건물의 2층 전체의 골조와 지붕공사가 완료된 상태였던 사실을 인정할 수 있어, A가 위 공사를 중단할 시점에서 이미 이 사건 건물은 사회통념상 독립한 건물이라고 볼 수 있는 형태와 구조를 갖추었다고 할 것이므로, 특별한 사정이 없는 한 원래의 건축주인 A가 이 사건 건물의 소유권을 원시취득하였다 할 것이고, 원고가 이 사건 토지의 임대차계약상의 약정에 기하여 A로부터 이 사건 건물을 승계취득한 것으로 보더라도 원고가 그에 관한 등기를 마치지 않는 한 그 소유권을 취득할 수 없다고 하면서, 원심이 원고가 이 사건 건물을 원시취득한 것으로 보아 이 사건 건물명도청구를 인용한 것은 잘못이라는 이유로 파기·환송하고 있다.

(아) 대법원 2005.12.9. 선고 2005다38577·38584 판결 [건물 철거 등]

[사실관계]

소외 A가 자신 소유의 토지 위에 지하 5층, 지상 6층의 근린생활시설 및 업무시설을 신축하던 중 지상 1층의 콘크리트 골조가 완료된 상태에서 소외 B에게 그 구조물을 양도하였고, 그 후 위 토지는 공매절차에서 매각되어 원고의 소유로, 구조물은 이후 소외 B에 의하여 공사가 속행되다가 다시 중단된 후 피고가 당초 허가받은 대로의 건물로 완성하였다. 이에 원고가 피고를 상대로 건물 전체의 철거를 구하였다

[대법원 판결요지]

원심은 피고가 건물 전체의 소유권을 원시취득하였음을 전제로 공매처분 당시 토지는 소외 A, 건물은 피고 소유이어서 공매처분으로 토지와 건물의 소유자가 달라졌다고 볼 수 없다는 이유로 피고의 관습법상 법정지상권 항변을 배척하였는데, 대법원은 소외 A가 소외 B에게 위 구조물을 양도할 당시 지하층 부분만으로도 구분소유권의 대상이 될 수 있는 구조라는 점에서 이 사건 신축건물은 미완성 상태이기는 하지만 독립한 건물로서의 요건을 갖추었다고 볼 여지가 있다는 이유로 원심판결을 파기·환송하였다.

(자) 대법원 2006. 11. 9. 선고 2004다67691 판결[소유권보존등기말소]

[사실관계]

피고 Y1 회사는 이 사건 토지의 지상에 지하 1층, 지상 18층의 아파트 및 판매시설(이하 이 사건 건물이라고 한다)을 신축하다가 6층

골조공사까지 마친 상태에서 부도가 났다.

소외 A 회사는 피고 Y1 회사의 위임을 받은 채권단으로부터 이 사건 토지와 건축 중이던 이 사건 건물 일체를 매수하고, 위 매매대금 변제에 갈음하여 이 사건 아파트를 완공한 후 위 매매대금에 상당한 아파트 일부에 관하여 소유권이전등기를 마쳐 주기로 약정하였다.

소외 A 회사는 이 사건 토지에 관한 소유권이전등기를 마치고 공사를 진행하다가 중단하였는데, 최종 중단 당시 이 사건 건물의 공사 진행 정도는, 18층 구조의 좌측 부분은 18층까지 골조공사, 17층 일부 벽면까지 조적공사, 16층 일부까지 미장공사가 이루어진 상태였고, 7층 구조의 우측 부분은 7층까지 골조 및 조적공사, 지붕 및 옥상공사가 이루어진 상태였으나, 전체적으로는 일부 배선설치 외에는 전기설비공사가 대부분 시공되지 않았고, 외장 및 실내공사, 난방·상하수도 배관설비공사 등은 전혀 시공되지 않은 상태였다.

그런데 이 사건 토지의 근저당권자 C 은행의 신청에 의하여 개시된 이 사건 토지에 관한 임의경매절차에서 소외 B가 이 사건 토지를 낙찰 받아 소유권이전등기를 마쳤고, C 은행은 배당받지 못한 나머지 대출금 채권을 보전하기 위하여 이 사건 건물에 대하여 가압류를 신청하여, 그 가압류결정에 따른 촉탁등기에 의하여 이 사건 건물에 대하여 피고 Y1 회사 명의로 소유권보존등기가 행해졌다.

그 후 원고는 소외 B와 피고 Y1 회사로부터 이 사건 토지와 건물을 모두 양수하고, 공사를 재개하였는데, 피고 Y1 회사의 채권자 대표였다가 피고 Y1 회사의 대표이사로 된 피고 Y2가 이 사건 건물 94세대 중 81세대에 관하여는 자신이 매수하였다는 이유로 자기 명의로 소유권이전등기를 마쳤고, 나머지 13세대에 대하여는 피고 Y3 등에게 매도하고 그 명의로 소유권이전등기를 마쳐 주었다.

한편, 원고는 1998.10.경 이 사건 건물의 공사를 재개하여 전체에 대한 잔여 공사와 각 구분건물 부분에 대한 내부공사를 마무리하여 임시사용승인을 받았다.

이에 원고는 자신이 미완성 상태인 이 사건 건물을 매수하여 사업주체 명의를 변경한 후 약 39억 원 이상의 공사비를 투입하여 이 사건 건물을 완공하였으므로, 이 사건 건물은 원고가 원시취득하였다고 주장하면서, 이 사건 각 구분건물에 관하여 행해진 피고 Y1 회사 명의의 소유권보존등기는 등기할 수 없는 토지의 정착물에 불과한 건축 중인 건물에 대하여 행해진 부적법한 등기로서 무효이므로, 피고 Y1 회사 및 피고 Y2, Y3를 상대로 이 사건 건물에 관한 소유권보존등기 및 이전등기의 각 말소를 구하였다.

[대법원 판결요지]

건물이 설계도상 처음부터 여러 층으로 건축할 것으로 예정되어 있어 이에 따라 같은 내용으로 건축허가를 받아 건축공사를 진행하던 중에 건축주의 사정으로 공사가 중단되었고 그와 같이 중단될 당시까지 이미 일부 층의 기둥과 지붕 그리고 둘레 벽이 완성되어 있어 그 구조물을 토지의 부합물로 볼 수 없는 상태에 이르렀다고 하더라도, 제3자가 이러한 상태의 미완성 건물을 종전 건축주로부터 양수하기로 하고 이를 인도받아 나머지 공사를 계속 진행한 결과, 건물의 구조와 형태 등이 건축허가의 내용과 사회통념 상 동일하다고 인정되는 정도에 이르도록 건물을 축조한 경우에는, 그 구조와 형태가 원래의 설계 및 건축허가의 내용과 동일하다고 인정되는 건물 전체를 하나의 소유권의 객체로 보아 그 제3자가 그 건물 전체의 소유권을 원시취득한다고 보는 것이 옳고, 건축허가를 받은 구조와 형태대로 축조된 전체 건물 중에서 건축공사가 중단될 당시까지 기둥과 지붕 그리고 둘레 벽이 완성되어 있던 층만을 분리해 내어 이 부분만의 소유권을 종전 건축주가 원시취득한다고 볼 것이 아니라고 판단하였다.

(차) 대법원 2007.04.26. 선고 2005다19156 판결[소유권확인]

[사실관계]

원고는 모든 외관공사를 마무리하고 내부 마무리공사만 남겨둔 상태에서 소외 주식회사 사이에 이 사건 건물에 관한 매매계약을 체결하였다.

[대법원 판결요지]

건축주의 사정으로 건축공사가 중단되었던 미완성의 건물을 인도받아 나머지 공사를 마치고 완공한 경우, 그 건물이 공사가 중단된 시점에서 이미 사회통념상 독립한 건물이라고 볼 수 있는 형태와 구조를 갖추고 있었다면 원래의 건축주가 그 건물의 소유권을 원시취득하는 법리에 비추어 볼 때, 원고가 이 사건 건물을 원시취득하였다고 판단한 원심의 판단은 정당하다.

(타) 대법원 2011.8.25. 선고 2009다67443 판결[소유권보존등기말소·소유권보존등기말소]

[사실관계]

A 건설회사는 대지 소유자들(공유지분권자들)로부터 그 대지 위에 지하 2층, 지상 7층의 아파트를 신축하는 공사를 도급받아 건설 중 사정상 공사가 중단되었다. 그 후 B 회사가 공사가 중단되었던 미완성의 건물을 양수하기로 하고 이를 인도받아 나머지 공사를 진행하여 이 아파트를 축조하였다.

[대법원 판결요지]

B 회사가 공사가 중단되었던 미완성의 건물을 양수하기로 하고 이를 인도받아 나머지 공사를 진행하여 구조와 형태면에서 사회통념상

독립한 건물이라고 볼 수 있는 정도로 이 아파트를 축조하였고, 달리 도급인(대지의 공유지분권자들)과 수급인(B 회사) 사이에 완성된 건물의 소유권을 도급인에게 귀속시키기로 합의한 것으로 볼 만한 사정도 없으므로, 원심이 B 회사가 이 아파트의 소유권을 원시취득하였다고 판단한 것은 정당하다.

(2) 중단 당시 사회통념상 독립한 건물로 인정되지 않은 경우

(가) 대법원 1984.6.26. 선고 83다카1659 판결[부당이득금반환]

[사실관계]

원고는 피고(○○시)로부터 자신 소유의 토지 위에 건물 1동의 건축허가를 받아 건축공사를 진행하던 중 전체공정의 약 30%가 진척된 상태에서, 소외 A 회사에 그 대지 및 건축기성고를 양도하고 대금도 모두 받았다. 소외 A 회사는 위 공사를 인수한 후 공사비를 투입하고 나머지 공사를 진행하여 건물을 완공하였다. 그러나 피고의 '건축허가사무취급요령' 상 건축허가 명의를 소외 A 회사 앞으로 변경하지 못하였으며, 소유권보존등기도 원고 명의로 행하였다.

그 후 소외 A 회사는 원고를 상대로 하여 자신의 신축에 의하여 위 건물의 소유권을 원시취득하였다고 주장하면서 소유권보존등기말소청구 소송을 제기하여 승소판결을 받아 그것이 확정되었다. 이에 따라 원고 명의의 소유권보존등기는 말소되고, 소외 A회사 명의로 소유권보존등기를 마친 후, 원고는 피고를 상대로 하여 이미 납부한 취득세에 대하여 부당이득금은 반환청구를 하였다.

[대법원판결요지]

소외 A 회사가 원고로부터 그 소유의 대지와 공정이 30%정도 진행된 기성고를 인수하여 나머지 공사를 준공하였다면, 비록 위와 같은 사정이 있어 준공허가가 원고 명의로 나왔다거나, 가옥대장에 원고가 소유자인양 올라 있었다 하더라도, 이 사건 건물을 준공하여 이를 원시취득한 자는 원고가 아니라 소외 A 회사라 할 것이라고 판단하고, 결국 원고의 부당이득반환청구를 이유 없다고 한 원심판결을 파기·환송하였다.

(나) 대법원 2004.2.13. 선고 2003다29043 판결[지상물철거]

[사실관계]

피고 등 3인은 피고 소유의 토지 위에 골프연습장 및 예식장을 건축하기 위하여 공동으로 건축허가를 받아 공사에 착공하였으나 터파기공사를 마친 후 토사붕괴방지를 위하여 에이취빔(H-beam) 철골구조물만을 설치한 상태에서 공사가 중단되었다. 그 후 근저당권자인 원고가 임의경매절차에서 피고 소유의 토지를 낙찰받아 그 매각대금을 다 내고 소유권이전등기를 마쳤다. 원고는 피고에 대하여 위 구조물 철거를 구하자, 피고는 법정지상권의 취득하였다는 항변을 하였다.

[대법원 판결요지]

위 구조물은 토지에 관하여 원고의 근저당권이 설정될 당시 그 건물의 규모, 종류가 외형상 예상할 수 있는 정도까지 건축이 진전되어 있는 건축 중의 건물에 해당한다고 할 수 없을 뿐만 아니라 그 후 경매절차에서 매수인이 매각대금을 다 낸 때까지 최소한의 기둥과 지붕 그리고 주벽이 이루어지는 등 독립된 부동산으로서 건물의 요건을 갖추었다고 볼 수조차 없다고 하면서, 원심이 피고의 법정지상권 취득에 관한 항변을 배척한 것은 잘못이 없다고 판단하였다.

(3) 중단 당시 사회통념상 독립한 건물인지 여부를 판단하라 고 한 경우

(가) 대법원 1984.9.25. 선고 83다카1858 판결

[사실관계]

원고는 피고로부터 짓고 있는 아파트 한 채를 매수하였으나, 건축공사가 부실하여 관계 당국으로부터 공사중지명령이 내려져 건축공사가 중단된 채로 방치되고 있었다. 원고는 피고로부터 위 아파트를 현상대로 인도받아 원고의 비용으로 나머지 공사를 완공하였다. 이에 원고는 피고에 대하여 소유권이전등기청구를 하였다.

[대법원판결요지]

미완성의 아파트를 넘겨받아 완공한 경우, 그 소유권을 원시취득한 것이라고 하기 위해서는 아직 사회통념 상 건물이라고 볼 수 있는 형태와 구조를 갖추지 못할 정도의 아파트를 넘겨받아 이를 건물로 완성하였음을 필요로 하는데, 원고가 피고로부터 이 사건 건물을 넘겨받을 당시의 건축정도를 심리하여 확정하지 아니한 채, 원고가 자신의 비용을 들여 공사를 완성한 사실만 가지고 원고가 아파트의 소유권을 원시취득하였다고 판시한 원심의 조처에는 잘못이 있다고 하면서 파기·환송하였다.

(나) 대법원 2002.4.26. 선고 2000다16350 판결[소유권보존등기등 말소]

[사실관계]

원고 1은 이 사건 대지의 공유자 30인을 대표한 자로서, 피고와의 사이에, 이 사건 대지상에 위 피고가 지하 1층, 지상 5층 규모의 상가건물을 위 피고의 비용으로 건축한 다음 그 중 지상 1층은 위 대지의 공유자들의 소유로 하되, 그에 대한 대가로 위 대지의 공유자들은 이 사건 대지에 관한 각자 지분의 6분의5를 위 피고에게 이전하기로 약정하였다. 그런데 피고는 이 사건 건물의 건축공사를 제대로 진행하지 아니하고 또 건축비 전부를 부담하지 아니하여 원고 등이 일부 공사비를 부담하여 나머지 공사를 진행하여 완공하였다.

피고는 이 사건 건물에 대하여 피고 명의의 소유권보존등기를 마쳤고, 이 사건 건물의 1층과 관련해서는, 1층의 통로 부분을 제외한 각 점포로 분할하여, 각 부분에 대하여 피고 명의의 각 구분소유권보존등기까지 마쳤다.

이 사건 건물 1층의 공유자인 원고들은 그 공유물의 보존행위로서, 원인무효인 피고 명의의 위 각 구분소유권보존등기와 이에 터잡은 위 각 소유권이전등기 등의 말소를 위 각 등기명의자들인 피고들에게 청구하였다.

[대법원 판결요지]

원고 등이 이 사건 건물 건축을 위하여 비용과 노력을 들이기 시작한 당시에 이 사건 건물이 사회통념상 독립한 건물이라고 볼 수 있는 형태와 구조를 갖추고 있었는지 여부에 관하여 심리하여 원고 등이 이 사건 건물 1층 부분의 소유권을 일부라도 취득한 것으로 볼 수 있는지 여부를 확정할 필요가 있다고 하면서 원심판결을 파기·환송하였다.

3. 판례 입장의 난점

먼저, 건축 중인 건물의 법적 성질 및 그 소유권의 성립에 관한 앞서 본 판례들에 나타난 판례의 기본적인 입장을 정리하여 보면 다음과 같다.

① 토지에 설치한 정착물인 건축 중인 건물이 사회통념상 독립한 건물이라고 볼 수 없는 경우에 그 정착물은 토지의 부합물에 불과하다(대법원 2008. 5.30. 자 2007마98 결정; 동 2006.11.9. 선고 2004다67691 판결 등).② 건축 중인 건물에 최소한의 기둥과 지붕 그리고 주벽(둘레 벽)이 이루어지면 독립된 부동산인 건물이 된다(대법원 2001.1.16. 선고 2000다51872 판결).③ 건물을 자기의 비용과 노력으로 신축한 자는 그 건축허가가 타인의 명의로 된 여부에 관계없이 그 소유권을 원시취득하게 되고, 건축주의 사정으로 건축공사가 중단된 미완성의 건물을 인도받아 나머지 공사를 하게 된 경우에는 그 공사의 중단 시점에 이미 사회통념상 독립한 건물이라고 볼 수 있는 정도의 형태와 구조를 갖춘 경우에는 그 원래의 건축주가, 독립한 건물이라고 볼 수 있는 정도의 형태와 구조를 갖춘 경우가 아닌 경우에는 이를 인도받아 자기의 비용과 노력으로 완공한 자가 그 건물의 원시취득자가 된다(대법원 2005.7.15. 선고 2005다19415; 동 2006.5.12. 선고 2005다68783 판결 등).

그런데 위와 같이 건축공사가 중단된 미완성건축물을 제3자가 완공한 경우, 공사 중단 당시를 기준으로 하여 사회통념 상 독립한 건물로 볼 수 있는지의 여부만을 가지고 완성건물의 소유권 귀속을 판단하는 판례의 입장에는 다음과 같은 난점이 있다.

첫째, 공사가 중단된 당시 아직 사회통념상 독립한 건물로서의 형태와 구조를 갖추고 있지 못한 건축물을 이어 받아 제3자가 나머지 공사를 마치고 건물을 완공한 경우, 독립된 건물이 되는 순간에 공사를 완공한 제3자가 소유권을 원시취득한다고 하면, 독립된 건물이 되는 마지막 순간 토지의 부합물이었던 구조물이 토지에서 분리되어 독립된 건물이 됨과 동시에 그 건물의 소유권이 토지소유자에게서 분리되어 그 제3자에게 원시취득된다고 하는 현상을 논리적으로 설

명하기 어렵다.76)77)

둘째, 우선 예컨대 A가 70% 내지 80%의 공정을 마치고 B가 이를 인수받아 나머지의 공정을 끝내어 건물을 완공하였다 하더라도, A가 공사를 중단할 당시의 기성고가 독립한 건물로 볼 수 있을 정도가 아니라면, 완성건물의 소유권은 20% 내지 30%의 공정을 마친 B가 취득한다. 이러한 결론은 일반인의 상식으로 납득하기가 쉽지 않다.

그런데 심지어 위에서 언급한 '(1)의 (다) 대법원 1997.5.9. 선고 96다54867 판결'에서는 원래의 건축주가 전체의 45% 내지 50% 정도의 공정에 이르러 공사가 중단되었고, 이어 건축허가 명의를 다른 사람으로 변경하여 그가 약 20%의 공정을 더 시공하다가 역시 중단된 후, 수분양자들이 잔여공사를 시행한 경우, 원래의 건축주가 중단 당시에 사회통념 상 독립한 건물이라고 볼 수 있는 형태의 구조를 갖추었다고 보고서 지금 현재는 부도가 나 있는 처음의 건축주가 완공된 연립주택의 소유권을 취득하였다고 판단하였는데, 분양대금을 거의 다 내고 있었을 수분양자의 입장에서는 이러한 판결의 결과를 쉽게 받아들일 수 있을지 의문이다.

이 외에도 납득하기 어려운 예가 또 있다. 즉, 위의 '(1)의 (라) 대법원 1998.9.22. 선고 98다26194 판결'에서도 아파트 건설회사가 전체 공정의 70%가 진행된 상태에서 공사가 중단되었고, 수분양자인 입주 예정자들이 시공자를 정하고 그가 나머지 공정을 완료하였으나, 공사 중단 당시 위 건축물은 사회통념 상 독립한 건물로서 구조와 형태를 갖추고 있었다고 하여 원래의 건축주인 건설회사가 소유권을 원시취득한다고 판단하고 있는 것이다.78)

---

76) 허부열, "건축 중인 건물의 소유권귀속에 관한 제문제: 대상판결: 대법원 2006. 11.9. 선고 2004다67691 판결", 재판과 판례 제19집, 대구판례연구회, 2010.12, 350면.

77) 이 점에 대해서는 본 논문 IV.1.에서 이미 전제문제로 논의하였다.

셋째, 처음의 건물건축에 관한 법률관계의 성질 및 그 후 미완성건축물을 다른 사람이 이어받아 건축하는 법률관계의 성질에 관한 고려가 전혀 이루어지고 있지 않다. 특히 후자에 관하여 위의 대법원 판결들을 보면, 예컨대 미완성건축물을 인도받아 잔여공사를 마쳤다고 하는 판결(위 (1)의 (사) 대법원 2005.7.15. 선고 2005다19415 판결; (차) 대법원 2007.04.26. 선고 2005다19156 판결 및 (3)의 (가) 대법원 1984.9.25. 선고 83다카1858 판결), 또는 미완성건축물을 이어받아 잔여공사를 마쳤다고 하는 판결(위 (1)의 (나) 1993.4.23. 선고 93다1527·1534 판결), 미완성건축물을 양수 또는 매수하여 잔여공사를 마쳤다고 하는 판결(위 (1)의 (아) 대법원 2005.12.9. 선고 2005다38577·38584 판결; (자) 대법원 2006.11.9. 선고 2004다67691 판결; (타) 대법원 2011.8.25. 선고 2009다67443 판결 및 (2)의 (가) 대법원 1984. 6.26. 선고 83다카1659 판결), 심지어 그러한 것을 밝히고 있지 않은 판결들이 있으나, 그러한 법률관계의 성질을 불문하고 모든 경우에, 공사 중단 당시의 미완성건축물의 상태가 독립한 건물로 볼 수 있는지 여부라는 단 하나의 기준만을 적용하여 소유권귀속을 판단하고 있는 것이다.

그런데 이와 같은 대법원 판례의 태도는 너무나 단순하여 구체적인 경우에 합리성을 결하는 경우가 있다. 예컨대 건축주 A가 건물을 건축하다가 중단하고, 제3자 B에게 이어서 짓게 한 경우, A와 B 사이의 관계가 그 미완성건축물에 대한 '매매'이었다고 한다면 B가 그 미완성건축물을 매매를 통하여 소유권을 취득한 후 건물을 완성하였을 것이기 때문에 그 완성된 건물 전체는 B가 소유권을 원시취득한다고 하여야 할 것이고, 판례처럼 A가 건축을 중단할 당시에 독립한 건물이었다고 하여 이미 미완성건축물의 소유권을 B에게 넘겨준 A가 완

---

78) 이상태, 앞의 주70)의 논문("건축 중 공작물이 제3자의 공사에 의해 건물로 완성된 경우 소유권 귀속"), 67면.

성된 건물의 소유권을 원시취득한다고 해석하는 것은 납득하기 어렵다. 만약 A와 B 사이의 관계가 미완성건축물의 완공에 대한 '도급'이라면, B가 완성한 건물의 소유권귀속은 A와 B 사이의 소유권귀속에 관한 약정에 따를 것이지만, 그것이 없는 경우에는 도급건축물의 소유권귀속에 관한 일반이론에 따르게 될 것이다. 즉, 수급인귀속설을 취하는 판례의 입장에 의하면 완성된 건물의 소유권은 수급인 B에게, 도급인귀속설에 의하면 완성건물의 소유권은 도급인 A에게 귀속될 것이다.

한편 도급인 A가 수급인 B에게 건물건축을 도급하였으나 B가 건물을 짓다가 중단한 후, 다시 A가 C를 물색하여 그에게 나머지 공정부분에 대하여 도급을 한 때에는 소유권귀속의 문제가 상당히 복잡해지게 되는데, 일응 먼저 미완성건축물에 대하여 A와 B 사이의 도급관계에 기한 소유권귀속에 관한 이론이 적용되어야 할 것이고, 다시 건물이 완성되었을 때에 그 완성건물에 대하여 A와 C 사이의 도급관계에 기한 소유권귀속의 이론이 적용되어야 할 것이다.

넷째, 집합건물이 건축 중 중도에 중단되었다가 다른 사람이 이어받아 완공한 경우 그 완성된 집합건물의 소유권귀속에 관하여는 판례의 입장에는 혼선이 있는 것처럼 보인다. 즉, 집합건물 전체가 완공되기 이전이라도 일부 층이 구분소유권의 대상이 될 수 있는 구조를 갖추었다면 구분소유권을 인정한 대법원 판결이 있는가 하면(위 (1)의 (마) 대법원 2001.1.16. 선고 2000다51872 판결; (바) 대법원 2003.5.30. 선고 2002다21592·21608 판결; (아) 대법원 2005.12.9. 선고 2005다38577·38584 판결), 이와 달리 위 '(1)의 (자) 대법원 2006.11.9. 선고 2004다67691 판결'은 집합건물의 건축이 중단된 경우 이미 일부 층의 기둥과 지붕 그리고 둘레 벽이 완성되어 있어 그 구조물을 토지의 부합물로 볼 수 없는 상태에 이르렀다고 하더라도, 그 완성된 층 부분만을 분리하여 그 부분의 소유권을 종전 건축주가 원시취득하는

것이 아니라, 그 건물이 완공된 때 그 건물 전체를 하나의 소유권의
객체로 보아 그 건물 전체의 소유권을 원시취득한다고 하여, 판례의
입장이 서로 모순되는 것은 아닌지 논란을 일으키고 있다.[79]

만일 위 '(1)의 (자) 대법원 2006.11.9. 선고 2004다67691 판결'과
같이 건축허가의 내용과 사회통념 상 동일하다고 인정되는 정도로
건물을 축조한 경우 건물 전체를 원시취득한다고 본다면, 건물의 상
당부분을 완성하였던 당시의 건축주의 채권자가 피해를 입게 된다는
문제점이 지적되기도 한다. 즉, 이미 상당 부분이 완성된 미완성인 건
물을 민사집행법 제81조 제1항 제2호, 제291조에 의하여 압류 또는 가
압류하여 부동산등기법 제66조에 의하여 법원의 촉탁에 따라 소유권
의 처분제한의 등기가 마쳐졌다 하더라도, 원래의 건축주가 미완성인
건물을 제3자에게 양도하여 제3자가 건물을 완성하였을 때에는 그
제3자가 그 건물 전체를 원시취득하게 되는 것이므로, 원시취득자가

---

79) 무릇 집합건물에 대한 소유권 개념은 기본적으로 집합건물을 바라보는 관점에
따라 그 접근법에 차이가 있다. 다시 말하면, 집합건물은 원래 하나의 건물인
데, 관념적으로 여러 개의 구분건물로 나누어진다고 볼 것인지(집합건물 전체
를 하나의 공동소유로 파악하는 방법), 아니면 집합건물을 여러 개의 구분건물
들의 집합으로 이루어진 건물로 볼 것인지(집합건물을 개별적인 소유권의 집
합으로 파악하는 방법)에 따라 소유권의 개념이 달라진다. 이러한 두 입장에
관한 역사적 변천과정에 관한 자세한 내용은, 이춘원, "제10장 구분소유법리의
변천과 판례의 동향", 한국민법의 새로운 전개: 고상룡 교수 고희기념논문집,
법문사, 2012, 260면 이하 참조.
본문의 전자의 판례들은 집합건물을 여러 개의 구분건물들의 집합으로 이루
어진 건물로 보는 견해에 바탕을 두고 있고, 본문의 후자의 판례는 집합건물은
원래 하나의 건물인데 관념적으로 여러 개의 구분건물로 나누어진다고 보는 견
해에 바탕을 두고 있는 것으로 생각된다.
후자의 '대법원 2006.11.9. 선고 2004다67691 판결'은 사실상으로는 종래의
판례를 변경하였으나, 종래의 판례를 폐지하지는 않았으므로, 앞으로 대법원은
그 입장을 명확히 할 필요가 있다(이춘원, 위의 논문("제10장 구분소유법리의
변천과 판례의 동향"), 287면).

아닌 자에게 소유권이 있는 것을 전제로 처분제한의 뜻이 기재된 소유권의 등기는 말소되어야 한다. 이런 결과는 원래의 건축주의 채권자에게 뜻하지 않은 피해를 주게 될 뿐만 아니라, 원래의 건축주가 이러한 결과를 노리고 채무를 면탈할 목적으로 건물을 제3자에게 양도하는 방법으로 악용할 소지가 있다는 비판이 제기되고 있다.[80]

4. 소 결

건물이 건축 도중에 공사가 중단되었다가 제3자에 의하여 건물로서 완성된 경우에, 그 완성건물의 소유권 귀속의 문제에는 어려운 법적 문제들이 많이 내포되어 있다.

그런데 판례는 건축 도중의 건물에 대한 법적 성질에 관해서 적극적으로 밝히지 않고 있으며, 다만 공사 중단 당시 사회통념 상 독립한 건물이라는 형태와 구조를 갖추었는지 여부라는 하나의 기준만으로 그 소유권의 귀속을 판단하고 있을 뿐이다.

그러나 처음 건물을 건축하는 자가 누구인지, 그 건축에 관련하여 어떠한 법률관계를 맺고 있는지 그리고 그 미완성건축물에 다시 공작을 가하는 제3자가 누구인지, 처음의 건축자와 그 제3자 사이에 어떠한 법률관계를 맺고 있는지 등을 종합·고려하여 완성건물의 소유권귀속을 판단하여야 할 것이다.

만약 처음 건물을 건축하는 자가 수급인인 경우에는, 미완성건축물의 건물의 소유권 귀속도 그 도급에 관한 소유권귀속 이론이 적용되어야 할 것이다. 그리고 중단된 미완성건축물의 소유자와 그것을 완성하는 제3자 사이의 법률관계가 도급이라면, 역시 이들 사이에서의

---

80) 이범상, "건물공사 중 건축주가 변경된 경우 건물 소유권의 원시취득 시기", 경영법무 통권 제132호, 한국경영법무연구소, 2007, 20면.

완성건물의 소유권귀속 문제는 도급에 관한 소유권귀속이론이 적용
되어야 할 것이다. 만약 중단된 미완성건축물의 소유자와 그것을 완
성하는 제3자 사이의 법률관계가 매매이라면, 그 완성된 건물의 소유
권은 당연히 제3자가 취득하여야 할 것이다. 이러한 경우에는 일반적
으로 양도·양수 당사자 사이에 기성고에 의한 대금을 수수하고 양수
인이 소유권을 취득하기로 하는 것이 보통일 것이기 때문이다. 이러
한 경우들에 있어서는 대법원 판례가 말하는 이론, 즉 공사 중단 당
시 사회통념상 독립한 건물이라는 형태와 구조를 갖추었는가 하는
기준은 적용될 여지가 없는 것이다.

그러나 중단된 미완성건축물의 소유자와 그것을 완성하는 제3자
사이에 추가공사에 관한 법률관계가 존재하지 않거나 누구에게 소유
권을 귀속할 것인가에 관한 의사가 불분명한 경우에는, 완성된 건물
의 소유권귀속은 민법의 첨부규정에 의할 수밖에 없을 것으로 생각
된다. 그런데 건축 도중의 건물이 독립한 부동산에 이른 경우에는 부
동산에의 부합(민법 제256조)으로 해결할 수 있을 것이다.[81] 그러나
건축도중의 건물이 독립한 부동산에 이르지 않은 경우에는, 건축 도
중의 건물을 동산으로 보는 이상, 동산 간의 부합(민법제257조)[82]으

---

81) 그러나 이러한 경우에도 독립한 건물의 단계를 넘어선 미완성건축물에 대한
추가공사의 경우를 부동산에의 가공으로 이해하고 부동산에의 가공에 관하여
는 민법에 규정이 없으므로 동산가공에 관한 민법 제259조를 유추적용해야 한
다는 견해도 있다. 그 이유는, 이 경우 부동산에의 부합이론에 의하면 추가 공
사를 한 자가 투여한 자재와 노력이 전혀 무시되고 있는 것을 피하여야 한다는
점을 들고 있다(홍광식, "건축 중 건물에 대한 제3자의 공사와 소유권귀속 -
대법원 1997.5.9. 선고 96다54867 판결-", 판례연구 제8집, 부산판례연구회,
1998.1, 305~306면).

82) 본래 민법 제257조는 동산과 동산이 부합하여 새로운 동산으로 되는 경우에
관한 규정이지만, 동산과 동산이 부합하여 하나의 부동산인 건물이 생겨나는
경우에 관하여도 이 규정을 유추적용할 수 있다는 입장이다(김상용, 물권법,
화산미디어, 2009, 382면; 김용한, 물권법론[전정판], 박영사, 1985, 305면).

로 해결할 것인지, 가공(민법 제259조)[83]으로 해결할 것인지, 아니면 구체적인 사안의 법률관계의 실질에 따라 두 규정을 선택적으로 적용[84]할 것인지 문제가 된다.

먼저 동산 간의 부합으로 해결하는 방법으로 이론을 구성해 보자. 즉, 건축 도중 공작물은 보통의 경우는 동산이 될 것이며, 다시 그것을 인수받아 완공하는 경우에는 동산을 부합한 것이 된다. 동산과 동산 간의 부합에 관한 규정인 우리 민법 제257조는 동산이 부합하여

83) 이러한 경우 건축재료보다는 노동력에 의한 공작이 중요하므로 가공규정을 유추적용할 것을 주장하는 견해로는, 김병진, "토지와 건물의 이원적 체계에 관한 연구", 법학논집 제12권 제3호, 이화여자대학교 법학연구소, 2008.3, 252면; 박용표, 앞의 주74)의 논문("집합건물공사 중 건축주가 변경된 경우 건물소유권의 원시취득자 - 대법원 2006.11.9. 선고 2004다67691 판결 -"), 263면; 이윤직, "건축 중인 건물의 소유권귀속 - 대법원 2006.5.12. 선고 2005다68783 판결 -", 건축관련판례 50선(대구판례연구회 300회 발표 기념), 대구판례연구회, 2012, 122면. 한편 김창희, 앞의 주23)의 논문("건축 중 건물을 양수하여 완공한 경우 원시취득자"), 32~33면은, 양도 당시 건축 중 건물이 독립건물단계에 달했는지 여부와 무관하게 수인의 순차적 건축행위에 의하여 생겨난 건물의 소유권의 귀속은 모두 민법 제259조 제2항에 의하여 단순하게 규율될 수 있다고 한다.

84) 고홍석, 앞의 주74)의 논문("건축 중의 건물을 제3자가 완공한 경우 소유권의 귀속에 관한 법률관계"), 60면은, 구체적인 사안의 법률관계의 실질에 따라 두 규정을 선택적으로 적용한다는 견해이다. 이에 의하면, 미완성의 건물에 제3자가 특별한 가치를 갖는 건축기법이나 건축기술을 더하여 그 경제적 가치에 있어 새로운 별개의 건물을 완성한 것과 동일한 정도에 이른 경우에는 가공의 규정을 적용하고, 그렇지 않은 경우에는 동산 간의 부합의 규정을 적용하자고 한다. 한편 오시영, "집합건물과 구분소유권의 원시취득에 대한 고찰", 재산법연구 제28권 제1호, 한국재산법학회, 2011.5, 40~41면은, 집합건물의 경우에는, 원래의 건축주, 중간승계건축주, 최종승계건축주가 순차적으로 집합건물 전체를 완공하였을 경우, 이들은 건축공사를 할 당시에는 종전 건축주로부터 추가공사를 할 수 있는 권원을 수여받았을 것이므로 민법 제256조 단서의 '정당한 권원'이 사실상 존재한다고 보아야 하며, 이 경우 실체권리관계에 맞게 각각 특정하여 공사한 부분에 대한 개별적 구분소유권을 인정하면 된다고 한다.

새로운 동산으로 되는 경우에 관한 규정이지만, 동산이 부합하여 새로운 부동산(예컨대 건물)이 성립된 경우에도 이 규정을 유추적용할 수 있을 것으로 생각된다. 결국 A가 건물건축의 일부공정을 마치고 B가 나머지 공정을 마쳐서 건물이 완성된 경우에, 그 건물의 소유권 귀속은 주된 공정을 수행한 자가 소유권을 취득하나, 주종을 구별할 수 없을 때에는 부합 당시의 가액의 비율로 그 건물을 공유한다고 할 것이다(물론 통상 이러한 건물건축의 경우 분리하면 건물 전체가 훼손되거나 분리를 한다고 하더라도 과다한 비용이 들 것이라는 요건은 충족될 것이다). 물론 주된 공정을 수행한 자가 소유권을 취득하더라도 종된 공정을 수행한 자에게 보상을 하여야 한다(민법 제261조).

다음으로 가공으로 해결하는 방법으로 이론을 구성해 보자. 즉, 아직 독립한 부동산에 이르지 아니한 건축 도중의 공작물을 제3자가 이어 받아 이것에 가공(재료도 제공할 수 있음)하여 건물을 완성한 경우, 처음의 미완성의 건물의 가액보다 가공으로 인한 가액의 증가가 현저히 다액인 때에는 완성된 건물의 소유권은 가공자가 원시취득하고, 그렇지 않은 때에는 미완성건축물을 건축한 자가 완성건물의 소유권을 원시취득하게 된다(민법 제259조 참조). 예컨대 A가 건물건축의 일부공정을 마치고 B가 나머지 공정을 마쳐서 건물이 완성된 경우에, 그 건물의 소유권은 원칙적으로 원재료의 소유자인 A에게 귀속하지만, B의 공사로 인하여 완성된 건물의 가액의 증가가 원재료의 가액보다 현저히 다액인 때에는 가공자인 B의 소유로 된다. 물론 이 경우에도 소유권을 취득하지 못하는 자가 입는 손해는 소유권을 취득하는 자에게 보상을 청구할 수 있다(민법 제216조).

그런데 이와 같이 후자의 방법에 의하면, A가 건물건축의 일부공정을 마치고 B가 나머지 공정을 마쳐서 건물이 완성된 경우에, 그 완성된 건물의 소유권은 원칙적으로 원재료의 소유자인 A에게 귀속하지만, B의 공사로 인하여 완성된 건물의 가액의 증가가 원재료의 가액보다 현저히 다액인 때에는 가공자인 B의 소유로 된다. 다시 말하면, 그 가액의 증가가 있더라도 그것이 현저하지 않는 한, 건축을 중단한 A가 항상 완성건물의 소유권을 취득하는 난점이 있다. 그리고 만약 그 원재료의 가액과 가공에 의하여 증가된 가액이 같은 경우에는 A와 B가 완성건물을 공유한다고 할 수가 없고 이때에도 A가 완성건물 전체를 원시취득하게 되는 난점이 있다.

따라서 독립한 부동산에 이르지 않은 건축도중의 건축물을 제3자가 완성시킨 경우에는 전자, 즉 동산과 동산 간의 부합의 원리에 따라서 해결하는 것이 좀 더 나은 방법이 아닐까 생각된다. 결국 A가 건물건축의 일부공정을 마치고 B가 나머지 공정을 마쳐서 건물이 완성된 경우에, 그 건물의 소유권귀속은 주된 공정을 수행한 자가 소유권을 취득하나, 주종을 구별할 수 없을 때에는 부합 당시의 가액의 비율로 그 건물을 공유한다고 볼 것이다. 그리고 주종을 구별할 때에는 미완성건축물에 들어간 재료의 가액과 가공의 가액, 추후 완공에 들어간 재료의 가액과 가공의 가액을 함께 고려하여 판단하면 될 것이다.[85]

V. 결 론

실제로 건물을 건축함에 있어서 토지소유자를 비롯하여 건축업자·하수급인·재료제공자 등 많은 사람이 관여할 뿐만 아니라 그 관여의 형태도 매우 다양하다. 나아가 우리는 토지와 건물을 독립한 부동산

---

85) 이상태, 앞의 주70)의 논문("건축 중 공작물이 제3자의 공사에 의해 건물로 완성된 경우 소유권 귀속"), 67~68면.

으로 다루는 법제를 취하고 있기 때문에, 여기서 건물이 완성한 경우
에 과연 이렇게 많은 관여자 가운데 누구에게 그 소유권이 귀속하는
가는 법적으로 큰 문제가 아닐 수 없다.

본고에서는 먼저 청헌 김증한 교수가 주장한 이론, 즉, 수급인이 재
료를 제공하여 부동산인 건물을 건축한 경우 그 건물의 소유권이 원
칙적으로 도급인에게 귀속한다는 이론의 내용을 고찰하였다. 김증한
교수가 이러한 도급인귀속설의 이유 내지 근거로 들고 있는 점들은
전적으로 타당하다고 생각된다. 그런데 우리 판례는 그동안 위와 같
은 경우에 당사자 사이에 특약이나 특별한 사정이 없는 한 완성건물
의 소유권은 수급인에게 귀속하고 그 후 건물의 인도에 의하여 도급
인에게 이전된다는 수급인귀속설의 입장을 취해오고 있다. 그러나 이
러한 판례의 입장은 현행 부동산물권변동의 이론에 어긋날 뿐 아니
라 우리의 현실과 법감정에도 어긋난다고 하겠다.

다음으로, 소유권 관념이, 물건 자체에 대한 지배권으로부터, 물건
의 유용성에 대하여 가지고 있는 의사지배 또는 유용성에 대한 관념
적 지배권으로 변천됨에 따라, 도급계약에 있어서의 완성물의 소유권
귀속에 관한 이론구성이 달라질 수 있음을 살펴보았다. 이와 같이 소
유권을 물건의 유용성에 대한 배타적 지배권한이라는 의미를 가지는
관념적 존재로 파악한다면, 첨부이론을 벗어나서 도급계약에 기하여
완성된 건물의 소유권이 수급인이 아니라 도급인에게 원시취득될 수
가 있고, 또한 도급인과 수급인 사이의 의사에 따라 완성건물의 소유
관계가 결정될 수 있다는 것을 보다 쉽게 이해할 수 있을 것으로 생
각된다.

그리고 도급관계의 외연을 확대하여, 건물을 건축하는 도중에 공사
가 중단되었다가 제3자에 의하여 건물이 완성된 경우의 소유권귀속
의 문제를 고찰하였다. 그런데 이 문제는 법이론적으로 많은 어려운
문제를 내포하고 있다. 이는 우리 법이 대부분의 로마법계의 국가와

는 달리, 토지와 건물을 별개의 독립한 부동산으로 다루고 있는 법제를 취하면서도, 그와 부수하여 제기되는 법적 문제들에 대한 구체적이고 특별한 입법조치를 강구하지 않았기 때문에 일어나는 것이라고 할 수 있다.

우선 건축 도중의 건축물은 건물과 마찬가지로 토지에 부합이 일어나지 않는 것으로 보아야 하고, 그리고 그것의 성질은 동산으로 다루는 것이 좋을 것으로 생각된다. 그리고 건축 도중의 건축물을 타인이 매수하거나 인수받아서 완성한 경우, 판례와 같이 단순하게 공사중단 당시의 건축물이 사회관념상 독립한 건물로 볼 수 있는지의 여부만에 의하여 해결하는 것은 건축 관련인들의 이해관계를 합리적으로 처리해 주지 못하는 난점이 있다.

따라서 처음 건물을 건축하는 자가 누구인지, 그 건축에 관련하여 어떠한 법률관계를 맺고 있는지, 그리고 미완성건축물에 다시 공작을 가하는 제3자가 누구인지, 처음의 건축자와 그 제3자 사이에 어떠한 법률관계를 맺고 있는지 등을 종합적으로 고려하여 완성건물의 소유권귀속을 판단하여야 할 것이다. 만약 그러한 판단을 할 수 없거나 어려운 때에는 동산과 동산의 부합에 관한 원리가 유추적용될 수 있을 것이다.

끝으로 덧붙일 것은, 전술한 바와 같이 이와 같은 완성건물의 소유권귀속에 관한 문제는 법이론적으로 많은 어려운 문제를 내포하고 있고, 바로 그렇기 때문에 청헌 김증한 교수께서 우리들에게 강조한 실태연구와 판례연구가 어느 법분야 보다도 필요한 영역이라 하지 않을 수가 없다. 앞으로 완성건물의 소유권귀속에 관한 연구를 함에 있어서 더욱 많은 실태연구와 판례연구에 노력을 기울여야 할 것임을 강조해 둔다.

〈참고문헌〉

고상룡, 민법총칙(제3판), 법문사, 2003.

곽윤직, 민법총칙(제7판), 박영사, 2006.

_____, 채권각론(제6판), 박영사, 2005.

김기선, 한국물권법, 법문사, 1990.

_____, 한국채권법각론(제2전정판), 법문사, 1982.

김상용, 민법총칙, 화산미디어, 2009.

_____, 물권법, 화산미디어, 2009.

김석우, 채권각론, 박영사, 1978.

김용한, 민법총칙론(전정판), 박영사, 1986.

_____, 물권법론(전정판), 박영사, 1985.

김주수, 채권각론(상), 삼영사, 1986.

김증한·안이준, 신채권각론(하)[초판], 박영사, 1965.

김증한, 채권각론[민법강의IV], 박영사, 1988.

김증한·김학동, 민법총칙(제9판), 박영사, 1995.

김증한·김학동, 물권법(제9판), 박영사, 2004.

_____, 채권각론(제7판), 박영사, 2006.

김현태, 신고채권법각론, 일조각, 1969.

이영준, 물권법(전정신판), 박영사, 2009.

_____, 민법총칙[개정증보판], 박영사, 2007.

이은영, 민법총칙(제5판), 박영사, 2009.

_____, 채권각론(제5판), 박영사, 2005.

이태재, 채권각론신강, 진명문화사, 1978.

_____, 채권각론신강(개정판), 진명문화사, 1985.

현승종·조규창, 로마법, 법문사, 1996.

고홍석, "건축 중의 건물을 제3자가 완공한 경우 소유권의 귀속에 관한 법률
　　　관계", 민사판례연구 XXX, 민사판례연구회, 2008.3.

김동윤, "구분소유의 대상이 될 수 있는 구조의 건물에 있어서 원시취득자의

확정", 사법 제7호, 사법연구지원재단, 2009.

김형수, "도급건축물의 소유권귀속에 관한 연구", 부동산법학 제5집, 한국부동산법학회, 1999.

김증한, "도급건축물의 소유권귀속", 민법논집(초판), 박영사, 1978.

_____, "한국민법학 30년의 회고", 법학 제19권 1호, 서울대학교, 1978.

_____, "물질적 소유권이냐 기능적 소유권이냐?"(상), 법조 제29권 제4호, 법조협회, 1980.4.

_____, "물질적 소유권이냐 기능적 소유권이냐?"(하), 법조 제29권 제5호, 법조협회, 1980.5.

_____, "한국민법학의 진로", 법학 제26권 2·3호, 서울대학교, 1985.

김창희, "건축 중 건물을 양수하여 완공한 경우 원시취득자", 법조 제58권 제7호(통권634호), 법조협회, 2009.

박재영, "건축 중인 건물의 소유권귀속", 사법논집 제46집, 법원도서관, 2008.

박용표, "집합건물공사 중 건축주가 변경된 경우 건물소유권의 원시취득자 - 대법원 2006.11.9. 선고 2004다67691 판결 -", 판례연구 19집, 부산판례연구회, 2008.2.

양재모, "도급건축물의 소유권귀속이론의 검토 - 민법의 해석원칙과 관련법안의 통일적 해석 -", 한양법학 제21집, 한양법학회, 2007.8.

오시영, "집합건물과 구분소유권의 원시취득에 대한 고찰", 재산법연구 제28권 제1호, 한국재산법학회, 2011.5.

이범상, "건물공사 중 건축주가 변경된 경우 건물 소유권의 원시취득 시기", 경영법무 통권 제132호, 한국경영법무연구소, 2007.

이상태, "건축 중 공작물이 제3자의 공사에 의해 건물로 완성된 경우 소유권귀속", 일감법학 제4권, 건국대학교 법학연구소, 1999.

_____, "완성건물의 소유권귀속에 관한 연구", 일감법학 제2권, 건국대학교 법학연구소, 1997.

이윤직, "건축 중인 건물의 소유권귀속 - 대법원 2006.5.12. 선고 2005다68783 판결 -", 건축관련판례 50선(대구판례연구회 300회 발표 기념), 대구판례연구회, 2012.

이춘원, "미완성의 집합건물을 양수 받아 완공한 경우에 구분소유권의 원시취득자 - 대법원 2006. 11. 9. 선고 2004다67691 판결의 검토 -", 민사법학 제48호, 한국민사법학회, 2010.3.

_____, "제10장 구분소유법리의 변천과 판례의 동향", 한국민법의 새로운 전
　　개: 고상룡 교수 고희기념논문집, 법문사, 2012.

장경학, "도급계약에 있어서 완성물의 소유권귀속에 관한 연구", 사법행정
　　333호, 한국사법행정학회, 1989.

허부열, "건축 중인 건물의 소유권귀속에 관한 제문제: 대상판결: 대법원
　　2006. 11.9. 선고 2004다67691 판결", 裁判과 判例 제19집, 대구판례
　　연구회, 2010.12.

홍광식, "건축 중 건물에 대한 제3자의 공사와 소유권귀속 - 대법원
　　1997.5.9. 선고 96다54867 판결-", 판례연구 제8집, 부산판례연구회,
　　1998.1.

홍기태, "미완성건물에 대한 강제집행의 방법", 민사판례연구 ⅩⅨ, 민사판
　　례연구회, 1997.

황적인, "晴軒 金曾漢 박사께서 걸어오신 길", 법학 제20권 제2호, 서울대학
　　교, 1980.

坂本武憲, "請負契約における所有權の歸屬", 民法講座 5(代表編集 星野英
　　一), 有斐閣, 1985.

Kaser, Max, Römisches Privatrecht(ein Studienbuch), 9.Aufl., C. H. Beck, 1976.

Mitteis·Lieberich, Deuches Privatrecht, 7. Aufl., C. H, Beck, 1976.

Pawlowski, Hans-Martin, Allgemeiner Teil des BGB: Grundlehren des
　　bürgerlichen Rechts, 7. neu bearbeitete Aufl., C.F. Müller Verlag, 2003.

Wieling, Hans Josef, Sachenrecht, Bd.1, Springer-Verlag, 1990.

Dubischar, Roland, "Über die Grundlagen der schuldsystematischen Zwieteilung der
　　Rechte in sogenannte absolute und relative. Ein dogmengeschichtlicher
　　Beitrag zur Lehre vom subjektiven Privatrecht," Dissertation, Eberhard-
　　Karls-Universitaet zu Tübingen, 1961.

Pawlowski, Hans-Martin, "Substanz oder Funktionseigentum? - Zum Eigentum-
　　sbegriff des geltenden Rechts", Archiv für die civilisische Praxis (A.c.P.)
　　165. Band, J.C.B. Mohr, 1965.

조합론

김 학 동*

I. 서 론

(1) 선친이신 김증한 교수의 조합에 관한 이론 중에서도 의미있는 영향을 남기신 주제는 「조합의 업무집행방법」에 관한 것이므로, 이 주제에 집중하여 김증한 교수의 이론을 조명해 본다.

(2) 조합의 업무집행방법 문제가 크게 논의되고 견해가 대립되게 된 이유는, 채권편 조합 부분에서의 이에 관한 규정인 제706조와 물권편 합유물의 처분·변경에 관한 제272조가 서로 충돌되기 때문이다. 즉 조합재산의 처분·변경은 조합의 업무집행에 해당하는데, 한편으로 조합의 업무집행을 규율하는 제706조 2항은 조합원의 (업무집행사원을 수인 선임한 경우에는 업무집행사원의) 과반수로 이를 결정하도록 하면서, 다른 한편으로 ─ 제271조는 조합재산은 조합원의 합유에 속한다고 규정하면서 ─ 합유물의 처분·변경을 규율하는 제272조는 합유물의 처분·변경에는 합유자 전원의 동의가 있어야 한다고 규정함으로써, 조합재산의 처분·변경이라는 조합의 업무집행에 관하여 서로 충돌되는 규정을 두었기 때문이다. 그리하여 이를 어떻게 조

---

* 서울시립대학교 명예교수

화시키는가 하는데 관하여 다양한 견해가 제기되고 학설이 대립하고 있다.

그런데 이번 학회의 취지는 김증한 교수의 학문세계를 살펴보고 연구업적을 기리는데 있으므로, 위 주제에 관한 김증한 교수의 이론 (견해)을 소개하는데 중점을 두고, 다른 학자들의 견해 및 판례의 태도는 간단히 소개한다. 그리고 특히 통상적인 논문에서 처럼 각 학설과 판례의 타당성을 검토하는 것은 생략하고, 김증한 교수의 이론이 가지는 의미를 발표자 나름대로 살펴본다.

II. 김증한 교수의 이론

1. 처음 견해

1965년에 간행된 책자(김증한·안이준 편저, 채권각론(하), 601면) 에서는 이 문제에 대하여 다음과 같이 적고 있다: 「조합재산 자체의 처분은, 그것이 조합의 업무집행이라고 인정되는 한, 조합의 업무집행의 규칙(제706조)에 따라서 할 수 있다. 즉 그것이 조합의 통상사무에 속하는 때에는 각 조합원이 전행할 수 있고, 그렇지 않은 것은 조합원의 과반수로써 결정한다. 그러면 합유물의 처분에는 합유자 전원의 동의가 있어야 한다고 하는 제272조 제1항과 제706조 제2항 및 제3항과의 관계를 어떻게 해하여야 할 것인가. 제706조는 조합재산에 속하는 물건의 처분이 조합의 업무집행에 속하는 경우에 관한 특별규정이라고 해석하여야 할 것이다. 그러므로 조합재산의 처분이 조합의 업무집행이라고 인정될 수 없는 경우(예컨대 조합의 존립과 불가

분의 관계에 있는 조합의 기본재산을 처분하는 경우)에는 조합원 전
원의 합의를 요한다고 하여야 할 것이다.」

　요컨대 조합재산의 처분이 조합의 업무집행이라고 인정되는 경우
에는 제706조 제2항에 의하고, 조합의 존립과 불가분의 관계에 있는
조합의 기본재산을 처분하는 경우와 같이 그 처분이 단순한 조합의
업무집행으로 인정되지 않는 경우에는 제272조에 의한다는 것이다.

　2. 위 책자를 전면적으로 개고한 1988년의 책자(김증한, 채권각론,
360면 이하)에서는 다음과 같이 적고 있다: 우선 「합유에 관한 규정
과 조합에 관한 규정 사이에 서로 조화 문제가 충분히 검토되지 못한
입법상의 잘못이 있다고 위에서 말했는데, 그 가장 심한 것이 제272
조와 제706조이다」라고 하는 한편, 제118조가 규정하는 『관리행위』,
즉 보존행위 및 물건이나 권리의 성질을 변하지 않는 범위 내에서의
이용 또는 개량행위는 제706조 제3항에서의 통상사무 그리고 제272
조 단서에서의 보존행위에 속하므로 이들 규정에 의하여 각 조합원
이 전행할 수 있다고 한다. 그리고 이어서 다음과 같이 적는다 -「그
러므로 문제는 그밖의 행위, 따라서 『특별사무』, 즉 합유물의 처분
또는 변경에 『전원의 동의』(제272조)를 요하느냐, 아니면 조합원의
과반수면 되느냐 이다. … 제272조는 반드시 조합재산에만 국한되지
아니한 합유 일반에 관한 일반규정이고, 제706조는 조합에만 국한된
특별규정이다. 따라서 특별규정인 제706조가 우선적으로 적용되지 않
으면 안된다. 그러니까 결론으로서, 조합업무의 내용이 조합재산을
구성하는 물건의 처분 또는 변경인 때에는 조합원의 과반수로써 결
정하는 것으로 된다(나는 과거에 『조합재산의 처분이 조합의 업무집
행이라고 인정될 수 없는 때에는 제272조에 의하여 조합원 전원의 합
의를 요한다』고 말했었지만, 이에 개설한다).」

Ⅲ. 그 외의 견해

1. 김증한 교수와 같은 입장의 견해

(1) 처음 견해와 같은 입장으로서 오상걸 변호사가 있다.[1]

(2) 수정 견해와 같은 입장으로서 이호정, 김형배 교수와 민일영 판사 등이 있다.[2] 이 견해는 제706조를 우선시키는 근거로서 다음과 같은 점을 든다. 첫째 제271조 제2항이 「계약에 의하는 외에 다음 3호의 규정에 의한다」고 하여 합유자 간의 계약에 의하여 제272조와 달리 정할 수 있음을 인정하는데, 수인이 「조합계약을 체결하여 조합을 설립하였다면 조합재산의 처분 등의 문제를 포함하여 모든 조합업무에 대하여 제703조 이하의 조합규정에 따르겠다고 하는 계약이 존재한다고 해석할 수 있다.」[3] 둘째 제272조는 「조합의 조직을 전제하지 않거나 예정하지 않은 초보적이고 단순한 조합관계(필자의 생각으로는 '합유관계'라고 함이 적절)」에 적용되는 규정으로서, 따라서 이는 조합 이외의 다른 합유관계에 대해서도 적용될 수 있는 잠재성을 가진 일반규정이다. 반면에 조합이 공동사업의 수행을 위한 조직을 갖추어 단체성을 띠고 있는 한 업무집행의 통일성을 대내외적으로 쉽게 할 필요가 있음은 당연하고, 따라서 제706조는 제272조에 대한 특

---

1) 오상걸, 「주석 채권각론(Ⅱ)」(1987), 614면.
2) 이호정, "우리 민법상의 공동소유제도에 대한 약간의 의문", 「서울대 법학(24권 2·3호)」(1983년 9월), 102~118면; 김형배, 「채권각론(계약법)」(1997), 736~737면; 민일영, 「민법주해(Ⅴ)」(1992), 608~609면. 그리고 윤철홍, 조합의 재산관계, 채권법에 있어서 자유와 책임(김형배교수 화갑기념논문집), (1994), 499~521.
3) 이호정, 전게서, 108면.

별규정으로서 조합이 업무집행을 일정한 조직을 통하여 수행하고 있거나 조직을 예상하고 있는 경우에는 제706조가 적용된다고 한다.[4]

2. 김증한 교수와 다른 입장의 견해

(1) 업무집행자가 선임되어 있는지 여부에 따라 구분하는 견해이다(『제3설』이라 칭함). 즉 제706조 제2항의 전단은 업무집행자가 없는 경우에 관한 것이고 후단은 업무집행자가 있는 경우에 관한 것이다. 그런데 제272조는 그러한 구별을 하고 있지 않다. 그러므로 제272조는 업무집행자가 없는 경우의 집행방법을 규정한 것이라고 볼 것이다. 그렇다면 제272조는 제706조 제2항의 전단과의 관계에서만 특별규정이 된다. 따라서 제706조 제2항 후단의 경우, 즉 업무집행자가 있는 경우에는 이 규정에 따라서 모든 조합업무 ― 따라서 그것이 조합재산의 처분·변경에 해당하는 경우나 그렇지 않은 경우나 모두 ― 를 업무집행자의 과반수의 찬성에 의한다고 한다. 업무집행자가 있는 경우를 이렇게 특별히 규정한 것은 거래의 안전과 신속을 위해서라고 할 수 있다. 반면에 업무집행자가 없는 경우에는 조합재산의 처분·변경에 해당하는 것은 제272조에 의하여 조합원 전원의 합의에 의하고, 그렇지 않은 것은 제706조 제2항 전단에 의하여 조합원의 과반수의 찬성에 의한다고 한다.[5]

(2) 조합재산의 처분·변경에는 제272조가 적용된다는 입장이다(『제4설』이라 칭함). 즉 조합재산의 처분은 조합의 존속, 그 목적의 달성과 밀접 불가분의 관계에 있기 때문에 제272조가 조합원 전원의 동의가 필요한 것으로 하고 있고, 따라서 이에 의하여 조합재산의 처분에

---

4) 김형배, 전게서, 736~737면.
5) 곽윤직, 「채권각론(신정판)」(1995), 547면; 김주수, 「채권각론(제2판)」(1997), 481면 이하.

는 조합원 전원의 합의가 있어야 한다고 한다. 조합재산의 처분에 이
와 같이 엄격한 요건을 요구하는 것은 마치 민법 제42조나 상법 제
374조가 사단법인의 정관변경 혹은 주식회사의 영업양도 등에 관하
여 특별결의를 요하도록 한 것과 궤를 같이 한다고 한다. 그리고 나
아가 보다 합리적 방안은 모든 조합재산이 아니라 조합의 존립과 직
접적인 관련이 있는 기본적 재산의 처분에 관해서만 조합원 전원의
동의를 요하도록 하는 것이지만, 현행법의 체계상 위와 같이 해석할
수밖에 없고, 사소한 재산의 처분에까지 전조합원의 동의를 필요로
함으로써 조합의 목적달성이 어렵다면 조합은 조합계약으로 이 규정
의 적용을 배제하면 족하다고 한다.6) 그리고 그렇게 해석하는 것이
입법자의 의사에도 부합한다고 하는 점을 근거로 든다. 즉 제706조는
조합재산을 공유로 보았던 구 민법상의 규정을 그대로 답습한 것인
데, 현행민법은 제704조에서 조합재산을 합유로 규정하는 한편 제272
조를 신설하여 합유재산의 처분·변경에는 합유자 전원의 동의를 요
하도록 하였으므로, 이러한 입법과정을 볼 때 조합재산의 처분을 엄
격하게 하려고 한 것이 입법자의 의사라고 할 수 있다고 한다.7)

(3) 그 외에 위와 다른 견해도 있지만, 글의 주제와는 무관하므로
생략한다.

---

6) 이용훈, "조합재산의 처분과 민법 제272조·제273조", 「김용철선생 고희기념논
   문집」(1993), 557면. 그리고 김재형, 「민법주해(XVI)」(1997), 59면 이하.
7) 김재형, 전게서, 61면.

IV. 판 례

1. 대법원 2010.4.29. 선고 2007다18911 판결은 「민법 제272조에 따르면 합유물을 처분 또는 변경함에는 합유자 전원의 동의가 있어야 하나, 합유물 가운데서도 조합재산의 경우 그 처분·변경에 관한 행위는 조합의 특별사무에 해당하는 업무집행으로서, 이에 대하여는 특별한 사정이 없는 한 민법 제706조 제2항이 민법 제272조에 우선하여 적용된다고 할 것이므로, 조합재산의 처분·변경은 업무집행자가 없는 경우에는 조합원의 과반수로 결정하고, 업무집행자가 수인 있는 경우에는 그 업무집행자의 과반수로써 결정」한다고 판시한다.[8] 이러한 입장은 이미 대법원 1998. 3. 13. 선고 95다30345 판결 및 대법원 2000. 10. 10. 선고 2000다28506, 28513 판결에서도 나타났는데, 이중 전자는 업무집행자가 없는 경우에 관한 것이고, 후자는 업무집행자가 있는 경우에 관한 것인 바, 2007다18911은 양 경우를 총괄적으로 판시한 것이다.[9]

그러므로 판례는 김증한 교수의 수정 견해와 같은 입장이라고 할 수 있다.

2. 판례의 내용은 조합의 업무집행방법에 관한 논의가 실제적으로

---

8) 이 사안은 업무집행조합원이 1인인 경우로서, 따라서 이어서 「업무집행자가 1인인 경우에는 그 업무집행자가 단독으로 결정할 수 있다」고 판시한다.
9) 위의 95다30345 판결 이전의 판례에도 이에 관한 것이 있지만(대법원 1990. 2. 27. 선고 88다카11534 판결; 대법원 1991. 5. 15.자 91마186 결정; 대법원 1992.10.9. 선고 92다28075 판결; 대법원 1997. 5. 30. 선고 95다4957 판결), 모두 2인인 조합에서 그 1인이 단독으로 조합재산을 처분(95다4957을 제외하고는 조합의 채권 기타 권리의 양도)한 경우로서, 따라서 어느 견해를 취하든 무효가 되는 경우이다. 따라서 이 문제를 판단할 필요가 없었다.

어떤 의미를 가지는가 하는 점을 이해하는데 도움이 되므로, 이하에
서 이를 소개한다.

(1) 위의 3개 판례의 사안은 모두 수인이 소유토지에 건물을 신축하
여 이의 분양 및 임대사업을 경영하기로 함으로써 조합이 성립된 경
우이다. 그러나 쟁점은 각기 다르다.

(개) 95다30345는 조합원 4인 중 3인(甲2, 甲3, 甲4)이 다른 1인(甲1)
을 제외한 채 건물신축공사를 맡은 수급인(乙)에게 공사대금을 증액
해 주기로 합의한 경우이다. 그리하여 전원의 동의에 의하지 않은 위
증액합의가 유효한가(따라서 甲1은 증액된 공사대금채무를 지는가)
하는 점이 쟁점으로 되었다.[10]

(내) 2000다28506의 사안에서는 조합원의 수가 상당히 많아(처음에
는 36인) 처음부터 동업계약서(정관)를 작성하여 임원회를 구성하고
甲을 조합장으로 선임하였으며, 甲은 임원회의 결의를 거쳐 乙에게
상가건물의 신축 및 임대 등 관련업무 일체를 일괄 위임하기로 하는

10) 판결은, 앞서 소개한 것처럼 제706조에 의하여 수인의 조합원의 과반수에 의하
여 결정한다고 하면서도, 그러나 위 규정은 임의규정으로서 당사자 사이의 약
정에 의하여 조합원 전원의 동의에 의하도록 한 경우에는 조합의 업무집행은
조합원 전원의 동의가 있는 때에만 유효하다고 하는 한편, 이 사건에서 보면
건물이 신축공사에 관한 도급계약을 체결함에 있어 소합원 전원이 그 당사자로
되었고 계약 당시 특히 공사대금에 대하여 물가연동제의 적용은 없기로 약정하
였을 뿐만 아니라 그 후 공사 도중에 수차례에 걸쳐 설계변경에 관한 합의를
함에 있어서도 조합원 전원이 당사자로 되었으며 甲1과 甲2·3·4의 지분비율
도 3 : 1 : 1 : 1로서, 이와 같은 사실관계에 비추어 보면 이 조합에서는 乙과
의 건물신축에 관한 업무에 관한 한 조합원 전원의 의사의 일치로써 그 업무집
행을 결정하기로 한 약정이 있었다고 봄이 상당하고 乙 또한 이와 같은 사정을
알고 있었다고 봄이 상당하다고 하여, 결과적으로 甲2 등과 乙간의 증액합의는
무효라고 판시하였다.

업무대행계약을 체결하였다. 그런데 조합원 중 일부(丙 등)가 조합으로부터 분양받은 상가대금의 일부를 미납하자 甲이 잔대금채권을 乙에게 양도하여 乙이 丙에게 미수금지급을 청구한 경우이다. 그리하여 조합이 조합원 총회의 결의 없이 임원회의 결의만으로 행한 위 분양 잔대금채권의 양도(甲이 乙에게 이를 양도할 당시에는 임원회의 동의를 받지 않았으나, 원심판결 이전에 위 채권양도에 관하여 임원회의 동의를 받았음)가 무효인가 하는 점이 쟁점으로 되었다.11)

(다) 2007다18911은 11인 중 10인으로부터 건물도급계약에 관하여 위임을 받은 업무집행조합원(甲)이 모 건설회사(乙)에게 상가건물 신축공사를 맡겼고 乙이 건물완성 전에 수인(丙 등)에게 상가 일부씩을 분양하였는데, 乙이 신축공사를 제대로 진행하지 못하자 甲이 丙 등의 요구에 따라 乙의 분양업무를 승계하기로 하는 계약(분양승계계약)을 체결하였다. 그런데 결국 乙이 건물을 제때 완공치 못하자 丙 등이 분양계약을 해제하고 조합에 대하여 원상회복의무(분양대금 반환의무)의 이행을 청구한 경우이다. 그리하여 甲이 단독으로(그러나 조합의 이름으로) 乙과 체결한 분양승계계약이 유효한가(따라서 조합이 위 원상회복의무를 지는가) 하는 점이 쟁점으로 되었다.12)

(2) 위 판례와 관련해서 부언할 점은, 판례의 쟁점이 엄격히 제706조와 제272조 간의 관계에 관한 것인가 하는 점이다.

---

11) 판결은, 조합의 업무집행조합원들의 의사결정기관인 임원회의 과반수 결의로 이루어진 채권양도는 - 조합 정관 제14조에서 조합원총회의 결의를 거치도록 규정되어 있는 것이 아니므로 - 유효한 업무집행이므로 유효하다고 판시하였다.

12) 판결은, 이 사안에서는 한편으로는 업무집행자가 1인인 경우로서 이 경우에는 그 업무집행자가 단독으로 결정한다고 하고, 다른 한편으로는 제709조에 의하여 업무집행조합원은 업무집행에 관하여 대리권을 가지는 바, 업무집행자 甲은 乙과 분양승계계약을 체결할 대리권을 가지므로 이는 유효하다고 판시하였다.

㈎ 우선 95다30345 및 2007다18911은, 조합원 일부 혹은 업무집행
조합원(다른 업무집행자) 전원의 동의 없이 조합재산을 처
분한 경우가 아니고 타인과 계약을 체결한 경우이다. 따라서 제272조
가 적용될 여지가 없는 경우이다. 따라서 ― 비록 판결은 「제706조
제2항이 제272조에 우선하여 적용된다」고 판시하지만 ― 서로 충돌
되는 제706조와 제272조 중 어떤 것을 우선시킬 것인가 하는 점은 문
제되지 않았다.

㈏ 2000다28506은 조합의 채권을 양도한 경우이므로 준합유물의
처분이고, 따라서 제272조가 준용(제278조에 의한)되는 경우로서 따
라서 제706조와 제272조 중 어떤 것을 우선시킬 것인가 하는 점이 문
제된 경우이기는 하다. 그러나 문제된 채권양도(재산처분)에 관해서
는 총회의 동의를 거치지 않도록 하는 특약이 있으므로, 이 사안 역시
엄밀히는 제706조와 제272조와의 관계는 실제로는 쟁점이 아니었다.

㈐ 그러나 이러한 판례사안을 통해서 조합의 업무는 다양할 수 있
고, 그런데 이중에서 ― 제272조와 제706조의 충돌 문제가 생기는 ―
조합재산의 처분·변경과 그 외의 업무를 나누어 그 집행방법을 달리
규율하는 것은 비현실적·비실제적이라는 점을 알 수 있다. 판례가 직
접적으로는 제272조와 제706조의 충돌 문제가 생기지 않는 사안임에
도 이 문제에 대한 입장을 판단한 것은 이러한 이유 때문은 아닐까?

V. 의미

1. 충돌되는 규정에 관한 최초의 문제제기

현행 민법을 다룬 책자는 1958년 이후부터 나타났는데,[13] 대부분 조합재산의 귀속형태가 합유라는 점(제704조)은 설명하나, 조합의 업무집행(조합의 대내관계)과 관련해서는 단지 제706조의 내용만을 설명할 뿐 제272조와의 관계에 관해서는 아직 언급이 없었다.[14]

김증한 교수가 처음으로 조합의 업무집행방법에 관한 제706조가 합유물의 처분에 관한 제272조와 충돌된다는 점을 지적하고, 양 규정 간의 관계를 어떻게 해석할 것인가 하는 문제를 살폈다.[15]

2. 충돌규정의 조화방법

(1) 그러면 서로 충돌하는 제272조와 제706조와의 관계를 어떻게 해석하고 조화시킬 것인가? 이에 관해서는 여러 가지 해석방법이 있겠지만, 여기에서 먼저 고려할 점은 충돌하는 규정이 왜 생겼는가 하

---

13) 현행민법을 최초로 소개하는 교과서는 1958년에 출간된 김현태 교수의 「신민법 채권각론강의」이다. 이에 앞서 조합을 설명하는 최초의 교과서는 1955년에 발간된 진승록 교수의 「채권각론」인데, 여기에서는 구민법(현행 민법 제706조에 해당하는 구민법 제670조)의 내용만을 설명한다.

14) 김현태, 전게서, 186면, 190면; 최식, 「신채권법각론」, 1961, 202면 이하.

15) 이 책자에 곧이어 발간된 것은 이태재, 「채권론신강」, 1967년인데, 이 책자에서도 조합의 업무집행 부분에서 제706조만을 설명한다(354면 이하). 그 외에 김현태 교수님은 이후의 개정판(「신고 채권법각론」, 1975년)에서도 조합의 업무집행방법과 관련해서 제706조만을 설명하신다.

는 점이다. 김증한 교수는 앞에서 소개한 바와 같이 서로 충돌하는 위의 규정을 둔 것은 입법의 잘못 때문임을 지적한다. 그 의미는, 제 706조는 구민법에도 있었던 것이고 제272조는 현행 민법에서 신설된 것인데, 구민법에서는 조합재산의 소유형태를 공유로 하였으나 현행 민법은 이를 합유로 하는 바, 그렇다면 조합재산의 처분도 합유물의 처분이 되므로 제272조와 충돌되는 제706조는 폐기했어야 하는데, 이러한 점을 간과하고 구민법에 있던 규정을 그대로 답습했다는 것이다. 그러면 이와 같이 입법과정상의 부주의로 현행 민법과 조화되지 않는 구민법상의 규정을 그대로 둔 경우에, 양 규정의 관계를 어떻게 해석할 것인가?

제4설은 입법자의 의사를 근거로 혹은 양 규정의 입법사적 측면을 고려해서 제272조를 우선시킨다. 생각컨대 법을 개정 내지 신설하면서 과거의 규정을 폐기했어야 하는데 입법상의 과오로 이를 그대로 둠으로써 결과적으로 서로 충돌하는 규정이 생긴 경우에는 개정 내지 신설된 전자의 규정을 우선시키는 것이 일반적인 해석원칙이 아닐까? 이런 점에서 볼 때 위 견해는 타당하다고 생각한다.[16] 뿐만 아니라 조합과 사단의 차이 즉 조합은 사단과는 달리 단체로서의 성격이 없거나 극히 미약하다는 점 그리고 조합의 소유형태인 합유에서의 합수성의 원칙 등에 비추어 볼 때 제272조를 우선 적용하는 것이 타당해 보인다.

더욱이 이러한 입장의 해석론은 김증한 교수도 재단법인에서의 출연재산의 귀속시기에 관한 제48조와 물권변동의 효력발생시기에 관한 제186조·제188조(소위 형식주의)와의 관계와 관련해서 취하신다. 즉 전자의 규정은 물권변동에 관한 의사주의에 부합하는 것이므로, 이에 관해서 형식주의를 취한 현행 민법에서는 삭제되어야 할 것인

---

16) 필자는 선친의 「민법총칙」을 보완하면서 이러한 일반적인 해석방법을 개진한 바 있다(김증한·김학동, 「민법총칙(제10판)」 2013, 45면).

데 부주의로 그대로 답습한 것이라고 하면서, 따라서 제48조를 후자의 규정에 맞게 해석해야 한다고 한다.

그러면 김증한 교수는 제272조를 신설하면서 이와 모순되는 제706조를 삭제하지 않고 그대로 둔 것은 입법의 잘못이라고 지적하면서도, 왜 조합재산의 처분·변경이라는 조합의 업무집행에 관해서 제272조와 제706조 중 어느 것을 적용할 것인가 하는 점을 살피는가?

필자의 소견으로는 김증한 교수의 가장 밑바탕에 깔린 해석철학 내지 법률관에서 그 이유를 찾을 수 있다고 생각된다. 필자가 이해하기로는 김증한 교수께서는 민법의 해석에 있어서 어떻게 해석하는 것이 실제의 법률관계를 잘 규율하는가 하는 점을 가장 근본적인 가치 내지 판단기준으로 여긴다. 이러한 입장에서 양 규정의 관계를 검토해 보면, 만약 제706조를 입법의 과오로 인한 것이라고 하여 언제나 제272조를 우선시키게 되면, 조합원의 1인만이라도 참여하지 않은 조합재산의 처분행위는 다른 특약이 없는 한 무효라고 할 수 밖에 없으므로 ― 이러한 해석은 자칫 1인이 참여하지 않은 처분행위가 불이익한 것인 경우에 그러한 점을 내세워 그 처분행위를 백지화시킬 위험은 차치하고라도 ― 경직된 해석이 불가피하다. 그보다는 한편으로 조합이 비록 단체적 성격이 엷다 하더라도 조합이 계속적으로 활동함에 있어서는 다수결의 원리에 따라서 조합의사를 결정하고 업무를 수행해 나가도록 하면서, 다른 한편으로 각 조합원의 개성이 중시되는 조합에서는 일정한 조합재산의 처분을 위해서는 전원의 합의에 의하도록 하는 특약이 있는 것으로 해석하는 것이 조합재산의 처분을 둘러싼 법률관계를 실제적으로 타당하게 규율할 수 있다고 본 것이 아닐까?

이렇게 이해한다면 김증한 교수는 새로운 규정을 신설하면서 그 이전의 이와 충돌되는 규정을 그대로 둔 경우에, 양 규정의 관계를 해석함에 있어서 언제나 이러한 입법사적 관계만을 고려해서 양자의 우열관계를 결정하는 것이 아니고, 종래의 규정을 새로운 입법 하에서도 구속력 있는 것으로 인정하면서 실제적 타당성을 고려해서 종래의 규정과 새로운 규정과의 관계를 결정한다고 할 수 있다.

정리한다면, 김증한 교수의 해석은 어떻게 해석하는 것이 조합의 법률관계를 실제적으로 타당하게 규율하는가 하는 점을 고려한 것이고, 이는 바로 김증한 교수의 이론의 가장 밑바탕에 깔린 법률관·가치관을 보여주는 것이라고 할 수 있다. 그리고 김증한 교수는 어떤 규정이 입법적 과오에 기한 것이라는 이유만으로 이의 구속력을 부인하지는 않는다고 할 수 있다.

(2) 김증한 교수와 같은 입장을 취하는 경우에 생길 수 있는 문제는, 이에 의하면 자칫 일부 조합원이 결속해서 조합업무를 전행하는 것을 통제하지 못할 위험이 있지 않은가 하는 점이다. 그런데 이러한 문제점은 간단히 해결된다. 즉 합유에 관한 규정이나 조합의 업무집행에 관한 규정은 모두 임의규정이므로(합유에 관해서는 제271조 제2항이 이를 명언한다. 조합규정이 임의규정임은 채권의 일반적 성질에 의하여 당연하다), ─ 95다30345에서 처럼 ─ 조합원 전원(혹은 업무집행자 전원)의 합의에 의하도록 하는 특약의 존재를 인정함으로써 이러한 문제를 해결할 수 있을 것이다.

(3) 김증한 교수는 견해를 수정한 바 있다. 즉 처음에는 조합재산의 처분이 조합의 업무집행에 속하는 경우에는 제706조가 적용되지만, 그 재산이 조합의 존립과 불가분의 관계에 있는 것인 경우와 같이 이의 처분이 단순한 조합의 업무집행이 아닌 경우에는 제272조에 의한다고 하였으나, 이를 변경해서 제272조는 합유 일반에 관한 일반규정이고, 제706조는 조합에만 국한된 특별규정이므로 제706조가 우선적으로 적용된다고 하면서, 조합재산의 처분이 조합의 업무집행이라고

인정될 수 없는 경우에는 제272조가 적용된다고 하였던 것을 개설(삭제)한다고 하였다. 그러면 이러한 견해의 변경을 어떻게 이해할 것인가? 우선 처음의 견해에서도 제706조를 특별규정이라고 하였는 바, 따라서 양 규정 간의 관계에 관해서는 견해의 변경이 없다. 단지 조합의 존립과 불가분의 관계에 있는 조합재산(소위 기본재산)의 처분의 경우에 제272조가 적용된다고 했던 것을 탈락시킨 것만이 달라진 것이다. 그러면 변경된 견해는 후자의 경우에도 제706조를 적용해야 한다는 의미일까? 기본재산의 처분은 조합 자체의 종료를 낳으므로, 여기에는 단순한 업무집행에 관한 규정이 아니라 조합의 해산에 관한 규정이 적용되어야 할 것이다. 뿐만 아니라 조합의 기본재산의 처분에 관한 사항은 조합원 전원의 동의에 의해야 한다는 특약이 존재할 것이다. 그러므로 변경된 견해에 의하더라도 기본재산의 처분의 경우에는 제706조의 적용이 배제되고, 따라서 처음의 견해와 실제적으로 아무런 차이도 가지지 않을 것이다. 그렇다면 굳이 조합재산의 처분이 조합의 업무집행이 아닌 경우를 별도로 다룰 필요 없이 단순하게 조합재산의 처분이라는 조합의 업무집행은 제706조에 의한다고 하는 것이 가장 간명한 해석론일 것이다. 김증한 교수의 견해수정은 이러한 이유에서가 아닐까?

3. 조합 이외의 합유?

(1) 김증한 교수는 제272조는 합유 일반에 관한 일반규정이고 제706조는 조합에 관한 특별규정이므로 조합재산의 처분·변경이라는 업무집행에 관해서도 특별규정인 제706조가 우선 적용된다고 한다. 이는 공동소유형태가 합유인 경우로는 조합 이외에 다른 경우도 있다는 것을 전제로 하는 것으로서, 따라서 이 견해가 설득력을 가지기 위해

서는 합유형태가 조합 이외의 경우에도 존재해야 한다. 그러면 그러한 경우는 실제로 존재하는가?

이 문제를 살핌에 있어서는 먼저 합유의 본질이 무엇인가 하는 점을 고려해야 한다. 합유의 본질은『合手性』에 있다. 즉 합유물은 합유자 중 일부가 처분할 수는 없으며, 반드시 전원이 함께 처분해야 한다는 것이다. 그러므로 합유관계가 성립하기 위해서는 공동소유자 간에 위와 같은 결합관계가 있으면 된다. 더 나아가서 반드시 수인이 공동사업을 위하여 결합하였을 것(조합체)이 필요한 것이 아니다. 그런데 우리는 합유를 수인이 공동사업을 위하여 결합한 경우의 소유형태로 이해한다. 이러한 이해는 제271조가 합유가 성립하는 경우를 "수인이 '조합체로서' 물건을 소유하는 때"라고 하였기 때문으로 추측된다(따라서 이 문구를 수정하는 것이 필요). 그러나 공동사업 없이 단지 합수성을 가지는 공동소유는 비록 공동사업을 목적으로 하지 않더라도 합유라고 해야 한다.

그러면 현대사회에서도 그와 같은 합수성을 가지는 공동소유형태가 필요할까? 언제 그러한 합유가 생겨날까? 예컨대 3인이 공동으로 취득하게 된 돈이나 부동산을 전원의 합의가 있어야만 처분할 수 있도록 하려는 경우는 적지 않게 있을 수 있다. 위 3인이 공동사업을 영위함이 없이 단지 그와 같은 취지에서 3인 명의로 예금하거나 등기한 경우에, 이를 합수성 원칙이 지배하는 합유로 인정하지 않는다면 3인은 각기 자신의 몫을 처분할 수 있게 된다. 이를 방지하기 위해서는 이의 소유형태를 합유로 인정해야 한다. 이와 같이 조합 이외에도 합유는 존재할 뿐만 아니라, 매우 유용하다. 즉 수인이 공동재산을 전원의 합의 없이는 처분할 수 없도록 하려는 경우에 합유가 유용할 뿐만 아니라, 합유를 인정하지 않으면 그와 같은 뜻을 관철할 법적 수단이 없게 된다.

(2) 이호정 교수는 김증한 교수의 수정 견해와 결론에서 같은 입장을 취한다. 그리고 일부 견해는, 김증한 교수의 수정 견해는 이호정 교수의 견해를 따른 것이라고 한다.[17] 그러면 양 견해는 동일한 내용인가? 이호정 교수의 견해는 합유 규정이 무용하다는 점을 말하려는 데 중점이 있고(위의 논문의 제목에서부터 논문의 취지가 조합의 업무집행방법을 살펴려는데 있는 것이 아님을 알 수 있다),[18] 이와 같이 제272조는 무용한 것이므로 결과적으로 제706조가 우선 적용된다는 것이다. 그러나 김증한 교수는 조합의 소유형태가 합유이나, 조합의 경우에는 합유규정 이외에 조합규정이 별도로 있으므로 이 규정이 우선한다는 것이다. 그리고 앞서 본 바와 같이 공동사업 없는 ─ 즉 조합 이외에서의 ─ 단순한 합유관계가 실제로 존재할 수 있는 바, 이러한 경우에는 합유물의 처분·변경에는 제272조가 적용된다(이 때에는 제272조와 제706조의 충돌이 있을 수 없다)는 것이다. 그러므로 양 견해가 비록 조합의 업무집행방법에 관한 결론에서는 같은 입장이더라도, 양 견해를 같은 견해라고 하는 것은 부적절하지 않을까? 더욱이 김증한 교수의 견해는 이호정 교수의 견해를 따른 것이라고 하는 것은 지나치게 피상적인 고찰이 아닐까?

---

17) 윤철홍, 전게서(주2), 514면, 주 52는 「원래 김증한 교수는 "조합재산의 처분이 조합의 업무집행이 아닌 경우에는 물권법의 원칙적인 합유규정인 제272조를 적용하고, 그것이 업무집행에 해당하는 경우에는 제706조 2항을 적용하고자 한다"고 주장하다 견해를 바꾸어 이호정 교수의 견해를 따르고 있다」고 적고 있다.

18) 이호정, 전게서(주2), 108면은 「제272조는 우리 민법이 명문으로 합유로 인정하고 있는 유일한 케이스인 조합재산의 합유에는 적용되지 않게」 되고, 그렇다면 동조는 「민법안에서는 적용의 기회가 없는 무용한 규정이라고 하지 않을 수 없다. 따라서 제272조와 같은 합유에 관한 일반규정을 둔 입법조치는 허공을 잡으려는 비현실적 규정이라고 하지 않을 수 없다」고 한다.

〈참고문헌〉

곽윤직, 「채권각론(신정판)」, 박영사, 1995.

김재형, 「민법주해(XVI)」, 박영사, 1997.

김주수, 「채권각론(제2판)」, 삼영사, 1997.

김증한, 「채권각론」, 박영사, 1988.

_____, 「주석 채권각칙」, 사법행정학회, 1987.

김증한·안이준 편, 「신채권각론(상)」, 박영사, 1961.

김증한·김학동, 「민법총칙(제10판)」, 박영사, 2013.

김현태, 「신민법 채권각론강의」, 일조각 1958.

_____, 「신고 채권각론」일조각 1969.

김형배, 「채권각론(계약법)」, 박영사, 1997.

민일영, 「민법주해(V)」 박영사, 1992.

이용훈, "조합재산의 처분과 민법 제272조·제273조", 「김용철선생 고희기념
      논문집」, 1993.

이태재, 「채권각론신강」, 진명문화사 1967.

이호정, "우리 민법상의 공동소유제도에 대한 약간의 의문", 서울대 「법학」
      (24권 2·3호), 1983. 9월.

오상걸, 「주석 채권각론(II)」 사법행정학회 1987.

윤철홍, "조합의 재산관계", 「채권법에 있어서 자유와 책임(김형배교수 화갑
      기념논문집)」, 박영사, 1994.

최식, 「신채권법각론」, 박영사, 1961.

공동불법행위론의 재조명

정 태 윤*

I. 서

본고는 1960년도 중반의 우리 법학계의 척박한 환경하에서 당시의 아시아 어느 국가에서보다도 앞선 공동불법행위론을 전개하신 고 김 증한 교수의 연구업적을 기리고 재조명하기 위한 것이다. 김증한 교수는 1960년도 후반 일본에서 四日市사건 및 山王川사건의 판결을 계기로 하여 시대의 추이에 따른 공동불법행위론의 정립을 위하여 일대 논의를 벌이기 이전인 1965년도에 이미 새로운 공동불법행위론을 전개하여[1] 한국민법학의 저력을 보여주었다. 즉 일본의 통설·판 례였던 객관적 공동설이 그대로 우리 민법학계에서도 통설로서 자리를 굳히고 있었던 그 시기에 객관적 공동설에 대하여 의문을 제기하고 시대적 요청에 부응하는 주관적 공동설을 제창하였던 것이다. 김증한 교수의 이러한 공동불법행위에 관한 선각자적인 논문은 후학들에게 자긍심을 불러일으킴과 아울러 신선한 충격을 주었다. 그리하여

---

* 이화여자대학교 법학전문대학원 교수

1) 김증한, "공동불법행위", 법정 제20권 제5호(1965). 이 논문은 민법논집 (1978), 385~394면에 재수록되었다. 이하에서의 인용은 민법논집에 의거하 였다.

한국민법학에서의 공동불법행위론에 대한 논의의 물꼬를 텄고, 이러한 작업들은 결실을 거두어 공동불법행위론에 관한 한국민법학의 토대를 형성하였을 뿐만 아니라, 2011년 법무부 민법개정위원회에서 확정한 공동불법행위에 대한 민법개정안2)의 형성에도 많은 영향을 주었다고 평가된다.

이하에서는 이러한 김증한 교수의 공동불법행위론을 오늘날의 입장에서 다시 한번 재조명함으로써 김증한 교수의 이론이 현재 한국의 공동불법행위론의 형성에 끼친 영향을 확인함과 아울러 후학들의 연구에 참고가 될 수 있도록 정리하고자 한다. 이러한 취지하에 먼저 김증한 교수의 이론이 당시의 시대적 상황에서 가지는 의미를 보다 분명히 이해하기 위하여 김증한 교수의 이론이 나올 무렵을 전후하여 공동불법행위에 관한 논의가 어떠한 방향으로 흘러가고 있었는지를 살펴본다. 그런 다음에 김증한 교수의 공동불법행위론의 개요를 정리하고, 그 이론이 가지는 의미를 다시 한번 검토하고자 한다.

II. 1960년대 후반을 전후로 하는 공동불법행위론의 흐름

김증한 교수의 이론을 제대로 이해하기 위하여서는 그 이론이 등장할 당시의 공동불법행위론의 논의의 상황과 그 전개방향에 대하여 살펴볼 필요가 있다. 김증한 교수가 1965년 새로운 공동불법행위론을

---

2) 2011년 제3기 법무부 민법개정위원회의 논의와 확정 개정안에 관하여서는, 김상중, "공동불법행위에 관한 현행 민법 제760조의 개정 방향과 내용", 「민사법학」제60호(2012.9.), 317-352면 참조.

제창할 당시에 한국의 통설3) 및 판례4)는 그때까지 일본에서 통설 및 판례로 확립된 객관적 공동설을 취하고 있었다. 그런데 일본에서는 그즈음 새로운 시대적 상황의 변화에 따라 종래 통설로서 확립되어 온 객관적 공동설을 전반적으로 재검토하려는 움직임이 싹트고 있었다. 따라서 김증한 교수의 이론을 살펴보기 전에 먼저 그 이론이 등장할 시기를 전후하여 일본에서의 공동불법행위론의 흐름이 어떻게 전개되고 있었는지에 관해서 살펴보는 것이 순서일 것이다.

일본에서의 공동불법행위에 관한 논의는 전반적으로 볼 때 대략 다음과 같은 추이를 더듬어 왔다.5) 먼저, 60년대 후반에 이르기까지도 학설은 공동불법행위에 일정한 관심을 가지고 있었으며, 미묘한 차이를 가진 몇 가지 이론이 존재하였다. 그러나 공모 등의 주관적 공동의 요부(要否)는 별도로 하고, 학설 상호간에 특히 두드러진 논쟁은 존재하지 않고, 반대로 일정방향 요컨대 我妻설에로의 이론수렴이 보여졌다. 我妻설은 그때까지의 이론들을 정리·집약하였다고 평가될 수 있으며, 그 이론적 축적의 결실로서 통설로 형성되는데 이르렀다. 이러한 我妻설의 연장선상에서 加藤설이 확고한 통설적 입장을 차지한 1960년대 후반에 이르기까지에는, 몇몇 문제제기와 이론적 연구가 있기는 하였지만, 일반적으로는 안정된 상황이 계속되었다. 그러나 1960년대 후반에 들어서면서 상황은 일변하게 된다. 이하에서는 이 시기의 전후로 나누어 그 흐름을 간단히 살펴본다.

---

3) 최식, 신채권법각론 (1961), 242면 이하; 곽윤직, 채권각론(하) (1971), 394면 이하; 김기선, 한국채권법각론 (1973), 310면 이하; 김현태, 채권법각론 (1975), 395면 이하; 김석우, "공동불법행위", 중앙대법정논총, 제21권(1981), 2면 이하 등.

4) 대법원 1963. 10. 31. 선고 63다573 판결; 1969. 8. 26. 선고 69다962 판결; 1974. 5. 28. 선고 74다80 판결 등

5) 國井和郞, "共同不法行爲の位置づけ", 法律時報 60권 5호(1988.5) 8면 이하 참조.

1. 1960년대 후반까지의 통설인 객관적 공동설의 정착 및 그 문제점

(1) 我妻설[6]

我妻설은, 공동불법행위에 관한 일본민법 제719조[7] 제1항의 협의의 공동불법행위와 그 밖의 공동불법행위의 구별을 위법행위 자체에 공동이 있는지 없는지에서 구하고, 또 객관적 공동설을 옳다고 하면서 그 근거로서 "협의의 공동불법행위에 있어서는 수인의 행위가 모두 당해 위법행위의 원인이 되고 있는 경우이므로, 그 위법행위를 원인으로 객관적으로 상당인과관계에 있는 손해는 그 행위자가 배상해야 하는 것은 당연하다"고 하는 점에서 구하고 있다. 그러면서도 我妻설은, 한 걸음 더 나아가 공동불법행위책임의 존재이유와 관련하여, 공동불법행위책임의 특색을 각 가해자의 연대책임[8]이라는 점에서 구하는 것과 함께 그에 덧붙여 "각 행위자 자신의 행위는 손해 전부에 대하여 상당인과관계에 있지 않은 경우도 있음"에 관계치 않고, 손해 전부의 책임을 부과하는 점에서 구한다. 이처럼 我妻설은 한편

---

6) 我妻榮, 事務管理·不當利得·不法行爲(1940) 191면 이하.

7) "제719조[공동불법행위자의 책임] ① 수인이 공동의 불법행위로 인하여 타인에게 손해를 가한 때에는 각자 연대하여 책임을 진다. 공동행위자 중의 누구가 그 손해를 가하였는지를 알 수 없는 때에도 또한 같다. ② 교사자 및 방조자는 이를 공동행위자로 간주한다."(第719條[共同不法行爲] ① 數人カ共同ノ不法行爲ニ因リテ他人ニ損害ヲ加ヘタルトキハ各自連帶ニテ其賠償ノ責ニ任ス共同行爲者中ノ孰レカ其損害ヲ加ヘタルカヲ知 ルコト能ハサルトキ亦同シ ② 敎唆者及ヒ幇助者ハ之ヲ共同行爲者ト看做ス)

8) 그러나 我妻는 공동불법행위의 효과로서 발생하는 채무가 연대채무라는 것에 대해서는 의문을 제기하고 부진정연대채무로 보아야 한다고 한다. 我妻榮(주 6), 192면. 我妻 이전에는 川島가 불법행위의 경합의 경우에 부진정연대채무를 인정하였다(川島武宜, 判例民事法1934年度133事件 439면 이하). 右近健男, "共同不法行爲學說史·1", 法律時報 50권 6호 (1978.6) 21면.

에서는 객관적 공동으로 족하다는 근거를 각자의 행위가 모두 위법행위의 원인을 이룬 것이라는 점에서 구하면서, 다른 한편 손해전부에 대하여 상당인과관계가 없는 경우가 있다고 함으로써 서로 모순되고 있다. 이 모순된 두 가지 생각을 어떻게 조화시키는가를 我妻설은 명확히 하지 못하고 있는 것이다.9)

我妻설은 동조 제1항 후단의 가해자불명의 공동불법행위에 관해서는, "위법행위를 행할 위험있는 행위를 공동으로 행한"점에서 전단에 대한 특색이 있다고 한다. 그리고 이 규정은 인과관계의 추정이 아니고 "피해자를 두텁게 보호하고 공동행위자를 징계하려는 취지"를 정한 것이기 때문에 "자기의 행위가 원인이 아닌 것을 이유로 하여" 책임을 면할 수는 없다고 한다.10) 그리고 2항에 대해서는 특별규정으로 본다고 한다.11)

(2) 加藤설12)

위의 我妻설의 모순은 해결되지 않은 채, 다음의 加藤설에 의하여 객관적 공동설은 더욱더 통설로서의 위치를 굳히게 된다. 즉 加藤설은, 한편으로는 공동불법행위란 "수인이 공동의 불법행위에 의하여 타인에게 손해를 가하는" 것이지만, "각인의 행위는 각각 독립하여 불법행위의 요건을 구비하지 않으면 안된다"고 하여, 각자의 행위와

---

9) 能見善久, "共同不法行爲責任의 基礎的 考察, (二)", 法學協會雜誌 94권 8호(1977), 1248면.

10) 右近健男(주 8), 19면.

11) 이 점에 대하여는 같은 객관적 공동설이라고 하여도 각자의 행위와 결과간의 인과관계를 어느 정도 엄격하게 요구하느냐에 따라 견해를 달리 하겠지만, 인과관계를 엄격하게 보면 몰라도 그다지 엄격하게 문제삼지 않는 我妻설이나 후술하는 加藤설이 2항을 특별규정으로 보는 것은 설득력이 없다고 한다. 神田孝夫, 不法行爲責任の硏究(1988) 327면.

12) 加藤一郎, 不法行爲(1957) 207면 이하.

결과 간에 인과관계의 존재를 요구하고 있다. 그러나 다른 한편으로는 "각자의 행위와 직접 가해행위와의 사이에 인과관계가 있고 거기에 공동성이 인정된다면, 공동의 행위라는 중간항을 통하여 손해발생과의 사이에 인과관계가 있다고 해도 좋다"고 하면서 엄밀한 의미에서의 인과관계는 요구하지 않는다. 결국 加藤설은, 실제로는 각자의 행위와 손해 사이의 인과관계를 요건으로 요구하는 것을 방기함으로써 我妻설의 모순을 해결하고자 하지만, 형식적으로는 여전히 인과관계의 존재를 요건으로서 요구하고 있는 것이다.[13]

일본민법 제719조 제1항 후단은 직접의 가해행위의 "전제가 되는 집단행위에 대하여 객관적 공동관계가 있는 경우"에 관한 것이며, 이때는 가해행위 자체에 대해서의 공동성은 없으므로 면책은 인정되어도 좋다고 한다.[14] 2항에 대해서는 위에서 살펴보는 바와 같이 특별규정으로 본다.

(3) 객관적 공동설의 두 가지 유형

이러한 객관적 공동설은 시간의 흐름에 따라 그 실질적 내용이 변용되어 갔으며, 때로는 객관적 공동설에 대한 서로 양립되지 않는 비판이 병존하는 것도 여기에 기인한다.[15] 즉 일련의 학자는, 통설은 가해자 각각이 불법행위의 요건을 충족시키는 것(따라서 각 가해자의 행위와 결과 간에 인과관계가 존재할 것)에 덧붙여, 각 가해자 간에 "객관적 공동"이 존재하는 것을 요구하는데, 그렇다면 일본민법 제719조의 고유의 존재의의는 희박할 뿐만 아니라, 불법행위에 관한 일반규정에 의하여 책임이 인정되는 것 이상의 가중된 요건이 필요

---

13) 能見善久(주 9), 1248~9면.
14) 神田孝夫(주 11), 326면.
15) 神田孝夫(주 11), 305면.

하게 되어 불합리하다고 비판한다.[16] 이에 대하여 다른 일단(一團)의
학자는, 통설은 "공동불법행위에 있어서의 피해자보호의 요청에 잘
부응할 수 있는 것이지만, 가해의 정도가 극히 적은 자가 겨냥되어
전액의 배상책임을 명령받는 경우에는 사실상 가해자 사이에 불공평
이 생긴다"[17]라든가 "통설은 각 행위자가 자기의 행위와 직접 인과관
계가 없는 결과에 대하여 왜 책임을 지는가 라고 하는 근본적인 의문
에 대하여" 충분한 해답을 주고 있지 않다[18]고 비판한다. 그러나 일
견하여 이들 두 가지의 측면에서 행해지는 비판은 내용적으로 서로
양립할 수 없는 것인데,[19] 이는 각 비판이 내용적으로 서로 다른 객
관적 공동설을 염두에 두고 있기 때문이다.

2. 1960년대 후반이후의 논의의 흐름

(1) 개 요

공동불법행우에 관한 논쟁은 加藤설이 확고한 통설로 자리잡고 난
후의 10여 년 간은 다소 소강상태에 있었다. 그러다가 1969년 이후
논의는 격렬하게 행하여졌는데, 이는 복수 원인에 기인하는 새로운
분쟁유형 즉 공해(公害)문제가 심각해졌기 때문이며, 이의 직접적인
계기가 된 것은 四日市사건의 제1심에의 계속(1967년 9월)에 뒤이은
山王川사건의 최고재 판결의 선고(1968년 4월)이었다. 이후의 학설의

---

16) 平井宜雄, "共同不法行爲に關する一考察" 川島武宜還曆·民法學の現代的
　　課題(1972), 290, 298면; 淡路剛久, 公害賠償の理論(1975) 117면 이하; 能
　　見善久, "共同不法行爲責任の基礎的 考察(一)", 法學協會雜誌 94권 2호
　　(1977), 160면 등.
17) 川井健, "共同不法行爲" 判例演習債權法2<增補版> (1973) 317면.
18) 森島昭夫, "共同不法行爲(二)"法學敎室18號(1982) 29면.
19) 神田孝夫(주 11), 305면.

흐름을 개략적으로 볼 것 같으면,[20] 먼저 통설인 객관적 공동설에 의하면 손해 전부에 대하여 책임을 지는 경우가 지나치게 광범위하다고 하여 전액배상책임에 의문을 제기하고 일부연대 내지는 분할책임의 도입을 주장하는 학설이 등장한다. 이와 함께 다른 한편으로는 공동성을 엄격화할 것이 주장되고, 그런 가운데 주관적 공동설이 부활한다. 전자의 견해가 통설의 부분적 수정에 그친다고 하면, 후자의 견해는 통설적 견해의 부정·초극을 의미한다. 이러한 주관적 공동설의 등장은 두 가지 새로운 측면을 지니는데, 그 첫째는 공동불법행위에 관한 규정의 존재이유의 탐구와 그 결과로 인한 공동불법행위의 범위의 감축이며, 이는 실천적 요구에 부응하지 못할 위험성이 있다. 둘째로는, 후단의 활용개발의 결과 이에 새로운 의의를 부여하게 되었다는 것이다. 이것은 주관적 공동설을 지지하는 학자들이 독일의 민법학을 참고로 하여 종래 일본에서 관념되지 않았던 경합불법행위(Nebentäterschaft)를 해석론적으로 1항 후단에 도입시킨 것으로 평가할 수 있다.

이렇게 일본민법 제719조에 독자의 의의를 부여하는 입장에서, 1항 전단의 관련공동성을 좁게 보고 이 경우 사실적 인과관계를 의제하며, 그 적용에서 제외되는 경우 중에서 일정의 것을 1항 후단의 적용대상으로 옮기고, 이 경우에는 사실적 인과관계의 추정으로 보아 인과관계부존재 또는 기여도의 증명에 의하여 면책·감책을 허용한다고 하는 처리방식은 주관적 공동설에 한하지 않고 다른 설에도 채용되고 있어 오늘의 일본에서 지배적 견해라고 말할 수 있다. 즉 주관적 공동설이 일본민법 제719조 1항 전단과 1항 후단이라는 처리준칙의 2원화를 도입하였는바, 이 연장선상에서 이후의 학설은 처리준칙의 다양화를 전개하고 있다고 할 수 있다. 이렇게 제기되는 다양한 학설

---

20) 國井和郞(주 5), 10~12면 참조.

들은 여러 가지 관점하에서 분류, 정리할 수 있겠지만, 이러한 학설들이 통설인 객관적 공동설에 대하여 어떠한 대응을 보였는가 하는 관점에서 살펴보면 크게 세 가지로 나눌 수 있다. 즉, 첫째로, 통설의 태도를 기본적으로 답습하면서 부분적인 수정을 도모하려는 것, 둘째로, 통설에 대한 강한 비판에서 출발하는 것, 세째로 통설인 객관적 공동설을 적극적이고 또한 자각적으로 지지하고 이를 답습하고자 하는 것 등으로 나눌 수 있다.21) 이하에서는 이들 세 가지 유형에 속하는 학설들 중에서 중요하게 다루어지면서 본고와 관련 있는 것들을 간단히 살펴본다.

(2) 객관적 공동설의 틀 내에서 부분적인 수정을 기도하는 견해

통설인 객관적 공동설에 대한 수정은 먼저 川井健에 의한 일부연대라는 형태로 나타난다. 그의 견해22)는 요컨대 공동불법행위의 성립요건이라는 점에서는 종래의 통설인 객관적 공동설을 견지하면서, 다만 가해자 사이의 이해조정을 도모하기 위하여, 공동불법행위의 성립범위를 한정하여 일부연대가 생길 수 있는 경우를 인정하여야 한다는 것이다. 즉 행위자는 스스로 원인을 부여한 한도에서 책임을 진다고 하는 일반불법행위법의 원칙은 공동불법행위의 경우에도 수정되지 않는다고 해석하여야 하므로, 원인의 부여방법에 다소의 차이가 있는 이상, 각자가 부여한 원인이 공통한 한도에서 연대책임으로 되고, 나머지는 보다 많이 원인을 제공한 자의 개인적 배상의무로 된다고 하는 것이다. 이때 공동불법행위에 있어서는 각인의 행위와 결과

---

21) 神田孝夫(주 11), 340면.
22) 川井健, "共同不法行爲の成立範圍の限定 - 全部連帶か 一部連帶か -"判例タイムズ 215號(1968) 58면 이하 참조.

간의 인과관계를 그다지 엄격하게 고찰할 필요는 없으며, 또한 일부 연대의 한도를 결정하는 기준은 각 행위의 위법성의 정도(결과의 인식가능성=과실도 이 수준에서 고려된다) 여하라고 하고, 게다가 관련공동 자체는 느슨하게 해석되어도 좋다고 한다.

이에 대해서는 여러 가지로 비판이 가하여지는데 그 대표적인 것을 들면, 불법행위에 기한 손해배상책임은 피해자구제를 위하여 피해자에 생긴 실손해를 전보하는 제도이므로, 피해자측의 과실상계의 법리에 의하여 가해자의 배상책임이 감축되는 일은 있어도, 가해자측의 과실·기여도는 아무리 작아도 전손해에 대한 배상책임을 발생케 한다는 것이다. 따라서 공동불법행위의 경우에만 가해자측만의 과실의 경중, 위법성의 강약, 기여의 비율 등에 의하여 책임과 배상의 범위를 달리하는 것을 인정하는 해석은 위의 민사책임의 법리의 통일을 깨트리므로 허용되지 않는다고 한다. 가해자의 부담의 공평은 내부관계에 있어서의 구상관계의 문제로서 도모하면 족하다고 한다.[23]

(3) 객관적 공동설에 대한 강한 비판적 견해

(가) 주관적 공동설

山王川사건 판결을 계기로, 객관적 공동설을 기본적으로 부정하고, 일찍이 일부에서 유력하였던 주관적 공동설이 부활하였던바, 이하에서는 주관적 공동설을 대표하는 것으로 인정되고 있는 前田達明의 견해를 살펴보기로 한다. 이 견해는 그 큰 흐름에서는 김증한 교수의 견해와 매우 유사하면서도 세부적으로 다른 점이 있는데, 그 차이점 역시 중요한 의미를 가지고 있으므로 약간 자세하게 살펴보기로 한다.

---

23) 伊藤瑩子, "共同不法行爲における關聯共同性と因果關係", ジュリスト增刊總合特集·交通事故 - 實態と法理, 110면.

1) 前田설[24]은 먼저 귀책의 근거를 "의사"에서 구하는 기본적 입장에 서서, 공동불법행위법에서도 연대책임을 지우는 근거로서는 어떠한 형태로든 "의사"가 작용할 필요가 있다고 생각한다. 그리하여 일본민법 제719조 1항 전단의 공동불법행위가 인정되기 위해서도 마찬가지로 주관적 요건이 갖추어져야 한다고 하면서, 이때의 주관적 요건이란 "(각자가) 타인의 행위를 이용하고, 타방 자기의 행위가 타인에게 이용되는 것을 인용하는 의사를 가지는 것"이라고 한다. 이러한 주관적 요건이 갖추어지면 각자는 전손해에 대하여 부진정 연대책임을 지며, 따라서 주관적 공동관계가 미치는 한 자기의 행위와 인과관계가 없는 권리침해에 대해서도 책임을 지고 면책·감책은 허용되지 않는다는 것이다.

그리고 위와 같은 주관적 요건이 없는 복수 불법행위자에 대해서는 각자 자기의 책임의 범위 내에서만 책임을 지며, 다만 가해자가 복수이기 때문에 인과관계의 확정이 용이하지 않은 경우에는 일본민법 제719조 1항 후단으로 피해자를 보호한다고 한다. 이처럼 일본민법 제719조 1항 전단의 주관적 요건이 없는 경우에 동조 1항 후단이 적용되기 때문에 후단의 "공동행위자"는 전단의 "공동의" 행위자와는 그 의미가 다르며, 前田설은 이를 "당해 권리침해를 야기할 위험성을 안고 있는 행위를 한 자"라고 정의한다. 이러한 주장·입증이 있는 경우에는 독립불법행위가 경합하는 모든 경우에, 그리하여 전권리침해의 가능성이 없다 하더라도, 따라서 독일법에서 말하는 "누적적 인과관계(Kumulative Verursachung)[25]"의 경우에도, 후단이 적용된다는 것

---

24) 前田達明, "共同行爲者の流水汚染により惹起された損害と各行爲者の賠償すべ範圍", 民商法雜誌 60券 3號(1969); "共同不法行爲法論序說 (一), (二), (三)", 法學論叢 99券 4號, 5號, 6號 (1976) (이하에서는 前田達明2로 인용함). 특히 前田達明2의 (二), 8~16면.

25) 독일에서는 이 "累積的 因果關係(Kumulative Verursachung)"라는 용어가 학자들에 따라서 서로 다른 의미로 쓰인다. 첫째로, 침해결과에 대한 각각의 행위

이다. 다만, 동조 1항 후단은 인과관계가 불명인 경우에 적용되는 구
제규정이므로, 인과관계가 밝혀진 경우에는 단독불법행위의 경합의
일반문제로 다루어진다. 후자의 경우의 책임분배의 문제에 대해서는
다음과 같은 유형론을 기초로 하여 설명하고 있다.

2) Y1과 Y2가 유독물을 포함한 공장폐수를 하천에 유입시켜 하류
의 연안에 살고있는 주민들에게 손해를 입힌 경우에, Y1공장폐수의
독물의 양을 y1, Y2공장폐수의 독물의 양을 y2, 그 독물의 최대허용량
을 p라 하자. 입증을 거친 재판관의 심증형성의 유형은 ㉠ y1>p, y2>p
㉡ y1<p, y2>P ㉢ y1<p, y2<p, y1+y2>p 로 될 것이다. 이때 인과관계
로서는 ㉠에서는 Y1도 Y2도 전부에 대하여 인정되는 것에는 의문이
없다고 하며, ㉡에서는 Y1이 면책된다고 하는 하는 설도 있으나 이
경우 인과관계의 입증은 있었다고 보아야 한다는 것이다. 또 ㉢에 대
해서도 인과관계가 있다고 하는데 대해서는 이론이 없다고 한다.
이들 경우에 먼저 각 경우의 대외적인(즉 피해자에 대한) 책임문
제를 살펴 볼 것 같으면, ㉠의 경우 Y1, Y2 모두 전손해에 대하여 책

_____

의 기여정도(Anteil an dem Verletzungserfolg)는 알 수 없으나, 각각의 행위
하나만으로도 충분히 동일한 침해결과를 발생시킬 수 있는 경우를 말하며
(Larenz, Schuldrechts I (14. Aufl., 1987), S. 434; Deutsch, Haftungsrecht I
(2. Aufl., 1996), S. 103), 둘째로, 각자의 행위 단독으로서는 결과를 발생시킬
수 없으며 다른 원인과 합하여서만 비로소 결과를 발생시킬 수 있는 경우를
가르키기도 한다(Lange, Schadensersatz(1979), S. 106). 또한 세번째로, 각각
의 행위자가 손해의 일부분을 惹起시켰음은 밝혀졌지만, 구체적으로 어느 정
도 惹起시켰는지가 불분명한 경우를 가리키기도 한다(Buxbaum, Solidarische
Schadenshaftung bei ungeklärter Verursachung im deutschen, französischen und
anglo-amerikanischen Recht(1965), S. 30; Brambring, Mittäter, Nebentäter,
Beteiligte und die Verteilung des Schadens bei Mitverschulen des Geschädigten
(1973), S. 118). 본문에서 말하는 "누적적 인과관계(Kumulative Verursachung)"
는 이 세번째 경우를 의미하는 것으로 생각된다.

임을 지는 것에 대해서도 이론이 없으며 그 관계는 부진정 연대채무
의 관계라고 한다. ⓛ과 ⓒ의 경우에는, 단독불법행위의 원칙으로부
터 자기의 행위와 인과관계가 미치는 범위에서 책임을 지면 족하므
로, 전손해의 $\dfrac{y1}{y1+y2}$ 와 $\dfrac{y2}{y1+y2}$ 의 비율이라는 것이 고려될 수 있다
고 한다. 그러면서 또한 "이것은 권리침해 내지 손해가 가분이어서
각각에 대한 Y1과 Y2의 인과관계가 명확한 경우에는 문제가 없지만
(사실 그 경우는 경합이라는 문제가 원래 생기지 않는다고도 말할 수
있다), 하나의 권리침해에 대하여 위와 같은 형태로 부분적 인과관계
가 있다고 생각되어지는 경우에는 오히려 인과관계로서는 all or
nothing의 사고에 따르고, 이 비율도 포함하여 고의과실이라는 요건을
가미하여, 행위전체의 총합적 법평가로서의 위법성의 대소(위법도)
에 의하여 그 비율을 결정하여야 할 것이다"[26]고 한다. 결국 이 경우
어느 가해자에게 어느 정도의 액을 부담시킬 것인가 하는 총합적 평
가는 인과관계만의 문제는 아니고 행위의 위법도의 문제라고 하면서,
이는 피해자와의 과실상계와 동일평면의 문제라고 한다.

  3) 이러한 前田설은 다음과 같이 평가되고 있다.[27] 먼저, 종래의
공동불법행위론이 오로지 1항 전단의 공동불법행위만을 대상으로 그
요건으로서 주관적 공동이 필요한가 그렇지 않으면 객관적 공동으로
족한가 만을 논의해 온 것에 대하여, 1항 후단도 대상으로 하여 그
책임과의 관계에서 1항 전단을 논한다고 하는 점에 새로움과 뛰어남
이 있으며, 또한 동설이 주관적 공동이 없는 분쟁유형에 대해서도 특

---

26) 前田達明2(주 26), 15면.
27) 그리하여 能見은, 제719조 1항 전단내에 주관적 관련공동있는 공동불법행위
   외에 객관적 관련공동있는 공동불법행위라는 유형을 설정하고 있고, 또 제719
   조의 의의는 기여도감책의 가능성을 부정하는 데에 그 의의가 있다고 하였다
   (能見善久(주 16), 206면).

별한 배려를 기울이고 있는 점에서 종래의 주관적 공동설의 결점을 극복하고 있다고 한다. 즉 前田설은 위에서 살펴본 바와 같이, 복수의 가해자의 행위가 경합하여 비로소 손해가 발생한 경우에는 인과관계를 인정하고, 그후는 책임액 결정의 문제로서, 기여도의 증명이 없으면 전액에 대하여 부진정 연대책임, 증명이 있으면 분할책임이 된다고 보고 있다. 그런데, 이러한 前田설에 의하면 기여도의 판단이란 위법성의 정도의 판단이며 과실상계와 같은 성질의 것이라고 하는바, 그렇다면 피고가 위법성 판단의 기초가 되는 사실을 주장·입증만 하면 되고, 그 정도까지는 증명할 필요가 없을 것이며, 그 존부·정도의 판단은 법률적 판단이 된다. 그리하여 대부분의 경우 기여도감책은 인정받게 될 것이다. 그렇지만, 자동차 충돌에 의하여 보행자가 부상한 경우처럼, 기여도감책을 부정해야만 하는 경우도 인정하여야 할 것이라고 비판받는다.

(나) 다양한 처리준칙을 지향하는 견해

종래의 객관적 공동설의 비판에 입각하여 새로운 판단기준을 제창하는 여러 학설들은 여러 가지로 다양하지만, 이하에서는 이러한 견해들 중에서 대표적인 것으로서 平井宜雄의 견해를 살펴본다.[28]

1) 平井설은 먼저 일본민법 제719조의 존재이유는 공동행위자 각자에게 그의 기여도를 초과하여 배상하게 하는 점에 있다고 해석하면서, 따라서 객관적 공동이라는 기준은 부당하다고 한다. 그러나, 그렇다고 해서 주관적 공동설처럼 언제나 행위자의 주관적 사정에 중점을 둔 기준에 의한다고 하면 공동불법행위라는 제도는 그 현대적

---

28) 平井宜雄, "共同不法行爲に關する一考察 —『因果關係』概念をがかりとして".「川島還曆記念論文集·現代民法學の課題」(1972), 290면 이하 참조.

의미를 잃게 되어 타당하지 않다고 한다. 그리하여 동설은 종래 "공동불법행위"로서 일괄하여 취급되어 왔던 문제를 "인과관계"개념과의 관련하에 다음과 같이 3가지로 분류하고 있다.

즉, ㉠ 피고의 개별적 행위와 손해의 발생 사이에 사실적 인과관계가 없어도 "관련공동성"이 미치는 범위에서 책임을 지는 "주관적 공동"의 유형, 요컨대 "의사적" 공동불법행위, ㉡ 주관적 요소 이외의 "관련공동성"을 요구하는 유형으로서, 기여도를 초과하는 1개의 손해에 대하여 연대하여 책임을 지는 "관련적" 공동불법행위, ㉢ 독립의 불법행위가 단순히 "공동"한 것에 지나지 않는 것으로서 기여도에 따라서 책임을 지지만, 기여도가 입증되지 않는 경우에는 연대책임을 지는 유형, 요컨대 "독립적" 공동불법행위의 3가지이다.

2) 平井설에 의하면, 주장·입증책임은 다음과 같이 된다. 즉 먼저 ㉠의 유형에서는, 원고는 손해의 사실과 "관련공동성", 따라서 공동행위와의 사이의 "공동행위의 인과관계"를 주장·입증하면 된다. 원고는 피고의 개별적 행위와 손해의 발생 사이의 사실적 인과관계를 입증할 필요는 없고, 또한 피고는 사실적 인과관계의 부존재를 이유로 하여 면책을 주장할 수 없다. 다음으로 ㉡의 경우에는, 그밖에 피고의 행위와 손해의 사실과의 사이의 사실적 인과관계를 주장·입증할 필요가 있다. 이에 대하여 피고는 기여도를 입증하여 감책의 항변을 할 수 없다. 또한 ㉢의 경우에는 ㉡의 경우와 마찬가지의 주장·입증을 하여야 하지만, 피고는 자기의 기여도를 입증하여 감책의 항변을 할 수 있다.

그리고 ㉠, ㉡의 유형은 일본민법 제719조 1항 전단의 문제이며, 단지 ㉡의 경우에는 1항 후단을 유추적용하여 입증의 곤란을 회피하는 해석론도 가능하다고 한다. 이에 대하여 ㉢은 바로 일반불법행위에 관한 규정인 일본민법 제709조의 문제라는 것이다. 또한 "관련공동성"에 대해서는, 그 기준을 결정하는 종국적인 가치판단은 결국 "연대하여 손해배상의무를 부담시키는 것이 타당하다고 생각되는 정도의 사회적으로 보아 일체성을 가지는 행위"라고 하면서, 구체적인 기준으로서 정착시켜 나가는 것은 앞으로의 학설의 과제라고 한다.

3) 이상에서 보는 바와 같이, 平井설은 일본민법 제719조에 독자의 존재이유를 부여한다는 입장에 설 뿐만 아니라, "인과관계"의 기능여하라는 관점에서 종래의 학설·판례에서의 공동불법행위론의 실태를 재검토한 위에 독자의 견해를 제시하고 있는 것이다. 동설은 널리 주목받아 새로운 공동불법행위논쟁의 실마리가 된 논문의 하나라고[29] 하지만 비판도 적지 않다. 대표적인 것으로는, 平井설은 기여도를 사실적 인과관계로 받아들이고 있고,[30] 따라서 기여도에 따른 책임이 불법행위원칙에 기초하는 것이며, 기여도감책을 인정하지 않는 책임 즉 관련적 공동불법행위책임은 일반원칙에 비해 책임이 가중되고 있는 것이다. 그러나, 이 경우에 기여도=인과관계로 받아들이는 이상, 관련적 공동불법행위책임은 인과관계가 없는 손해에 대해서도 책임을 지우는 점에서, 의사적 공동불법행위와는 추상적으로는 같은 것이 되며, 그렇다면, 한편으로는 의사에 의한 관여를 필요로 하고, 다른 한편으로는 그것을 필요로 하지 않는 것으로 하는 데에 대한 설명이

---

29) 神田孝夫(주 11), 350면.
30) 平井說에서는 "사실적 인과관계를 손해배상책임의 위험부분 내지 비율이라는 관점에서 바라보는 경우에는 기여도라고 부른다"고 한다(平井宜雄(주 28), 297면). 이에 대하여 能見은, 원인경합의 경우의 기여도문제는 사실적 인과관계인 "사실적 기여도"가 아니라 "평가적 기여도"로서, 기본적으로는 과실상계와 동일하여 손해의 금전적 평가의 차원의 문제로서, 재판관이 제반의 사정을 고려하여 감액의 가부, 정도를 결정하는 것이라고 한다(能見善久, "共同不法行爲責任の基礎的 考察(八)", 法學協會雜誌 102권 12호(1985), 2195, 2198, 2244면).

곤란하다는 것이다.[31]

(4) 객관적공동설을 적극적이고 지지하는 학설

이상과 같이 주관적 공동설이나 다원론 등에 의하여 객관적 공동설은 많은 비판을 받고 있지만, 객관적 공동설을 지지하는 견해도 특히 실무가들을 중심으로 여전히 뿌리깊게 존재하고 있다. 이하에서는 대표적인 것으로서 浜上則雄의 견해를 소개한다.

（가）浜上설은 프랑스의 부분적 인과관계론에서 힌트를 얻어[32] 공동불법행위의 제도취지를 설명하고 있다.[33] 즉, "공동불법행위란 가해원인으로서 인과관계상 손해야기에 관련한 둘 이상의 행위가 있는 경우의 인과관계의 분담의 문제이며, 따라서 '부분적 인과관계'의 문제라고 말하지 않으면 안된다. 공동불법행위의 성립에는 의사의 공동은 필요없고, 손해야기에 공동의 인과관계가 존재하고 있으면 충분하다. 공동불법행위에 있어서의 '관련공동성'은 손해야기에 대하여 복수의 원인이 인과관계상 관련하고 있다고 하는 것 이외의 아무 것도 아니다. 공동불법행위자가 전부의 손해배상의무를 각각 왜 부담하는가. 본래는 각각의 공동불법행위자는 자신의 인과관계의 비율에 있어서만 손해배상의무를 지는데 지나지 않는다. 공동불법행위자 간의 구상청구는 이것을 확실하게 보여주고 있다. 그러나 법률이 피해자에게 될 수 있는 대로 배상의 기회가 부여될 수 있도록 '보증'하고 있는 것이다. 요컨대 피해자의 권리의 행사의 사실상의 장애에 대해서는 피해자는 모두 '보증'되어 있는 것이다."

---

31) 能見善久(주 9), 1256~7면.
32) 國井和郎(주 5), 30면.
33) 浜上則雄, "損害賠償法における「保證理論」と「部分的因果關係の理論」(二)", 民商法雜誌 66券 5號(1972), 741~2면.

(나) 浜上은 기본적으로는 이상과 같이 프랑스의 부분적 인과관계론에 입각해 있으면서, 또 다른 논문34)에서 독일의 공동불법행위론을 검토한 뒤에35) 일본민법 제719조의 체계를 다음과 같이 설명하고 있다. 즉 일본민법상의 공동불법행위는 주관적 공동을 요건으로 하는 제719조 1항 전단 및 2항의 공동불법행위와, 객관적 관련공동을 요건으로 하는 제719조 1항 후단의 공동불법행위의 2가지로 나누어진다고 한다. 그리고 행위자간에 의욕된 공동이 없이 2인 이상의 자의 독립된 개개의 불법행위가 객관적으로 공동하여 전손해를 야기한 경우를 경합공동불법행위(Nebentäterschaft)라고 하고, 이를 필요적경합, 누적적경합, 방조적경합, 그리고 택일적경합으로 나누면서, 이들 모두가 제719조 1항 후단의 적용을 받는다고 하고 있다. 그리고 주관적 공동과 객관적 공동 어느 경우에나 각자는 전체의 손해중 일부밖에 야기하지 않았고, 따라서 본래는 일부 밖에 책임을 지지 않겠지만, 제719조의 규정이 있음으로써 전손해에 대하여 연대하여 배상할 의무를 부담한다는 것이다. 이때 다른 공동불법행위자의 부담부분에 대해서는 담보책임을 지는 것이며, 이렇게 연대채무의 본질을 상호보증이

---

34) 浜上則雄, "現代共同不法行爲理論 (一) - (九)", 判例時報 1134號, 1135號, 1136號, 1138號, 1146號, 1152號, 1166號, 1169號, 1176號(1985~1986). 이하의 설명은 위 논문에서 발췌 요약하였음.

35) 浜上이 독일의 해석론을 검토하여 浜上 자신의 해석론을 뒷받침하기 위하여 끌어 쓴 부분은 719조의 체계에 관한 것이다. 즉 독일 민법 830조 1항 2문의 성립의 역사를 검토하여, 객관적관련공동이 있는 경우를 모두 - 택일적경합, 누적적경합, 필요적경합 또는 방조적경합 등을 가리지 않고 - 719조 1항 후단의 적용을 받는다고 하고 있다. 그러나, 구체적인 해석에 있어서는 적어도 독일의 다수설의 입장과는 매우 다르다. 즉, 근본적으로 부분적 인과관계론은 독일의 다수설의 입장과는 상치되고 있다. 다만 필요적경합 등의 경우에 Keuk, Weckerle 등의 소수설은 부분적 인과관계론에 입각하고 있다. 그렇다고 하더라도 이들은 필요적경합의 경우를 불법행위에 관한 일반규정인 독일민법 823조에 포섭시킴에 반하여, 浜上은 독일민법 830조 1항 2문에 해당하는 일본민법 719조 1항 후단에 포섭시키는 점에 있어서 차이가 있다.

라고 생각한다면, 제719조 1항 전단에 대하여 그것을 인과관계의 간주규정이라고 해석할 필요는 없다고 한다.

주관적 관련공동의 경우이든 객관적 관련공동의 경우이든, 연대책임의 본질을 상호보증으로 본다면, 관련공동성이 존재하는 한 언제나 연대책임을 인정하여야 하며, 관련공동을 한계지우는 것은 사건의 일체성(das einheitliche Ereignis)[36]이라는 것이다.[37]

(다) 이상과 같은 浜上설에 대하여 前田은 다음과 같이 비판한다. 즉, "우연히 인과관계가 결합하였다고 하는 것만으로 왜 '담보배분'이 과하여지는가? 피해자구제라는 한 가지로는 설명이 불충분하지 않을까? 손해배상법에 있어서는 손해의 공평분담이 최고의 목적이다. 게다가 가해자의 1인의 무자력과 소재불명으로부터의 피해자의 '보증'은 왜 공동불법행위의 경우만 특히 우대되는가?"[38]

3. 소 결

이상에서 살펴 본 바와 같이 1960년대 후반 이후의 일본에서의 공동불법행위에 관한 논의의 방향은 크게 두 가지로 요약할 수 있다.[39]

---

36) "일체적 사건"이란, "사실적으로 관련있는 하나의 사상으로서, 인과관계상 관계있는 하나의 사건"이라고 한다(浜上則雄(七)(주 34), 8면).
37) 연대책임이 인정되면 가해자에게 불리하게 되는 것은 사실이지만 이는 공동불법행위자들 사이의 구상권의 법리에 의하여 충분히 피할 수 있는바, 연대책임이 널리 인정되면 가해자에게 가혹하게 된다고 하여 분할책임을 인정하고자 하는 일부 학설의 움직임이 있는 것은 일본에서의 공동불법행위자간의 구상법리가 매우 빈약한 것에도 그 원인이 있다고 한다(浜上則雄(七)((주 34), 11면).
38) 前田達明2(주 24), 8면.
39) 瀨川信久, "共同不法行爲論展開の事案類型と論理", 「民法學における法と政策(平井古稀記念)」(2007), 685면.

그 하나는 공동불법행위에 관한 민법규정의 존재의의를 새로운 시
각에서 재조명하고, 이에 따라 협의의 공동불법행위의 성립요건으로
서의 '관련공동성'을 보다 엄격하게 함으로써 공동불법행위의 책임이
성립하는 경우를 한정·순화하였다고 하는 것이다. 이 문제는 특히
1960년대에 공동불법행위의 책임의 법적성질을 부진정 연대채무로
보는 견해가 정착되었다고 하는 사실과 밀접한 관련이 있다고 한
다.40) 즉, 일본민법 제719조의 '연대'의 성질을 '부진정연대'로 본다
면, 수인이 동일한 손해에 대하여 배상의무를 지는 경우 일본민법 제
719조를 적용하는 것과 적용하지 않는 것에 따라 결과에 아무런 차이
가 발생하지 않는 것으로 된다. 그렇다면 동 규정의 의미가 무엇인가
하는 것이 문제되지 않을 수 없게 되었다. 그리하여 공동불법행위에
관한 민법규정을 인과관계의 문제로 보아, 일본민법 제719조 제1항
전단은 자기의 행위와 상당인과관계에 있지 않은 전손해에 대하여도
책임을 져야 한다고 하는 것을 정한 규정으로 해석하는 방향으로 나
아가고, 그러기 위해서는 우연히 수인의 행위가 총합한 것 이상의 것
이 있지 않으면 안된다고 하는 사고방식이 자리잡게 된 것이다. 그리
하여 일본민법 제719조 제1항 전단이 적용되기 위하여서는 '주관적
공동'이라든가 '관련공동성'을 요구하는 방향으로 나아가게 되었다.
  다른 또 하나의 흐름은, '불법행위의 경합'이라고 하는 사안유형을

---

40) 이 문제를 본격적으로 제기한 것은 川島로서, 1937년 6월30일의 판례평석중에
   서 공동불법행위에 관한 일본민법 제719조의 책임을 부진정연대채무로 해석하
   여야 한다고 하고, 그 위에 동 규정의 존재의의를 다시 파악하여야 한다고 제
   창하였다. 즉, 그때까지의 학설은 동 규정의 책임을 특히 검토할 것도 없이 연
   대채무로 하고 또 일본민법 제709조에 대한 719조의 존재의의에 대하여는 논
   하지 않던가 논하는 경우에는 전부의무가 아니라 연대채무로 하는 것이라고 생
   각하고 있었다. 이에 대하여 川島는 먼저 719조의 책임을 부진정연대채무로
   해석하여야 한다고 하였던 것이다. 그렇다면, 이처럼 제719조의 존재의의를 절
   대적효력의 부여에서 구하지 않는다고 하면 어디에서 구할 것인가 하는 문제에
   대하여 그는 분할채무화의 저지를 들었다. 瀨川信久(前주), 679~680면.

분화시켜 거기서 배상책임감면책론을 제창하여 정착시켰다고 하는 것이다. 이러한 흐름은 그때까지 일본의 학설이 충분히 의식하지 않았던 공해·교통사고 등의 새로운 사안유형이 출현·증가하였다고 하는 현상에 기인한다고 한다.[41] 이러한 공해·교통사고의 특질은 공동으로 활동하지 않은 독립한 자들의 사회적 접촉이 침해원인이라고 하는 점과, 누적적 침해이기 때문에 각 침해자와 손해 사이의 개별적인 인과관계는 분별하기 어렵지만 그 개연성을 어느 정도 양적으로 파악할 수 있다고 하는 점에 있다고 할 수 있다. 이러한 상황하에서 피해자와 가해자의 이해관계를 적절하게 조정할 수 있는 이론이 현실적으로 매우 필요하였던 것이다.

이상에서 살펴보는 바와 같이, 사회현상의 변화에 따른 새로운 분쟁유형이 발생함에 따라, 1960년도 후반에 이르러서 한국과 일본의 민법학계에서는 공동불법행위론과 관련하여 종래의 통설 및 판례의 입장이었던 객관적 공동설을 재검토하고 시대의 요구에 부응하는 새로운 이론을 모색하는 움직임이 활발하였다. 이러한 변화의 움직임이 움트는 상황하에서 김증한 교수는 965년 새로운 공동불법행위론을 제창하였던바, 이하에서는 그 이론의 개요를 소개하고, 그 의의를 새롭게 재조명한다.

---

41) 瀨川信久(주 39), 685면

Ⅲ. 김중한 교수의 공동불법행위론

1. 공동불법행위의 행위의 공동성 및 책임의 성질

(1) 공동불법행위의 책임의 성질

먼저 김중한 교수는 법 제760조가 규정하고 있는 공동불법행위자의 책임의 성질을 통설과 마찬가지로 부진정 연대채무로 보고 있으며, 그에 대한 설명도 동일하게 하고 있다.[42] 즉, 먼저, 우리 민법의 연대채무는 채무자의 1인에 관하여 생긴 사유가 다른 연대채무자에게 절대적 효력을 미치는 범위가 넓고, 그 중에서 청구만은 시효중단의 효력에 의하여 채권을 강화하는 것이 되지만, 그 이외의 경개·상계·면제·혼동·소멸시효는 모두 채무의 소멸에 관한 것으로서, 그것이 절대적 효력을 가지는 것은 채권의 효력을 약화시키는 것으로 된다고 하는 것을 전제로 한 다음, 첫째로, 이와 같이 광범위한 절대적 효력을 인정하는 것은 연대채무자들 사이에 긴밀한 인적 공동관계를 예정하고 있는데, 반드시 밀접한 주관적 공동관계가 있다고 할 수 없는 공동불법행위자에 관하여 이것을 적용하는 것이 타당하냐 하는 것은 의문이며, 둘째로, 연대책임을 지움으로써 피해자의 구제를 두텁게 하려면 연대채무보다도 부진정 연대채무로 하는 편이 피해자에게 유리하다는 것이다.

(2) 행위의 공동성

김중한 교수의 이론이 통설과 가장 다른 부분은 바로 협의의 공동

---

42) 김중한(주 1), 385~386면.

불법행위자의 행위의 공동성에 대한 이해이다. 즉, 협의의 공동불법
행위는, 독일의 그것과 같이, 주관적 공동이 있는 경우에 한하는 것으
로 하고, 주관적 공동이 없는 위법행위가 경합하는 경우와 구민법하
에서 가해자불명의 공동불법행위로 해석되었던 경우가 우리 민법에
서의 가해자불명의 공동불법행위라고 해석하는 것이 타당하다고 하
면서, 그 이유로서 다음의 두 가지를 들고 있다.[43]

첫째로, 현행 민법 제760조의 문언이 구민법과는 다르게 되어 있는
바, 그 자구상으로 볼 때 그렇게 해석하는 것이 문리해석으로 순탄하
다는 것이다. 즉, 현행 민법 제760조의 협의의 공동불법행위의 요건
은「수인이 공동의 불법행위로 타인에게 손해를 가한 때」라고 하는
점에 있어서 구민법과 동일함에도 불구하고, 가해자불명의 공동불법
행위의 요건은, 「공동아닌 수인의 행위중 어느 자의 행위가 그 손해
를 가한 것인지를 알 수 없는 때」라고 하여 구민법의 그것과는 다르
게 되어 있으며, 특히 구민법은 「공동행위중」이라고 하였음에 반하
여, 우리 민법은 「공동아닌 수인의 행위중」이라고 한 점에 있어서,
어떤 의미에 있어서는 서로 반대되는 표현이라고 할 수 있다는 것이
다. 이와 같이 표현이 달라진 우리 민법의 해석으로서는, 자구상으로
도, 「공동의 불법행위」라고 하는 것은 독일민법에서 말하는 「공동으
로(gemeinschaftlich) 한 불법행위」와 같은 의미이고, 「공동아닌 수인의
행위」라고 하는 것은 수인이 공동으로 한 개의 행위를 한 것이 아닌
경우, 즉 주관적 공동없는 수인의 행위의 의미라고 해석하는 것이 타
당하다고 한다.

둘째로, 협의의 공동불법행위에 있어서 행위자들의 책임이 가중되
는 것은, 수인이 의식적으로 합세하여 1인에게 손해를 가하는 행위의
유책비난가능성이 높다고 하는 데에 구하여야 할 것임에 반하여 가

---

43) 김증한(주 1), 389면.

해자불명의 공동불법행위에 있어서 각 행위자가 전책임을 지게 하는 것은, 피해자에게 인과관계의 입증을 배제하여 줌으로써 인과관계의 입증불능 때문에 손해의 배상을 받지 못하는 일이 없도록 하자는 데에 있다고 하여야 할 것이라고 한다. 이렇게 볼 때에 협의의 공동불법행위는 공모 내지 공동의 인식이 있는 경우에 한하고, 주관적 공동 없는 위법행위가 경합되었으나 그 어느 편의 위법행위가 손해를 일으켰는지 또는 어느 편의 위법행위가 어느 부분의 손해를 일으켰는지를 알 수 없는 때와, 손해를 일으킬 위험성 있는 행위에 관여한 수인중 어느 자의 행위가 손해를 일으켰는지를 알 수 없는 경우는, 가해자불명의 공동불법행위로 분류하는 것이 타당하다고 한다.

2. 공동불법행위의 요건

김증한 교수는 공동불법행위의 행위의 공동성에 대한 이상과 같은 이해를 바탕으로 공동불법행위의 요건을 다음과 같이 설명한다.

(1) 협의의 공동불법행위[44]

수인 간에 공모 내지 공동의 인식, 즉 주관적 공동이 있어야 한다. 그러나 반드시 고의가 아니더라도 수인이 하나의 행위를 의식적으로 공동으로 하였는데 행위자들이 모두 과실로 인하여 손해의 발생을 인식히지 못한 경우, 예컨대 건축공사에 종사하고 있는 인부 두 사람이 각목을 맞들어서 아래로 던졌는데 마침 지나가던 통행인이 그 각목에 맞아 부상한 경우도 협의의 공동불법행위라고 하여도 좋을 것이다.

각 행위자는 책임능력이 있음을 요한다.

---

44) 김증한(주 1), 390면.

주관적 공동하에 공동행위에 참여한 이상, 직접 손해를 일으킨 행위에 관여하지 않았더라도 공동불법행위자가 된다. 예컨대, 소요행위의 경우에, 투쟁수단에 호소하는 한이 있더라도 목적을 달성하자는 뜻의 결의에 참가한 자는, 그 결의에 기하여 현장에서 살상하는 행위에 가담하지 않았더라도 공동불법행위자가 된다. 공동으로 한 결의와 직접적인 가해행위와의 사이에 인과관계가 있고, 그 직접적 가해행위와 손해의 발생과 사이에 인과관계가 있으면, 결의와 손해의 발생 사이에 인과관계가 있다고 하여야 할 것이므로, 인과관계가 있어야 한다고 하는 요건을 배제하는 것은 아니다.

(2) 가해자불명의 공동불법행위[45]

위에서 말한 바와 같이 두 가지 경우를 포함한다.

(가) 그 하나는 주관적공동없는 위법행위가 사실상 경합한 경우이다. 예컨대, 甲회사와 乙회사가 하천에 방류한 약품이 서로 합하여 또는 서로 화합하여 농작물이나 어류에 피해를 준 경우라든가, 甲과 乙이 서로 아무 연락없이 각자 동시에 丙을 쏘아서 丙이 사망한 경우 등과 같다. 이때 각 행위자에게 책임능력 및 고의 또는 과실이 있음을 요함은 물론이다. 그러나 인과관계에 관하여는 어느 자의 행위가 그 손해를 일으킨 것인지를 알 수 없는 때에는, 각자 모두 전부에 대하여 연대하여 책임을 지지만, 자기의 행위와 손해의 발생과 사이에 인과관계가 없음을 입증한 때에는 책임을 면하고, 또 자기의 행위가 손해의 어느 부분에 대해서만 원인을 주었는지를 입증한 때에는 그 부분의 손해만을 배상할 책임이 있다. 과거의 판례가, 주관적공동이 없더라도 협의의 공동불법행위가 된다고 한 판례의 대부분은 여기에

---

45) 김증한(주 1), 391~392면.

속한다. 예컨대, 甲 창고회사가 과실로 인하여 오기된 창고증권을 발행하고, 乙이 이것을 사용하여 금전을 사취한 경우, 쌍방의 선장의 과실로 인하여 선박이 충돌하여 하주(荷主)에게 손해를 준 경우, 절도와 장물의 취득 및 알선 등이 이에 해당한다.

(나) 수인이 공동행위를 하였으나, 그 공동행위는 손해를 일으킨 위법행위는 아니고, 공동행위자 중의 1인이 위법행위를 하여 타인에게 손해를 가한 경우로서, 예컨대, 甲 집단의 사람들과 乙 집단의 사람들이 우연히 지나치다가 패싸움이 벌어졌는데, 한참 싸우던 도중 甲 집단 중의 누군가가 乙 집단의 사람을 나이프로 찔러서 부상을 입힌 경우에, 누가 찔렀는지 알 수 없는 때이다. 이 경우에는 甲 집단의 사람은 전원이 연대하여 책임을 진다. 이 경우에 공동행위자에게 연대책임을 지우는 것도 인과관계에 관한 피해자의 입증책임을 덜자는데에 있는 것이므로, 공동행위자 중의 어떤 자가 자기의 행위와 손해의 발생 사이에 인과관계가 없음을 입증하면 그 자는 책임을 면한다고 해석하여야 한다.

(3) 교사·방조46)

교사는 타인을 사주하여 불법행위를 할 의사를 결정하게 하는 것이고, 방조는 망을 보는 것과 같이 불법행위의 보조행위를 하는 것이다. 축첩을 교사·방조한 지도 정치(正妻)에 대하여 공동불법행위자로서의 책임을 진다.47) 그러나 주관적 공동이 있는 경우에는 직접의 불법행위에 가담하지 않았더라도 협의의 공동불법행위자가 되는 것이다. 다만 협의의 공동불법행위자이거나 교사자·방조자이거나 책임은

---

46) 김증한(주 1), 393면.
47) 대법원 1960. 9. 29. 선고 4293민상302 판결.

동일하므로 엄격하게 구별할 실익은 없다.

3. 공동불법행위자의 책임

김증한 교수는, 각 공동불법행위자는 「연대하여」 그 손해를 배상할 책임이 있는데, 이때 공동불법행위자의 책임의 법적 성격은 연대채무가 아니고 부진정 연대채무로 해석하고 있다고 하는 점은 앞에서 살펴보았다. 그리고 연대하여 배상하여야 할 손해의 범위는 공동불법행위와 상당인과관계 있는 전손해이며, 다만 특별사정으로 인한 손해에 관하여 공동불법행위자의 1인이 예견가능성을 가지지 않았던 경우에는, 그 부분에 관해서는 연대의 책임이 생기지 않고, 예견가능성이 있었던 자만이 배상책임을 지게 된다고 한다.

그리고 공동불법행위자의 1인이 전부의 배상을 한 경우에는, 다른 자에 대하여, 본래 부담하여야 할 책임의 비율에 응하여 구상권을 가지게 되며, 이 점은 채무의 성질이 연대채무이거나 부진정 연대채무이거나 다른 점이 없고, 그 경우의 부담부분은 원칙적으로 평등한 것으로 해석하여야 한다고 한다.

IV. 김증한 교수의 공동불법행위론의 평가

이상과 같은 김증한 교수의 공동불법행위론은 객관적 공동설이 통설로서 받아들여지고 있던 당시의 국내 학계에 신선한 충격을 주어, 그후의 공동불법행위에 관한 논쟁의 장에 새로운 논의의 기초를 제공하였다. 나아가, 교수의 이론은 오늘날 학계와 실무계에서 제기되는 공동불법행위론에 관한 여러 쟁점을 이해하고 그 해결책을 제시하는 데에도 시사하는 바가 매우 크다고 평가된다. 그 중에서도 특히 중요한 것을 들자면, 공동불법행위의 제도적 취지라든가 가해자불명의 공동불법행위의 재발견 그리고 피해자와 가해자의 이해조정의 방향에 대한 제시 등이라고 할 수 있다.

1. 공동불법행위의 제도적 취지

(1) 공동불법행위의 제도적 취지를 어디서 구할 것인가 하는 것이 특히 문제로 된 것은, 앞에서 이미 언급한 바와 같이, 공동불법행위자의 책임의 법적 성격을 연대채무가 아니라 부진정 연대채무로 해석하는 것이 정착된 것과 밀접한 관련이 있다. 즉 수인이 동일한 손해에 대하여 배상의무를 지는 경우에, 민법 제760조를 적용하지 않더라도, 각자는 전손해에 대하여 책임을 지고 그 중 1인이 이행을 하면 다른 배상의무자도 그 범위 내에서 피해자에 대하여 책임을 면하게 되는 - 그리고 배상의무자들 사이에는 밀접한 주관적 공동관계가 없으므로 채권을 만족시키는 사유 이외에는 1인의 배상의무자와 피해자 사이에 발생한 사유가 다른 배상의무자에게 효력을 미치지 않는 - 이른바 부진정 연대채무를 부담하게 된다. 그리하여 민법 제760조를 적용하든 아니하든 결과에 있어서 아무런 차이가 발생하지 않는 것으로 본다. 그렇다면, 민법 제760조의 제도적 취지가 무엇인가에 대하여 의문을 제기하지 않을 수 없게 되는데, 이 점에 대하여 객관적 공동설을 취하는 입장에서는 민법 제760조의 제도적 취지를, 분할채무관계에 관한 민법 제408조의 원칙을 배제하고 그럼으로써 피해자의 보호를 두텁게 하는 점에 있다고 보고 있다.[48] 그런데 이러한

---

48) 예컨대, 김석우(주 3), 1면.

설명은 앞서 간단히 언급한 바 있는 부분적 인과관계론을 전제로 하고 있다. 그러나 이 이론은 우리법의 해석론으로서는 받아들이기 힘들다. 우리 민법은 수인의 행위가 경합하여 손해가 발생한 경우에 인과관계는 Alles-oder-Nichts의 문제로 보고 있는 것을 전제로 하고 있다고 해석되기 때문이다.[49] 사실 앞에서 살펴 본 객관적 공동설의 2가지 유형 모두 인과관계는 Alles-oder-Nichts의 문제라고 하는 것을 전제로 하고 있는 것이다. 그런데 인과관계는 Alles-oder-Nichts의 문제라고 하는 것을 전제로 할 때, 객관적 공동설의 2가지 유형 모두 공동불법행위에 관한 민법 제760조의 존재의의를 설명하기 어렵게 된다. 즉, 공동불법행위의 요건으로서 가해자 각각이 불법행위의 요건을 충족시키는 것(따라서 각 가해자의 행위와 결과 간에 인과관계가 존재할 것)을 요구한다면 민법 제760조의 고유의 존재의의는 희박할 뿐만 아니라, 각 가해자간에 "객관적 공동"이 존재할 것을 요구하는 것은 민법 제750조의 책임이 병존하는 경우보다 더 가중된 요건을 요구하는 것으로 되어 불합리하기 때문이다. 또한 "각 행위자 자신의 행위는 손해 전부에 대하여 상호인과관계에 있지 않은 경우도 있음"에 관계치 않고 손해 전부의 책임을 부과한다면, 왜 자신의 행위와의 사이에 그 인과관계를 넘어서는 결과에 대하여도 책임을 져야 하는가에 대하여 단순히 객관적 공동성이 존재한다고 하는 사실만으로는 설득력있는 설명을 제시하기가 어렵기 때문이다. 자기책임의 원칙에 의하여 각 행위자는 자기의 행위로 인한 결과에 대하여서만 책임을 지는 것이 원칙인데, 특별한 근거 없이 그 내용이 막연한 '객관적 공동'으로 인과관계를 대체할 수는 없는 것이다.

이렇게 볼 때에 민법 제760조의 존재의의는, 수인의 행위를 일체로 파악하여, 발생한 결과가 각 개인의 행위와의 개별적인 인과관계를

---

49) 이 점에 대한 보다 자세한 설명으로서는, 민법주해(19), §760(정태윤 집필), 71~74면 참조.

넘어선다고 하더라도, 그 일체로 파악된 수인의 행위와 결과 사이에 인과관계가 성립된다면 그 결과에 대하여 행위자 모두에게 책임을 지우는 점에서 찾을 수 밖에 없을 것이다. 그리고 이처럼 수인의 행위를 일체로 파악하는 계기는 '주관적 공동'에서 찾아야 할 것이다. 이때의 주관적 공동은 "각자가 타인의 행위를 자신의 행위로 하고, 자신의 행위가 타인의 행위로 이용되는 것을 받아 들이는 의사"를 그 내용으로 하는 것이다.

(2) 이처럼 김증한 교수가 협의의 공동불법행위의 요건으로서 '수인 간에 공모 내지는 공동의 인식'을 요구함으로써, 협의의 공동불법행위자의 행위를 일체로 파악하여 전원에게 연대책임을 부과하는 근거를 주관적인 의사에서 구한 것은, 김증한 교수가 공동불법행위의 본질을 정확하게 파악하고 있었다고 하는 것을 보여주고 있다. 물론 김증한 교수는, 협의의 공동불법행위에 있어서 행위자들의 책임이 가중되는 것은, "수인이 의식적으로 합세하여 1인에게 손해를 가하는 행위의 유책비난가능성이 높다고 하는 데에 구하여야 할 것"이라고 할 뿐이고, 주관적 공동의 의미를 좀더 분명하게 밝히고 있지는 않다. 그렇지만, 협의의 공동불법행위의 요건으로서 '수인 간에 공모 내지는 공동의 인식'을 요구하고 있다고 하는 점, "공동으로 한 결의와 직접적인 가해행위와의 사이에 인과관계가 있고, 그 직접적 가해행위와 손해의 발생과 사이에 인과관계가 있으면, 결의와 손해의 발생 사이에 인과관계가 있다고 하여야 할 것"이라고 하는 점, 연대하여 배상하여야 할 손해의 범위는 '공동불법행위와 상당인과관계 있는 전손해'라고 하는 점 등을 고려해 볼 때, 수인의 행위자의 의사를 통하여 그들의 행위를 일체로 파악하여, 개인의 행위와 결과 사이에 직접 인과관계가 없다고 하더라도, 그 일체로 파악된 주관적 공동체의 행위와 결과 사이에 인과관계가 있으면 수인의 행위자 모두 각자가 발생

한 전손해에 대하여 연대하여 책임을 져야 함을 분명히 밝히고 있다
고 하는 것을 알 수 있다.

(3) 그리고 김증한 교수의 이러한 주관적 공동설은 단순히 공동불
법행위의 제도적 취지를 밝히고 있다고 하는 점을 넘어서서, 가해자
가 수인인 경우에 피해자와 가해자의 이해조정의 방향을 제시하고
있다고 하는 점에서 중요한 의미를 가진다. 즉, 수인의 행위를 일체로
파악하는 계기가 되는 것은 주관적 공동, 즉 의사이므로, 이러한 의사
의 연락이 없는 상태에서 수인이 각자 독립적으로 행동하여 일정한
손해가 발생한 경우에는, 각자의 행위와 발생한 결과 사이에 상당한
인과관계가 있는지의 여부를 개별적으로 검토하여야 할 것이다. 이때
자신의 과실있는 행위와 결과 사이에 개별적으로 인과관계가 인정된
다면 그 행위자는 발생한 손해 전부에 대하여 배상책임을 지는 것이
원칙이며, 그 결과가 다른 사람의 행위와 경합하여서만 발생하였다고
하더라도 그러한 행위의 경합이 일반생활경험에 비추어 비정상적인
것이 아니면 이는 상당성을 배제하지 않는 것이다.50) 따라서 각 행위
자는 자신의 과실있는 행위와 결과 사이에 인과관계가 인정되는 한,
그의 과실·기여도가 비록 작다고 하더라도 발생한 손해 전부에 대하
여 책임을 져야 하는 것이 원칙이다. 물론 경우에 따라서는 가해자

---

50) 독일의 다수설은 이러한 결론은 책임법의 일반원칙에 따라 본래(von
vornherein) 그러한 것이라고 한다. 예컨대, Brambring, Mittäter, Nebentäter,
Beteiligte und die Verteilung des Schadens bei Mitverschulen des
Geschädigten(1973), S. 54ff; Kreutziger, Die Haftung von Mittätern,
Anstiftern und Gehilfen im Zivilrecht — zugleich ein Beitrag zur deliktischen
Haftung von Teilnehmern an unfriedlichen Demonstrationen(1985), S.
133f.; von Caemmerer, Ausgleichsprobleme im Haftpflichtrecht in
rechtsvergleichender Sicht, ZfRvgl 1968, 86; Lange, Schadensersatz(1979), S.
106 등 참조.

중의 1인의 과실·기여도가 상당히 작은 경우가 있을 수도 있고, 이러한 경우에는 그 가해자의 책임을 경감시켜줄 필요가 있는 것은 사실이다. 그리하여 앞서 살펴보았듯이 일본에서는 위법성의 대소(위법도)에 의하여 책임의 비율을 결정하자고 하는 이론이 제시되기도 하였다. 그러나 우리 민법상으로는 이러한 식의 책임감경은 근거가 없는 것이며, 가해자와 피해자의 이해를 조정할 필요가 있는 경우에는 과실상계에 의하는 것이 올바른 방법이다.

김증한 교수는, 후술하는 바와 같이, 가해자 상호간에 주관적인 의사의 연락이 없는 경우에 가해자 각자에게 발생한 손해에 대하여 연대책임을 지우면서 별도로 위법성의 대소에 따른 책임의 감액을 논하지 않음으로써, 각 가해자는 자신의 행위와 결과 사이에 인과관계가 있는 손해 전부에 대하여 책임을 진다고 하는 원칙을 고수하고 있는 것이다. 그리고 구체적인 경우에 가해자와 피해자의 이해를 조정할 필요가 있는 경우에 대해서는 따로 별다른 언급을 하지 않음으로써, 간접적으로 우리 민법의 원칙에 따른 해결 즉 과실상계의 길을 가리키고 있는 것으로 해석된다. 나아가 과실상계를 할 때에도, 김증한 교수의 주관적 공동설의 논리에 충실하게 따르면, 수인의 가해자 상호간에 의사의 연락이 있는 경우에는 과실상계를 함에 있어서도 피해자의 과실과 일체로 파악된 가해자 전원에 대한 과실을 비교평가하여야 하지만, 수인의 가해자 상호간에 의사의 연락이 없는 경우에는 그 수인의 행위를 일체로 파악할 근거가 없기 때문에, 그들 수인의 각자의 과실과 피해자의 과실을 개별적으로 평가하여야 한다는 결론에 이르게 된다. 이 부분에 관해서는 바로 다음에서 좀더 자세하게 살펴보기로 한다.

2. 가해자불명의 공동불법행위의 재발견

(1) 김증한 교수의 공동불법행위론의 가장 중요한 특색 중의 하나는, 주관적 공동설을 취하면서도 주관적 공동이 없는 분쟁유형에 대해서도 특별한 배려를 기울여, 이른바 '누적적 인과관계(Kumulative Verursachung)'의 경우를 가해자불명의 공동불법행위에 포섭시킴으로써, 다음에서 살펴 보는 바와 같이, 시대의 흐름에 따라 새로이 발생하는 매우 까다로운 유형의 불법행위에 대하여 시의적절한 해결책을 제시하고 있다는 점이다.

현대에서 자주 문제되는 공해소송의 큰 특징 중의 하나는 많은 경우에 누적적 인과관계가 문제된다고 하는 점이다. 즉, 수인이 관여하여 손해가 발생하였는데, 각자의 행위가 손해의 일부를 발생시켰다고 하는 점은 밝혀졌지만, 구체적으로 각자의 행위가 어느 정도의 손해를 발생시켰는지는 알 수가 없다는 것이다. 더 나아가 각자 혼자의 행위만으로 전손해를 발생시켰을 가능성이 있지만, 구체적으로는 전손해가 다른 행위자에 의하여 발생하였고 자신은 전혀 손해를 발생시키지 않았을 수도 있는 것이다.[51] 이러한 누적적 인과관계가 문제되는 유형의 불법행위는 교통사고에 있어서도 볼 수 있다. 즉 3대 이상의 차량이 교통사고에 관여되었는데 구체적으로 어느 차량의 운전자가 어느 정도의 손해를 발생시켰는지 알 수 없는 경우가 그러하다. 이러한 유형의 불법행위에서는 먼저 피해자 보호의 필요성이 대두된

---

51) 예컨대 A 공장과 B 공장이 배출한 공해물질에 의하여 하류의 양어장의 물고기들이 모두 폐사하였는데, A 공장이나 B 공장이 단독으로 배출한 오염물질만으로도 하류의 양어장의 물고기를 모두 폐사시킬 수 있었지만, 구체적으로 누가 배출한 오염물질이 어느 정도의 결과를 발생시켰는지 알 수 없으며, 극단적으로는 어느 한 공장의 폐수만으로 문제된 양어장의 물고기 모두가 폐사되었을 가능성도 있는 경우가 이에 해당한다. 이러한 경우도 넓은 의미에서의 누적적 인과관계에 포함된다고 할 것이다.

다. 즉 특정된 범위의 과실있는 행위자들에 의하여 전손해가 발생한 것이 분명한데 구체적으로 각자의 개별적인 인과관계를 입증하기 곤란하다고 하는 이유로 아무런 피해를 배상받지 못하는 결과가 초래되어서는 안된다고 하는 것이다. 그러나 또한 가해자에 대한 배려도 무시할 수 없다. 즉 자신의 행위와 전손해 사이에 개별적인 인과관계가 입증되지 않았음에도 불구하고 전손해를 혼자서 배상하게 하는 것은 너무 가혹하다는 것이다. 앞서 살펴보았듯이 1960년도 후반에 일본에서 공동불법행위론에 관한 논쟁이 촉발되었던 것도 바로 이러한 경우에 적절한 해결책을 제시하기 위한 것이 주된 계기가 되었던 것이다.

  김증한 교수는 이러한 경우에 대한 해결책으로서, 독일에서의 가해자불명의 공동불법행위에 대한 규정의 입법과정과 그 해석론을 참작하여, 민법 제760조 제2항을 새롭게 해석하였던 것이다. 즉, 그 당시 통설이었던 객관적 공동설에 의하면 누적적 인과관계의 경우는 민법 제760조 제1항의 협의의 공동불법행위에 해당할 가능성이 많았다. 물론 객관적 공동설을 취하는 분들이 명시적으로 이러한 언급을 하고 있지는 않았다. 그렇지만 그분들의 설명에 따르면, 가해자불명의 공동불법행위는 "수인 중의 어느 자가 위법행위를 한 것이 확실하지만, 그것이 누구인지 불명한 경우"로서, 예컨대 "수인이 공동하여 타인을 구타하고 그 중의 1인이 칼로 상해를 입히거나 수인이 타인에게 투석하고 그 중의 1인이 상해를 입힌 경우"가 이에 해당한다고 하고, "「주관적 공동없는 위법행위가 사실한 경합한 경우」는 협의의 공동불법행위의 경우로서 다루게 된다"고 한다.[52] 즉 객관적 공동설에 의하면, 민법 제760조 제2항의 가해자불명의 공동불법행위는 법조문의 문언에 충실하게 이른바 '선택적 인과관계'(die Alternative Kausalität)의 경

---

52) 김석우(주 3), 5, 7면.

우만을 포섭하고, 그밖에 누적적 인과관계의 경우를 포함한 '위법행위가 사실상 경합한 경우'는 모두 협의의 공동불법행위에 해당하는 것으로 되었던 것이다. 이러한 결론은 객관적 공동설을 취하면서 '객관적 공동'이 인정되는 경우를 명확하게 한정하지 않는 한 자연스럽게 도출된다. 그러나 이러한 결론은 누적적 인과관계의 경우에 피고에게 자신의 행위와 손해와의 사이에 인과관계가 존재하지 않음을 주장·입증하여 감면책을 받을 수 있는 가능성을 봉쇄하게 되어 부당하다. 이에 대하여 김증한 교수는 선택적 인과관계의 경우뿐만 아니라 누적적 인과관계의 경우도 가해자불명의 공동불법행위에 포섭시키고, 그 경우 행위자 각자는 모두 손해 전부에 대하여 연대하여 책임을 지지만, 자기의 행위와 손해의 발생과의 사이에 인과관계가 없음을 입증한 때에는 책임을 면하고, 또 자기의 행위가 손해의 어느 부분에 대해서만 원인을 주었는지를 입증한 때에는 그 부분의 손해만을 배상할 책임이 있다고 한다. 이러한 견해가 타당함은 물론이다. 김증한 교수는 이에 대한 이론적인 설명을 명시적으로 하고 있지는 않지만, 그 견해는 이론적으로 다음과 같이 설명될 수 있을 것이다. 즉, 민법 제760조 제2항은 그 문언상으로는 선택적 인과관계의 경우를 대상으로 하여 규정하고 있지만, 그 입법정신에 비추어 볼 때 동 조항은 누적적 인과관계의 경우에도 유추적용되는 것이 당연하다. 왜냐하면 동 조항의 입법취지는, 선택적 인과관계의 경우에 대립하는 이해관계를 비교형량하여 볼 때에, 인과관계의 불명확의 위험(Unaufklärbarkeitsrisiko)을 부담하여야 할 자는, 아무 과실도 없을 뿐만 아니라 손해배상청구권이 의심의 여지없이 인정되는 피해자가 아니라, 위법하고 유책적으로 행동하여 법익침해의 위험과 정형적인 입증곤란을 초래한 관여자이어야 한다는 것인데, 이러한 입법취지는 '누적적 인과관계'에도 그대로 적용될 수 있는 것이다. 그렇게 함으로써 누적적 인과관계의 경우에, 한편으로는 손해를 발생시킬 위험한

행위를 한 행위자 각자에게 전손해에 대하여 연대책임을 지게 함으로써 피해자를 보호하고, 다른 한편으로는 각 행위자에게 인과관계가 없음을 입증하여 감면책을 받을 수 있는 가능성을 허용하고 있는 것이다.

(2) 그런데 여기서 한 가지 적시하여야 할 점이 있는데, 그것은 필요적 병합의 인과관계, 즉 각자의 행위 그것만으로써는 손해가 발생하지 않지만 두 행위가 합하여 하나의 손해가 발생한 경우에 관한 것이다. 김증한 교수는 이 경우 역시 가해자불명의 공동불법행위에 포섭되는 것으로 보고 있는 것 같다. 물론 김증한 교수는 명시적으로 이러한 설명을 하고 있지는 않다. 그렇지만 가해자불명의 공동불법행위의 한 경우인 '주관적 공동없는 위법행위가 사실상 경합한 경우'의 한 예로서 필요적 병합의 인과관계의 한 경우를 듦으로써, 독자로 하여금 필요적 병합의 인과관계의 경우도 가해자불명의 공동불법행위에 해당하는 것으로 생각하게 하고 있다. 즉, 甲 창고회사가 과실로 인하여 오기된 창고증권을 발행하고, 乙이 이것을 사용하여 금전을 사취한 경우라든가, 쌍방의 선장의 과실로 인하여 선박이 충돌하여 하주에게 손해를 준 경우가 가해자불명의 공동불법행위에 속한다는 것이다. 그러나 이러한 경우는 각자의 행위와 결과 사이에 인과관계가 밝혀진 경우라고 보아야 하고, 따라서 책임법의 일반원칙에 따라서 각자는 전손해에 대하여 배상책임을 부담한다고 하여야 한다. 그리하여 주관적 공동설의 입장에서는 각자가 전손해에 대하여 배상할 책임을 지는 것에 대한 근거조항은 불법행위에 관한 일반규정인 민법 제750조로 보는 것이 타당할 것이다.

그렇다면 필요적 병합의 인과관계의 경우를 가해자불명의 공동불법행위에 포섭시키는 김증한 교수의 설명은 잘못된 것이라고 보아야 할 것인가? 반드시 그렇게 볼 필요는 없다. 그 이유는 다음과 같다.

즉, 필요적 병합의 인과관계의 경우, 수인의 행위자 각자는 불법행위의 일반원칙에 따라 발생한 결과 전부에 대하여 배상하여야 할 책임을 지고, 또 이때 피해자는 자신이 입은 손해 이상의 배상을 청구할 수 없으므로 가해자 1인이 배상하면 다른 가해자도 책임을 면하는 관계에 있다. 따라서 각 가해자의 책임의 법적 성격은 부진정 연대채무이다. 이처럼 수인의 행위가 결합하여 하나의 손해가 발생하였고, 이때 각 가해자는 민법 제760조의 공동불법행위자들과 마찬가지로 부진정 연대채무의 성격을 가지는 배상책임을 부담한다면, 이들 각 가해자를 굳이 단독불법행위자로 볼 필요는 없을 것이다. 오히려 이러한 경우를 공동불법행위의 한 경우로 보는 것이 공동불법행위라고 하는 단어의 어감에 보다 적합할 뿐만 아니라 일반인의 법감정에도 더욱 부합한다고 할 것이다. 그런데 현행법은 민법 제760조에서 공동불법행위의 유형을 협의의 공동불법행위, 가해자불명의 공동불법행위, 그리고 교사·방조의 세 가지만을 두고 있기 때문에, 필요적 병합의 인과관계의 경우를 공동불법행위의 한 경우로 본다면, 협의의 공동불법행위에 관하여 주관적 공동설을 취하는 입장에서는 이를 가해자불명의 공동불법행위에 포섭시킬 수밖에 없을 것이다. 그리하여 김증한 교수는 필요적 병합의 인과관계의 경우를 가해자불명의 공동불법행위의 한 경우로 해석하였던 것이다.

물론 김증한 교수를 포함하여 주관적 공동설을 취하는 입장에서 볼 때 더욱 바람직한 방향은, 추가적으로 공동불법행위의 유형을 하나 더 마련하여 필요적 병합의 인과관계의 경우를 여기에 포섭시키는 것일 것이다. 2011년 법무부 민법개정위원회에서 확정한 공동불법행위에 대한 민법개정안은 바로 이러한 방향으로 나아갔던 것이다. 즉 그 개정안[53])에 의하면, 공동불법행위의 종류를 네가지, 즉 ① 수

---

53) 김상중(주 2), 346면 참조.

인이 공동의 의사에 기한 불법행위로 타인에게 손해를 가한 경우 ②
수인이 공동의 의사에 기하지 않은 불법행위로 타인에게 동일한 손
해를 가한 경우 ③ 수인의 행위 중 어느 자의 행위가 그 손해를 일으
킨 것인지를 알 수 없는 경우 ④ 교사·방조의 경우로 규정하고 있는
바, 이는 김증한 교수의 진정한 의도를 실현한 것이라고 할 것이다.

 (3) 이 자리에서 또 하나 지적할 것은, 김증한 교수의 공동불법행
위론은 뒤이어 나온, 그리고 앞서 소개한, 일본의 前田의 학설과 매우
유사한데, 바로 이 필요적 병합의 인과관계의 경우에서만은 차이를
보이고 있는 것으로 여겨진다. 즉, 前田설은 이 경우 각자의 행위와
결과 사이에 인과관계를 인정하고, 또 인과관계에 관하여 all or
nothing의 사고에 따른다고 하면서도, "고의과실이라는 요건을 가미하
여, 행위전체의 총합적 법평가로서의 위법성의 대소(위법도)에 의하
여 그 비율을 결정하여야 할 것이다"54)고 하면서 결과적으로 분할책
임을 인정하고 있음에 반하여, 김증한 교수는 각자 연대하여 책임지
우면서 특별한 감책사유를 따로 언급하고 있지 않다. 이 부분에서는
김증한 교수의 견해가 타당한 것으로 보인다. 즉 양 견해 모두 인과
관계는 Alles-oder-Nichts의 문제라고 하는 것을 전제로 하고 있는데,
그렇고 한다면 필요적 병합의 인과관계의 경우에서는 각 가해자에
게 전손해에 대하여 연대책임을 지우고, 前田설이 말하는 기여도는
가해자 상호간의 구상권의 단계에서 고려하여야 할 것이다. 그리고
과실이 상당히 작은 가해자에 대한 배려는 가해자 상호간의 과실비
율에 따른 분할책임을 통해서가 아니라 피해자의 과실과의 과실상계
를 통하여 이루어져야 할 것이고, 이때 과실상계에서의 과실을 폭넓
게 인정함과 아울러, 과실상계를 할 경우에 바로 다음에서 설명하는

---

54) 前田達明2(주 24), 15면.

개별평가의 방식을 취하는 것이 타당하다. 김증한 교수의 공동불법행위론은 앞서 언급하였듯이 이러한 방향으로 나아갈 것을 제시하고 있는 것이다.

3. 피해자와 가해자의 이해조정의 방향을 제시

(1) 수인의 가해자 상호간에 주관적 공동이 있는 경우에는 피해자와 가해자 사이에 이해를 조정할 여지가 별로 없지만, 주관적 공동이 없는 경우에는 피해자와 가해자 사이에 이해를 조정할 필요가 있다. 그리하여 앞서 살펴 본 바와 같이 김증한 교수는 누적적 인과관계의 경우에는 과실있는 행위자 각자에게 전액의 연대책임을 지우되 감·면책입증의 길을 열어두었던 것이다. 그러나 필요적 병합의 인과관계의 경우에는 각자의 행위와 결과 사이의 인과관계가 입증되었기 때문에 전통적인 책임법의 일반원칙에 의하면 각자는 손해 전부에 대하여 연대책임을 지고, 피해자와 가해자 사이에는 다만 과실상계를 통한 이해조정의 길이 있을 뿐이며, 김증한 교수도 암묵적으로 이러한 원칙을 고수하고 있다고 하는 점을 살펴보았다. 그런데 필요적 병합의 인과관계의 경우에 과실상계를 할 때 피해자의 과실을 수인의 가해자 각인에 대한 과실로 개별적으로 평가할 것인지 그렇지 않으면 수인의 가해자 전원에 대한 과실로 전체적으로 평가할 것인지가 문제된다. 물론 수인의 가해자 상호간에 주관적 공동관계가 인정될 때에는 그들 모두를 일체로 파악하여 과실상계를 하여야 함은 당연하다. 그러나 수인의 가해자 상호간에 주관적 공동관계가 없고 단순히 객관적 공동관계로서 필요적 병합의 인과관계만이 인정되는 경우라면 전체평가의 방법으로 과실상계를 하는 것은 문제가 된다.

예를 들어 A, X, Y의 과실에 의하여 교통사고가 발생하였는데, A가

피해자이고 X, Y가 가해자이며, 피해자 A, 가해자 X, Y의 과실비율이 모두 동일하여 1:1:1이라고 할 때, 만약에 과실상계를 할 때에 전체 평가를 한다면, 가해자 X, Y는 피해자에 대하여 전체 손해액의 2/3에 대하여 연대책임을 부담할 것이다. 따라서 만약 X가 무자력이라면 결국 Y가 2/3 모두를 부담하게 된다. 그러나 이러한 결과는 A와 Y의 과실비율이 동일함에도 불구하고 Y가 A보다 2배의 부담을 지는 것으로 되어 부당하다고 느껴 질 수가 있다. 나아가 Y의 과실이 상대적으로 작은 경우, 예컨대 A:X:Y의 과실비율이 2:7:1인 경우에는 더욱 그러하다. 그리하여 독일의 판례는 주관적 공동이 없는 경우에 과실상계를 할 때는 개별평가와 전체평가를 결합하는 방법을 취하고 있다.[55] 이에 따르면 위의 사례에서 A는 X와 Y에게 각각 최대 1/2까지 청구하되, 모두 합하여 최고 2/3 이상을 청구하지 못한다고 한다. 그리고 X와 Y는 그들의 책임이 중복하는 한도에서 연대책임을 부담하게 되는데, 결국 각자 1/3은 연대책임, 1/6은 단독책임을 부담하게 된다.

  (2) 이처럼 공동불법행위자 상호간에 주관적 공동이 없는 경우에 피해자와 1인의 가해자 사이에 과실상계를 할 때 전체평가의 방법을 취한다면 불합리한 결과가 발생한다. 특히 가해자 상호간에 의사의 연락이 없으면서 가해자 일부에게는 고의가, 그리고 다른 가해자에게는 단순히 과실만 인정되는 경우에는 더욱 그러하다. 예컨대 피해자인 X 은행측의 과실과 가해자 Y의 단순과실 및 가해자 甲과 乙의 사기행위 등이 경합하여 X에게 손해가 발생하였는데, 피해자 X가 단순과실뿐인 가해자 Y에게 손해배상을 청구한 경우에, 과실상계를 함에 있어서 전체평가의 방식을 취한다면 그 부당성은 쉽게 드러난다. 즉 이 경우에 피해자 X와 가해자 Y 사이에 과실상계가 가능한가에 대하

---

55) 이에 관한 보다 자세한 설명은 민법주해(19), §760(정태윤 집필), 257~261면 참조.

여서는, "피해자의 부주의를 이용하여 고의로 불법행위를 저지른 자가
바로 그 피해자의 부주의를 이유로 자신의 책임을 감하여 달라고 주
장하는 것은 허용될 수 없다"[56]고 하는 판례의 입장을 고려한다면,
과실상계를 함에 있어서 전체평가의 방식을 채택하는 한, 부정적으로
대답할 수밖에 없을 것이다. 그리하여 甲과 乙이 무자력이거나 행방
불명인 경우에, 피해자 X측의 과실이 Y의 과실보다 크다고 하더라도
Y는 손해 전부를 부담하여야 한다는 결론에 이르게 되는데, 그러나
이러한 결론은 과실평가의 취지에 반하여 받아들이기 어렵다. 대법원
도 이러한 사실을 인식한 듯이, 일반적으로 공동불법행위에서 과실상
계를 할 때 가해자 상호간에 주관적 공동이 없는 경우에도 전체평가
의 방법을 취하면서,[57] 위 사례에서처럼 공동불법행위자의 일부에게
고의가 인정되는 경우에는 피해자 X와 가해자 Y 사이에 과실상계를
인정함으로써 개별평가의 방법을 취하고 있다. 즉, "공동불법행위의
경우 법원이 피해자의 과실을 들어 과실상계를 함에 있어서는 피해
자의 공동불법행위자 각인에 대한 과실비율이 서로 다르더라도 피해
자의 과실을 공동불법행위자 각인에 대한 과실로 개별적으로 평가할
것이 아니고 그들 전원에 대한 과실로 전체적으로 평가하여야 할 것
이며(대법원 1998. 11. 10. 선고 98다20059 판결; 2000. 4. 11. 선고 99
다34055 판결 등 참조), 이 경우 피해자의 부주의를 이용하여 고의로
불법행위를 저지른 자가 바로 그 피해자의 부주의를 이유로 자신의
책임을 감하여 달라고 주장하는 것은 허용될 수 없는 것이나(대법원
1987. 7. 21. 선고 87다카637 판결, 1995. 11. 14. 선고 95다30352 판결

---

56) 대법원 2000. 9. 29, 선고 2000다13900 판결. 동일한 취지의 판결로서, 대법원
   1987. 7. 21, 선고 87다카637 판결; 대법원 1995. 11. 14, 선고 95다30352 판
   결 등이 있다.
57) 대법원 1991. 5. 10. 선고 90다14423 판결; 1998. 6. 12. 선고 96다55631 판
   결; 대법원 1997. 4. 11. 선고 97다3118 판결 등.

등 참조), 이는 그러한 사유가 있는 자에게 과실상계의 주장을 허용하는 것이 신의칙에 반하기 때문이므로, 불법행위자 중의 일부에게 그러한 사유가 있다고 하여 그러한 사유가 없는 다른 불법행위자까지도 과실상계의 주장을 할 수 없다고 해석할 것은 아니다"[58]고 한다. 이러한 대법원의 태도는 결과적으로는 타당하지만, 한편으로는 전체평가의 방식을 취하여야 한다고 하면서도, 다른 한편으로는 이러한 결과에 도달할 수 있다고 하는 것은 이해하기 어렵다.

(3) 물론 김증한 교수는 공동불법행위에서의 과실상계에 관한 문제에 대하여 명시적으로 언급하고 있지 않다. 그러나 공동불법행위자 상호간에 주관적 공동이 있는 경우에만 협의의 공동불법행위를 인정하는 김증한 교수의 기본입장이라든가, 같은 주관적 공동설을 취하면서도 前田설에서와 같이 인과관계의 문제가 아닌 위법성의 대소(위법도)에 의한 비율적 책임을 인정하는 방식으로 이해조정을 하는 것을 인정하지 않는 김증한 교수의 입장을 고려한다면, 필요적 병합의 인과관계의 경우와 같이, 주관적 공동이 없으면서 각자의 행위와 결과 사이에 인과관계가 인정되는 경우에는, 비록 어느 행위자의 과실 비율이 작다고 하더라도 위법성의 대소에 따른 비율적 책임을 인정하는 방법으로 이해조정을 할 수는 없으며, 각자는 전손해에 대하여 연대책임을 져야하고, 피해자와 가해자의 이해조정은 과실상계에 의하여서 이루어져야 한다고 하는 것, 그리고 과실상계를 함에 있어서 가해자 상호간에 주관적 공동이 없는 경우는 이들의 행위를 일체로 파악할 수 없으므로 과실상계는 개별평가의 방식으로 행하여져야 한다고 하는 것 등이 김증한 교수의 기본입장이라고 하는 것은 쉽게 도출할 수 있다.

---

58) 대법원 2007. 6. 14. 선고 2005다32999 판결. 동일한 취지의 판결로서, 대법원 2010. 2. 11. 선고 2009다68408 판결이 있다.

V. 결 론

1. 1960년대 후반은 한국과 일본에서의 공동불법행위론의 발달과정에 있어서 한 획을 긋는 시기라고 할 수 있다. 즉 사회가 발전함에 따라 종래의 법학에서 충분히 의식하지 않았던 공해·교통사고 등의 새로운 사안유형이 출현·증가하였는바, 이러한 유형의 불법행위에서 정형적으로 문제되는 피해자와 가해자 사이의 이해조정과 관련하여 종래의 공동불법행위론에서 통설적인 지위를 점하고 있던 객관적 공동설은 그 문제해결능력에 있어서 한계를 드러내게 되었다. 특히 일본에서는 四日市사건과 山王川사건 등의 공해소송을 계기로 1969년부터 본격적으로 객관적 공동설을 재검토하고 새로운 시대적 요구를 충족시킬 수 있는 이론을 모색하는 작업이 활발하게 진행되었다. 이러한 시대적 상황속에서 김증한 교수는 일본에서보다도 몇 년 앞선 1965년에 종래의 통설 및 판례의 입장이었던 객관적 공동설의 문제점을 지적하고 공동불법행위의 체계를 새롭게 재구성하는 이론을 제창함으로써, 사회발전에 따라 새로이 발생하는 유형의 분쟁에 대처하고자 하였다.

2. 김증한 교수가 새로이 제창한 공동불법행위론의 주요 내용은 크게 세가지로 정리할 수 있다.

첫째는 공동불법행위의 제도적 취지의 재정립이다. 종래의 객관적 공동설이 수인의 불법행위가 사실상 경합한 경우와 공동불법행위와의 차이 및 그 의미를 명쾌하게 설명하지 못하였던 것에 비하여, 김증한 교수는 수인의 행위자 상호간의 주관적 공동에 의하여 수인의 행위가 일체로 파악되고, 그리하여 각자는 그 일체로 파악된 행위와 인과관계가 있는 한에서는 자신의 행위와의 개별적 인과관계의 범위를 넘어서는 부분에 대하여서도 책임을 진다고 하는 점에 공동불법행위의 제도적 취지가 있다고 하는 점을 밝혔다.

둘째는 가해자불명의 공동불법행위의 재발견을 통한 공동불법행위의 체계의 재정립이다. 김증한 교수는 종래 협의의 공동불법행위로 포섭되었던 누적적 인과관계의 경우와 필요적 병합의 인과관계의 경우를 모두 가해자불명의 공동불법행위로 포섭시킴으로써, 이러한 경우에 각자가 전손해에 대하여 연대책임을 지는 근거는 주관적 공동이 있는 경우에 각자가 전손해에 대하여 연대책임을 지는 근거와는 다르다고 하는 점을 분명하게 하였다. 즉 누적적 인과관계의 경우는 인과관계의 추정이 문제되고, 따라서 피고는 감·면책입증이 허용되는 것이다. 또한 필요적 병합의 인과관계의 경우는 인과관계가 확정된 경우로서, 각자가 전손해에 대하여 연대책임을 지는 것은 책임법의 일반원칙에 따른 것이고, 이 경우 피해자와 가해자의 이해조정은 과실상계를 통하여 이루어질 뿐인 것이다.

셋째는 피해자와 가해자의 이해조정의 방향에 대한 제시이다. 가해자 상호간에 주관적 공동이 없는 경우에 피해자와 가해자 1인 사이에 과실상계를 할 때 공동불법행위자 전원의 과실을 전체로 평가할 것인가 그렇지 않으면 각 가해자와의 과실비율을 개별적으로 평가할 것인가 하는 점에 관하여서, 김증한 교수의 주관적 공동설의 논리적 귀결은 후자의 방향을 지시한다.

3. 김증한 교수의 이러한 공동불법행위론은 그 당시 우리 법학이 처하였던 상황이나 법학분야에서의 우리나라와 일본의 역학관계 등에 비추어볼 때 대단한 업적이라고 평가하지 않을 수 없다. 본문에서 살펴 본 바와 같이 일본에서 새로이 등장한 공동불법행위론과 비교하여 볼 때에 그 발표된 시기라든가 그 내용면에서 전혀 대등하거나

심지어는 앞섰다고까지 평가할 수 있을 것이다. 또한 김증한 교수의
이러한 공동불법행위론은 그 후에 전개된 국내에서의 공동불법행위
에 관한 학설상의 논쟁이나 실무에 많은 영향을 주었을 뿐만 아니라,
나아가 2011년 법무부 민법개정위원회에서 확정한 공동불법행위에
대한 민법개정안에 직접 영향을 주고 있음을 확인할 수 있다.

〈참고문헌〉

郭潤直, 債權各論(下), 1971.

金基善, 韓國債權法各論, 1973.

김상중, "공동불법행위에 관한 현행 민법 제760조의 개정 방향과 내용", 「민사법학」 제60호(2012.9.), 31.

金錫宇, "共同不法行爲", 「중앙대법정논총」 제21권(1981), 1.

金曾漢, "공동불법행위", 「법정」 제20권 제5호(1965), 「民法論集」(1978), 385.

金顯泰, 債權法各論, 1975.

이상정, "공동불법행위", 「한국민법이론의 발전(무암 이영준박사 화갑기념논문집 Ⅱ 채권편)」, 1999, 1007.

千慶松, "公害와 共同不法行爲論", 「司法論集」 第9輯(1978.12.), 151.

崔栻, 新債權法各論, 1961.

民法注解(19), §760(鄭泰綸 집필), 2005.

瀬川信久, "共同不法行爲論展開の事案類型と論理", 「民法學における法と政策(平井古稀記念)」, 2007, 685.

國井和郎, "共同不法行爲の位置づけ", 「法律時報」 60권 5호(1988.5), 8.

神田孝夫, 「不法行爲責任の研究」, 1988.

我妻榮, 事務管理・不當利得・不法行爲, 1940.

右近健男, "共同不法行爲學說史・1", 「法律時報」 50권 6호(1978.6), 21.

能見善久, "共同不法行爲責任의 基礎的 考察, (一), (二), (八)", 「法學協會雜誌」 94권 2호(1977), 94권 8호(1977), 102권(1985.)

加藤一郎, 不法行爲, 1957.

平井宜雄, "共同不法行爲に關する一考察" 「川島武宜還曆・民法學の現代的課題」 1972, 290.

淡路剛久, 「公害賠償の理論」, 1975.

川井健, "共同不法行爲" 判例演習債權法2<增補版>」, 1973, 317.

_____, "共同不法行爲の成立範圍の限定 – 全部連帶か 一部連帶か –" 「判例タイムズ」 215號(1968) 58.

平井宜雄, "共同不法行爲に關する一考察 - 『因果關係』 概念をがかりとし
　　て". 「川島還曆記念論文集·現代民法學の課題」, 1972, 290.

森島昭夫, "共同不法行爲(二)" 「法學敎室」 18호(1982), 29.

伊藤瑩子, "共同不法行爲における關聯共同性と因果關係", 「ジュリスト增刊
　　總合特集·交通事故 - 實態と法理」, 110.

前田達明, "共同行爲者の流水汚染により惹起された損害と各行爲者の賠償
　　すべ範圍", 「民商法雜誌」 60권 3호(1969); "共同不法行爲法論序說
　　(一), (二), (三)", 「法學論叢」 99권 4호, 5호, 6호 (1976).

浜上則雄, "損害賠償法における「保證理論」と「部分的因果關係の理論」(二)",
　　「民商法雜誌」 66권 5호(1972), 741.

_____, "現代共同不法行爲理論 (一)-(九)", 「判例時報」 1134호, 1135호,
　　1136호, 1138호, 1146호, 1152호, 1166호, 1169호, 1176호(1985~
　　1986).

Brambring, Mittäter, Nebentäter, Beteiligte und die Verteilung des Schadens bei
　　Mitverschulen des Geschädigten, 1973.

Buxbaum, Solidarische Schadenshaftung bei ungeklärter Verursachung im deutschen,
　　französischen und anglo-amerikanischen Recht, 1965.

von Caemmerer, Ausgleichsprobleme im Haftpflichtrecht in rechtsvergleichender
　　Sicht, ZfRvgl 1968, 86.

Deutsch, Haftungsrecht I (2. Aufl.), 1996.

Kreutziger, Die Haftung von Mittätern,Anstiftern und Gehilfen im Zivilrecht －
　　zugleich ein Beitrag zur deliktischen Haftung von Teilnehmern an
　　unfriedlichen Demonstrationen, 1985.

Lange, Schadensersatz, 1979.

Larenz, Schuldrechts I (14. Aufl.), 1987.

판례평석과 실무에 미친 영향

김 대 휘*

Ⅰ. 서 언

필자는 1977년부터 1년 동안 김증한 교수님의 요청으로 연구실에서 조교 역할을 하면서 교수님과 인연을 맺게 되었다. 당시 필자는 논문의 원고 정리와 교정 및 심부름을 맡았는데, 그 때 여러 논문 작성을 도와드렸고, 책(교수님의 논문집-'민법논집')-발간에도 기여한 것으로 기억한다.1) 그 때를 회고하면, 필자가 교수님의 학문적 자세와 엄격함 등 많은 것을 배우게 되었고, 대학원에 들어가게 된 것도 공부를 계속하라는 교수님의 권유에 따른 것이었다. 다만 필자는 대학원에서 '심헌섭'-교수님과 인연을 맺게 되어 민법이 아니라 법철학을 전공하였다.

김증한 교수는 우리나라 민법학계의 대두로서 그 업적이 민법학 전반에 미치고 있으며, 우리 민법의 입법에도 관여하여 무엇보다도 공동소유의 형태로 공유 이외에 합유와 총유도 규정할 것을 주장하

---

* 법무법인 화우 변호사 겸 이화여자대학교 겸임교수, 세종대학교 석좌교수
1) 필자가 사법연수원에 입소한 후 필자의 추천에 따라 박삼봉 학생이 후임 조교로 일하였는데, 그는 사법연수원장까지 되었고, 최근 교통사고로 유명을 달리했다. 삼가 애도를 표한다.

였고, 결국 그 제안이 채택되어 현행 민법에까지 이어지고 있다, 그리고 김증한 교수는 많은 판례평석을 남겼는데, 특히 광복30년 우리나라 판례의 회고를 법조 25, 26권에 11회 연재를 하여 우리나라 판례의 학술적 정리를 하셨다. 그밖에도 김증한 교수가 '서울대학교 법학'지 등에 기고한 판례회고와 판례평석들도 많이 남아 있는데, 여기서는 주로 김증한 교수의 주요한 판례평석과 그 것이 실무에 미친 영향을 살펴보기로 한다.

II. 교회가 분열한 경우의 교회재산의 귀속

김증한 교수는 대법원 1958. 8. 14. 선고 4289민상569호에 대한 평석을 서울대학교 법학연구소 창간호에 발표하였고, 판례를 비판하였다. 사안은, 본래 안양교회가 「대한예수교장로회총회」에 소속되어 있었는데, 새 교리를 표방하는 일부 목사들이 이로부터 분파되어 「대한기독교장로회총회」를 조직하였으며, 총회의 이와 같은 분열은 다시 각지 교회에 파급하게 되어 안양교회도 예수교장로회에 소속하는 X교회(원고·항소인·피상고인)와 기독교장로회에 소속하는 Y교회(피고·피항소인·상고인)로 분열하게 되었다. 이와 같은 안양교회의 분열과정과 병행하여 동 교회당의 신축공사가 진행되었는데, 이 부동산은 다른 기존 부동산과 더불어 「안양장로회」 명의로 등기되었다가 명칭변경을 원인으로 하여 「대한기독교장로회안양교회」 명의로 변경되었다. 이에 X교회는 Y교회에 대하여 소유자명칭변경등기의 말소를 청구하는 본소를 제기하였다.

원심의 원고 승소판결에 대하여, 대법원은 원심을 파기환송하면서,

동일 교회의 교도가 수파로 분리되어 수개의 교회로 분립하는 경우
에는 그 분리 당시의 교회소속재산은 그 귀속에 관하여 일부 교파의
소유에 귀속할 특정한 사유가 없으면 원칙적으로 그 분리 당시의 교
회 소속 교도의 합유로서 그 총의에 의하여 그 귀속을 결정할 것이고
결코 자동적으로 그 분립된 교파 중 어느 것의 단독소유로 되는 것은
아니라고 하였다.

　이 문제에 관하여 이미 대법원의 선례(민상182호 참조)가 있었는
데, 김증한 교수는 양 판례 모두 비판하면서, 우선 양 판결이유 중
「합유」라는 용어는 「총유」라는 용어로 대체되어야 함을 주장하였고,
이는 그 후의 판례에서 바로 시정되었다.[2] 그리고 위 양 판결의 판지
의 논리적 모순이 지적되었다. 즉,「분열 당시의 교회소속교도 전체
의 총유에 속한다」고 그 귀속관계를 단정하여 놓고, 새삼스럽게 「그
귀속을 정하여야 한다」고 한 것은 법원이 법적 분쟁에 대하여 판단
을 거부한 것이라는 점도 지적되었다. 물론 어떤 교리가 옳으냐 그르
냐는 종교문제이지만, 교회라는 단체의 법적 성격이 어떠한 것이냐,
교회 재산은 법적으로 어떤 성질을 가진 것이냐, 일반적으로 어떤 재
산의 소유권이 누구에게 속하느냐의 문제는 명백히 법률문제이다. 그
리고 이미 두 개의 단체로 분열해 있으므로「분열 당시의 교회 소속
교도 전체」로 구성된 법인격 없는 사단은 존재하지 아니하고, 따라서
교회재산이 그에 속한다고 한 판지는, 마치 어떤 재산권이 실제로 존
새하지 않는 유령에게 속한다고 한 것이라고 신랄하게 비판하였다.

　우선 분열 후 교인들이 전부 모일 수 있다고 하더라도 거기서 다수
결로 결정하면 소수자의 재산권은 박탈되는 것이기 때문에 김증한

---

2) 우리 민법에 특유한 총유는 본래 기르케(Otto v.Gierke)의 주장과 당시 일본의
　통설을 채택하자는 김증한 교수의 제안에 따른 것이었다(총유이론의 약사에
　관하여는, 김증한 「공동소유형태의 유형론」-법조협회잡지 제2권 제3호 26면
　이하 참조).

교수는 "교회재산은 분열된 두 개의 교회의 공유에 속하고, 그 공유
지분이 각 교회의 교도 전체에 총유적으로 귀속한다고 해석하는 수
밖에 없다"는 제안을 하였다, 다만 그 지분의 비율 또는 분할방법에
관하여 다툼이 있을 때에는 법원에 그 분할을 청구할 수 있다고 제안
하였다.

그런데 오랜 기간이 지난 후 대법원은 2006. 4. 20. 선고 2004다
37775 전원합의체 판결[집54(1)민, 91; 공2006. 6.1.(251), 851]로 교회
분열에 관한 판례를 변경하였다.

우선 대법원은 김증한 교수의 지적과 같이, 교회나 법인 아닌 사단
에서 구성원의 탈퇴나 해산은 인정하지만 집단적 탈퇴에 의한 분열
을 인정하지 않으면서 현실적으로 교인들이 집단적으로 교회를 탈퇴
한 경우 법인 아닌 사단인 교회가 2개로 분열되고 교인들이 교회를
탈퇴하여 그 교회 교인으로서의 지위를 상실한 경우, 종전 교회 재산
의 귀속관계는 잔존 교인들의 총유로 하고, 교회의 소속 교단 탈퇴
내지 소속 교단 변경을 위한 결의요건은 사단법인의 정관 변경에 준
하여 의결권을 가진 교인 2/3 이상의 찬성이 필요하며,3) 위 결의요건
을 갖추어 교회가 소속 교단을 탈퇴하거나 다른 교단으로 변경한 경

---

3) 대법관 손지열, 박재윤, 김용담, 김지형의 별개의견에 의하면, 교회가 종전 교
   단에 소속해 있으면서 단지 사단법인의 정관에 준하는 성질을 가지는 자치규
   범이나 그 활동목적을 변경하는 정도에 그치는 것이 아니라, 종전 교단에 소속
   하였던 교회의 교인들이 그 교회를 해체하고 새로운 교단에 소속된 교회를 새
   롭게 조직하는 데 이르는 것으로 평가하여야 할 것이므로, 사단법인의 정관변
   경에 관한 민법 제42조 제1항을 유추적용할 것이 아니라 사단법인의 해산결의
   에 관한 민법 제78조를 유추적용함이 옳고, 따라서 교회는 교회의 규약 등에
   정하여진 적법한 소집절차를 거친 총회에서 의결권을 가진 교인 3/4 이상의
   동의를 얻은 경우에 한하여 적법하게 소속 교단을 탈퇴하거나 변경할 수 있다
   고 보는 것이 옳다고 한다. 그러나 해산규정을 유추적용할 수 없다는 김영란
   대법관의 반대의견이 있다.

우, 종전 교회 재산의 귀속관계는 탈퇴한 교회 소속 교인들의 총유라고 하였다.

특히 다수의견의 판결 이유 중에서, "교회가 법인 아닌 사단으로서 존재하는 이상, 그 법률관계를 둘러싼 분쟁을 소송적인 방법으로 해결함에 있어서는 법인 아닌 사단에 관한 민법의 일반이론에 따라 교회의 실체를 파악하고 교회의 재산 귀속에 대하여 판단하여야 하고, 이에 따라 법인 아닌 사단의 재산관계와 그 재산에 대한 구성원의 권리 및 구성원 탈퇴, 특히 집단적인 탈퇴의 효과 등에 관한 법리는 교회에 대하여도 동일하게 적용되어야 한다. 따라서 교인들은 교회 재산을 총유의 형태로 소유하면서 사용·수익할 것인데, 일부 교인들이 교회를 탈퇴하여 그 교회 교인으로서의 지위를 상실하게 되면 탈퇴가 개별적인 것이든 집단적인 것이든 이와 더불어 종전 교회의 총유재산의 관리처분에 관한 의결에 참가할 수 있는 지위나 그 재산에 대한 사용·수익권을 상실하고, 종전 교회는 잔존 교인들을 구성원으로 하여 실체의 동일성을 유지하면서 존속하며 종전 교회의 재산은 그 교회에 소속된 잔존 교인들의 총유로 귀속됨이 원칙이다. 그리고 교단에 소속되어 있던 지교회의 교인들의 일부가 소속 교단을 탈퇴하기로 결의한 다음 종전 교회를 나가 별도의 교회를 설립하여 별도의 대표자를 선정하고 나아가 다른 교단에 가입한 경우, 그 교회는 종전 교회에서 집단적으로 이탈한 교인들에 의하여 새로이 법인 아닌 사단의 요건을 갖추어 설립된 신설 교회라 할 것이어서, 그 교회 소속 교인들은 더 이상 종전 교회의 재산에 대한 권리를 보유할 수 없게 된다."라고 하여 더 이상 법원이 종교 문제라고 하여 재판을 거부하지 않게 되었다.

특히 김영란 대법관은 보충의견을 통하여 교회 내부의 분쟁해결 기능을 방기하여서는 아니된다는 강한 주장을 표명하면서 김증한 교수의 비판을 받아들였다. 그러나 김증한 교수의 공유적 분할 제안은 다수의견이 받아들이지는 않았지만, 대법관 박시환의 별개의견이 위 제안에 따른 것으로 해석된다. 즉, 교회의 분열을 인정하는 전제 하에서 종전 교회에 속한 권리의무가 분열된 각 교회에 공유적 형태로 분리하여 포괄승계되는 것으로 볼 수밖에 없을 것이고(채무는 분열된 각 교회가 부진정연대의 관계로 부담하는 것으로 보아야 할 것이다), 각 교회의 공유지분 비율은 분열 당시 분열된 각 교회의 등록된 세례교인의 수에 의하여 결정되는 것이 합리적이라고 할 것이라고 한다.4)

Ⅲ. 재단법인 설립시의 출연재산 귀속시기

재단법인의 출연재산의 귀속에 관한 민법 제48조가 민법 제186조의 법률행위로 인한 물권변동인가, 제187조의 법률규정에 의한 물권변동인가의 문제를 제기한 것은 바로 김증한 교수였다. 그에 따라 등기나 인도 없이 재단법인의 출연재산에 관하여 물권변동의 효력이 발생하는가의 문제에 대하여 종래 김증한 교수와 곽윤직 교수의 견해 대립이 있어 왔으나, 대법원 1965. 5. 25. 64다1196 판결은 "신민법 하에서 재단법인에 대하여 부동산을 기부할 것을 약정하였다고 하여도 그 소유권이전등기를 하지 않으면 그 법인의 소유로 되지 아니한다"고 하여 김증한 교수의 설을 따르고 있었다.

그런데 그후 대법원 1979.12.11. 선고 78다481,482 전원합의체 판결

---

4) 다만 종교의 자유를 들어서 일단 종전 판례를 유지하고 분열 후 종전 교회의 재산에 관한 권리관계 내지 법률관계를 합리적으로 규율할 수 있는 법리를 찾아내고 발전시켜 나가자는 대법관 강신욱의 반대의견도 있었다.

[집27(3)민, 212; 공1980.2.15.(626) 12479]에 의하면, "재단법인의 설립함에 있어서 출연재산은 그 법인이 성립된 때로부터 법인에 귀속된다는 민법 제48조의 규정은 출연자와 법인과의 관계를 상대적으로 결정하는 기준에 불과하여 출연재산이 부동산인 경우에도 출연자와 법인 사이에는 법인의 성립 외에 등기를 필요로 하는 것은 아니지만, 제3자에 대한 관계에 있어서, 출연행위는 법률행위이므로 출연재산의 법인에의 귀속에는 부동산의 권리에 관한 것일 경우 등기를 필요로 한다"고 하여 상대적 해결의 절충적 견해에 따르고 있으며, 이 판례는 계속 유지되고 있다.

IV. 이중매매의 반사회성과 취득시효, 중간생략등기 – 물권적 기대권론

김증한 교수는 이중매매의 반사회성에 관하여 일찍이 법정 1964년 9월호에서 일본 판례와 학설을 소개하고, 1963년도에 서울고등법원이 부동산의 이중매매에 관하여 배임죄의 성립을 긍정한 것과 관련하여, 제2매수인이 제1매매를 알고 매도인으로 하여금 이중매매를 하도록 적극적으로 작용하였다는 사정이 있는 경우에는, 매도인의 배임행위에 적극 가담한 제2매매로서 사회실서에 반하여 무효라고 하는 선구적인 견해를 제시하였고, 그후 대법원1969. 11. 25. 66다1565판결을 비롯하여 이를 따르는 판례들이 나오기 시작했다. 김증한 교수는 판례들에 찬성하고 법리를 정리하였으며, 지금까지 실무는 이 법리에 따르고 있다. 다만 그 논거는 물권행위가 있으면 아직 등기가 되지 않았더라도 물권적 기대권이 발생하고, 이 권리를 침해하는 것은 반사회성이 있으며 형사상 배임죄도 성립된다고 하는 것이다.

또 부동산의 점유 취득시효가 완성된 후 점유계속의 요건을 갖춘 취득자는 등기함으로써 소유권을 취득하는 것으로 규정되어 있는데 (민법 제245조 제1항), 김증한 교수는 시효취득자에게 물권적 기대권이 생기고 그 효력으로 등기청구권이 생긴다고 주장하였다. 그런데 이중매매에서의 제1매매 후나 점유 취득시효 완성득 후 소유자가 제3자에게 부동산을 매도하여 소유권이전등기를 경료한 경우 그들이 악의의 취득자라고 하더라도 제1매수인이 그 매매로 대항하지 못하고, 점유자도 취득시효로 대항하지 못하는 것은 공히 같다. 이는 물권에 준하는 물권적 기대권이라고 하더라도 물권, 즉 소유권 자체에 대항할 수 없기 때문에 위와 같은 경우에도 단지 채권적 등기청구권을 가진다고 보는 견해와 결론을 같이 한다(물론 만일 제3취득자가 매도인의 배임행위에 적극 가담한 경우에 반사회성이 있어 무효라고 하는 법리도 같이 적용된다). 따라서 물권적 기대권론이 이중매매나 취득시효의 경우에 어떠한 다른 법리적 효과를 발휘할 수 없기 때문에 비록 그가 주장한 법리적 결론은 채택되었지만 그 논거가 되는'물권적 기대권론'은 학설이나 실무가 따르고 있지는 아니하다.

한편 물권적 기대권론은 중간생략등기의 경우에도 이론적 효과를 발휘하게 되는데, 김증한 교수에 따르면 중간생략등기의 경우 중간자의 동의가 필요 없고 최종 취득자가 등기명의인에 대하여 직접 이전등기의 청구를 할 수 있다고 한다. 즉, 물권행위가 있고 소유권 취득을 위한 다른 요건은 모두 갖추어져 있는데 아직 등기만 안되어 있는 단계에 이르러 취득자는 아직 소유권은 취득하지 못하지만 물권적 기대권을 취득하고 물권에 준하는 물권적 기대권의 효력으로써 물권적인 등기청구권이 발생한다고 설명한다.

김증한 교수의 물권적 기대권론은 당시 구민법상-'의사주의'의 잔재가 남아있고 등기를 중요하게 생각하지 않고 있던 시대에 미등기

실소유자를 보호할 수 있는 매우 매력적인 이론이고, 실제로 미등기 실소유자는 세법상 소유권자로 취급되어 왔다. 그러나 점차 등기가 중시되고 장기 미등기자에 대하여 부동산등기특별조치법에 의하여 제재도 가하여지고 있는 현 상황에서 물권적 기대권론은 더 이상 실효적인 이론이 되지 못하고, 단지 '소유권유보부매매'와 같은 경우에 학설상 승인되고 있을 뿐이다.

V. 소멸시효 완성의 효과

소멸시효 완성의 효과에 관하여 '절대적 소멸설'과 '상대적 소멸설'이 대립하고 있었는데, 김증한 교수는 구민법 제145조와 같이 원용에 관한 규정이 없음에도 불구하고 독일 민법의 해석에 따라[5] 시효로 인하여 이익을 얻을 자가 권리의 소멸을 주장할 권리가 생기는 것이라고 설명하여 상대적 소멸설을 지지하였다. 다만 절대적 소멸설도 민소법상 변론주의 때문에 항변권을 행사하여 시효소멸을 원용하지 않으면 법원이 직권으로 판단할 수 없다고 하여 실무상 결론적으로는 차이가 없게 된다. 판례가 특정한 이론적 관점을 채택하고 있는지 명확하지는 않지만, 실무상 소멸시효의 주장은 그 이익을 받을 당사자가 주장하지 않는 한 원용할 수 없는 것으로 취급되고 있어 '상대적 소멸설'에 의거하고 있는 것으로 보인다.

---

5) 독일 민법상 소멸시효 완성의 효과는 항변권을 발생시키는 것이고, 항변권은 직권으로 고려할 수 없는 것이다.

VI. 결 어

　김증한 교수의 주된 관심사는 물권변동의 이론이었다. 그는 독일과 일본 민법학에 있어서의 물권변동 이론을 면밀히 검토하여 독특한 물권행위의 독자성과 무인성 이론 및 그에 기한 물권적 기대권론과 같은 매력적인 이론과 법리적 결과를 산출하였다. 물론 곽윤직 교수가 김증한 교수의 이론을 공격하였고 판례와 실무가 그의 이론을 채택하지 아니하여 다수설이 되지는 못하였지만, 아직도 물권행위의 독자성은 등기신청에 필요한 서류를 교부할 때 인정된다는 견해도 많이 있다.

　그럼에도 불구하고 김증한 교수는 불모지의 한국 민법학을 태동시킨 선구적이고 매력적인 법학자임이 분명하고, 후학들은 그의 자취를 더듬고 공적을 기려야 할 것이다.

김증한 교수의 저서·논문목록

[저서]

「영국민법휘찬(Jenks 저)」, 법무부(법무자료 제16집), 1948.

「독일사법사」, 법무부(법무자료 제20집), 1951.

「법학통론」, 창인사, 1953.

「서양법제사」, 자선사(1954년이후 박영사에서 출간), 1953.

「미국의 헌법과 정치(미국무성 편)」, 법문사, 1954.

「서양법제사」. 양문사, 1956.

「<신정> 물권법(안이준 공편저)」, 박영사, 1956.

「영미법의 정신(R. Pound저)」, 민중서관, 1956.

「담보물권법(안이준 공편저)」, 박영사, 1957.

「신민법총칙(안이준 공편저)」, 법문사, 1958.

「신채권총론(안이준 공편저)」, 박영사, 1958.

「신채권각론(상) (안이준 공편저)」, 박영사, 1958.

「대법전(편집위원)」, 법문사, 1961 .

「신민법 Ⅰ·Ⅱ(안이준 공편저)」, 법문사, 1961.

「신물권법<문제집> (제길우 공저)」, 박영사, 1961.

「법제원론」, 서울고시학회, 1962.

「법률학사전(편집위원)」, 청구문화사, 1962.

「법률학사전(대표편집위원)」, 법문사, 1964.

「신채권각론(하) (안이준 공편저)」, 박영사, 1965.

「민법 I <문제집> (김기수 공저)」, 법문사, 1966.

「법학통론」, 진일사(~1974년까지 매년개정), 1970.

「물권법(상)」, 진일사, 1970.

「물권법(하)」, 진일사, 1970.

「민법대의」, 진일사, 1972.

「민법대의」, 한국방송통신대학, 1972.

「민법총칙」, 진일사(1974년까지 수차개정), 1972.

「민법논집」, 진일사, 1978.

「채권총론」, 진일사, 1979.

「주해민법 상·하(편집대표)」, 한국사법행정학회, 1979.

「주해민법총칙」, 한국사법행정학회, 1979.

「물권법」, 진일사, 1980.

「개정판 법학통론」, 박영사, 1981.

「판례교재 채권법(II)」, 법문사, 1982.

「채권각론」, 박영사, 1988.

[논문]

"민법 제14조에 대한 판례비평", 「법정」 3권 1호(1월), 1948.

"서서(瑞西)의 가산제도", 「법조협회잡지」 1권 2.3호(5, 6월), 1949.

"게르만의 친족법", 「법정」 4권 6,7,10호(6, 7, 19월), 1949.

"게르만의 상속법", 「법정」 5권 1~3호(1~3월), 1950.

"공동소유형태의 유형론", 「법조협회잡지」 2권 3호(2월), 1950.

"미국의 법과대학과 고시", 「고시와 전형」 1권 8호(10월), 1954.

"미국헌법 제18조정의 유효여부", 서울대학교 법대학보 2권 1호(3월). 1955.

"법률공부의 방법", 「법정」 10권 4호(4월), 1955.

"물권적 청구권의 사적 고찰", 「법조협회잡지」 4권 1호(5월). 1955.

Real Actions in Korea and Japan, Tulane Law Review vol. XXIV, No.4(6월)
      1955.

"독일법상의 물권적 청구권", 「법조협회잡지」 4권 2, 3호(6, 7월),
      1955.

"물권적 청구권의 비교법적 연구", 서울대학교 「논문집 인문사회과학」
      4권(10월), 1956.

"인적결합과 공동소유", 「법정」 11권 12호(12월), 1956.

"형식주의의 채택에 따르는 제문제(신민법에 대한 해설과 비판)", 「법
      조협회잡지」 5권 8, 9호(12월), 1956.

"물권변동에 있어서의 의사주의와 형식주의 민법초안의 검사", 「법조
      협회잡지」 5권 8, 9호(12월), 1956.

"현하 한국법률가의 과제", 「사상계」 5권 1호(1월), 1957.

"담보물권에 관한 민법초안의 규정(2)", 「고시와 전형」 5권 1호(1월),
      1957.

"민법안상정에 대한 이의", 「법정」 12권 10호(10월), 1957.

"희랍민법개설", 서울대학교 「논문집 인문사회과학」 6집(12월), 1957.

"물권행위의 독자성과 무인성", 「법조」 7권 1호(1월), 1958.

"대륙법적 사고방식의 성립", 「법제월보」 1권 1호(1월), 1958.

"신민법물권편개관", 「법제」 2권 1, 2호(1, 2월), 1958.

"신민법물권편통관", 「법률계」 1권 4호(3월), 1958.

"소멸시효완성의 효과", 「고시계」 3권 3호(4월), 1958.

"신민법상의 전세권", 「법조」 7권 4, 5호(5월), 1958.

"등기를 요하는 물권변동", 「고시계」 3권 4호(5월), 1958.

"공동소유에 관한 신민법의 규정", 「사상계」 6권 5호(5월), 1958

"계약의 해제·해지에 관한 신·구민법의 규정", 「법조」 7권 8, 9호(9
      월), 1958.

"물권행위의 독자성과 무인성", 「고시계 」4권 1호(1월),·1959.

"서독기본법과 계약의 자유, 라이저 교수의 소론", 「법조」 8권 2호2
       월), 1959.

"채무와 책임", 「고시계」 4권 2호(2월), 1959.

"교회가 분열한 경우의 교회재산의 귀속<판례연구>", 서울대학교 「법
       학」 1권 1호(6월), 1959.

"좋은 사법관의 육성", 「법정」 14권 6, 9호(6, 9월), 1959.

"신민법상의 법정지상권", 「법조」 8권 11호(11월), 1959.

"형식주의의 채택에 따르는 제문제, 신민법에 대한 해설과 비판", 법
       정」 14권 12호(12월), 1959.

"소멸시효완성의 효과", 서울대학교 「법학」 1권 2호(12월), 1959.

"점유권의 득상", 「고시계」 6권 1호(1월), 1960.

"1959년의 회고와 1960년의 전망", 「법정」 15권 1호(1월), 1960.

"하자담보책임", 「법정」 15권 1호(1월), 1960.

"부동산등기법 약설", 「사법행정」 1권 2호(2월), 1960.

"소비대차", 「법정」 15권 3호(3월), 1960.

"신민법과 등기", 「사법행정」 1권 3호(3월), 1960.

"지상권에 관한 몇 가지 문제", 「법정」 16권 2호(2월), 1961

"혁명정부의 입법형식, 혁명정부입법에 있어서의 제문제", 「법정」 16
       권 8호(8월), 1961.

"등기청구권", 「법정」 16권 10호(10월), 1961.

"부동산등기법해설", 「사법행정」 3권 1~7호(1~7월), 1962.

"신경매법해설", 「사법행정」 3권 2호(2월), 1962.

"친족관계의 변동", 「고시계」 7권 2호(2월), 1962.

"신경매법의 소개", 「고시계」 7권 3호(3월), 1962.

"공동소유와 공동경영", 「기업경영」 제4집 7호(3월), 1962.

"합유규정과 조합규정-제272조와 제706조 제2항과의 관계를 중심으

로", 「법정」 17권 5호(5월), 1962.

"구민법하에서 거래된 물권에 관한 등기청구", 「사법행정」 4권 1호(1월) 1963.

"민법부칙 제10조의 해석", 「법정」 18권 1호(1월), 1963.

"부동산등기법해설(10)", 「사법행정」 4권 1호(1월). 1963.

"인도의 법률적 성질", 「법정」 18권 6호(6월), 1963.

"제3자의 채권침해와 채권의 상대성", 서울대학교 법과대학 「Fides」 10권 2호, 1963.

"중간생략등기", 「법정」 18권 10호(10월), 1963.

"출연재산이 재단법인에 귀속하는 시기", 서울대학교 법과대학 「Fides」 10권 4호, 1963.

"동산질권의 추급력", 「법정」 19권 4호(4월), 1964.

"이중매매의 반사회성", 「법정」 19권 9호(9월), 1964.

"우리나라에 있어서의 물권행위", 「사법행정」 5권 11호(11월), 1964.

"도급건축물의 소유권", 「법정」20권 2호(2월), 1965.

"공동불법행위", 「법정」 20권 5호(5월), 1965.

"근저당에 관한 제문제", 「사법행정」 7권 12호(12월), 1966.

"채권자취소권", 「사법행정」 8권 2호(2월), 1967.

"권리의 개념과 분류", 「법정」 22권 5호(5월), 1967

"민법시행전에 관습법에 의하여 취득한 지상권의 등기<판례연구>", 「사법행정」 8권 5호(5월), 1967.

"법률상의 원인", 「사법행정」 8권 8호(8월), 1967.

"소멸시효론" <법학박사학위논문>, 서울대학교(8월), 1967.

"대리권 수여행위", 「사법행정」 8권 9호(9월), 1967.

"부동산등기법 해설", 「사법행정」 9권 1~11호(1~11월), 1968.

"형성권과 제척기간", 「법정」 23권 1~6호(1~6월), 1968.

"형성권과 제척기간", 「법정」 23권 7, 8호(7, 8월), 1968.

"한국민법의 법제사적 및 비교법적 연구", 서울대학교 「법학」 10권 2호(12월), 1968.

"부동산등기법 해설(11)", 「사법행정」 10권 1호(1월), 1969.

"물권의 절대성과 채권의 상대성", 「법정」 25권 4호(4월), 1970.

"물권적 기대권 소고", 「법정」 25권 6호(6월), 1970.

"양도담보에 관한 판례의 연구", 「사법행정」 11권 12호(12월), 1970.

"우리나라 법학계의 회고와 전망", 「새법정」 1호(3월), 1971.

"유증의 법적 성질, 특히 특정유증의 경우", 「고시계」 16권 4호(4월), 1971.

Epochen der Rechtsgeschichte in Deutschland, von Helmut Coing<서평>, 서울대학교 「법학」 12권 1호(6월), 1971.

"변제의 법률적 성질", 「새정치」 5호(7월), 1971.

"자동차손해배상보험법 제3조와 손해배상책임에 관한 고찰", 「자보탑」 55호(7월), 1971.

"의사표시의 본질(상)", 「새법정」 8호(10월), 1971.

"사단법인 설립행위의 법률적 성질", 「고시계」 17권 5호(5월), 1972.

"책임재산의 보전", 「고시계」 17권 12호(12월), 1972.

"법률행위론", 서울대학교 「법학」 13권 2호(12월), 1972.

"부동산이중매매의 반사회성", 「저스티스」 10권 1호(12월), 1972.

"한국의 법학(한국사회과학 4반세기)", 「월간중앙」 1973. 3월.

"韓國私法學界の現況", 日本八幡大學社會文化研究所 所紀要別册, 1974.

"한국법학 30년 일회고와 전망", 「법정」 30권 9, 11, 12호(9, 11, 12월), 1975.

"광복 30년 우리나라 판례(민사법)의 회고", 「법조」 25권 9호(9월)부터 12회에 걸쳐 연재, 1977.

"물권적 기대권론", 서울대학교 「법학」 17권 2호(12월), 1976.

"폐쇄회사의 법리와 학교법인", 「홍진기박사화갑기념논문집」 1977. 4월.

"점유의 상호침탈", 「조경이박사화갑기념눈문집」(8월), 1977.

"등기는 물권행위의 이행인가", 「월간고시」 4권 11호(11월), 1977.

"물권행위론", 「고시연구」 1977. 11월호부터 8회 연재.

"점유의 상호침탈", 「고시연구」 4권 12호(12월), 1977.

"물권적 기대권", 「변호사」 제8집, 1977.

"매도증서의 수수는 Auflassung에 해당한다", 「월간고시」 4권 1호(1월), 1978.

"제2차대전 후 불·독 양민법의 개정", 「법조」 27권 1호(1월), 1978

"부동산등기는 어떻게 개정되어야 하는가", 「법조」 27권 7호(7월), 1978.

"한국민법학 30년의 회고", 서울대학교 「법학」 19권 1호(8월), 1978.

"대물변제", 「월간고시」 4권 11호(11월), 1978.

"부당이득에 있어서의 법률상 원인", 「고시연구」 6권 2호(2월), 1979.

"점유의 개념", 「최해태박사고희기념논문집」, 1979.

"이중등기의 효력 <판례연구>", 「대한변호사지」 45호(3월), 1979.

"임대차의 쌍무계약성", 「법조」 28권 3호(3월), 1979.

"유상계약", 「월간고시」 5권 3호(3월), 1979.

"쌍무계약에 있어서의 상환성의 원칙", 「고시연구」 6권 6호(6월), 1979.

"부당이득에 있어서의 법률상 원인", 「황산덕박사화갑기념논문집」, 1979.

"점유의 개념", 「월간고시」 5권 6호(6월), 1979.

"AGB-Gesetz와 상인", 서울대학교 「법학」 20권 1호(8월), 1979.

"권리의 중층구조", 「법조」 28권 9호(9월), 1979.

"독일의 보통거래약관법", 「월간고시」 5권 11, 12호(11, 12월), 1979.

"쌍무계약에 관한 일고찰", 「현승종박사화갑기념논문집」. 1979.

"쌍무계약에 관한 일고찰", 서울대학교 「법학」 특별호 4권(12월),

1979.

"물권적 소유권이냐 기능적 소유권이냐", 「법조」 29권 4, 5호(4, 5월), 1980.

"손해배상청구권의 소멸시효", 「고시연구」 7권 6호(6월), 1980.

"소유권의 이전시기", 「고시연구」 7권 9호(9월), 1980.

"부동산소유권의 등기청구권의 소멸시효", 「고시연구」 7권 10호(10월), 1980.

"양도담보의 효력", 「고시연구」 8권 4호(4월), 1981.

"질권의 목적", 「고시연구」 8권 5호(5월), 1981.

"인법과 물법과의 상관-공동소유를 중심으로-", 서울대학교 「법학」 22권 4호(12월), 1981.

"자동차사고와 사용자책임", 「고시연구」 9권 5호(5월), 1982.

"물권적 기대권론", 「이광신박사화갑기념논문집」, 1982.

"한국민법의 발전", 서울대학교 「법학」 24권 2, 3호(9월), 1983.

"임차권의 양도와 전대", 「고시연구」 10권 1호(1월), 1983.

"민사법개정의 배경과 입법과정-민법개정의 요점", 「사법행정」 25권 7호(7월), 1984.

"한국민법학의 진로", 서울대학교 「법학」 26권 2·3호(10월), 1985.

"1983년의 서독 신임대차법", 「안이준박사화갑기념논문집」, 1986.

집필진 소개(본서의 집필 순서임)

서 민 충남대학교 명예교수

윤철홍 숭실대학교 법과대학 교수

권 철 성균관대학교 법학전문대학원 부교수

엄동섭 서강대학교 법학전문대학원 교수

윤진수 서울대학교 법학전문대학원 교수

이은영 한국외국어대학교 법학전문대학원 교수

권오승 서울대학교 명예교수

정종휴 전남대학교 법학전문대학원 교수

윤대성 창원대학교 명예교수

김인유 한국해양대학교 해사법학부 부교수

이상정 경희대학교 법학전문대학원 교수

이은희 충북대학교 법학전문대학원 교수

이상태 건국대학교 법학전문대학원 교수

김학동 서울시립대학교 명예교수

정태윤 이화여자대학교 법학전문대학원 교수

김대휘 법무법인 화우 변호사 겸 이화여자대학교 겸임교수,
　　　　세종대학교 석좌교수

한국 민법학의 재정립 –청헌 김증한 교수의 생애와 학문세계　값 42,000원

2015년 10월 08일 초판 인쇄
2015년 10월 16일 초판 발행

저　　　자 : 윤철홍 엮음

발　행　인 : 한 정 희

발　행　처 : 경인문화사
　　　　　　서울특별시 마포구 마포동 324 - 3
　　　　　　전화 : 718 - 4831~2, 팩스 : 703 - 9711
　　　　　　이메일 : kyunginp@chol.com
　　　　　　홈페이지 : http://kyungin.mkstudy.com

등록번호 : 제10 - 18호(1973. 11. 8)

ISBN : 978-89-499-1152-6　93910
© 2015, Kyung-in Publishing Co, Printed in Korea